多数当事者間相殺の研究

深川裕佳

多数当事者間相殺の研究

――三者間相殺からマルチラテラル・ネッティングへ――

✤✲✤

学術選書
97
民　法

信山社

はしがき

相殺は，複数人——二人「以上」——の間で，債権額と債務額とを対当額で消滅させる原因となる。二者間のみならず，二人よりも多い当事者間であっても，同様の「相殺」という仕組みを通じて，各当事者の債権額と債務額との差額に相当する給付をなす——当事者のそれぞれについて，自己の債権額がその債務額よりも多い場合にはその額を受け取り，自己の債務額がその債権額よりも多い場合にはその額を支払う——ことによって簡易に決済することができる。すなわち，当事者がどれほどたくさん存在しようとも，その間に存在する債務（相殺を行う当事者間において互いに負担されている債務，言い換えれば，「閉じられた関係にある債務」）を各当事者について，その債権と対当額において差し引きして簡易に決済する仕組みは，二者間で行われる「相殺」と同様のものである。これが本書の主張である。

本書は，筆者が本シリーズにおいて先に公表した『相殺の担保的機能』（信山社，2007年）を発展させる研究の成果を含んでいる。博士論文に基づく前作『相殺の担保的機能』では，二人の間の相殺原因を一方的意思表示によって第三者に対抗することができる場面を検討した。そこでは，相殺は，二者間において生じるという民法505条の原則を重視し，二者間相殺を基本に据えて，そこから，第三者に対する効力（担保的機能）を明らかにするということを視座に据えた。しかし，実際には，二者間に債権が対立するのではなく，三者以上に債権がまたがる場合にも，「相殺」の名の下に，差額の弁済だけによる簡易な決済が行われている。そこで，本書では，前作の発展として，三人以上の当事者間において錯綜する債権・債務を一方的意思表示（法定相殺），または，合意（相殺合意，相殺契約）によって消滅させることについて研究することにした。ここでは，第三者に対する効力（担保的機能）でなく，相殺の本質的な機能である簡易決済機能を中心的な検討対象とした。

本書の研究の出発点は，以下のような素朴な疑問にある。すなわち，従来，相殺は，向かい合った債権同士を対当額で消滅させるものと考えられてきた。もちろん，例外的には，三人にまたがる債権も相殺できるとされてきた。しかし，「二人」（民法505条）の間の債権消滅原因となるものが，なぜ，どのようにして，三人でも認められるのだろうか。さらには，三人よりも多い当事者間に債務が錯綜する場合には，「相殺」して，差額の弁済だけの簡易な決済をすることができるのだろうか。そして，このような簡易な決済を二者間相殺と同様に，「相殺」と呼ぶことができるのだろうか。

一般的に理解されてきたように，相殺は，自働債権と受働債権とを対当額において差し引いて消滅させるものであると理解する限りは，どれが自働債権か，どれが受働債権かということが明確でないような場合——相殺の意思表示をする者が自働債権の債権者または受働債権の債務者でない場合や，多数の当事者が錯綜する債権が問題となる場合——について，簡易に決済できることを説明することは困難である。実務において行われるマルチラテラル・ネッティングに民法上の基礎を据えるために，「一人計算」という新たな概念が提言されている。これは，当事者に錯綜する債務を「計算人」に集中させることによって，計算人と各当事者との二者間相殺を可能にするというものである。このことも，二人よりも多い当事者の間で錯綜する債務を簡易に決済する方法を「相殺」として捉えることはできないのではないかという問題意識の表れともみることができるだろう。

一人計算のように，二者関係に引き直して相殺をするという考え方は，巧妙である。しかし，錯綜する債務を二者間相殺に引き直しても，自働債権と受働債権とが対当額で消滅するという「相殺」の枠組みからは，たとえば，どの債権が対当額で消滅し，どの債権について弁済を必要とするのかという問題が残されることになり，十分な問題の解決となっていないように思われる。そこには，「相殺」という概念それ自体の意味を再検討する必要性が存在するように思われる。すなわち，三人以上の多数当事者でなされる「相殺」を視野に入れると，「相殺」という概念は，二者間であっても，自働債権と受働債権とが対当額において消滅するという構図から解放され，その本来的な仕組みが明らかとなるのではないかと思われるのである。そこで，本書では，二者間相殺に引き直すことなく，三人以上の多数当事者の間であっても，簡易な決済に向けた「相殺」が可能であるということを解明することを試みた。

本書は，これまでになされた優れた先行研究に負うところが大きい。これらの先行研究については，できる限り網羅的に挙げたつもりであるが，まだ本書が研究途上にあるため，見落としてしまったものがあるかもしれない。また，本書を書くにあたっては，勤務校である東洋大学や，明治学院大学における研究会（消費者法研究会），明治大学における研究会（法律行為研究会）において，先生方から多くのご教示を賜った。本書を書き上げることができたのは，これらのご教示のおかげであり，ここに記して御礼申し上げる。そして，前作に引き続き，本書の刊行にあたっては，信山社の渡辺左近氏と木村太紀氏に大変お世話になった。木村氏には，細部にわたって目を通していただき，誤りを指摘していただいた。本書において，それでもなお，筆者が思わぬ誤りや，不十分な検討をしているところがあるかもしれない。この点については，ご教示を得て，さらに発展させたいと考えている。

なお，私事で恐縮であるが，研究を温かく見守り，本書の刊行を楽しみにしてくれている両親にも感謝したい。

（本書は，科学研究費補助金・若手研究（B）〔平成21～23年度〕，公益財団法人全国銀行学術研究振興財団・研究助成〔平成23年度〕の研究成果の一部を含むものである。また，本書の出版にあたっては，科学研究費補助金・研究成果公開促進費〔平成24年度〕および東洋大学・井上円了記念研究助成金・刊行の助成〔平成24年度〕の助成を受けた。）

2012年７月研究室にて

深川裕佳

目　次

はじめに

相殺は，「二人が互いに同種の目的を有する債務を負担する場合」に，双方の債務を対当額において同時に消滅させる原因となる（民法505条１項）。ここから，二当事者間に債権が対立していることは，相殺の本質的な要件であるとも考えられる（以下，この要件を「相互性」または「対立性」という）。このように，民法が二当事者間で相殺を認めているのは，一般に，当事者の便宜および公平のためであると説明される［梅 1910，320］［我妻 1964，316-317］［林ほか 1996，330］。

しかし，民法には，たとえ相殺の意思表示の時点において三者間に二つの債権がまたがっていたとしても——たとえば，ABC の三者間で，A が B に対して債権を有し，B が C に対して債権を有しているとしても——，相殺を認める規定がいくつか存在する（民法443条１項，463条１項，468条２項など）。学説は，これらの規定を当事者の便宜から認められた「特殊の場合の例外」［我妻 1964，322-324］として説明する。これらの「特殊の場合の例外」規定の存在は，三者のうちの一人の意思表示のみによって，三者の間にまたがって存在する二つの債務を同時に消滅させるという「相殺」を民法が認めていることを意味している（以下，このような相殺を「三者間法定相殺」という）。

また，当事者の契約によって効力を生じる相殺（約定相殺）については，学説において，相殺適状を満たす必要はない——対立する債権の存在は必要ない——ものとされている［我妻 1964，353-354］。そこで，三者間法定相殺と同様に，三者以上の者にまたがる二つ債権の相殺も有効に締結しうるとされている（以下，これを「二面的法律関係の三者間相殺契約」という）。

本書では，ここまでに述べたような三者のかかわる相殺を「三者間相殺」と呼ぶ。

このように三者間相殺が認められているのは，わが国に限られない。近年の国際的な議論においても，以下に見るように，二者間での債務の対立（相互性）を相殺の要件としつつ，三者間相殺が明文によって認められている。

ユニドロワ国際商事契約原則2010（UNIDROIT Principles of International Commercial Contracts 2010. 以下，「ユニドロワ原則」という）では，「二人の当事者（two parties）が互いに金銭その他の同種の履行を負担する」（ユニドロワ原則８．１条。公式の条文訳については，［内田，曽野，森下 2010］を参照）ことを相殺の要件としている。ユニドロワ原則では，最新の2010年版と，相殺の章が新たに創設された2004年版とにおいて，８．１条に変更はないため［UNIDROIT 2010, xxxv］，2004年版のユニドロワ原則の解説書［UNIDROIT 2004］を参照すると，そこには，このように「債務をお互いが負っていなければならないという要件は，相殺を主張する当事者が相手方に対して負っている債務〔受働債権〕を相手方が第三者に譲渡した場合に問題を生じさせる」［UNIDROIT 2004, 255］と指摘されている。この問題に関して，ユニドロワ原則は，債権譲渡の章（ユニドロワ原則９章）に，次のような規定を定めることによって解決している。すなわち，「債務者は，譲渡通知を受領した時点までに譲渡人に対して行使しえた相殺の権利を譲渡人に対して行使することができる」（ユニドロワ原則９．１．13条２項）。しかし，このような三者間相殺が債務の相互性要件との関係において理論的にどのように位置づけられるのかについては，その解説では述べられていない。

ヨーロッパ契約法原則第３部（Principles of European Contract Law, Part Ⅲ. 以下，「PECL」という）も，同様に，「二人の当事者（two parties）が互いに……債務を負担する場合において」（ヨーロッパ契約法原則13：101条）と定めることにより，債務の相互性を相殺の要件とする立場を明示している。ところが，PECL の解説書［The Commission on European Contract

Law 2003]（邦語訳として，[潮見，松岡，中田 2006]［潮見，中田，松岡 2008］がある）によると，この債務の相互性要件には，一つの例外が存在するとされている。すなわち，「債権が譲渡された場合に，債務者は，債権譲受人に対して，譲渡人に対して有効であった一定の相殺権を主張（assert）することができる」[The Commission on European Contract Law 2003, 140] ことである。このことは，二者間での債務の相互性が相殺の要件であるにもかかわらず，この相互性が欠ける場合にも相殺を認めるという画期的なものである。そして，このことを規定してPECLの債権譲渡の章（11章）において，次のようにして，二者間相殺の例外として，三者間相殺を認めている（PECL 11：307条2項。訳については，［潮見，中田，松岡 2008, 86］も参照）。

PECL 11：307条（抗弁と相殺権）

(1)（略）

(2) 以下の各号のいずれかに該当する譲渡人に対する債権については，債務者もまた，譲受人に対して，13章〔相殺〕の下で譲渡人に対して有効であったすべての相殺権を主張することができる。

(a) 11：303条1項〔債務者への譲渡の通知義務〕に従ったものであるかどうかにかかわらず，譲渡通知がなされた時点において存在した債権。

(b) 譲渡された債権に牽連する債権。

なお，この条文に関しては，特に，ユニドロワ原則との違いから，次の点を指摘しておく必要があるだろう。すなわち，PECLは，対立していた債務の間に牽連性がある場合に，さらに相殺の可能性を広げている点（前掲，PECL11：307条2項a号）がユニドロワ原則との違いとなっている。フランスにおいても，牽連性がある債務の間の相殺は，特別の領域を占める問題として議論されており，比較法的観点からして，このような債務の間の牽連性に基づく相殺の領域の拡大は注目に値する（相殺の担保的機能において，債務間の牽連性が果たす役割については，［深川 2008］にて検討を行った）。

近年公表された「ヨーロッパ私法の原則および定義，モデルルール」に関する「私法の共通参照枠草案」〔Study Group on a European Civil Code and the Research Group on EC Private Law（Acquis Group）2009〕における相殺の規定は，PECL とほぼ類似したものである。主な違いを挙げれば，相殺の定義条文が加わり，「『相殺』は，ある人が他の人に対して有する履行請求権（right to performance）をもって，その人に対して負う債務の全部または一部を消滅させることのできる手続き（process）である」（DCFR Ⅲ.－6：101）と規定されたことや，用語法として，債権譲渡と相殺においてPECL が「相殺権を主張（assert）することができる」としていたところを「相殺権を援用（invoke）することができる」としていることである。相殺の要件についても，以下のようにして，債務の相互性が明示されている。

DCFR Ⅲ.－6：102（相殺の要件）
二当事者が互いに同種の債務を負担する場合には，相殺時に以下の各号をすべて満たすときに限り，一方の当事者はその権利を他方の当事者の権利に対して相殺することができる。
(a) その一方の当事者の履行が弁済期にある場合。または，弁済期になくても，その一方の当事者が他方の当事者に対して履行を受けとることを強いることができる場合。
(b) 他方の当事者の履行が弁済期にある場合。
(c) 相殺の目的のために，各当事者がその権利を処分する権限を有する場合。

ここまでに述べたように，比較法的にも，二者間に債権が対立していることは，相殺適状の要件の一つであり，それは，同時に，相殺の定義それ自体にも組み込まれている。そして，そのような相互性の本質的性質にもかかわらず，三者に債権がまたがる場合にも「相殺」することができる場面が存することも同時に認められている。

わが国の民法においても，三者間相殺の問題は，相殺の定義（民法505

条）それ自体にかかわるものであり，相殺制度を体系的に理解するために，解決すべき重要な課題の一つとして位置づけることができる。しかし，わが国における三者間相殺の概念については，法定のものについても，約定のものについても，これまで，学説において十分に解明されているとは言い難い状況にある。さらに，約定相殺についてみると，学説では，三者間相殺だけでなく，「多数の当事者の間の循環的に対立する債権を全員の間の契約で消滅させることもできる」［我妻 1964, 354］とされている（以下，これを「多数当事者間相殺」という）。この多数当事者間相殺の問題は，三者間相殺以上に複雑であり，困難な問題を含んでいる。そこには，もはや解決の手がかりとなる民法典上の規定さえ存在しない。

以上の問題意識から，本書は，三者間相殺のうち，法定相殺（三者間法定相殺）と約定相殺（三者間相殺契約）のそれぞれについて，その有効性ならびに要件および効果を検討する。また，三者間相殺の発展的な問題として，多数当事者間相殺についてもその法的性質を明らかにすることを試みる。

上記目的に照らして，本書においては，以下の順に論じることにする。

「第１部　三者間相殺の類型化」において，本書において用いる三者間相殺の類型を明らかにしておく。この際，本書では，相殺を主張する者に着目して，三者間の債権がどの当事者の間に存在するのかという観点から，三つの類型化を行う予定である（第１章）。

「第２部　三者間法定相殺の研究」において，民法に規定された三者間相殺（三者間法定相殺）について，本書第１部に示した類型化に沿った検討を行う。そこでは，まず，わが国の民法典における三者間相殺に関する規定を類型ごとに分類し，その特徴を検討する（第２章）。そして，これをもとにして，それぞれの類型に関して判例・裁判例において提起されている問題点について検討を加え，三者間法定相殺の類型ごとに，その要件および効果を明らかにする（第３章）。その上で，三者の間に循環する債権（ＡがＢに，ＢがＣに，ＣがＡにそれぞれ債権を有する場合。以下，これを「三者間循環的法律関係」という）が存在する場合の相殺の特徴を要件と効果の側面から明らかにする（第４章）。

「第３部　三者間相殺から多数当事者間相殺への発展的研究」において，三者以上の者の間に存在する債権に関する約定相殺（多数当事者間相殺合意）について検討を行う。そこでは，まず，法定相殺に関する第２部の検討を前提として，三者間相殺契約において，特にその有効性が問題になるであろうと思われるもの，すなわち，三者にまたがる二つの債権を相殺する旨の合意を三者のうちの二人の間だけで行う場合（以下，これを「二者間で締結される二面的法律関係の三者間相殺契約」という）について検討を加えることにする（第５章）。その上で，三者間相殺の発展的問題として，多数当事者間において錯綜する債権関係を相殺する旨の契約（多数当事者間相殺）について，ネッティングの議論との関わりを明らかにしつつ，その有効性およびその性質を明らかにする（第６章）。

第1部

三者間相殺の類型化

第1章　三者間相殺の類型

第1節　本章の目的

三者間相殺の問題を具体的に検討するにあたっては，相殺権者から見た場合に，三者のうちの誰が債権を有するのか（または，誰が債務を負うのか）ということによって，議論すべき状況が異なってくる。特に，これは，三者間相殺契約において，三者すべての合意によってではなく，三者のうちの任意の二人の間で合意をする場合（二者間で締結される二面的法律関係の三者間相殺契約），有効に契約を締結する主体となることができる者は三者のうちの誰であるかという問題について重要となる。

本書では，三者間相殺の全体像を明らかにするために，三者間法定相殺をモデルとして利用することによって（本書第2部），条文を欠いているためにその内容が明らかでない三者間相殺契約（本書第3部）を理解するための手がかりとすることを予定している。

そこで，本章では，第2部および第3部における検討の前提問題として，三者間法定相殺をどのような観点から類型化するのが本書の問題を解決するのに適切であるかということを検討する。すなわち，本章において検討する三者間相殺の類型化は，第2部において検討する三者間法定相殺の要件と効果を明らかにするのに有用であって，かつ，第3部において検討する三者間相殺契約にもその検討結果を利用することができるような，法定と約定のそれぞれの三者間相殺をともに分析する視点を提示することのできる分類である。

このために，本章では，まず，従来，学説においてなされてきた三者間相殺の類型化を紹介する（本章第２節）。三者間相殺の類型化に関する議論は活発になされているとは言い難い状況であるが，そこでは，次の二つの立場を紹介する。第一は，相殺権者に着目して，相殺すべき債権の債権者・債務者がいずれであるかという観点から類型化するもの——自働債権と受働債権の所在に着目する立場——である（本章第２節第１項）。第二は，三者間相殺契約が誰と誰の間で締結されるかという観点から類型化するもの——相殺契約の主体に着目する立場——である（本章第２節第２項）。その上で，これらの議論を踏まえて，本書において採用する三者間相殺の類型を検討する（本章第３節）。

第２節　従来の学説における三者間相殺の類型化

第１項　自働債権と受働債権の所在に着目した三者間法定相殺の三類型化

［我妻 1964, 322-324］は，三者間法定相殺を次の三つに類型化する。すなわち，①第一に，第三者の有する債権を自働債権として相殺しうる場合（たとえば，民法436条２項，457条２項），②第二に，第三者に対する債権を自働債権として相殺しうる場合（たとえば，民法443条１項，463条１項，468条２項），③第三に，相手方の第三者に対する債権を受働債権として，自己の相手方に対する債権を自働債権として相殺する場合（たとえば，物上保証人のように他人の債務について責任を負担する者が相殺を行う場合）である（図１）。これは，教科書・体系書において，債務の相互性要件の例外に言及する際に，一般的に受け入れられている類型化である［平井(宜) 1994, 222］［林ほか 1996, 334］［近江 2005, 336-337］。

［我妻 1964］では，このような類型化は，法定相殺の説明において採用されているが，三者間相殺契約においては利用されていない。以下，この類型化を「三類型化」という。

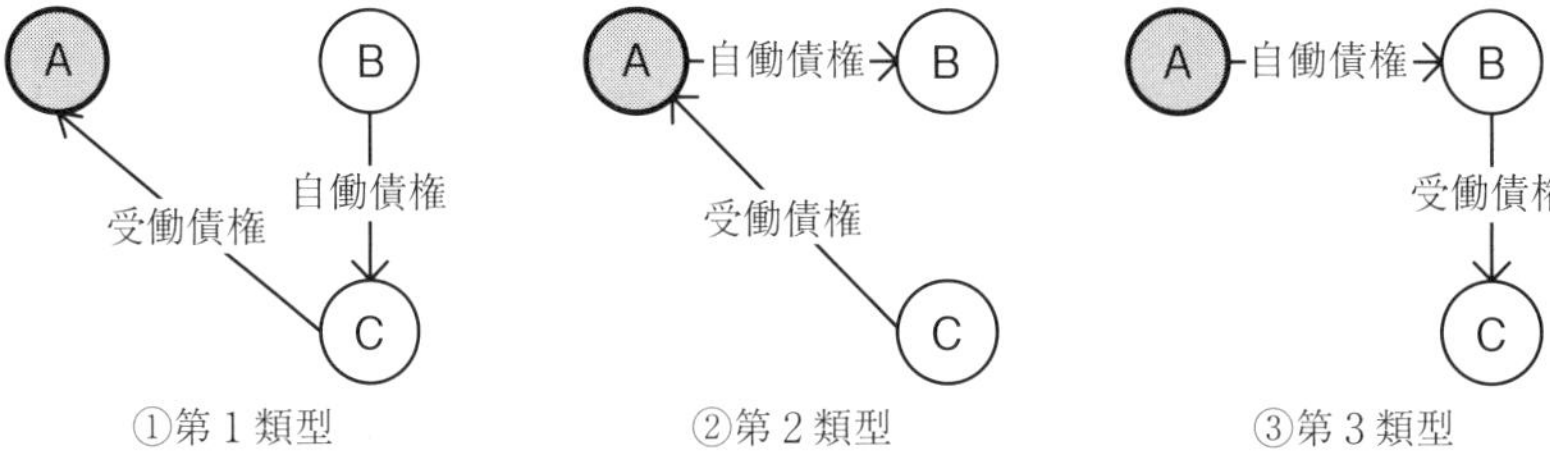

図1　三類型化
（※［我妻 1964, 322-324］を参考に，Aが相殺権者である場合として図を作成した）

第2項　相殺契約の主体に着目した三者間相殺契約の四類型化

［石垣 1999-2000(2), 158-159］は，三者間相殺契約を次の四つに類型化して検討する（同様の類型化をするものとして，［中舎 2006, 337］）。すなわち，AがBに対して債権を有し，BがCに対して債権を有している場合に，第一に，AB間で相殺契約がなされAが相殺を主張する場合，第二に，BC間で相殺契約がなされCが相殺を主張する場合，第三に，AB間またはBC間いずれかの相殺契約によって，Bが相殺を主張する場合，第四に，ABC間でそれぞれ有している債権について，三者すべての合意がある場合を挙げる（次頁，図2）。これらの研究は，法定相殺ではなく，約定相殺を対象とするものである。以下，この類型化を「四類型化」という。

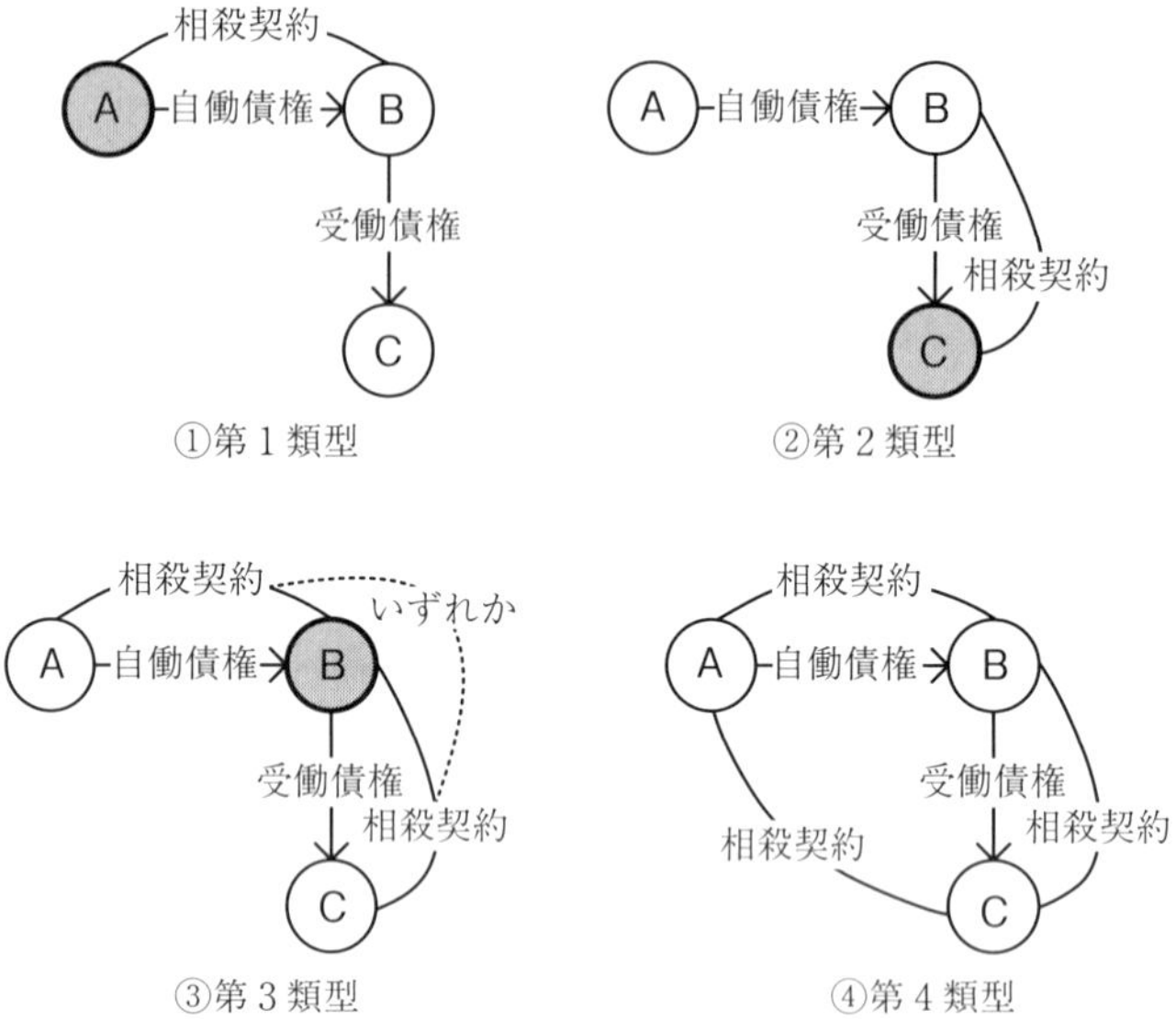

図2　四類型化

第3節　本書における類型化

三者間相殺を類型化するには，相殺権者から見た自働債権と受働債権の所在に着目するか，または，相殺権の所在に着目するかという2つの視点が考えられる。ここまでに述べたように，前者の視点は，先に紹介した三類型化（前述，本章第2節）であり，もっぱら三者間法定相殺について用いられている。これに対して，後者の視点は，先に紹介した四類型化（前述，本章第2節）であり，もっぱら三者間相殺契約について用いられている。

本書は，三者間相殺について，法定のものと，約定のものとを同じ類型化において検討する。先に述べたように，三者間相殺契約については，条文上の手がかりが存在しないことから，三者間法定相殺に関する規定を手がかりとするためである。

そこで，三類型化によって，法定相殺だけでなく相殺契約をも，統一的に検討できれば，教科書・体系書において一般的に受け入れられているこの類型化によることが可能となる。前述の三類型化と四類型化を対応させて，その違いを明らかにすると，以下の通りである（なお，［深川 2008, 208］において述べた三者間相殺の類型と内容は同じであるが，類型の番号を異にしているために対応関係を示しておく。［深川 2009a］および［深川 2009b］も同様である）。

【第１類型】「B→C→A」（以下，債権・債務関係を「→」を用いて表記する）と債権が存在する場合，すなわち，Aが，BのCに対して有する債権（自働債権。以下，自働債権を「α債権」と統一的に表記する）によって，自己がCに負う債務（受働債権。以下，受働債権を「β債権」と統一的に表記する）を相殺する場合。以下，第１類型を「①B→C→🄰」と表記する。四類型化では，その第２類型がこれに相当する。（なお，［深川 2008, 208］では，第３類型に相当する。）

【第２類型】 C→A→Bと債権が存在する場合，すなわち，Aが，自己のBに対するα債権によって，自己がCに負うβ債務を相殺する場合。以下，第２類型を「②C→🄰→B」と表記する。四類型化では，その第３類型がこれに相当する。（なお，［深川 2008, 208］では，第１類型に相当する。）

【第３類型】 A→B→Cと債権が存在する場合，すなわち，Aが，自己のBに対するα債権によって，CがBに負う債務（β債権）を相殺する場合。以下，第３類型を「③🄰→B→C」と表記する。四類型化では，その第１類型がこれに相当する。（なお［深川 2008, 208］では，第２類型に相当する。）

このように三類型化と四類型化とを対応させると，四類型化において残された第４類型は，三類型化のいずれの類型に対応させることができるかということが問題となりそうである。しかし，第４類型では，三人のいずれかに相殺権が与えられているか，または，三人のすべてが相殺権を有しているかのいずれかである。そうすると，いずれにしても，三類型化に還元することができるといえる。そこで，本書では，三類型化に従って，以下，三者間法定相殺と三者間相殺契約の問題を具体的に検討していくことにする。

第2部

三者間法定相殺の研究

第２章　わが国の民法における三者間相殺の類型的検討

第１節　本章の目的

本章では，三者間法定相殺について，民法がこれをどのように規定しているかということを検討する。

本書の「はじめに」において，相殺においては，「二人が互いに債務を負担する」という債務の相互性要件は，本質的なものとして考えられていることを述べた。このことを以下にさらに検討していくことにする。

相殺においては，二人の間に債権が対立していること，すなわち，当事者それぞれが相手方の債権者であり，同時に相手方の債務者でもあることが要件とされている。そして，この債務の相互性要件が，わが国の民法においても，本質的な要件として考えられてきたことは，以下のように，起草者の一人の見解からも理解することができる。

［梅 1910，321-327］には，相殺の要件が「列挙」されている。その中には，債務の相互性は挙げられていない。しかし，このことは，債務の相互性が相殺の要件とは考えられていなかったということを意味するものではない。むしろ，それは，債務の相互性要件が他の要件とは別格に位置づけられていたことを示している。この理由を探るには，次の旧民法の規定が手がかりとなる。旧民法は，相殺の定義（財産編519条１項）と法定相殺の要件（同編520条）とを別の条文に規定しており，後者（同編520条）には，債務の対立性は規定されていなかった。これは，相殺の定義条文に「二人互に債権者たり債務者たるときは」（同編519条１項）と示されていたからである。すなわち，ボワソナードは，債務の相互性を相殺の定義から導か

れる本質的な要件と考えていたのである。そこで，［梅 1910］もこの考えに倣ったものだろう。実際に，［梅 1910］は，以下のように，相殺の定義において，債務の相互性を含めた説明をしている。

> 相殺（compensatio, compensation, aufrechnung）とは二人互いに債権者と為り又債務者と為れる場合に於て各々其債権を以て其債務の弁済に充て以て双方の債権，債務を同時に消滅せしむるを謂ふ。［梅 1910，319］

このような債務の相互性を含めた相殺の定義は，今日でも一般的なものである。これに加えて，今日では，教科書・体系書において，「対当額」において消滅させることも相殺の定義に含める立場が一般的である［鳩山 1925，444］［我妻 1964，315］［於保 1972，72］［奥田 1992，569］［林ほか 1996，330］［淡路 2002，585］［潮見 2005，343］。

しかし，「はじめに」において述べたように，民法上，「相殺」が生じるためには，債務の相互性という要件が不可欠というわけではない。なぜならば，わが国の民法自体に，三者間相殺に関する条文が含まれているからである。

民法は，505条において，「二人」の間で債権が対立していることを要求するにもかかわらず，他の箇所（たとえば，連帯債務や保証）では，三者間相殺を認める規定を有している。このことは，矛盾した態度のようにもみえ，三者間法定相殺が相殺制度の中でどのように体系的に位置づけられるのかという問題を提起している。すなわち，三者間法定相殺の要件はどのようなものであり，それはどのように二者間法定相殺と異なるのか，また，その効果はどのようなものであり，二者間法定相殺とどのように異なるのかという問題が生じることになる。

本章はこれらの問題を解決するために，以下の順に論じていくことにする。まず，民法には，どのような三者間相殺が規定されているのかということを明らかにしていく（本章第２節）。次に，この三者間法定相殺の規定を①Ｂ→Ｃ→Ａ，②Ｃ→Ａ→Ｂ，③Ａ→Ｂ→Ｃの順に類型的に検討することによって，その類型ごとの特徴を検討していく（本章第3節から第5節）。これらを踏まえて，さらに，次章（第3章「三者間法定相殺を巡る判例および裁判例の検討」）へとつなげるために本章のまとめを行うことにする（本章第6節）。

第2節　三者間相殺に関する民法の規定

現行民法には，「第3編　債権，第1章　総則，第5節　債権の消滅，第2款　相殺」に掲げられた相殺に関する一連の規定とは別の箇所（たとえば，連帯債務および保証債務の箇所）に，個別的に定められた三者間相殺に関する規定が存在する。

このように現行民法において，相殺の規定が散在しているのは，次の理由による。旧民法は，「相殺に関する総ての規定を一所に集めん」［廣中 1987，477］という立場を採用していた（旧民法財産編519条から533条がこれに相当する）。これに対して，現行民法においては，「本款に於ては単に相殺に関する通則を掲げ特別の場合に於ける相殺は各其場合に付き之を規定するの明白にして且其当を得たるに若かざる」［廣中 1987，477］ものと考えられ，相殺の規定が散在することになった。

そこで，民法上，「第2款　相殺」以外に見られる「特別の場合に於ける相殺」に関する規定（三者間法定相殺）を順に取り上げると，以下の通りである。

債権者に対して債権を有する連帯債務者の一人による相殺（民法436条1項），連帯債務者の一人の負担部分について，その連帯債務者の債権を利用して他の連帯債務者が行う相殺（民法436条2項），通知を怠った連帯債務者の求償に対する他の連帯債務者による相殺（民法443条1項），主たる債務者の債権をもってする保証人による相殺（民法457条2項），債権者に対して債権を有する連帯保証人による相殺（民法458条の準用する民法436条1項），通知を怠った保証人の求償に対する主たる債務者による相殺（民法463条），債権譲受人に対する債務者の相殺（民法468条2項）である。

これらの規定は，学説において，債務の相互性要件（対立性要件）の例外として位置づけられているものである［我妻 1964, 322-324］。

また，学説では三者間法定相殺の例としては言及されていないものの，主たる債務者が求償の日以前に相殺の原因を有していたことを主張するときは，主たる債務者の意思に反して保証をした者は，債権者に対し，その相殺によって消滅すべきであった債務の履行を請求することができる旨の規定（民法462条２項後段）も，三者間相殺が認められることを前提として規定されたもののようにも見える。

これらの規定を三者間相殺の三類型に形式的に当てはめると，以下のようになる。まず，①Ｂ→Ｃ→🄰として，主たる債務者（B）の債権をもってする保証人（A）による相殺（民法457条２項）や，連帯債務者の一人（B）の負担部分について，その債権を利用して他の連帯債務者（A）が行う相殺（民法436条２項）が問題となる。また，後に述べるように（後述，第３章），相殺を直接に定める条文ではないものの，その解釈によって，この類型に含めることができると考えられるものも存在する（民法479条。後述，第４章）。次に，②Ｃ→🄰→Ｂとして，債権譲受人（C）に対する債務者（A）の相殺（民法468条２項）が問題となる。また，通知を怠った保証人（C）の求償に対する主たる債務者（A）による相殺（民法463条１項の準用する民法443条１項）や，通知を怠った連帯債務者（C）の求償に対する他の連帯債務者（A）による相殺（民法443条１項），主たる債務者の意思（A）に反して保証をした保証人（C）の求償権に対する主たる債務者の相殺（民法462条２項後段）についても，この形に類似したところが見られる。そして，③🄰→Ｂ→Ｃとして，債権者（B）に対して債権を有する連帯債務者の一人（A）による相殺（民法436条１項），債権者（B）に対して債権を有する連帯保証人（A）による相殺（民法458条の準用する民法436条１項）が問題となる。

以下，これらの類型に沿って，順に，第１類型（①Ｂ→Ｃ→🄰，第３節），第２類型（②Ｃ→🄰→Ｂ，第４節），第３類型（③🄰→Ｂ→Ｃ，第５節）の順に論じていくことにする。

第３節　第１類型：Ｂ→Ｃ→Ａ（民法457条２項，436条２項）

第１項　立法理由の検討

保証人が主たる債務者の債権によって債権者に相殺を対抗すること（民法457条２項），および，債権者に対して債権を有する連帯債務者の一人が相殺をしない場合に，その負担部分について他の連帯債務者が相殺を援用すること（民法436条２項）は，学説において，債務の相互性（対立性）要件の例外的な場面に関する記述の中で言及されてきた［我妻 1964，322］［於保 1972，232］［奥田 1992，473］［前田(達) 1993，501］［平井(宜) 1994，222］。

『民法修正案理由書』によると，いずれの条文も旧民法財産編521条を受けて起草されたものである。特に，民法457条２項（主たる債務者の債権をもってする保証人の相殺）の起草理由には，相殺の規定との関係が次のように述べられている。

> 之を明掲したる所以は本案に於ては相殺を対抗せんには必らず当事者より其意志（ママ）を表示することを要し法律上当然に相殺あるものとせざりしと且つは主債務者の債権を対抗すべきものは必ず主債務者なりと言へる如き議論の生ずるを予防せんが爲めなり。［廣中 1987，439］

現行民法457条２項の原案が法典調査会に提出された時点では，現行民法が旧民法と同様に意思表示なくして相殺が効力を生じるという「自動相殺主義」（当然相殺主義）を採用するのか，または，旧民法とは異なって当事者の意思表示による援用を要件とする「意思相殺主義」を採用するのかが明確ではなかった。しかし，保証人が主たる債務者の債権をもって相殺することができると規定している民法457条２項について，梅謙次郎が

「相殺と云うふものは当然生ずべきものとなつて居らずして其場合には特に対抗することを要すと既成法典にもなつて居る程で本案でも多分然う云ふ主義になるかもしれませぬ」［議事速記録 1983, 489］と述べていることから，起草者は，自動相殺主義となっても，意思相殺主義となっても，保証人が主たる債務者の債権による相殺を援用できるということを民法に規定すべきものと考えていたようである。このように，自動相殺主義にせよ，意思相殺主義にせよ，保証人によるこのような相殺の規定を掲げることが必要となるのは，相殺の規定によれば，一方的な意思表示によって相殺を相手方に対抗することができるのは，二者間に債務が対立している場合でなければならないはずだからである。この原則に従えば，主債務者と債権者の間に債務の対立がある場合には，本来的には主債務者および債権者のみが相殺の意思表示により債務を消滅させることができるはずである。そこで，このような問題を避けて，保証人の意思表示による相殺を認めるために，民法457条２項によって，保証人が債権者に対して相殺を対抗することができるということを明らかにしたのである。

梅謙次郎によると，民法457条２項の趣旨は，次の通りである。「主たる債務者は此場合に於て法律上当然相殺を対抗する権利を有するに之を行はずして却て保証人をして其債務を償はしめんとするが如きは法律の宜く許すべからざる所にして若し主たる債務者が之を知れるときは其悪意又は怠慢に因り保証人をして他人の債務を弁済せしむるものにして不当焉より甚しきはなく」，もし主たる債務者が相殺の抗弁の存在を知らない場合には求償に関する「煩雑を省」くことができる。また，この規定をつくることによって「無資力者を生じ先に弁済を為したる者が損失を被むる」ことを避けて公平を維持することができる［梅 1910, 172, 173］。

梅謙次郎のこの説明の要点は，以下の通りである。第一に，この条文によって，当事者の公平が実現できるということである。梅謙次郎は，主債務者が相殺できる状態であるにもかかわらず，保証人に弁済をさせるのは公平ではないことに着目している。これに加えて，公平の観点からは，三者すべてについて，その一人のみが損失を負担するということのないようにすることができるといえそうである。第二に，同条によって，三者間の債権債務関係の簡易な決済を実現するということである。もしもこのような条文がなければ，Ｂ（主たる債務者）とＣ（債権者）の間に債権が対立しているにもかかわらず，両者が相殺をしない場合，次のような三つのステップを経ることが必要になる。すなわち，①保証人（A）が債権者（C）に対して保証債務を履行することによって，Ａから主たる債務者（B）への求償権が発生（および主たる債務が法定移転）する。②ＣがＢに別途に負っている債務を履行する。③ＢがＡに負う求償債務を履行する。しかし，これらは迂遠である。そこで，民法457条２項が存在することによって，この三つのステップを一々経ることなく，意思表示のみによって一挙に債権債務関係を解決することができる。

連帯債務に関する民法436条２項の趣旨も，同様に，求償に関する「無用の煩労」を避け，「無資力を生ずる」危険を回避して公平を維持することにあると説明されており［梅 1910，114］，ここまでに説明した保証人の場合と同様である。

第２項　相殺の「対抗」（民法457条２項）および相殺の「援用」（民法436条２項）の意味に関する学説の対立

このように，民法457条２項および436条２項の規定が簡易な決済を実現し，公平にもかなうということから，当事者にとって有益であるということは明らかである。しかし，民法457条２項における保証人による相殺の「対抗」，および，民法436条２項における他の連帯債務者による相殺の「援用」の意味をどのように解するかについては，学説において，議論の存するところである。そこでは，以下のように，(A)延期的抗弁権として構成する立場と，(B)永久的抗弁として構成する立場とが存在する。

(A)　延期的抗弁権説

学説には，保証人による相殺の「対抗」（民法457条２項）および他の連帯債務者による相殺権の「援用」（民法436条２項）の意味を次のように解するものが存在する。すなわち，ドイツ民法770条２項が保証人に対して履行拒絶の抗弁権のみを認めているように，わが国においても，他人が相殺権の行使に介入することを認めるのは妥当ではなく，保証人または他の連帯債務者に弁済を拒絶する抗弁権を与えたにとどまり，相殺権を有する主たる債務者または連帯債務者の一人に代わって相殺の効果を生じさせる権限を与えたものではないと解すべきであるとする［我妻 1964，413，483］［沢井 1980，100］［奥田 1992，356，398］［前田(達) 1993，330–331，363］［鈴木 2001，441］［淡路 2002，356］［潮見 2005，557，558］［中田 2011，483］。以下，このような考え方を「延期的抗弁権説」という。債権法改正の議論においても，このような立場から，「主たる債務者が債権者に対して相殺権を有するときは，保証人は，その限度で，債権者に対する履行を拒むことができる」との立法提案がなされ［民法（債権法）改正検討委員会 2009，441–442］，パブリック・コメントのための「民法（債権関係）の改正に関する中間的な論点整理」［法務省民事局参事官室 2011，42］においても同様の意見が述べられている。また，民法436条２項については，「廃止」の立法提案がなされ［民法（債権法）改正検討委員会 2009，407–409］，パブリック・コメントのための「民法（債権関係）の改正に関する中間的な論点整理」［法務省民事局参事官室 2011，37］においても，抗弁権的に構成するか，削除するかという二つの案が示されている。

さらに，近年の学説では，このような延期的抗弁権的構成を次のように補充性から説明するものが存在する。

> かりに相殺主張権がなかったとしても，普通保証人であれば，債権者からの請求に対して検索抗弁を主張し，主債務者の反対債権を指示することができる（453条）。そして，本来であれば連帯保証人は検索抗弁をもたないが（454条），次のように考えることができる。検索抗弁の要件として，保証には主債務者の財産を指示し，かつその財産への執行が容易であることを証明しなければならないのであって，……相殺について債権者は意思表示をするだけで足りるのだから，執行の容易さは動産などの比でない。こ

> のために反対債権を指示するような場合に限定すれば，検索抗弁を連帯保証人に認めても債権者に大きな不都合はないのであって，それが相殺主張権なのではないだろうか。これと同じことは連帯債務にもいえる。……右は試論にとどまるが，相殺権主張を補充性の拡張として捉えれば，債権者の全額請求権に対する制限を説明できると同時に，検索抗弁と同じく相殺主張権の放棄特約を認めることになる。また，従来の学説では相殺主張権を履行拒絶権と理解するものがあり……，それは右の説明に合致する。［福田 1999，79］

(B)　永久的抗弁説

これに対して，延期的抗弁権説には，次のような批判が存在する。

> 抗弁説〔前述の延期的抗弁権説〕では相殺がされなかった場合に，保証人の保護として十分ではない。相殺の意思表示を必要としながら，当然相殺主義での保護を修正しない趣旨であるとすれば，436条２項を根拠に，保証人に相殺まで認めてよいように思われる。［平野 2005，393］

そして，判例（大判昭12・12・11民集16巻24号1945頁）および有力な学説［於保 1972，232］［浜上 1993，390］［川井 2002，224］では，保証人（または他の連帯債務者）の相殺によって，主たる債務者（または連帯債務者の一人）が有していた相殺権の効力を生じさせることができると考えられている。そして，この結果として，主たる債務（または連帯債務者の一人の負担部分）が消滅するものとされている。以下，このような考え方を「永久的抗弁説」という。

このように，保証人または「他の連帯債務者」による相殺の援用の意義については議論の存するところであり，以下において，旧民法およびフランスでの議論を通じて，この問題を検討していく。

第3項　旧民法の規定

わが国では，すでに，旧民法において，次のように，①保証人についても，②他の連帯債務者についても，それぞれ，主たる債務者または連帯債務者の一人の相殺権を債権者に対抗することを認めていた。

> **旧民法財産編521条**　①　主たる債務者は自己の債務と債権者が保証人に対して負担する債務との相殺を以て債権者に対抗することを得ず。然れども訴追を受けたる保証人は債権者が主たる債務者……に対して負担する債務の相殺を以て対抗することを得。
> ②　連帯債務者は債権者が其連帯債務者の他の一人に対し負担する債務に関しては其一人の債務の部分に付てに非ざれば相殺を以て対抗することを得ず。……

ボワソナードは，次のようにして，債務が連帯性，不可分性を有する場面においては，債務の相互（対立）要件を緩やかに解することができると考えていた［Boissonade 1883〔1983〕, n°s 607–610 (pp. 685–689)］（旧民法の相殺の要件については，後述，第5章第2節第2項を参照）。

> 本条〔旧民法財産編521条〕は，法定相殺に要求される第1の要件，すなわち，二つの債務が「主たるもの（principales）」であり，「本人のもの（personnelles）」でなければならないという要件に従い，これを適用するものである。ただし，共同債務者間および共同債権者間については，連帯と不可分を生じさせる関係が，債務の固有性〔相殺を主張する者の債務であるということ〕（la personnalité）に対して一定の拡大を与える。そこにおいては，本条の四つの各号の特例を要するいくつかの区別がある〔同条1項は保証債務の場合，2項は連帯債務の場合，3項は連帯債権の場合，4項は不可分債務の場合〕。［Boissonade 1883〔1983〕, n° 607 (p. 685)］

ボワソナードがこれらのものについて相殺の援用を認めた理由を以下に，

(A)保証人が主たる債務者の相殺権を援用する場合，(B)「他の連帯債務者」が「連帯債務者の一人」の相殺権を援用する場合の順に検討していく。

(A)　保証人が主たる債務者の相殺権を援用する場合

旧民法財産編521条１項前段において，保証人が債権者に対して債権を有していたとしても，主たる債務者は，これを利用して自己の主たる債務を相殺することはできないとされている。このことについて，ボワソナードは，次の四つの理由を指摘する。

> まず，保証人の〔保証〕債務は，従たる債務であって，彼自身が訴追される前においては，彼に債権者が負う債務〔保証人の債権者に対する債権〕と当然に相殺されるということはない。次に，保証人の債権は，主たる債務者自身のものではない〔から債務が対立していない〕。さらに，このような相殺が可能であるとすれば，偶然にも，主たる債務者が，保証人と同様に，債権者の債権者であるという場合に，〔主たる債務者の債権による相殺と保証人の債権による相殺との間で〕許容しがたい二つの相殺の競合が生じうるだろう。最後に，それが唯一の理由であるとしても，保証人に債務を負っている主たる債務者の相殺を除外するにそれだけでも十分な理由として，債務者は保証人に対して彼のために弁済することを強いることは許されないということがある。ところが，〔債務者が保証人の債権を利用してする〕相殺は，このような結果をもたらしてしまう。債権者のみがこのような権利を有し，そして，保証人の章（第４章）でみるように，それは，一定の要件と制限に服すのである。[Boissonade 1883〔1983〕, n° 608 (pp. 685-686)]

このように，主たる債務者は，保証人の債権を利用して自己の債務を相殺できないということが明確にされている。その理由は，ボワソナードの説明によると，保証債務の補充性に起因するものと考えられている。

これに対して，旧民法財産編521条１項後段において，保証人は主たる債務者の相殺権を援用できることが規定されている。ボワソナードは，この理由を次のように述べる。

債権者が主たる債務者に債務を負っているにもかかわらず保証人を訴追した場合には，保証人は，債権者に対して主たる債務者の相殺権を対抗することができる。なぜならば，主たる債務に伴うすべての抗弁は，保証人によってその免責のために行使されることができるからである。ただし，この場合においても，その相殺は法律上のもの〔自動相殺〕ではなく，単に任意上のものである。この問題の利益は，もっぱら論理的なものというわけではない。相殺が法定のものであるとすれば，〔意思表示を必要とせずに要件が備わった時点において〕当然に効力を生じ，二つの債務の対立と利息は，双方的な貸金であれ，一方的なものであれ，その時からなくなる。これに対して，相殺が任意上のものであれば，利息の発生は，それが対抗された時にはじめて遡及効を伴わずに停止する。[Boissonade 1883〔1983〕, n° 608 (p. 686)]

このボワソナードの説明において興味深いことは，保証人が主たる債務者の相殺権を援用することができる理由を「主たる債務に伴うすべての抗弁は，保証人によってその免責のために行使されることができる」ということに見出している点である。すなわち，従たる債務を負担する保証人は，その債務の付従性を理由として，主たる債務の抗弁を行使することができるのである。

なお，ここで述べられている「任意上の相殺」とは，旧民法では，法律上の相殺と区別されており，「法律が法律上の相殺を許ささる為め利益を受くる一方の当事者より之を以て対抗することを得」るものであり，これは，「既往に遡るの効〔遡及効〕を有せず」とされている（旧民法財産編531条）。任意上の相殺については，相殺契約ともかかわる問題であるから，後に，第5章第2節第2項にて，再び言及する。

(B)「他の連帯債務者」が「連帯債務者の一人」の相殺権を援用する場合

「連帯債務者の一人」の相殺権を「他の連帯債務者」が援用することを認める旧民法財産編521条2項に関するボワソナードの説明を検討していくことにする。この前提として，ボワソナードは，「他の連帯債務者」が負っている連帯債務が，本人の負担部分と「連帯債務者の一人」の連帯保証部分とから成り立っていると考えていたこと（相互保証説）を以下に確認しておくことにする。

> 連帯に関しては，ここまで，付随的に現れただけであって，ここで問題となっている状況に影響する混合的性質を示す機会がなかった。連帯債務者は，全員でその債務を負っている。このことは，その言葉が示している。しかし，連帯債務者は，彼自身の名前では，その一部しか負担していない。〔負担部分以外の〕残りについては，彼は，他の者の名において，保証人として負っている。このことは，すべての観点について，彼が通常の保証人として扱われるということを意味するのではない。特に，連帯債務者は，後にみるように，保証人が有する検索の抗弁および分別の利益を持たない。しかし，連帯債務者が弁済した場合には，彼が他の者に対して取得する求償権こそ，他の者の負担部分について，連帯債務者が連帯保証人であることを示すものである。［Boissonade 1883〔1983〕, n° 609（p. 687）］

このように，ボワソナードは，「連帯債務者の一人」の負担部分について「他の連帯債務者」が連帯保証していると考え，「他の連帯債務者」が「連帯債務者の一人」の相殺権を援用する場合についても，先ほど述べた保証人の理論を当てはめて次のように説明している。

> 連帯債務者の一人に債務を負っている唯一の債権者が相殺の原因を有していない他の債務者の一人を訴追する。この場合に，被告は，債権者とその共同債務者の一人の間ですべての債務について相殺が生じたと主張して，完全に訴追を免れるということはできない。まず，この相殺は，間接的に，その共同債務者に弁済の負担を課すことになり得る。ところが，債権者のみがその訴追においてなした選択によってこれをなし得るのである。次に，訴追されていない共同債務者は，その負担部分を除く他のすべての部分については保証人の立場にあり，第１項にみられるように，相殺は，その権限〔主たる債務者の権限〕によっては援用できないのである。しかし，その共同債務者の負担部分については，相殺を援用することができる。なぜならば，彼は，その負担部分については，〔債権者との間で〕「互いに主た

るもの」として負っているからである（注）。[Boissonade 1883〔1983〕, n° 609 (p. 687)]

（注）本条に提示した解決策は，フランスでは，1294条3項〔連帯債務者は，その共同債務者の債権による相殺をもって債権者に対抗することができない〕によって示されているところであるが，あいまいさを残している。しかし，支配的見解であって，公平および物事の原則を満足させるように見える唯一の考え方は，このプロジェによって採用されているものである。フランス民法典も，実際には，なされた全部の相殺については認めようとしないものと考えることができる。

イタリア民法典（1290条）は，本プロジェと同様に，一部の相殺を認めている。[Boissonade 1883〔1983〕, n° 609 (pp. 687–688)]

ここまでにおいて述べた(A)保証人が主たる債務者の相殺権を援用する場合，(B)「他の連帯債務者」が「連帯債務者の一人」の相殺権を援用する場合について，ボワソナードは，両者を統一的に「保証債務」の性質から説明していた。すなわち，主たる債務者の地位に立つ者が保証人の地位に立つ者の債権を利用して相殺しようとする場合には，保証債務の補充性からその効果が否定される。これに対して，保証人の地位に立つ者は，保証債務の付従性から，主たる債務者の債権を利用して相殺を対抗できるとするのである。

第4項　フランスにおける保証人による相殺の援用

(A)　保証人による相殺の援用に関するフランス民法典1294条1項および2項

ここまでにおいて述べたボワソナードの見解を参考にすると，保証人による相殺の「対抗」（民法457条2項），および，他の連帯債務者による相殺の「援用」（民法436条2項）は，「保証人（連帯債務者の一人の負担部分について連帯保証する他の連帯債務者）がその免責を得るためには，主たる債務（連帯債務の場合には負担部分）に付随するすべての抗弁を行使することができる」ということによって説明できそうである。

このような原則は，現行民法には明らかにされていない。しかし，フランス民法典には，この原則が「保証人は，主たる債務者に属し，主たる債務に属しているすべての抗弁をもって債権者に対抗することができる」（同2313条〔旧2036条〕）と明記されている。そして，これに従って，フランス民法典1294条１項は，「保証人は，主たる債務者の債権による相殺をもって債権者に対抗することができる」ことを明らかにしている。そこで，判例には，たとえ主たる債務者が相殺を援用することを放棄したときでも，保証人は，債権者と主たる債務者との間の相殺を援用することができるとするものがある（Cass.com., 26 oct. 1999, *Bull. Civ.* IV, n° 181）。

これとは反対に，フランス民法典1294条２項では，「主たる債務者は，保証人の債権による相殺をもって債権者に対抗することができない」ことが規定されている。このように，保証人の債権を利用した主たる債務者による相殺が否定されるのは，以下の理由によるものと説明されている。

> この規定〔フランス民法典1294条１項および２項〕は，保証人の債務の負担が，保証人の債権者の他の債権者〔債権者に対して債権を有する主たる債務者〕によるものである場合には，その負担を徹底的に保証人に背負わせるということにならないようにしようという希望がこめられていると説明されている。もしもこの規定がなければ，債務者は，保証人に由来する相殺によって債権者が満足を享受しているということを援用して，債務から解放されることになるからである。そうだとすると，保証人に最初に弁済することを強いることになり，保証人の求償訴権しか行使できないようにして，債務者は時間を稼ぐことができることになってしまう。［Mouly 1979, n° 115］

このように，フランスでは，保証債務の補充性から，保証人の債権を利用した主たる債務者による相殺を禁じているのである。ただし，一旦，保証人または債権者が相殺を援用した場合には，以下に引用するように，保証人の債権による相殺に基づいて主たる債務が消滅したことを，主たる債務者も主張できるとされている。

> この目的〔フランス民法典1294条2項の目的〕は，債務者が相殺を始動させることを禁じるだけであり，相殺を始動させることのできる権利者によって相殺が実行された場合には，その援用を妨げるものではない。相殺の始動の相対性は，消滅に通じており，その効果がすべての人に対して効力を有することは，債権者の満足を完全に実現することによって説明されている。[Mouly 1979, n° 115]

わが国の学説では，先に述べたように（本節第2項(A)。24-25頁），保証人が主たる債務者の相殺権を援用することができる根拠を補充性に求める見解が存在した。しかし，ボワソナードおよびフランス民法典の立場によると，このような相殺権の援用は，保証債務の付従性から導かれ，逆に，主たる債務者が保証人の債権によって相殺できないことは，保証債務の補充性から導かれているのである。

(B)　他の連帯債務者による相殺の援用に関するフランスでの議論

フランス民法典では，連帯債務者については，わが国とその規定を異にしている。フランス民法典1208条2項は，以下のように，共同債務者の一人は，他の共同債務者に関する一身上の抗弁を対抗することができないとしている。

> **フランス民法典1208条2項**　〔債権者より請求を受けた共同債務者の一人は，〕他の共同債務者に関する一身上の抗弁については対抗することができない。

そこから，連帯債務者の一人Bが債権者Cに対して債権を有していたとしても，他の連帯債務者Aは，Bの負担部分についてその相殺権を援用できないことが，フランス民法典1294条3項において次のように明らかにされている。

フランス民法典1294条３項　連帯債務者は，共同債務者の債権による相殺をもって債権者に対抗することができない。

これは，相殺の抗弁を有する連帯債務者の一人の意思にも，債権者の意思にもかかわりなく，他の連帯債務者が相殺を主張することができるのは不当であるとの理由から規定されたものである。

しかし，フランスの学説は，この条文に対して批判的であり，フランス民法典1294条３項の規定にもかかわらず，わが国の民法と同様に，総額について請求され，そして，弁済を強制される場合に求償権を獲得する連帯債務者の一人は，他の連帯債務者が債権者に対して債権を有している場合に，その負担部分について相殺の対抗を許されねばならないと考えられている［Aubry, Rau 1902］（［Terré, Simler, Lequette 2009, n° 1254（p. 1192)］も参照)。ボワソナードは，このような疑義のあるフランス民法典の規定をわが国に導入せずに，先に引用したように，負担部分については，他の連帯債務者が相殺を援用することができるというフランスにおける学説の支配的考えを旧民法に導入したのである。

第５項　わが国における保証人または他の連帯債務者による相殺の援用の意義

ここまでの検討を踏まえて，保証人（または，他の連帯債務者）による主たる債務者（または，他の連帯債務者）の有する相殺権の援用の意義について検討をしていくことにする。

ここまでにおいてみたように（本節第３項，第４項)，フランス民法典では，2313条によって，債務者に属するすべての抗弁を援用できるという保証人保護の原則が明らかにされ，これに基づいて，主たる債務者の相殺権を保証人が援用できると説明されてきた。このことは，学説において，連帯債務者についても同様に考えられるべきであると主張されてきた。そして，その考えを受け継いで，ボワソナードは，旧民法に，保証人と連帯債務者の一人について相殺権の援用を認める規定を備えた。

わが国の民法には，フランス民法典2313条にみられるような規定は存在していない。しかし，学説では，保証債務の付従性から，以下のように，フランス民法典2313条に規定された原則と同様の原則がわが国でも採用されるべきものと考えられている。

> 保証人は，主たる債務者の有する抗弁権を援用することができる。このことを明言する立法例が多い。わが民法には規定はないが，同様に解すべきである。けだし，保証債務は，別個の債務だとしても，主たる債務の履行を担保することが目的なのだから，主たる債務の効力を制限する抗弁権は，保証人もまたこれを援用してその債務を制限することができると解さなければ，保証債務の附従性に反することになるからである。［我妻 1964, 481］

そこで，このような保証人を保護するための原則に基づいて，わが国でも民法457条２項において「保証人は，主たる債務者の債権による相殺をもって債権者に対抗することができる」とされているものと位置づけることができそうである。

ところが，わが国において主張されている延期的抗弁権説によれば，相殺権を有している主たる債務者または連帯債務者（B）が相殺権を放棄してしまった場合には，保証人または他の連帯債務者（A）は，その後に債権者（C）から請求を受けた場合に，それを拒絶できないことになってしまいそうである。前掲［梅 1910］に述べられていたように（22頁），Bが相殺によってその債務（または負担部分）を容易に消滅させることができるにもかかわらず，相殺を行わずに，保証人の地位にあるAに弁済させることになるのは不当である。これについては，Aの求償権が確保されれば足りるとも考えうる（［平井(宜) 1994, 312］を参照)。しかし，たとえ保証人（A）が求償権を取得することができるとしても，この求償権の実現は確実なものとはいえないのであるから，求償権の確保によるよりも，債権者と主債務者間で債務が相殺されることによってそもそも求償権を発生させることなく保証人（A）が確実にその責任から解放されるという手段は，保証人保護に資するものである。これは，広い意味では保証人の求償権が確保されたとみることもできそうであるが，実際は，求償権が発生していないのであるから，求償権の確保というよりも，保証債務からの直接的な解放といえる。すなわち，Aは，自己がBのために負っている責任を免れるために，BのCに対する債権を自働債権とし，Bが負う債務を受働債権とする相殺を援用することができると考えるべきである。これによって，債権者（C）の満足を確保しつつ，保証人（A）は，確実にその責任から解放されることになる。

そこで，相殺の効力をその利益を享受する「当事者の一方」の意思表示に委ねたという原則（わが国の民法506条）に重きを置いて，延期的抗弁権説を採るのであれば，次のように構成することが考えられる。すなわち，AがCに対して，BC間に相殺の原因が存在したことを主張すると，たとえBとCとの間に直接的な相殺の効力を生じさせないとしても，もはやAは，その責任（保証債務，または，他の連帯債務者の負担部分に関する保証部分）から解放される。その後になって，BまたはCが相殺権を放棄したとしても，この放棄はAに影響を及ぼさない。言い換えれば，BまたはCは，その相殺権の放棄をAに対抗することができない。

しかし，このように解したとしても，延期的抗弁権説では，なお，なぜAがCに対してBC間の相殺を援用することができるのかという理由を明らかにする必要がある。

この点について，先に述べたように，［福田 1999］が延期的抗弁権説を保証（および連帯債務者の負担する連帯保証部分）の補充性から説明していることが注目される。この学説は，保証の場合と連帯債務の場合とで統一的な説明を行っている点に特色がある。しかし，連帯保証と保証の違いは補充性の有無にあるために，連帯保証の場合に（したがって，連帯債務の場合にも）補充性を肯定することについては理論的に困難であるように思われる（なお，物上保証について民法457条２項を類推適用することを認める有力説に立つと，延期的抗弁権では不都合が生じることについては，後述，第３章

第２節第３項(B)〔特に，77頁〕を参照)。

そこで，これらの問題を解決するために，筆者は，永久的抗弁説に立って，保証人が主たる債務者の相殺権を援用することができ，これにより，主たる債務が消滅すると考えるべきであり，このことを以下のように説明できると考える（後述，第３章第２節第３項，75頁以下でも検討する)。

この問題を解決するには，フランス民法典において，「保証人は，……債務に属しているすべての抗弁をもって債権者に対抗することができる」（フランス民法典2313条）とされていることが参考になる。すなわち，保証人は，主たる債務の消滅原因となる相殺権を援用できると考えることができる。このような相殺の援用権者の拡張は，保証人が主たる債務の消滅について直接的な利益を有することからも説明することができるだろう。

上記の考え方は，延期的抗弁権説における近年の学説が保証債務の補充性から相殺権の援用を導いていたのとは異なって，先に述べたボワソナードの見解と同様に，保証債務の付従性から，主たる債務の消滅原因に関する相殺権の援用を導くものである。この考え方では，連帯保証には補充性がないという性質を尊重しつつ，主たる債務者または連帯保証人の一人が債権者に対して有する債権をもって保証人や他の連帯債務者が相殺を主張することができることを統一的に説明することが可能となる。さらに，この考え方は，起草者が無資力の危険性を回避することを理由として挙げていたことにも合致するものである。このように考えると，主たる債務者が相殺によって容易に債権者を満足させ，保証人を免責することができる場合に，この主たる債務者には，債権者による保証人への追及を防ぐ義務（保証人を免責させる義務）があるということも可能だろう。従来，学説においても，保証人による相殺権の援用は，保証の付従性と結びつけられてきた（[我妻 1964，483] も，これを，保証の付従性に基づく主たる債務者の抗弁権を行使する保証人の権利に関する記述において言及している)。それにもかかわらず，学説は延期的抗弁権を採用してきた。しかし，付従性を貫徹するには，永久的抗弁説に立つ必要があると考えられる。

第６項　保証人および「他の連帯債務者」による相殺の援用の位置づけ

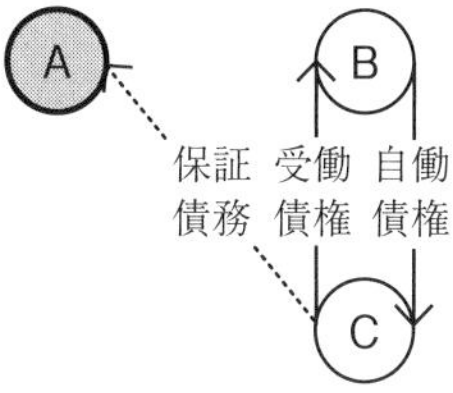

図３　援用者拡張型の一般的モデル

ここまでにおいて検討したように，保証人（または，他の連帯債務者）Ａが主たる債務者（または，連帯債務者の一人）Ｂの債権者Ｃに対する債権によって主たる債務（または，連帯債務の負担部分）を相殺する場面では，相殺の対象となっている債権が二者間，すなわち，ＢおよびＣに対立している状況において，第三者Ａが相殺権を援用するところに特徴がある（図３）。

本書の類型化によれば，①Ｂ→Ｃ→Ⓐにおいては，二つの債権は三者にまたがって存在する。ところが，保証人や他の連帯債務者の相殺についてみると，相殺に供される債権は，BC二者間で対立している。そこで，この場合に，相殺の意思表示の時点において，消滅すべき債権が二者間に対立していることに着目すれば，これは，二者間法定相殺の問題にもみえる。しかし，二者間法定相殺は，「当事者の一方から相手方に対する意思表示によってする」（民法506条１項）必要がある。これに対して，保証人および「他の連帯債務者」による相殺の援用の場面は，債権が対立している当事者BCではなく，第三者Ａが「意思表示」をしている。したがって，本来的には，その相殺の意思表示は，民法505条１項本文に規定された二者間法定相殺の効果を生じ得ないはずである。それにもかかわらず，相殺が効力を生じるとすれば，それは，民法505条以下の二者間法定相殺の一般規定から外れる場面として位置づけられることになる。このようにして，二者間で債務が対立していても，相殺権を援用する者が当事者以外の第三者である場合には，二者間法定相殺の例外として，なぜこのような相殺が認められるのかが問題となる。

そこにおいて，保証人および「他の連帯債務者」に相殺の主張が認められているのは，以下の理由による。保証人（または，他の連帯債務者）Ａは，主たる債務者（または，連帯債務者の一人）Ｂのために保証債務を負う者であり，相殺に供される受働債権は，主たる債務（または，連帯債務の負担部分）である。そこで，自働債権が主たる債務者（または，連帯債務者の一人）のものであって，主債務者と保証人とは異なる法人格であるにしても，保証債務は主たる債務と運命を共にする関係にあること（保証債務の付従性）によって，保証人（または，他の連帯債務者）は，主たる債務の相殺を援用することに直接の利益を有するといえる。このように相殺権の援用者が拡張されている三者間法定相殺を，以下では，「相殺の援用者拡張型」と呼ぶことにする。

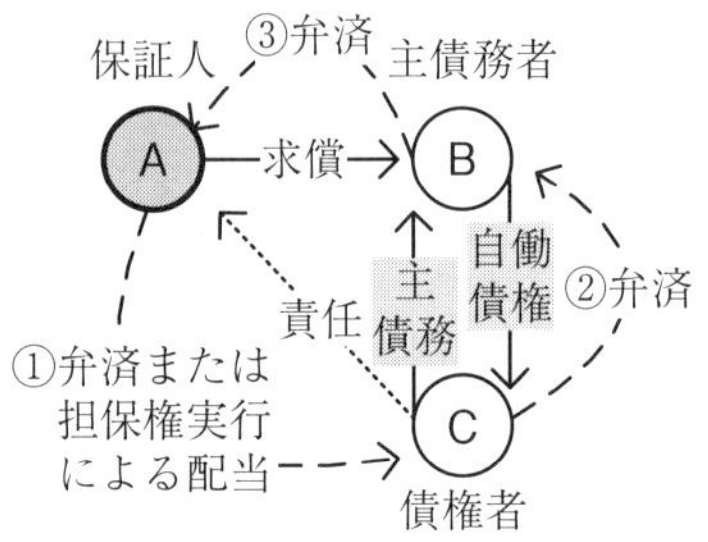

図４　相殺の援用者拡張型の意義

相殺の援用者拡張型においては，Ａの相殺を認めることによって，以下のように弁済が簡易になる（図４）。もしもＡの意思表示による相殺が認められなければ，①Ａによる保証債務の履行，②Ｃによる債務（自働債権に当たるもの）の履行，③Ｂによる求償債務の履行という三者間の循環的な三つの債権の実現過程が必要となる。しかし，Ａの意思表示によって相殺ができるならば，これらのそれぞれが現実に履行されることなく，三者間の法律関係は，一挙に簡易に実現されるに等しいことになる。このように，Ａの相殺の援用は，三者間の現実の履行を意思表示のみで簡易に実現する手段となっている。相殺の援用者拡張型においては，相殺に供される二つの債務は，確かにBC間に対立している。しかし，三者間の循環的な弁済を省略して，Ａの一方的意思表示のみによって簡易に決済するものである。そのために，これは，二者間相殺の例外としての三者間相殺の一つと考えることができる。

第７項　第１類型のまとめ――相殺の援用者拡張型

本節では，債権者Ｃに対して債務を負う主債務者Ｂのために保証債務を負う者Ａが自己の責任を免れるために，BC間に存在する相殺権を援用することができる場面（相殺の援用者拡張型）について検討した。この場面に関する規定として，保証債務については民法457条２項が，連帯債務については同436条２項が，連帯保証債務については同436条２項を準用する同458条が存在する。

第１類型に属する相殺の援用者拡張型の特徴は，意思表示の時点において，二者間に対立する債権の相殺を第三者が主張するところにある。このようにして，相殺権の援用権者が拡張されている点に着目すれば，民法505条以下の法定相殺からその効果を導くことは困難である。そこで，相殺の援用者拡張型は，三者が二つの債権の相殺に関与しているという点において，二者間相殺の例外といえる。

このような保証人の相殺について，従来，学説には，これを単なる抗弁権として理解する立場も主張されてきた。しかし，ここまでにおいて検討したように，保証人が主張するこのような相殺は，保証債務の付従性，すなわち，保証債務は主たる債務と運命をともにする関係にあるということから導かれるものである。そこで，保証人は，主たる債務者が永久的抗弁として行使することができる相殺権を，保証人として行使することができるものと考えられる。このように永久的抗弁として構成する方が，延期的抗弁権として構成するよりも，保証人の保護にも資する。

第4節　第2類型：C→[A]→B（民法468条2項）

第1項　債権譲受人に対する債務者の相殺（民法468条2項）

(A)　三者間相殺としての位置づけ

本書の「はじめに」において述べたように，国際的な議論においても，債権譲渡がなされた場合には，相殺の意思表示の時点において，譲渡人，債務者，譲受人の三者間に二つの債権がまたがっているとしても，これらを相殺することができると考えられている。わが国でも，民法468条2項は，「譲渡人が譲渡の通知をしたにとどまるときは，債務者は，その通知を受けるまでに譲渡人に対して生じた事由をもって譲受人に対抗することができる」と規定している。加えて，同条1項は，「債務者が異議をとどめないで前条〔民法467条〕の承諾をしたときは，譲渡人に対抗することができた事由があっても，これをもって譲受人に対抗することができない」と規定しており，同条2項とあわせて読むと，債務者は，「異議をとどめない」承諾をしたのでなければ，譲受人に対して，譲渡人に主張することができた事由を対抗できると考えられている。そして，相殺もこの「事由」に含まれると考えられている。

債権譲渡後に主張される相殺の抗弁は，以下のような二つの方向から分析することが可能である。

第一に，これを，二者間相殺の延長線上に位置づけ，二者間相殺の対抗力に関する問題とみることも可能である。従来，債務者の「相殺への期待」として，相殺の担保的機能に関する議論が展開されてきた局面においては，このような問題の捉え方が主流であったように思われる。すなわち，債権譲渡後になされた意思表示の時点において相殺適状にない――債権が対立していない――にもかかわらず，譲渡前に債権が対立していたということをもって，譲渡人と債務者の二者間で認められる「公平」を債権譲受人にも対抗することができるという発想（相殺の担保的機能を公平に基づいて説明する学説や最二判昭32・7・19民集11巻7号1297頁の考え方，および，それに対してなされてきた学説の批判については，［深川 2008，3，16-17，20-21，47-49］を参照）や，譲渡債権に付着した相殺の抗弁を譲受人に対抗できるという発想（学説については，［深川 2008，25］を参照）がこれに当たる。また，本書のはじめに紹介したPECLについても，「債権譲渡は債務者を害してはならない」［潮見，中田，松岡 2008，87-88］ということを強調すれば，債務者の抗弁権の存続（接続）の問題として考えることもできそうである。筆者も，［深川 2008］において，債務の対立性は欠くことができない本質的なものであるとの立場から［深川 2008，83，85-86，211］，対立する債務間の牽連性が債権の対立要件を補充することによって，相殺適状が満たされたのに等しい状態が生まれるものと考えた［深川 2008，134-154，419-426］。このように，二者間の公平や，抗弁の接続，債権の対立要件の補充という発想は，債権譲渡後の相殺を債権譲渡前の二者間の事情の対抗（二者間相殺の延長的問題）として捉えるものといえるだろう。「譲渡人に対して生じた事由をもって譲受人に対抗することができる」（民法468条2項）という文言からすれば，このような解釈が成り立ちうる。

第二に，これは，二者間相殺の例外すなわち，三者間相殺の規定として捉えることも可能である。本書の「はじめに」において紹介したように，PECLは，その説明において，債権譲渡における相殺の抗弁を二者間相殺の例外，すなわち，相殺は「二人の当事者」の間で生じるという要件の例外であると述べていた［The Commission on European Contract Law 2003］。PECLは，相殺の意思表示時点において要件が満たされているかどうかということを確認すればよいという考えに立っている。この考えを尊重すれば，「債権譲渡は債務者を害してはならない」としても，債権譲渡後に相殺を認めることはできないはずである。そこで，PECLは，債権譲渡後の相殺について，三者間相殺を正面から認めたといえるだろう。近時の学説として，［山本 2011，31］は，「過去に債権が相互対立していたことを要件として，意思表示の時点で受働債権に相互対立していない債権を自働債権としての相殺を許容する，すなわち相殺の要件の緩和と見ることもできる」と述べている（ただし，同稿は，「要件緩和の正当性をいかに基礎づけるかという問題は残る」として，「抗弁の問題として捉えるなら，債務者の利益と債権の流通性の確保をどのあたりで調和させるのが妥当かという，相殺の可否として考察する場合とは異なる視角の問題となろう」とも指摘している）。そこで，本来的に，意思表示によって相殺の効力が生じるという意思相殺主義を採用するわが国の相殺制度の下では，債権譲渡の対抗要件が備えられた後になされた相殺は，三者間相殺として理解することが可能である。実際に，わが国における教科書・体系書においても，債権譲受人に対する相殺権の主張は，債務の相互性要件の例外において紹介されている［我妻 1964, 323］。また，民法は，民法505条以下に規定された「相殺に関する通則」，すなわち，相殺適状が要求される二者間法定相殺から外れるものを「特別の場合に於ける相殺」として個別的に規定しており（前述，本章第２節。19頁），民法のこのような編成からすれば，債権譲渡後の相殺は，二者間相殺の例外（三者間相殺）ということができる。この立場からすれば，債権譲渡後の相殺は，二者間相殺の議論とは一線を画したものとして扱われることになる。

このように，民法の規定からして，債権譲渡後の相殺は，二者間相殺の延長（対抗の問題）としても，三者間相殺の問題としても検討をすることが可能である。債権譲渡後の相殺については，このように二つの考え方がありうるが，本書は，三者間相殺の理論的問題を解明するという観点から，第二の立場に立って，すなわち三者間相殺の問題として債権譲渡後の相殺について検討する。第二の立場からは，次のように考えることになる。すなわち，意思表示の時点において相殺要件を満たしていなければならないという法定相殺の原則を尊重すれば，債権譲渡後の相殺は，二者間相殺の要件である相殺適状を問題とせずに，牽連性を要件の一つとする三者間相殺として位置づけられる。

(B)　債権譲渡後の三者間相殺の意義

保証人による相殺権の援用を認めた場合には三者において決済を簡易に

するという機能がみられた（前述22-23，38頁）。これと同様に，債権譲渡後の三者間相殺にも，このように，弁済を簡易にする働きが認められる。AB間で対立していた二つの債権（α，β）のうち，Bが自己のAに対するβ債権をCに譲渡したことによって，C→A→Bと債権が存在することになった場合に，Aによるこの二つの牽連する債務の間の相殺を認めることは，以下の点において，三者間の決済を簡易にし，当事者の便宜に資することになる。もしもこのような相殺が認められていないとすると，①債権の譲受人（C）は，有償でβ債権を譲り受けた場合，債権の譲渡人（B）に債権譲渡の対価を弁済し，②Bは，α債権を弁済し，③AはCにβ債権を弁済するという三つのステップを経なければならない。しかし，α債権とβ債権との相殺を認めることにより，②③のステップを簡略化することができる。さらに，もしも，BがCに負う債務のために，β債権の譲渡が行われたのであれば，さらに，①のステップも相殺によって省略することが可能となる（このような相殺については，第４章において検討する）。このように，保証人による相殺権の援用と同様に，債権譲渡における三者間相殺も，債務の簡易な決済を実現する。

決済の簡易化という観点からすれば，ABCのいずれにもメリットがあるこのような相殺を広く認めてもよい，ということになりそうである。しかし，債権譲渡後の相殺については，相殺の担保的機能の問題として議論されてきたように，平時ではなく，Bの資産状況が悪化したときに問題とされる。その場合には，前述のような決済の簡易化ということはメリットとならず，相殺によりBに対して有する自己の債権の回収を図ろうとするAと，債権譲渡によりBに対して有する自己の債権の回収を図ろうとするCとは，利益の対立する債権者としてあらわれることになる。そこで，この競合する債権者の間の優先関係を明らかにするために，相殺を対抗することができる範囲が問題となる。

民法468条によって，どのような要件の下で，相殺を対抗することができるかという問題は，「相殺の担保的機能」の問題として，これまで様々に議論されてきた［深川 2008，6-31］。前述のように，筆者は，この場合には，PECL やフランスの判例において採用されている要件と同様に，対立する債務の間に牽連性がある場合には，相殺を対抗することができるものと考える。債務の間の牽連性によって，ＡとＣの優先関係が決まるからである［深川 2010b］。

第２項　保証人の求償に対する相殺の抗弁（民法463条１項，443条１項，462条２項後段）

(A)　保証人の求償に対する相殺の抗弁権

通知を怠った保証人（C）が主たる債務者（A）に対して求償する場合に，Ａが債権者（B）に対抗することができる事由（相殺の抗弁権）を有していたときは，その事由をもってＣに対抗することができる（民法463条１項の準用する同443条１項前段）。そして，この場合において，Ａが相殺をもってその免責を得たＣに対抗したときは，過失あるＣは，Ｂに対し，相殺によって消滅すべきであった債務の履行を請求することができる（民法463条１項の準用する同443条１項後段）。

また，連帯債務者の一人（C）が債権者（B）から履行の請求を受けたことを他の連帯債務者（A）に通知しないで弁済をし，その他自己の財産をもって共同の免責を得た場合において，Ａは，Ｂに対抗することができる事由を有していたときは，その負担部分について，その事由をもってその免責を得たＣに対抗することができる（民法443条１項前段）。そして，この場合において，Ａが相殺をもってその免責を得たＣに対抗したときは，過失あるＣは，Ｂに対し，相殺によって消滅すべきであった債務の履行を請求することができる（同条同項後段）。

さらに，主たる債務者（A）の意思に反して保証をした者（C）がＡに対して求償する場合に，Ａが債権者（B）との間で相殺の原因を有しており，これを主張したときは，ＣはＢに対してその相殺によって消滅すべきであった債務の履行を請求することができる（民法462条２項）。梅謙次郎によると，この規定の趣旨は次のように説明されている。

> 主たる債務者が相殺の原因を取得せしときは之を以て求償を為す保証人に対抗することを得べしと雖も其保証人は債権者に対し如何なる権利を有するか。之を詳言すれば債権者は其債権に付き二重の利益を受けたるが故に其一を保証人に償還すべきこと勿論なりと雖も保証人は果たして自己が前に為したる弁済の返戻を求むることを得べきか将た主たる債務者が相殺の為に対抗することを得べかりし債権の履行を求むることを得べきか。蓋し理論に於ては保証人が為したる弁済は固より有効にして主たる債務者は相殺の原因を対抗して其責を免れたるが故に其相殺の原因に由りて債権者が得たる利益の返還を求むることを得べきが如し。然りと雖も是れ啻に不確実なるのみならず相殺に因りて消滅すべかりし債権者の債務には担保の付着することなきを保せず。元来此場合に於ては直接に相殺の対抗を受けざる債権者は其債務を履行すべきものなりしが故に保証人は主たる債務者に代はりて其履行を請求することを得るものとするは頗る便利にして且何人をも害することなし。是れ本条〔462条〕第2項に於て右の規定を採用したる所以なり。[梅 1910, 194-195]

原案462条2項但書（現行民法462条2項後段）は，第71回法典調査会に提出された原案の時点では，原案445条（現行民法443条）を準用していた[議事速記録 1983, 217]。その後の原案462条2項但書の訂正案では，現行民法462条2項後段のように，現行民法443条に相当する条文を準用するというのではない形とされたが，その内容に大きな変更はなく，原案「445条〔現行民法443条〕と同じ理屈で」主たる債務者が求償を受けることはないということを明らかにしたものと説明されている[議事速記録 1983, 498]。

ここまでに紹介した民法463条1項，443条1項，462条2項後段は，いずれも，従来，第2類型に挙げられてきたものである[我妻 1964, 322-323]。これらは，いずれも同一の原理に基づく規定であるから，以下において，まとめて検討していくことにする。

(B)　学説における民法443条1項の理解

これらの規定は，以下に述べるように，二つの方向から検討することが可能である。

一方で，これらの規定の文言からすると，保証人（C）は主たる債務者（A）に代わって，または，連帯債務者（C）は自己の負担部分を超えた他の連帯債務者（A）について（後述のように，連帯債務者は負担部分を超えた部分について求償することができるものと考えられる）債権者（B）に弁済をすることによって求償権を取得し，この求償権を確保するためにＢのＡに対する債権に代位することになるが，弁済に際してＡに通知すべき義務を怠った場合には，この求償権の行使が代位した債権に付着した既存の相殺の抗弁権によって妨げられるものとも考えられる。このように考えれば，これらの条文は，Ｃ（保証人または免責を得た連帯債務者）→Ａ（主たる債務者または連帯債務者の一人）→Ｂ（債権者）と債権が存在する場合に，Ｃからの請求に対して，ＡがＢに主張することができた相殺をもって対抗するものであるから，債権譲渡に関する民法468条２項と同様の三者間相殺に関する第２類型に位置づけることが可能となりそうである。

しかし，他方で，通説の次のような理解からすると，これらの条文を三者間相殺に関する規定として理解することはできなくなりそうである。通説は，過失ある求償者Ｃ（保証人および他の連帯債務者）よりも，過失のない者Ａ（主たる債務者および連帯債務者の一人）を保護するために，Ａが相殺をもって対抗した場合には，この者のＢに対して有する債権（主たる債務者または連帯債務者の一人が債権者に有する債権）がＣに移転すると説明している［我妻 1964，435］［潮見 2005，485，576］。しかし，このような債権の移転をもって，もしも債権譲渡に関する民法468条２項と同様に三者間相殺の第２類型に位置づけることが可能であると考えるならば，Ａが相殺をもって対抗した場合に二つの債務が同時に消滅することになって，ＡのＢに対する債権をＣに移転できなくなってしまうという困難が生じる。そこで，結論的には，後に述べるように妥当であると思われるにもかかわらず，従来の学説においては，これらが第２類型に挙げられてきたこと［我妻 1964，322-323］をどのようにして説明することができるかという問題が生じる。すなわち，相殺の意思表示がなされたにもかかわらず，なぜ債権の法定移転を生じさせることができるのかという問題への理論的根拠を検討することが必要となる。

(C)　民法443条１項に関する起草者の見解

民法443条１項の理論的説明として，起草者の一人である梅謙次郎の考え方は，難解ではあるが，十分な説明を行っている。そこで，以下で，梅謙次郎の考え方を検討する。

梅謙次郎は法典調査会において，民法443条の起草理由を次のように説明している。

> **梅謙次郎**：過失ある債務者〔本書の記号ではＣに相当する〕と云ふ者は自分の払つたものが其時既に義務が消えて居つたのを払つたというのであるから当然不当弁済取戻で夫れを取戻すことが出来ると云ふことには往かない。其場合には特に対抗することを要すと既成法典にもなつて居る程で本案でも多分然う云ふ主義〔相殺について意思表示が必要であるとする主義〕になるかも知れませぬ。兎に角其事は既に議決になつた所の437条〔現行法436条〕に明らかにある。然うしてみるとこの場合に於いてはどうなるかと云ふことが大変疑はしいので規定を要する。而して既に為したる弁済を取返すよりも相殺に依て消滅すべかりしところの債務を履行したると云ふことを債権者〔本書の記号ではＢに相当する〕に迫った方が理屈に叶ひ又実際不便も少なからうと云ふ斯う云う考へで特に此規定を改めました。夫れから今一つ第１項で改めましたことは元の案には「償還の責に任ぜず」と云ふことでありましたが今度は「対抗することを得べき事由を有せしときは之を以て其債権者に対抗することを得」と云ふ風に改めましたのは一つは期限抔の如きものに関係があるのであれば此処に謂ふ免責の原因ではない。期限があったからと言つて義務がなくなるのではない。只今は払はなくて宜い。夫れを一人の債務者が知らずに全額を払つたと云ふ場合でありますれば其期限の到来する迄は矢張り求償が出来ないので其事は言ふを待たぬと言へば言うものでありますけれども併し乍ら斯う云ふ明文ができる以上は其場合でも包含する様に文章を書いて置いた方が完全と思いましたから序に書いて置きました。［議事速記録 1983，489］

このような梅謙次郎の説明に対して，法典調査会では，相殺権を他人が行使することに対する強い批判が出された。そこで，梅謙次郎は，さらにこの規定の意味を次のように説明している。

梅謙次郎：相殺と云ふ事に対抗が必要でありますれば今の例で言ひますれば第二の債務者〔本書の記号ではAに相当する〕が債権者〔本書の記号ではBに相当する〕に対して対抗すべきことであるが第二の債務者と云ふものは其為にわざわざ裁判所へ往くとかまたは債権者の所へ通知をして対抗をせぬでも自分の意思を十分に発表すれば夫れで十分である。夫れを今度は第一の弁済を為したる債務者〔本書の記号ではCに相当する〕が第二の債務者に代つて権利を主張することが出来る。此場合には法律上自然の代位があるので第一の債務者即ち全額を払つた債務者と云ふ者は第二の債務者が債権者に対して有せし所の権利を第二の債務者に代つて行ふと云ふことになる。［議事速記録 1983, 491］

［梅 1910］によると，ここまでに紹介した法典調査会における梅謙次郎の主張は，次のように整理されている。

相殺は既往に遡りて効力を生ずべきが故に（506条2項），寧ろ其相殺効力を生じて，甲〔「連帯債務者の一人」（民法443条）であるCを意味する。なお，民法463条によって443条が準用されているために，保証人についても妥当する〕が為したる弁済却て無効なりしに因り其弁済したるものを取戻すことを得るものとするの理なきに非ず。然りと雖も甲が請求を受けて弁済を為したる当時は未だ相殺あらざるのみならず甲より債権者〔B〕に対しては債務の存せしこと固より疑なく従て此弁済を無効とするは其当を得ず。故に勢ひ後の相殺〔「他の連帯債務者」（民法443条）であるAによる相殺を意味する。なお，民法463条によって443条が準用されているために，主たる債務者による相殺についても妥当する〕は甲に対してのみ有効にして敢て之を債権者に対抗すること能はざるものとせざることを得ず〔すなわち，Cの求償に対して，Aが相殺の意思表示をしたとしても，Bとの関係においては，AのBに対する債権は消滅しないということを意味することになるだろう〕。故に本条第１項但書〔現行法では，第１項後段〕を以て甲に与ふるに債権者に対し乙〔「他の連帯債務者」（民法443条）または主たる債務者（民法463条により準用される443条）を意味する〕が有せし債権の履行を求むるの権を以てせり。而して甲は法律の規定に依り此権利を有するが故に敢て乙の代理人として之を行ふに非ず。自己の名義を以て之を行ふべきのみ。或は曰はん甲が自己の弁済したる部分を取り戻すは則ち可なりと雖も乙が債権者に対して有せし債権の履行請求するは則ち不可なりと。曰く然らず。相殺には必ず目的物の同種なることを要す。故に目的物は同一なりと謂ふも可なり。若し然らば甲は乙に代位したものとするも敢て不当と為すべからず。而して甲が乙に代位したるものとするの利益は債権に依り担保の付随せることあるを以て若し乙が債権者に対する債権につき担保あるときは甲は其担保を利用することを得るに在るなり。[梅 1910, 130-132]

これと同様のことが民法462条２項後段の趣旨についても，以下のように述べられている。

主たる債務者〔本書の記号ではＡに相当する〕が相殺の原因を取得せしときは之を以て求償を為す保証人〔本書の記号ではＣに相当する〕に対抗することを得べしと雖も其保証人は債権者〔本書の記号ではＢに相当する〕に対し如何なる権利を有するか。之を詳言すれば債権者は其債権に付き二重の利益を受けたるが故に其一を保証人に償還すべきこと勿論なりと雖も保証人は果たして自己が前に為したる弁済の返戻を求むることを得べきか将た主たる債務者が相殺の為に対抗することを得べかりし債権の履行を求むることを得べきか。蓋し理論に於ては保証人が為したる弁済は固より有効にして主たる債務者は相殺の原因を対抗して其責を免れたるが故に其相殺の原因に由りて債権者が得たる利益の返還を求むることを得べきが如し。然りと雖も是れ啻に不確実なるのみならず相殺に因りて消滅すべかりし債権者の債務には担保の付着することなきを保せず。元来此場合に於ては直接に相殺の対抗を受けざる債権者は其債務を履行すべきものなりしが故に保証人は主たる債務者に代はりて其履行を請求することを得るものとするは頗る便利にして且何人をも害することなし。是れ本条〔民法462条〕第２

項に於て右の規定を採用したる所以なり。[梅 1910, 194-195]

ここまでにおいて述べた梅謙次郎の説明から，その理論的な問題意識は，次の点にあることが分かる。すなわち，相殺の意思表示の遡及効によって債務が消滅するまでは債務が有効に存在するために，他の者C（連帯債務者の一人または保証人）がBに対して債務を弁済したとしても法律上の原因があるためにその弁済が有効となるべきであるから，たとえその後に相殺の意思表示がなされ，相殺に遡及効があるとしても，Cは，Bに対して，有効であった弁済を不当利得として返還することを求められなくなるのではないかということである。

梅謙次郎は，この問題を次のように解決する。すなわち，Cによる弁済は有効であって，これにより，債務が消滅し，CのAに対する求償権が発生することになる。しかし，A（他の連帯債務者または主たる債務者）はCから求償された場合に，Bとの間で相殺ができたはずであるという抗弁権を対抗することができる（[深川 2008, 214-215]においては，このAの相殺について，代位に伴って存続〔接続〕する相殺権を対抗するものとして梅謙次郎の考えを理解したが，本書では，これを改めて，以下に述べるように，このAの相殺は，相殺の効力を生じさせるものではないと理解する）。Aによるこの相殺の抗弁権は，Cに対してのみ相対的な効力を有するのであって，Bとの関係で相殺の効力を生じさせるものではない。すなわち，梅謙次郎の考え方では，Bは，すでに，Cから有効な弁済を得ているのであるから，AとBとの間において債務の対立が欠けており，Aの意思表示によって相殺が生じると考えることはできなくなる。そこで，民法443条1項後段に規定されたAの「相殺」にもかかわらず，梅謙次郎の見解によれば，AのBに対する債権は有効に存在していることになる。このようにして，Aの「相殺」によって，その求償が阻止されたCは，Bに不当利得に基づく請求をするのではなく——梅謙次郎は，CのBに対する弁済を有効と考えるため，CのBに対する不当利得返還請求権は生じない——，AがBに有している債権に代位して，直接にこれを請求することができることになる（民法443条１項後段の解釈）。このような梅謙次郎の考え方は，Ｃから Ｂ に対する有効な弁済によって取得したＣの Ａ に対する求償権を確保するために，Ａ の Ｂ に対して有する債権を直接訴権によって，または債権者代位によって行使するものと理解することができる。

このようにして理解すると，問題は，「債権者に対抗することができる事由〔相殺〕……をもってその免責を得た連帯債務者に対抗する」場合に，この「相殺」を債権の消滅原因ということができるのかという問題である。Ｃ が Ｂ に対して，「相殺によって消滅すべきであった債務」を直接訴権または債権者代位に基づいて請求するのであるから，Ａ の相殺は債務を消滅させる原因となっていない。梅謙次郎の見解によれば，それは，Ａ の Ｂ に対する債権について，Ｃ に代位する権限を付与する法定原因となるにすぎない。しかし，債権者代位として構成する場合にはＣから請求される求償権は一時的に拒絶され，または，直接訴権として構成する場合には永久的に消滅するのに等しく，かつ，Ａ の Ｂ に対する債権も Ｃ が代位すればもはや Ａ からの請求はできなくなるのであるから，この二つの効果を考え合わせると，Ａ からみれば，その債権と債務は同時に消滅したのと同等になる。

ここまでにおいて述べた梅謙次郎の理論構成は，複雑ではあるが，「実際の便宜を考へ成るべく公平なる結果を得」［廣中 1987，427］るためには巧妙である。この理論構成に従うと，Ｂ（債権者）は満足を得られ，Ａ（他の連帯債務者または主たる債務者）は相殺の利益を享受でき，Ｃ（連帯債務者の一人または保証人）は，Ａ の Ｂ に対する債権に代位することによって，その担保権をも行使できることでＢに支払ったものをより確実に取り戻すことができることになる。すなわち，この考え方は，三者すべての利益に配慮するという梅謙次郎の実質的な利益衡量を理論的にも説明することを可能としている。先に引用した法典調査会における梅謙次郎の発言において，原案においては「償還の責に任ぜず」としていたところを，「対抗することを得べき事由を有せしときは之を以て其債権者に対抗することを得」（現行民法では「その事由をもってその免責を得た連帯債務者に対抗することができる」となっている）としたことには，このような梅謙次郎の実質的な利益衡量を実現する意図を読み取ることができる。もしも「償還の責に任ぜず」という条文になっていたとしたならば，Ｃは通知を怠ったというだけで，酷な結果を甘受せざるを得ないことになるからである。

なお，旧民法も，このような酷な結果を回避するために，「保証人は……求償権を有せず」（旧民法担保編32条１項），および，「保証人は……其求償権を失ふ」（旧民法担保編33条１項）としながら，後者の場合には「受取ることを得ざるものを受取りたる債権者に対して求償権を有す」ることを認めていた。しかし，旧民法の場合には，梅謙次郎の考えとは異なって，当然相殺によって消滅した債務をＣが弁済したものと考えているのであろう（旧民法財産編529条を参照）。

残る問題は，Ｃの求償に対してＡが「相殺」をもって対抗する場合に，「債権者に対抗することができる事由」（民法443条１項前段）として，AB間の法律関係が相殺に向けてどのような状態にある必要があるのかということである。これは，従来，相殺の担保的機能において議論されてきた「譲渡・差押前に相殺適状に達していないときは，相殺できる時期がどの程度に熟していればよいか」という問題と同様のものである。ＢがＡに対して，Ｃの保証のある債権とはさらに別に債権を有していたというような特別の場合を除いては，ABC間では利害の対立は生じない。そこで，ここで問題となるのは，ＣがＢに弁済をすることによって取得した求償権について，他の債権者，たとえばＡの他の債権者Ｄに優先して回収することを認めることができるのかということである。この場合には，ＡのＢに対する債権を差し押さえたＤからＢが請求を受けた場合に，Ａの「相殺」によって，当該債権はＣに法定移転したために，ＢはＣに支払うべき義務を負っているものと主張することができるかという形で問題となる。この問題は，AB間で対立していた債務のうちの一方（ＡのＢに対する債権）がＣに移転した場合に，その債権を差し押さえた債権者に両債権の間に相殺事由があったことを差押債権者Ｄに対抗することができるかどうかというものであるから，先に述べた債権譲渡後における三者間相殺の議論と利害関係が類似している。そこで，この問題は，債権譲渡後の三者間相殺を参考に論じることができそうである。

梅謙次郎は，この問題について，先に述べたように，民法443条１項前段の「事由」として，すでに相殺適状にあることを想定していたようである。しかし，たとえＣによる代位弁済の時に未だ相殺適状になかったとしても，AB 間に，Ｃの弁済による代位がなければ相殺することができたような対立する債務を発生させる基礎が存在する場合には，以下のように，一定の範囲でこの相殺を対抗できるものと考えてよいように思われる。ＣのＡに対する債権と，ＡのＢに対する債権との間に牽連性がある場合には――したがって，ＣのＡに対する求償権の発生原因となったＢのＡに対する債権（主たる債務）とＡのＢに対する債権との間に牽連性がある場合には――，Ｃの弁済時に AB 間で相殺適状になっていなくても，また，Ｃの弁済時にＡのＢに対する債権が未だ発生していなかったとしても，Ａの「相殺」が優先するものと考えてもよいだろう。そして，この場合には，Ａに対する他の債権者Ｄとの関係においては，Ｃは，結果的に，優先弁済的効果を享受することができるものと考えられる。なお，このような牽連性による制限は，第三者との関係において問題になるのであって，たとえ牽連性がなくても，通常は，ABC 間では民法443条１項前段の「事由」として「相殺」が認められる。

(D)　民法443条１項の「相殺」の位置づけ

梅謙次郎の考え方に従うと，民法443条１項の「相殺」を債権譲渡における相殺と同じ三者間相殺に関する第２類型に含めることができるかどうかという問題が生じる。これは，難しい問題ではあるが，先に述べたように，Ｃによる代位が生じるという梅謙次郎の考え方では，第２類型とは区別して理解することになるだろう。学説でも，「債権者に対抗することができる事由」（民法443条１項前段）として，相殺権ではなく，「相殺しうる反対債権を有すること」が含まれると述べるものがある［我妻 1964，435］［奥田 1992，367（注１）］［林ほか 1996，417〔高木〕］［淡路 2002，372］。

これに対して，求償権を確保するためにＢの債権がＣに法定移転し，これにより，その移転した債権に従来付着していた相殺の抗弁をＡがＣに対抗することができると考えるならば，民法443条１項および463条１項を債権譲渡における相殺の抗弁と同様の三者間相殺類型に分類することができる。学説にも，理由は述べられていないが，「債権者に対抗することができる事由」（民法443条１項前段）には「相殺の抗弁権」〔於保 1972, 242〕が含まれると述べるものがある。

しかし，後者のように相殺による債務の消滅の効果を認める理論構成では，「過失のある連帯債務者〔C〕は，債権者〔B〕に対し，相殺によって消滅すべきであった〔ＢのＡに負う〕債務の履行を請求することができる」ことを説明することが困難となる。そのために，解釈論としては，梅謙次郎の理論構成を採用すべきものと考えられる。そうすると，Ａの相殺の主張は，債務の消滅の効果を生じさせないことから，これは，実質的には，債務の消滅原因となる相殺の抗弁を主張するものではない。

第３項　第２類型のまとめ――債権譲渡における三者間相殺型から直接訴権型への発展

ここまで，ＡがＢに対する債権によってＣに負う債務を相殺する場合（②Ｃ→Ａ→Ｂ）に分類しうる三者間法定相殺の規定を検討した。以下に，その結果をまとめた上で，本類型の特徴について検討しておくことにする。

第一に，この類型には，債権譲渡後の三者間法定相殺（民法468条２項）が含まれる。

そこでは，AB間で対立する債権のうちの一方がＢからＣに譲渡された後に，Ａがこの二つの債権について相殺の意思表示をした場合にも，一定の要件の下に，Ａの相殺の意思表示が効力を有することが認められている。この問題は，民法505条以下に規定された二者間相殺制度の延長線上で議論することも可能であり，従来は，民法505条以下に規定された二者間相殺に備わっている機能の一つ――相殺の担保的機能――として位置づけられ論じられていた。そのために，三者間相殺の問題であるということはそれほど意識されず，その体系上の位置づけも十分に明らかではなかったように思われる。

しかし，現行民法においては，相殺の意思表示が効力を生じるのは，その意思表示の時点において相殺適状にあるとき，すなわち，「二人が互いに……債務を負担する」場合である。そこで，厳密にいえば，債権譲渡後にAが相殺の意思表示をする時点においては，二つの債権がC→Ⓐ→Bと三者にまたがって存在している状態にあるために，相殺の遡及効を考慮したとしても，現行民法上，この相殺の意思表示は，民法505条1項本文に規定された二者間法定相殺の効果を生じ得ないはずである。それにもかかわらず，そのような債権譲渡後になされる債務者による相殺の意思表示に相殺の効果が認められる場面は，民法505条以下に規定された相殺制度の例外的な場面に当たるということができる。現行民法の起草者が債権譲渡後の三者間相殺を民法505条以下に規定せず，債権譲渡の章に規定したことは，「特別の相殺」（前述，19頁。[廣中 1987，477]）であることを意識していたことを意味しており，そのような理解は，現行民法の意思相殺主義を考慮すると理論的にも妥当であるといえる（もちろん，このことは，旧民法のように，相殺に関する規定を1か所に集めてわかりやすいようにするという政策的判断を妨げるものではない）。

そして，「債権譲渡後の三者間相殺」について，主に問題となるのは相殺の担保的機能である。ABC三者において利益が対立しない間は，債権譲渡後の三者間の相殺は，ABC三者の債権関係を簡易に決済することに役立つ。ところが，債権譲渡後の相殺が問題となる場面では，第三債務者Bの信用が悪化しており，AとCとの利益が対立することが多い。そこで，そのような場合には，「債権譲渡後の三者間相殺」の要件も，AとCとの間の優先関係を明らかにする基準として働くものが要求されることになり，筆者は，これを債権の間の牽連性であると考えた。

第二に，従来，この類型に分類しうるものとして，民法443条1項，および，同条同項とその内容を同じくする一連の条文（民法462条および463

条１項）が挙げられてきた。

これらは，いずれも，AB 間において相殺することができたであろうにもかかわらず，Ａの債務を保証するＣがＡに代わってＢに弁済したことによる求償に伴って，Ｃ→Ⓐ→Ｂと二つの債権が三者にまたがって存在することになった場合に，Ｃからの求償の請求に対してＡがＢとの間で対立している債務の間で相殺することができたことを主張できるという場面である。このようにＡが相殺できたことを主張できるのは，Ｃが弁済をしなければ，Ａは，AB 間の法律関係において対立する債務を相殺することができたにもかかわらず，Ｃからの事前通知がなかったために，このような相殺による簡便な決済の機会を奪われてしまうことが不当であると考えられるからである。

事前通知を怠ったというＣの落ち度，および，Ａが相殺できたことを対抗していることを考慮すると，民法443条１項の「事由」には，ＣからＡに対する求償がなされる前に，ＡのＢに対する債権が発生していればよいものと考えられる。このように考えても，Ａが相殺できたことを対抗したことによって，ＣのＢに対する直接請求が可能となるのであるから，三者のいずれにとっても不利とならないからである。そこで，民法443条１項に認められた通知を怠った保証人に対する相殺の抗弁権は，二つの債務の消滅を導くのではないことから，その意思表示の効果の面から見ると，三者間「相殺」を定めたものということはできない。しかし，そこでは，ＣからＢへの直接請求が認められることによって，ＣからＡ，ＡからＢへと債権がまたがる場合に，一挙にこの債権関係を解決する方策が示されていることが注目される。

第５節　第３類型：Ａ→Ｂ→Ｃ（民法436条１項および458条）

第１項　保証人が主たる債務を自己の債権者への債権によって相殺する場合

(A)　現行民法における規定の欠如

ＣがＢに負う債務について，Ａが保証している。これとは別に，Ａは，Ｂに対して債権を有している。この場合に，Ａは，保証債務を免れるために，Ｂに対する自己の債権によって，Ｃの負う主たる債務を相殺することができるだろうか。

このような相殺については，現行民法の条文には明確な規定がない（後述61頁に述べるように，保証人の債権による相殺を規定した旧民法財産編521条１項と「主意を同じ」ものとして規定された現行民法457条２項において，起草者が意図せずに保証人の債権による相殺を脱落させてしまった）。しかし，一般に，Ａは相殺を主張することができると考えられている。では，その根拠は，どのように考えられるのだろうか。

この場合，Ａの相殺の主張は，次の２通りに理解することができる。

第一に，Ａは，自己のＢに対する債権によって，自己のＢに負う保証債務を相殺したと考えることができる［我妻 1964，490］。起草者が保証債務を受働債権とする相殺も可能であると考えていたことは，以下のような民法修正案理由書の記述から理解することができる。

> 既成法典は相殺の第一要件として２個の債務が互に主たるものなることを要すと雖も之れ固より其当を失するものなれば本案は之を刪除せり。何となれば保証債務を以て主たる債務〔ここでは，保証債務に対する主債務を意味するのではなく，「主たるもの」という要件を満たした債務のこと〕と相殺する場合の如き一方は主たる債務に非ずと雖も斯の如き相殺は固より法律の認むる所なればなり。［廣中 1987，477-478］

このように解すれば，前述の例では，二者間相殺が行われたに過ぎないということになりそうである。

第二に，Ａは，自己のＢに対する債権によって，Ｃの負う主たる債務を相殺すると考えることができる。このように考える場合には，三者間相殺に該当することになる。

保証人が自己の債権をもって相殺する場面は，保証人が責任だけでなく，固有の保証債務も負っているという理解に立てば，第一の考え方のように二者間相殺として理解することが不可能というわけではない。しかし，以下に述べるように，旧民法の規定にさかのぼり，ボワソナードの考え方をたどると，むしろ三者間法定相殺の規定として捉えるべきものであることが明らかとなる。

(B)　旧民法における規定

旧民法財産編521条１項は，以下のように，保証人の債権を利用した相殺について，二つの場合を定めている。前段は，主たる債務者が保証人の債権を利用してする相殺の禁止を定めており（この相殺については，前述26頁を参照），後段は，保証人が自己の債権を利用してする相殺を定めている。ここでは，後段が問題となる。

> **旧民法財産編521条１項**　主たる債務者は自己の債務と債権者が保証人に対して負担する債務との相殺を以て債権者に対抗することを得ず。然れども訴追を受けたる保証人は債権者が主たる債務者又は自己〔保証人自身〕に対して負担する債務の相殺を以て対抗することを得。

同項の後段には，次の二つの相殺が規定されている。一つは，保証人が自己の債権者に対して有する債権によって主たる債務を相殺する場面，すなわち，「債権者が主たる債務者……に対して負担する債務の相殺」である。これについては，前述（本章第３節第３項(A)）において，「保証人が主たる債務者の相殺権を援用する場合」の規定としてすでに言及した。ここでは，旧民法財産編521条１項後段に定められたもう一つの相殺，すなわち，「保証人は債権者が……自己〔保証人自身〕に対して負担する債務の相殺」をすることができるという規定について検討していく。

保証人自身が債権者に対して有する債権を利用したこの相殺について，ボワソナードは，次のように説明している。

> 債権者が保証人に対して債務を負っている場合には，保証人は，債権者に対してその権限において相殺を対抗することができる。しかし，法定相殺の場合とは異なって，二つの債務が対立した瞬間に効果が生じるのではない。保証人の債務は，従たるものであり，まったく請求可能性〔旧民法における相殺要件の一つである exigibilité〕がない。それは，常に，主たる債務者に対するなんらかの訴追に従属する（注）。しかし，保証人が正式に訴追された場合には，その債務は保証人に対して請求しうるものとなり，その従たる性質はなんらかの形で消滅する。
> もちろん，保証人がこのようにしてその債権によって主たる債務を相殺した場合には，保証人は，その費用，すなわちその債権の消滅によって債務を免れた主たる債務者に対して求償権を取得する。
> （注）フランスにおいては，保証人は，一般的に，主たる債務者の財産への検索後にしか訴追されない（フランス民法典2021条以下）。そのすべての場合において，債務者は，少なくとも，直ちに弁済するように命じられる。本プロジェは，おそらく，このような保証人の利益を狭めるのではなく，より広げようとするものであろう。［Boissonade 1883〔1983〕, n° 608（p. 686）］

このボワソナードの説明によれば，保証人が自己の債権を利用して相殺する場面は，保証人の債権による相殺を二者間相殺と考えているようにも見える。なぜならば，ボワソナードは，保証人が債務者にその責任を追及された場面において，もはや催告の抗弁権も，検索の抗弁権も尽きているという段階になると，保証債務は，通常の債務と同様に相殺することのできる状態となると考えていたようにも読めそうだからである。すなわち，ボワソナードは，先に述べたように，旧民法財産編521条を「債務の固有性〔相殺を主張する者の債務であるということ〕（la personnalité）に対して一定の拡大を与える」ものとして理解しており（前述，本章第3節第3項。26頁）また，後に述べるように（本節第2項(B)），連帯債務の規定に関する説明において「通常の保証人は，訴追された場合には，債権者によって『固有の主たる債務者（débitrice personnelle et principale)』として扱われる」と述べている。そこから，訴追されたことによって，保証債務は，「主たるもの」となるだけでなく，保証人の債権者に対する債権と当事者間で対立する状態となると考えているようでもある。

しかし，先に述べたように，ボワソナードは，旧民法財産編521条の一連の規定について，債務が「主たるもの（principale)」であり，かつ，「本人のもの（personnelle)」という要件を満たさない場面を対象とするものと説明していた（前述，本章第3節第3項。26頁以下)。そのことは，債務の固有性（la personnalité）の「拡張」という表現からも，窺うことができる。また，ボワソナードは，自動相殺の要件の説明において，第一に，「主たるもの」であることを挙げ［Boissonade 1883〔1983〕, n° 604（p. 683)］，そこにおいて，この「主たるもの」は，しばしば「本人のものであって，主たるものである」と呼ばれるが，両者を次のように区別できるとしている。すなわち，「法は，二人互に債権者たり債務者たる」ということを前提とすることから始めているので，債務が本人のものであるということは自明であるから，「主たるもの」であるということがさらに問題となるというのである。この「主たるもの」という要件を満たさないものの例として，ボワソナードは，保証人の「従たる（accessoire)」債務と債権者が保証人に負っている債務の間の相殺を挙げる。さらに，ボワソナードは，抗弁権の尽きた保証人が債権者から履行を請求されるという文脈で「主たるもの」ということばを用いている。これらのことから，ボワソナードが保証人への訴追によって「主たるもの」という要件のみならず，「本人のもの」という要件も同時に充足される――したがって，債務の相互性要件も満たされる――ものと考えていたとはいえない。そこで，旧民法において規定された保証人が自己の債権者に対してする相殺は，相互性要件が欠けるにもかかわらず保証人の一方的意思表示によって効力が生じる特別の相殺，すなわち，三者間相殺として考えることができそうである。

現行民法の立法過程では，「本条〔現行民法457条〕第２項は既成法典財産編第521条第１項の規定と其主意を同じうす」〔廣中 1987，439〕とされていた。しかしながら，実際には，三者間法定相殺に関するこのような重要な条文の文言――旧民法財産編521条の文言によれば債権者が「自己〔保証人自身〕に対して負担する債務」の相殺（保証人による第三者の相殺）――が見落とされてしまったのである。

(C)　フランスにおける議論

保証人が自己の債権によって主たる債務を相殺する場面については，ここまでにおいて述べたように，現行民法ではその規定が欠如している。また，学説でも，この問題は，三者間相殺の問題としては論じられていないようである。この理由は，保証債務を債務として考えることによって二者間相殺の問題と位置づけているからである〔我妻 1964，490〕。しかし，保証人が自己の債権をもってする相殺は，先に紹介したように，旧民法において二者間法定相殺とは異なる特別の相殺として規定されていたこと，また，ボワソナードの考え方によれば，保証人の訴追によって単に保証債務が「主たるもの」という要件を満たすだけで，相互性要件が満たされたものとまでは考えられていないことから，三者間相殺として理解することができる。そのように考えた場合，そこには，フランスにおいて指摘されている以下のような問題も生じうる。

フランスでは，保証人が債権者に対して債権を取得した場合に，保証人自身の地位において相殺を援用することができ，この場合には相殺の一般的な規定が適用され，主たる債務者に対する求償権が与えられるとされている。そして，「保証人は，主たる債務者に属し，主たる債務に属しているすべての抗弁をもって債権者に対抗することができる」と規定するフランス民法典2313条にかかわらず，一旦，保証人または主たる債務者が相殺を援用した場合には，債務が消滅するために，主たる債務者も債務の消滅を援用することができるとされている〔Mouly 1979, n° 115〕。

このように保証人が自己の債権によって相殺をすることができるとしても，次のような場合には，相殺はできないということに注意をすべきであろう。すなわち，債権者との間の保証契約上の責任から，保証人の債権者に対する債権が発生した場合である。たとえば，債権者が保証人の求償権を妨げたり，保証人に対する情報提供義務に違反したりする場合には，確かに保証人の責任が削減されるが，これは相殺によって主債務を消滅させたのではないために，求償権をもたらすものではないことに注意する必要がある［Mouly 1979, n° 114］。わが国の民法504条は，「500条〔法定代位〕の規定により代位をすることができる者がある場合において，債権者が故意又は過失によってその担保を喪失し，又は減少させたときは，その代位をすることができる者は，その喪失又は減少によって償還を受けることができなくなった限度において，その責任を免れる」と規定している。これと同様の内容は，旧民法担保編45条１項において，「債権者が故意又は懈怠にて保証人の其代位に因りて取得することを得べき担保を減し又は害したるときは総ての保証人は債権者に対して自己の免責を請求することを得」と規定されていた。梅謙次郎によると，「代位の総則として広く規定になりましたから保証丈けに付て特別に規定する必要はなくなつた」［議事速記録 1983, 386］ので，現行民法には，旧民法担保編45条１項のような特別の規定を設けなかったと説明されている。そこで，わが国では，この規定によって，保証人が債権者の故意または過失から債権を取得した場合には，保証人の責任が減少するだけで，債務額自体は減少することがないため，これをもって，主債務との相殺を行うことはできないと考えられる。

第２項　連帯債務者の一人の有する債権による相殺（民法436条１項）および連帯保証人の有する債権による相殺（民法458条の準用する436条１項）

(A)　民法436条１項の三者間法定相殺としての意味

民法は，連帯債務の規定において，連帯債務者の一人が自己の負担部分のみならず他の連帯債務者の負担部分についても，自己の有する債権によって相殺することができることを次のように定めている。すなわち，民法436条１項によると，連帯債務者の一人が債権者に対して自己の負担部分を超える債権を有している場合に，相殺を援用すると連帯債務がすべての連帯債務者の利益のために消滅する。

この規定を説明するために，［我妻 1964］には，次のような例が示されている。

> 乙丙丁が甲に対して90万円の連帯債務を負担し，乙が甲に対して50万円の反対債権を有する場合に，乙がその50万円の債権で相殺をするときは，丙も丁も50万円だけ債務を免れる。すなわち，乙丙丁は40万円の連帯債務を負担することになる。［我妻 1964，412］

連帯債務者の一人による相殺の効力に関するこの説明は，通説［我妻 1964，412］，判例（大判大６・５・３民録23輯863頁）が連帯債務者の一人のなした弁済について，各連帯債務者の負担額が一定の割合で消滅するものとする立場に立ってなされたものである。

しかし，連帯債務者の一人による弁済の場合も，また，相殺の場合も，充当の問題であるとするならば，「債務者のために弁済〔相殺〕の利益が多いものに先に充当する」ことになるはずである（弁済充当について民法488条，相殺充当について民法512条の準用する488条）。このように，弁済または相殺を行った連帯債務者の一人のために利益が多いものに先に充当されると考えると，充当の順番は次のように，その負担部分から行われるということになる。まず，相殺権を行使する連帯債務者自身の負担部分（債務）に充当することで自己の負担部分を消滅させ――上記の例では，乙の負担部分30万円が消滅する――，次に，他の連帯債務者の負担部分に充当することによって自己が他の連帯債務者のために負う保証部分を消滅させることになる――上記の例では，丙の負担部分30万円のうち10万円に充当することにより乙の保証部分が10万円について減少し，また，丁の負担部分30万円のうち10万円に充当することにより乙の保証部分が10万円について減少する。その結果，乙の負担部分はゼロとなるほか，乙の保証部分は40万円（60万円マイナス20万円）に減少する。また，丙，丁の連帯債務については，それぞれ，負担部分が20万円，保証部分が20万円となり，合計すると40万円の連帯債務が存在することになる――。

なお，このような充当の順番については，PECL10：106条では，「連帯債務者の一人が自らの負担部分を超えて履行したときは，ほかのいずれの連帯債務者に対しても，それらの債務者各自の未履行部分を限度として自らの負担部分を超える部分を求償することができる」というように，負担部分を超えて弁済された部分についてのみ求償が可能となることが明言されていることも参考になる［潮見，中田，松岡 2008，32］。

このように考えると，先の例は，一見，連帯債務者の一人（乙）は，自己の債権者（甲）に対する債権を自働債権として，自己の連帯債務を相殺しているように見えるが，その実体は，自己の負担部分の相殺に加えて，さらに，他の連帯債務者（丙および丁）の債務（負担部分）を受働債権として相殺しているといえる。そうすると，ここでは，自働債権と受働債権とが三者にまたがって存在している場合に相殺が認められていることになる。また，たとえ各連帯債務者の負担額が一定の割合で消滅するという立場であっても，前述の例において，乙は，自己の債権者（甲）に対する債権を自働債権として，丙丁の連帯債務の負担割合を受働債権として相殺していることになるために，三者にまたがる債務の間の相殺が認められていることになるだろう。民法は，連帯保証についても民法436条１項を準用しており（民法458条），ここでも三者間相殺が認められているといえる。

このことを，以下，旧民法における議論を踏まえながら検討していくことにする。

⒝　旧民法の考え方

旧民法財産編521条２項後段は，次のようにして，連帯債務者の一人がすべての連帯債務を消滅させるために相殺権を援用することを認めている。

旧民法財産編521条2項　連帯債務者は債権者が其連帯債務者の他の一人に対し負担する債務に関しては其一人の債務の部分に付てに非ざれば相殺を以て対抗することを得ず。然れども自己の権に基き相殺を以て対抗す可きときは全部に付き之を申立つることを得。

旧民法財産編521条2項前段については，先に検討をした（前述，本章第3節第3項(B)。28頁以下）。ここで検討するのは，後段についてである。

ボワソナードは，連帯債務者の一人Aが債権者Bに対する債権をもって，他の連帯債務者Cの負担部分についてもすべて相殺できることを以下のように述べている。

> 債権者が全体的または部分的に相殺の原因を有している連帯債務者の一人を訴追する。その訴追された債務者は，それに対して，唯一の債務者であるかのようにして相殺を援用するだろう。ここまでにおいて認めてきた保証人の〔従たる債務を負担しているという〕性質は，そこにおいて相反するものではない。なぜならば，通常の保証人は，訴追された場合には，債権者によって「固有の主たる債務者《débitrice personnelle et principale》」として扱われるからである。そして，本項の規定により，その者は，彼自身に対して債権者が負っている債務によって，このように相殺することを対抗する。ただし，その相殺は，任意上のものであって，遡及効を伴わない。
> このようにして，その債権を失ったことによって，他の者を免責させたその連帯債務者は，連帯債務におけるそれらの実際の負担部分および地位についてそれぞれ求償権を取得する。[Boissonade 1883〔1983〕, n° 609（p. 688）]

ボワソナードは，連帯保証債務を保証の応用として理解しており（前述，本章第3節第3項(B)も参照。29頁），そこで，連帯債務者の一人による連帯債務の全体的な相殺も，連帯債務を負担部分と保証部分として，先に述べた保証人の相殺と同様に考えていたということが理解できる。しかし，その箇所において検討した（前述，60–61頁）のと同様に，ここでも，相殺した連帯債務者の一人に求償権が認められるのであるから，その者の有する債権によって，主たる債務に相当する他の連帯債務者の負担部分が相殺されたもの（三者間相殺）と考えられる。

現行民法は，保証の箇所において，連帯保証についてしか保証人が自己の債権をもってする三者間法定相殺の規定を置いておらず（民法458条の準用する民法436条1項），通常保証の場合についての規定が欠落している。このように規定が存在しないにもかかわらず，通説は，保証人の債権による主たる債務の相殺を認めている。本稿は，この結論を導くのに，連帯保証人の債権による主たる債務の相殺が認められていること（民法436条1項を準用する民法458条）を類推することができるものと考える。

第3項　第3類型のまとめ――保証人による第三者の相殺

ここまで，ＡがＣの債務を自己のＢへの債権によって相殺する場合（③🄰→Ｂ→Ｃ）に分類しうる三者間法定相殺の規定を検討した。

本類型の特徴は，債権者Ｂが債務者Ｃに対して有する債権について，保証債務を負っている者（保証人の地位にある者）Ａが，自己の責任を免れるために，Ａの債権者Ｂに対して有する債権を利用して，ＣのＢに負っている債務を相殺により消滅させるという点にある。このＡによる相殺の主張は，先に述べたように，一見したところでは，自己の債権と自己の保証債務とを相殺しているだけのようにもみえる。しかし，その実体は，三者にまたがって二つの債権が存在する場合（債権の対立が欠ける場合）にも，その効力を生ずるという意味において，三者間法定相殺ということができる。

通常保証について，現行民法は，先に述べたように，旧民法の規定の文言を脱落させてしまったために，明文の規定が存在しない。これに対して，連帯債務については明文の規定が存在し（民法436条1項），また，連帯保証については民法458条によって，この連帯債務の規定が準用されている。これらの条文は，通常保証における明文を欠く現行民法において，保証人が自己の債権によって主たる債務を相殺できることの条文上の根拠を与えるものである。

第６節　第２章のまとめ

本章では，債務の相互（対立）要件の例外として，三者間に二つの債権がまたがるにもかかわらず民法が相殺を認めている規定について検討を行った。また，債権の対立する「当事者」（民法506条）にしか相殺の意思表示が認められていないにもかかわらず，これ以外の者についても相殺の意思表示をすることができる場面も，そのような相互（対立）要件の例外と同様に民法505条以下の相殺とは区別して三者間相殺とともに論じるべきものと考えた。

三者間法定相殺を類型的に検討した結果，それぞれの類型には，以下のような規定が存在した。

第一に，①Ｂ→Ｃ→Ⓐにおいては，三者間に債権がまたがって存在するという意味での三者間相殺を規定する条文は，民法に見当たらないようである。ただし，相殺権を援用する者が債務の対立している当事者とは異なる第三者であるということから，債務の対立要件を欠いているのと等しいものとして扱うことができる場面として，主たる債務に付着した相殺の抗弁を援用する保証人の権利を認める条文がある（民法457条２項および436条２項）。以下では，これを「①'Ｂ→Ｃ⇢Ⓐ」と表記する。保証債務の付従性，すなわち，保証債務が主たる債務と運命をともにする関係にあることから，債権者と債務者の間に対立する債務について，相殺権の援用者の拡張が認められている。

第二に，②Ｃ→Ⓐ→Ｂにおいては，債権譲渡後の相殺として，二つの債務間の牽連性によって三者間相殺が認められる場面（民法468条２項）が挙げられる。また，事前通知を怠った保証人に対する相殺の抗弁権が認められる場面（民法463条１項，443条１項，462条２項後段）は，代位を生じさせるものであるために三者間相殺とは異なるものと考えられるが，その帰結は，ＣからＢへの直接請求を認めることによって，三者すべての利益

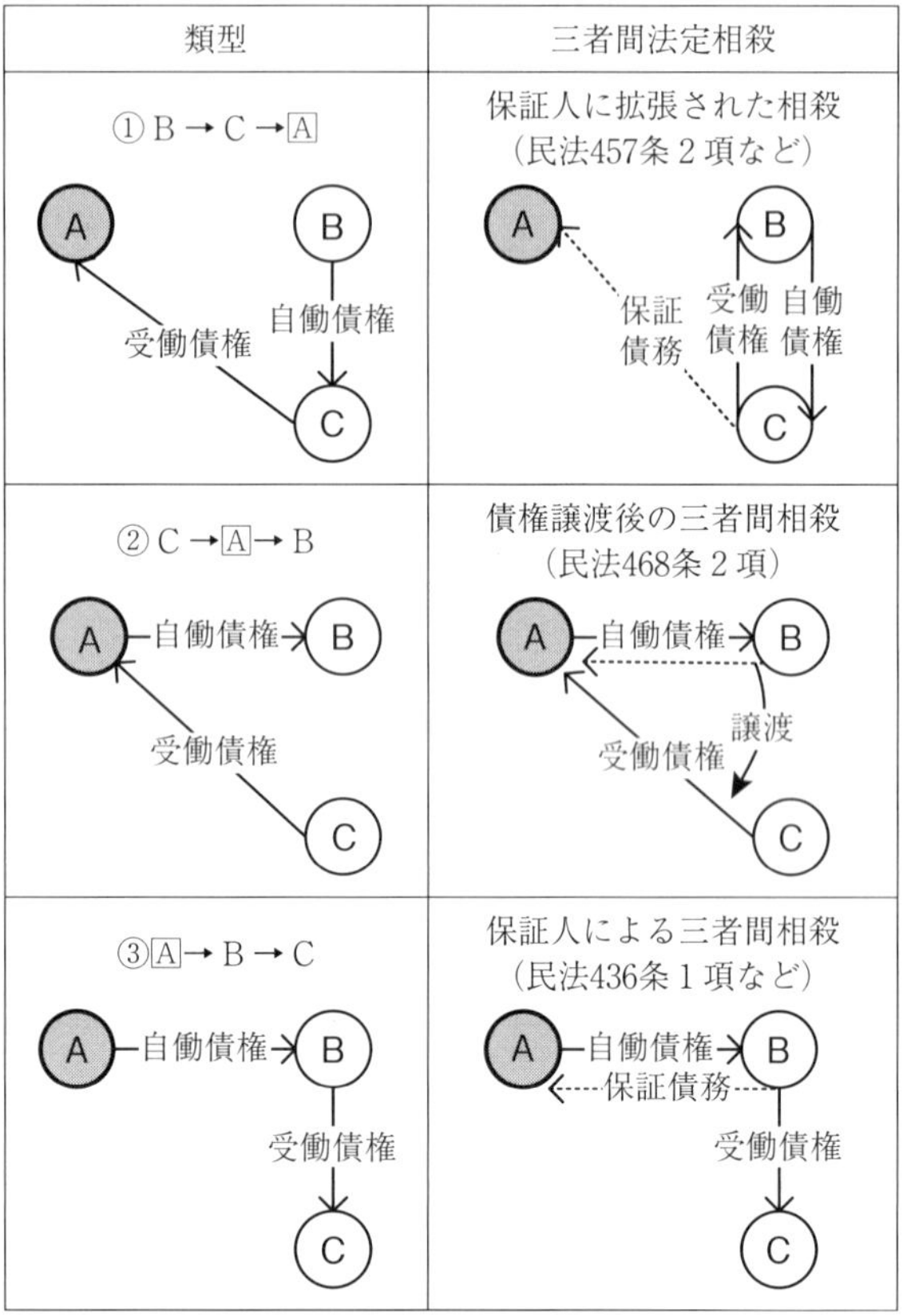

図５　三者間相殺に関する民法の規定

に配慮するという解決を実現するものであり，注目に値するといえよう。

第三に，③A→B→Cにおいては，CがBに負う債務の保証人Aについて，その債権によって，Cの債務の相殺を認めるというものである（たとえば，民法436条１項や民法458条の準用する436条１項。通常保証人については，現行民法には規定が脱落しているが，これらの条文によって導くことができる。その結論は，通説と同じである）。この根拠は，相殺を主張するAの負担する保証債務（または，連帯債務者の保証部分）は，CがBに負う債務と運命をともにすべき関係にあることである。ただし，これについては，第三者の弁済との比較から，保証債務を負う者に限定されるかどうかをさらに検討する必要があるものと思われる（後述，第３章第４節）。

ここまで，本章において検討した三者間相殺の規定を類型別にまとめた図を載せておく（図５）。

第3章　三者間法定相殺を巡る判例および裁判例の検討

第1節　本章の目的

前章では，三者間法定相殺の条文に関して，類型ごとに検討を行った。本章は，その結果を踏まえて，それぞれの類型に該当するものと考えられる判例・裁判例を検討していくことにする。これによって，三者間法定相殺の要件および効果を具体的に検討していくことが本章の目的である。

以下では，前章において明らかとなった相殺の三類型ごとの特徴を踏まえ，第2節において保証人に拡張された相殺（①’B→C⇢🄰），第3節において債権譲渡後の三者間相殺（②C→🄰→B），第4節において第三者の相殺（③🄰→B→C）の順に検討していく。

第2節　相殺の援用者拡張型（第1類型の変形）

第1項　問題の所在

第2章第3節での検討を踏まえると，相殺の援用者拡張型は，保証債務を負担するAが主たる債務者Bと債権者Cとの間に対立する債務の間の相殺権を援用することができるというものであった（民法457条2項，436条2項）。このように，民法506条の規定に反して，「当事者の一方」ではない者Aに相殺権の援用を認める根拠は，Aが当事者の一方の債務について保証債務を負担しており，保証債務には，主たる債務とその運命をともにするという付従性が存在しており，主たる債務の消滅について直接的な利益を有している（法的利害関係を有している）ということにあった（前述，第２章第３節。特に36頁）。

では，付従性を同じくする担保物権の設定された不動産を所有する物上保証人Ａは，債務者Ｂと担保権者Ｃとの間で債務が対立している場合に，ＢのＣに対する債権を利用して，被担保債権を受働債権とする相殺を主張することができるだろうか。

以下では，この問題に関する裁判例を取り上げて紹介し（第２項），検討する（第３項）。

第２項　裁判例の紹介

(A)　物上保証人による債務者の有する相殺権の代位行使（否定）

【１】　東京地判昭42・10・26金法498号44頁

本件は，物上保証人が債務者の相殺権に対して債権者代位権を行使することを否定的に解する裁判例である。そこでは，物上保証人が債務者の相殺権を援用することに関する固有の権利を有するかどうかについての判断がなされているわけではない。しかし，結論の同等性に鑑みると，物上保証人が債務者の相殺権を援用する場面をどのように法律構成するかという問題にかかわっており，物上保証人のこのような債権者代位権の行使の可否が問題となる。

〔事実の概要〕　事実関係は，判決文のみからは，十分に明らかではないが，おおよそ，以下のようなものである（図６）。昭和36年12月23日，物上保証人Ｘらは，Ａのために，ＡとＹ信用金庫の間の継続的取引を担保するため，その所有する不動産について根抵当権を設定した。ところが，Ａは，昭和38年７月12日に不渡手形を出し，同月17日に会社更生手続開始の申立てをするに至っ

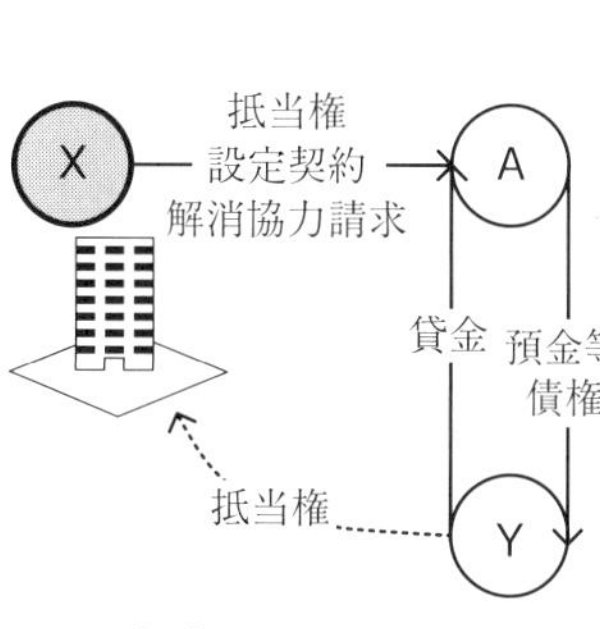

図６　【１】東京地判昭42・10・26

た。そこで，Xは，Aとの間で契約した抵当目的物の提供期間が終了したこと等を理由としてAに対して取得した抵当権設定契約の解消協力請求権を保全するために，Aに代位して，AがY信用金庫に預けている預金や積金を自働債権として相殺することを求めた。本書において注目されるのは，互いに債務を負担するAYのいずれかでなく，Aのために債務なき責任を負担するXが相殺の意思表示をしている点である。

〔判旨〕　本判決は，以下の理由によってこの相殺を否定した。

> 右の事実によれば，XらはAに対する関係においては，根抵当権設定契約の解消に協力すべきことを請求することができるけれども，この請求権はXら主張のような相殺の意思表示をしなければ保全できない請求権ではない。また登記抹消請求権なるものは，本来，登記義務者，本件においては抵当権者たるYに対し有すべき性質のものであるから，X等の相殺の主張は代位の要件を欠く。

本件の評釈においては，債権者代位による相殺権の行使については消極的に解するものの，以下のように，物上保証人による相殺を認めるべきであるとする見解が主張されていた。すなわち，①保証人も物上保証人も他人のために自ら不利益を負担するものであり，この不利益は他人の債務に付従すること，②いずれも主たる債務の弁済について正当の利益を有する者である点で同じであること，③物上保証人に主たる債務者の時効援用が認められていること，④保証人の場合には保証債務の履行を請求された上でその債務名義に基づいて自己の財産の上に執行を受けるのに対して物上保証人は直接自己の財産上に執行を受ける関係にあり，保証人よりも切迫した地位にいるとすら言いうることを理由として，「相殺権の援用や事前求償についてこれを物上保証人に準用ないし類推適用すべき十分な実質的理由がある」［浅沼 1968，12］と指摘されている。

本書では，三者間相殺の解明という目的に照らして，本件について，相殺権に対する債権者代位権の行使についてではなく，物上保証人に固有の相殺権の援用という観点から後に検討をする（第3項）。この問題について結論を述べておくと，筆者も，責任を負う物上保証人には，債権者と債務者の間に対立する債務について，固有の相殺権が認められるべきであると考える。

なお，判決文を読むと，本件では，Ｘらが相殺を主張した時点でＹがＡに対して有する別の債権によって同預金等をすでに相殺していたようであり，自働債権を欠いていることも，相殺の代位行使を否定する理由の一つとして挙げられている。このようにＸらの相殺の主張の時点において自働債権がすでに消滅しているものとすれば，債務が有効に存在するという要件を欠くために，たとえＸらの主張する相殺の要件がＹの主張する相殺の要件よりも先に満たされていたとしても，Ｘらは相殺を主張できないと考えることもできる。その場合には，本件では，Ｘらの相殺権の代位行使がたとえ認められていたとしても，すでに受働債権が消滅していることから，相殺の効力が認められないという結論になり，代位行使を否定した本判決の結論と同様になったものと思われる。

⒝　物上保証人による相殺権の行使（肯定）

裁判例【１】を受け，学説において，物上保証人への民法457条２項の類推適用が有力に主張されるようになったことから，その後，大阪高判昭56・６・23下民集32巻５～８号436頁は，以下のような事例において，物上保証人による相殺権の代位行使を否定しながら，民法457条２項（保証人による主たる債務者の相殺権の援用）の類推適用によって，物上保証人が「被担保債権を消滅させる限度で，被担保債権の債務者が抵当権者に対して有する債権を自働債権として自から相殺すること」を認めた。

【２】　大阪高判昭56・６・23下民集32巻５～８号436頁

〔事実の概要〕　ＡはＢから継続的に商品を買い受けており，ＢはＡに対して有する売掛債権を担保するために，Ｘ（第二審脱退控訴人）の不動産上に根抵当権を設定した。その後，ＡもＢも倒産して廃業したが，両者の間では，相殺適状の債務が対立していた。他方，Ｙは，Ｂに対して有する金銭消費貸借上の債権を保全するために，相殺適状到来後に上記の根

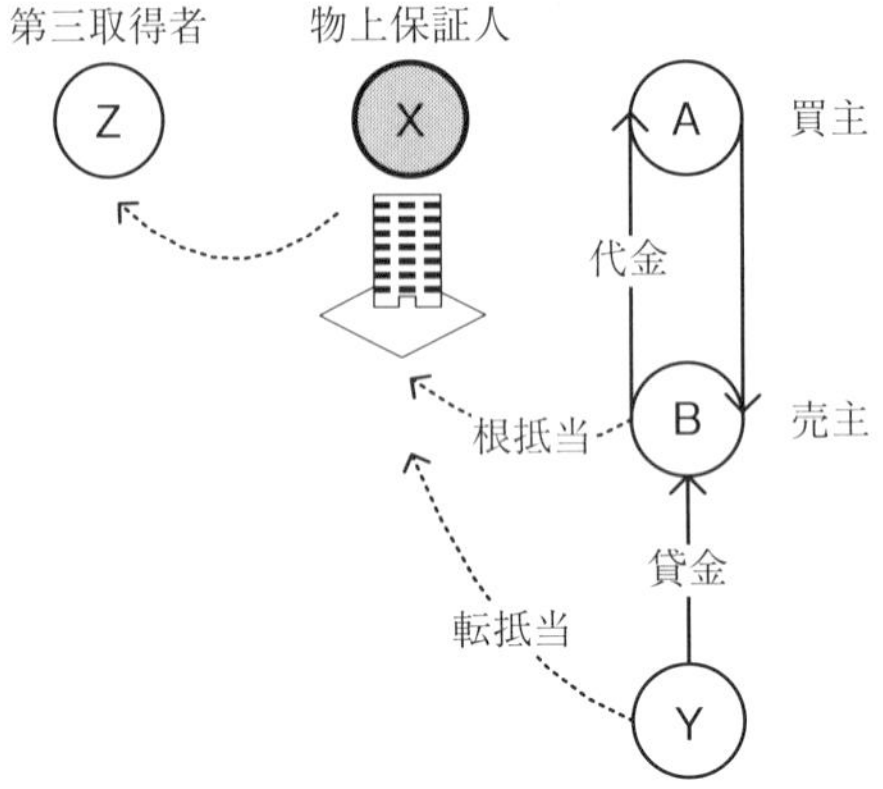

図７　【２】大阪高判昭56・６・23

抵当権上に転抵当を設定し（民法377条の通知・承諾はない），抵当権設定登記を経由した（この頃，Aは破産宣告を受けた）。さらに，Xは，Bに対して，物上保証人としてAに代位して，AB間で対立している債務の相殺の通知をなした。その上で，Z（第二審当事者参加人）は，Xから本件不動産を譲り受け，登記を経由した。以上の状況において，Zが根抵当権の抹消登記を求めた（図7）。なお，本件では，破産財団に属する債権の相殺についても判示されているが，本書において検討する問題とは直接にかかわらないために以下ではこの問題については言及しない。

〔判旨〕　裁判所は，Xのなした相殺の効力について，次のように判断した。

「破産債権者が破産者に対する債権を保全するために，破産財団についての破産管財人に属する権利を代位してこれを行使することは許されない」ために，Xの相殺の意思表示は，民法423条によるものとしては効力を生じない。しかし，その「相殺の意思表示はX自身が物上保証人としてBに対し相殺する意思も表明されている」ものであり，これは，「債権者代位する場合とは異なり，物上保証人の地位に基づき自からの権利として相殺権を行使するものであり，物上保証人という特別の立場にある者を保護する目的を有するもの」として相殺の効力を認めた。

本件において裁判所が物上保証人の相殺権の行使を認めた理由は，前掲・裁判例【１】の評釈とほぼ同じものであり，次のように説明されている。

けだし，物上保証人は保証人とは異なるから民法457条２項が直接に適用されるものではないが，⑴物上保証人は当該担保物件の価格の範囲に限られるとはいえ，他人の債務について責任を負い，その責任が他人の債務に付従するという点で保証人と異なるところはないし，⑵物上保証人も保証人と同様に求償権を有するから（民法351条，372条，459条，462条参照。破産法〔旧〕26条３項は物上保証人に対し保証人に準じ将来の求償権を認めている），このような相殺を認めることは同様に求償関係を簡明にするものであるし，⑶他人の債務について責任を負つた物上保証人も保証人と同様に，実際上は債務者の提供した担保と類似した効果を有している債権の対立関係について，相殺による利益を受けさせてこれを保護する必要があり，同条の立法趣旨である保証人保護の要請は，そのまま物上保証人にも妥当するものであるし，⑷実質的にみても，保証人の場合は債務名義取得ののちに強制執行がなされるのに対し，物上保証人の場合は直ちに競売がなされるのであるから保証人よりも切迫した立場にあり，相殺による保護の要請がむしろ強いものというべきであるし，⑸物上保証人に同条の類推適用を認めても物上保証の性格に反するものではなく，これによる弊害も考えられないからである。

このようにして，本件では，被担保債権が相殺によって消滅したことによって，Ａの破産宣告までには少なくとも確定していた根抵当権も消滅したものであるとして，Ｚによる根抵当権の抹消登記請求が認められた。本判決の評釈は，物上保証人の相殺に民法457条２項の類推適用が認められたことに対して肯定的である［坂本 1982, 89］［古館 1983, 24］［椿(寿) 1983, 185］［平井(一) 1983］（［椿(久) 1994］も参照）。

第３項　分析・検討

(A)　民法457条２項の類推適用に存する理論的問題

ここまでにおいて紹介した裁判例では，債権者（抵当権者）と債務者の間で成立した相殺権を物上保証人が代位行使することは否定されている（裁判例【１】および【２】）。これに対して，民法457条２項の類推によって，債務者の有する相殺権をもって物上保証人が債権者に対抗することが認められている（裁判例【２】）。

このような物上保証人の固有の相殺権について，どのように理論構成するかという問題がある。そこでは，民法457条２項における保証人による相殺の「対抗」の意味をどのように解するかということがかかわってくる。

後者，すなわち，保証人による相殺の「対抗」（民法457条２項）の解釈については，すでに学説の状況を述べた（前述，第２章第３節第２項，23頁以下を参照）。そこでは，保証人による相殺の「対抗」は，債権者と主たる債務者の間に対立する債務を相殺して消滅させるのではなく，主たる債務者からの請求を保証人が拒むことができる延期的抗弁権の援用として構成する立場と，債権者と主たる債務者の間に対立する債務を相殺して消滅させる永久的抗弁の援用として構成する立場とが拮抗していた。

しかし，本件のように債務なき責任を負担する物上保証人を，保証債務を負担する保証人と同様に扱うべきであるとして，民法457条２項を類推するとすれば，解釈上，延期的抗弁権説に立つと以下の問題が生じることが指摘されるに至っている。すなわち，「債権者に対して債務を負わない物上保証人の場合に，どのようにして抗弁権を認めるのか，債権者による執行を如何にして排除するのかは問題が生〔ずる〕」［平井(一) 1983，146］こと，「物上保証人に民法457条２項の類推適用を肯定しようとすれば，まずもって，保証人相殺権説に立たざるを得ないことにもなっている」［小杉 1984，111］ことである。このような批判は，的を射たものであると思われる。

筆者は，相殺の援用者拡張型では，保証人をその責任から確実に解放させるために，主たる債務に属している抗弁としての相殺の抗弁を行使することができるものと考えている（前述，第２章第３節第７項。特に，36頁）。これは，民法423条に基づく代位行使ではなく，保証債務の付従性から，保証人固有の権利として，主たる債務に属している抗弁としての相殺権を援用すると考えるものである。このような考え方によると，連帯債務者の相殺の援用（民法436条２項）をも説明することができる。さらには，ここで問題としている債務なき責任についても同様に考えることができる。この考えに立てば，物上保証人の相殺権の援用に関する裁判例【２】は，妥当な結論を導いたものと考えられる。

そこで，以下において，債務者Ｂが債権者Ｃに負う債務のために責任を負担するＡが自らの責任から解放されるために，BC 間の債務を相殺する場合に（①'Ｂ→Ｃ⇢Ⓐ），保証人や連帯保証人，連帯債務者のみならず，物上保証人や抵当不動産の第三取得者の相殺権までも統一的に説明できる理論構成について検討した上で，相殺の援用者拡張型の要件および特徴を明らかにしていくことにする。

⒝　補充性に基づく理論的構成に関する検討

まず，第２章第３節においてみたように，補充性から保証人の相殺権の援用を説明する考え方（前述，24-25頁）を参考にすると次のように考えられる。主債務者Ｂが債権者Ｃに対する執行の容易な自働債権を有しているにもかかわらず，保証人であるＡがＣから履行を請求されたならば，保証債務の補充性から認められる催告の抗弁権および検索の抗弁権によって，先にこの自働債権から回収すべきことを主張することができる。

しかし，その考え方によると，裁判例【２】の評釈が指摘しているように（前述，⒜），Ｂが補充性のない連帯保証債務を負担する連帯保証人や連帯債務者である場合，または，裁判例【２】の事例のように債務なき責任を負担する物上保証人である場合には，民法457条２項を類推して相殺権の行使を説明することが困難となってしまう。

⒞　求償権保全のための相殺権の代位行使という説明に関する検討

次に，裁判例【１】【２】において問題とされた考え方，すなわち，Ａが，BC 間に対立する債務の相殺を代位行使するという考え方によって保証人による相殺権の援用を説明しうるかどうかについて検討していくことにする。

第一に，委託を受けた保証人Ａについては，Ｂに対する事前求償権を保全するために，相殺権の代位行使を認めることができそうである。事前求償権が生じない場合には，未発生の事後求償権を保全するための代位行使が認められるかという問題が生じることになる。第二に，委託を受けていない保証人Ａについては，事前求償権が認められないために，未発生の事後求償権を保全するための代位行使が認められるかという問題が生じる。

未発生の事後求償権の保全が問題となる場合，すなわち，保証人が債権者に履行を請求された場合には，催告の抗弁権および検索の抗弁権が認められているため，保証人は，主債務者が弁済するだけの資力を有している間は，これらの抗弁権により求償権が確保されているに等しい。これに対して，問題となるのは，主債務者が弁済するだけの資力を失ってしまった場面である。そのような場合，債権者が保証人に履行を請求することは必至であり，これにより，保証人が債務を履行した上で，主債務者に対する求償権を取得することになっても，もはやその求償権を満足させることは困難となっている。そうすると，たとえ未だ保証人が履行をしていないために現実には求償権が発生していない場面であっても，主たる債務者が無資力の状態にあっては，保証人の求償権を保全するために債務者が債権者に対して行使することのできる相殺権を債権者代位権によって援用することが認められるべきものと考えられそうである。このように考えることが可能であれば，委託を受けている場合にも，委託を受けていない場合にも，保証人には，未発生の事後求償権を保全するために，相殺権の代位行使が認められるものと説明することができることになりそうである。また，このような問題は，委託を受けた物上保証人であっても，判例上，事前求償権の行使が否定されている場合（最三判平2・12・18民集44巻9号1686頁）にも同様に生じる。この場合にも，債務者の無資力の場合には，求償権の確保のための代位行使が認められるものといえそうである。さらには，補充性を欠く連帯保証人Ａによる相殺権の代位行使についても，同様に説明することが可能になりそうである。

しかし，理論上，事前求償権および代位行使の時点で将来的に発生する事後求償権を債権者代位によって保全することが可能であると考えられるにしても，Aの相殺の代位行使によって，実際には，Aによる弁済もなく，求償権も発生しないことになるのであるから，技巧的な説明にならざるを得ない。すなわち，事前求償権を保全するためであるとすると，相殺を認めることによってAの弁済がなされずに主債務が消滅してしまうために，そもそも事前求償権を保全するという意味はなくなってしまうし，また，民法457条2項についても，民法436条2項についても，事後求償権を保全するために，BC間で対立する債務を相殺するBの権利をAが代位行使すると考える場合には，Aの相殺によって煩雑な求償関係の発生を事前に回避するということが条文によって認められたにもかかわらず，理論的には，現実に発生することのない事後求償権を前提とせざるを得ないという奇妙なことになってしまう。

このように考えると，AがBC間に対立する債務の相殺を代位行使するという理論構成でも，Aの相殺を説明する理論としては不都合なものと考えられる。したがって，前述の裁判例【1】【2】において，物上保証人による相殺の代位行使が否定されたことは妥当であると思われる。

(D)　責任を負担する者に固有の相殺権としての構成

ここまで検討したように，補充性による説明も，債権者代位権による説明も，保証人による相殺の援用から物上保証人による相殺の援用までを統一的に説明する理論としては困難がある。そこで，筆者は，保証人（民法457条2項）や連帯債務者（同436条2項）だけでなく（これらの場合については，前述，第2章第3節，21頁以下を参照），前述の裁判例【2】のような物上保証人による相殺の場合にも，以下のようにして，その固有の相殺権が認められるものと考える。

保証人Aの相殺権は，AがBの主債務のための責任を負っており，この主たる債務の消滅についてAが法律上の利益を有しているということから導かれるものである。すなわち，CのBに対する債権（受働債権となる）の摑取力が及ぶAには，BC間で相殺適状が生じてその債権が受働債権として相殺しうるものとなった場合に，Bの債務（受働債権）の責任を負担している自らの地位に基づいて相殺権を援用し，対立する債務を消滅させることができる。Aの負う責任は，BがCに負う債務とその運命をともにする関係にある。もしもAによるこのような相殺を認めないとすれば，Bは相殺によって容易にその債務を実現することができるにもかかわらず，これをせずに，責任を負っているAに先に負担を負わせることになってしまう。もちろん，その後に，Aは，Bに対して求償することができるとしても，相殺によって容易に三者の債権関係を決済できたにもかかわらず，Aに求償のリスクを負担させることになってしまう。そこで，Aの相殺が認められれば，これらの問題を回避して，ABC三者の間の法律関係を簡易に清算できる［梅 1910，172–173］。

このような援用者の拡張された相殺権は，担保不動産の第三取得者にも認められるべきである。さらには，根担保権についても，最終的に，被担保債権と運命をともにすることは同じであるから，これらの担保権の設定者についても，拡張された相殺権を認めることができるだろう。

第4項　第2節のまとめ——相殺の援用者拡張型の要件と効果

ここまでにおいて，相殺権の援用者が拡張されているものとして理解できる判例を検討した。以下では，その結果に基づいて，相殺の援用者拡張型の要件と効果をまとめることにする。

相殺の援用者拡張型では，BC間で対立している債務についてBが相殺権を取得することを要件として，Bのために責任を負うAが相殺を援用することができる。そこでは，BC二者間において民法505条以下に定められた相殺適状を満たした後に，民法506条に予定された「当事者の一方」ではなく，当事者の一方の債務のために責任を負う者Aが相殺を援用することができるという点において，二者間相殺と異なっている。

民法には，相殺の援用者が拡張される場面として，保証や連帯債務に関する規定しか存在しない。しかし，これを手がかりとして，他人の債務のための担保を負担する者については，その責任を免れるために，被担保債権の消滅に関する抗弁である相殺権を援用することができると考えるべきであろう。このようにして，相殺権の援用者拡張型では，Aが援用する相殺権は，BC間において成立しているものであるということから，BC間において相殺適状が生じていることが要件となる。なお，二者間の相殺の場合には，受働債権の期限の利益を放棄して相殺することが認められるが，これとは異なって，保証人や物上保証人であるAは，BがCに負っている債務（受働債権）について期限の利益を放棄することはできないものと考えられる。そのため，Bがその債務について期限の利益を放棄することがない限りは，両債権の弁済期の到来が必要となる。

このように，相殺の援用者拡張型では，BC二者間で相殺適状を満たしているかどうかが問題となること，また，相殺の結果としてBC間の債務が消滅することから，このような相殺は，二者間相殺の問題として議論すべきもののようにもみえる。しかし，Aの相殺は，援用者が第三者であることから二者間法定相殺とは区別され，三者間相殺の問題の領域において議論されるべきものと考えられる。

第３節　債権譲渡後の三者間相殺（第２類型）

債権譲渡後の三者間相殺（②C→Ⓐ→B）に関する主な判例については，［深川 2008，11-26，419-426］において検討を行った。そのため，以下では，その結果を簡潔にまとめておくことにする。

民法468条における「譲渡人に対抗することができた事由」（１項）および「譲渡人に対して生じた事由」（２項）に相殺の抗弁が含まれるとしても，債務者と譲渡人の間の法律関係がどのような状態であれば譲受人にこれを対抗できるかという問題は，今日でも議論されている。判例は，当初，「譲渡人に対して生じた事由」として，相殺適状にあることを要求していたが（大判明35・７・３民録８輯７巻14頁など），やがて，「相殺の期待」を重視して（最二判昭32・７・19民集11巻７号1297頁），自働債権の弁済期が受働債権の弁済期よりも後に到来する場合についても相殺を認めるもの（最一判昭50・12・８民集29巻11号1864頁，以下，「昭和50年判決」という）も現れた。昭和50年判決では，相殺の担保的機能に関するいわゆる無制限説と弁済期先後基準説のそれぞれの説に立つ裁判官の見解が二分しており，一般に，特殊なケースとして理解されている。

筆者は，債権譲渡後の三者間相殺については，債務間の牽連性が要件であると考えており（前述，第２章第４節第１項。40頁以下），昭和50年判決についても，債務間の牽連性の観点から，最高裁の結論を支持できるものと考えた［深川 2008，419-426］。

第４節　第三者の相殺型（第３類型）

第１項　問題の所在

前述，第２章第５節（57頁以下）および第２章第６節（67頁以下）での検討を踏まえると，第三者の相殺は，保証債務（連帯債務の保証部分を含む）を負担するＡが自己の責任を免れるために，自己の債権を利用して主たる債務者Ｃが債権者Ｂに負う債務を相殺することができるというものであった。民法では，連帯債務者および連帯保証人についてはこのような相殺に関する明文の規定が存在する。これに対して，通常保証人については，明文の規定が脱落している。しかし，裁判例（後述，裁判例【３】）も，学説（前述，第２章第５節参照）も，このような保証人の相殺を認めている。

では，債務なき責任を負担する者Ａが自己のＢに対する債権によって，ＣがＢに負う債務を相殺すること（物上保証人による第三者の相殺）は認められるのだろうか。判例には，これを否定的に解するものが存在する（後述，判例【４】）。しかし，学説では，一般に，相殺を認めるべきとの見解が示されてきた（後述，本節第３項(B)）。さらには，第三者の弁済が広く認められていることを考慮すると，第三者の相殺も，保証債務を負う者や，責任を負担する者に限られないとも考えることができそうである。そこで，以下では，第三者の相殺型に属する裁判例を取り上げて（第２項），他人の債務のために責任を負う者による第三者の相殺は認められるか（第３項），さらには，責任を負う者以外による第三者の相殺は認められるか（第４項）という問題を検討していく。

第２項　裁判例の紹介

(A)　保証人の債権を自働債権とする主債務の相殺（肯定）

【３】　東京高判昭50・６・26判タ330号278頁

まず，保証人が自己の債権によって債務を相殺する場面についてみていくことにする。以下において紹介する東京高判昭50・６・26は，保証人の地位に立つ元請人が注文者に対する債権を有している場合に，主たる債務者である下請人の注文者に負う債務を相殺することを認めている。そこでは，三者間には，鉱物採掘という一つの経済目的を達成するための債権がまたがっており，三者間相殺がこのような牽連性のある債務間で行われていることが特徴的である。

〔事実の概要〕　Ｘは，Y_1との間で，租鉱権設定契約を締結した。Y_2が本件採掘工事を請け負った。その機材を購入するための事業資金として，ＸからY_2に融資が行われた。この融資は，採掘された硅石代金によって回収される予定であった。しかし，第一期工事では予期に反して生産実績が上がらなかった。そこで，第二期工事において，採掘場所を拡大するために，変更施業案認可申請を得て新しい坑口までの道路開設工事がなされた。ところが，Ｘは，Ｙらと協議することなく変更施業案認可申請を取り下げて工事を中止させた。ＸがＹらに対して貸金の支払いを求めたところ，Y_2は抗弁として，第二期工事の原状回復のために必要と

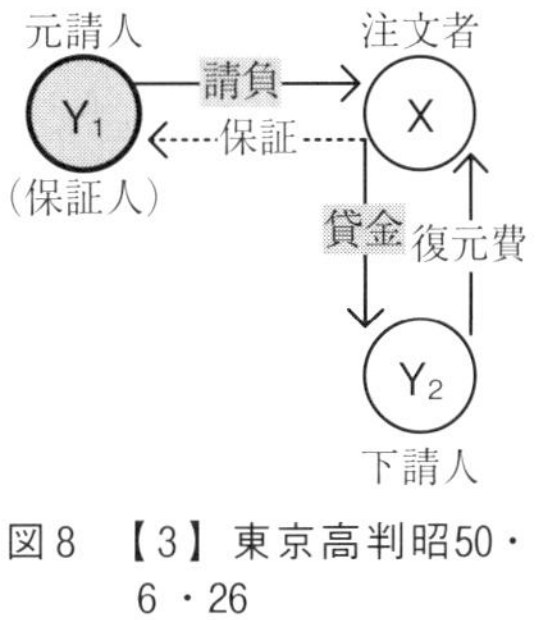

図８　【３】東京高判昭50・６・26

なる復元費請求権を自働債権として，上記貸金債権を受働債権として相殺を主張した。さらに，保証人であるY_1は，自己の有する債権を自働債権として，同貸金債権を受働債権として相殺することを主張した。

〔判旨〕　裁判所は，Ｙらの主張する相殺の効力を認めて次のように述べた。

> Y_2が自己の反対債権金14万1,400円をもつて相殺の意思表示をしており，その効果はY_1においても援用しているものと解すべきこと弁論の全趣旨から明らかであり，前記残存した主債務は保証人〔Y_1〕の出捐により全額消滅したものと認めるべきである。けだし保証人と債権者との間に生じた事項は，原則として主たる債務者に影響をおよぼさないけれども，保証人の弁済その他の出捐により債権者が満足を得たかぎり，主たる債務もまた減少又は消滅すべき筋合であるからである（爾後は主たる債務者と保証人との関係で求償の問題を残すのみとなる）。

なお，Y_1とY_2のそれぞれの主張する相殺の充当関係については，次のようにして，Y_2の相殺による残額債権についてY_1の相殺の主張を認めている。

> ＸのY_1に対する本訴貸金請求は主たる債務が主債務者たるY_2による相殺の結果前記の限度に減少し，このことは保証人としてY_2の相殺を援用しているY_1にも効力をおよぼすものであり，これに対し，さらにY_1は自己独自の反対債権……をもつて，さきに第一審において相殺の意思表示をしているから，その効果について判断するに，保証債務は主債務に附従するものであり，保証人が自己の債権をもつて相殺に供するのは，主たる債務が存在し，その責任が自らにおよぶ保証債務に対してであることは事の性質上当然であるから，保証人が裁判上いったん自己の債権をもつて相殺を主張したとしても，当該裁判が確定する以前に主たる債務が別の理由で一部消滅したときは，その残存する主債務の限度で自己の債権を相殺に供したものとしてその充当を処理するのが相当である。

(B) 抵当不動産の第三取得者による相殺権（否定）

【４】 大判昭８・12・５民集12巻2818頁

保証人の相殺に対して，抵当不動産の第三取得者の債権による相殺については，以下のようにこれを否定する判例が存在する。この大審院判決以降において，最高裁において類似の問題が扱われた事案は存在していないようである。

〔事実の概要〕　事実関係は，十分には明らかではないが，以下のようである（図９）。Ｘ はＡ所有の土地を譲り受けたところ，同土地には，Ｙ銀行のＡに対する貸金債権を担保するための根抵当権が設定されていた。Ｘは，Ｙ銀行に対して預金債権を有していたため，この預金債権によって，ＡのＹに対する貸金債務を相殺したと主張して，Ｙに対して抵当権設定登記の抹消を求めた。

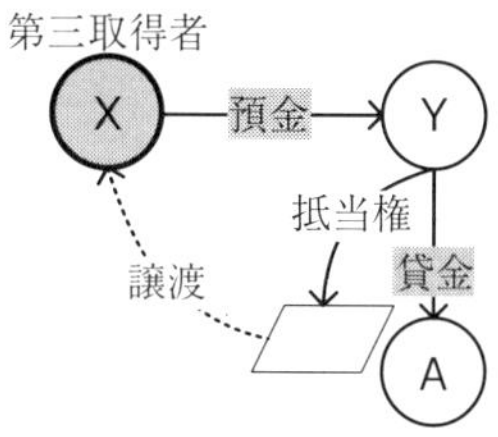

図９　【４】大判昭８・12・5

〔判旨〕　このような事案において，裁判所は，Ｘの相殺を否定して次のように述べた。

> 抵当権は従たる物権にして主たる債務の弁済に因り当然消滅に帰すべきを以て抵当不動産の所有権を取得したる第三者は債務の弁済を為すに付，正当の利益を有し民法第474条の規定に依り之が弁済を為し得ること勿論なるも抵当不動産の所有権取得に因り自ら債務を負担するに至りたるものと解すべき何等の理由なく而かも相殺は当事者互に同種の目的を有する債権を有する場合に於て互に給付を為さずして其の対当額に於て債権を消滅せしむるものにして弁済と其の性質を異にするが故に抵当不動産の所有権を取得したる第三者が偶々抵当権者に対して債権を有する場合に於ても該債権を以て自己の債務に属せざる抵当権者の有する債権と相殺を為すが如きことは法律上之を許さざるものと解せざるべからず。

なお，判例には，債務なき責任を負担する者が相殺を主張することを認めるものは存在しないようである。

その後，大判昭14・12・21民集18巻1596頁では，「抵当権の滌除を為さんとする抵当不動産の第三取得者が抵当権者に対し金銭債権を有するときは他に抵当債権者存せざる限り該金銭債権を以て提供金額と相殺を為すことを得るものとす」として，滌除を要求する第三取得者については相殺が認められている。ただし，これは，第三取得者と抵当権者の二者間に対立する債務の相殺と考えられている。

そして，前掲判例【４】の法理は，その後，大判昭17・２・24法学11巻1181頁においても踏襲されている。ただし，この事案は，抵当不動産の第三取得者に関するものではない（判決文からは，事実関係は明確ではないものの，債務者Ｙの和解のために奔走したＡが，債権者Ｘに対する債権によってＹのＸに対する債務の相殺を主張したもののようである。なお，Ａについては，特に弁済をするについて法的利害関係を有することは認定されていない）。

第３項　裁判例の分析・検討

(A)　問題の所在

三者間法定相殺の観点から，裁判例【３】【４】における問題を一般的に述べると次のようになる。すなわち，ＣがＢに負う債務についてＡが責任を負っている場合に，Ａは，そのＢに対して有する債権をもって，Ｃの債務を相殺することができるだろうか。

前述の大審院判決【４】では，抵当不動産の第三取得者が弁済をすることについて正当の利益を有することを確認した上で，このような第三者による相殺であっても，二者間相殺でない場合にはこれを認めないという判断がなされている。これに対して，前述の裁判例【３】では，保証債務の付従性から，保証人の相殺が認められている。裁判例【３】の提起する問題は，他人のために責任を負う者であるという共通点に着目すれば，保証人と物上保証人とで，それぞれの相殺の効果がなぜ異なるのかということである。

前述の裁判例【３】において，保証人の主張した相殺が保証債務を受働債権とする相殺であると考える場合には，二者間に債務が対立している場面において相殺が認められたものであるから，前述の大審院判決【４】の法理と矛盾するものではないと理解することもできそうである。しかし，保証人は「主たる債務者……の債務を……履行する責任を負う」（民法446条１項）ものであるから，保証債務の内容は主たる債務の履行責任であり，相殺の受働債権は主たる債務それ自体であると考えるべきであろう（本書の立場については，前述，第２章第５節。57頁以下）。そこで，前述の裁判例【３】では，大審院判例【４】とは異なって，保証人の債権と主たる債務の三者間相殺を認めるという判断が下されたものと理解することができる。

(B) 学　説

学説においては，以下のように，第三者も相殺することができるものと考えられている。

> 第三者が弁済をなしうるすべての場合に相殺することもできるとすることは，対立する両債権の当事者間の公平をはかる趣旨を逸脱する……（受働債権の債権者の財産状態が悪化しているときにはこの者に対する債権者間の公平を害する），然し，物上保証人，抵当不動産の第三取得者……のように，他人の債務につき責任を負担する者についても否定することは，すこぶる疑問である。……自分の責任を免れるために，その基礎たる他人の債務を自分の債権で相殺することだけは認めてよいと思われる。［我妻 1964, 323-324］

このように，「物上保証人や抵当不動産の第三取得者のように，他人の債務について『責任』を負う者に限って肯定すべきだ，というのが通説である」［内田 2011, 37-38, 250-251］とされている。また，「相殺は弁済の便法にすぎない」として，第三者の弁済が許されていることからすると，債権者が破産状態にあって他の債権者との公平に配慮しなければならない場合を除いては，一般に第三者からの相殺を認めてもよいとするものも存在する［於保 1972, 353（注３）］［奥田 1992, 494］。さらに，この考えを基本として，物上保証人や第三取得者については「無資力か否かを問うことなく代位弁済的相殺を認めてもよい」とする見解も唱えられている［平野 2005，130］。

(C) 検　　討

前述の裁判例【３】において指摘されているように，「責任を負う第三者の相殺」では，先に検討した相殺の援用者拡張型と異なって，第三類型におけるＡによる相殺を認めても，最終的にＡから債務者Ｃに対する求償関係が残ることになる。このために，Ａにとっては，たとえ相殺しても，Ｃの無資力についてリスクを負担することにはかわりがない。

しかし，責任を負う第三者の相殺を認めることには，以下のようなメリットがある。ＡとＣは，裁判例【３】に見られるように元請と下請であったり，親会社と子会社であったり，継続的取引をしていたりするなどの事情があり，通常，両者の間には，既存の関係が存在することが多いものと思われる。そこで，このようなAC間の求償関係は，実際には，このAC間に存在する既存の債権によって相殺されることになるだろう。そのために，このような相殺には，当事者間の法律関係を簡易に決済するというメリットがある。また，たとえBC間にこのように債務の対立が存在しない場合であっても，Ａが自らの意思によって，債権回収のリスクを引き受けることは，Ｂの利益も，Ｃの利益も害するものではない。さらには，裁判例【３】に見られるように，三者で実現される一つの経済活動に基づいて，三者間にまたがる債権が発生している場合には，その法律関係を簡易にすることができるというメリットがある。そこで，このような場面において，自働債権と受働債権の弁済期が到来している場合には（Ａには，Ｃの債務について期限の利益を放棄する権限はないため両債権の弁済期の到来が必要となる），Ａの相殺を認めることには，ABC間においては問題がないものと思われる。

このように考えるならば，保証人のみならず，物上保証人についても，その債権による第三者の相殺を認めてもよいものと考えられる。

第４項　第三者の相殺の要件と対抗力（担保的機能）

(A)　債権法改正における議論

では，このような債務者以外の者の債権によって行う三者間相殺は，その債務者のために責任を負う者に限られるのだろうか（[深川 2012] においても検討した。学説の議論は同稿を参照)。すなわち，一般に，ＣがＢに対して債務を負っている場合に，この債務を受働債権として，Ａは自己のＣに対する債権によって相殺することができるだろうか。この問題については，裁判例を見つけることができなかった。しかし，第三者の相殺の要件を明らかにするためには，この問題を検討しておく必要がある。

先に紹介したように（87頁)，学説において第三者の相殺を認めるべきことは従来から主張されており，[民法（債権法）改正検討委員会 2009，46-47] において，第三者の相殺に関する規定が提言されている。そこでは，一般的に，「相殺は，第三者のする弁済の例により，債権者に対し債権を有する第三者もすることができるものとする」(【3．1．3．23】）として，「債務者以外の者による相殺」と題する規定が用意されている。この例として，同書は，次のような事例（図10）を挙げている。

> ＡがＢに対して甲債権を有し，ＢがＡに対し乙債権を有する場合において，甲債権を担保する抵当権を自分の所有する不動産に設定したＣがＡに対して丙債権を有するときに，ＣがＡに対し相殺の意思表示をすることにより甲・丙の債権が対当額で消滅することを認めようとすることが，ここで提示しようとしている帰結である。[民法（債権法）改正検討委員会 2009，47]

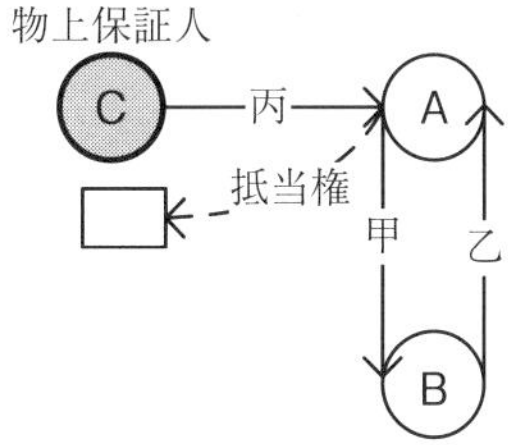

図10　民法（債権法）改正検討委員会による第三者の相殺の例

この事例では，次の五つの問題が生じる。第一に，Ｃによる丙甲債権間の相殺を認める場合には，Aは，甲債権について現実の弁済を受ける機会を奪われるのではないかということが問題となる。第二に，第一の問題とも関連することであるが，Cの相殺が認められれば，AB間で対立する甲乙債権の間の相殺をする機会が奪われてしまう。そこでは，Cによる相殺の主張は，Bとの関係において，Cに優先弁済を実現させてしまうことにつながるのではないかという疑問が生じる。第三に，Cによる相殺の主張は，Aの他の債権者Dとの関係において，優先弁済を実現するものとなってしまうのではないかということである。第四に，第三者の弁済と同様にして第三者の相殺を認めるのであれば，Cは，責任を負う者に限られないということになるのかということである。第五に，前述，本章第2節（79-81頁）に述べたように，物上保証人Cは，AB間の相殺権を援用できるとも考えられ，Cの債権による相殺と二重の相殺権が問題となりそうである。

この第五の問題については，ここで論じる対抗力に関わる問題ではないために簡潔に述べておくと，求償に関する法理（民法372条・351条）を参考にして次のように解決することができるものと考えられる。すなわち，Cの丙債権によって甲債権を相殺する場合には，予めBに対して通知をすることによって相殺権の存在を知らせるべきこと，また，通知を怠った場合には，CのBに対する求償に際して，AB間において存在した相殺権を対抗される可能性があることから，民法は，AB間で相殺が可能であればこれを優先するものと考えられる。そこで，物上保証人Cに帰属する二重の相殺権のうち，AB間の相殺権を援用できる地位（民法457条2項）が先に行使されるべきものと考えられる。ただし，この問題は，Cに帰属する二重の相殺権の順位を明らかにするのみであって，第一の問題について，解決策を提示するものではないことに注意する必要がある。第一の問題は，第五の問題と類似するように見えるが，そこで解決すべき問題は債権者間の競合関係であるというところに違いがある。そこで，残された問題は，第一から第四の問題であり，そこでは，第三者の相殺を主張できる者の範囲および第三者の相殺の対抗力（担保的機能）について検討する必要がある。

まず，第三者の相殺を主張できる者の範囲について考えていく。現行民法は，「利害関係を有しない第三者」の弁済について，「債務者の意思に反して弁済をすることができない」としている（民法474条）。これに対して，［民法（債権法）改正検討委員会 2009，５-10］では，次のように，その弁済を有効としている。

【３．１．３.02】（債務者以外の者による弁済）
〈１〉　債務者以外の第三者は，弁済することができる。ただし，債務の性質がこれを許さないとき，または，両当事者がこれを許さない旨の合意をしたときは，この限りではない。
〈２〉〈１〉ただし書に該当しない場合において，第三者が弁済したとき，第三者は債務者に対して，委任，事務管理，または，不当利得その他の規律に基づいて，求償権を取得する。
〈３〉〈２〉にかかわらず，〈１〉ただし書に該当しない場合において，［保証人，］物上保証人，または，第三取得者などの弁済をするについて正当な利益を有する者以外のものが，債務者の意思に反して弁済をしたとき，第三者は債務者に対して求償権を取得しない。

このように「弁済をするについて正当な利益を有する者以外のもの」の弁済を有効とする理由は，［民法（債権法）改正検討委員会 2009］によると，次のように説明されている。

〔「債務者が，第三者に弁済により債務の消滅という利益を受けることを拒むことを認めるべきである」ということ〕については，給付を保持することができるという債権者の利益を犠牲にしてまで実現すべきではないと考えられ……〔「弁済をした第三者は債務者に対して求償権を取得し，その行使が過酷になる可能性」〕については，端的に弁済をした第三者には求償権を取得させないとする解決を採用すべきである［民法（債権法）改正検討委員会 2009，８］

［民法（債権法）改正検討委員会 2009］のように，もしも「第三者のする

弁済の例により」第三者の相殺も可能であるとすれば，債務者のために責任を負う者でなくても，第三者の相殺を主張することができそうである。そして，その帰結として，求償権は発生しないとされているのであるから（このこと自体については，債権を債務者の意思にかかわらず譲渡できることを考え合わせると，理論的課題を抱えているように思われるが，その是非はここではさておき），同書の立場に立てば，二つの債務を同時に消滅させて当事者間の法律関係は終了するということになりそうである。すなわち，先に挙げた同書の事例（前掲，89頁の図10）を用いて言えば，丙債権と甲債権とは，同時に，対当額において消滅するのであり，かつ，もしもCが他人の債務につき責任を負う者であれば，Bに対して求償権を取得するということになるのに対して，もしもCがそのような者でなければ，Bに対して求償権を取得することはなく当事者の法律関係は解決されるということになりそうである。

このようにして，他人の債務につき責任を負う者が相殺する場合についても，三者間の法律関係をCの意思表示のみによって一挙に解決できることは，決済の簡便性に資するようにも見える。ところが，［民法（債権法）改正検討委員会 2009］では，第三者の「弁済」が広く認められているのに対して，同書の解説によると，利害関係を有しない第三者の「相殺」は認められない，すなわち，「第三者による相殺は，受働債権を担保する担保権の負担を受けているなど法律上の利害を有する者がする場合に限ることが相当である」［民法（債権法）改正検討委員会 2009, 47］とされている。実際に，先に紹介した同書の事案（前掲，89頁の図10）では，物上保証人の例が挙げられている（［法務省民事局参事官室 2011, 66］でも，「弁済をするについて正当な利益を有する者」の相殺について明文を置くという考えに言及がなされている）。

なぜ［民法（債権法）改正検討委員会 2009, 5-10］においては，第三者の相殺を主張する者をこのように制限するのだろうか。同書は，この理由を以下のように説明している。

> 第三者のする相殺により債務者が債務を免れることになる際には，相殺の相手方が無資力である場合において，相殺の相手方に対し債権を有する他の者らが債権の行使に困難を抱え込むことになる。そのような事態が合理的な理由がなく無制約に生ずることは避けられるべきである。［民法（債権法）改正検討委員会 2009，47］

これは先にみたように（前述，87頁），第三者の弁済が許されるすべての場合に相殺を認めるとすれば，債権者の他の債権者に先立って弁済を受けることになるので，債権者間の公平を害する（特に債権者の財産状態が悪化しているとき）［我妻 1964，323-324］と指摘されてきたことと，一見すると同じ配慮に基づくもののようにみえる。「検討委員会提案は，第三者相殺には当事者間での簡易な決済機能しかなく，対外的効力はないと考えているといえよう」［中舎 2011，72］との指摘も存在するが，前述のような記述を見ると，債権者に対して債権を有する他の債権者との関係を考慮して，法律上の利害関係を有する者については相殺ができ，そうでない者は相殺ができないとして，相殺の対抗力（担保的機能）について考慮されているとも考えられる（ただし，提言されている条文上は，［中舎 2011，72］の指摘するように，この点が明らかでなく，また，以下に述べるように，第三者の弁済規定との整合性にも疑問が残るため，これらを明確にすることが必要となるだろう）。

しかし，このように対抗力が規定されているものと考えられるとしても，仮に［民法（債権法）改正検討委員会 2009，5-10］の求償に関する考え方を前提として採用すれば，先に述べたように，第三者の相殺においても，利害関係を有しない者が主張したときには，求償権が発生しないことになるのだから，同書の事案（前掲，89頁の図10）の記号を用いれば，Ｃが法律上の利害を有するのではないときは，その相殺によって，自己のＡに対する債権を優先回収したことになるとは考えられない。そこで，従来の見解とは異なって，むしろ，そこにおいては，Ｃの相殺の主張により，ＡのＢに対する債権を消滅させることによって，Ａの他の債権者Ｄの回収

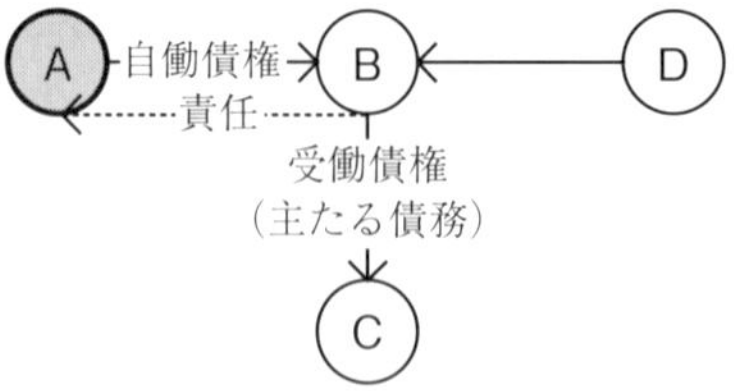

図11　第三者の相殺と債務者の他の債権者

を妨げることになるという結果について配慮がなされているものとして理解すべきであろうか。

いずれにしても，学説では，本書の記号で表現し直せば，Ａによる「第三者の相殺」は，Ｂの他の債権者Ｄとの関係を考慮して，一定の範囲に制限されるべきものとして考えられているといえる（図11）。しかし，このようなＤとの関係における相殺の有効性は，第三者への対抗力（担保的機能）の問題として，ABC 間における三者間相殺の有効性の問題とは切り離して考えるべきではないだろうか。これは，たとえば，債権譲渡後の相殺の場合には，一見すると譲渡人と債務者との間において成立する相殺の抗弁権が問題になっているとも思われるが，そうではなく，譲渡人の債権を巡って債務者と譲受人とが競合する場面において，いずれが優先するかということが実際には問題となっており，これを解決する基準を検討しなければならないのと同様である。

そこで，以下，本書では，第三者の相殺について，①三者間効力（簡易決済機能）と②第三者への対抗力（担保的機能）とを区別して検討する。①三者間効力として，まず，第三者の相殺を主張しうる者の範囲に関する問題，すなわち，第三者の相殺の要件を検討する（(B)）。次に，②対抗力の問題として，第三者の相殺を，債権がまたがる三者以外の者に主張するための要件を検討する（(C)）。

(B)　第三者の相殺の要件――三者間効力（簡易決済機能）に関する問題

第三者の相殺の効果から，その要件について考えていくことにする。第三者の相殺が認められれば，結果として，ABC 三者にまたがる二つの債務は対当額で消滅する。そのためには，民法505条以下に規定された相殺の要件が，債務の相互性を除いて，満たされなければならない。法定相殺には，一方的意思表示によって効果が生じても，相手方を不当に害さないようにする仕組みがその要件に内包されている（すなわち，債務の同種性や弁済期に関するもののみならず，債務の性質や相殺禁止特約などによる相殺の制限は，相手方の利益に配慮したものである）。しかし，これらの要件は，二者間関係を考慮するのみであって，三者間の場合には，さらに，固有の問題が存する。すなわち，前掲図11の記号で表せば，Ａの一方的意思表示に相殺の効力を認めることは，Ｂにとって，そのＣへの債権の弁済を現実に受ける機会を奪うことになりかねないのである。従来の議論では，Ｄの利益，または，Ｃの利益は考慮されてきたが，Ｂの利益は考慮されてこなかった。しかし，第三者の相殺の対内的効力を考える際には，弁済の簡易化のためにＢの権利が不当に制限されるということのないようにしなければならない。このことは，ドイツにおける第三者の相殺について研究する［村山 2001（２・完），137］も，「ドイツ法では，〔Ａ→Ｂ→Ｃと債権が存在する場合に〕中間者Ｂの現実弁済に対する利益を重視してＡによる相殺を否定的に解しているのに対し，我が国では，中間者Ｂの固有の権利ではなく，むしろＢに対する一般債権者の利益を考慮してかかる相殺に規制を加える点に特徴がある」と指摘する。

この問題を解決するために，民法474条２項を参考にして，以下のように，Ｂの利益を保護することが考えられる。従来，民法474条２項は，第三者の弁済に関する規定としては，必要性が乏しいものと考えられてきた。たとえば，［我妻 1964，244］では，動向について，「利害関係のない第三者の弁済を制限することは，立法論として妥当でないことを考えれば，利害の関係をできるだけ解すべきである」と述べられている。もちろん，同条は，本来的には，第三債務者Ｃの利益を考慮する条文であるため，これをそのまま類推することは困難である。しかし，第三者の相殺の要件について考えるのに，同条を参考にすると，第三者の相殺は，債務の相互性要件を欠く代わりとして，これを埋めるような要件，すなわち，①利害関係を有する（前掲図11の記号で表せば，ＡがＣの債務のために責任を負っている），または，②そうでなくても，債務者（この場合には，前掲図11の記号で表せば，Ｂ）の意思に反するものでないということが必要になるものと考えられる。このことは，従来，第三者の相殺を第三者の弁済に類するものとして論じてきたのとは異なって，民法474条２項を参考とすれば，第三者の相殺について新たに規定が設けられる場合にも，合理的な要件を示すことができると考えるものである。

(C)「第三者の相殺」の担保的機能――「第三者の相殺」の対抗力に関する問題

次に，第三者の相殺の対抗力（担保的機能）について検討していくことにする。前述のように，学説では，Ｂの他の債権者Ｄとの関係を考慮して，Ｂのために責任を負うＡについては，第三者の相殺が認められるべきであると考えられている。このようなＢの相殺を認める場合には，次のことを指摘することができる。すなわち，Ａによる「第三者の相殺」は，ＡからＣへの求償権の発生（民法459条），および，それに伴うＡのＢへの代位（民法500条）を生じさせる。そこで，Ｄとの関係を考えると，ＢがそのＣに対する債権をＤに優先して取得するのに等しい結果を認めることになる。これは，Ａによる第三者の相殺の対抗力（担保的機能）を認めるということである。なお，これは，Ａが物上保証人の場合について述べられてきたことではあるが，保証人について区別する理由は見当たらないため，保証人についても同様に考えられるだろう。

では，このような結論は，ＡがＣのために責任を負っているという一事によって説明することができるのだろうか。

まず，Ａの負う責任がＢの債務に基づくものであるということを根拠とすることができるだろうか。このことは，Ａの責任の付従性，すなわち，Ａの責任とＢの債務とは運命を共にする関係にあるということに着目すると，ＡとＣの関係が経済的に一体のものとして捉えられることを意味している。そこで，ACを一体として考えると，形式的にはＡ→Ｂ→Ｃと三者に債権がまたがって存在するとしても，ＢとACとの間では，BC間で債務が対立しているのと同様の状態として扱うことができそうである。しかし，二者間相殺の担保的機能に関する議論においても単に債権が対立しているということだけでは第三者との関係において自働債権の回収についての優先性を基礎づけることができないのと同様に，Ａによる「第三者の相殺」においても，直ちにその優先性を導くことは困難であるように思われる。

次に，求償関係を考慮すると，Ａの優先性を導くことができるだろうか。すなわち，責任を負う第三者の相殺では，Ａの相殺を認めることによって，①ＡのＢに対する債権が消滅し，②ＢのＣに対する債権が消滅するが，③ＡからＢ，ＢからＣへと向かっていた二つの債権関係は，ＡからＣへの求償権（民法459条，462条）へと一本化され，これを確実にするために，Ａは，当然に，ＢのＣに対する債権に代位することができる（民法500条）。このようにＢのＣに対する債権がＡに法定移転することを考慮すると，三者間相殺の担保的機能を考えるには，債権者代位権と直接訴権（民法613条参照）に関する優先法理［加賀山 1977(1)，87-89］が参考になるものと思われる。すなわち，直接訴権は，債権者の債務者に対する債権と，債務者の第三債務者に対する債権との間の「密接な関係」（牽連性）が「中間債務者のその他の債権者の競合を排除し，中間債務者の第三債務者に対する債権を排他的に把握すること」［加賀山 1977(1)，95］を可能とする。責任を負う第三者の相殺についても，これと同様のことがいえそうである。すなわち，単にＡが保証人であることのみによってＤに対する優先性を説明できるわけではなく，三者にまたがる二つの債権の間に牽連性がある場合に，Ａによる「第三者の相殺」をＤに対抗することができるのである。

また，本書の立場によれば，責任を負う者でなくても，債務者の意思に反しない場合には，第三者の相殺が認められ，この場合にも，その対抗力が問題となる。第三者の相殺がなされた場合の求償権を考慮すると，この場合にも，ここまでに論じた責任を負う第三者の相殺の場合と同様に考えることができるだろう。すなわち，第三者の相殺は，債務間の牽連性を根拠として，その対抗力が認められる。

以上の検討を踏まえると，たとえば裁判例【３】のような事案においては，たとえＸの他の債権者と競合したとしても，Y_1が相殺に供する二つの債権は，採掘工事の実現に向けた牽連関係にあることから，相殺の担保的機能が成立するということができるだろう。

第５項　第４節のまとめ――「第三者の相殺」の要件と効果

ここまで検討したことから，第三者の相殺が認められるためには，次の要件を満たす必要があるものと考えられる。

(A)「第三者の相殺」の三当事者間効力

現行法上，連帯債務者による相殺の規定（民法436条１項）からすれば，同条を根拠として，保証人には，第三者の相殺の主張が認められるものと考えられる。さらに，学説では，第三者の弁済を参考として，物上保証人のように，相殺に供される受働債権について責任を負う者にも第三者の相殺を認めるべきとされてきた。そこでは，第三者の弁済が広く認められるべきとされるのが一般であるのに対して，第三者の相殺は，責任を負う者（法律上の利害関係を有する者）に限られるべきと主張されてきた。その根拠として，従来，第三者Ａが自己のＢに対する債権をもって，ＣのＢに負う債務を相殺すれば，Ｂの他の債権者Ｄを害することになってしまうことが指摘されてきた。しかし，このような第三者の相殺の主体に関する議論には，次の疑問がある。従来，学説において考慮されてきたＤとの関係は，Ａによる「第三者の相殺」の対抗力（担保的機能）の問題として，債権者間の競合関係を解決するという異なる視点から検討すべき問題である。そこで，第三者の相殺要件，すなわち，どのような者が第三者の相殺を主張することができるかということを再考する必要がある。

第三者の相殺要件を考える際に，検討すべき問題は，以下の事柄である。第三者の相殺は，その効果が認められる場合，Ｂの意思にも，Ｃの意思にもかかわらずに，Ａの一方的意思表示のみで実現される。このことは，第三者の弁済とも，債権譲渡とも異なる「第三者の相殺」の独自性を示すものである。しかし，この独自性は，Ａの一方的意思表示による相殺の効果がＢにとっては，その債権の弁済を現実に受ける機会を奪うことになるという問題を生じさせる。そこで，Ａによる第三者の相殺の効力を考えるには，Ｂの利益にも配慮する必要がある。

本節では，この問題を解決するのに，以下のように考察した。従来，学説が参考としてきた第三者の弁済について，民法は，債務者Ｃの利益に配慮するための規定（民法474条２項）を有している。これは，立法論的には適当でないとの指摘が有力となっている。第三者の相殺においても，第三債務者Ｃの利益を保護するという観点からすれば，第三者の弁済と同様に，同条の制限は，それほど重要な意味を持たないということができそうである。しかし，相殺の意思表示を受ける相手方Ｂの立場からは，この制限が有用に機能しうるものと考えられる。すなわち，民法474条２項を参考にして，債務の相互性要件を欠くという点を埋める要件として，第三者の相殺は，①第三債務者Ｃの債務について利害関係を有するものであるか，または，②利害関係を有しないとしても，相殺の意思表示の相手方Ｂの意思に反するのでない場合に認められると考えられる。

そこで，本節において検討した判例【４】については，物上保証人Ｘによる相殺であるため，たとえＹの意思に反しても（民法474条２項参考），相殺することができるものと考えられる。また，留意すべき点が存在するのは，判例【３】である。すなわち，同判決については，結論からすれば相殺が認められるべきであるが，そこでは，Y_2（本書の記号ではＣに相当する）がＸ（本書の記号ではＢに相当する）に債権を有しているため，Y_1（本書の記号ではＡに相当する）の相殺の主張は，その自働債権の側面からすると，Y_2のＸに対する債権に優先する相殺の主張のようにみえる。しかし，当該事案においては，Y_1の相殺をY_2が援用しているのであり，利害の対立は存在しないといえる。もっとも，事案によっては，Ａ→Ｂ→Ｃと債権が存在しているところ，ＣもまたＢに対して債権を有する場合に，Ｂに対するＡの債権とＢに対するＣの債権が競合しうる。たとえば，［民法（債権法）改正検討委員会 2009］の例（前掲，89頁の図10）では，AB 間に甲乙債権が対立しており，ＣがＡに丙債権を有している。

そこでも，相殺適状が満たされているならば，甲乙債権間の相殺と，丙甲債権間の相殺とが競合する可能性がある。このような競合については，次に述べる相殺の第三者対抗力（担保的機能）の問題として，債権者間の優先関係を検討すべきものと考えられる。

(B)「第三者の相殺」の対外的効力（担保的機能）

次に，Aによる「第三者の相殺」をBの他の債権者Dにも対抗することができるか，すなわち，「第三者の相殺」には第三者対抗力（担保的機能）が認められるかという問題については，以下の通りである（後述，第5章第3節〔129頁以下〕においても，三者間相殺契約とのかかわりにおいて再び論じる）。

一般に，学説では，Dとの関係を考慮して，Bの債務の責任を負う者Aについては「第三者の相殺」を認めてきたことから，この限りでは，「第三者の相殺」の対抗力（担保的機能）を認めるものであったと理解することができる。

しかし，AがBの債務の責任を負っているということのみによって，第三者の相殺の対抗力（担保的機能）を導くことはできないものと考えられる。すなわち，Aの「第三者の相殺」と，Bの他の債権者Dとが競合する場合には，いずれもBのCに対する債権からの回収を目的とする債権者同士の争いであるから，AとDとの間の競合関係は，債権者間の優先問題として解決されるべきものということができる。そして，AがDに優先すべき事由を有している場合（ABCにまたがる二つの債権間に牽連性があること）には，Aの「第三者の相殺」の対抗が認められ，そうでない場合には，対抗は認められないものと考えられる。確かに，Aは，Cの債務の責任を負うのであるから，その求償権の確保が問題となる場面では，Aの保護が考えられるべきである。しかし，一般的には，これは，求償の際にAがBのCに対する債権に法定代位することで十分となるはずである。それ以上に，相殺を通じて，Aにその債権を回収させるという利益を与えるには，AがDに優先する理由，すなわち，債権間の牽連性が必要になる。

本節において検討した裁判例においては，「第三者の相殺」の担保的機能が実際に問題とされた事案は存在しなかったものの，債権間の牽連性が認められる具体的な場面の例としては，裁判例【３】のような事案が挙げられるだろう。

第５節　第３章のまとめ

本章では，裁判例を通じて，「相殺の援用者拡張型」（本章第２節）と「第三者の相殺型」（本章第４節）とに関する裁判例を取り上げて，その要件および効果を検討した。また，「債権譲渡後の相殺」についても，先に行った研究成果［深川 2008］を簡潔にまとめて述べた。その結果は，三当事者間効力と第三者に対する対外的効力（担保的機能）との二つの観点から以下のようにまとめることができる。

第１項　当事者間における効力

相殺の援用者拡張型においては，債権者と債務者の間に対立する債権の間の相殺を援用できる者は，その相殺に供された受働債権について責任を負う第三者に限られるということが明らかとなった。

同様に，従来，第三者の相殺は，他人のために責任を負う者のみが行うことができるとの見解が有力であった。しかし，本章における検討の結果として，第三者の相殺について，民法474条２項を参考にして，他人のために責任を負う者でなくても，相殺の相手方の意思に反していない場合には相殺を主張できるものと考えられた。

第２項　第三者に対する対外的効力（担保的機能）

「第三者の相殺型」においては，相殺を主張するＡと債権者に対して債権を有する他の債権者Ｄとの関係を考慮しなくてはならない。そこでは，「第三者の相殺」の担保的機能が問題となる。

この場合には，ＡがＤに対して相殺を対抗するには，二つの債務の間に牽連性が必要になる。このように，相殺の対抗要件として，債務間の牽連性が要求されるのは，主として，その担保的機能が問題とされる「債権譲渡後の相殺」（本章第３節）についても同様である。すなわち，相殺を自働債権の回収の側面から眺めた場合に，競合する他の債権者との関係は，債権者間の優先順位の問題として債権間の牽連性を基準に解決されるべきである。

第４章　三者間循環的法律関係の相殺
――三者間相殺の応用

第１節　本章の目的

第１項　債権譲渡後の相殺型（第２類型）および第三者の相殺型（第３類型）における効果

債権譲渡後の相殺型（②Ｃ→🄰→Ｂ）では，Ａの相殺が認められれば，ＣのＡに対する債権（Ｃ→Ａ）とＡのＢに対する債権（Ａ→Ｂ）の二つの債権が同時に消滅することになる。しかし，これによって，ABC三者の債権関係が完全に解消されるのではなく，通常は，譲受人Ｃから譲渡人Ｂに対して不当利得返還請求権や債権の売主に対する担保請求権などが発生することになるだろう（Ｃ→Ｂ）。

また，第三者の相殺型（③🄰→Ｂ→Ｃ）において，Ａが自己のＢに対する債権（Ａ→Ｂ）によってＣのＢに負う債務（Ｂ→Ｃ）を相殺することがＢの意思に反していないために効力を生じる場合には，特別の事情のない限り，Ａの債務者Ｃに対する求償権（Ａ→Ｃ）を成立させることになるだろう。

債権譲渡後の相殺型および第三者の相殺型におけるＡの相殺は，このように，二つの債権を同時に消滅させると共に新たな一つの法律関係を作りだし，最終的にはこの弁済が必要となる。

第２項　相殺の援用者拡張型（第１類型の変形）における法律関係の簡易な決済

これに対して，相殺の援用者拡張型（①'Ｂ→Ｃ⇢Ａ）では，以下に述べるように，一人の意思表示のみによって，三者間の法律関係をすべて同時に消滅させることができる。前述のように，債権譲渡後の相殺型および第三者の相殺型においては弁済すべき法律関係が残るのに対して，相殺の援用者拡張型ではなぜこのような関係が残らないのだろうか。

相殺の援用者拡張型においては，Ｂの債務のために責任を負うＡに相殺権の援用が認められる実質的な利益は，求償関係の発生を抑えて，三者間の法律関係を簡易に決済するところにある（前述，22-23頁。また，物上保証人については75頁を参照）。もしもＡによる相殺の援用が認められない場合には，ＡがＣに対して負う保証債務を履行し，ＢがＡに対して求償債務を履行し，ＣがＢに対して負う債務（自働債権に相当する）を履行するというように，履行の循環が生じることになる。すなわち，相殺の援用が認められない場合には，ABCの三者間に循環的な法律関係を想定することができる（Ｃ⇢Ａ→Ｂ→Ｃ）。その状況において，この循環的な法律関係とは逆方向の法律関係として，Ｂは，Ｃに対して主たる債務を負担している（Ｃ→Ｂ）。このような三者間に循環する法律関係の存在，および，それとは逆方向の二者間に存在する法律関係という二つの組合せを前提として（Ｃ⇢Ａ→Ｂ→Ｃ→Ｂ），Ａの相殺は三者間の債権関係を一挙に清算することを可能とするものになっている（図12）。

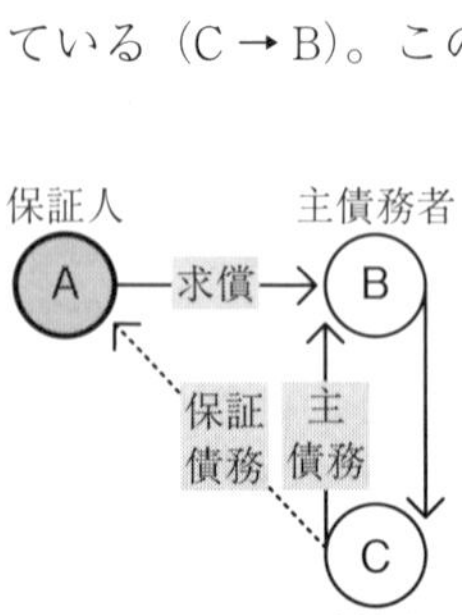

図12　相殺の援用者拡張型における循環的債権関係

このように，ＣからＡ，ＡからＢ（Ｃ⇢Ａ→Ｂ）と向かう債務関係が存在する場合に，これらの債務関係の間に牽連性があるときは，それらの法律関係がＣのＢに対する債権（Ｃ→Ｂ）へと収斂されるべき関係にあり，何らかの法律関係に基づいて——ＣとＡの法律関係にも，ＡとＢの法律関係にも関連のない法律関係に基づくものであっても——ＢのＣに対する債権（Ｂ→Ｃ）が存在していると，Ａの相殺の意思表示のみによって三者の法律関係を一挙に解決できる。すなわち，相殺の援用者拡張型では，三者間に循環する法律関係が発生することが予見され，これを未然に解決する簡易な決済手段として，相殺が役立っているのである。

このことを踏まえると，三者間相殺は，循環的法律関係において，一挙に法律関係を決済する手段として役立ちうることが明らかである。そこで，本章は，このような循環的法律関係において，三者間の法律関係を一挙に解決することが認められた判例を検討し，その要件を明らかにすることを目的とする。

第２節　大判昭18・11・13民集22巻1127頁の検討

第１項　事実の概要および判旨

【５】　大判昭18・11・13民集22巻1127頁

〔事実の概要〕　Ｘは，Ｙの代理人であるＹ所有船「三幸丸」船長訴外Ａとの間で，Ｘの採掘に係るドロマイト石の運送契約をした。第１回，第２回の積出をして，昭和15年７月７日，第１回積出の際，運賃の前払いとして400円をＡに交付した。その後，同年８月５日，Ｙとの間に改めて運送契約を締結し，Ｙは引き続き，同日より約６か月間，三幸丸にて津久見港より大阪港にドロマイト石を運送することとなった。Ｘは，Ｙに対し，第１回運賃として440円，および，運賃前払いとして500円の外に，運賃の保証金1000円を交付することとなり，Ａに前払いとして交付した400円を控除

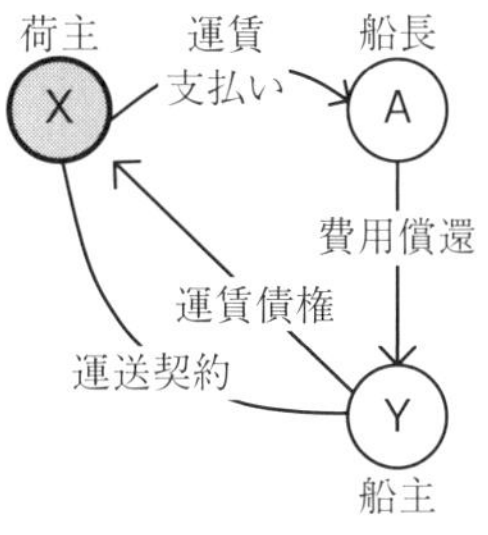

図13　【５】大判昭18・11・13

して，1540円を同日Ｙに支払った。以後，同年12月２日まで，三幸丸によって，数回，積出・運送がなされた。その結果，運賃は合計2340円98銭（運送品合計576トン32，１トンの運賃４円または４円10銭）となり，ほかに滞船料125円10銭を加えて，合計2466円８銭をＸよりＹに支払うべきものとなった。そこで，Ｘは，昭和15年７月９日より昭和16年１月25日までの間に，船長Ａに対して運賃合計1410円を支払った。

Ｘは，Ｙに対して以下のように主張した。この運賃1410円と先にＹに支払った運賃440円および500円とを合わせると，Ｘは，2350円をＹに支払ったことになる。そこで，未払運賃は，116円８銭に過ぎないことになる。そのために，Ｙは，保証金1000円よりこの未払運賃金額を控除した残額883円92銭に，契約所定の月８厘の利息を付して，Ｘに返還する義務がある。

これに対して，Ｙは，ＹがＡに対し運賃1410円を受領すべき代理権を与えたことも，Ｘに対してＡに運賃を支払うことを承諾したこともなく，また，Ｙが直接にＸと運送契約を締結するにあたって，最初にＡの受け取った運賃400円の支払いを認め，以後の運賃は，必ずＹ本人に支払うという特約をしたのであるから，Ａの運賃1410円の受領は，Ｙに対して効力を生じないと主張した。そこで，Ｙは，受け取った440円および500円および保証金1000円を差し引いた未払運賃残額605円64銭を請求する旨の反訴を提起した。

この反訴請求に対して，Ａへの支払いが弁済として有効となること，また，弁済として無効だとしても，Ａが船舶の修理，乗組員の給料，その他航海に必要な費用にその金銭を充当したことによって，Ｙは出捐を免れ不当に利得しているのだから，これと対当額においてＹのＸに対する運賃債権とを相殺すると主張し反訴請求を争った。

原審は，「仮令Ａが該金員を甲の航海の必要費等に充て此の限度に於てＹが其の出捐を免れたるものとするもＸの出捐とＹの利得との間には因果関係なきを以てＸの不当利得の主張は理由なしと判断し，従て……Ｙの支払を受けたる金940円を控除したる残額1,526円８銭に対しＸ交付の保証金1,000円を支払に充当し残額526円8銭はXに於てYに支払ふべき義務あるものなりと判断し因て以てXの本訴請求は理由なくYの反訴請求は此金額の範囲に於て正当なり」と判示した。そこで，Xが上告した。

〔判旨〕　大審院は，次のように述べて，原審を破棄し，差し戻した。

> 按ずるに弁済受領の権限を有せざる者〔A〕に為したる弁済は本来無効のものたるべしと雖其者が弁済として受けたる物を債権者〔Y〕に交付し又は之を債権者の利益の為め消費したるが如き債権者が之に因りて事実上利益を受けたる場合には債権者は自ら弁済を受けたると同様の満足を得たるのみならず此弁済を無効と為すの結果債権者は利得を返還して更に弁済を請求すべく弁済者〔X〕は給付したるものの返還を受け更に債権者に給付を為すべきものと為すは徒に法律関係を繁雑ならしむるに過ぎざるを以て民法第479条は右の場合に弁済は債権者が利益を受けたる限度に於て有効なる旨規定したるものとす。故に同条に依り弁済受領の権限なき者に対する弁済が有効なるには単に債権者が之に因り利益を受けたる事実あるを以て足り該債権に付，債権者本人に弁済すべき特約あり，従て弁済受領者に其権限なきことを弁済者に於て知りたるときと雖同条の適用を妨げざるものとす。……当事者間に運賃支払に付，右の如き〔YがX本人に弁済すべき〕特約あり，且，AがYの為本件運賃受領の代理権を有せざる者なりとするも……〔船舶〕の航海の必要費に充つる為運賃若は其の前払等の名義の下に〔Xが〕Aに交付したる金員にして若しYの負担すべき航海の必要費として支払はれたる結果同人に於て其の支出を免れたりとせんか……其の限度に於てYは右弁済に因り利益を受けたるものとして本件運賃の弁済は仍ほ有効のものと云はざるを得ず。

第2項　分析・検討

(A)　旧民法財産編456条2項において想定された事例

本判例は，弁済者が悪意であっても，民法479条を適用することを明らかにしたものとして意義を有するとされている［谷口 1944, 86］。

民法479条は，フランス民法典1239条に由来し［来栖 1944, 1081-1082］，旧民法財産編456条2項には，以下のように規定されていた。

旧民法財産編456条２項

弁済領受の分限を有せざる者に為したる弁済と雖も債権者が之を認諾し又は之に因りて利得したるときは有効なり。

ボワソナードは，この例として，たとえば「債務者がその債権者の債権者に対して支払いをなし，その債権者の債務が差押えの手続きにかかっていないとき」を例に挙げている［Boissonade 1883〔1983〕, n° 461（p. 503）］。そして，この場合には，本来的に債務者は有効な弁済をしなくてはならないのだから，元来，弁済受領の委託はあったのか，その委託がなかったとして，債権者の「認諾」はあったか，または，少なくとも，債権者が「之に因りて利得した」かを証明する責任は債務者に課せられているとする。

本件の事案において，Ａは，Ｙの債権者であり，Ｘはその Ｙ に対して負う債務を Ａ に支払ったということから，ボワソナードの挙げる例に類似している。そこで，本件の事例は，民法479条の適用が予定された場面の一つであるということができるだろう。

(B)　本件に対する学説による批判

本件の評釈も，以下のように，本事案について民法479条を適用することにおおむね賛成している。

［来栖 1944，1081］は，結論的に，判旨に「賛成」する。ただし，「債権者がいくつもの債務を負っているとき，債権者として真先に弁済するのが利益な債務でない債務の弁済が為された場合」などには「不都合を生ずるということもなくはないが……第三者は原則として債務者の意思に反して有効に弁済を為しえないから，右の如き考慮の必要は大きくないかも知れない」［来栖 1944，1081］と指摘する。

［谷口 1944，88］は，以下のように留保をしつつ本判決に賛成する。まず民法479条における「受けた利益」の意味について無条件に認めることの問題点を以下のように指摘している。

> 債権者の意思に反し利益を取得せしめ以て債権消滅の不利益を課することを認める結果になる〔ため〕……債権者がその利益を不当利得として直接に債務者へ返還すべき関係にあることを条件とし，且，受けた利益の限度に於てでなくして，現に受くる利益の限度に於いて有効なる弁済となるとし，そして，債務者が知りつつ或は債権者の意思に反して無権限者へ弁済したという事情は，債務者の過責として，債権者に有利に現存利益の範囲を認定す……べきであろう。[谷口 1944，87]

たとえば，本件では，X は「船員給料支払を延期し，又修繕をせずに置かうと思っていたかも知れぬのに，〔Y〕が〔A〕に支払ったために〔A〕が給料を支払い修繕を為したため，利益を押しつけられ，保有しようと思っていた債権の一部を失はしめられることにな」るという問題があり，そこで，「本件では本人への直接弁済の特約違反があった点が重要視せらるべく，特約違反を理由に損害賠償さへも問題となり得るのだから，此点を斟酌して利得現存の範囲……を認定するべきであろう」と指摘されている［谷口 1944，87］。これには，たとえば，「船主が節約したるべき修繕費用の範囲では現存利益なきものと見るなど」が考えられるとする。

次に，不当利得における「因果関係の直接性」の問題について，［谷口 1944，88］は，以下のようにして因果関係を認めるべきであるとする。

> 被告〔Y〕と中邑〔A〕との間には雇用乃至委任の密接な関係があり，原告〔X〕は出捐の利益を被告に帰属せしめようと意図していたのであり……中邑は原告から受取った後新たな法律行為によって被告の為に出捐したのではなく，従来の既存の密接な関係に基づいて為したのであるから，被告に利益が残存する限り……，利得自体に着目してそれを損失者に回復せしめようといふ不当利得制度の経済的根本性格から見ても原告の被告に対する不当利得返還請求権を認めるのが妥当ではないかと思ふ。[谷口 1944，88]

いずれの学説でも問題とされているのは，民法479条の適用によって，X の A に対する支払いが Y に対する弁済として有効になるのであれば，その支払額において，Y は，その意思に関係なく A に負う債務を弁済させられるのと等しいことになるということである。本件の事案において，特にＹに直接に弁済すべき旨の約束があったことも，この問題に対する考え方に影響を与えているものといえる。そこで，この問題を以下において，民法479条に関する起草者の見解を参考にしながら検討していくことにする。

(C)　民法479条に関する梅謙次郎の見解

梅謙次郎は，民法479条について，以下のように説明している。

> 理論上は〔図13（105頁）の記号で述べれば，Ｘのなした無権限者Ａへの〕弁済は無効なりと雖も若し之を無効とするときは債権者〔Y〕は其受けたる物〔得た利益〕を返還せざるべからず。而して弁済者〔X〕は更に弁済を為さざることを得ざるに至り頗る無用の煩雑を招くに過ぎざるを以て寧ろ債権者〔Y〕が受けたる利益の限度に於ては弁済を有効とし若し債権者〔Y〕が未だ其全部の利益を受けざるときは其不足の部分に付てのみ更に弁済を請求することを得るものとせり。[梅 1910，248]

このように，民法479条は，債務者の弁済が無効となる場合に，債権者が受けた利益を返還すること（本件では，①ＸはＹから返還を受け，ＹはＸから弁済を受けること，または，②ＸはＡから返還を受け，ＹはＸから弁済を受けること），その上で，債権者が再び弁済を受けることは迂遠であるから，これを一挙に解決するものとされている。

通説も，同条の趣旨を梅謙次郎と同様に考えており，そこでの債権者の利益は，「弁済として受領されたもの自体を取得する場合に限らないのは当然であって，弁済として受領したことと債権者の利益との間に因果関係があれば足りる」[我妻 1964，284] と指摘している。

梅謙次郎は，民法479条が適用される場面として，たとえば，「債権者が債権の準占有者より其弁済として受けたる物の全部又は一部を受取りたるとき」や「事務管理者が弁済を受けて之を債権者の利益のために使用したるとき」を挙げている。

本件の事案は，弁済受領権限を有しないAを事務管理者とすれば，梅謙次郎が挙げる後者の例に類似するということができるだろう。このように考えれば，事務管理者Aは，航海に必要な費用として支出した額について求償権を取得することになる（民法702条には「有益な費用」と書かれているが，一般に，必要費も当然に求償できると解されている）。また，本件の事実から明らかではないが，Aが有益な費用を支出した場合にも，求償が問題となる。本件では，Yに直接に弁済をする旨の特約があることからすれば，Aは「管理者が本人の意思に反して事務管理をした」といえそうであるから「本人が現に利益を受けている限度」（民法702条3項）において求償できることになるだろう。

Aを事務管理者として構成する以上の考え方によると，本件における利益衡量の問題，すなわち，三者の簡易決済になるという利便性はあるものの，Xの意思に反してその利益を損ねることになりかねないという結果に対する解決策を次のように提示することができる。すなわち，Aが行った修理等にかかった費用を必要費と有益費とに分け，必要費については求償を認め，有益費については債権者の意思に反する場合には現存利益に限って求償を認めるということである。

(D)　民法479条と循環的な法律関係

本節の検討をまとめると，以下の通りである。

本件において，民法479条が適用できるかどうかを検討するには，まず，XのAに対してした支払いによって，Yが「利益を受けた」ということが必要である。ここには，Yに利益が存在するかどうかという問題と，因果関係の問題が存在している。本件では，Xの主張通り，Yは，Aに対する支払いを免れたという利益を得たと判断されている。また，このようなYの利益は間接的ではあるが，今日の理論的発展を前提とすれば，因果関係を認めることができるだろう。

次に，どのような「限度」において利益を受けたといえるかということが問題になる。ここでは，三者の法律関係を簡易に決済することができる反面，学説において批判されていたように，Yの意思にかかわらず，Aがした支出がすべてYの利益とされてしまうことへの懸念が表れる。民法479条には，「利益を受けた限度においてのみ」と規定されているだけで，それ以上の内容については明確にしていないからである。しかし，このような懸念は，先に述べたように，梅謙次郎の見解を参考にすれば，本件では，事務管理における求償関係を準用することによって，AがYに対して取得する費用償還請求権を必要費と有益費とに分けて考えることによって解決することができる。Xからの支払いを受け取ったAが支出した費用のうち，必要費についてはその額すべてを，有益費については現存利益の範囲において，Yが利益を受けたと考えればよいことになる。

このようにして，民法479条を適用して，XのAに対する支払いを弁済として有効にすることによって，三者にまたがる二つの債権関係が一挙に解決されることになる。以下では，このことを段階的に分析していくことによって，本件では，三者間の循環的な法律関係が相殺によって解決されたものであることを明らかにする。

本章の視点から注目される本件の事案の特徴は，運送という一つの目的の実現のために，XY，AY間でそれぞれ個別の契約が締結されているということである。そして，その個別の契約に基づいて，AがYに費用償還請求権を有し，YがXに運賃債権を有しているという場面において，XがAに対してした支払いによって，この既存の二つの債務を簡易に決済することができるかどうかということが問題となった。XY間において存するYに直接支払う旨の特約を前提にすると，Xがした支払いは自己の債務への有効な弁済とはならない。また，Xの支払いは，Yのための第三者の弁済にも当たらない。そこで，Xは，Aに不当利得返還請求権を取得することになる（XA間において，非債弁済の関係が生じる)。このようにして，XYAの間には，循環的な法律関係（X→A→Y→X）が形成される。その状態において，AがXから受け取った金銭を航海に必要な費用として利用したことによって，Yは，Aに負う自らの債務を免れるという利得を得ていることになる。そこで，XからYに対して不当利得返還請求権が発生することになる。これによって，Yの相殺を通じて，XYA三者間の循環的な法律関係を一挙に解決することができる。本件は，民法479条が想定する典型的な事案ということができるものと思われるが，このように分析的に検討すれば，そこでは，「弁済を受領する権限を有しない者に対してした弁済」を契機として，三者間に循環的な法律関係が発生する場合に，これを相殺によって一挙に解決するメカニズムが潜んでいるといえる。そのメカニズムとは，三者間に循環的な法律関係（X→A→Y→X）が存在する場合に，これとは，逆方向の債権（X→Y）を作り出すことによって，三者間の法律関係が一挙に解決されるというものである。

さらに，三者間の法律関係をこのように一挙に解決することが正当化できるのはなぜかということが問題となる。筆者は，この根拠を，以下のように，債権間の密接な関連性から導き出すことができるものと考える。

XのAに対する不当利得返還請求権と，AのYに対する費用償還請求権とは，一方はXY間の契約上の債権に対する誤った弁済から生じたものであり，他方はAY間の契約上の債権であって，XY間の契約も，AY間の契約も運送という一つの経済目的を実現するためのものである。そこで，XのAに対する債権とAのYに対する債権とは，牽連性があるということができる。次に，XのYに対する不当利得返還請求権は，AがXから受け取った金銭を航海に必要な費用に充当したことから生じたものであることから，YからA，AからXへと支払われるべき債務が一つに収斂したものということができる（図14）。そして，この不当利得返還請求権が既存のXのYに負う債務と対立しているために，相殺によって一挙に当事者間の法律関係を解消することができる。

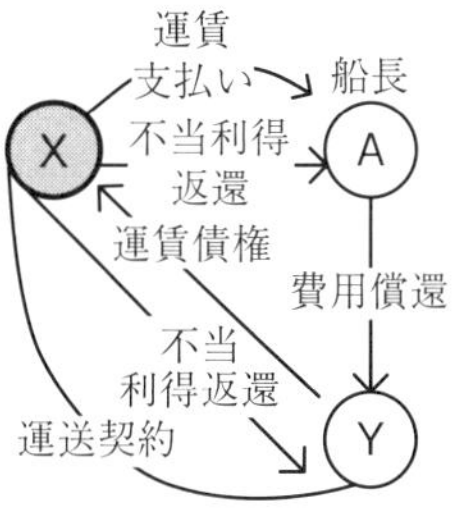

図14　大判昭18・11・13における循環的法律関係

先に述べたように，本件では，三者にまたがっている法律関係は，すべて，究極的には一つの運送契約の実現という一つの目的から発生したものであるということが興味深い。

第3節　第4章のまとめ

第1項　三者間循環的法律関係の相殺の要件

本章では，三者間に循環する法律関係を簡易に決済するための相殺について検討した。以下に，その結論をまとめることにする。

前節（前述，本章第2節）では，民法479条によって，受領権限がないと知りつつなした第三者に対する債務者の弁済を有効とした大判昭18・11・13を検討した。そして，これは，本来的には三者の間に循環的な法律関係が生じるところ，そのうちの一人の弁済を通じて，この循環的な法律関係を簡易に決済する仕組みとなっていることを確認した。三者間における循環的な法律関係を一挙に解決することを可能とした特徴は，以下の点にある。

まず，債権・債務の存在形式からすると，債権が三者間に循環して存在していること（ここでは，説明の便宜上，三者間法定相殺の3類型の記号とは異なり，「A—（甲債権）→B—（乙債権）→C—（丙債権）→A」と表記しておく〔図15〕。三者間に循環的に法律関係が存在しているときには，三者間法定相殺における三類型のいずれに当てはまるかということはあまり重要とはならないように思われるからである），かつ，この循環方向とは反対方向の債権（丁債権）が三者のうちの二人の間にある。このような債権・債務の存在形式が三者間の法律関係を簡易にすることを可能にするのである。これは，相殺権の援用者拡張型の検討においても（前述，本章第1節第2項。104-105頁），また，民法479条を適用した大判昭18・11・13の検討においても（前述，本章第2節），確認することができた。

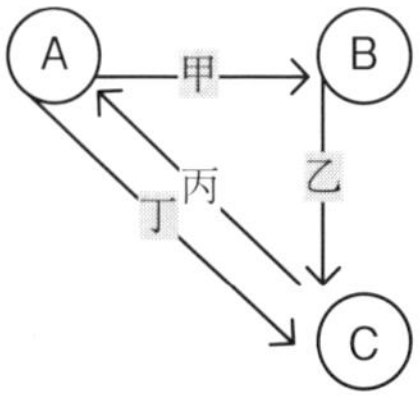

図15　一挙に解決されうる三者間循環的法律関係

また，債権間の関係についてみると，循環する債権のうちの二つの債権甲，乙は，丁債権に収斂される関係が見られる。たとえば，相殺権の援用者拡張型の検討においても保証債務と保証人の求償請求権とは主たる債務に収斂されるものであるし（本章第１節第２項），また，民法479条を適用した大判昭18・11・13の検討においてもＸのＡに対する債権とＡのＹに対する債権とはＸのＹに対する債権に収斂されるものであった（前述，本章第２節）。

そして，このような甲乙債権間の牽連性は要件ではないが，実際には，このような循環的な法律関係の相殺は，偶然に三者間にこのような債権関係が存在する――二つの債権と他の一つの債権とが関連する法律関係に基づくものではない――というよりも，むしろ，三者間において一つの経済目的の実現を目的とする法律関係から発生した債権が存在している場合に問題になるといえるだろう。

第２項　三者間循環的法律関係の相殺が有用となる様々な場面――債権法改正の議論を参考にして

本章において検討した，三者間循環的法律関係の相殺については，近時の債権法改正に関する議論においても検討されている。以下において，本章のまとめを踏まえて，これを検討しておくことにする。

［民法（債権法）改正検討委員会 2009］は，「債務者以外の者による相殺」に関する規定を提言している（前述，89頁以下）。

この例として，「多角間の相殺を実質的に可能とする効用」が挙げられている。そこでは，具体的には，「ＡがＢに対し金額300万円の債権を有しており，ＢがＣに対し金額400万円の債権を有しており，また，ＣがＡに対し金額500万円の債権を有している場合」が挙げられている（図16）。

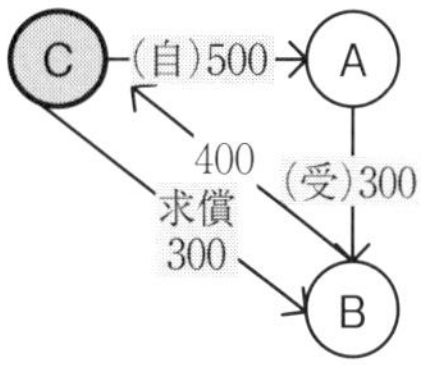

図16　民法（債権法）改正検討委員会による三者間循環的法律関係の相殺の例

この場合について，［民法（債権法）改正検討委員会 2009］は，次のような相殺を想定する。

> Ｃは，相殺をするについて正当の利益が認められるときには，ＣのＡに対する債権を自働債権としてＡのＢに対する債権を対当額で消滅させることになる。Ｃは，この相殺による300万円の出捐についてＢに対し求償権を取得し，これを自働債権としてＢに対する債務を消滅させることができる。
> ［民法（債権法）改正検討委員会 2009，47］

この記述においては，Ｃがどのような場合に「正当の利益が認められる」かということは明らかにされていないが，［民法（債権法）改正検討委員会 2009］は，物上保証人のように「受働債権を担保する担保権の負担を受けているなど法律上の利害を有する者」を想定している（前述，第３章第４節第４項(A)，92-93頁）。したがって，そこでは，ＡのＢに対する債権について担保責任を負っているＣが，Ａに対して債権を有しており，かつ，Ｂに債務を負担しているという場面が想定されているものといえる。

三者間における債権の存在形式を見れば，本章の検討結果と同様に，循環的な法律関係とこれと逆方向の債権とが存在する。債権間の関係をみると，ＣのＡに対する債権とＡのＢに対する債権とは，密接な関係があるか否かは不明であるが，第三者のする相殺によってＣのＢに対する求償債権として収斂され，また，ＣがＢのために責任を負っている。本章の検討を踏まえると，この二つの側面から，三者間循環的法律関係の相殺が可能となっていると分析することができる。

そして，このような相殺の利益を同書は次のように指摘している。

> 〔相殺によって債務が消滅すること〕から，爾後の法律関係は，ＣがＡに対し金額200万円の債権を有し，ＢがＣに金額100万円の債権を有することとなり，３つあった債権が２つになるから，第三者のする相殺は，法律関係を簡素にする効用を発揮することがある。［民法（債権法）改正検討委員会 2009，47，48］

すなわち，循環的法律関係において，三者間相殺によって債権の消滅を認めることは，三者間の法律関係をより少ない弁済で決済することができるという点に利点が見いだされているのである。また，債権額を簡単にする働きもあるということができるだろう。すなわち，この循環的な法律関係においては，三者のそれぞれの債権額と債務額とを差し引きして計算をするだけであれば，結果として，Aは，自己の債権と債務の差額である200万円を負担し，Bも，自己の債権と債務の差額である100万円を取得し，Cも自己の債権と債務の差額である100万円を取得すべきことになる（このような計算については，後述，第6章第4節において，「一人計算」の箇所で言及する）。これを実現するには，ABC三者間の合意が必要となる。しかし，第三者の相殺を利用できれば，Cの意思表示のみによって簡易に決済することができる。

さらに，［民法（債権法）改正検討委員会 2009］は，このような相殺の対抗力（債権のまたがる三者以外の者への効果）についても，以下のように言及している。

> もっとも，このような相殺の効果を差押債権者など局外の第三者に対抗することができるかどうかは，別に考察されるべきであることには注意を要する。［民法（債権法）改正検討委員会 2009，48］

これは，たとえば，DがBに対する300万円の債権を有している場合に，BのCに対する400万円の債権を巡って，CのBに対する300万円の求償権といずれが優先するかという問題だろう（図17）。この場合，CもDも一般債権者であるとすれば，Bの400万円の債権については，本来的には，いずれも優先権を有しないと考えられる。ただし，例外的に，CのBに対する求償権とBのCに対する債権とが牽連性を有する場合――すなわち，三者間に循環する債権の間に牽連性が認められる場合――には，相殺の担保的機能が成立する余地がある。たとえば，ABCにまたがる三つの債権が同一の経済目的を実現するために発生したようなものである。本章において検討した大判昭18・11・13は，このような意味での対抗力は問題とはなら

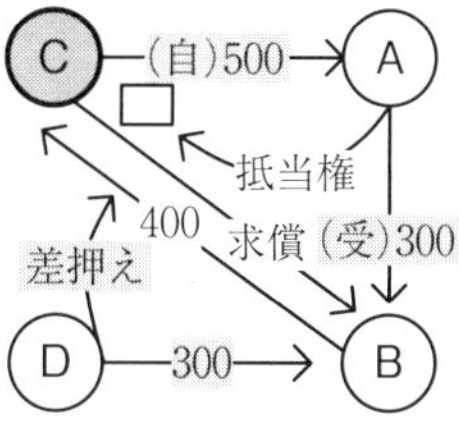

図17　三者間循環的法律関係における相殺の担保的機能

なかったが，三者にまたがる法律関係が究極的には一つの運送契約の実現という一つの目的から発生したものであるから，このような第三者との競合が生じた場合には，相殺の担保的機能が成立しうる場面の例としてみることができるだろう。

第3部
三者間相殺から多数当事者間相殺への発展的研究

第５章　二者間で締結される二面的法律関係の三者間相殺契約

第１節　本章の目的

本章は，三者にまたがる二つの債権を相殺する旨の合意を，三者のうちの二人の間だけでする場合に関して検討を行うものである（以下，このような合意を「二者間で締結される二面的法律関係の三者間相殺契約」という）。三者間にまたがる二つの債務の相殺を三者すべての合意によって行う場合には，その有効性は特に問題にならない（大判大６・５・19民録23輯885頁）。これに対して，二者間でこのような相殺を合意する場合には，その有効性および性質について問題が生じる。そこで，二者間で締結される二面的法律関係の三者間相殺契約は，どのような場合に有効かということを検討する必要がある。

この目的に照らして，本章では，まず，旧民法の規定を参考にしながら，相殺契約の意義を検討する（本章第２節）。その上で，三者間法定相殺の類型的検討を踏まえて，二者間で二面的法律関係の三者間相殺合意をすることが可能となる場合を検討する（本章第３節）。そこでは，最三判平７・７・18判タ914号95頁，金判998号３頁を題材にして，二者間で締結される二面的法律関係の三者間相殺契約の有効性とその第三者に対する効力（担保的機能）に関する問題とについて検討していくことにする。

第２節　三者間相殺契約の前提問題としての「相殺契約」の意義

第１項　相殺契約に関する現行民法の規定

現行民法には，相殺契約に関する明文の規定は存在しない。旧民法には，相殺契約に関する条文が存在したが，この条文は，次のように，「明文を要せざるもの」として削除されたからである。

> 既成法典は……合意上の相殺なるものを規定すと雖も之れ単に……其実質に於ては当事者の自由の範囲に属する事項を規定……するものにして，特に明文を要せざるものなれば，本案は独り法律上の相殺に関する規定のみを掲げた〔り〕。[廣中 1987，477]

このように，現行民法においては，「相殺によってその債務を免れる」旨の合意は，当然に有効であるとされている。したがって，明文は存在しないものの，相殺契約は，民法に予定された契約類型の一つであることは明らかである。

しかし，相殺契約が民法に予定された契約の一つであるとしても，相殺契約は，どのような当事者において，どのような債務を，いつの時点において，どのような範囲で消滅させることができるのかということは，明確にされていない。そこで，以下において，現行民法の起草過程において削除された，旧民法における相殺契約に関する条文から，相殺契約として，典型的にどのような場面が想定されていたかということを検討することによって，その内容を明確にするための手がかりを得ることにする。

第２項　旧民法における「任意上の相殺」の一類型としての相殺契約

(A)　旧民法における相殺契約に関する規定

旧民法において，相殺契約に関するものは，次の２か条である。

旧民法財産編519条　①　二人互に債権者たり債務者たるときは下の条件及び区別に従ひて法律上，任意上又は裁判上の相殺成立す。
②　相殺は二箇の債務をして其寡少なる債務の数額に満つるまで消滅せしむ。
同編531条　①　任意上の相殺は法律が法律上の相殺を許さざる為め利益を受くる一方の当事者より之を以て対抗することを得。総ての場合に於て各利害関係人の承諾あるときは相殺は之を合意上のものとす。
②　任意上の相殺は既往に遡るの効を有せず。

(B)　旧民法における「任意上の相殺」の意義

前述に引用した旧民法において規定されている「任意上の相殺」は，相殺適状が満たされないために，法定相殺が生じない場合にのみ認められるとされている（前掲，旧民法財産編531条１項前段）。旧民法は，相殺適状として，次の要件を定めていた。すなわち，法定相殺が生じるには，(i)債務に相互性〔債務の対立性〕があり，(ii)債務が主たるものであり，(iii)代替可能性（同種性）があり，(iv)明確性（確定性）があり，(v)請求可能性（弁済期の到来）がある必要がある。要件(i)については，旧民法財産編519条が前述のように，また，要件(ii)～(v)については，同編520条が以下のように定めていた。

旧民法財産編520条　二箇の債務が主たるもの互に代替するを得べきもの明確なるもの及び要求するを得べきものにして且法律の規定又は当事者の明示若くは黙示の意思を以て其相殺を禁ぜざるときは当事者の不知にても法

律上の相殺は当然行はる。

そして，これらの要件を満たした場合に，旧民法においては，当事者の意思によらずに効力が生じる「法律上の相殺」が生じるとされていた。「任意上の相殺」は，これらの要件を欠く場合に，当事者の一方または双方の意思によって相殺の効力を生じさせることができるかどうかという局面に関するものである。

「任意上の相殺」には，(a)一方的な意思表示に基づいて行うことができるもの（旧民法財産編531条１項前段。以下，「一方的な任意上の相殺」という）と，(b)双方の合意に基づいて行うことができるもの（同項後段。以下，「合意上の相殺」という）とが含まれる［Boissonade 1883〔1983〕, n° 622］。いずれも当事者の意思によって生じるものであるから，相殺適状になくても，将来効を有する相殺の効果を生じるという点が法律上の相殺と異なる。

(c)　旧民法における「任意上の相殺」の具体例

「任意上の相殺」の例として，ボワソナードは，以下のものを挙げている。

(a)　一方的な任意上の相殺の具体例

まず，「一方的な任意上の相殺」として，①債権者と主たる債務者との間に債権が対立しているときに保証人がその二つの債権を相殺するとき［Boissonade 1883〔1983〕, n° 604（pp. 683-684）］，および，保証債務は従たる債務であるために本来的には法定相殺は生じないのであるが，債権者から裁判上において請求を受けたことにより，その保証債務が請求可能性を有することとなった場合に，保証人が主たる債務者の債権によって相殺するとき（旧民法財産編521条。［Boissonade 1883〔1983〕, n° 608（p. 686）］。前述，第２章第３節第３項，26頁）や，②債権者に対して債権を有する債務者が自己の債務について，その期限の利益を放棄することによって相殺する場合，③消費寄託の受託者に債務を負っている寄託者が相殺をする場合（旧民法財産編526条２号において，受託者による寄託者への相殺は禁止されている）がある［Boissonade 1883〔1983〕, n° 608（p. 686）］。これらの場面においては，法律上の相殺は要件を充たさないが――①においては，互いに主たる債務を負うという要件が満たされておらず，②においては，「請求可能性」要件が満たされておらず，③においては，相殺の法律上の禁止に該当する――，当事者の一方の意思表示によって，遡及効のない相殺を生じさせることができる。

(b)　合意上の相殺の具体例

次に，「合意上の相殺」は，当事者の合意に基づいて，多様な場面において認められるとされており，次のような例が挙げられている［Boissonade 1883〔1983〕, n° 623］。④債務が当事者間で対立する主たるものでなくても，当事者は合意上の相殺において，第三者と同時にその当事者の利益を調整することができる。たとえば，保証人に債務を負っている債権者が請求を受けていない保証人との間で，この債務を主たる債務と相殺することに同意する場合である。また，⑤当事者間に対立する代替可能性のない債務について，当事者の合意によって相殺する場合，⑥当事者間に対立する数額が明確でない（金銭評価することができない）債務について，当事者の合意によって対当額とみなして相殺する場合，⑦当事者間で対立する弁済期が到来していない債務について，当事者が互いに期限の利益を放棄しあって合意によって相殺する場合にも合意上の相殺を行うことができる。

第３項　旧民法における「任意上の相殺」の現行民法における扱い

前述第２項(C)に挙げた①から⑥の例は，現行民法の下ではどのように扱われるかということを確認していくことにする。

(A)「一方的な任意上の相殺」の場合

まず，旧民法における「一方的な任意上の相殺」については，以下の通りである。

①の例（保証人による主たる債務者の相殺権の援用）については，本書では，すでに第2章第3節（21頁以下）において検討したために，ここでは繰り返さない。

②の例（弁済期が到来していない一方の債務に関する期限の利益の放棄による相殺）については，現行民法に明文はないが可能であると考えられており，この場合には，法定相殺の効力が生じるものと考えられている［我妻1964，328］［林ほか1996，335］。

③の例（受託者による相殺）については，現行民法上，受託者による相殺が禁止されていないため，相殺適状になれば法定相殺が認められる。ただし，受託者の相殺を原則として禁止しながら，消費寄託については，当事者の合意によって遡及効のない相殺を行うことができるという前述の旧民法の扱いは，寄託者保護の観点から注目に値するものと思われる。

旧民法の起草過程において想定されていた「一方的な任意上の相殺」に関する①から③の場面は，いずれも，現行民法においては法定相殺の問題として扱われるものということができる。この場合について，旧民法と現行民法（および学説）とを比較すると，両者は，一方的意思表示で効力が生じるとされている点においては共通する。しかし，効果の側面においては，旧民法における任意上の相殺は常に将来効とされていたのに対して，現在の学説では遡及効についても合意により定めることができると考えられている点において違いがある。

(B)「合意上の相殺」の場合

次に，旧民法における「合意上の相殺」については，以下の通りである。

④の例（訴追されていない保証人と債権者との間の相殺契約）については，すでに前述，第2章第5節第1項（57頁以下）および第3章第4節（82頁以下）において保証人から相殺をする場面について論じた。そこにおいて，本書では，保証人による第三者の相殺を認めるべきであるという立場を明らかにした。そのような立場からすると，④の例は，保証人が一方的意思表示により相殺をする場合には，相殺契約を用いる意味はないということ

になる。これに対して，債権者が相殺したいと考える場合には，相殺契約が必要である。債権者の一方的な意思表示によって，保証人の債権と主たる債務とを相殺することはできないからである。このように相殺契約が必要となる場合において，契約の主体を考えるのに，旧民法における合意上の相殺が債権者と保証人の二人の合意によって行うことができると考えられていることが興味深い。

⑤の例（非金銭債権による相殺）については，学説では，「同種の目的を有する債務」でない場合であっても，相殺契約により相殺できると考えられている［我妻 1964，354］［林ほか 1996，331］。

⑥の例（金額が明確でない債権による相殺）については，現行民法では，明確性（確定性）が相殺の要件とされていない。そこで，明確性（確定性）に欠ける債務についても法定相殺できることが，以下のように指摘されている。

〔相殺をするには〕債権の存在が争われまたはその額が明確でないものであっても妨げない。例えば，債務不履行による損害賠償請求権なども，自働債権とすることも，受働債権とすることも，できる。もっとも，債権の存在が結局否定されるときは，相殺は効力を生ぜず，また後に確定されたときに，その数額によって対当額消滅の効果を生ずることはいうまでもない。［我妻 1964，329］

このような考え方からすれば，明確性（確定性）に欠ける債務についても，法定相殺が可能であって，相殺契約をわざわざ問題とする必要はないということになりそうである。しかし，法定相殺として対当額で債務が消滅するからには，結果からみれば，「債務の有効な存在」および「金額の確定」が認められる場合であったということになり，そこで，まったく明確性（確定性）が欠けている状況において，一方的な意思表示のみで相殺の効力を認めるのは困難となる場合も存在するだろう。たとえ数額が不確定である場合であっても，当事者の合意によって対当額と評価して相殺する場合も想定される。その場合には，相殺契約なくして相殺は生じえず，相殺契約を締結する意義があるということになるだろう。

⑦の例（弁済期がともに到来していない債権による相殺）については，当事者が互いに期限の利益を放棄して法定相殺を利用するものと考えることもできる。しかし，双方の意思によるのであるから，一方的意思表示による法定相殺ではなく，相殺契約として考えることができるだろう。このように，相殺契約と考える場合には，「期限の利益の喪失や放棄を特に問題とする必要はない」［我妻 1964，354］と指摘されている［林ほか 1996，331］。

第4項　第2節のまとめ

前述（本節第1項）において述べたように，現行民法においては，契約の自由から当然に認められるものと考えられる相殺契約について，明文の規定を掲げることが不要と考えられた。学説では，相殺適状が存在しない場合，すなわち，「二人が互いに」債務を負っていなくても，「同種の目的を有する債務」でなくても，「双方の債務が弁済期」になくても，相殺契約は有効であるとされ［我妻 1964，353–356］［林ほか 1996，331–332］，その効果として，「対当額によって債務を消滅」させることができ，当事者間では，その合意によって遡及すると定めることも，遡及しないと定めることもできるとされている［我妻 1964，356］［林ほか 1996，332］（ただし，このような合意による遡及効には対抗力〔担保的機能〕が伴うわけではないと考えられている［我妻 1964，353，356］）。このように相殺契約が広く柔軟に認められるものとなっているため，その中身は不明確となっていた。ところが，これを理解するために，条文上の手がかりはまったく失われている状況にある。

そこで，本節では，相殺契約に関する規定を有していた旧民法を参考にして，以下のことを検討した。合意上の相殺についてボワソナードが想定していた具体例をみると，旧民法における「任意上の相殺」のうち，「合意上の相殺」は，「相殺契約」に近似する概念であるということが明らかとなった。合意上の相殺は，法定相殺の働かない場面において意義を有するものと考えられていたことを考えると，相殺契約も，法定相殺の働かない場面において締結する意義があるといえる。

ボワソナードが想定していた具体例のうち，特に本章の問題にかかわるのは，訴追されていない保証人と債権者との間の相殺に関するものである。この相殺は，今日の議論によれば，保証人がその債権によって行う法定相殺（前述，第２章第５節。57頁以下）である可能性も，また，保証人と債権者の二者間で締結される二面的法律関係の三者間相殺契約である可能性もある。後者，すなわち，相殺契約と理解する場合には，その契約主体が，保証人と債権者の二者であることが注目される。保証人も，債権者も，相殺に供される二つの債権の債権者である。

第３節　二者間で締結される二面的法律関係の三者間相殺契約の意義

第１項　最三判平７・７・18判タ914号95頁，金判998号３頁

以下では，最三判平７・７・18判タ914号95頁，金判998号３頁を題材として，二者間で締結される二面的法律関係の三者間相殺契約の有効性とその対抗問題とについてさらに検討していくことにする。

〔事実の概要〕　Ａは，昭和33年にＹの商事部門から独立した子会社で

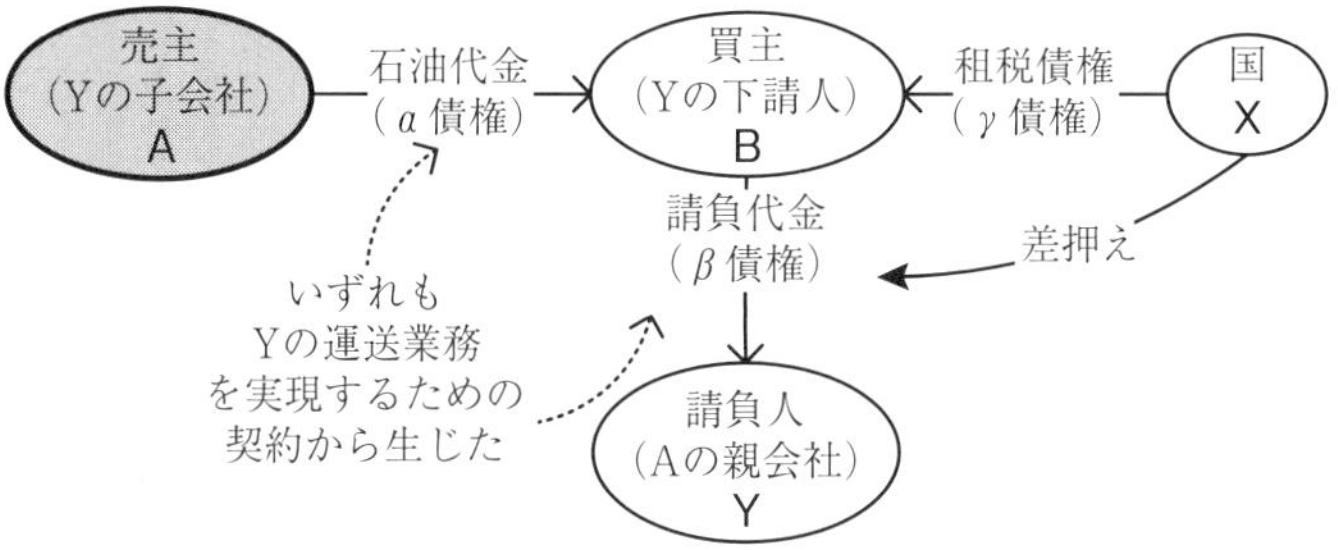

図18　最三判平７・７・18

あり，その役員は，Ｙの役員や従業員で占められ，その本支店もＹの本支店と同一の場所に存在していた。Ｂは，Ｙと昭和36年頃から運送作業請負の取引を行っていたが，その作業の75パーセント以上は，Ｙから請け負ったものであった。Ｂは，昭和56年頃から，Ｙの下請会社として長距離運送もするようになり，遠隔地での給油の便宜から，Ａと取引をするようになった。AB 間の契約においては，昭和61年２月12日まで，契約書が作られることなく，口頭で継続的な売買契約が行われ，その間，ABX 三者では，相殺勘定による支払いはなされてこなかった。

昭和61年２月12日，ＡとＢとは，①「手形不渡り等，Ｂの信用悪化を示す事由がある場合には，通知催告を要せずにＢは期限の利益を喪失する」旨（以下，「本件期限の利益喪失特約」という），および，②「Ａは，ＡのＢに対する債権をＢのＹに対する債務と相殺できる」旨（以下，「本件三者間相殺契約」という）の合意（以下，①と②とを合わせて，「本件相殺予約」という）を締結した。

昭和61年３月20日に，Ｂが手形不渡りを生じさせ，債務の履行期が到来した。Ａは，Ｂに対して，同年３月24日において，昭和60年10月15日から61年２月13日までの運送用車両の燃料石油代金債権128万余円を有していた（以下，「α 債権」という）。他方，Ｙの運送業務の下請作業を継続して請け負っていたＢは，Ｙに対して，昭和61年２月21日から同年３月20日までの運送業務の積荷作業代金債権241万余円を取得していた（弁済期，昭和61年４月21日。以下，「β 債権」という）。

昭和61年３月25日に，Ｘは，昭和60年10月31日までに弁済期が到来したＢへの租税債権（以下，「γ 債権」という）を徴収するために，β 債権を差し押さえた。同年４月21日，Ｙは，Ｘに対して，α 債権と β 債権の差額113万余円を支払った。同年８月21日，Ａは，Ｂに対して，本件相殺予約に基づいて相殺する旨の意思表示をした。

ＸがＹに対して差押えによる債権取立権に基づき β 債権の支払いを請求したのに対して，Ｙは，抗弁として，前記相殺による取立債権の消滅を主張した。

第一審は，民法474条を根拠として，本件相殺予約はYの意思に反しない限り有効であるとした上で，特段の公示方法がなくても，Yは，これをXに対抗できると判示した。これに対して，原審は，民法474条を類推適用して，債務者の意思に反しないため，本件相殺予約を有効であるとするものの，相殺の担保的機能は，「二当事者が互いに同種の債権を有するときは，右両者は右両債権を対当額で簡易，公平に決済できると信頼し合っており，この信頼は一方債権者の資力が悪化して債権差押を受けたときにも保護されるべきであるから，差押後の相殺も差押債権者に対抗できる」ものであるのに対して，本件では，「三者の合意で相殺予約をする場合はともかくも……二者の合意のみで……相殺することができる旨の相殺予約をしてみても……右三者間には右両債権が対当額で簡易，公平に決済できるとの信頼関係が形成されるものではない」から，Xに対抗することができないと判示した。Xが上告した。

〔判旨〕　上告棄却。「本件相殺予約の趣旨は必ずしも明確とはいえず，その法的性質を一義的に決することには問題もなくはないが，右相殺予約に基づきAのした相殺が，実質的には，Yに対する債権譲渡といえることをも考慮すると，YはAがXの差押え後にした右相殺の意思表示をもってXに対抗することができないとした原審の判断は，是認することができる」。

第2項　学説の状況

本件相殺予約は一般に有効と考えられているが，その法的性質をどのように考えるかという問題は，その対抗力の問題と絡んで様々に議論されている。本件相殺予約の性質については，第一審および原審が第三者の弁済を参照しているのに対して，「免除」に類するとする見解［浅田 1989，7（注1）］（［山田(誠) 1992，31］も免除を参考とし本件相殺予約の対内的有効性を説く）や，債権質または債権譲渡に類するとする見解［深谷 1993，172］［新美 1992，36-37］［千葉 1996，38］［平野 1996，8］［本間 1997，211］，代物弁済（予約）に類するとする見解がある［山田(誠) 1992, 32］［平野 1996, 9］がある。学説は，このように，「相殺」という文言にはとらわれずに本件相殺の法的性質を検討するものが多い［遠藤 2010(上), 14-17］。また，対抗力については，一方で，従来からなされてきた相殺の担保的機能の議論を発展させて「相殺の期待」を基準に論じる立場［浅田 1989, 7－8］［山田(二) 1992, 120］［吉田 1992, 35］［松本 1992, 73］がある。他方で，その実質に着目して担保契約として論じ，対抗要件を具備する必要性を指摘するものが存在する［新美 1992, 37］［山田(誠) 1992, 31］［深谷 1993, 168-169］［千葉 1996, 38］［平野 1996, 10］［本間 1997, 211］［山本 2003-2004（２・完), 77］（なお，［中舎 1997, 200-202］は，相殺の期待の側面からもこの問題を分析している)。そして，いずれの立場においても，本件については，相殺の対抗を認めるべきではないとする学説が多数を占めている。

さらに，本件を契機として，三者間相殺および多数当事者間相殺に関する次のような学説が提起されている。［中舎 2006, 350］には，「三者間相殺契約は，実質的には，三者間相互連帯保証契約とそれに基づく相殺に関する契約である」との考えが示されている。同論考の理論は，さらに，［中舎 2011］において発展させられており，「多数当事者間決済を正当化する根拠は，当事者間の決済の便宜性ではなく，当事者間の緊密性ないし当事者が行う取引の緊密性に求められるべき」［中舎 2011, 77］として，「このように，緊密な当事者間ないし取引関係において，相互保証を利用した場合，ある当事者に信用不安が生じたときは，債権関係の連鎖という協同関係が差押えによって切断されても，いわば第二の柵として，連帯保証関係の連鎖という協同関係を発動させて，当該当事者に対する債権につき利益を喪失させ……自己の連帯保証債務と相殺することにより，協同関係は維持される」［中舎 2011, 79］とされている。そして，その対抗要件については，「相互保証がなされた場合には，……一括清算に参加する当事者の全員の書面による合意によることを要求するとともに，目的債権を特定すべきであり，かつ，そのような契約について確定日付を得る必要があると解するのが妥当であろう」［中舎 2011, 79］と述べられている。この考え方は，三者間相殺契約を三者間法定相殺の理論へと持ち込む巧みな理論構成であると思われる。従来，三者間相殺については，第三者の弁済を参考にするか，または，債権譲渡や債務引受というように相殺とは異なる性質のものとして議論がなされてきたところ，同論考は，「相殺」の形式を尊重しつつ，法定相殺の規定による問題の解決を可能にする。すなわち，同論考のように考えることができれば，本件では，「当事者間の緊密性ないし当事者が行う取引の緊密性」を判断する際の要素として同論考が挙げる「債権発生原因の一体性」が後述（本節第３項(C)(c)）のように認められると考えられることから，三者間で相互連帯保証契約が締結され，かつ，対抗要件が備えられることによって，α債権とβ債権との相殺を主張することが可能となりそうである。しかし，本件について考えると，この構成によっても，以下のような問題点が残されているように思われる。本件相殺予約の文言からするとＢの信用悪化に備えたものであること，資力十分な親会社Ｙを子会社Ｃが連帯保証すると考えるのは一般には奇妙に思われること，本件相殺予約をもって子会社Ｃに保証債務の履行を請求することは困難であろうことから，相互保証的構成を持ち出すことは奇妙にも感じられる（なお，［中舎 2011，72］は，相殺を否定する本件最高裁の結論に賛成している）。

このようにして，本件相殺予約について問題となるのは，その法的性質とその対抗力である。以下では，この二つの問題を中心にして論じることにする。

第３項　二者間で締結される二面的法律関係の三者間相殺契約の検討

(A)　主体に関する問題

本書では，三者間法定相殺について，類型ごとにそれぞれの要件および効果を検討した（前述，第２章）。そこにおいて区別した３類型には，以下の特徴が見られた。第１類型には，債権が二者間に対立しており，その相殺権の援用が債権の対立する当事者でない保証人へと拡張された場面に関する規定が存在する。これに対して，第２類型と第３類型には，三者間にまたがる二つの債務の相殺を認める条文が存在した。第２類型と第３類型では，いずれも，自働債権と受働債権のそれぞれの債権者（第２類型ではＣとＡ，第３類型ではＡとＢ）の間で相殺が問題となっている。このようにして，三者間法定相殺の検討を踏まえると，第一に，当事者の一方が自働債権の処分権を，第二に，当事者の他方が受働債権の処分権を有しているという特徴が認められる。

また，前述本章第２節（126-127頁）において述べたように，旧民法における合意上の相殺の例として，保証人，債権者，主たる債務者と三者にまたがる二つの債務を相殺するのに，保証人と債権者の二者間で行うことができるとされたことも想起される。この場合に，保証人と債権者とは，いずれも相殺に供される二つの債権の債権者である。

ここから，二者間で締結される二面的法律関係の三者間相殺契約は，二つの債権の債権者によって締結することができると考えられる。この場合に，Ａに相殺権を委ねる場合は，「自働債権の債権者」と「受働債権の債権者」の二者間で締結された相殺契約に基づいて，Ａの意思表示のみによって，対当額において同時に債務を免れることができることになる。

学説においても，すでに，［石垣 1999-2000(2)，161］において，以下のように指摘されている。

> 相殺契約においては必ずしも相互対立性を必要とするものではなく，処分権を有する二当事者間の契約と，それに通知が付加されることによって〔本書の記号によると，③Ａ→Ｂ→ＣにおけるAB間の契約に，Ｃに対抗するための通知が必要となる。［石垣 1999-2000(2)，160］を参照〕，あるいは処分権を有する者の承諾によって〔本書の記号によると，①Ｂ→Ｃ→ＡにおけるＣとＡの契約に，Ｂの承諾が必要になる。［石垣 1999-2000(2)，160］を参照〕それぞれ有効に相殺契約を締結することができる。［石垣 1999-2000(2)，161］

筆者も，ここまでの検討から，相殺に供される債権の処分権を有する者の合意があれば，二者間で締結される二面的法律関係の三者間相殺契約が有効であると考え，この点について，［石垣 1999-2000］と同様の結論に至った。そこで，③A→B→Cに分類することができる最三判平7・7・18についてみると，自働債権の債権者Aと受働債権の債権者Bとの間で締結された二面的法律関係の三者間相殺契約は，有効に成立したといえる。

(B)　効果に関する問題

次に，二者間で締結される二面的法律関係の三者間相殺契約の効果について検討する。

先に述べたように，相殺契約の効果として，三者にまたがる二つの債務が同時に対当額において消滅することは，学説における共通の認識と考えてもよさそうである。しかし，二者間相殺と三者間相殺を比較すると，三者間相殺の結果は，次の観点からすれば，二者間相殺の結果と完全に同じというわけではない。一方で，二者間相殺は，意思表示のみによって，二者間でそれぞれの債務が対当額において消滅することによって，その範囲では債務が弁済されたのと同様の状態を簡易に生み出すものである。他方で，「相殺」という同じ言葉を使っていても，三者間法定相殺の場合と同様に（前述，第4章を参照），二者間で締結される二面的法律関係の三者間相殺契約においても，「相殺」がなされた後にも，三者間の最終的な決済のためには，新たな債務が発生することになる。すなわち，②C→A→Bの場合には，CからBへの債権（その法的性質は，三者間相殺がなされた原因によって異なるのであろうが，一般的には，不当利得返還請求権または求償権に相当するものと思われる）が，③A→B→Cと債権がまたがっている場合には，AからCへの債権が生じることになる。これは，二者間で締結される二面的法律関係の三者間相殺契約の主要な効果ではないが，免除などの特段の事情がない限りは，副次的に生じる結果ということができるだろう。二者間相殺では，債務の消滅によって当事者間の決済を簡易にすることができるが，三者間相殺では，相殺に供された債務を1

本にまとめることによって当事者間の決済を簡易にするのに等しいのである。

そうすると，このような二者間で締結される二面的法律関係の三者間相殺契約の副次的な結果まで含めてその現象をみれば，債権が移転した（または債務が移転した）と考えることもできそうである。しかし，そこで新たに生じる債権は，抗弁の切断を考慮することなく，三者間にまたがる既存の二つの債務のいずれともその発生原因および性質が異なる。そこで，債権譲渡や債務引受によって，二者間で締結される二面的法律関係の三者間相殺契約を説明することは適切ではない。たとえば，②Ｃ→🄰→Ｂでは，Ａがその債務を（代物）弁済するために自己の債権をＣに譲渡した，または，③🄰→Ｂ→Ｃでは，Ｂがその債務を（代物）弁済するために自己の債権をＡに譲渡したというのとは異なる。また，二者間で締結される二面的法律関係の三者間相殺契約と類似の現象を可能とする既存の法的手段としては，一方の債権に関する免除と他方の債権に関する債権者（または債務者）の交替による更改を組み合わせることも考えられるが，「相殺」するという当事者の意思や，一方的な相殺の意思表示のみによって二つの債務を同時に消滅させることができるという点に着目すれば，この説明もまた適切でないように思われる。

そこで，最三判平７・７・18についてみると，本件相殺予約は，α債権とβ債権とを対当額において「相殺」するものと考えられる。

(c)　対抗力（担保的機能）に関する問題

(a)　本件相殺予約の対抗力

そこで，次に，本件相殺予約の対抗力の問題，すなわち，AB間において締結された本件相殺予約のＸへの対抗力について考えていくことにする。ここで，問題となりうるのは，①本件期限の利益喪失特約の効力，②本件相殺予約の担保契約としての効力である。

まず，①本件期限の利益喪失特約が担保手段となるかどうかということが問題となる。二者間においては，期限の利益喪失特約は，相殺適状を本来的な時期よりも繰り上げることによって，差押えに優先して債権を回収するための手段として利用されてきた。これは，相殺の遡及効を担保手段として利用しようとするものである。本件期限の利益喪失特約も，これを目的とするものであろう。

しかし，筆者は，結論から述べれば，本件期限の利益喪失特約によって差押え以前に相殺により債務が消滅したことをＹは，Ｘに対抗することができないと考える。当事者間の合意によって遡及効を定めたとしても，これによって，第三者を害することはできないと考えられているからである（前述，本章第２節第４項。128頁）。また，本件期限の利益喪失特約は，α債権についてのみ合意されたものであるため，β債権については，その弁済期は本来的に予定された時期のままであり，それは差押後に到来することになっている。そこで，相殺に適するようになるのは，β債権の履行期となる。そのため，本件期限の利益喪失特約は，担保的機能を果たさない。

次に，②本件相殺予約全体を担保契約の一種として考えた場合にはどうか。そこで問題となるのは，本件の評釈においても指摘されているように，対抗要件である。相殺合意は，求償関係を考慮すると債権・債務が移転するのに類似している（前述，本項(B)）。そこで，いくつかの学説において指摘されているように（前述，132頁），第三者対抗要件についても債権譲渡の規定を参考にしうるものと考えられそうである。

そうであるにしても，本件では，何らの対抗要件も存在していないことから，本件相殺予約を担保契約の一種として考えてもこの対抗力は否定されることになるだろう。このようにして契約の対抗力の問題として考える限り，本件相殺予約は，対抗要件を備えていないために，対抗力を有しないものと考えられる。

(b)「第三者の相殺」の対抗力

本章では，旧民法の検討を通じて，約定相殺は法定相殺を行うことができない場面において意義を有することを確認した。また，旧民法における合意上の相殺としてボワソナードが考えた例を検討し，そのうち，訴追されていない保証人と債権者との間の相殺が本章の問題に類似した問題を含むことを確認した。そこでは，保証人が相殺の意思表示をする場合には，今日の議論を踏まえれば，法定相殺として一方的な意思表示のみによって効力を生じさせることができるから，相殺契約を締結する意義が乏しいことを確認した。しかし，そうではない場合には，約定相殺の意義が残されていることを述べた。

最三判平７・７・18についてみると，相殺権を付与されるＡは，保証人でも，物上保証人でもない。そうすると，従来の議論では，Ａに第三者の相殺を認めることはできない場面に当たると考えられる。そこで，これまでの議論では，Ａによる相殺を約定相殺として検討せざるを得なかった。しかし，本書の立場は，第三者の弁済を参考にして，たとえ保証人や物上保証人でなくても，Ｂの意思に反しない場合には（民法474条２項参考），第三者も相殺することができるものと考えるものである（前述，第３章第４節。特に，95-96頁）。そこで，本書の立場からは，本件において，Ａの相殺は，第三者の相殺として検討することができるのではないかということが問題となる。

第三者の相殺について，従来の学説では，物上保証人のように責任を負う者が主張する場合には，対抗力を認めてきたものと考えられる（前述，第３章第４節第４項。特に96頁）。これに対して，本書は，他人のために責任を負っているということによって優先して自己の債権を回収することが正当化されるのではなく，相殺に供される二つの債権の間に牽連性が認められることが対抗力（担保的機能）の根拠であると考えた（前述，97，100頁）。このように，他人の債務について責任を負う者であってさえ，第三者の相殺の対抗力は牽連性に基づいて認められるのであるから，他人の債務について責任を負う者でない場合にも，同様に，相殺の対抗力が認められるには牽連性が要求されるべきものと考えられる。

最三判平７・７・18についてみると，Ａは，β債権について責任を負う者ではないが，Ａが第三者の相殺をすることについてＢの意思に反しているということはできないから，Ａは，α債権とβ債権について，第三者の相殺を主張しうることになる。そこで，その対抗力を考えるには，ABY にまたがる債務間の牽連性が問題とされることになる。以下では，このような債務間の牽連性がどのような場面において認められるのかということを検討していく。

(c)　債務間の牽連性に基づく対抗力（担保的機能）

債務間の牽連性という観点からすれば，本件で相殺に供された二つの債務は，親子会社と下請会社という密接な関係の中で，運送用の石油の売買契約とその石油を利用した運送請負契約とからそれぞれ発生したものであることが注目される。このような関係から生じた二つの債権は，牽連性があるということができそうである。このような牽連性について，参考になるのは，債務間の牽連性に関する議論の蓄積がなされつつあるフランスにおける，以下のような判例法理の展開である。

フランスでは，かつては，相殺において，二人の間に債務が対立していることは不可欠の要件であると考えられていた［深谷 1993］。しかし，以下の判決（破毀院商事部1995年5月9日判決〔Com., 9 mai 1995. *Bull. civ.* IV, n° 130, *JCP G* 1995, II, 22448, rapp. Rémery, *D.* 1996, p. 322, note Loiseau.〕）に見るように，枠組み契約（基本契約）なくしてなされた異なる契約から発生した債務の間にも牽連性を認めるに至った。

〔事実の概要〕　1991年1月1日，X は，Y との間で，肥育される予定のアヒルの雛を Y に対して販売する旨の契約を締結した（第1契約）。同日に，Y は，A との間で，Y が X から受け取ったすべての雛を肥育した後に，すべてのアヒルを販売する旨の契約を締結した（第2契約）。X が Y に対して代金の支払いを求めたところ，Y は，自己が A に対して有する代金債権と X に対して負う代金債務とを相殺することを主張した。控訴院は，X と A は同じ企業グループに属する会社であるが，別法人であるために相殺を認めなかった。その後，1992年3月13日判決によって，A の裁判上の更生は，X にまで及んだ。

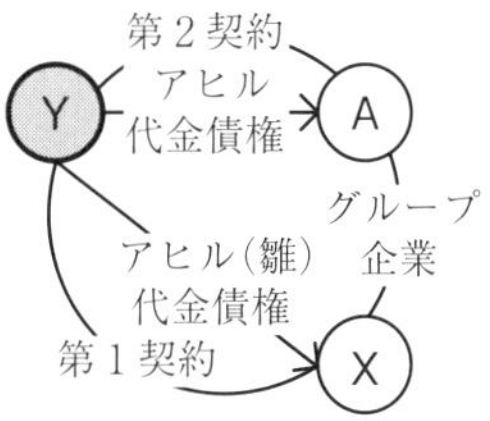

図19　破毀院商事部1995年5月9日判決

Yが控訴した。

〔判旨〕　1992年5月13日の裁判上の更生がAからXにまで拡大されたことは,「一つの法人が存在している，または，AとXの財産が混同しているということを示しており」，また,「同一の契約から生じたというような対立する債務が存在しなくても，牽連性は，当事者間で定められた一つの取決め（une convention）を実現するために締結された売買，または，当事者間の取引関係を発展させる枠組み，もしくは，その関係に関する一般的枠組み〔基本契約〕に基づく一つの契約集合（un ensemble contractual unique servant de cadre général）から生じた債権と債務の間に存在しうる」ことから，たとえ「1991年1月1日に枠組み契約〔基本契約〕を締結することなく異なる二つの契約〔第1契約と第2契約〕が締結された」としても,「Aによって実行される同じ動物に関する相互的な売買が含まれた1991年1月1日になされた二つの売買合意は，相互に依存し，当事者間の取引関係の一般的な枠組みとして利用される一つの契約集合の二つの側面を構成している」として，相殺を認めなかった控訴院判決を破棄した。

このように，牽連性という概念に基づいて，相殺の領域を合理的範囲にまで拡張してきたフランスにおいては，三者間にまたがる債務であって，同一契約から生じたものでなくても，①三人のうちの二人が実質的には一つの法人格を備えたものと見られる場合，もしくは，②それらの財産が混同している場合（Cass. com., 28 mai 1991, *Bull. Civ.* IV, n° 182; *RTD civ.* 1992, p. 103, obs. J. Mestre: Cass. com., 9 avr. 1991, *Bull. Civ.* IV, n° 128.)，または，③枠組み契約（基本契約）が締結されている場合（Cass. com., 5 avr. 1994, *Bull. civ.* IV, n° 142, *D.* 1995. Somm. 215, obs. A. Honorat.)，もしくは，④枠組み契約（基本契約）がなくても，あたかも枠組み契約（基本契約）に基づいて締結されているのと同等の状態にある異なる契約から――一つの取引関係を実現するために関係づけられた異なる契約から――，それぞれ二つの債務が生じた場合（本件，破毀院商事部1995年5月9日判決）にも，牽連性が認められ，相殺が認められるべきものとされている。すなわち，前述の破棄院判例の評釈者によると，法的ではなく，経済的実態（Loiseau,

D. 1996, p. 323, n° 2.）によって，債務の対立要件が満たされたのと同等になるということである。なお，④の場合に，本件では，裁判上の更生においても，相殺の主張を認めていることが注目される（[深川 2008，253-303］においてもフランスにおける牽連性の議論を検討したが，全体像を明らかにするためには，さらに検討が必要であると考えられる）。

フランスでは，債務間の牽連性は，債務の相互性要件が欠ける場合にこれを補充するものとして扱われている。このように債務の相互性要件が補充されると考えることにより，相殺は二者間でしか認められないというフランス法における原則を維持しているのである。これに対して，わが国では，三者間にまたがる債権を「相殺」することが可能である。この場合には，債務の相互性は，最初から要件とならない。そこで，フランスにおける議論と異なって，わが国では，牽連性によって補充された二者間相殺に関する問題ではなく，三者間相殺の対抗力に関する問題として検討することが許されることになる。

フランスの判例法理においてみられた牽連性に関する基準を参考に，最三判平７・７・18の事実関係について検討してみる。フランスの判例法理では，①二人が一つの法人格を備えていると見られるときや，②財産の混同が認められるときには，三者間相殺が認められると考えられていた。最三判平７・７・18については，ＹとＡとは，親子会社という関係にあり，加えて，その中間債務者Ｂも，Ｙの下請会社である。しかし，法人格が同じであるとか，財産が混同しているということまではできないだろう。次に，フランスでは，③三者間で基本契約が締結されていることが，三者間相殺を認める根拠となっていた。最三判平７・７・18の原審は，「三者の合意で相殺予約をする場合」には，三者間で債務が対当額で簡易・公平に決済できるとの信頼関係が形成されたものとして相殺の効力を差押債権者に対抗することができると考えているものとも読むことができ，これは，フランスにおける③基準と類似する考え方といえそうである。しかし，最三判平７・７・18においては，三者による基本契約の存在は認定されていない。さらに，フランスでは，④基本契約が締結されていなくても，一つの取引関係を実現するために関係づけられた異なる契約が存在し，これらから別々に二つの債務が生じた場合にも，基本契約があるのに類似しているものとして，三者間相殺が認められていた。最三判平7・7・18においては，親子会社と下請会社という緊密な関係の中で，運送業を行うために締結された運送用車両の燃料石油売買契約から発生したα債権と，運送業務の下請作業契約から発生したβ債権との相殺が問題となっている。そうすると，α債権とβ債権とは，三者にまたがっているとはいえ，運送業務という一つの目的の実現から見れば，牽連性があるということができる。そこで，フランスの判例における④基準を参考にすると，最三判平7・7・18については，最高裁の結論とは異なって，Xは，牽連性のある債務の三者間相殺をYに対抗することができるものと考えられることになる。

ただし，最三判平7・7・18に関するこのような結論に対しては，以下のような問題が残されている。本件では，Bの手形不渡りの1か月前に契約が締結されたと認定されていることから，詐害行為取消権が成立する，または，相殺権の濫用になると考える余地もある。このことについて，学説には，「倒産の危機に瀕することを予測しつつ相殺予約が締結された」という場合には，債権者平等の観点から，平常時でも相殺を無効とする必要があるとの指摘もなされている［山本 2003-2004（2・完），77-78］。

第4節　第5章のまとめ

相殺契約については，現行民法では明文の規定がなく，その概念も十分に明確ではなかった。そこで，本章では，旧民法の規定を参考にして検討し，相殺契約は，法定相殺の機能しない場面において意義を有しており，法定相殺を経由することなく，複数の債権・債務を対当額において同時に消滅させるものであると考えた。

そして，三者間法定相殺の類型的検討の結果を踏まえ，二者間で締結される二面的法律関係の三者間相殺契約について，以下のことが明らかとなった。

まず，三者間相殺契約（その一方の予約についても同様に考えられる）は，三者にまたがる二つの債務を同時に対当額にて消滅させる旨の当事者すべての合意があればもちろん，そうでなくても，自働債権の債権者と受働債権の債権者の二人の合意（二者間で締結される二面的法律関係の三者間相殺契約）によって有効に締結することができる。すなわち，Ａが二者間で締結される二面的法律関係の三者間相殺契約の当事者となる場合をみれば，②Ｃ→🄰→Ｂとして債権がまたがる場合のＡとＣ，③🄰→Ｂ→Ｃとして債権がまたがる場合のＡとＢの合意によるものである。これに対して，①Ｂ→Ｃ→🄰として債権がまたがる場合には，ＢとＣの合意が必要であるため，Ａに相殺権を付与することは，結果的には三者の合意が存在するのと同等になってしまう。

次に，二者間で締結される二面的法律関係の三者間相殺契約の主要な効果は，二つの債務の同時，かつ，対当額での消滅である。しかし，三者間の債権・債務関係は完全に決済されるわけではなく，これによって，副次的に，すべての債権関係を整理するため，三者間に新たな債務が発生することになる（すなわち，②Ｃ→🄰→ＢではＣ→Ｂ，③🄰→Ｂ→Ｃでは Ａ→Ｃ)。このことは，二者間で締結される二面的法律関係の三者間相殺契約が三者の間の法律関係を一つにまとめて簡易にする手段であることを意味する。そして，③🄰→Ｂ→Ｃの類型に当てはまる場合には，本書のように第三者の相殺を認める立場では，それによるので十分であって，二者間で締結される二面的法律関係の三者間相殺契約によって債務の相互性要件を緩和する必要はないものと思われる。しかし，第三者の相殺が明らかに規定されていない現状においては，第三者の相殺の有効性および主体について，なお疑義が残されているために，これを確実にするという意義が存在することになるだろう。

さらに，第三者との関係では，相殺契約の場合には対抗要件が問題となる。しかし，本書のように，第三者の相殺を通説的見解よりも広く認める立場（前述，第３章第４節）からは，③🄰→Ｂ→Ｃと債権が存在する場合，相殺契約によらなくても，第三者の相殺（合意ではなく，一方的意思表示によって効力が生じる相殺）が認められ，そのような第三者の相殺について，二つの債権間に牽連性がある場合には，その相殺が対抗力を有しうるものと考えられた。従来の学説では，Ｃの債務の責任を負うＡの相殺についてのみ，その対抗力を認めてきたが，本書は，相殺に供される二つの債権間の牽連性に着目するものである。そのような牽連性とは，フランスの判例を参考にすると，三者にまたがる二つの債権が①同一の契約から生じた場合ばかりでなく，②二人が実質的には一つの法人格を備えた者と見られる，もしくは，法人格が同一であるとまではいえなくてもそれぞれの財産が混同している場合，そして，③枠組み契約（基本契約）が締結されている場合に異なる個別契約から二つの債務が生じた場合，さらには，④枠組み契約（基本契約）が存在しなくても，それと同等と見られるような場合，すなわち，一つの取引関係（経済目的）を実現するために関係づけられた異なる契約から二つの債務が生じた場合というように，牽連性が認められる場面が進化している。このようなフランスにおける牽連性の判例における発展は，示唆に富むものと思われる。

第6章　発展的問題――多数当事者間相殺から マルチラテラル・ネッティングへ

第1節　問題の所在

ここまでにおいて，民法には，三者間相殺に関する特別の規定（三者間法定相殺）が存在すること（前述，第2章），さらには，学説では，相殺契約を利用すれば，債権の対立要件さえも緩和することができると一般に考えられていること［我妻 1964, 353-354］を確認した。その上で，三者間法定相殺を参考にして，二者間で締結される二面的法律関係の三者間相殺契約について検討した（前述，第5章）。これらは，三者が相殺にかかわるといっても，相殺に供される債権は二つであった。では，三者以上の当事者間に錯綜する三つ以上の債務を「相殺」することも，同様に，契約によって可能なのだろうか。可能であるとすれば，どのようになされるのだろうか。この問題は，従来，学説において十分に議論されてきたとは言い難いように思われる。

民法の相殺規定にみられるのは二つの債権がかかわる場面だけであり，それよりも多い債権の相殺については手がかりとなる規定が存在しない。ところが，現実には，多数の当事者間において錯綜する債権・債務関係を相殺し簡易に決済する手段（マルチラテラル・ネッティング）が利用されている。このようなネッティングを契機として，相殺概念は，再構築の必要を迫られているように思われる。すなわち，弁済によらずに簡易に債権を消滅させる手段について，債権法における相殺制度を再考し，実務において発達してきた概念をそこに取り込む必要が生じているものと思われる。

そこで，本章では，三者以上の間に錯綜する三つ以上の債務を簡易に消滅させる手段，すなわち，「多数当事者間相殺」について検討することを目的とする。これを手がかりとして，実務において行われているマルチラテラル・ネッティングについても，民法上の基礎を提供することができるものと考えられる。

本章は，この問題を解決するために，フランスにおいて近年公表された二つの博士論文［Delozière-Le Fur 2003］および［Roussille 2006］を取り上げて紹介し，これらから示唆を得て，わが国における「多数当事者間相殺」の概念について検討を行う。本章において，これらのフランスにおける研究を参考にするのは，そこにおいて，多数当事者間に錯綜する債権関係の清算を実現するための手段について新たな法的構成が提示され，別々になされた研究の結果は，多数当事者間相殺の有効性とその性質について奇しくも類似した方向性を示しているものと考えられ，興味深いものとなっているからである。フランスでは，従来，相殺が対向する二人の間で行われるものであるということは，その定義より導かれる重要な要件であるとされてきた（フランス民法典における債権の対立要件の重要性については，［深谷 1993］において明らかにされている。また，フランスの相殺制度については，［深川 2008，96頁以下］においても紹介した。相殺合意においても，債務の相互性が欠かせないことについてたとえば，［Terré, Simler, Lequette 2009, n° 1409 (p. 1333)］）。そして，フランスにおける近年のいくつかの論者は，このような要件も牽連性によってある程度は緩和しうる，または，牽連性がこのような要件を代替するのであるということを述べるにとどまっていた［深川 2008，137-139］。そのような状況において，フランスにおける多数当事者間相殺の有効性は，相殺契約によって債権の対立要件さえも緩和することができると考えられているわが国よりも，さらに困難な理論的問題に直面しているということができるだろう。そこで，わが国における相殺規定の母法の一つであるフランス民法典を前提として，フランスにおいて多数当事者間相殺の有効性が明らかにされつつあることは，示唆に富むものと思われる。

本章は，以下の順に検討を行う。

まず，三人以上の「多数当事者性」を「相殺」概念にどのように組み込むことができるかということを考える（後述，第2節)。「相殺」には，その定義からして，「二人の者が」（民法505条）債務を負っているということが必要となりそうにも思われ，そうすると，「多数当事者」と「相殺」とを組み合わせることは，奇妙であるようにも思われる。そこで，「多数当事者間相殺」という用語法それ自体が問題となる。

次に，「多数当事者間相殺」のメカニズムを解明する（後述，第3節)。債権の対立する二人の間であれば，相殺の説明は容易である。また，三者間であっても，二つの債権がまたがって存在する場合（二面的法律関係の三者間相殺）については，前述のように，民法に規定された三者間法定相殺を手がかりにすることができる。しかし，三者以上の当事者間で三つ以上の債権が問題となる場合――たとえば，三者間に三つの債権がまたがって存在したり，四者間に四つの債権がまたがって存在したりする場合――には，いったいどの債権とどの債権とが相殺に供されたのか，対当額において消滅するにしてもその残額について法律関係はどのようになるのかということがまったく明らかでない。

そして，本章の最後に，多数当事者間相殺の理論を基礎として，「マルチラテラル・ネッティング」についても検討を行う（第4節)。この前提として，マルチラテラル・ネッティングに存する民法上の問題を明らかにした上で，現在，債権法の改正に向けた議論の一環として提言されている「一人計算」の概念の検討を通じて，マルチラテラル・ネッティングに関する民法上の理論的な基礎を提供することがどのようにして可能となるかという問題を検討する。

第2節　相殺概念における「多数当事者性」

第1項　フランスにおける「compensation multilatérale」の用語法に関する議論

(A)　問題の所在

［Delozière-Le Fur 2003］および［Roussille 2006］において，多数当事者間相殺の法的性質がどのように解明されているかということを紹介する前提として，多数当事者間相殺（compensation multilatérale）という用語をそれぞれの論文がどのように使っているかということ（用語法）を明らかにしておく必要がある。「compensation multilatérale」の用語法は，その法的性質を解明するために避けることのできない問題だからである。

後に紹介するように，［Delozière-Le Fur 2003］は，「compensation multilatérale」という法律用語が矛盾を含む不適切なものと考えている（後述，(B)）。このことは，単に，用語法上の問題にとどまるものではない。なぜならば，先に述べたように，フランスでは，債務の相互性要件は，相殺には欠くことのできない本質的なものと一般に位置づけられているために，［Delozière-Le Fur 2003］が「compensation multilatérale」という用語について，「相殺（compensation）」と「多数当事者間（multilatéral）」とを組み合わせることが矛盾すると指摘していることは，相殺の本質にかかわる重要な問題となるからである（わが国においても，［柴崎 2009, 94］は，「『相殺 compensation』の言葉は，『netting』の意味に解され，必ずしも〔フランス〕民法典1289条以下の債権の消滅原因に限定されるものではない」と指摘している）。

これに対して，［Roussille 2006］は，「compensation multilatérale」という用語法もフランス法において認められると指摘する。そこでは，「compensation」の語源にまで遡ることによって，二当事者間であれ，「多数当事者間（multilatéral）」であれ，その本質には違いがないということが明らかにされている（後述，(C)）。

(B)　[Delozière-Le Fur 2003] の見解

(a)　「一つの残額に減らすことによって弁済を簡易にするメカニズム」

[Delozière-Le Fur 2003] は，その研究の対象を「一つの残額に減らすことによって弁済を簡易にするメカニズム（les mécanismes de simplification des paiements par versement d'un solde unique）」と呼んでいる。同書によると，これは，しばしば，「多数当事者間相殺（compensation multilatérale）」とか，「ネッティング（netting）」とか呼ばれるものである [Delozière-Le Fur 2003, n° 3]。しかし，[Delozière-Le Fur 2003] は，以下に述べるように，「一つの残額に減らすことによって弁済を簡易にするメカニズム」にこれらの用語を用いることは適切ではないと考えている。

(b)　「compensation multilatérale」と「netting」の異同について

「一つの残額に減らすことによって弁済を簡易にするメカニズム」は，前述のように，「compensation multilatérale」または「netting」と呼ばれているのであるが，[Delozière-Le Fur 2003] は，以下のようにして，一方で「compensation」は債務の消滅原因であり，そのため，「compensation multilatérale」も債務の消滅原因となるはずであるが，他方で「netting」はしばしば更改と組み合わされることによってはじめて債務を消滅させるということから，区別されるべき概念と考えている。

> 実際に，英法では，「netting」は，それのみでは，当事者が債務から解放されるのに十分ではないのに対して，「compensation」は，債務の消滅の方法であって，弁済に相当する（英語の「set-off」）。そのために，〔「netting」には，次のように，〕更改のメカニズムが付け加えられることが頻繁に行われるのである。すなわち，「更改による相殺（netting by novation, set off by novation）」である。結果として，「compensation multilatérale」と呼ばれるメカニズムは，真の弁済の手段の一つであるのに対して，「netting」は，時には，単純に一つの金額に片付ける過程である。すなわち，「compensation multilatérale」は，確かに純残額の計算であるが，同時に弁済も課すので

ある。そうであるから，法的効果についてのみ考えると，「netting」と「compensation」について，それが「二者間（simple）」であれ，多数当事者間であれ，混同されることはないのである。［Delozière-Le Fur 2003, n° 33 (p. 48)］

(c) 「一つの残額に減らすことによって弁済を簡易にするメカニズム」の独自性

このように，「compensation multilatérale」と「netting」とを区別した上で，［Delozière-Le Fur 2003］は，「一つの残額に減らすことによって弁済を簡易にするメカニズム」は，このいずれとも呼ぶことができないと指摘する。

一つの残額に減らすことによる錯綜する債務の弁済の簡易化は，区別なしに「netting」または「compensation multilatérale」と名付けられる。「compensation multilatérale」という用語は，今日一般に受け入れられている見解によれば，二人以上の当事者の間で定められた錯綜する債務の決済（dénouement）のメカニズムの組合せを形容することができるのに対して，「netting」という用語は，約定の弁済の簡易な方法を示すために主として利用される。しかし，この二つの用語のいずれも，ふさわしいものではない。一方で，「netting」の用語法は，複数ある弁済の簡易化の方法の間で混乱を引き起こす。他方で，「compensation multilatérale」の用語法は，矛盾したものであるだけでなく，一つの残額に減らすことによって弁済を簡易にするメカニズムの制度を正当化するのに不十分である。［Delozière-Le Fur 2003, n° 32］

まず，「一つの残額に減らすことによって弁済を簡易にするメカニズム」を「netting」と呼ぶことが適切でないのは，［Delozière-Le Fur 2003］よると，それが多義に用いられているからである。

ネッティング（netting）は，「一つの残額に減らすことによって弁済を簡易にするメカニズム」を指し示すのに不適切である。なぜならば，〔「netting」には少なくとも五つの類型があると指摘されており［The Group of Experts of the Central banks of the Group of Ten Countries (the predecessor of the Basel Committee) 1989]，この多義的な用語では，〕さまざまな簡易化のメカニズムの多様性に立ち返ってしまうからである。「netting」は〔バイラテラルとマルチラテラルの両方の場面をカバーする用語であるため〕，簡易化による消滅が問題となる債務が二人または複数当事者の間で定められたということに応じて区別することができない。さらに，「netting」によって獲得される効果は，単純化の方法によって獲得された結果では全くないからである。[Delozière-Le Fur 2003, n° 33]

次に，「一つの残額に減らすことによって弁済を簡易にするメカニズム」を「compensation multilatérale」と呼ぶことが適切でないのは，[Delozière-Le Fur 2003] よると，「compensation multilatérale」という用語それ自体が，次のような問題を抱えているからである。すなわち，[Delozière-Le Fur 2003, n°s 23 et s.] は，「多数当事者間相殺（compensation multilatérale)」という用語そのものについて，これが奇妙で矛盾していると指摘する。なぜならば，「相殺（compensation)」であるとすればフランス民法典1289条以下において規定された要件を満たさなければならないにもかかわらず，多数当事者間相殺は，相殺の要件を満たしていないからである。もしも「多数当事者間相殺」が「相殺」であるならば，フランス民法典の規定によると，わが国における「同種の目的を有する債務」（民法505条１項）という要件に相当する代替可能性（fongibilité，フランス民法典1291条第１文）と，わが国における「２人が互いに」（民法505条１項）という要件に相当する相互性（対立性，réciprocité，フランス民法典1289条）とを満たしていなくてはならない。それにもかかわらず，多数当事者間相殺では，代替可能性がない債務も，相互性がない債務も消滅させることができるとされている [Delozière-Le Fur 2003, n° 43]。この二つの要件のうち，代替可能性を欠く場合については，当事者の合意によって [Delozière-Le Fur 2003, n°s 51 et s.]，または，合意がなくても，「公定物価表によって物価を定められた穀物や食料品の定期給付は，弁済期にある確定した金額と相殺することができる」というフランス民法典1291条２文の類推によって，相殺を認めることができる [Delozière-Le Fur 2003, n°s 58 et s.]。しかし，相互性要件については，当事者の合意によって相殺の要件から解放することはできない［Delozière-Le Fur 2003, n°s 62 et s.］。そこで，多数当事者間相殺の概念は，消滅すべき債務の対立という相殺の本質的要素を欠くことから拒絶されるべきことになる［Delozière-Le Fur 2003, n° 133］というのである。

このようにして，［Delozière-Le Fur 2003］は，「netting」と「compensation multilatérale」とを峻別した上で，「一つの残額に減らすことによって弁済を簡易にするメカニズム」を説明するのに，一方で「netting」は三者以上の多数当事者性という特徴を明確にすることができないことから不適切であり，他方で「compensation multilatérale」は，「compensation」に多数当事者性を観念できないことからその用語自体が不適切と考える。このように，［Delozière-Le Fur 2003］は，「一つの残額に減らすことによって弁済を簡易にするメカニズム」の多数当事者性を強調し，これを識別するための適切な学理上の用語は，現在のフランス法においては見当たらないとする。すなわち，多数当事者性がこのメカニズムの独自性を示すものと考えられているのである。

(C)　［Roussille 2006］の見解

［Roussille 2006, n°s 15–16］は，「相殺（compensation）」という言葉の語源にさかのぼると，「多数当事者間相殺（compensation multilatérale）」という呼称も成り立ちうると考える。すなわち，「compensation」という言葉は「均衡させる，バランスを図る（équilibrer）」という意味のラテン語「compensare」に由来するため，二者間相殺だけでなく，多数当事者間相殺においても，当事者の債権・債務を均衡させるという意味で「compensation」という用語を利用することができるというのである。このような指摘は，後に述べるように，多数当事者間相殺が通常の相殺と同様の法理に基づいて生じるものであるということを考える上で参考になるものである。

［Roussille 2006］によると，多数当事者間相殺は，その類似の概念であ

るクリアリングやネッティングと，以下のような関係にあるという。

まず，クリアリング（clearing）についてみると次の通りである。フランスでは，多数当事者間相殺「compensation multilatérale」の歴史は古く，［Roussille 2006］によると，その起源は，中世における「scontration」に見いだすことができるという。13世紀において，シャンパーニュの大市の商人たちは，その相互的な債務の履行を簡易にすることを目的とする制度を採用していた。これが「scontration」と呼ばれるものであった。それは，為替手形と共に登場し，その弁済を一か所に集中させて決済を制限する点で，多数当事者間相殺の先駆けとなるものであった。この「scontration」は各市場に広がったが，やがて，よりよい制度を求めて，リヨンにおいて，17世紀に多数当事者間相殺が登場した［Roussille 2006, n° 5（p. 3）］。しかし，リヨンの市場の衰退と平行して，18世紀末にロンドンの銀行員たちが始めたといわれるクリアリングの技術が各国に広まっていった［Roussille 2006, n° 6（p. 4）］（以上の歴史的経緯については，［Delozière-Le Fur 2003, n° 5（p. 18）］も参照）。このような沿革から，クリアリングと多数当事者間相殺は，しばしば類似したものと考えられることがある。しかし，［Roussille 2006, n° 11（pp. 7－8）］によると，両者は，次の点において異なるという。一方で，多数当事者間相殺は，金融市場において，決済（dénouement）のために，クリアリングの技術と組み合わされうる。他方で，クリアリングは，多数当事者間相殺と同等に扱えるものではない［Roussille 2006, n° 11（p. 8）］。クリアリングは，その取引（l'opération）の決済（le dénouement）を表す（多くの有価証券によって示される）残額の弁済（règlement）において，単に，有価証券の交換を避けることを可能にするだけである。クリアリング機関（les organismes de clearing）は，引き渡すべき有価証券の全体額を減らすことを可能とするための差引計算を執り行うことができない。クリアリング機関は，口座から口座へと振り込むという手段によって，単に，有価証券の流通を容易にするということのみを可能にし，多数当事者間相殺が行われない場合にも介入することができる。

また，［Roussille 2006, n° 12（p. 9）］は，ネッティングに種々の種類があることを確認した上で,「ネッティング（netting）は，多数当事者間相殺（compensation multilatérale）と完全に一致するものではない」として，次のように指摘する。

> ネッティングは，多数当事者間相殺に基づかないであろう状況において，純残額を計算することにその本質がある，より広い作用（opération）を意味する。多数当事者間相殺は，他の種類の間で〔ネッティングの様々な種類の中で〕，ネッティングの一つの方式であるにすぎない。[Roussille 2006, n° 12（p. 9）]

第２項　わが国における「多数当事者間相殺」という用語法
――「相殺の法則」からの解明

(A)　フランスの学説による議論から得られる示唆

ここまで述べたように,フランス民法典では,債務の相互性要件が相殺の定義に含まれているため,「多数当事者間相殺（compensation multilatérale）」という用語法が問題とされている。

債務の相互性を重視する伝統的な見解を尊重すれば,フランスにおいては,[Delozière-Le Fur 2003]が述べるように「multilatéral」と「compensation」とを組み合わせることはできないのであり，「compensation multilatérale」という用語法は奇妙ということになる。このことは，単に用語法上の問題にとどまらず，「compensation multilatérale」それ自体がフランス法上の概念として存在し得ないということをも意味する。

しかし，そのようなフランス民法典上の相殺を前提としても，[Roussille 2006] に指摘されているように，当事者の債権・債務を均衡する制度というように「compensation」を広義に理解すれば，フランス法においても,「compensation multilatérale」という用語を用いることができるということになる。このような考え方は，フランス民法典上の解釈としても，注目に値するものといえるであろうが，わが国において「多数当事者間相殺」

を二者間相殺と同様の「相殺」法理から説明する際にも，参考になるものといえる。

(B)　相殺概念への「多数当事者性」の組込み

(a)　用語法からの解明

ここまでの検討を参考にして，わが国において，多数当事者間相殺が「相殺」であることをどのように説明することができるだろうか。そこにおける中心問題は，フランスでの議論を参考にすれば，「多数当事者性」を「相殺」の概念に含むことができるのかという点にあるといえる。

わが国においても，法定相殺については，特別の規定が存在しない限りは二者間での相殺のみを前提としており（民法505条），このことから，「多数当事者間相殺」という用語は，奇妙であるとも考えられる。

しかし，すでに述べたように，わが国では，約定相殺において「相殺」の用語を柔軟（広義）に用いており，学説においても，「多数当事者」と「相殺」とを組み合わせる用語法は定着しているものといえる（たとえば，[中舎 2006]）。そこで，わが国において学説で一般に用いられている「相殺」の用語法からすれば，「多数当事者間相殺」という用語を用いることが許されるものといえるだろう。すなわち，わが国における「相殺」の用語法からして，そこに当事者の多数性を持ち込むことが可能であるといえる。

(b)　「相殺の法則」からの解明

用語法の観点からは多数当事者間相殺を「相殺」と呼ぶことができるとしても，さらに，多数当事者性を「相殺」の概念にどのように組み込むことができるかということを理論的に明らかにする必要が残されている。これは，以下のように，二者間における「相殺」とそれ以上の当事者間における「相殺」とが一つの法則に基づいていることを示すことによって可能になるものと考えられる。

問題の解決の手掛かりは，相殺が，「二人が互いに……債務を負担する場合」（民法505条1項），すなわち，「相殺を行う当事者間で債務を負担し合っている」点にある。従来，このことは，文字通り二者間において債務が「対立している」ということを示すものと考えられてきた。しかし，三者間であっても，それ以上の当事者間であっても，「相殺を行う当事者間で債務を負担し合っている」という状態があれば，差額のみの最小の給付によって，当事者間の法律関係を解決することが可能となる。このことは，現実の弁済を必要としなかった債務額についてみれば，対当額において消滅したことを意味している。「債務を負担し合っている」当事者が相殺できることを一般的に示せば，次のようになる（相殺の法則）。

> 複数当事者の債権・債務について，その債権額の総和とその債務額の総和とが等しい場合には，各当事者は，その債権と対当額においてその債務を免れる。

相殺における債務の対立要件を重視するフランスでは，債務が対立していれば相殺が可能であるし，逆に，相殺であれば債務が対立していると考えられるために三者以上の相殺については議論があった。これと同様に，わが国においても，二者間相殺，三者間相殺，多数当事者間相殺のそれぞれは，異なる概念であるかのように考えられることがあった。しかし，前記の法則によれば，二者間であれ，三者間であれ，そして，それ以上の多数当事者間であれ，同じ条件の下に相殺が可能となるということが明らかである。すなわち，相殺に供される債権をめぐる当事者の関係についてみると，すべての当事者が債権者であり，債務者であるという関係，すなわち，相殺に関する当事者の間で「閉じられた債権・債務関係」がある場合においては，各当事者について，その債権額と等しい債務額について――その対当額について――，各当事者は，現実の弁済を行わずに済ませることができる――相殺によってその債務を免れることができる――という仕組みが「相殺」なのである。たとえば，①AB二当事者間において，AがBに50，BがAに80の債権をそれぞれ有している場合には，この二つの債権は「閉じられた債権・債務関係」にあり，前記の法則によれば，一方で，Aはその債権額50の範囲において債務を免れるために残額30の支払いをする必要があり，他方で，Ｂはその債権額80の範囲において債務を免れるためいかなる支払いも不要となる。また，②ABC三当事者間において，ＡがＢに50，ＢがＣに80，ＣがＡに100の債権をそれぞれ有している場合には，この三つの債権は「閉じられた債権・債務関係」にあり，前記の法則によれば，Ａはその債権額50の範囲においては自己の債務を免れるために残された50の支払いをする必要があり，Ｂはその債権額80の範囲において自己の債務を免れるためにいかなる支払いも不要であり，Ｃもその債権額100の範囲において自己の債務を免れるためにいかなる支払いも不要となる。このようにして，前記の法則は，二者間相殺から多数当事者間相殺について相殺を通じた簡易な決済を可能にする条件を明らかにする「相殺の法則」ということができるだろう。

他方で，二者間相殺とそれよりも多い当事者間の相殺との間にこのような共通の法則が見いだせるとしても，両者の間には，当事者がその債権と対当額においてその債務を免れた後に，以下のような違いが現れる。

すなわち，二者間相殺では，対当額において債務を免れた後に差額が存在しても，その差額に関する債権・債務関係を明確にすることができる。前述の例①（ＡがＢに50，ＢがＡに80の債権をそれぞれ有している場合）では，Ａは，Ｂに30を支払えばよいことになる。このことは，対当額を超える額の配分は，債務額が債権額よりも大きい当事者の一方に委ねられることを意味している。民法505条以下に規定された法定相殺は，このような二者間相殺の特性から，一方的な意思表示のみによって相殺をすることが認められるものということができる。また，たとえ三者のかかわる相殺であっても，相殺に供される債権が二つであれば，差額について法律関係を明確にできるから，同様に，一方的な意思表示のみによる法定三者間相殺についても規定を用意することができる。さらに，たとえ対立する債権が三つ以上であっても，二者間に存在する場合には，差額に関する債権・債務関係を明確にすることができるから，民法は，相殺充当の問題としてこれを解決することができる。

これに対して，それ以外の場合，たとえば，三者以上の間にまたがる三つの債権がある場合，四者にまたがる四つの債権がある場合などには，当事者がその債権と対当額においてその債務を免れた後に，いずれかの当事者に債権額または債務額が残っていても，一義的に債権・債務関係を決めることはできないことがある。先の例②（ＡがＢに50，ＢがＣに80，ＣがＡに100の債権をそれぞれ有している場合）でも，Ａは，50の支払いをなせばよいということであるが，果たして，それをＢおよびＣになぜ分配せねばならないかということが問題となる。これは，一方的な意思表示によって効力の発生を認める法定相殺では，解決することが困難な問題である。そのような差額給付義務は，相殺の規定からは示すことができないのであり，当事者の合意からしか導くことはできない。

そこで，このような差額給付の問題を解明するために，さらに，多数当事者間相殺の法的性質について検討を進める必要がある（後述，第３節）。このために，以下において，再び，フランスにおける近年の博士論文［Delozière-Le Fur 2003］および［Roussille 2006］を参考にしつつ，わが国における多数当事者間相殺の法的性質について検討をしていくことにする。

第３節　多数当事者間相殺の法的性質について

第１項　フランスにおける「compensation multilatérale」の法的性質

(A)　共通の委任または共同的行為とする見解［Delozière-Le Fur 2003］

まず，［Delozière-Le Fur 2003］の見解について紹介する。先に述べたように，［Delozière-Le Fur 2003］は，多数当事者間相殺（compensation multilatérale）という用語は不適切であると考えている。ただし，先に検討したように，その研究対象とする「一つの残額に減らすことによって弁済を簡易にするメカニズム」は，わが国の用語法によれば，多数当事者間相殺に相当するものとして理解することが許されるだろう。そこで，以下において［Delozière-Le Fur 2003］の見解を紹介するにあたっては，その用語法を尊重し，「一つの残額に減らすことによって弁済を簡易にするメカニズム」と表記するが，これは，本書でいうところの多数当事者間相殺に相当するものである。

［Delozière-Le Fur 2003］は，「多数当事者間相殺」という概念自体が矛盾すると考えるために，(a)相殺を根拠としてきた従来の支配的見解もまた不適切と考えられるとし，そこで，(b)「相殺」に取って代わる新たな法律構成が必要であるとする。以下，この順に，同研究の概要を紹介していくことにする。

(a)　伝統的な説明の不適切性

［Delozière-Le Fur 2003］は，フランスにおいて，今日の支配的学説は，「一つの残額に減らすことによって弁済を簡易にするメカニズム」を「相殺(compensation)」の鋳型へと流し込もうとしていると述べる［Delozière-Le Fur 2003, n° 85］。そこにおいては，清算機関（chambre de compensation）の介入を通じて，債権譲渡［Delozière-Le Fur 2003, n°s 90 et s.］や人的代位（subrogation personelle）［Delozière-Le Fur 2003, n°s 95 et s.］，旧債権の消滅による更改を利用した債権の移転の効果によって，債務の対立性要件が回復される場合には，「一つの残額に減らすことによって弁済を簡易にするメカニズム」は，相殺に由来しうるとされてきた［Delozière-Le Fur 2003, n° 131］。

しかし，これらの伝統的な説明に対しては，「仲介者は，決して，単純化のメカニズムによって消滅することを目的とする債務の名義人となるのではないという事実に加えて，このような説は，当事者の意思を無視している」［Delozière-Le Fur 2003, n° 297］として，以下のような批判をする。

> 仲介者〔清算機関〕は，もともと約束された権利関係に基づく債権と債務の権限を保有する者になるのではない。そこで，規制された金融市場（les marchés financiers réglementés）において，更改の効果によって債権者と債務者とを変更することによって共同契約者の資格で精算機関が介入するという説は，矛盾することになる［Delozière-Le Fur 2003, n° 132］。

そこでは，清算機関は，「一つの残額に減らすことによって弁済を簡易にするメカニズム」の参加者の間においてもともと約束されていた権利関係に基づいて，それらの債権と債務を引き受けるのではないということが明らかにされている〔Delozière-Le Fur 2003, n° 132〕。すなわち，〔Roussille 2006〕によれば，「一つの残額に減らすことによって弁済を簡易にするメカニズム」は，清算機関の介入によって相互性要件を回復させることにその本質があるわけではないのである〔Delozière-Le Fur 2003, n° 133〕。そこで，「一つの残額に減らすことによって弁済を簡易にするメカニズム」を説明するのに多数当事者間「相殺」という言葉の濫用を行うだけのメリットを見いだすことができないので，伝統的な学説は拒絶されなければならないことになる〔Delozière-Le Fur 2003, n°s 132-133 et 297〕。

(b)　「共通の利益」の実現を目的とする法律行為

「一つの残額に減らすことによって弁済を簡易にするメカニズム」と「相殺」とに共通する唯一の要素は，当事者が受け取りまたは支払うべき債権と債務の総残額の確立に本質があるということである〔Delozière-Le Fur 2003, n° 134〕。そして，「一つの残額に減らすことによって弁済を簡易にするメカニズム」は，「定められた日において，その日に即時に決済可能な一つの残額に減らすことを通じて，清算（règlement）手続きに，複数人がすべてのその複数の債権を割り当てる（affecter）という一つの取決め（une convention）」として定義されうる〔Delozière-Le Fur 2003, n° 134〕。そして，この「一般的な割当て（affectation générale）」こそが対抗力，すなわち，担保的機能を生じさせうるのである〔Delozière-Le Fur 2003, n°s 307, 325 et s.〕。

〔Delozière-Le Fur 2003, n° 161〕は，「一つの残額に減らすことによって弁済を簡易にするメカニズム」の独自性が，すべて同一の内容を有しており，かつ，すべて同一の目的の実現に向けられているような共同の意思の存在に由来するものであると考える。その内容および目的は，たとえばグループ企業や独立した債権者と債務者の間における合意においては「弁済を簡易にする」という「共通の利益」の実現であり〔Delozière-Le Fur

2003, n°s 148 et 151]，さらに，金融・インターバンク市場においては，そのような利益に加えて，システミック・リスクの制限と市場の流動性の確保という「共通の利益」，すなわち，「制度利益（intérêt systémique）」の実現である［Delozière-Le Fur 2003, n°s 150–151]。

では，このような「共通の利益」は，どのようなプロセスによって実現されるのだろうか。［Delozière-Le Fur 2003, n°s 167 et s.］は，この疑問に対して，以下のように二つの種類が存在すると答える。

第一に，共通の利益によって統合される共同的行為（act conjonctif）がこれを実現する［Delozière-Le Fur 2003, n°s 235–292 et 298]。共同的行為の定義は学説において様々に述べられているが，［Delozière-Le Fur 2003, n° 268］の従う定義によれば，「その行為の成立時またはその後に，同一の当事者を中心として，すなわち，行為の目的の観点から定められる，いわゆる共通の利益によって，複数人が共同させられる行為」である。それは，当事者の多面性（une pluralité de participants），行為の統一性（une unité d'acte），当事者の統一性（une unité de partie）によって特徴づけられる。

第二に，「一つの残額に減らすことによって弁済を簡易にするメカニズム」の大部分（たとえば，金融・インターバンク市場）において，その技術は，同一の仲介者による代理（représentation）の働きに基づく。そして，弁済を簡易にする効果は，すべての参加者の銀行のような共通の受任者（un mandataire commun）の選任によって獲得される。すなわち，「共通の委任（un mandat commun）」である［Delozière-Le Fur 2003, n°s 167–234, 292 et 298]。

(B)　合同行為とする見解［Roussille 2006]

次に，［Roussille 2006］の研究を概観していく。［Roussille 2006］も，［Delozière-Le Fur 2003］と同じく，多数当事者間相殺を研究対象としている。先に述べたように，［Delozière-Le Fur 2003］がその名称について「多数当事者間相殺（compensation multilatérale）」と呼ぶのを不適切であると考えるのに対して，［Roussille 2006］は，「多数当事者間相殺」の呼称を適切であるとしている。しかし，その法的性質として，伝統的に学説が考えてきたものは不適切であり，清算機関が実際に担っている役割に着目して新たな法的性質を与える必要性があると考える。

そこで，(a)清算機関へ債権を集中させることを通じて多数当事者間相殺を説明してきた伝統的な見解がなぜ不適切であるのか，(b)伝統的な見解に代えて，どのように新たな構成をすることができるのかという順に［Roussille 2006］の研究を紹介していくことにする。

(a)　伝統的な説明の不適切性

フランスにおいては，伝統的には，多数当事者間相殺（compensation multilatérale）は，清算機関の介入を中心として，債務法の制度の組合せとして理解されてきた［Roussille 2006, n°s 93 et 97］。すなわち，債権譲渡説［Roussille 2006, n°s 101-106］，債務引受説［Roussille 2006, n° 113］，弁済代位説［Roussille 2006, n°s 120-128］，指図説［Roussille 2006, n°s 136-138］，更改説［Roussille 2006, n°s 145-146］といった様々な考え方が展開され，そこでは，いずれも，債権法制度の概念を組み合わせることを通じて，多数当事者間相殺を清算機関と参加者の間の二者間相殺に置き換えて説明してきたのである。

［Roussille 2006］は，このような伝統的見解に対して，清算機関がその一般に担っている役割や現実の機能からすると，伝統的な説明とは異なって，それは，もっと制限された役割，すなわち，決済を簡易にするという現実的な役割しか有していないと批判する。すなわち，清算機関は，当事者間の法律関係に介入するものではないというのである。そこで，債権譲渡説には，現実には譲渡の対抗要件（フランス民法典1690条）が具備されないという問題や，多数当事者間相殺によってその履行が簡易にされた振込みの指図は譲渡に適していないという問題が存するという［Roussille 2006, n°s 107-111］。また，債務引受説は，フランス法では，ドイツ法とは異なって，債務の譲渡不能原則が存在するため，この原則に反するという［Roussille 2006, n°s 114-117］。そして，弁済代位説については，現実には，代位の意思表示（フランス民法典1250条１項）や，代位弁済者による弁済，

弁済証書の返還といった弁済代位の要件を満たしていないという問題があると指摘する［Roussille 2006, n°s 130-132］。さらに，指図説に対しては，清算機関の実際の働きにおいては，指図の要件が満たされないという問題が存すると指摘する［Roussille 2006, n°s 139-143］。すなわち，今日では，指図の要件として，被指図人（délégué）が指図人（déléguant）の債務者でなければならないとされているが，清算機関は参加者の債務者でないこと，また，清算機関は参加者に対して債務を負うということを根拠づける原因もないということである。その上，更改説は，現実を表現していないという［Roussille 2006, n°s 157-165］。なぜならば，更改の意思を欠いており，また，更改に基づく新たな債務（清算債務）の発生と共に古い債務が消滅するわけでもなく，さらには，更改によって古い債務を二つに分割することを説明できないというのである。このように，［Roussille 2006, n° 165］は，いかなる債務法の制度をもってしても，清算機関の実際の機能を形容することができないという。この理由を［Roussille 2006, n° 166］は，清算機関が当事者間の法律関係に介入するのではないということに求めている。

では，清算機関は，どのような機能を有するのだろうか。［Roussille 2006, n°s 166, 222, 266, 293 et 551］によると，清算機関は，主として，事実上の活動を遂行しているという。その主な役割である残額の計算（calculer les soldes）は，事実上の活動であって，それにより，清算機関は，会計役務を提供しているにすぎない［Roussille 2006, n° 265］。それは，たとえば，銀行取引においては，参加者それぞれの差引残額を計算したり［Roussille 2006, n°s 272-274］，借越額と貸越額の総額の間で会計上の均衡を検査したり［Roussille 2006, n°s 270 et 271］という清算機関の仕事である。

これらの清算機関の作用は，意思表示に基づいて生じるものではない［Roussille 2006, n°s 275-276］。また，決済すべき債務は，これらの作用から発生するものでもなく，最終的な決済に参加する者の意思によるのである［Roussille 2006, n° 277］。そこで，これらの作用は，法律行為ではない，ということができる（［Roussille 2006, n° 275］を参照）。このように，清算機関が事実上の活動を行うのみであるということは，銀行取引だけでなく，証券取引の場合も同様であるとされている［Roussille 2006, n°s 279–292］。

(b)　合同行為としての多数当事者間相殺

［Roussille 2006］は，多数当事者間相殺がどのような形態をとるにせよ，すなわち，それが清算機関と結びつけられるにせよ，そうでないにせよ，また，銀行や金融機関の仲介者によって交換されるフローを簡易にするために利用されているにせよ，多数当事者間に存在する個人の債務を簡易にするために利用されているにせよ，以下のように，独自の性質を有すると指摘している。

多数当事者間相殺の独自性を明らかにするために，［Roussille 2006, n°s 355 et s.］は，まず，多数当事者間相殺の過程を二段階において検討する。すなわち，第一段階において行われる算術的な計算（le compte arithmétique）は，多数当事者間相殺の中心的な仕組みである［Roussille 2006, n° 479］。そこでは，その流動的な特質のおかげで，それぞれの当事者の貸借状況に一致する残額（差額）が計算される。積極財産および消極財産の総体（masse）としての様相を呈する集合体（collectivité）に各参加者を積極的または消極的に結びつける債務を生じさせる（各当事者につき残額の支払いまたは受取りの義務を生じさせる）という法的効果を有するのみであって，この段階では，いかなる債務も消滅しない［Roussille 2006, n° 552］。第二段階において，各参加者の残額の清算（règlement）を経て，多数当事者間相殺の作用（opération）は決済（dénouement）になる。それは，純残額が借方になるすべての参加者が支払ったものを集めた総額を，純残額が貸方になる者に対して再分配することを認める方法によってのみ達成される。

このような多数当事者間相殺の過程を分析した結果として，［Roussille 2006, n°s 452 et s.］は，その法的性質を次のように指摘する。すなわち，多数当事者間相殺は，算術的な計算（compte arithmétique）に基づくのであり，この計算こそが多数当事者間相殺の集合的性質を支えるものである。この算術的な計算は，家族財産法（夫婦共同財産や相続財産の清算）において用いられているものと共通する，ある特徴を示している。それは，参加者に積極財産および消極財産の総体（masse）との関係を持たせるということである（[Roussille 2006, n° 384］を参照）。多数当事者間相殺における計算は，算術的な性質を有するのみであるとしても，重要な法的効果を生み出す。すなわち，記録された総額（または，フロー）と簡易化にむけられた総額（または，フロー）との間に，不可分性（indivisibilité）を作り出す［Roussille 2006, n° 477］。そして，清算機関は，相続の分野における公証人と同様に，清算代理人（agent liquidateur）の様相を呈するのである。

［Roussille 2006］は，以上のような性質を有する多数当事者間相殺は，契約に基づく清算の技術（une technique de liquidation conventionnelle）であると指摘している。そして，それは，このような集合的な決済過程に参加するという予め表示された当事者の意思に基づいてその効果が生じるものである。そこでは，個々の参加者が互いに契約を締結するのではなく，共通の役務提供者との間で締結される契約によってのみ結びつけられている。多数当事者間相殺は，制度の運用に関する一般的な条項を定める枠契約（マスター契約，une convention-cadre）に基づいており，この枠契約は，それぞれの適用行為に対して反復的に作用する。この行為は，当事者の意思表示の合致によるのではなく，互いに負っているものを全体的に清算するという共通の利益に向けられた意思に基づくものである。そこで，［Roussille 2006, n°s 540 et s.］によると，特に以下の理由から，共同的行為（act conjonctif）とする見解［Delozière-Le Fur 2003］は受け入れることができないということになる。

この行為〔共同的行為（act conjonctif)〕は，支持されている考え方によると，一つの行為において，当事者の多面性が唯一の当事者（une partie unique)，いわゆる多面的な当事者（partie plurale）のように振る舞うことを意味する。多数当事者間相殺において，一つの行為へ参加する個人に確かに多面性がある。それにもかかわらず，この個人の多面性は，「多面的な当事者（partie plurale)」を構成しない。……「多面的な当事者（partie plurale)」は，他の当事者に対向する意思表示によって定義される。……多数当事者間相殺が作用する場合に，……実際に，その作用を構成する法律行為の成立の瞬間において，当事者各人の意思は集中するが，互いに対向するものではない。［Roussille 2006, n°s 540–541］

そこで，［Roussille 2006, n°s 543, 546 et 552］は，このように参加者の意思の集中に基づく多数当事者間相殺を「一方的（片面的）で集合的な法律行為（acte collectif unilatéral）」であるとしている。

第２項　わが国における「多数当事者間相殺」の法的性質に関する検討

(A)　フランスにおける議論から得られる示唆

ここまでにおいて紹介したフランスにおける議論から，どのような示唆を得ることができるであろうか。

一方で，［Delozière-Le Fur 2003］は，「一つの残額に減らすことによって弁済を簡易にするメカニズム」を分析するのに，多面的当事者を結びつける共通の利益に着目し，金融・インターバンク市場において用いられる清算機関を伴うものは「共通の委任」に基づくとし，これに対して，清算機関を伴わないものは，「共同的行為」に基づくとする。他方で，［Roussille 2006］は，多数当事者間相殺の集合的性質（caractère collectif）に着目して分析し，中間的なプロセスとして行われる残額の算術的計算（le compte arithmétique）がその性質に適合するという。そして，多数当事者間相殺は，集合的な清算という共通の利益の実現に向けられた各参加者の意思表示に基づくことから，「片面的な集団的行為」とする。

このように相違が存するにもかかわらず，［Delozière-Le Fur 2003］と［Roussille 2006］には，以下のような共通性を見いだすことができる。

まず，いずれの研究も，多数当事者間相殺は，複数当事者間において「共通の利益」を実現するためになされた意思表示に基づく法律行為であるとする。もちろん，その法律行為の性質がどのようなものであるかということについては，両見解に違いがある。また，その法律行為の性質がどのようなものであるかは，各国の法制度に依存する問題であって，フランスにおける議論が必ずしもわが国の場合にそのままあてはまるというわけではない。そうであるとしても，わが国において相殺は，一方的な意思表示としての法定相殺か，当事者間の意思の合致に基づく相殺契約かという枠組みで捉えられてきたところ，このように，フランスにおいて別々に研究された二つの博士論文が，近接した時期において，多数当事者間相殺の特徴について，共通の利益を実現するものであるという共通した見解へと至ったことは，多数当事者間相殺の法的性質を考える上で，興味深いものといえる。

次に，いずれの研究も，個々の債権・債務と全体の総債権・総債務とが密接に結びついているということを明らかにしている。両者は，その法律構成が異なるために，一方で［Delozière-Le Fur 2003］は，債権に対する債務の「一般的な割当て（affectation générale）」と表現し，他方で［Roussille 2006］は，「記録された総額（または，フロー）と簡易化にむけられた総額（または，フロー）との間に，不可分性（indivisibilité）を作り出す」と述べているが，その主張には共通性が認められる。多数当事者間相殺の性質を考える上で，このような個々の債権・債務と全体の総債権・総債務との密接性（以下，「集合性」という）は，重要な役割を果たしているようである。

さらに，両研究が共通している点として注目されるのは，多数当事者間相殺において清算機関が存在する場合に，この機関が当事者の債権・債務関係に直接に介入するのではないというところである。これは，両研究において，清算機関を中心とする債権・債務の移転を考えて多数当事者間相殺を説明する従来の学説への共通した批判であった。筆者は，多数当事者間相殺については，常に清算機関が必要であるとは考えていないが，清算機関が介入する場合であっても，フランスにおけるこれらの博士論文の指摘のように，わが国でも，清算機関が債権・債務の当事者に替わって真の債権者，債務者になるとは考えにくいように思われる（この点については，後述，本章第４節第３項(C)，194頁以下において言及する）。

(B)　わが国における多数当事者間相殺の法的性質

(a)　多数当事者間相殺の例

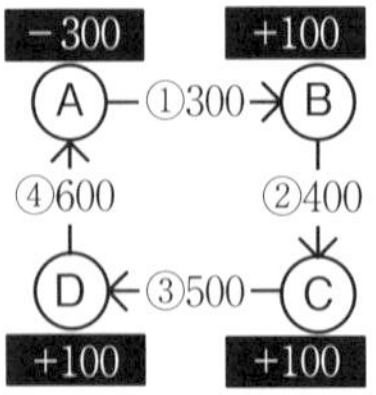

図20　多数当事者間相殺の例

以下では，次のようなシンプルな事例によって，フランスでの議論を参考にしながら，多数当事者間相殺の法的性質を検討していくことにする。

ABCD の４者間で，①ＡがＢに300，②ＢがＣに400，③ＣがＤに500，④ＤがＡに600のそれぞれの債権を有しているときに，この四者が合意でもって多数当事者間相殺を実現する場合。（図20）

先に検討した「相殺の法則」（本章第２節第２項(B)(b)，156頁）によると，この例では，①から④債権は「閉じられた債権・債務関係」にあり，ABCD は，それぞれ，その債権額と対当額において債務を免れることができる。そうすると，各人の債権額と債務額との差額を計算すれば，Ａについてマイナス300，Ｂについてプラス100，Ｃについてプラス100，Ｄについてプラス100となる（以下，このような計算を「第一段階（清算）」という）。これによって，Ａにはなお300の債務が残っているのであるから，Ａが300を支払い，それを BCD が100ずつ受け取ることによって，決済が完了するということがわかる（以下，このように差額の支払いがなされたことで債務が消滅する段階を「第二段階（決済）」という）。ここで解明されなければならない問題は，どのような法的根拠に基づいて，このような差額の給付関係が生じるのかということである。

(b)　「有因的な相互免除契約」説

この例について，まず，［我妻 1964］によって，有力に唱えられてきた相殺契約を「有因的な相互免除契約」とする見解から考えてみることにする。

わが国では，「多数の当事者の間の循環的に対立する債権……を全員の間の〔相殺〕契約で消滅させることもできる」［我妻 1964，354］というのが支配的見解である。そこで，この見解からすれば，前述の例における

ABCDの合意は，「相殺契約」の一種として位置づけることになる。相殺契約の法的性質について，［我妻 1964，353］は，「相殺契約は，当事者間で，対立する債権を対当額ないしは対等の評価額で消滅させる契約である」と定義して，その性質を「有因的な相互免除契約」としている。そこで，この見解に従えば，前述の例では，ABCDは，互いに免除する旨の契約で結びついているということになる。すなわち，各当事者によってなされた互いに対向する意思表示の合致によって多数当事者間相殺は成立するということになるのである。

このような相互免除的相殺契約によって，ABCDの法律関係は次のように解決される。全員がそれぞれ相互になした契約によって，Aについて，従来の債権・債務関係が消滅して，それに代えてBCDのそれぞれに負う100の新たな債権を取得し（これは，更改の効果ということになるだろう），また，BCDについては，免除が行われる。

したがって，「有因的な相互免除契約」説に立てば，多数当事者間相殺を「更改と免除の組合せ」によって分析することになる。旧債務が消滅し，新債務が発生するという点において，これは，後に述べるオブリゲーション・ネッティング（後述，本章第4節第2項(A)(b)，176頁以下）に親和的な考え方であるといえる。

しかし，更改と免除の組合せによる説明では，当事者の数が増加し，相殺に供される債権・債務の数が増加すると複雑になりすぎるおそれがあるだけでなく，当事者間における新たな法律関係の形成がどのようになされるかということ（誰が，誰に対して，いかなる債務をいくら負うかという問題）に対する答えは一つに定まらない可能性がある。そこで，この説は，現実的な困難を抱えている。さらに，誰が，誰に対して，いかなる債務をいくら負うかが定まらないような場合には，更改の意思を，したがって，更改の効果を認めることも困難となる。そこで，この構成は，採用することができない。

(c)　「多数当事者間相殺＝算術的計算」とする考え方

このようにして，既存の債権関係の消滅に伴って新たな債権関係が生じると考えること（更改）は不都合であると考えられるから，従来の債権関係に変更を加えることなく多数当事者間相殺を説明するための考え方を検討する余地がある。そこで，［Roussille 2006］の研究に見られたように（前述，本章第3節第1項(B)(b)，164頁以下），計算の作用が多数当事者間相殺において重要な位置を占めているとされていたことを敷衍して，多数当事者間相殺を計算の作用に過ぎないと考えることはできるだろうか。

しかし，これでは，第二段階（決済），すなわち，Aの出捐にかかる300が100ずつ，BCDに分配されることによって，最終的な債権の消滅に至ることを説明できない。多数当事者間相殺が「相殺」であるからには，債務を消滅させる効果を説明できなければならない。

そうすると，多数当事者間相殺は，単に計算の問題に過ぎない，または，計算の問題が多数当事者間相殺の主要な部分を占めているということはできない。このことは，多数当事者間相殺には，計算の問題よりも重要となる点が存在するということを意味している。すなわち，多数当事者間相殺が「相殺」であるからには，債権の対当額消滅という要素を含んでいなければならないはずである。

(d)「多数当事者間相殺＝錯綜する債務の対当額消滅」とする考え方（本書の立場）

そこで，さらに，多数当事者間相殺のプロセスから，債権の対当額消滅という相殺の要素がどこに含まれているかを考えてみることにする。

前述の例（ABCDの四者間で，①AがBに300，②BがCに400，③CがDに500，④DがAに600のそれぞれの債権を有しているとき。前掲，図20）では，第一段階（清算）において，ABCDそれぞれについて，債権額と債務額との差額が明らかになるのみで，ここで四者間の債権・債務が消滅することはない。すなわち，そこでは，既存の債権については，単に差額計算の問題があるに過ぎないということがわかる。次に，第二段階（決済）において，(i)Aが300を支払うと，その債務額が300減少するから，その債権額と債務額とは300で均衡し，(ii)Bが100を受け取ると，その債権額が100減少するから，その債権額と債務額とが300で均衡し，(iii)Cが100を受け取ると，その債権額が100減少するから，その債権額と債務額とが400で均衡し，(iv) D が100を受け取ることによって，その債権額が100減少するから，その債権額と債務額とが500で均衡することになる。このように見てくると，差額給付が完了した時点で，ABCD について，それぞれのすべての債権と債務とが対当額で均衡するということがわかる。このことは，それぞれの債務の側から見れば，その債権と対当額について相殺によって消滅するもの，すなわち，相殺がなされたということができる。

この二段階のプロセスは，いずれも，多数当事者間相殺の合意から生じる効果を含むものである。第一段階（清算）に入ると，当事者間に錯綜する債権・債務は，（たとえ多数当事者間相殺のプロセスに組み入れられる前には，流動する不確定の債権であっても，）第一段階（清算）に組み込まれた瞬間に数額が確定されて，第二段階（決済）の完了において各当事者の債権・債務を消滅させるために，当事者すべての総債権額・総債務額へと集合する（拘束される）ということができるだろう。なぜならば，多数当事者間相殺のこの仕組みにおいて，その対象となる各当事者の個別的な債権額と個別的な債務額とが流動していたり，不確定だったりする間は，総額が不明であって差額を計算することができず，そのために，各当事者の債権と債務の均衡を実現することはできないからである。そこで，多数当事者間相殺の合意に基づく第一の重要な効果は，このような債務の集合性であるといえる。このように考えると，前述に紹介したフランスの二つの博士論文において共通して指摘されていたこと，すなわち，個々の債権・債務と全体の総債権・総債務とが密接に結びついているということ——法律構成が異なるために，一方で［Delozière-Le Fur 2003］は，債権に対する債務の「一般的な割当て（affectation générale）」と表現し，他方で［Roussille 2006］は，「記録された総額（または，フロー）と簡易化にむけられた総額（または，フロー）との間に，不可分性（indivisibilité）を作り出す」と述べていたが——の重要性が明らかになる。先に相殺の法則として「複数当事者の債権・債務について，その債権額の総和とその債務額の総和とが等しい場合には，各当事者は，その債権と対当額においてその債務を免れる」

ということを述べたが（前述，156頁），多数当事者間相殺における債務の集合性は，債務を均衡させて消滅させるために不可欠の条件を示しているのである。次に，差額給付を基礎づける法律関係（前述の例でいえば，Aの300の支払いと，BCD それぞれの100の受取りに関する法律関係）の発生も，多数当事者間相殺の合意から生じる効果であるといえる。したがって，この差額給付義務は，相殺に供されたもとの債権・債務が移転したり，更改されたりして生じたものではなく，既存の債権の簡易な決済を目的として多数当事者間相殺の合意から生じる債務であるということになる。

第３項　第３節のまとめ

本節では，多数当事者間相殺という用語法を検討した上で，多数当事者間相殺の理論構成を明らかにした。わが国においては，「相殺」は，必ずしも二者間に限られるものではなく，債務を負担し合っている当事者が集まれば，その間に存在する複数の債務にも生じうるものと考えられている。しかし，三者以上の当事者に錯綜する三つ以上の債権が相殺に供される場合には，その性質をどのように「相殺」として説明しうるのかという問題が残されていた。

本節で示した考え方（前述，本章第３節第２項(B)(d)）によると，多数当事者間相殺とは，「三者以上の間において，その債権と債務とを対当額で消滅させること（相殺）を目的として，各当事者間に存在する多数の債権と債務とを，定められた日時において均衡させる仕組み（相殺）に加わる合意である」ということができる。そこで，三者以上の当事者に錯綜する三つ以上の債権が相殺に供される場合であっても，対当額による債務の消滅という相殺の本質を含んでいることから，多数当事者間相殺も「相殺」であるといえる。

このような相殺は，次のメカニズムを含むものである。そこには，個々の債権を集合させた上で，各当事者について債権と債務の間の差引計算がなされ，差額給付のための法律関係が形成されること（第一段階〔清算〕），および，それに基づく差額給付を通じて債務が消滅すること（第二段階〔決済〕）が含まれている。そこにおいて，相殺に供される債権が集合すること（すなわち，相殺される債権が明確になり，確定されること），および，各当事者の債権と債務の差額から導かれる給付関係が生じることは，多数当事者間相殺の合意から生じる重要な効果といえる。

三つ以上の債権が問題となる多数当事者間相殺の特徴は，二者間相殺および二面的法律関係の三者間相殺と比べると，当事者それぞれの債権額と債務額の差額から導かれる最終的な決済に向けた給付に関する法律関係が一義的に定められない，というところにある。このため，多数当事者間相殺では，一方的な意思表示によって効力を生じるという法定相殺は困難であり，当事者の合意がその根拠とならなければならないのである。

第4節　多数当事者間相殺からマルチラテラル・ネッティングへの展開

第1項　本節の問題の所在

本節では，前節において挙げた多数当事者間相殺の例（前掲，図20）よりもさらに複雑な次の例によって，さらに多数の当事者・債権が関わる相殺について検討を進めることにする。なお，この例は，［Delozière-Le Fur 2003, n° 4］において挙げられたものを参考にしている。

〔マルチラテラル・ネッティングの例〕 Aに対して，Bは15，Cは5，Dは5のそれぞれの債務を負っている。また，Bに対して，Aは15，Dは30のそれぞれの債務を負っている。そして，Cに対し

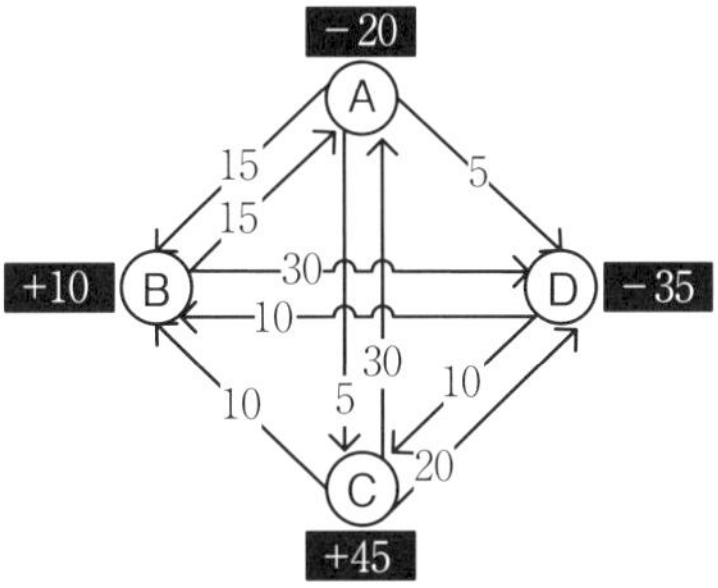

図21　マルチラテラル・ネッティングの例

て，Ｂは10，Ａは30，Ｄは20のそれぞれの債務を負っている。さらに，Ｄに対して，Ｂは10，Ｃは10のそれぞれの債務を負っている。（図21）

この例において，前節においてみたように二段階の操作を経て考えていく（前述，本章第３節第２項(B)(a)，168頁）。第一段階（清算）において，ABCDの債権額と債務額の差額をそれぞれについて計算するとＡはマイナス20，Ｂはプラス10，Ｃはプラス45，Ｄはマイナス35となる（図21の白抜き数字および表１参照）。そこで，Ａが20の出捐をすればその債権額と債務額とは25で均衡し，また，Ｄが35の出捐をすればその債権額と債務額とは20で均衡する。そして，ＡとＤとの出捐を合わせた55から，Ｂが10受け取ればその債権額と債務額とは45で均衡し，Ｃが45受け取ればその債権額と債務額とは15で均衡する。このようにそれぞれの当事者について，債権額と債務額とが均衡した瞬間に，そのすべての債権・債務が実際に弁済をすることなく相殺によって消滅することが可能となるのである（第二段階）。

表１　マルチラテラル・ネッティングの例における差額の計算結果

	A		B		C		D	
	債権額	債務額	債権額	債務額	債権額	債務額	債権額	債務額
金額	15	15	15	15	10	5	10	5
	5	30	30	10	30	10	10	30
	5	–	–	10	20	–	–	20
合計	25	45	45	35	60	15	20	55
差額	－20		10		45		－35	

ここにおいて，前節の結論を踏まえても，なお残される問題は，ABCD間の差額決済に関する法律関係である。前節において挙げた多数当事者間相殺の例（前掲，図20）では，第一段階（清算）における計算を通じて定められる差額給付関係は単純であり，多数当事者間相殺合意の効力から当事者間に差額の支払いと受取りに関する法律関係が生じると考えることには，特段の問題がないと思われた。ところが，本節において，前述に挙げ

たマルチラテラル・ネッティングの例（図21，168頁）では，Ａは，誰に20を支払えばよいのだろうか。また，Ｂは，誰から10を受け取ることができるのだろうか。同様に，Ｃについて45の受取り，および，Ｄについて35の支払いが問題となる。

このように，対象となる債権・債務の数が増えたり，合意に加わる当事者が増えたりして法律関係が複雑になるほど，多数当事者間相殺の仕組みの内部では，債権と債務とを均衡させ，相殺するための法律関係が複雑となる。そこでは，多数当事者間相殺について，よりシステマティックな仕組みが必要となる。すなわち，第一段階（清算）および第二段階（決済）において，差額計算および差額給付を行う専門家（セントラル・カウンターパーティ）を中核としたマルチラテラル・ネッティングが構成されることになる。そこで，本節では，多数当事者間相殺に残された問題として，セントラル・カウンターパーティを伴うマルチラテラル・ネッティングについて検討を行うことにする。

そのために，問題となるのは，多数当事者間「相殺」とマルチラテラル・「ネッティング」との関係である。ここまでの問題提起では，相殺とネッティングとを同じものとして論じてきたが，前節（前述，本章第２節第１項）において述べたように，［Delozière-Le Fur 2003］も［Roussille 2006］も，多数当事者間相殺とネッティングとは必ずしも一致するものではないと述べていた。そこで，わが国において，両概念を同様に取り上げて議論することができるかという問題を検討しなければならない（第２項）。その上で，マルチラテラル・ネッティングの法的構成について検討を行うことにする（第３項）。

第２項　ネッティングと相殺の関係

(A)　ネッティングの種類

ネッティングには，種々の形態が存在する。そこで，多数当事者間相殺との関係において問題となるネッティングを特定するために，ネッティングの種類について述べておくことにする。ネッティングの種類として典型的に挙げられるのは，以下のものである。

まず，その内容の違いから，(a)「ペイメント・ネッティング（payment netting)」または「セトルメント・ネッティング（settlement netting)」と呼ばれる形態，(b)「オブリゲーション・ネッティング（obligation netting)」または「ノベーション・ネッティング（novation netting, netting by novation)」と呼ばれる形態，(c)「クローズアウト・ネッティング（一括清算，close-out netting, netting by close-out)」と呼ばれる形態の三つがある［The Group of Experts of the Central banks of the Group of Ten Countries (the predecessor of the Basel Committee) 1989, 11–13, 26］［神田 1994，8–9］［新堂ほか 1994，20–22］［久保田 2003，122］［Paech 2011, 12］。また，当事者の数という観点からは，(d)「バイラテラル・ネッティング（bilateral netting)」と「マルチラテラル・ネッティング（multilateral netting)」とに分けられている。

(a)「ペイメント・ネッティング」または「セトルメント・ネッティング」

これは，当事者が「履行期を同じくする複数の債権・債務を有する場合に，履行期が到来して履行を行う際に，互いの債権・債務を差引きして，その差額のみの履行を行うこととする取決め」［神田 1994，9］である（［The Group of Experts of the Central banks of the Group of Ten Countries (the predecessor of the Basel Committee) 1989, 11–13, 26］も参照)。

この種のネッティングは，履行期が到来するまで，債権は消滅しない。しかし，取引の総額を減少させることができるというメリットがある。この種のネッティングが有効であるということについて「疑問の余地はない」［神田 1994，9］とされている。

(b)「オブリゲーション・ネッティング」または「ノベーション・ネッティング」

これは，当事者が「履行期を同じくする複数の債権・債務が発生するような場合に，新たな債権の発生のたびごとに，履行期の到来を待たずに，債権・債務の差引きを行って，当該履行期に履行すべき債権は一本としておく取決め」［神田 1994，9］である（［The Group of Experts of the Central banks of the Group of Ten Countries (the predecessor of the Basel Committee) 1989, 11-13, 26］も参照)。

ペイメント・ネッティングと比較すると，オブリゲーション・ネッティングは，履行期前に旧債権を消滅させ，新たな債権を作り出すという点に特徴が見られ，このような債務の置き換えに着目して更改（novation）によるネッティングと呼ばれている。この手段は，既存の債務を消滅させる効果を生じさせるということから，相手方の信用リスクを回避したり，また，より少額での決済を可能にすることから，決済の手数や誤りを軽減したりする役割も果たしている［竹内ほか 1987, 139（黒田)］。このような観点からすると，その有効性を確保するための対抗力は，オブリゲーション・ネッティングに存する「最大の関心事」であるとされてきた［竹内ほか 1987, 139（黒田)］。

このようなネッティングの性質については，「講学上，『段階交互計算』といわれるものである」と指摘する学説が存在する［竹内ほか 1987, 160（前田〔庸〕)］（段階交互計算の概念を参考にして説明するものとして，［神田 1994, 9］も参照)。段階交互計算とは，ドイツにおける「Staffelkontokorrent」や「Saldokontokorrent」，フランスにおける「théorie des compensations successives」に相当するものであり，「交互計算不可分の原則を否定し，当事者間の取引関係から生ずる相互の債権債務を，その発生毎に決済して残額債権におきかえるということを合意の内容と解するもの（これを継続相殺の合意と呼ぶことができる)」［前田(庸) 1963(1), 630］であるとか，「個々の債権の発生するたびごとに，それが継続的に決済されて，それ自身の発生原因から独立した原因をもつ一つの残額債権におきかえられるというものであ」［竹内ほか 1987, 160（前田〔庸〕)］ると説明される。

また，近年の研究においても，［柴崎 2009, 97-98］は，「更改」に着目して，フランスでの議論を参考にして，「日本法においては，交互計算の観念を以て差引計算 netting を説明することにより，差引計算には同時に更改的効力（抗弁喪失効）・相殺的効力・対抗力のすべてが具備されることになり，相殺のみを以てしても更改のみを以てしても説明のできなかった属性を認めることの根拠として援用し得ると思われる」と指摘している。なお，フランス法における交互計算と更改との関係については，［濱田1973］において，「真正な更改は，債務の要素を変更することにより旧債務が消滅してこれに代わって直ちに新債務が生ずるという観念を含むものでなければならない。……しかるに，交互計算の債権組入は当該債権を交互計算の１項目に変更するという効果を生ずるにすぎない。……交互計算組入により債権はその固有の性質を失うものでなく，その効果の一部が停止されるに過ぎない」［濱田 1973，46］のであるから，「フランス法の立場は，債権の交互計算組入にいわゆる更改類似の効力をみとめようとするにすぎないのであって，決して完全なフランス民法上の更改を認めようとするのではない」［濱田 1973，47］との指摘がなされている。また，「ネッティングと段階交互計算とは同視してもよい」とする立場からも，「債務の『要素』を変更するものといえるかは疑問であるし，当事者の意思からしても，……更改と解すべきではない」［神田 1994，14（注15）］とする指摘も存在する。さらに，［長谷川 2012，265］は，ネッティングを「交互計算の仕組みを応用したもの」と説明するが，ネッティングは，「予め合意された支払期間と猶予して期末に一括相殺するものではない点で，交互計算とは異なる」と述べている。

先に述べたように（前述，本章第３節第２項(B)(b)，169頁），多数当事者間相殺の法的性質として，更改を利用することは理論的な困難を抱えていることを指摘した。そこにおいて指摘した「当事者間における新たな法律関係の形成がどのようになされるかということ（誰が，誰に対して，いかなる債務をいくら負うかという問題）に対する答えは一つに定まらない」という問題は，セントラル・カウンターパーティに債権を集中させるために更改を用いるということであれば，回避しうるようにも見える。しかし，セントラル・カウンターパーティは，従来の債権者・債務者に代わって，債権・債務関係の真の当事者になるとは実際には考えがたいように思われる。セントラル・カウンターパーティが真の債権者，または，債務者になるとすれば，給付を保持し，または，責任を負うことになる。しかし，一般に，このようなことは想定されていないといえるだろう。そこで，更改構成については，問題が残されているものと考えられる。

(c)「クローズアウト・ネッティング」

これは，当事者の「いずれかに一定の事由（破産や会社更生手続きの申立て等，信用力の悪化に関する事由であるのが通常）が発生した場合に，一定範囲の取引から生ずる債権・債務について，履行期や通貨等を異にするすべての債権・債務について差引きを行って，一本の債権とする取決」［神田 1994，9］をいう（［The Group of Experts of the Central banks of the Group of Ten Countries（the predecessor of the Basel Committee）1989, 11-13, 26］も参照）。

旧債権を消滅させて新たな債権を作り出すものであるという点から，これは，オブリゲーション・ネッティングの一種とされている。しかし，平時の取引に関するオブリゲーション・ネッティングに対して，クローズアウト・ネッティングは，危殆時の債権の担保を狙うものであることから，オブリゲーション・ネッティングと区別して説明される。

学説では，クローズアウト・ネッティングと相殺との関係について，次のような指摘がなされてきた。

> 一括清算は，一括清算のなされる時点において，その時に各当事者に生じている個々の特別勘定残高債権債務を相殺するのと実質的には同様であって，ただ異なるものは，一括清算においては，相殺という形式をとらずに，一括清算のなされる時点における各取引区別勘定残高債権債務の差額を一つの新たな残高債権におきかえるという点にあるに過ぎない。いいかえれば，債権額の点では，相殺した後に残存する債権のそれと一括清算によって生じた残高債権のそれとは同じであって，ただ，相殺の場合には，それによって残存する債権は個々の特別勘定の残高債権自体またはその一部であるのに対して，一括清算の場合には，それによって生ずる残高債権は個々の特別勘定の残高債権とは別個のあらたな債権である点で，両者の間に差異があるにすぎない。［竹内ほか 1987，163（前田〔庸〕）］

先に紹介したように，クローズアウト・ネッティングの法的性質については，学説では，民法上の相殺に類して考える立場と，契約終了に類して考える立場とが存在しうると指摘されてきた［神田 1994，9-13］。

わが国では，平成10年に，「金融機関等が行う特定金融取引の一括清算に関する法律」（一括清算法）がつくられ（同法について，［神田 1998a］［山名 1998］［土谷 1999］），また，破産法（平成16年改正）58条が「一括清算法の適用対象は，金融機関等が行う特定金融取引に限定されているので……それ以外の主体による同種取引についても，同様の立法的手当」［伊藤ほか 2010，435］をし（同条は，民事再生法51条および会社更生法63条において準用されている），さらに，事業会社，外国金融機関等によるデリバティブ取引等にかかる一括清算条項の有効性については，金商法156条の11の2第1項が規定するなど，特別法による手当てがなされている。

(d)「バイラテラル・ネッティング」と「マルチラテラル・ネッティング」

以上の区別に加えて，ネッティング当事者の数によって，バイラテラル・ネッティングとマルチラテラル・ネッティングという用語が用いられる。二当事者でなされるものを「バイラテラル・ネッティング」と呼び，三当事者以上でなされるものを「マルチラテラル・ネッティング」と呼んでいる。いずれについても，ここまで述べたネッティングの種々の形態と結合しうる。

ここまでにおいて述べたネッティングの種類について，多数当事者間相殺との関係において問題となるのは，当事者の数の観点からは，マルチラテラル・ネッティングであり，内容の観点からは，ペイメント・ネッティングまたはオブリゲーション・ネッティングである。そして，そこにおいて，中心として論じるのは，ネッティングにおける「多数当事者性」を整合的に説明するための理論構成である。なお，今日，重要な問題として国際的にも議論されているのは，クローズアウト・ネッティングである。そして，クローズアウト・ネッティングについては，特に問題となるのが一括清算事由の生じた場合の対抗力（担保的機能）である。これは，本章において検討するオブリゲーション・ネッティングの有効性およびその法的性質に基づいて検討されるべき発展的問題である。そこで，クローズアウト・ネッティングに関する特有の問題は，平時の取引として予定された他のネッティング手段と区別して検討する必要があると思われる。そのために，本書は，この問題には立ち入らないことにする。

(B)「ネッティング」を「相殺」と同視する伝統的立場

従来，わが国においては，ネッティングにおける様々な問題については，相殺制度を参考にして考えられてきた。

たとえば，［新堂(幸) 1996］は，ISDA マスター契約に規定された「マルチ一括清算方式が……わが倒産法上有効な清算とみることができるかどうか」という問題について，「ISDA マスター契約上のマルチ一括清算条項による合意がなくとも，日本法上同一の結果が取得できるかどうかを吟味し，それが可能であることを論証することによって，マスター契約におけるマルチ一括清算条項による合意の日本法上の有効性を論証するという方法」すなわち，「マルチ・ネッティングを二当事者間の相殺の問題に引き直して従来の相殺に関する判例法に照らして有効かどうかを調べ，それが有効であることを検証することによって，ＡのＢに対する債権とＣのＢに対する債務とを差引決済することが，日本法上も有効であることを証明するという方法」［新堂(幸) 1996(上), 21］を採用している。

また，［神田 1994, 9］は，「ノベーション・ネッティングの法的性質を考えるうえで参考になるのは，わが国で講学上承認されている『段階交互計算』契約である」とし，「段階交互計算は，商法529条の定める交互計算の類推により講学上認められた概念であ」［神田 1994, 14（注13)］り，「伝統的には，……段階交互計算では，債権・債務を『相殺』すると理解されている」［神田 1994, 14（注15)］と述べている。

さらに，［久保田 2003］は，「ネッティング決済は，日本の決済システムでは『相殺』と法律構成されるのが普通（例：内国為替決済決則10条)」［久保田 2003, 127］であり，「日本の決済システムでは，ネッティングの法律構成について相殺法理を用いて構築してきた経緯があ」［久保田 2003, 169］ること，また，「セントラル・カウンターパーティを置くものは多数当事者間相殺の関係をセントラル・カウンターパーティとの２当事者間の関係に置き換える事実上のバイラテラル・ネッティングであるのに対し，セントラル・カウンターパーティを置かないものはいわば多数当事者間相殺と同様のものと考えられる」［久保田 2003, 152］と述べている。そして，二者間相殺の原則に立つと「マルチラテラル・ネッティングによって支払い時点に何らかの債権譲渡がある」［久保田 2003, 169］ものとする。

近年においても，わが国における決済システムについて，［伊藤(壽) 2009, 16］は，「ネッティングに関する決済システム参加者の合意の法的有効性は，相殺条項に関する民法の解釈に委ねられている」と述べており，また，［小塚，森田 2010, 51］は，「クリアリングの際には，差額を算出するネッティング（netting, 一種の相殺）が行われている」と述べている。

比較法的観点からしても，同様に，ネッティングと相殺制度の類似性が指摘されている。ニューヨークにある法律事務所の見解によると「ネッティングおよび一括清算契約は，アメリカ法上，本来相殺によって行いうることを，より効率的に行おうとする趣旨である」［竹内ほか 1987, 159（神田)］ということが紹介されている。また，ネッティングを以下のように定義する EU ファイナリティ指令［the European Union 1998］は，その英語版においてネッティング（netting）とされている箇所について，そのフランス語版においては，わが国において「相殺」と同じ意味を有する「compensation」という用語が利用されている。

> **EU ファイナリティ指令２条**　(k)　ネッティング（netting, compensation）とは，一人または複数の参加者が他の一人または複数の参加者に対して宛てた，または，一人または複数の参加者が他の一人または複数の参加者から受け取った振替指図（transfer orders）から生じた，一つの総債権または一つの総債務への複数債権と複数債務の転換であり，その結果として，一つの総債権のみが要求され，または，総債務のみが負担されるものを意味するものとする。

また，EU 金融担保指令2002［the European Parliament and the Council

2002］でも，「クローズアウト・ネッティング（netting by close-out）」をフランス語版で「期限喪失特約付二者間相殺（compensation bilatérale avec déchéance du terme）」とし，「クローズアウト・ネッティング条項（close-out netting provision）」をフランス語版で「期限の利益喪失特約付相殺契約（clause de compensation avec déchéance du terme）」としている。

(C) ネッティングと相殺を区別する見解

ここまで述べたように，ネッティングと相殺とを類似の概念として扱うことが一般的であるのに対して，近時，ネッティングと相殺が同義であるか，ということは大きな問題として提起されている。

UNIDROIT において，現在進行中のプロジェクトの一つ（Study LXXVIII C）である，商法および破産法における「当事者の一人が破産した場合におけるクローズアウト・ネッティング」に関する国際的な調和を図ることを目的とするプロジェクトにおいて，最近，公表された「一般的関係，および，金融関係におけるクローズアウト・ネッティングの実行可能性に関する国際的制度の必要性に関するレポート草稿」では，「伝統的な相殺（set-off）は，一般的にネッティングとして理解されているものと異なっている」［Paech 2011, 10, 12］と指摘されている。

わが国の学説でも，一括清算ネッティング（クローズアウト・ネッティング）は，相殺とは異なるものであるとし，むしろ，「契約の終了ないし清算の合意」［神田 1994, 10, 12］に類するものと考えるべきであるとの主張が存在する［新堂ほか 1994, 46〔神田発言〕］。また，［青木 2001, 31］は，ノベーション・ネッティングとクローズアウト・ネッティングは，「〔もとの債権・債務に代えて〕新しく小さな債権・債務を作り出す」ものであり，他方で，相殺は，「もとの債権・債務自体を小さくする」ものであるとして，両者を区別している。

そこで，今後，わが国においても，ネッティングと相殺とを区別すべきとする議論が活発になることが考えられる。

では，なぜネッティングと相殺とを区別する必要があるのだろうか。

[Paech 2011, 10, 12] によると，その理由は，以下のように述べられている。

まず，[Paech 2011] において想定されている「伝統的な相殺」とは，「相互的債務を消滅させる伝統的な手段であって，たいてい（しかし，必然というわけではないが），債務者がその債務によって，その債権者の負担する債務を相殺することによって，双方の債権の間の差額に相当する一つの債務に帰着する」[Paech 2011, 12] ものである。

そして，このような伝統的な相殺の特徴は，以下の点にあると指摘されている [Paech 2011, 20]。第一に，相殺は，履行期が到来した債務についてのみ適用され，履行期が到来していない債務については適用されない。第二に，相殺は，同一の合意から生じる債務，または，「牽連する」債務についてのみ適用される。第三に，相殺は，支払債務または同種の債務についてのみ適用される。

このような相殺の特徴に鑑みて，相殺がネッティングと区別されねばならないことの必要性は，次の点にあると [Paech 2011, 20] は主張する。すなわち，伝統的な相殺の特徴は，ネッティングよりも限定的（limited）であり，新しいネッティングという概念に，このような制限的な相殺を応用することは，以下のように，ネッティングのメカニズムが作用する障害となっているというのである。前に述べた相殺に関する第一の特徴については，ネッティング合意（netting agreement）に含まれる金融契約の締結を排除することになりうるし，また，第二の特徴については当事者間で締結されたすべての金融契約でなく，牽連している債務についてのみネッティング合意がカバーしうることとなりうるし，さらに，第三の点については，合意に含まれた金融契約の金銭的評価の要素およびそれらの一つの支払債務への転換を妨げうる。

しかし，わが国では，第一に，従来，期限の利益を放棄または喪失させてする「相殺」が認められており，第二に，当事者間で対立しさえすればその発生原因を問わずに「相殺」することができ，第三に，当事者の合意によって，「同種の債務」でなくても「相殺」することができると考えられている。このように，わが国における「相殺」概念は，[Paech 2011] に指摘されている伝統的な相殺（set-off）に見られるような特徴と比較して，緩やかに理解されている。そのため，わが国では，［Paech 2011, 20］に指摘されているようなネッティングと相殺とを区別しなければならない積極的な理由は存在しないということができる。

(D)　本章におけるネッティングと相殺の扱い

［竹内ほか 1987，159（神田）］において，比較法的検討の結果，ネッティングと相殺との一般的な関係は次のように指摘されている（［武藤 1987, 10］も参照)。

> 一般論として言えば，相殺が広く認められる法域においては，それだけ，ネッティングや一括清算に関する契約の効力が否認されるおそれが減少するが，ネッティングや一括清算を行う実益もそれだけ小さいとも言える。他方，相殺が広く認められない法域においては，ネッティングや一括清算を行う実益が大きくなるが，あまり広い範囲でネッティングや一括清算を行おうとすると，ネッティングや一括清算に関する契約そのものの効力が否認されるおそれが生ずるわけであり，どこまでの範囲でネッティングや一括清算を行うこととすべきかが，契約の立案に際しきわめて重要な問題となるように思われる。［竹内ほか 1987，159（神田)］

わが国では，前述の通り，「相殺」は，相殺契約にみられるように，民法505条以下に規定された相殺適状となっていない場合にも認められている。また，その対抗力については，最高裁が相殺の担保的機能に関する無制限説を採用して以来（最大判昭45・6・24民集24巻6号587頁），学説に批判は存在するものの，差押債権者との関係において相殺の担保的機能が広く認められている。

そして，破産法上でも，相殺権の行使は，以下に見るように尊重されている。破産法67条は，「相殺権が担保権と同様に優先的回収の手段であり，相手方無資力のもっとも典型的な場面の一つである相手方の破産の場合にこそ機能すべきことを認めて，相殺権を破産手続きによらないで行使することを認めている」［伊藤ほか 2010，501］ものと説明される。そこでは，「権利者の随時の行使により完全な満足が得られるという点で別除権と類似する」［伊藤ほか 2010，501］とも指摘されている。破産法においては，自働債権の弁済期が到来していない場合でも，破産手続開始の効果として弁済期が到来したことになるので（破産法103条３項），相殺をすることができるようになる（破産法67条２項前段）。また，相殺要件の一つである「同種の債権」要件についても緩和されており，①金銭の支払いを目的としない債権（破産法103条２項１号イ），②金額が不確定な金銭債権（破産法103条２項１号ロ），③金額を外国の通貨をもって定めた金銭債権（破産法103条２項１号ロ），④金額または存続期間が不確定である定期金債権（破産法103条２項１号ハ）についても，破産手続開始の効果として金銭債権となり（破産法103条２項），破産手続によらないで相殺することが認められている（破産法67条２項前段）。交互計算についても，伝統的な交互計算であれ，段階交互計算であれ，同様に［伊藤ほか 2010，436-437］，「交互計算は，……終了する」（破産法59条１項前段）ものとされている。これによって，各当事者は，計算を閉鎖して，「交互計算の対象となる債権債務の範囲を確定し，それらを相殺，すなわち差引計算して，残額を明らかに」［伊藤ほか 2010，437］して，残額の支払いを請求することができる。そして，「交互計算契約の条項として，一方当事者について破産手続開始の申立てや支払停止などの事実が生じたときには，当然に契約が解除される旨が定められていた場合……交互計算の特質を考えれば，本条〔59条〕との関係では，この種の条項の効力を否定すべき理由は認められない」［伊藤ほか 2010，436-437］とも指摘されている。

このように，わが国において相殺は比較的広く認められるようになっており，そのため，ネッティングと相殺との区別を厳密に行う必要がなく，その区別が正面だって論じられることが少なかったものと思われる。

本章においては，「相殺」と区別して「ネッティング」という別の法的概念をあえて作り出す必要性は存在しないとの立場から議論を進めることにする。なぜならば，ここまでに検討したように，「相殺」が広い意味において理解されているわが国において，ネッティングという新たな法的概念を作り出す必要性は存在しないものと考えられるし，また，破産等の際に，「ネッティング（特に，一括清算ネッティング）」の合意を有効とするために，「相殺」とは異なる「ネッティング」という別の法的概念をあえて作り出すというのも，論点先取のように思われるからである。

第３項　マルチラテラル・ネッティングの理論的課題

(A)　マルチラテラル・ネッティングに存する問題

マルチラテラル・ネッティングに関する従来の説明では，わが国においてはマルチラテラル・ネッティングの法的有効性が必ずしも確立されていないために［武田 2001，36-44］［高橋，長崎 2003，13］［久保田 2003，123-128］［嶋 2004，69（注８）］［中島，宿輪 2005，33，285-286］，セントラル・カウンターパーティの仲介によって，二者間相殺（バイラテラル・ネッティング）の形態をいったん作り出すことが必要であると指摘されてきた。

このことについては，たとえば，「多数当事者間におけるマルチラテラルなオブリゲーション・ネッティングやクローズアウト・ネッティングの法的有効性につき議論の蓄積がない。このため，……多数当事者の間にCCP〔セントラル・カウンターパーティ〕を介在させ，全ての取引・決済をCCPとのバイラテラルな関係に置き換えることにより，ネッティングの法的有効性を確保することが現実的とみられる」［武田 2001，39］とか，「純粋なマルチラテラル・ネッティング〔セントラル・カウンターパーティを置かないもの〕の場合，相殺を規定する民法505条が３当事者間以上の法定相殺を認めない趣旨と解されるので，一旦２当事者間に債権債務を置換える必要がある」［久保田 2003，123-128］とか述べられてきた。

そこで，このような疑義を避けるため，わが国では，資金決済システムや証券決済システムにおいて，セントラル・カウンターパーティを伴うマルチラテラル・ネッティングが利用されている［日本銀行金融研究所 2011，66-95］。資金決済システムでは，全国銀行内国為替制度（全銀ネット）が，証券決済システムでは，日本国債清算機関や日本証券クリアリング機構といったものが，セントラル・カウンターパーティとしての役割を果たしており，それは，これらのシステムに参加する当事者間の債権債務関係を参加当事者とセントラル・カウンターパーティとの間の二者間の債権・債務関係に置き換えた上で，集中的に計算し，日銀当座によって最終的に決済している。

このように，セントラル・カウンターパーティを伴うマルチラテラル・ネッティングとは，従来の多数当事者間の債権債務関係から，セントラル・カウンターパーティを相手方とする二当事者間の債権債務関係へと変更することによって「二者間相殺」（バイラテラル・ネッティング）を行うという仕組みである。[神田 1998b，43-44] がこのような仕組みの有効性を論じた。そこでは，さらに，「どのようなマルチラテラルな一括清算の合意があったとしても，……他の債権者との関係で……優先的な回収を受けることまでは認めても，均衡を失しない。……もちろん，実務的には，……清算機関を設定して現実に2当事者間の債権債務関係に変換しておくほうが安全度が高い」[神田 1998b，44] として，その対抗力を広く認めることが企図されていたということができるだろう。

ところが，近年，民法学の立場からは，セントラル・カウンターパーティを伴うマルチラテラル・ネッティングについて，民法上の既存の理論によって説明することの問題点が以下のように指摘されるに至っている[民法（債権法）改正検討委員会 2009，119-121]。

> 従来において存する債権債務について集中決済機構が債務引受をする一方において，集中決済機構が債務者に対し新しく債権を取得する，ということによっても，同一の法律効果を調達することは可能である。しかし，そこにあっては，いくつかの点において法律理論上の疑義も，みられないではない。第1に，債務引受と債権取得が別個のものとして行われることになるところ，債務引受に法的瑕疵があった場合において債権取得が被る法的影響が判然とせず，第2に，その新しく取得される債権の発生原因の説明には疑義があり，無因の債権取得である印象を拭い去ることができない。

また第３に，従前債務者が従前債権者に負担する債務を消滅させると共に集中決済機構が新しく債権を取得する合意とする法的構成により全体を１個の行為として把握する際は，第２として指摘した疑義を解消することができるが，その際には，集中決済機構が取得する債権について不履行がある場合において，理論上は，更改そのものを解除することができるという考え方……と類似する発想で問題処理がなされることも，考えられないではない。この帰結は，想定されている集中決済の法的需要には必ずしも親しまないと考えられる。［民法（債権法）改正検討委員会 2009，120］

このような疑義は，民法学一般において共有されているものとまでは言い難いように思われるが（三者間相殺については，先に検討した最三判平７・７・18の評釈〔前述，第５章第３節第２項〕において，債権譲渡や債務引受による構成が提言されており，これを多数当事者間相殺に敷衍すれば，既存の理論によって説明できるという立場も考えられる），債権法の改正に際して，疑義が提起されているということは，民法上，マルチラテラル・ネッティングをどのようにして位置づけるかという問題が急務の課題であることを意味しているといえる。

このようにして，マルチラテラル・ネッティングは，セントラル・カウンターパーティを伴うものであれ，伴わないものであれ，理論に解決すべき課題を抱えているということができる。そして，その問題の中心は，多数当事者間の決済手段をどのようにして，従来の民法理論に組み込むことができるかという点にあるといえる。

(B)　新しい概念としての「一人計算」に関する検討

(a)　「一人計算」の意義

ここでは，セントラル・カウンターパーティを伴うマルチラテラル・ネッティングに理論的基礎を提供するものとされている「一人計算」を取り上げて検討することによって，そこになお残されている課題を明らかにする。

近年，わが国において提言されている「一人計算」に関する［民法（債権法）改正検討委員会 2009］による債権法改正提案は，以下のような必要性から新たに提言された概念である。

> 複数の参加者に共通する集中決済機構を構築し，個別の債権債務の法律関係について，それを，債権者が集中決済機構に対し取得する債権と，集中決済機構が債務者に対し取得する債権を組み合わせた法律関係に変更することについて明確な私法的思考様式たる観念が用意されなければならない。［民法（債権法）改正検討委員会 2009，114］

集中決済機構を中心とした「法律関係に変更する」ための概念としての「一人計算」は，「CCP〔セントラル・カウンターパーティ〕を置くマルチラテラルな（……複数の事業者が集中決済網に参加している）ネッティング（債権の置き換えと差引計算による債権債務の清算）」［民法（債権法）改正検討委員会 2009，115］を問題とするものであるとされている。この民法上の根拠として，「決済参加者間に成立する債権を必ず特定の一人の者が当事者になる債権債務に置き換えることの説明を可能とする新しい法律観念を用意することを狙い」として，「新しい概念」である「一人計算」に関する規定が提言されているのである。一人計算は，「ある１個の債権債務の法律関係について，それを，債権者が集中決済機構に対し取得する債権と，集中決済機構が債務者に対し取得する債権が並立する法律関係に変更すること」［民法（債権法）改正検討委員会 2009，119］と定義されており，これは，セントラル・カウンターパーティを伴うマルチラテラル・ネッティングに関する一般規定を用意するものということができる。

では，一人計算はどのようなプロセスで実現されるのだろうか。［民法（債権法）改正検討委員会 2009，121-122］によると，これは，以下のように二段階になされるとされている。第一段階は，「当事者の１人が他の当事者に対し将来において負担することとなる債務〔について〕これに応当する債務を債務者が……計算人〔集中決済機構に当たる［民法（債権法）改正検討委員会 2009，119］〕……に対し負担し，かつ，計算人が同様の債務を計算の目的となる債務の債権者に対し負担することを債権者となる者及び債務者となる者が予め約し，これを計算人となる者が承諾」するという「一人計算の合意」である。第二段階は，「計算の目的となる債務が生じたときに〔同債務が〕一人計算によって消滅する」という「一人計算の実行」である。

このプロセスによって，当事者間にはどのような権利変動が生じるのだろうか。［民法（債権法）改正検討委員会 2009，122］によると，この「一人計算の実行」の際に生ずる権利変動は，「当事者間の債権の消滅のほか，計算人による債務者に対する債権の取得および債権者の計算人に対する債権の取得」であるとされている。そして，「計算人は，一人計算により消滅する債権の債権者でも債務者でもない」が，このような権利変動によって，「一人計算により計算人が取得し，または計算人に対し取得することとなる債権は，従前債務に『応当する』債務にかかる債権である」ということから，［民法（債権法）改正検討委員会 2009，124］は，「従前債権に付着していた抗弁事由の主張・行使による制約を受けることが原則である」としている。このような権利変動を先に挙げたマルチラテラル・ネッティングの例（前掲，図21，173頁）についてみれば図22のようになる。

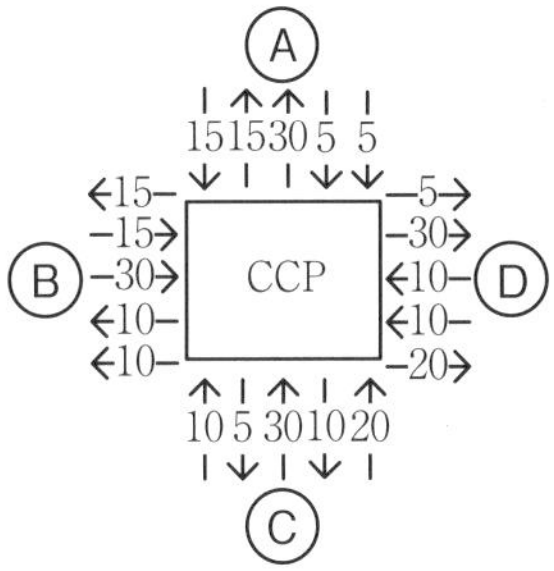

図22　一人計算による権利変動

(b)「一人計算」において残された課題

一人計算において実現される権利変動を，債権法において認められた既存の概念の組合せ——債権譲渡や債務引受，第三者の代物弁済，更改，指図による債権移転および相殺による債権の消滅——によって説明することは不可能ではない。しかし，そうであるとしても，このような債権法における既存の概念を利用した債権・債務の移転による説明では，いくつかの問題に直面することになる。たとえば，セントラル・カウンターパーティを伴うマルチラテラル・ネッティングは，既存の債権関係を消滅させるものと考えれば，抗弁などのように，従前の法律関係がセントラル・カウンターパーティを中心とする新しい法律関係にどのような影響を与えるのか，という問題が生じる。また，債権譲渡や債務引受を利用する場合には，それらの有効性の問題や当事者間の合意や対抗要件の具備といった対抗力に関する問題も生じることになる（［山野目 2009，69–70］［民法（債権法）改正検討委員会 2009，126–127］も参照）。

そこで，［民法（債権法）改正検討委員会 2009］の提言する一人計算は，このような既存の手段に伴う疑義を避けることを可能にするものということができそうである。しかし，同概念には，なお，以下のような問題が存するように思われる。

一人計算の合意は，［民法（債権法）改正検討委員会 2009］によると，計算人を中心とした権利変動をその合意の目的として含むもののようである。そして，このことは，前述において紹介した一人計算の定義からして，本質的なものと考えられているということができるだろう。

ところが，このことは，以下のような問題を提起することになる。すなわち，一人計算の合意にしても，セントラル・カウンターパーティを伴うマルチラテラル・ネッティングの合意にしても，当事者の真の意図（目的）は，計算人やセントラル・カウンターパーティを当事者に替わる債権者，債務者に置き換えることにあるとはいえない，という問題である。このことは，フランスにおける二つの博士論文でも，共通して指摘されていた（前述，本章第３節第１項。160，163頁）。また，わが国でも，「証券決済では，平時から差額の授受による決済を実施しており，そこでは特定の当事者を機転とした二当事者間への還元は想定されていない」［松尾 2003–2004(上)，27］と指摘されてきた。計算人にしても，セントラル・カウンターパーティにしても，債務者からの給付を保持するわけではないし，また，債権者から追及される責任を負担するわけでもない。また，セントラル・カウンターパーティと各当事者の間で対立する債権ごとに相殺によって対当額で消滅すると考えているわけでもない。当事者は，計算人やセントラル・カウンターパーティに債権関係を集中させるために債権者・債務者を変更することを目的とするのではなく，当事者間に存する債権と債務の複雑な関係を一挙に簡易に決済することを目的としているのである。すなわち，計算人を中心とする権利変動は，一人計算の合意の目的でなく，簡易な決済を実現するための便宜として考えられているに過ぎない。それにもかかわらず，一人計算やセントラル・カウンターパーティを伴うマルチラテラル・ネッティングにおいて，計算人やセントラル・カウンターパーティを中心とする権利変動が生じると考えるのは，当事者の真の意図（目的）と異なる効果を認めるものといえるだろう。さらには，債権法の理論とも矛盾を来す可能性がある。なぜならば，実体法上，このような債権移転または債務移転を第三者に対抗することは認められないからであり，また，もしも対抗要件を無視してその対抗力を認めれば，債権法秩序を潜脱することになりかねないからである。

マルチラテラル・ネッティングにおいて，セントラル・カウンターパーティを中心とする法律関係が形成されたとみるのは，単に，計算のために便利であるというのみならず，マルチラテラル・ネッティングに関する重要な問題，すなわち，マルチラテラル・ネッティングの有効性は，特に，当事者が一人でも不履行になれば，それが制度全体に波及する恐れがあるという問題意識に立ったものであった。そこで，これを回避する手段として，マルチラテラル・ネッティングでも，オブリゲーション・ネッティングによることが最適であると考えられてきた［The Group of Experts of the Central banks of the Group of Ten Countries (the predecessor of the Basel Committee) 1989, 6］。しかし，システミック・リスクへの対策は，国際的な動向を見極めつつ，制度保護の社会的必要性を見極めた上で立法によって行われるべきことであって，「一人計算」という新しい概念を民法上に用意し，これによって，従来の債権に応当する新たな債権を作り出すことを可能にするだけでは，真の解決策とはならない。なぜならば，そのような仕組みが当事者の意思に基づくものとすると，当事者の意図は，決済を簡易にすることにあるのであり，これに対して，システミック・リスクを制限することによって得られるのは，制度を維持するという全体的，政策的利益だからである。システミック・リスクの制限というのは，政策的な利益である。そこで，計算人（セントラル・カウンターパーティ）への債権の集中が必要と考えられた理由に遡ってみれば，民法上において，高度な清算技術としてのマルチラテラル・ネッティングをどのように位置づけることが可能であるかということが問題とされなければならないといえる。

(C)　マルチラテラル・ネッティングの多数当事者間相殺による解明

ここまで述べたように，多数当事者間で錯綜する債権・債務関係を簡易に決済する仕組みとして，一人計算やセントラル・カウンターパーティを伴うマルチラテラル・ネッティングが計算上の便宜として，債権の対立という状況を一時的に仮装するものに過ぎないとすれば，マルチラテラル・ネッティングをどのようにして説明することができるだろうか。

筆者は，この問題について，本章において検討した「多数当事者間相殺」の理論（前述，本章第３節第２項(B)(d)。170頁以下）をマルチラテラル・ネッティングに応用することができると考える。その理由は，マルチラテラル・ネッティングが多数当事者間相殺に等しいものといえるからである。理論的には，ネッティングと相殺とを区別すべきとする見解も存在する（前述，本節第２項(C)）。そのような見解からすれば，マルチラテラル・ネッティングと多数当事者間相殺とは，性質が異なるということになりそうである。しかし，わが国においては，ネッティングを相殺によって説明することが可能であり，両者を区別する必要はないと考えられる（前述，本節第２項(D)）。そこで，マルチラテラル・ネッティングについても，同様に，相殺の理論によって解決することができる。すなわち，多数当事者間で行われるネッティングは，多数当事者間で行われる相殺（多数当事者間相殺）に等しいものと考えることができる。

そうすると，多数当事者間相殺において述べたように，マルチラテラル・ネッティングでは，その合意から導かれる効果として，各当事者の債権額と債務額の差額から明らかになる法律関係が形成され，それが履行された時点で，各当事者について，債権額と債務額とが均衡することによって，相殺により債務の消滅が消滅する。段階を追ってこのことをみれば，先に挙げたマルチラテラル・ネッティングの例（前掲，図21，173頁）においては，第一段階（清算）において，もとの法律関係について，各当事者の債権と債務との差額が明らかになる。そこにおいて，もとの債権が錯綜している場合には，差額に関する法律関係がいずれの当事者に帰属するのかが不明となってしまう。そこで，差額を計算して，その給付関係を明らかにし，その差額を実際に受け取り，配分する者が必要となる。それが，セントラル・カウンターパーティである。すなわち，マルチラテラル・ネッティングの合意によって，もとの債権・債務を簡易に決済するための差額給付に関する法律関係が当事者とセントラル・カウンターパーティの間で形成されるのである。そして，第二段階（決済）においては，当事者とセントラル・カウンターパーティとの間に形成された差額給付義務が弁済される。この瞬間に，当事者に錯綜したもとの債権・債務関係は消滅する。

従来の説明による一人計算やセントラル・カウンターパーティを伴うマルチラテラル・ネッティングは，セントラル・カウンターパーティを中心とする新たな法律関係を作り出すものであった。これに対して，本書で提言する多数当事者間相殺の理論に基づいたマルチラテラル・ネッティングでは，当事者間において錯綜する法律関係を簡易に決済するという目的のために，もとの債権・債務が集合する（確定され，明確になる）と考えるに過ぎず，既存の法律関係が変更されるものではない。

このように考えてくると，セントラル・カウンターパーティの役割も明らかである。すなわち，従来の学説や一人計算では，セントラル・カウンターパーティは，当事者間に存在した債権・債務関係をセントラル・カウンターパーティとの債権・債務関係に置き換えて清算する主体として考えられてきたが，これは，当事者の真の意図からすると適切ではない。そうではなく，セントラル・カウンターパーティは，当事者から委託されて配分すべき差額を計算し，その計算に基づく差額給付を受け取ったり，配分したりして差額に関する法律関係を処理することによって，マルチラテラル・ネッティングを制度的・技術的側面から支える存在ということになる。

したがって，セントラル・カウンターパーティは，当事者間にもともと存在した法律関係に介入するわけではない。先に，多数当事者間相殺に関するフランスでの議論を紹介した（前述，本章第３節第１項）。そこでは，セントラル・カウンターパーティが法律関係の当事者ではないということが二つの博士論文によって明らかにされていた。わが国においても，これと同様に考えられる。そこで，セントラル・カウンターパーティの果たす計算と清算のそれぞれの役割を，たとえば分離して別々の主体に担わせることもできるし，また，その役割を専門家に委ねることも，当事者間でこの役割を担う業務執行者に担わせることもできる。セントラル・カウンターパーティの役割や，マルチラテラル・ネッティングの参加者とセントラル・カウンターパーティとの結びつきは，マルチラテラル・ネッティングの合意によって定められるものである。

ここまでにおいて述べた本書の構成におけるメリットは，以下の点にある。まず，本書の提言するマルチラテラル・ネッティングに関する理論は，実務における次のようなニーズにも，統一的な理論でもって応じることが可能となる。マルチラテラル・ネッティングによれば，差額のみを決済すればよいために，はじめに存在していた債務を弁済するために必要な資金よりも少ない資金で債務を弁済することが可能となり，また，費用を節約することもできる（その他のネッティングの機能については，［The Group of Experts of the Central banks of the Group of Ten Countries (the predecessor of the Basel Committee) 1989, 4－6］を参照)。そこで，ここまでに述べたような金融機関における制度化された仕組みだけでなく，マルチラテラル・ネッティングは，たとえば，グループ企業や関連する企業の間の債権債務関係において活用されることも考えられる。本書において提案するマルチラテラル・ネッティングの仕組みは，このような場面についても説明することができるものである。また，本書の提言するマルチラテラル・ネッティングに関する理論は，一人計算に存する次の問題を解決できる。一人計算では，当事者間の債権・債務関係が複雑になり，もとの債権が一体どれであったかが不明となる――そこで，バイラテラル・ネッティングを行うことが可能であっても，どの債権とどの債権とが相殺されたかも説明できない——という困難に直面することになってしまう（前掲，191頁の図22)。これに対して，本書の理論によれば，このような困難を避けることができ，実態にも即した理論を提供することが可能になるものと思われる。

第５節　第６章のまとめ

本章は，三者以上の間においてなされる三つ以上の債権を対象とする相殺契約，すなわち，「多数当事者間相殺」の法的性質について検討した。

二者間に二つの債権が対立する場合（二者間相殺）や三者間に二つの債権がまたがる場合（二面的法律関係の三者間相殺）と比較して，多数当事者間相殺とは，「三者以上の間に三つ以上の債権が錯綜する場合に，すべての当事者について，その債権と債務とを対当額で消滅させる手段」である。多数当事者間相殺では，債権と債務とが対当額で消滅するにしても，二者間相殺や二面的法律関係の三者間相殺とは異なって，各当事者の債権と債務の差額から導かれる最終的な決済に向けた給付関係が不明になる。そこで，二者間相殺や二面的法律関係の三者間相殺については，法定相殺が民法に規定されているのに対して，多数当事者間相殺については，法定相殺によることはできず，多数当事者間相殺に関する合意によることが必要となる。

多数当事者間相殺では，その決済すべき債権・債務が複雑でなければ，セントラル・カウンターパーティを予め選ばなくても，当然に，当事者のうちの一人にその役割が課されることによって，多数当事者間相殺を実現することのできる場合があるものと思われる。しかし，多数当事者間相殺に加わる者が多いほど，また，決済すべき法律関係が複雑となるほど，多数当事者間相殺を技術的に支えるセントラル・カウンターパーティが必要となる。この場合に，セントラル・カウンターパーティは，専門的に清算や決済を行う者であっても，当事者から委託され業務を執行する者であってもよい。しかし，それは，決済するもとの債権・債務に介入し，当事者と置き換わるものではない。

多数当事者間相殺の合意（マルチラテラル・ネッティングの合意）が形成されると，それは，以下のような二段階のプロセスを経て実現される。

まず，第一段階（清算）において，定められた日に，各当事者について，その有する債権と，その負担する債務の差額が計算される。相殺に供されるもとの債権・債務は，第一段階に組み込まれた時点で集合する（閉じられた債権・債務関係にある）。この閉じられた債権・債務関係の形成は，差額のみの弁済によって決済することを可能にする条件である。各当事者について，その債権と債務の差額が明らかになると，第二段階（決済）における差額給付のための法律関係が形成される。この法律関係は，多数当事者間相殺の合意を実現するためにセントラル・カウンターパーティと当事者の間に形成される法律関係であって，当事者間で決済すべき既存の法律関係とは異なるものである。したがって，そこにおいて，セントラル・カウンターパーティは，差額給付に関する法律関係に介入するのみであって，決済すべき既存の債権・債務関係に介入するのではない。

次に，第二段階（決済）において，差額給付に関する法律関係を解決するために，各当事者について，その差額関係に応じた受取りと配分がなされることになる。もとの法律関係が複雑でなければ（たとえば，前掲，図20，168頁において挙げた多数当事者間相殺の例），この差額の受取りおよび配分は，差額計算の結果として自動的に当事者の一人に委ねられることになるだろうし，法律関係が複雑になれば（たとえば，前掲，図21，173頁において挙げたマルチラテラル・ネッティングの例），セントラル・カウンターパーティを予め選んでおくことが必要になる。そして，このような差額給付が完了すれば，すべての当事者について，もとの債権と債務の間に金額的均衡が実現される。その瞬間に，多数当事者間相殺のプロセスに組み込まれた各当事者のすべての債権および債務は対当額において消滅する。すなわち，多数当事者間相殺においては，この第二段階を経た瞬間に，初めて，多数当事者間相殺に供された当事者間のすべての債権が一挙に決済されることになる。

このように多数当事者間相殺のプロセスを見れば，その合意に基づく重要な効果は次の二つである。すなわち，多数当事者間相殺に供される債務が集合すること（すなわち，債務が確定され，明確になること），および，差額給付に関する法律関係が既存の法律関係とは別に生じることである。

このようにして，多数当事者間相殺について検討してきた結果として，二当事者間であっても，それ以上の多数当事者間であっても，相殺を可能にするための条件は，次のようなものであることが理解される。すなわち，「複数当事者間において存在する債権・債務について，その債権額の総和とその債務額の総和とが等しい場合には，各当事者は，その債権と対当額においてその債務を免れる」ということである。このように考えれば，多数当事者間相殺も，二者間相殺や二面的法律関係における三者間相殺と同様に，「相殺」概念によって説明することができるといえる。

おわりに

第1節　本書の全体的まとめ

民法では，相殺とは，二人の間に対立する債権を一方的な意思表示によって対当額において消滅させるものと考えられてきた。ただし，これまでも，学説は，法定相殺についても債務の対立性要件が緩和される場面があることに言及し，また，相殺契約についても三者間相殺契約および多数当事者間相殺契約の有効性を説いてきた。しかし，その全体像は不明なままに残されてきた。このため，相殺制度において，三者間相殺および多数当事者間相殺がどのようにして有効に位置づけられるかということ，すなわち，三者間相殺および多数当事者間相殺は「相殺」として有効であるのか，どのような要件の下に効果を生じるのかということを検討する必要性が生じていた。

そこで，本書は，まず，「第1部　三者間相殺の類型化」において，多数当事者間相殺を分析するためには，従来の学説において主張されてきた三類型化が役立つことを明らかにした。それは，①B→C→[A]，②C→[A]→B，③[A]→B→Cの三つの類型である。

次に，この類型化をもとにして，「第2部　三者間法定相殺の研究」において，それぞれの類型に該当する三者間法定相殺について，その特徴を明らかにした（第2章）。そこでは，①B→C→[A]には，保証の付従性から，主たる債務に付着した相殺権を保証人が援用する権利を定めた条文が存在した（民法457条2項および436条2項）。本書は，これを「相殺権の援用者拡張型」と呼んだ。これは，二者間（債権者と主たる債務者）の間に対立する債権の相殺が問題となっており，厳密な意味では，本書の対象とする三者間相殺に該当するものではない。しかし，民法505条以下の想定する相殺においては「当事者の一方」から相殺の意思表示をすることが必要であったが，相殺の援用者拡張型では，これ以外の者が相殺の意思表示をすることを認めていることから，三者のかかわる相殺の一場面として検討すべきものと考えられた。次に，②C→🄰→Bとしては，「債権譲渡後の三者間相殺型」という，二つの債務間の牽連性が要件とされる場面（民法468条２項）が挙げられる。そして，③🄰→B→Cとしては，「第三者の相殺型」がある。すなわち，CがBに負う債務のために保証責任を負担するAについて，その債権によって，Cの債務の相殺を認める規定が存在した（たとえば，連帯債務に関する民法436条１項や，連帯保証に関する民法458条の準用する民法436条１項。なお，通常保証人については条文が脱落しているが，これらの条文から類推して導くことができる)。

そして，三者間法定相殺の類型に関して判例・裁判例において提起されている問題点について検討を加え，三者間法定相殺の類型ごとに，その要件および効果を明らかにした（第３章)。その結果，①「相殺権の援用者拡張型」については，保証人であれ，物上保証人であれ，Bの債務のために責任を負うCのみが相殺権を援用することができると考えた。また，②「債権譲渡後の三者間相殺型」においては，債務間の牽連性が必要となると考えられた。そして，③「第三者の相殺型」においては，債務なき責任を負う者であっても，債務者の意思に反しない限りは，債務の相互性要件を除いた他の相殺要件を満たした場合に，第三者の相殺を行うことが可能であると考えられた。そこでは，第三者の弁済を参考にすれば，利害関係を有しないものでも，Bの意思に反しない場合には相殺することができるものと考えられた。そして，いずれについても，相殺によって，二つの債務は，対当額において，同時に消滅する。ただし，これを第三者に対抗するため（債権者間の競合を解決するため）には，②「債権譲渡後の三者間相殺」と③「第三者の相殺型」について，相殺に供される債務の間に牽連性が必要となると考えられた。

このような三者間相殺②③は，いずれも，自働債権と受働債権とを対当額で消滅させるが，たとえば債権譲渡の対価債権や求償債権などの債務を新たに発生させることになる。そこで，三者の間に循環する債権（三者間循環的法律関係）が存在する場合には，三者間相殺は，三者間の債権関係を一挙に消滅させることが可能となることを明らかにした（第4章）。

さらに，「第3部　三者間相殺から多数当事者間相殺への発展的研究」において，三者以上の者の間に存在する債権に関する約定相殺について検討を行った。そこでは，まず，相殺契約は，法定相殺の機能しない場面において（一方的意思表示によって相殺の効力を生じさせることができない場面において），合意により，複数の債権・債務をそれぞれ対当額において同時に消滅させる意義を有するものと考えられた。相殺契約のうち，三者にまたがる二つの債権を対当額において消滅させることを目的として二当事者間で締結されるもの（二者間で締結される二面的法律関係の三者間相殺契約）は，それぞれの債権の債権者，すなわち，「自働債権の債権者」と「受働債権の債権者」の合意によって有効に成立すると考えられた（第5章第4節）。このような契約の意義は，特に，第三者の相殺が認められない場面をカバーすることにあると考えられる。しかし，三者間に三つ以上の債権が錯綜する場面においては，たとえそれらを「相殺する」旨の合意が有効であるにしても，従来の「相殺」に関する議論からは，その効果について十分な答えを得ることはできなかった。そこで，多数当事者間相殺，または，マルチラテラル・ネッティングの有効性を検討する必要があった。本書では，この検討の結果，多数当事者間相殺とは，「三者以上の間において，その債権と債務とを対当額で消滅させること（相殺）を目的として，各当事者間に存在する多数の債権と債務とを，定められた日時において均衡させる仕組み（相殺）に加わる合意である」ことが明らかとなった（第6章第3節第2項）。この仕組みは，二段階に分けられ，第一段階（清算）において，当事者の合意の効果として，各当事者の債権と債務とは集合し（確定され，明確になり），多数当事者間相殺を実現するための基礎が作られる。そして，各当事者の債権額および債務額の差額が計算され，この差額に関する法律関係が形成される。この法律関係は，既存の債権・債務とは異なるものであり，これらを清算することを目的とするものである。第二段階（決済）において，差額の給付がなされた結果として，多数当事者間相殺に供されたすべての債権と債務とは対当額において消滅する。このような債務の対当額消滅という効果によって，多数当事者間相殺合意を「相殺」として説明することが可能となる。

ここまでの本書の検討によって明らかとなった三者間相殺の全体像をまとめると，以下の通りである。

民法典には，相殺適状が要求される二当事者間法定相殺のみならず，相殺適状は満たされているが第三者に相殺の意思表示が認められる特別の場面（①相殺権の援用者拡張型），および，債権が対立していないために相殺適状が満たされないにもかかわらず認められる三者間法定相殺（②債権譲渡後の相殺型および③第三者の相殺型）が存在する。そこから，民法505条以下に規定された二者間の「相殺」のみならず，わが国の民法上，三者間にまたがる二つの債権の「相殺」も可能であるといえる。

また，法定相殺の要件が満たされない場合にも，当事者は，合意によって相殺することができる。そこでは，三者間，または，それよりも多くの当事者間に錯綜する債権・債務を相殺に供することによって，これらを対当額において消滅させることが可能である。その場合に，「相殺」といいうるには，少なくとも，複数の債権・債務をそれぞれ対当額において同時に消滅させるという効果が含まれていなければならない。

二者間相殺であれ，それ以上の多数当事者間相殺であれ，以上のような様々な相殺をみると，「相殺」の性質を有するために重要なことは，「対当額について相殺によってその債務を免れることができる」――これを各当事者から見れば，それぞれの債権額と債務額とが対当額で消滅するということになる――という効果であるといえる。このような効果を実現するのは，相殺を行う当事者が何人であっても，「互いに」債務を負担している――これを債権・債務の側から見れば，「閉じられた債権・債務関係」にあるといえる――ということである。すなわち，複数の当事者間に錯綜する債権額と債務額とが等しいときには，各当事者は，それぞれの債権額と債務額との差額を支払い，または，受け取るだけで，簡易に弁済を実現できるのである。これを一般的に述べれば，「複数当事者の債権・債務について，その債権額の総和とその債務額の総和とが等しい場合には，各当事者は，その債権と対当額においてその債務を免れる」といえる（閉じられた関係における相殺の法則）。

第2節　今後の研究の方向性

［深川 2008］および本書の検討を通じて，相殺には，その役割の違いから，二つのタイプが混在しているように思われる。すなわち，①［深川 2008］において中心的に検討した担保的機能を果たすものと，②本書において中心的に検討した簡易決済機能を果たすものとである。このことは，従来，相殺には，この二つ（「公平」も独立の機能として考えれば三つ）の機能があると指摘されてきたのと異なって，相殺には，目的を異にする二つの類型があって，それらを統合したものとして「相殺」という制度が存在するということである。

前者①担保的機能型相殺は，歴史的には，悪意の抗弁（権）から発達した履行拒絶権として，同時履行の抗弁権や留置権と同じく（ただし，筆者は，留置権は抗弁権であり，債務を消滅させる抗弁としての相殺の担保的機能とは，実体法上，区別すべきものと考えるが），法律上，第三者に対する効力が予定されているものである。この類型は，対当額における消滅という相殺の効果それ自体から必然的に生じるのではなく，債権者間の競合を解決するという観点から，一定の要件の下に認められるものである。わが国の学説では，「相殺の担保的作用が一層重要視されるようになっ」［我妻 1964, 317］て，膨大な先行研究が積み重ねられてきた（これらの研究については，［深川 2008］を参照）。

これに対して，後者②簡易決済機能型相殺は，当事者間の公平に配慮しつつも，当事者の便宜のために存在するものである。簡易に決済する目的を持った当事者が法定相殺または合意相殺をする場合がこれにあたる。これは，対当額での消滅という相殺の効果それ自体であって，第三者への効力が予定されていない。担保的機能型相殺の議論が熾烈に展開されてきたのに対して，②簡易決済機能型相殺は，相殺の効果に必然的に伴う機能であるために，それほど多くの議論を経てこなかったように思われる。

このようにして，②簡易決済機能型相殺が，①担保的機能型相殺の脇役を演じてきたのは，①簡易決済機能型相殺の担保手段化（いわゆる「相殺予約・相殺契約」）が，担保的機能型相殺と混同，または，同等視されてきたからであると思われる。しかし，①担保的機能型相殺と，②簡易決済機能型相殺とは，いずれも最終的には相殺制度に収斂されるとしても，それぞれの要件・効果を明らかにするには，両者を一旦区別して検討する必要があるものと思われる。なぜならば，それぞれの担う役割の相違は，要件に関する議論にも跳ね返らねばならないからである。前者①担保的機能型相殺は，その要件（債権間の牽連性）からして，第三者に対する効力が予定されている。しかし，後者②簡易決済機能型相殺は，そうではない。前述のように，それは，対当額における消滅という相殺の効果そのものである。そこでは，簡易な決済を望む当事者間では，相殺適状は問題とならず，遡及効か将来効かさえも問題とならない――決済の便宜のためであるから，当事者が合意さえすれば，相殺適状でなくても，また，遡及効と将来効のいずれでもかまわない。相殺の意思表示さえも不要と考えられるかもしれない。ただし，これを第三者に対抗するには，対抗要件を備えなければならない――。この類型は，近代経済の発達に伴う取引の高度化・ボーダレス化に伴ってその重要性を増し，今日の技術発達に伴う大規模・迅速な会計処理システムの構築に支えられて，国際的動向を見ながら発展させていく必要がある。

そこで，今後の方向性として，従来，区別なく議論されてきた①担保的機能型相殺と②簡易決済機能型相殺とを理論的に区別して，①担保的機能型相殺については，要件となる債務間の牽連性の有する意義がさらに検討されねばならず，また，②簡易決済機能型相殺については，本書において

おわりに

三者間相殺，および，多数当事者間相殺の「相殺」としての有効性が確認できたものと思われるので，その担保手段化（特に，相殺予約・相殺契約の対抗要件をどのように考えるか）の立法的検討，すなわち，適切な対抗要件の検討が課題である。

引用文献一覧

※本文では，引用の際に，［著者名　出版年，引用頁］の形式で引用している。なお，同一の著者について，出版年が同じである場合には，出版年の後にアルファベットを記すことによって区別した。

外国語文献

Aubry (Charles) et Rau (Charles-Frédéric), *Cours de droit civil français - d'après la méthode de Zachariae*, Tome 4, Paris, Marchal et Billard, 1902.

Aynès (Laurent) et Crocq (Pierre), *Les sûretés, La publicité foncière*, 4e éd. paris, Répertoire Defrénois, 2009.

Boissonade (Emile Gustave), *Projet de code civil pour l'empire de Japon*, Tome 2, Tokyo, 宗文館書店, 1883.〔『仏文・日本民法草案註解〔復刻版〕第2巻』（有斐閣，1983年）〕.

Delozière-Le Fur (Anne-Valérie), *La compensation dite multilatérale*, Pantheon-Assas, 2003.

Mouly (Christian), *Les causes d'extinction du cautionnement*, Paris, Librairies Techniques, 1979.

Paech (Philipp), Report on close-out netting, UNIDROIT 2011 Study 78C – Doc. 2, 2011, available from 〈http://www.unidroit.org/english/documents/2011/study78c/s-78c-02-e.pdf〉［cited at 2012-04-01］.

Roussille (Myriam), *La compensation multilatérale*, Paris, Dalloz-Sirey, 2006.

Study Group on a European Civil Code and the Research Group on EC Private Law (Acquis Group), Draft Common Frame of Reference (DCFR)—Principles, Definitions and Model Rules of European Private Law, European law publishers GmbH, 2009, available from 〈http://ec.europa.eu/justice/contract/files/european-private-law_en.pdf〉［cited at 2012-04-01］.

Terré (François), Simler (Philippe) et Lequette (Yves), *Les obligations* (*Droit civil*), 10e ed., Paris, Dalloz, 2009.

The Commission on European Contract Law, *Principles of European Contract Law Part III*, Kluwer Law International, 2003〔潮見佳男＝中田邦博＝松岡久和監訳『ヨーロッパ契約法原則Ⅲ』〕.

The European Parliament and the Council, Directive 2002/47/EC on financial collateral arrangements, *OJ L* 168, 2002, 43–50.

The European Union, Directive 98/26/EC of the European Parliament and of the Council of 19 May 1998 on settlement finality in payment and securities settlement systems, *OJ L* 166, 1998, 45–50.

The Group of Experts of the Central banks of the Group of Ten Countries (the predecessor of the Basel Committee), the Report on Netting Schemes, Bank for international settlements, 1989, available from 〈http://www.bis.org/publ/cpss02.pdf〉.

UNIDROIT, Table of correspondence of the articles of the 1994, 2004 and 2010 editions of the UNIDROIT Principles, UNIDROIT, 2010, available from 〈http://www.unidroit.org/english/principles/contracts/principles2010/tableofcorrespondence.pdf〉 [cited at 2012-04-01].

UNIDROIT, *UNIDROIT Principles of International Commercial Contracts 2004*, The Federation Press, 2004.

日本語文献

青木周平「決済の原理――決済についての入門講義」（日本銀行，2001年）〈http://www.boj.or.jp/paym/outline/expkess.htm〉［2012-04-01引用］

浅田久治郎「判批（神戸地判昭63・9・29）」金法1224号（1989年）6－9頁

浅沼武「判批（東京地判昭32・10・26）」金法517号（1968年）9－12頁

淡路剛久『債権総論』（有斐閣，2002年）

石垣茂光「相殺契約に関する一考察⑴⑵」独協法学49号（1999年）137–176頁，50号（2000年）119–168頁

伊藤壽英「発行決済取引法の基礎」金法1859号（2009年）10–21頁

伊藤眞ほか『条解　破産法』（弘文堂，2010年）

内田貴＝曽野裕夫＝森下哲「ユニドロワ国債商事契約法原則2010」〈http://www.unidroit.org/english/principles/contracts/principles2010/translations/blackletter2010-japanese.pdf〉［2012-04-01引用］

内田貴『民法Ⅲ（債権総論・担保物権）』（東大出版会，第3版，2011年）

梅謙次郎『民法要義巻之3』（有斐閣，補訂増補版，1910年）

遠藤元一「三者間相殺契約はどこまで有用性が認められるか㊤㊦」NBL928号（2010年）12-17頁，929号（2010年）44-49頁

近江幸治『債権総論（民法講義Ⅳ）』（成文堂，第３版，2005年）
奥田昌道『債権総論』（悠々社，増補版，1992年）
於保不二雄『債権総論』（有斐閣，新版，1972年）
加賀山茂「民法613条の直接訴権《action directe》について⑴（２・完）」阪法102号（1977年）65-105頁，103号（1977年）87-136頁
川井健『債権総論（民法概論３）』（有斐閣，2002年）
神田秀樹「特集：ネッティングをめぐる法的諸問題⑴――ネッティングの法的性質と倒産法をめぐる問題点」金法1386号（1994年）６-15頁
神田秀樹「一括清算法の成立」金法1517号（1998年 a）18-20頁
神田秀樹「資本市場法制研究会報告（第１回）資本市場法制の現状と課題 デリバティブ取引（その１）――業法上の位置づけと多数当事者間ネッティング」資本市場157号（1998年 b）37-45頁
議事速記録『法典調査会民法議事速記録⑶』（商事法務研究会，1984年）
久保田隆『資金決済システムの法的課題』（国際書院，2003年）
来栖三郎「判批（大判昭18・11・13）」法協62巻10号（1944年）1079-1082頁
小杉茂雄「判批（大阪高判昭56・６・23）」西南17巻１号（1984年）103-115頁
小塚荘一郎＝森田果『支払決済法――手形小切手から電子マネーまで』（商事法務，2010年）
坂本武憲「判批（大阪高判昭56・６・23）」ジュリ777号（1982年）86-89頁
沢井裕『テキストブック債権総論』（有斐閣，1980年）
潮見佳男『債権総論Ⅱ』（信山社，第３版，2005年）
潮見佳男＝松岡久和＝中田邦博監訳『ヨーロッパ契約法原則Ⅰ・Ⅱ』（法律文化社，2006年）
潮見佳男＝中田邦博＝松岡久和監訳『ヨーロッパ契約法原則Ⅲ』（法律文化社，2008年）
柴崎暁「一括清算の対抗力・更改力」早法84巻３号（2009年）69-109頁
嶋拓哉「証券クリアリングを巡る法的考察――ネッティングに係るルールのあり方を中心に」金法1722号（2004年）63-70頁
新堂幸司ほか「特集：ネッティングをめぐる法的諸問題〈座談会〉２　金融派生商品におけるネッティング契約の法的有効性」金法1386号（1994年）16-43頁
新堂幸司「第６回デリバティブ研究会報告：多数当事者間のネッティング(上)(下)――ISDA マスター契約における一括清算条項のマルチ化」金法44巻23号（1996年）19-23頁，25号（1996年）19-25頁（新堂幸司「多数当事者間ネッ

ティングの制度設計と有効性――一括清算条項のマルチ化」新堂幸司＝佐藤正謙編『金融取引最先端』〔商事法務，1996年〕255-280頁）
鈴木禄弥『債権法講義』（創文社，4訂版，2001年）
高橋康文＝長崎幸太郎『証券取引法における清算機関制度』（金融財政事情研究会，2003年）
竹内昭夫ほか「支払決済システムの法律問題に関する研究会報告書――オブリゲーション・ネッティングの法律問題について」金融研究6巻1号（1987年）135-167頁
武田直己「証券決済における決済リスク管理に関する考え方（信用機構室ワーキングペーパーシリーズ01-No.3）」（日本銀行，2001年）〈http://www.boj.or.jp/research/wps_rev/wps_2001/data/fwp01j03.pdf〉［2011-07-13引用］。
谷口知平「判批（大判昭18・11・13）」民商20巻2号（1944年）84-88頁
千葉恵美子「判批（最三判平7・7・18）」金法1460号（1996年）36-39頁
土谷晃浩「『金融機関等が行う特定金融取引の一括清算に関する法律』の概要」金融623号（1999年）4-10頁
椿久美子「判批（大阪高判昭56・6・23）」担保法の判例Ⅱ（ジュリスト増刊）（1994年）305-308頁
椿寿夫「判批（大阪高判昭56・6・23）」判時1082（判例評論295）号（1983年）183-186頁
中島真志＝宿輪純一『決済システムのすべて』（東洋経済，第2版，2008年）
中田裕康『債権総論』（岩波書店，新版，2011年）
中舎寛樹「判批（最三判平7・7・18）」民商115巻6号（1997年）197-202頁
中舎寛樹「多数当事者間相殺契約の効力」伊藤進先生古稀記念論文集『担保制度の現代的展開』（日本評論社，2006年）
中舎寛樹「多数当事者間決済の対外的効力」法時83巻2号（2011年）70-79頁
新美育文「判批（大阪高判平3・1・31）」判タ771号（1992年）35-37頁
日本銀行金融研究所編『日本銀行の機能と業務』（有斐閣，2011年）
長谷川貞之「相殺と交互計算」根田正樹＝大久保拓也編『支払決済の法としくみ』（学陽書房，2012年）242-269頁
鳩山秀夫『日本債権法（総論）』（岩波書店，増訂改版，1925年）
浜上則雄『現代共同不法行為の研究』（信山社，1993年）
濱田一男「交互計算の法理――比較法的考察」法政40巻1号（1973年）33-111頁
林良平＝石田喜久夫＝高木多喜男（補訂・安永正昭）『債権総論（現代法律学全

集８）』（青林書院，第３版，1996年）
平井一雄「判批（大阪高判昭56・６・23）」法時55巻６号（1983年）145-147頁
平井宜雄『債権総論』（弘文堂，第２版，1994年）
平野裕之「判批（最三判平７・７・18）」銀法21 527号（1996年）４-13頁
平野裕之『債権総論』（信山社，2005年）
廣中俊雄編『民法修正案（前三編）の理由書』（有斐閣，1987年）
深川裕佳『相殺の担保的機能』（信山社，2008年）
深川裕佳「三者間における相殺の類型的検討――三者間相殺に関するフランス民法との比較」洋法52巻２号（2009年 a）21-53頁
深川裕佳「三者間相殺をめぐる判例法理の検討――三者間相殺の要件について」洋法53巻２号（2009年 b）65-96頁
深川裕佳「先取特権の優先順位の決定方法についての一考察――フランス民法典における特別先取特権の順位を参考にして」洋法54巻１号（2010年）43-84頁
深川裕佳「債務者以外の者による相殺（第三者の相殺）について」法時84巻８号（2012年）50-55頁
深谷格「相殺における相互性要件について」西南26巻１・２号（1993年）295-322頁
深谷格「判批（大阪高判平３・１・31）」西南25巻４号（1993年）161-176頁
福田誠治「19世紀フランス法における連帯債務と保証（７・完）」北大法学論集50巻４号（1999年）45-123頁
古館清吾「判批（大阪高判昭56・６・23）」金法1035号（1983年）21-26頁
法務省民事局参事官室「民法（債権関係）の改正に関する中間的な論点整理（パブリックコメントのための論点整理）」（2011年）
本多正樹「決済法制の再検討／大口資金決済」金法1842号（2008年）53-64頁
本間靖規「判批（最三判平７・７・18）」判時1594〔判評459〕号（1997年）208-213頁
前田達明『口述債権総論』（弘文堂，第３版，1993年）
前田庸「交互計算の担保的機能について⑴（２・完）」法協78巻６号（1963年）628-671頁，79巻４号（1963年）391-438頁
松尾琢己「清算機関によるマルチラテラル・ネッティングに関する法的論点(上)(中)(下)」NBL772号（2003年）25-32頁，777号（2004年）53-60頁，779号（2004年）44-47頁
松本崇「判批（大阪高判平３・１・31）」判タ773号（1992年）70-74頁

民法（債権法）改正検討委員会編『詳解債権法改正の基本方針Ⅲ』（商事法務，2009年）
武藤清「オブリゲーション・ネッティングの法律問題について」金法1150号（1987年）6-12頁
村山洋介「ドイツ法における第三者相殺理論の一考察(1)（2・完）――非処分型債権担保契約の第三者効」広法24巻4号（2001年）111-137頁，25巻2号（2001年）119-144頁
山田二郎「判批（大阪高判平3・1・31）」ジュリ995号（1992年）118-120頁
山田誠一「判批（大阪高判平3・1・31）」金法1331号（1992年）29-32頁
山名規雄「一括清算ネッティング法の概要」金法46巻18号（1998年）17-23頁
（山名規雄「金融機関等が行う特定金融取引の一括清算に関する法律について（特集・金融システム改革関連法）」ファイナンス34巻4号（1998年）21-26頁，山名規雄「金融機関等が行う特定金融取引の一括清算に関する法律の解説」NBL645号（1998年）20-25頁も参照）
山野目章夫「特集Ⅰ・金融法学会第26回大会資料(4)決済という問題と債権法改正」金法1874号（2009年）66-75頁
山本貴揚「三者間相殺予約の効力と債権者平等原則(1)（2・完）――ドイツにおけるコンツェルン差引条項を手がかりとして」論叢154巻3号（2003年）64-92頁，155巻1号（2004年）53-83頁
山本貴揚「相殺の効力と今後の課題」甲南法務研究7号（2011年）25-33頁
吉田光碩「判批（大阪高判平3・1・31）」判タ786号（1992年）32-35頁
我妻栄『新訂・債権総論』（岩波書店，1964年）

事項索引

た 行

な 行

は 行

ま　行

や　行

ら　行

条文索引

現行民法

旧民法財産編

フランス民法典

PECL

図表索引

〈著者紹介〉

深川裕佳（ふかがわ・ゆか）

2002年　三重大学人文学部社会科学科卒業

2004年　名古屋大学大学院法学研究科博士前期課程修了（修士〔法学〕取得）

2008年　明治学院大学大学院法学研究科博士後期課程修了（博士〔法学〕取得）

現　在　東洋大学法学部准教授

〈主要著作〉

『相殺の担保的機能』（信山社，2008年）

学術選書
97
民　法

多数当事者間相殺の研究
——三者間相殺からマルチラテラル・ネッティングへ——

2012(平成24)年 9 月20日　第 1 版第 1 刷発行
5897-4:P232Y　Y5800E-012:040-010

著　者　深　川　裕　佳
発行者　今井　貴　渡辺左近
発行所　株式会社　信　山　社
〒113-0033　東京都文京区本郷6-2-9-102
Tel 03-3818-1019　Fax 03-3818-0344
henshu@shinzansha.co.jp
エクレール後楽園編集部　〒113-0033　文京区本郷1-30-18
笠間才木支店　〒309-1600　茨城県笠間市才木515-3
笠間来栖支店　〒309-1625　茨城県笠間市来栖2345-1
Tel 0296-71-0215　Fax 0296-72-5410
出版契約 2012-5897-4-01010　Printed in Japan

印刷・製本／亜細亜印刷・日進堂
ISBN978-4-7972-5897-4　C3332　分類324.401-a097 民法
5897-0101:012-040-0100

既　刊

深川裕佳 著

相殺の担保的機能

債権の牽連性をもとに相殺理論を再構成

従来，排他的・独占的債権回収手段とされてきた相殺の担保的機能について，牽連性に基づく優先弁済権と捉える解釈論を提示する。この考え方に基づき，相殺および相殺の担保的機能の要件・効果を再構成するとともに,従来の学説・判例の問題点が克服可能であることを示す。

汲古叢書103

孫江 著

近代中国の宗教・結社と権力

汲古書院

目次

近代中国の宗教・結社と権力

序　論

一　中国という尺度

一九二三年一月一一日と一三日、天津で発行された日本語の新聞『京津日日新聞』は樸庵の「周氏兄弟との対話」と題した文章を掲載している。「樸庵」は『京津日日新聞』の主筆橘樸の筆名である。文章は、橘が一月七日午後、もう一人の日本人丸山昏迷（幸一郎）とともに北平（北京）新開路にある周樹人（魯迅）、周作人兄弟の家を訪問した時の会話を基にしている。なかには次の一節がある。[1]

橘：一二月の中頃、北京にも道生銀行開業の廣告が新聞に見えて居たがあれは扶亂（乩――引用者、以下同）ではないでせうか。

周：その事は知りませんが扶亂（乩）銀行なら前からありますよ。前門外西河沿の慈善銀行と云ふのがそれです。最も滑稽な事はそこの銀行のプレシデンドが呂純陽と云ふ仙人である事です。

橘：唐の呂純陽の事ですか。それならば仙人の横綱だと聞いて居ますがしかし千年前に死んだ筈の仙人が明（民）國銀行のプレシデンドとは可笑しいぢやありませんか。

周：やあ實に可笑しい話です。

橘：如何に仙人でも千年前に死んだ人がどうして責任を負ふと云ふのでせう。

周：所が其反對ですよ。活きた財神の梁士詒は交通銀行の支拂ひを停止して紙幣の値段を半分以下にして了つたが不老不死の仙人たる呂紙（純）陽は決してそんな無慈悲な事をしないから安心だと云ふのが扶亂（乩）信者の堅い信仰です。官憲の登記にはどうなつてゐるか知りませんが信者達は何と云つても呂祖をプレシデントにして置かねば承知しないのですよ。

橘：迷信は滑稽に相違ないが迷信の主観に於てはこれ程真面目な事實はないでせう。又吾々がか丶る迷信の民衆の間に發生し且つ傳播する理由を考へる時に矢張り迷信者に對して深い同情が起る。何故かと云ふと支那の民衆は数千年来積み重つた政治的社會的罪悪に抑えつけられて何所にも逃げ場がない。かくの如き不安な生活が自然に且つ不可避的に迷信を生むのではありませんか。

周は笑ひながら首を振って：ところが、扶亂（乩）の迷信者は官吏や金持に多く貧乏人はその仲間入りが出来ないと云ふ風です。

橘：成程御説の通りです。貧乏人の迷信の内で私の面白いと思つたのは在理教です。これは天津が根據で直隷山東それから河南に多くの信者があり、南では南京にも相當大きな團體があると聞いて居ます。

周：仲々義理固い宗教です。酒と煙草を禁じて浪費をはぶき團結を強固にして支配階級の壓迫を防ぎ觀音菩薩に縋つて現世及び來世の幸福を祈ると云ふのだから迷信には相違ないがたよりのない支那の勞動階級にふさはしい宗教でありませう。

以上の会話によく出てくる「扶乩（フーチー）」は占いの一種である。[2] 橘樸からみれば、迷信が流行したのは中国社会は公正さを保障するメカニズムが欠如し、助けを求める民衆は自らの希望を仙人に託す以外に方法がなかった。ここで、近代的教育を受け、「迷信」の世界と無縁の橘樸は、「迷信」にすがりつく中国の民衆に深い同情の念を示している。これに対して、同じ近代的知識背景をもつ魯迅は、終始傍観者の立場から「迷信」を信仰する中国の人々を揶揄している。二人の会話のほかの部分をみると、橘樸と魯迅の間には、宗教／迷信の問題に止まらず、中国の歴史や未来に関する認識に大きな隔たりがあった[3]。魯迅は中国の家族制度、漢方医学の問題、および中国人の科学精神の欠如を厳しく批判し、中国の前途に対してきわめて悲観的であった。一方、橘樸は、「今日は西洋文明が世界を支配し、支那人でも新しい教育を受けた人は知らずゝゞその感化の下に西洋の尺度を持つて自国の事を測量する。しかし、私はその態度が間違って居ると思ふ。支那には支那の尺度がある。過去四千年を經て西洋とは無関係に発達した文化は矢張り支那の尺度で評価するのが本当ではありませんか[4]」、と述べている。

「支那には支那の尺度がある」。橘樸のこの言葉は、アメリカ人学者コーエン（P. Cohen）の「中国で歴史を発見する」（discovering history in China）[5]と溝口雄三の「方法としての中国」[6]を連想させる。橘樸がより広い意味で欧米中心主義とその変形としての日本の中国認識を批判しているのに対して[7]、コーエンと溝口の言葉はそれぞれアメリカと日本の中国研究の文脈のなかで理解すべきである[8]。

筆者にとって、中国の尺度と西洋／日本の尺度とは互いに排他的な二者択一の関係ではない。なぜなら、尺度は一定の社会や政治文化を背景に作り出されたものであり、社会や政治文化を理解することによって、異なる尺度の間の相違が生じる原因が解明されるからである。橘樸と魯迅が「迷信」を論じる際に、宗教と迷信の違いを意識的に区別しようとしなかったが、「迷信」は現代中国を理解する重要な概念である「宗教」と「結社」のどちらにも関わっている。「宗教」と「結社」は近代のコンテクストのなかでどのように再生産されたか。これは本書の中心的な課題である。

二　宗教という言説

宗教と迷信の定義について、日本と欧米の学界には異なる学問の伝統がある。漢字文化圏において、「宗教」という語は中国六朝時代の文献に現れ、宗旨・宗派を意味する。[9] 一九世紀後半、宗教はreligionという語の日本語訳として現れ、その後中国語に入った。日本語における宗教という語は明治政府のアメリカ・ドイツへの外交文書（一八六八～一八六九年）で初めて使われた。宗教はキリスト教を指し、漢籍仏典のなかの宗教（宗旨・宗派）とほぼ同じ意味である。[10] 一八八〇年代以降、宗教はキリスト教・仏教・神宮と神道十三派を指す日本語の単語として定着した。これらの宗教以外の信仰については、「文明開化」の下で、多くの民間信仰が非文明的な存在として排斥された。一八九七年一二月、東京帝国大学教授、宗教学者の姉崎正治は『哲学雑誌』に「中奥の民間信仰」と題した論文を発表し、「民間信仰」という概念を提起した。姉崎は民間信仰の呼称と位置づけの問題について、次のように述べている。[11]

凡そ何れの国にありても、一派の組織をなしたる正統宗教が上に立ちて全般の民心を總括感化する裏面にあると共に民間には又自ら多少正統の組織宗教と特立したる信仰習慣を有するを常とす、人或は単に之を「民間の迷信」と称し去れども、若し正統の組織より之を見れば或は迷信と貶し去るべきも、彼等の中には太古純朴の神話的信仰の留存せるあり、又中には合理的の習慣存するあり、学術的に社会学及宗教史の上より見れば漠然たる迷信の語を以て之を概称するは頗る常識的見解たるを免れず、又或は之を称するに弘き意識にて、Fetischismと称すべきも、此名称は社会学及宗教史上にては無生物特に可触有限の物（身本）に霊ありとして崇拝する一類の信仰に限るを可とするが故に、吾人は他の名を用ひざるべからず、故に今「民間信仰」なる名目を立てて、中に民間の宗教即「民間崇拝」と説話（Folklore）と分つ事となしぬ。

姉崎の「民間信仰」という語の定義は、その後日本の民間信仰研究の先駆けとなった。しかし、民間信仰が「正統の組織宗教」に対する概念であり、組織宗教に対して「民間的解釈を施こし、変化・曲解・混淆」したことから生まれた概念である以上、信仰としての独立した地位を獲得することはできない。後年、姉崎は天理教を褒め、正統宗教に対立した大本教を批判したことは、「民間信仰」に関する彼のこうした認識に一貫性を欠いたことを物語っている。[12]

民間信仰に対して、近代日本の知識人は次の相反する二つの立場を持っていた。一つは民間信仰を反科学的・反近代的な「迷信」と見なし、迷信は吉凶にこだわり、生死に戸惑うところから生まれたとする立場である。[13]もう一つは、民間信仰を歴史の遺物と見なし、神に対する人間の信仰の衰退から生まれた「妖怪信仰」とともに、[14]日本の歴史や文化の「真正さ」（authenticity）の象徴であるとする立場である。[15]それ以外に、宗教と迷信の性質を兼ねる民間信仰も存在すると考えられた。これらの信仰は、戦前は「類似宗教」と呼ばれた。私見によれば、近代国家と民間信仰との関係を論じる際、鍵となるのは宗教と迷信ではなく、国家権力に公認されていない民間の信仰結社、すなわち「類似宗教」およびそれに関連するさまざまな言説である。

日本における宗教言説は、中国の宗教に対する近代日本の認識にも影を落とし、二つの対立系譜を形成させた。一つは近代／伝統、正統／異端という二項対立の枠組みを軸に中国の宗教を捉え、日本国内と同様に「宗教」そのものを差異的装置とする系譜である。[16]もう一つは日本の民俗学の影響を受けて、中国の生きた民間信仰への考察を通じて、「通俗道教」を発見したことである。「通俗道教」は「支那の尺度」に即して創られた概念といえるだろう。[17]

一方、一六世紀のイエズス会宣教師から一九世紀のプロテスタント宣教師に至る西洋の宣教師たちは、中国でキリスト教を広めるために、中国人の宗教信仰に大きな関心を払った。Deus、God の翻訳をめぐって、彼らは中国語のなかの上帝・天主・神などの言葉を使うことを躊躇した。逆に、宣教師や欧米の研究者のほとんどは、キリスト教から生まれた sect や sectarism などの概念を中国の民間宗教に当てはめている。sect という語はラテン語の secta に由来し、学派・党派・説教を意味する。secta には本来「切断」という意味があり、キリスト教では教会（church）から分離した団体を指す。宗教社会学者B・ウィルソン（B. Wilson）はsectという語を次のように定義している。「セクトの概念そのものは、既存の社会の枠内における宗教的信条に関し、少なくとも相異、そして通常多様性を内包している」。「セクトはもともと正統派の伝統に内在するとは異なった他の原理の権威をとり入れ、それに対し優越性を主張しなければならないのである」[18]。欧米の研究者は中国の民間宗教をしばしば secret sect、すなわち「秘密教派」と呼んでいる。「秘密」という形容詞は特定の「教派」がおかれた状況を指す。民間宗教が秘密かつ非公開的な状況におかれたのは、根本的に、その「教派」の信仰や形式が時の権力によって排斥されたからである。「秘密教派」という言葉は現在でも欧米の中国研究者の間で使われている。それによって筆者の言う「教派叙述」（writing sect）の伝統が受け継がれてきたのである[19]。

「教派叙述」を集大成したのはデ・ホロート（De Groot）の『中国における宗教受難史』である。この本は中国の宗教に対する一九世紀の宣教師たちの認識を代表する重要な著作である。しかし、中国の研究者曹新宇が指摘したように、この書物には多くの偏見と誤読が含まれている[20]。sect という語の「切断」の意味から、デ・ホロートは自ずと民間宗教を「邪教」と見なすという中国歴代王朝の解釈を受け継ぎ、民間宗教の歴史を反乱と被迫害が交錯する政治的叙述の連続のなかに位置づけている[21]。オーバーマイヤー（D. Overmyer）の『民間仏教教派――伝統中国後期の異端教派』は「教派叙述」の名著であるが、著者は sect を「個人の救済を目的とする自発的な結社（association）であり、より大きな、既存の宗教体系（religious system）に対して現れた結社」と定義している[22]。同書の英文タイトル

Flok Buddhist Religion, Dissenting Sects in Late Traditional China が示しているように、sect は具体的に「民間仏教教派」を指している。しかし、実際に、民間宗教の教義のなかに、儒・仏・道など多くの要素が含まれ、sect を単一の「宗教体系」のなかに入れることは困難である。この問題を意識したのか、著者は同書の中国語版の題名には「民間宗教教派」という表現を使っている[23]。そうすることによってキリスト教に由来した sect という言葉に附随する問題は避けられたが、そこで民間宗教とは何かという新たな問題を発生させた。民間宗教の意味を明確にせずに「民間宗教教派」という語を使っても、問題の解決にはならないだろう。Sect を民間宗教がおかれた具体的なコンテクストに還元すると、理念的・抽象的な sect と実体的・個別の sect との間に越えがたい大きなギャップが存在する。

民間宗教が儒・仏・道から分離して生まれたかどうかについては、具体的な状況に応じて判断しなければならない。多くの民間宗教は民衆が自らの精神的ニーズに応じて創造したものであり、創造の過程において儒・仏・道などから宗教的な資源を利用したに過ぎない。しかも、これらの民間宗教は必ずしも自らと儒・仏・道との関係を「切断」して独立の「教派」を形成させたわけではなかったし、民間宗教を「切断」して独自の「教派」を形作ったわけでもなかった。さらに、儒・仏・道の三者からそれぞれ一部の要素を取り出して、それらを合わせた混合体としての民間宗教も存在する。たとえば、筆者は前著『近代中国の革命と秘密結社』のなかで、清嘉慶一九年（一八一四年）に山東省武城県で発生した「如意門」もしくは「一炷香」と称される民間宗教に関連する事件を取り上げた。しかし、実際に、如意門はある特定の教派から派生したというよりも、中心人物が如意門の片言隻語に基づいて作りだした小人数の教団であり、当時は名ばかりの組織であった[24]。

前著のなかで、筆者は「秘密結社に抗した叙述」（writing against secret society）という概念を提起した。同様に、民間宗教の研究においても、「教派に抗した叙述」（writing against sect）が必要であろう。「教派に抗した叙述」とは、

sect の非自明性を前提として、sect に関連する秘密宗教・民間宗教、および「邪教」・「異端」などの語に附随する本質主義的な歴史叙述を排除し、具体的なコンテクストのなかで宗教を考察することである。ドゥアラ（P. Duara）は、二〇世紀に出現した五つの宗教を合わせた中国の新しい宗教結社を研究する際に、「救済宗教」（redemptive religion）という新しい概念を提起した。それによれば、「救済宗教」は「宗教」が近代の科学主義と世俗化がもたらした困難を克服しようとする一方で、「近代」という強い権力に直面した時、「近代」の物質主義的な側面と抑圧的な側面を克服しようとした(25)。この研究は筆者にとって示唆的である。

三　方法としての結社

欧米の研究者が「秘密教派」や「仏教教派」などの概念を用いたのに対して、日本の中国史研究者は「宗教結社」という概念を使う傾向がある。「宗教結社」は必ずしも明確な概念ではない(26)。それを用いた研究は、「宗教」の側面を強調する場合は、道教研究に代表されるように、宗教研究の色彩が濃いが、「結社」の側面を強調する場合は、反体制の宗教的結社に対する研究の色彩が濃い。野口鐵郎編『結社が描く中国の近代』は第一線で活躍する日本の研究者たちの文章を収録し、明代から現代中国までの最新の研究成果を網羅している(27)。しかし、その目次を一覧すると、ごく少数の例外を除けば、収録論文のほとんどがいわゆる反体制・反社会的な結社に関するものであり、結局のところ、同書が描いたのは中国の結社の「異質性」に他ならない。この論文集のねらいについて、野口氏は序章のなかで次のように述べている。

歴史のなかの結社を観察するとともに、結社の存在と活動が中国史をどう動かしたか、その結社の存在が通史のうえにどのような価値をもったか、に主要な視点をおきたい。そうすることによって、中国史の新しい側面がみえてくる可能性が大きいであろうし、それを地球規模に置き換えることによって、錯綜する現代国際関係を観察するよすがをも提供しうるであろうからである。[28]

つまり、編者は結社の反体制的な歴史を通史的に考察し、結社が中国の政治に与えた影響を通じて、中国の未来、さらには世界の未来を予測しようとするのである。「結社―中国―世界」という直線的な認識方法にはやや疑問を感じる。筆者は拙著『近代中国の革命と秘密結社』のなかで、中国の民間結社を「秘密化」・「政治化」する傾向を批判し、秘密結社という概念を「中立化」したうえで、秘密結社を「中国社会に普遍的に存在する人間関係のネットワークの結節点」と定義した。[29] ある結社の政治的意識や行動、そして国家や政治勢力と秘密結社との関係は、いずれも個々の具体的な状況のなかで分析しなければならない。中国の歴史上、多くの反乱的な結社が存在したのは事実だが、これらの結社は生まれつき反社会的なものではなかったし、一貫した反乱結社は存在しない。結社の反乱は特定の社会的・政治的環境の産物であり、そのうちの多くは支配者によって反乱結社のレッテルを貼られたに過ぎない。

野口の編著は「結社の世界史」シリーズのなかの一冊である。同シリーズには『結衆・結社の日本史』（福田アジオ編）、『アソシアシオンで読み解くフランス史』（福井憲彦編）、『結社のイギリス史』（川北稔編）、『クラブが創った国アメリカ』（綾部恒雄編）がある。このシリーズを監修した綾部恒雄は「刊行にあたって」の最後において、「本企画『結社の世界史』全五巻は、さまざまな国土のなかで、結社はどのようにしてその風土に特異なかたちをもって登場したか、いかに個性的性格を歴史に刻んでいったかを見極めようとする試みである」、と述べている。

同シリーズのイギリス・フランス・アメリカ・日本の結社に関する研究と比較すれば、野口編『結社の描く中国の近代』の方法論的「特異性」が際だっている。市民社会の形成と密接に関わる欧米の結社はさておき、日本の結社に関する研究は、欧米のそれと似ている。すなわち、研究者の関心は近世以降「市民社会」の形成過程に出現した市民結社・文人結社、および社交的クラブなどに向けられ、そこには日本の歴史上に存在する数多くの宗教結社や世直しを目的とする結社の姿は全く見当たらない[30]。これと対照的に、中国の結社への関心はほとんど宗教結社／秘密結社、しかもその反体制的な側面に注がれており、明末や清末民国期に存在した数多くのほかの結社は完全に研究の対象から欠落している[31]。

トクヴィルはかつてその著『アメリカのデモクラシー』のなかで、結社を政治的結社・経済的結社と知性的・道徳的結社の二つに分類し、結社こそがアメリカの民主主義の基礎であると述べている[32]。これに対して、S・L・ホフマンは、結社に対する人々の理解が偏っていると指摘している。それによれば、これまでに人々はイギリスやアメリカの結社を結社の理想のモデルとし、中産階級・自由主義・市民結社の関連性に基づいて「結社」を考えてきた。その結果、市民結社の理念と実践は特定の階級——中産階級——の所有物と見なされてきた。実際に、一九一四年第一次世界大戦勃発まで、フランス・ドイツからヨーロッパの中部・東部におよぶ広大な地域に民間の自発的結社が多く存在した。これらの結社はトクヴィルの視野には入らなかった、という[33]。この指摘は中国の結社について考える際にも重要な意味がある。いわゆる中国の反体制的結社は、大きくいえば、天地会・哥老会・青幇・紅幇のような義兄弟結社と、明清時代の白蓮教・羅教、および民国期の紅卍字会・一貫道・在理会のような慈善と修行を特徴する宗教結社の二つに分類される。そのうち、相互扶助を趣旨とする義兄弟結社はヨーロッパ史上のフリーメーソンとの間に共通点があり、在理教・紅卍字会などの結社の場合、その宗教的な要素を除けば、欧米のクラブや協会のような道徳の向上を目的とする結社に近い。複雑な様相をもつ中国の結社の歴史を掘り下げることによって、数多くの文人結社・市民結社はともかく、「特異」ではない中国の結社史を描くことは可能であると筆者は考える。

四　本書の構成

本書は言説・権力・叙述の三つの部分から構成される。

第一部は三つの章からなる。第一章では、一八九三年にシカゴで開かれた世界宗教大会を取り上げる。これまでの先行研究と異なって、中国・日本からの代表の「宗教」叙述を通じて、一世紀以上前の人々の宗教に対する理解を探る。第二章は、一九世紀半ば以降「洋教」と呼ばれるキリスト教が中国に土着化していく歴史を取り上げる。そして、第三章では、民間宗教に対する抑圧を背景に、国民国家を「越境」し、日中両国を行き来して活動する紅卍字会と大本教について検討する。

第二部の四つの章では、檔案資料に基づいて、北京政府期の軍閥政治と華北地域の土匪との関係（第四章）、「満州国」における宗教結社の位置づけ（第五章）、戦時中および戦後国民党の政治権力と哥老会などの結社との関係（第六章、第七章）、の四つの問題について考察する。

第三部の三つの章は、それぞれ異なる政治体制を背景とする結社に関わる事件を取り上げて、「テクストに抗した」分析を試みる。第八章は一九二九年に江蘇省北部の宿遷県で起きた小刀会による「暴動」に焦点を当てて、宿遷県国民党の地方政権が極楽庵の「廟産」を剥奪する出来事を分析し、小刀会「暴動」をめぐる歴史叙述の虚構性を指摘する。第九章は従来ほとんど知られていない一九三三年満洲青幇・在家裡代表団の日本訪問を取り上げ、「帝国知」と中国の現実との乖離の問題に光を当てる。最後に、第一〇章では、抗日戦争中の一九四三年に共産党支配下の山西省黎城県で起きた宗教結社離卦道による「暴動」事件を取り上げ、事件直後の報告書の分析を通じて「暴動」そのものの虚構性を指摘する。

注

（1）樸庵「周氏兄弟との對話」（上）、『京津日日新聞』一九二三年一月一一日。「周氏兄弟との對話」（下）、『京津日日新聞』一九二三年一月一三日。原文が読みにくいため、引用の際に山田辰雄他編『橘樸　翻刻と研究――「京津日日新聞」』（慶応義塾大学出版会、二〇〇五年、一五七～一五八頁）を参照した。なお、この対話について、橘樸は別のところで以上の引用とやや異なる内容を語っているが、魯迅兄弟に会った五日後の記録の方の記憶がより鮮明であったに違いない（橘樸「通俗道教の経典」（上）、『月刊支那研究』第一巻第五号、一九二五年四月、一〇二頁。『道教と神話伝説――中国の民間信仰』、改造社、一九四八年、三〇～三一頁）。

（2）許地山『扶箕迷信底研究』、上海文芸出版社、一九八八年。

（3）拙稿「橘樸與魯迅――以『京津日日新聞』為文本的考察」、『中国近現代報刊的自由理念與実践』、香港城市大学国際シンポ論文、二〇〇九年一二月四～五日。李金銓主編『報人報国』（香港中文大学出版社、二〇一二年）に収録。

（4）樸庵「周氏兄弟との対話」（上）。

（5）Paul Cohen, *Discovering History in China*, New York: Columbia University Press, 1984. 佐藤慎一訳『知の帝国主義――オリエンタリズムと中国像』、平凡社、一九八八年。

（6）溝口雄三『方法としての中国』、東京大学出版会、一九八九年。

（7）橘樸「支那を識るの途」、『月刊支那研究』、第一巻第一号、一九二四年一二月。

（8）夏明方が指摘しているように、もしコーエンが設けた「中国中心」の尺度から中国を理解するならば、中国は永遠に人類社会の普遍性から理解不可能の「他者」でしかない。夏明方「一部没有『近代』的中国近代史――従『柯文三論』看『中国中心観』的内在邏輯及其困境」、『近代史研究』二〇〇七年第一期。また、楊念群『再造「病人」――中西医衝突下的空間政治（一八三二～一九八五）』（中国人民大学出版社、二〇〇六年）終章を参照。

(9) 陳熙遠「宗教――一個中国近代文化史上的関鍵詞」、『新史学』第十三巻第四期、二〇〇二年一二月。

(10) 「宗教」という概念について、日本で多くの研究が蓄積されている。相原一郎介「訳語『宗教』の成立」(『宗教学紀要』五、一九三八年)は初期の研究としてとりわけ重要である。

(11) 姉崎正治「中奥の民間信仰」、『哲学雑誌』第一二巻第一三〇号、一八九七年。

(12) 磯前順一・深澤英隆『近代日本における知識人と宗教―姉崎正治の軌跡―』、東京堂出版、二〇〇二年、八六〜八八頁。

(13) 井上圓了『妖怪學講義』、『井上円了選集』第一六巻、東洋大學、一九九九年。

(14) 「妖怪談義」、『定本柳田國男集』第四巻、筑摩書房、一九六三年。

(15) 「國史と民俗學」(一九三五年)、『定本柳田國男集』第二四巻、筑摩書房、一九六三年。

(16) 拙著『近代中国の革命と秘密結社――中国革命の社会史的研究(一八九五〜一九五五年)』(汲古書院、二〇〇七年)第一章を参照。一例をあげれば、小竹一郎「類似宗教の魅力」、『満洲民族学会会報』第二巻第三号、一九四四年三月。

(17) 拙稿「在中国発現宗教――日本関於中国民間信仰結社的研究」、『文史哲』二〇一〇年第三期。

(18) Bryan Wilson, *Religious Sects*, London, 1970. 池田昭訳『セクト――その宗教社会学』、平凡社、一九七二年、三一、三三頁。

(19) 拙稿「教派叙述與反教派叙述」、『文史哲』二〇〇六年、第一期。

(20) 曹新宇「異端的譜系:従伝教士漢学到社会科学」、黄興涛主編『新史学――文化史研究的再出発』第三巻、中華書局、二〇〇九年。

(21) J. J. M. De Groot, *Sectarianism and Religious Persecution in China*, 2vols., Amsterdam, 1903-1904. 牧尾良海訳『中国における宗教受難史』、国書刊行会、一九八〇年。

(22) Daniel L. Overmyer, *Flok Buddhist Religion, Dissenting Sects in Late Traditional China*, Cambridge: Harvard University Press, 1976, p.62. 林原文子監訳『中国民間仏教教派の研究』、研文出版、二〇〇五年。

(23) 欧大年『中国民間宗教教派研究』、上海古籍出版社、一九九三年、三頁。

(24) 前掲拙著『近代中国の革命と秘密結社』、九二〜九八頁。

(25) Prasenjit Duara, *Sovereignty and Authenticity: Manchukuo and the East Asian Modern*, Lanhan: Rowman and Littlefield, 2003.

(26) 「宗教結社」の代わりに、日本宗教史研究に使われている「民衆宗教」を用いる新しい研究として、武内房司編『越境する東アジアの民衆宗教』（明石書店、二〇一〇年）を参照されたい。本書では「宗教結社」という語を使用する。

(27) 野口鐵郎編『結社が描く中国近現代』、山川出版社、二〇〇五年。

(28) 同右、四頁。

(29) 人類学の視点からの研究は麻国慶『家與中国社会結構』（文物出版社、一九九九年）を参照。

(30) 福田アジオ編『結衆・結社の日本史』、山川出版社、二〇〇六年。

(31) 中国の結社に関する研究では、二つの流れがある。一つは中国の長い歴史の中で慈善結社を研究するもの（夫馬進『中国善会善堂史研究』、同朋舎出版、一九九七年）。もう一つは欧米の「公共空間」（public sphere）の概念を援用し、上海など近代都市の「社団」を研究するもの（小浜正子『近代上海の公共性と国家』、研文出版、二〇〇〇年）。

(32) トクヴィル著、松本礼二訳『アメリカのデモクラシー』、岩波文庫、二〇〇八年。

(33) シュテファン＝ルートヴィヒ・ホフマン著、山本秀行訳『市民結社と民主主義』、岩波書店、二〇〇九年。

第Ⅰ部　言　説

第一章　表象としての宗教——一八九三年シカゴ万国宗教大会と中国

一　宗教の饗宴

　コロンブスのアメリカ大陸発見四百周年を記念して、一八九三年五月一日より一〇月二八日まで米国シカゴで万国博覧会（Columbian World's Exposition）が開催された。博覧会の期間中に、シカゴでは様々な国際会議が開かれた。その中でとりわけ注目を集めたのが万国宗教大会（World's Parliament of Religion）であり、ヒンズー教・仏教・ジャイナ教・ゾロアスター教・道教・儒教・神道・ユダヤ教・キリスト教・イスラム教など十種の宗教代表が会議に出席した（一部は論文のみの提出）。会議終了後、準備委員会の代表者ジョン・バローズ（John Barrows）は、会議に提出された文章を二冊の本にまとめて出版した[1]。

　シカゴ宗教大会の人類宗教史上における意義については、すでに多くの学者によって研究されている。アメリカの宗教史研究では主として、米国社会やキリスト教がいかに宗教問題をとらえたかに関心が向けられている。ドナルド・ビショップ（Donald H. Bishop）は、当時の米国キリスト教の他宗教に対する態度を排他主義・包容主義・多元主義の三つに分けた[2]。リチャード・シーガー（Richard Seager）は、この大会によって米国で宗教多元主義が誕生した点を強調する[3]。東洋の宗教がアメリカでどのように受け入れられたかという観点からの研究もある[4]。日本の宗教研究においては、大会前後の日本人出席者に対する仏教界の反応を詳細に調べた鈴木範久の研究があり[5]、さらにシカゴ大会を概観したうえで平井金三の発言を詳しく紹介した森孝一の論考もある[6]。近年、ジェームス・E・ケテラー（James Edward Ketelaa）がこの会議の近代日本仏教史における意義を高く評価し、改めてシカゴ宗教大会に対する日本学界の関心を呼び起こした[7]。こうした研究と異なるものとして、会議に出席した駐米中国外交官・彭光誉の書いた「説教」（Confucianism）に注目し、彭光誉が儒教を通していかに宗教を理解したかを論じた陳熙遠および村田雄二郎による研究を挙げることができる[8]。

万国宗教大会の開催は、欧米におけるキリスト教の状況と無縁ではなかった。一九世紀末、進化論が欧米を席巻し、神学は大きな打撃を受けていた。時を同じくして、キリスト教はフリードリヒ・マックス・ミュラー（Friedrich Max Müller）をはじめとする比較宗教学の衝撃も受けていた。比較宗教学は相対主義的な宗教観をもたらしたのである。「宗教は歴史上、最も偉大な事実である」[9]。これはバローズが大会文集に寄せた序文冒頭のことばである。この一文には、宗教を再認識したい――実際には現世におけるキリスト教の意義を再認識したいという意図がこめられているのであろう。しかし、会議の席上、キリスト教とそれ以外の宗教とでは宗教に対する認識がまるで異なったばかりか、キリスト教内部においてもプロテスタントとカトリックの間には隔たりがあった。百年以上を経た今日、我々がこの大会を振り返ってみるとき、依然として当時と同じ問題――宗教とは何か――に直面せざるをえないのである。

本章は、中国における近代の形成に対して、宗教はどのような関係にあったのかという問題をめぐって、筆者が長年取り組んできた研究の一部分である。筆者がシカゴ宗教大会に注目する理由は、中国の宗教がこの会議で自らの存在を見事にアピールしたからではなくて、初めての国際的な宗教大会において「中国の宗教」あるいは「中国の宗教と呼ばれるもの」がどのように表象されたかを探りたいからである。彭光誉の「説教」以外に、中国から八篇の文章が大会に寄せられている。作者自身が会場で読みあげたものもあれば、代読されたもの、配布されただけのものもあり、各々儒教・道教・キリスト教の立場を代表するものであった。キリスト教の宣教師には中国籍と外国籍の双方がいたが、彼らの示した「中国の宗教」にはいかなる共通点と相違点があったのだろうか。また中国仏教の不参加は意味深長であった。中国における仏教の衰退を暗示すると同時に、参加した日本仏教界の盛況ぶりとはきわめて好対照をなしたのである。

近年、翻訳語としての「宗教」（中国語の zōngjiāo、日本語の shūkyō）という概念は、多くの学者の関心を集めている。コゼレック（Reinhart Koselleck）は概念史研究の特徴を述べる中で、「概念史」（conceptual history）と「観念史」（history of idea）を比較して、観念を表す語彙が特定で不変なのに対して、概念は様々な語彙で表すことができるという。[10] 私見によれば、“religion”が「宗教」と翻訳されたことを研究するのであれば、同時にどの中国語の語彙が“religion”と訳されたのか、それらの単語はいかなる相互関係にあるのかについても研究する必要があるように思う。本章ではまず、日本の代表によって表象された「日本宗教」の問題に触れた後で、“religion”をめぐる中国と日本の翻訳の問題を簡単に振り返ってみたい。

二　彭光誉の宗教観

九月一一日午前一〇時、シカゴ万国博覧会の「自由の鐘」が十回打ち鳴らされる中、数千人の観衆を前にして十種の宗教代表者たちが登壇し、一七日間にわたる宗教大会が幕を開けた。

AN ACTUAL SCENE AT ONE OF THE SESSIONS OF THE PARLIAMENT.

〈写真１―１〉万国宗教大会開幕式会場。出典：John H. Barrows, ed.,*The World's Parliament of Religions: An Illustrated and Popular Story of the World's First Parliament of Religions, Held in Chicago in Connection with the Columbian Exposition of 1893*. Chicago: The Parliament Publishing Company, 1893

開幕式では、中国から来た代表――清朝駐米二等参事官・彭光誉が簡単な祝辞を述べた。開幕式の集合写真を見ると、彭は小太りで背は高くない。下級外交官である彭の生涯について知られることは少なく、現在確認できるのは一八四四年福建省崇安県に生まれ、捐官により候補知県となり、アメリカ赴任前に朝鮮で外交交渉にたずさわったということくらいである。(11)

会議の三日目、彭光誉の発言の番が回ってきた。彭の原稿はウィリアム・パイプ（William Pipe）という人によって代読された。(12)三万数千語におよぶ原稿は、中国駐米公使館の通訳官・容揆――容閎の甥――により翻訳されたものである。(13)英語版のほかに中国語版が存在し、それがすなわち一八九六年に同文館で刊刻され、総理衙門より皇帝に献上された「説教」である。中国語版には皇帝の諭旨、および駐米・駐日・駐ペルー清朝大使の楊儒から皇帝への報告が附されている。

なぜ外交官が宗教会議に出席することになったのか。実は、アメリカ側は中国にシカゴ万国博覧会への参加を要請したが、李鴻章に「中国はシカゴで展示するものなどない」と拒否さ

表1

説教	Confucianism
説教	To Rev. John Henry Barrows, D. D., Chairman of the Committee on Religious Congresses
帝教篇第一	Instruction by Rulers
師教篇第二	Instruction by A Teacher
天道篇第三	The Laws of Nature
神道篇第四	The Doctrines of Orthodox Scholars
人道篇第五	Heterodox Doctrines
儒學篇第六	The Laws of Humanity
異學篇第七	The Laws of the Spiritual World
外篇上	Supplement First
外篇下	Supplement Second

れていた[14]。その後、バローズの再三の要請にこたえて、総理衙門はワシントンから彭光誉を出席させることにしたのである。彭光誉の上司にあたる楊大使は次のように上奏文に記している。「彭、八月九日（陰暦六月二十八日）シカゴ着。十月一日（八月二十日）終了。各国代表との『応酬、きわめて円満[15]』」。彭の自叙にも次のようにいう。「丙戌（一八八六年）米国に派遣される。癸巳（一八九三年）会議を終えて帰る[16]」。彭光誉の外交官生活の中で、この大会は誇りとすべき大事件であり、「最初儒人海西経」（西洋に経典を伝えた最初の儒者）と詩に詠んでいる。彼はこの詩句に注を加えて、「諸外国では創始者が最も重んじられ、その名は各国の史書に記されている。西域・インド・アラブの経典を中国に持って来た人はいるけれども、中国の経典を外国に伝えた人はいない。儒家が外国でその経典や教えを伝えたことはいまだかつてなかったのである[17]」という。では、彭光誉は西洋人に何を宣伝したのだろうか。まずは彼の発言の目次を中国語版と英語版の両方で見てみよう。

表1の中国語と英語を対照してみると、序文に違いが見られ、第五〜七篇は順序が異なるものの、それ以外は完全に内容が一致している。彭光誉の上司である楊儒大使は、彭が「中国の儒仏道三教の源流、およびキリスト教との異同を詳しく論じ、その中に欧米宣教師に対する風刺の

〈写真１—２〉彭光誉。出典：John H. Barrows, ed., *The World's Parliament of Religions*.

意味をこめた」ことを明かしている。[18] 彭の文章は三つの部分に分けられる。第一は、儒教の立場から「宗教」とは何か、中国に宗教はあるか、を論じる。第二は、儒教思想の内容を紹介する。第三は、キリスト教が中国で布教する際に引き起こした「教案」について論じる。本章と密接に関わるのは第一の部分であり、それが彭光誉の発言の核心でもある。

彭の英文は欧米人に向けて書いたものであり、英語版と中国語版を対照させることによって、作者がどのようなコンテクストのもとで religion という語を用いているかを理解するのに役立つ。彭は中国語版の冒頭で大会組織者とは正反対の見方を表明して、「万国宗教会」（The World's Parliament of Religions）を「万国景教会」と呼んでいる。「景教」（Nestorius）は中国のコンテクストにおいて特定の意味を有し、唐代に中国へ伝わったキリスト教の一派を指す。彭は「景教」という語に、次のような注を付す。

> 西学に記載される「大秦景教の中国に流行せる碑」の景教とは、西方の古教であり、今の宗教とは違う。英語で「爾釐利景（レリジョン）」というのを、「景」字を用いて訳すのは、同じ発音の字を用いてわかりやすくするためである。最後の一字だけを用いるのは、同文館の丁冠西総教習が、もとの姓は馬爾丁（マーティン）であるのに、中国では最後の一字だけを取って「丁」というのと同じである。[19]

「同文館の丁冠西総教習」とは丁韙良のことを指す。丁韙良がこの大会に提出した文章については後で論じる。上の一段は英語版にはない。注目すべき点が二つある。第一に、彭は「景教」の「景」の発音を借りて、religion を「爾釐利景」と訳していること。第二に、religion を「爾釐利景」と訳すのはたんに翻訳の問題であるだけでなく、religion をいかに解釈するかという問題に関わることである。彼は次のようにいう。

この会議で議論されているところのものは、英語で「爾釐利景（レリジョン）」（religion）という。明末のヨーロッパ人がこれを中国語に訳して「教」とした。しかし、中国語の「教」字の意味は、虚字では英語の「題赤（ティーチ）」（teach）、実字では英語の「音司黜盧克慎（インストラクション）」（instruction）にあたる。[20]

明末のヨーロッパ人がreligionを「教」と訳したのが、実は一種の誤訳であることを彭は指摘している。なぜなら中国語の「教」の本義は、英語の動詞 teach あるいは名詞 instruction であって、ヨーロッパ人のいう religion ではないからだ。このような誤解が生じた原因は、仏教・道教・回教と関係があると述べている。

儒教という名称についていえば、仏・老の信徒が仏教・道教と自称したことから、綱常の礼教に儒の名を付して、三教と称したのである。儒者はその二つを異学とみなし、回教徒も儒教を大教とみなしていた。これらが互に区別するために名付けたのであって、中国にもともとこうした異名があったのではない。中国に礼教は一つしかないのである。[21]

儒教は religion ではない。では、中国に religion はないのか。それに対する彭の答えは、否定的なものである。彼は続けていう。

私が英語の辞書を調べてみると、「爾釐利景（レリジョン）」とは人をして神に従順たらしめ、神を礼拝せしめ、神を愛さしめて、真心をもって神の真理に仕えることだという。よく神を知り、神の言葉に仕え、書を著し説を立て、未来のことを予言できる人を、「樸羅肺特（プロフィット）」（prophet、「先知師」または「祭司」と訳す）という。神に祈り、人に代わって祈りをささげることのできる人を、「樸鬔司特（プリースト）」（priest、「神父」と訳す）といい、「帕司特爾（パスター）」（pastor、「牧師」と訳する）といい、「彌泥司特爾（ミニスター）」（minister、「教士」と訳す）といい、「彌森訥爾來（ミッショナリー）」（missionary、「教士」と訳す）という。ところが、「爾鬔利景（レリジョン）」は中国語で「巫」と称すべきもので、「樸羅胇特（プロフィット）」・「樸鬔司特（プリースト）」・「帕司特爾（パスター）」・「彌泥司特爾（ミニスター）」・「彌森訥爾來（ミッショナリー）」などは中国語で「祝」と呼ぶべきものである。未来のことを予知するのは、中国語では「讖緯之学」と呼ぶものである。(22)

彭光誉にとって、religion は「巫」、神職は「祝」であり、漢代に流行した讖緯の類であった。それだけでなく、キリスト教の崇拝する対象、創世記の神話、宗教思想はすべて道教や仏教と似通っていた。彼はさらに続けていう。「英語の『高徳（ゴッド）』（God）を調べると、明末のヨーロッパ人は『上帝』・『神』・『真神』・『独一之神』といった中国語に訳している。帕特爾（ペイター）（pater）があり、耶和華（エホバ）（Jehovah）がある。偶像があり、創世記がある。仏老巫祝に近い(23)」。最後に彭は次のように指摘する。「最近の西国の学者の中には、孔子は爾鬔利景（レリジョン）ではないという人や、中国には爾鬔利景（レリジョン）がないという人がいる。孔子が爾鬔利景（レリジョン）ではないというのは正しいが、中国に爾鬔利景（レリジョン）がないというのは正しくない(24)」。ここからわかるのは、彭の考えでは儒教はあらゆる religion よりも上にあるもので、一方 religion はシャーマンの巫術に属し、せいぜい仏教や道教と同類だと考えられていたのである。

以上の結論を得たうえで、彭光誉は「説教」の第二部へと論を進める。第二部では七編に分けて儒教思想を論述する。「帝教篇第一」では、「帝とは天であり、人君である」という。人君とはすなわち聖人のことである。「聖人は神の道を以て教えを設け、天下はそれに服す」という。帝教というのは「政教」にほかならず、政治と教化の体系である。「師教篇第二」では、孔子の三綱五常のことが論述され、師教がすなわち帝教だとされる。「天道篇第三」では、天地生成に関する孔子の道理が述べられる。「神道篇第四」では、神は陰陽の間に介在するが、感知しえない存在であり、儒者はそうしたことに深く立ち入らないという。「人道篇第五」は綱常人倫の関係を重視することを強調する。「儒学篇第六」では、いかに孔子の教えに従い学んで、儒者になるかが述べられる。「異学篇第七」では、儒家以外の諸子の学説、および仏教など外来の宗教が紹介され、マテオ・リッチが中国に来てキリスト教を伝えたことに及ぶ。

ところが、彭光誉は続く「外篇上」において、牽強付会にもキリスト教は礼教（儒教）と似ていると述べ、ひるがえって「儒者が孔子を尊信する理由は、道徳にあって、神威にはない」[25]とし、キリスト教は中国ないしアジアの様々な思想流派の中で、「諸子の一子」、「諸家の一家」にすぎないと強調する。[26]この三〇年あまり、キリスト教は中国で大きな問題となっていた。つまり宣教師が「専ら下愚細民と縁を為し、中国の政俗を察せず」という状況であった。[27]彼は、もし「世俗を察し」、「人品を択ぶ」ことができれば、「一〇年後に或いは民教は相い安んず」だろうと予言している。[28]

中国のことをあまり知らない、あるいは何も知らない聴衆にとって、彭光誉の文章はきっとちんぷんかんぷんであっただろう。中国から来て出席していた宣教師を唯一奮い立たせたのは、「説教」が欧米の自然科学・社会科学への重視を表明したことだけだった。「キリストの愛を中国の下層民に施そうと思うなら、中国へ赴任する宣教師には神学以外の学問にも通じた人を選んでほしい」。にもかかわらず、宗教とは何かをテーマとする本章にとって、彭光誉が述べた内容はきわめて重要である。なぜなら彭は中国語の「教」は religion でなく、儒教は宗教でないことを指摘しているからだ。religion を翻訳する際に、彼は音訳と意訳を結合させた新しい名詞「爾釐利景（レリジョン）」を創出した。彼の意識の深層において、世界 religion 大会とは「キリスト教」大会でしかなく、彼はそのキリスト教大会に対して儒教の立場を述べる「他者」であったのだ。

三　翻訳された儒教と道教

ジョン・バローズが編纂した大会文集には、"prize essay" と記された二篇の受賞論文が収められている。一つは Kung Hisen Ho の "Confucianism" であり、[29] もう一つは無署名の短文 "Taoism" である。[30] この二篇の来歴をたどると、前者は上海の孔憲和が著した「儒論」で、[31] 後者は鎮江の李葆元の書いた「道教論」であることがわかる。[32] この二つの文章は、宣教師が上海で創刊した『万国公報』に相前後して掲載された。『万国公報』所載の「儒論」の末尾には、英国バプティスト教会の宣教師で英語通訳の李提摩太（Timothy Richard、1845-1919）の訳注が加えられている。

米国シカゴで開催された博覧会は、規模が大きく、物産も多く、未曾有の盛挙であった。この博覧会は、もともとアメリカを発見したスペインのコロンブスの功績を称えるためであって、四百年前の偉業、その名声はこれにまさるものはない。各国が物産を競うだけでなく、五大洲から各国の宗教が参集した。これより先、大会の主催者が私に書簡を送って、中国の名士に儒教と道教について論じさせ、優れたものを選んで欧文に翻訳し、大会に送って討論の材料にしたい、と依頼してきた。力作が多数寄せられ、私と二人の友人とで審査して甲乙を定め、『申報』に掲載した。[33]

李提摩太は二篇の文章の来歴をはっきりと説明している。当時、『万国公報』の主編・林楽知（Dr. Allen）は休暇で米国に帰国しており、もう一人の編集者で漢学者の艾約瑟（Dr. Edkins）もヨーロッパに滞在中であった。[34] そこで李提摩太が臨時で編集作業にあたった。この二編の文章が受賞したのは、もちろん儒教と道教の内容の核心を簡潔に示したからであるが、宣教師・李提摩太の儒教と道教に対する認識をも反映している。そして李提摩太による二編の翻訳

表 2

程子曰：鬼神者天地之功用，而造化之跡也。朱子曰：以二氣言，則鬼者陰之靈也，神者陽之靈也，以一氣言，則至而伸者為神，反而歸者為鬼。	Cheng Tsze says the spirits are the forces or servants of Heaven and earth, and sings of creative power. Chu Fu Tsze says: "Speaking of two powers, the demons are the intelligent ones of Yin, the gods are the intelligent ones of Yang; speaking of one power, the supreme and originating is called God, the reverse and the returning is demon."
中庸引孔子曰：鬼神之為德，弗其盛矣乎？視之而弗見，聽之而弗聞，體物而不可遺，使天下之人，齊明誠服，以承祭祀，洋洋乎如在其上，如在其左右，鬼神之情状如此。所以易重卜筮，取決於鬼神，知鬼神實天地之氣，雖無形而有氣，若難憑而易知。特世間之大聖大賢忠臣義士孝子節婦，秉天地浩然之正氣，生而為英，沒而為神，其氣歷久不散，能有功於世。	The Chung Yung, quoting Confucius, says: "The power of the spirits is very great! You look and cannot see them, you listen and cannot hear them, but they are embodied in all things without missing any, causing all men to reverence them and be purified, and be well adorned in order to sacrifice unto them." All things are alive as if the gods were right above our heads, or on our right hand and the left. Such being the gods, therefore the Yih King makes much of divining to get decision from the gods, knowing that the gods are the forces of Heaven and earth in operation. Although unseen, still they influence; if difficult to prove, yet easily known. The great sages and great worthies, the loyal ministers, the righteous scholars, filial sons, the pure women of the world having received the purest influences of the divinest forces of Heaven and earth, when on earth were heroes, when dead are the gods. Their influences continue for many generations to affect the world for good, therefore many venerate and sacrifice unto them.

は、翻訳をめぐる再創作というもう一つの問題をもたらしているのである。

「儒論」は会議の五日目に登場した。作者の孔憲和は出席しなかった。この文章の趣旨は彭光誉と同じく、なぜ儒教が倫理を重視するかを述べたものである。しかし、そのニュアンスと論述のしかたには大きな違いがあった。孔憲和は冒頭、次のようにいう。「君子の学は、何よりもまず天命を畏れる。故に吾が儒の学は、天命に従うのである」[35]。続いて、儒家の経典が中国の歴史と深く関係していることから儒教の生命力を論証し、「儒が古今に伝わり、他の教えに勝る理由は、怪異を求めず、偏りがなく、その公明正大な道は、自らの身体の修養によって実践できるものである。いわゆる日月が出れば、爝の光はおのずから消えるとはこのことである」という[36]。中国語と英語のテキストを比較すると、李提摩太が原文を逐語訳していることがわかるのだが、それにもかかわらず彼が英語の単語を使って中国語の概念を翻訳するときに、やはりいくらかの差異が生じている。ここでは二つの節を選んで比較してみよう。

表2の中国語と英語を比較してわかるのは、李提摩太が「神」（shén）・「鬼神」（guǐshén）・「鬼」（guǐ）を翻訳するのに異なる語を選択していることだ。「神」を訳すときには God・gods・spirits が使われ、「鬼神」は gods・spirits と訳され、「鬼」は demons と訳されている。こうした柔軟な翻訳は、訳者が異なるコンテクストにおいて儒家の術語をきちんと理解していることを表している。このことは同じく religion の理解にも表れている。次に、中英版における religion 翻訳の対照表を見てみよう。

表3から、李提摩太が用いた religion には三つの特徴のあることが見てとれる。第一に、ある種の思想体系を指すのに使う。第二に、礼あるいは礼楽、すなわち制度を指すのに使っている。第三には、「修道」すなわち信仰を実践するやり方を指している。

『万国公報』は「儒論」を掲載後、すぐに「道論」も掲載した。この文章の英訳は、大会文集の“scientific section”

表 3

故吾儒之學，首在承天命。	in our Confucian Religion the most important thing is to follow the will of Heaven.
中庸所謂修道之謂教也。	The Chung Yung calls the practice of wisdom religion.
吾儒既深知天命，故其視天下猶一家。	Our religion well knows heaven's will, it looks on all under Heaven as one family.
辭讓之心，禮之端也。	a yielding disposition is the beginning of religion.
若仁又包夫義禮智。	As to benevolence, it also includes righteousness, religion and wisdom,
（孔子）刪詩書，定禮樂，贊周易，修春秋，而言治國。	（Confucius） edited the Odes and the History, reformed religion, made notes on the Book of Changes, wrote the Annals of Spring and Autumn, and spoke of governing the nation.
自後，雖時代變更，斯道昭於天壤。	After this, although the ages changed, this religion flourished.
朱子集其成，斯道粲然大明。	Chu Fu-Tsze collected their works and this religion shone with great brightness.
曠覽歷代，其關係於治國而他教不能勝之處，亦有明驗。	On looking at it down the ages there is also clear evidence of results in governing the country and its superiority to other religions.
漢興，雖尚黃老，然百姓苦秦暴久，故易於為理，叔孫通之制禮，故不足重，而經籍之發明，多由漢之諸儒。	Then the Han dynasty arose （B.C. 206-A.D. 220）. Although it leaned toward Taoism, the people, after having suffered so long from the cruelties of the Tsin, were easily governed. Although the religious rites of the Shu Sun-tung do not command our confidence, the elucidation of the ancient classics and books we owe mostly to the Confucianists of the Han period.
明太祖立，定禮制樂，號稱太平。	When the first emperor of the Ming dynasty （A.D. 1368-1644） arose, and

	reformed the religion and ritual of the Empire, he called it the great, peaceful dynasty.

に収録された。中国語版と比べて、英語版の内容はかなり簡単で、原文の抄訳となっている。作者は「道論」の冒頭で道教の衰退を嘆いて、「ああ、どうして我々の教えは今日ここまで衰退してしまったのか」という。この部分は英語版ではまったく翻訳されず、「道教と儒教は中国で最も古い宗教であり、道教はあらゆる宗教の元祖（originator）である」となっている[37]。道教はいつから衰退しはじめたのか。原文では「張魯が教えを立てると護符を使った祈祷で人々を導き、北魏の寇謙之らは祭壇を設け呪文を唱えて祈祷とお祓いを行うようになり、荒唐無稽なことが時代とともにますます横行し、道教の宗旨はでたらめなものとなってしまった[38]」となっており、その内容は英語訳とややずれがある。李提摩太がどのように religion を翻訳しているか表4を見てみよう。

ここでは「吾教」と「道」が religion と訳され、religionは道教を指している。religion のほかに、genii religion という訳語も使われ、religion より下位の「煉丹」・「神仙家」を指す。作者によれば漢代以降、道教は堕落しはじめ、訳語も religion から genii religion へと変わった。

李提摩太の翻訳からわかるのは、religion という語が儒教と道教という異なる二つの意味内容を引き受けたということである。ところが、儒教と道教は神霊信仰と無神論との中間に位置する思想であり、同じく religion と呼ばれるキリスト教とは区別されるべきものであった。

四　宣教師の中国宗教観

大会文集には中国から来た六名の宣教師の文章が収められている。掲載順に並べると、Issac T. Headland

表4

惟吾教與儒教為最先。	Taoism and Confucianism are the oldest religions of China.
吾教其初實創於元始。一再傳之老聃，老聃生於東周，時為柱下史。	Taoism originated with the originator of all religions. He transmitted it to Lao-tsze, who was born in the Chow dynasty (about B.C. 604), was contemporary with Confucius, and kept the records.
考漢志所録，道家三十七部，神仙家十部，本不相同。	In the Han dynasty Taoism had thirty-seven books and the genii religion ten. These are different at first.
吾教中有好異者，以為清靜無為之説，不足動人之聽聞，乃以修煉内丹外丹諸術，以炫耀其靈奇。	But from the time Taoism ceased to think purity and peaceableness sufficient to satisfy men, it became the genii religion (magic and spiritualism), though still called Taoism.
何謂承天命？蓋道之大原出於天，人身一小天地也，稟陰陽二氣以生。	What does Taoism mean by the phrase, carrying out heaven's will? It means that heaven is the first cause of religion, that man is produced by two forces, Yin and Yang.
真心學道之人，養其性，存其神，斂其氣，收其心。	Those who really study religion, cultivate their spiritual nature, preserve their souls, gather up their spiritual force, and watch their hearts.
又吾教中微妙之造詣，有非他教中所能及者。	Comprehension of the hereafter is one of the mysteries in which no religion can equal Taoism.
綜論吾教之興衰，知道家與神仙家已合為一。	Taoism and the genii religion have deteriorated.
誠有一人焉，以振興吾教為己任。	Oh! that one would arise to restore our religion.

（赫徳蘭）・W. A. P. Martin（丁韙良）・George T. Candlin（凱徳林）・Y. K. Yen（顔永京）・Ernest Faber（花之安）・Henry Blodgett の六名である。前四名の文章は正式な大会議事日程に組み入れられているが、後の二篇は scientific section に編入され、大会の議事には入っていなかったようである。またこの六名の宣教師が大会に出席したかどうかは、現在のところ確認できていない。実際に、何人かの宣教師は博覧会を参観したものの、大会には出席しなかった。例えば、長老派教会の宣教師・狄考文（Calvin W. Mateer）はその一人で、博覧会には一ヶ月近く逗留したという。[39]

以下、religion という語の使い方から、六名の宣教師が中国の宗教をどのように表象したかについて見てみよう。

大会八日目に Peking University 教授 Issac T. Headland が「北京の宗教」と題する報告を行った。[40] 文中で religion という語を二度使って、中国のすべての宗教、とりわけ儒・仏・道・回の四大宗教を指している。作者は冒頭で、外国人が中国は貧しいためにキリスト教を支持することができないと考えるのは、大きな錯覚だという。実は、中国人が信仰する四種の宗教——儒教・仏教・道教・回教はもちろんのこと、どの都市や郷村でも一瞥すれば、「中国人がしたいと思うことは何であれ、彼らにはなしとげるだけの能力がある」ことが見てとれるはずだという。たしかに北京には到る所に貧民がいて、去年の冬、前門だけでも四百人が凍死した。だが、それが事実のすべてではない。北京にある寺院の数は、シカゴの教会を上回る。巨大なラマ廟・孔子廟・道観があり、さらに二十一もの清真寺がある。ほかにも天壇・月壇・農壇などがある。彼はとくに碧雲寺と妙峰山を取りあげて、中国の寺院は豪華に建立されていて、僧侶は一群の乞食だという。また彼は宣教師・狄考文の推計を引用して、中国人は祖先の祭祀のために年間およそ一億二千万米ドルを費やしており、甚だしい浪費だという。

著名な宣教師・丁韙良（一八二七〜一九一六年）の文章は十三日目の討論に登場した。「アメリカの中国に対する責任」という題名であった。[41] 題名が示すように、京師同文館で教習を務めていた丁の文章は他の宣教師とは異なり、アメリカの中国人労働者排斥法（Chinese Exclusion Act, 1882）によって生じた中米関係の亀裂に対して、彼は「中国は我々の隣人」であり、米国は中国に対して責任を負っており、そこにまさしく米国の利益があると指摘した。米国議会の両党に「賢明な外交政策を採用し、人を不快にさせる条文に取って代える」必要があり、「そうすれば、我が国民は友人として歓迎され、米国は東洋の偉大な帝国に対する影響力を回復することができるだろう」と呼びかけた[42]。長老派教会の宣教師として、丁韙良は religion という語をあらゆる宗教を指す語として用いた。キリスト教を指すときには、Christian religion と表現して、キリスト信仰はすべての宗教を超越するものだと考えた。儒教に関して、彼は同文館のある中国人教授を例に挙げ、この人は算学の教授で西学に通じ、儒者として神と天の超越的な力を信じているが、宗教上の精神的要求は高くない、という。道教については、彼は老子と道教を区別して、「老子は美しいことばで崇高な真理を述べた」という。しかし、「悲しいかな彼の門徒は堕落してしまった。彼らは錬金術を追い求め、どうしたわけか彼らの宗教は占術と魔よけへと萎縮してしまった」という。仏教に関しては、「仏教は比較的よい方だが、僧侶は無知と腐敗に瀕しており、中国の仏教が復興する可能性を見いだすことはできない」とする。日本仏教のことを知っていた彼は、「日本の仏教はいままさに巨大な覚醒を遂げつつある」と特に強調している。丁韙良は結論として、中国の「国家宗教はある種の混淆的な崇拝（a heterogeneous cult）であり、儀式に関しては三種の宗教から借用している」とした。作者は一八五〇年に中国へ渡り、この文章を発表したときには中国生活が四十年を超えていた。上述の中国の三教に関する見方は、名著 *Hanlin papers, or, Essays on the intellectual life of the Chinese* での彼のより詳しい記述から取られている[43]。

会議十五日目に、北京から来た英国メソジスト教会の宣教師・George T. Candlin（1853-1924）が発言を行った[44]。この儒者の服装を身にまとった宣教師は、中国から駆けつけたにもかかわらず、その発言は中国に関することは少なく、各キリスト教団体が団結して布教活動を展開することを呼びかける内容であった。Candlin は儒教に対して一定の好感をいだいていた。彼の考えでは、儒教は中華帝国に「平天下」という外在的な統合力を与えただけであったのに対して、キリスト教が中国にもたらしたのは外在的な平和ではなく、キリスト教を信仰するキリスト教世界（Christendom）なのであった。

大会十七日目は、上海から来た中国籍の顔永京牧師（Y. K. Yen）が短い文章の中で中国の宗教に対する見方を述べた。彼は religion という語を計九回使い、中国の宗教には儒・仏・道があり、三者をまとめて国教と呼ぶと述べた。「神の加護のもと、この種の宗教はわが国の文明の中できわめて重要な作用を完成させた。宗教によって我が人民は神・罪悪・懲罰・寛恕・霊魂の存在といった観念を有し、そこから恩義という観念が派生した。ちょうどユダヤ法と同じように、この宗教は比較的低次元にあるものの、我々をキリスト教へと導く導師の役割を果たしてきた。我が国にとって、キリスト教は一般のいわゆる自然宗教と同じであり、キリスト教の到来は国教を消滅させるのではなく、国教を完成させることになるのである」。中国の国教はすでにその歴史的使命を完成させており、キリスト教の中国に対する意義は次の二点にある。第一は、精神的利益と道徳的利益である。精神上、キリスト教は神に関する新しい理念を中国人にもたらし、中国人の道徳観を向上させ、信義の欠如や女性蔑視等の考え方を変えることができる。第二に、思想上の利益と物質的利益である。中国の教育はすべて古代に関する知識の学習であり、人生の幸福と利益に関する内容は欠如していた。キリスト教会は西洋の「自由の科学」（liberal sciences）を紹介し、中国語の書籍を大量に出版し、医療を普及させて中国で一〇五箇所もの病院を開いた（一八九〇年）[45]。

上海から来たドイツ籍の宣教師・花之安（Ernest Faber, 1839-1899）は、「儒教の起源と発展」という短文を大会に寄せた[46]。原文の題名は（Confucianism）であったが、大会文集に収めるにあたり編者によってかなり削除された。花之安の没後、P. Kranz が原文を発見し、作者の著作が再版される際に収録した[47]。Kranz によると、花之安は会議開催に先立ち、この文章をどこかで口頭発表したことがあるという。

花之安は一八六五年に来華、一八七九年から一八八三年にかけて『万国公報』に中国語で「自西徂東」を連載し、宣教師の間で中国と西洋の両方に精通しているとの名声を博した[48]。その連載は一八八四年、香港で同名の書籍として刊行された。同書は中国と西洋の文明の優劣を比較したうえで、キリスト教の視点から改良の方法を指摘し、根源は儒教・道教・仏教にあるとして、次のように述べる。「この三教は崇拝の根本を明らかにせず、真理が明らかでないために、人心はかくも蒙昧である。それゆえ、各教の経典中に書かれたすばらしい箇所は、みな『聖書』にもあるが、イエスの言ったすばらしい道理は、他教の経典には見えない。なぜかというと、『聖書』は神の黙示であって、各教が人心に由来するのとまったく異なるからである」[49]。この中国語で書かれた本の中で花之安は「宗教」という語を使っていない。だが、religion と無関係なわけではない。

「儒教の起源と発展」において、花之安は儒教の religion 的な要素を論じている。彼は儒教の要素は孔子が生まれる何世紀も前にさかのぼることができ、pre-Confucianism において「人は天という最高の権力、すなわち最高統治者である神に服従するものと見なされており、周代においては祖先崇拝が最も重要な宗教儀式であった」という。最後に彼は、孔孟の理想は中国では実現せず、寺院に祭られる鬼神（gods）は孔孟が提唱したものではない、という。それゆえ、彼は自信たっぷりに、鉄道・汽船・電灯によって、「千年紀（キリスト生誕）の前に古代精神が中国に現れたのと同じように、古代精神が西洋世界に出現した」ことを儒教は思い知ることになるだろう、というのである[50]。

文集の最後に収められた中国に関する文章は、北京から来た米国公理会（American Board）の宣教師 Henry Blodgett（1825-1903）が執筆したものである[51]。この梗概は在華宣教師の間で議論紛々であった「聖号」（Elohim, Theos, God）の中国語訳に関するものであった。この問題に対する一般的な理解としては、一九世紀初め以来、新教の宣教師は二派に分かれ、一つは主として英国の宣教師たちが中国の古籍に記されている「上帝」と訳すべきだと主張し、もう一つは主として米国の宣教師たちが「神」と訳すべきだと考えた。Blodgett は狄考文らとともに『聖書』の翻訳に携わったことがあり、この問題をめぐる論争のいきさつを理解していたのだが、一般的な理解とは異なる記述をしている。

現在、God に関する漢訳には三種類あり、それぞれに多くの出版物がある。一つは「神」と訳すもので、神聖な精神を論じるときに、新教の宣教師の多くとローマ・ギリシャの宣教師はみな「神」を用い、聖霊を語る。次の一つは「上帝」であるが、このことばは教義の純潔性にそぐわないために、長い論争を経て拒絶された後、ローマ教会が「上帝」を使い始め、ギリシャ教会はなお使用を拒んでいる。三つ目は「天主」であり、ラテンとギリシャ教会がこれを用いる。[52]

モリソン（Dr. Morrison）以来の歴史が証明するように、「神の訳語は不十分だ」と Blodgett は考える。「上帝」はもともと国家礼拝における主たる崇拝対象を指すもので、正確ではない。三つの訳語の中から、「天主」を選んだ理由を次のように述べる。

中国語において「天」という語ほど宗教的意味あいを含んだことばはない。キリスト教は「天」の後に「主」を付けて、それを個性化することによって、それが一般的な創造主ではなく、あらゆるものの造物主で崇拝されるべき対象であることを表した。したがって、中国語における「天主」は、自然崇拝に対立するもので、真の神という意味を有している。[53]

こうして「聖号」の翻訳に関して、Blodgett は多くのアメリカ人宣教師が「神」という訳語を採用したのと違って、三百年前に中国へ来たマテオ・リッチと同じ「天主」を使ったのである。しかし、長年の論争を経て、「神」と

「上帝」という訳語は併用されるようになっており、異なる版本の『聖書』ではどちらか二者択一の状況となっていたのであり、もはや Blodgett がこの論争に波風を立てることはなかったのである。

以上、六名の宣教師の文章を概観することにより、我々はどのような結論を導くことができるだろうか。まず、中国に宗教があるかどうか、中国人に宗教心があるかどうかについて、この六名の宣教師は中国に宗教あり、中国人に宗教心ありとした。しかし、儒教の倫理的な効用を除けば、キリスト教の立場にある彼らは、直接的にせよ間接的にせよ、中国の宗教――儒・仏・道に対して低い評価しか与えず、儒教と道教が古代の宗教精神から逸脱していることをわざわざ強調した者もいた。そのほかに、中国の宗教とキリスト教とに類似性があるかどうかは来華宣教師が共通して関心を持つ問題であり、布教事業を順調に展開できるかどうかに関わる問題であった。大会では、丁韙良と赫徳蘭らの儒教に対する好意的な評価がこうした傾向を反映していた。しかし、いかに儒教の概念を用いて『聖書』を翻訳するかについては、宣教師の間にも意見の違いがあった。Blodgett の文章によれば、たとえ宣教師が God を「上帝」や「神」と訳すことで妥協したとしても、異なる宗教――一神教と多神教の信仰の間には埋めがたい溝が存在していたのである。

五　日本の視点

九月二七日一七日間におよんだ万国宗教大会は閉幕した。

シカゴ宗教大会に対しては様々な異なる見方があるにせよ、この大会が人類の宗教交流史上において重要な意義を有するという点について異議はあるまい。

「中国の宗教」はシカゴ宗教大会において、いかなる宗教的な意味を有していたのだろうか。日本の宗教代表者たちの言論は、比較の対象として有益である。シカゴ宗教大会での日本宗教の存在については深く研究されている。しかし、代表が大会に提出した文章については具体的な研究が欠けている。バローズが編纂した大会文集には、日本からあわせて一七篇の文章が寄せられており、仏教・神道・キリスト教の立場からそれぞれ宗教に対する見方が示されている。筆者にとってまず注目すべきは、平井金三（Kinza M. Hirai）の二つの発言である。[54] 流暢な英語を話す平井は、「キリスト教に対する日本の真の立場」という文章でキリスト教世界の偽善――強者が弱者を欺いたり、人種差別をしたり等――を激しく批判して、満場の喝采を博した。[55] この一点だけを見れば、彭光誉が教案問題に関して西洋諸国の横暴な行為を批判したのと共通するように見える。キリスト教に対して、彭が儒教の立場から論じたのに対して、平井は仏教の立場からその理不尽さを批判したのである。

大会十六日目、平井は「混合宗教」という題目で再び壇上に立った。彼は「宗教は未知の存在に対する信仰であり（a priori belief in an unknown entity）、理性的な知識は前提によって結論を導き出す過程だ」という。「ある人は、真理は神が創造したものだというが、こうした考えは自己矛盾である。なぜなら神が一切を創造する前、神の存在が事実であったなら、いったい誰がその事実を創造したのか。ある人は次のように反論するかもしれない。神は絶対で、無限で、全能であって、神は人の智慧を超越したやり方で一切を創造したのだと。だが、こうした特性は両立不可能であり、神の存在を証明するには不十分である。創造とは相対性（relativity）を意味するのであって、もし神が造物主であるなら、神は絶対という属性を失う。第二の矛盾は、神ではなく、信仰者の側にある。人の思想が無限で万能でないかぎり、人は神の無限を証明することはできない。平井は最後に次のようにいう。存在／真理が因果の連鎖でつながっていることさえ確認できれば、あらゆる宗教は一つの宗教に統合（synthetize）される。それが日本で悟りや仏と呼ばれる境地である。[56]

次に、宗教に対する文化を越えた理解という問題があった。李提摩太の翻訳による「儒論」と「道論」は簡潔な英文に訳されているため、すでに見たように、その内容は一般のアメリカ人読者には理解しようのないものであった。キリスト教本位の立場から見ると、宗教の基準に合わない倫理体系（儒教）か、宗教より下位の神霊崇拝（道教）であるかのように感じられた。日本の神道と仏教の代表者の発言も、聴衆に同様の感じを与えがちであった。

日本から来た神道の代表者二名はそれぞれ神道について述べた。柴田禮一の発表は無味乾燥なもので、その服装ほどには人々の関心をひかなかった。[57]神道実行教を代表して、西川須賀雄が神道の重要性を述べた。彼が概括した神道の祭祀（worship）、政治（administration）、教育（teaching）の三原則は、神道は宗教ではなく、現世的な政治倫理であることを証明するものだった。[58]

「廃仏毀釈」を経て復興した日本仏教界の代表がこの会議で行った発表は、ケテラーの高い評価を受けた。しかし、仏教固有の名詞が直訳されたために、仏教について述べた何名かの僧侶の発表は難解晦渋で、冷静に見れば、ケテラーの評価は誉めすぎであった。[59]それに対して、鈴木大拙が翻訳した釈宗演による禅宗の説明はわかりやすく、仏教の因果観を要領よく紹介したものであった。仏陀・イエス・孔子の一致点――博愛と同情心で結集することによって、戦争を止めることができると考えた。[60]大会一六日目には、大会には間に合わなかった川合芳次郎（Yoshigiro Kawai）の文章が読みあげられた。日本の仏教には一六の教派と三〇の分派があるが、「日蓮宗の教法は、仏陀が直接教えた真実で最良の仏法原理に基づいて打ち立てられているので、日蓮宗が最も卓越している」と、川合は自信をもって強調した。[61]大会に先立ち、川合はバローズ宛に他の仏教教派を貶す内容の手紙を送ったが、日本語を解さないバローズはその手紙を他の仏教代表者に見せたため、日本仏教会の内部に不和が生じたという話も伝わっている。

第三に、キリスト教徒による日本宗教の理解という問題がある。中国内外の宣教師によって描き出された中国の宗教が衰退し堕落した様相を呈していたのに対して、日本のキリスト教徒は内部分裂した二派が独自の神学体系をもたないという困難に直面していただけでなく、外部からの厳しい脅威にもさらされていた。同志社大学校長の小崎弘道は「日本におけるキリスト教の大勢――目下の状況と未来の展望」と題する発表において、日本の教会が一八八二～八八年に大発展を遂げた後、停滞・衰退した原因について回顧して、次のように指摘した。日本人の国民感情には変化が生じており、キリスト教は仏教・神道および反動派の妨害に遭った。彼らは「日本人のための日本」(Japan for the Japanese) をスローガンとしたのである。[62] 小崎は『宗教要論』という本を翻訳出版したが、これは「宗教」を書名に冠した最初の著作であった。[63]

英語に堪能な岸本能武太は「日本宗教の未来」という講演の冒頭で、「現在の日本は、宗教と非宗教が対決する戦場であり、キリスト教と他の宗教が対決する戦場である」と述べた。[64] 宗教はキリスト教・仏教・神道等の信仰を指し、非宗教とは懐疑主義 (atheism)・厭世主義 (pessimism)・不可知論 (agnosticism) を指す。宗教は必ずや消極的で破壊的な非宗教的思潮に打ち勝つであろうし、キリスト教は「普遍宗教」として「遅かれ早かれ日本の未来の宗教となるにちがいない」。

横井時雄は予定通りに大会に参加できなかったか、あるいは大会の最後に間に合ったようであり、彼の提出した文章は第一六日目に読みあげられた。「キリスト教――それは何か、極東における問題」という題名から暗示されるとおり、作者は西洋を基準としてキリスト教の東洋における意義を論じる。しかし、いかに東洋に適応するかという問題は最後まで論じられることはなく、一人のキリスト教徒としての信心――キリスト教はいかなる時代の必要性にも適応することができる――が述べられる。[65]

続いて、同志社の外国人宣教師ゴードン（M. L. Gordon）が「日本仏教の特徴は、それが最終的な宗教ではないことを表す」と題する文章で、八つの理由を挙げて仏教を批判した。（一）仏教の霊魂説には人格についてのまっとうな認識がない、（二）神・窮極・絶対に関する概念がない、（三）罪についての説が浅くて不当である、（四）不正確な救済論、（五）悲観論、（六）女性蔑視、（七）同一性と同質性の欠如、（八）人の心に排他的な敬愛の念を打ち立てることができない[66]。

大会文集の「科学部門」（Scientific Section）にもキリスト教徒の文章が数編収められている。同志社の松山高吉による「神道の起源」という発言梗概は、神道の起源と発展を簡潔に紹介して、「神道は我々の元来の宗教（original religion）ではない。それより前に存在していた信仰が神道の起源である。神道は迷信の説教（superstitious teachings）と誤った伝統の中から発展してきたものである」と指摘した[67]。鏑木五郎「神道宗教」も同じく梗概であるが、神道には信仰と儀式はあるけれども、経典がなく、抽象的な信仰の体系もない、と冒頭で指摘する。「神道は今まさに死に瀕している。自らが虚弱なためではなく、よりよい宗教――イエスの教えが現れたためである。キリスト教は今まさに日本にのぼりつつある太陽だ」という[68]。

以上からわかるように、日本の宗教に対するキリスト教徒の見方と、中国の宗教に対する宣教師の見方とには若干の違いがある。日本の代表は、宗教信仰としての神道と仏教の不徹底さを批判し、この二つの宗教勢力が大きな影響力を持っていることを認めるが、それは将来日本でキリスト教が発展することに対して彼らが示した楽観的な気持ちと矛盾するのである。小崎は次のように指摘する。他の国と違って、日本のキリスト教徒は女性が四分の三を占め、若い人が多く、「士族あるいは武士階級が絶対的優勢を占める」。この後者の点は、たしかに日本の他国と異なる点だといえよう。最後に、religion の使用に関しては、ゴードンの文章にだけ「神」（gods）・「鬼」（demons）・「土着宗教」

（indigenous religion）・「支配的な迷信」（prevailing superstition）といった細分が見られ、religion は明らかに仏教・神道等を指している。そのとき、日本はすでにとっくに religion から「宗教」への翻訳の転化を遂げていた。

六　religion から宗教へ

周知のように、religion の翻訳について、一九世紀の来華宣教師は「教」と訳していた。最も早いモリソンの『英華辞典』は religion を「教門」「教」と訳し、儒仏道「三教」を The three religions in China と、「教主」を Founder or head of a religion と訳し、キリスト教は「天主教」「西洋教」と訳された[69]。その後、W. H. Medhurst[70]、Wilhelm Lobscheid[71] らも同じ訳語を踏襲した。ところが、まさに彭光誉が指摘するように、religion を「教」と訳すのは似て非なるものである。中国語の「教」は教育・教化、religion は信仰の意味であり、両者は互用できない。こうした見方は中国の知識人の中では孤立したものではなかった。一八九九年、著名な翻訳家・厳復は宓克（Alexander Michie）の『支那教案論』（*Missionaries in China*）を訳したとき、「教と名づけたものは、天や神に仕えることや、生前死後の杳として知りがたきことの一切を必ず含むものであって、その文字の本義にいう文行忠信を伝授することではない。したがって、中国の儒教は、道・仏・回・景と併称して教と呼ぶべきでないことは明らかである。なぜなら、世の中で教と呼ばれるものは、みな自らの教えしか語らず、それは私のいう教ではないからだ。それでは中国にはもともと教がなかったのか。あった。孝こそが中国の真教なのである」[72]。一方、宣教師たちの考えははっきりしていた。十年前の一八八七年、Rev. John Ross は「儒教に対する我々の態度」の中で次のようにいっている。「儒教はふつう一種の宗教と見なされている。しかし、儒教自らが我々のいう意味での宗教という語を受け入れ、その語によって儒教の体系を定義したいと思うだろうか。儒教・仏教・道教は中国の三教と称されている。だが、ここでの教は宗教ではなく、教導、教育体系の意味である」。「したがって、我々は宗教によってではなく、世界の道徳体系によって儒教を定義することを希望する」[73]。

興味深いことに、「教」では religion の翻訳にならないことに気づいた後で、彭光誉はreligionを「爾釐利景」と音訳した。語の構成という点から見ると、その意味は「整え定めて景を利する」と読める。ここでの「景」は「景教」を指す。彭光誉のreligionに対する理解は儒教的で、宗教をキリスト教のみに限定したのである。そう考えたのは彭光誉だけではなかった。二〇世紀初め、厳復がアダム・スミスの『国富論』を翻訳したとき、次のようにいっている。「今西洋のいわゆる教とは『魯黎礼整』という。その本来の意味を考えるなら、釈迦の帰依するという意味である。したがって、世の中で教と称するものには、必ず鬼神がおり、祈祷の文があり、守るべき決まり事があって、それをまとめて宗門の信者とするのである」[74]。「魯黎礼整」は「野蛮未開に対して礼儀と規律を施す」という意味であり、「礼」「整」には儒家の教化という意味がある。さらに意味深長なことには、彭光誉や厳復と立場を異にし、儒教は宗教であると強調した康有為が「釐利尽」という音訳を使用した。その意味は「利を尽く去る」となる。彼は「『釐利尽』とは、一義を樹立することができる者は、信者を導くことができるという意味だ」という[75]。この語にもやはり儒家思想の色彩が含まれている。

このように、「教」は儒家の教育・教化という意味であるから、religion とはどうしても相容れない。この点に気づいて音訳を選択したとき、彭光誉の「爾釐利景」と厳復の「魯黎礼整」は、いずれも儒家思想に照らして religion を理解したものであった。したがって、キリスト教に倣って孔子教を創出しようと考えていた康有為が、religion の音訳に「釐利尽」を選んだことも、その意味で怪しむに足りない。実際には、「教」と religion を結びつけることに賛成であろうとなかろうと、結果的に人々は religion の訳語として「教」を使わざるをえなかった。李提摩太の翻訳において、儒教・道教・仏教がやむをえず宗教と翻訳されたばかりか、儒家の「礼」や「礼楽」までもが religion と翻訳された例を見ることができるのである。

Religion を「教」と訳すのは儒教から見て不正確であるが、religion が「教」から「宗教」へと変わることは仏教語彙と関わる問題である。一般的に、新名詞としての「宗教」(shûkyô) は一八六八年の明治維新以後まもなく生まれ、一八八〇年代初めにはかなり広範囲に認知されるようになったと考えられている。[76] ヘボン『和英語林集成』の複数の版本を比較してみると、第一版（一八六七年）と第二版（一八七二年）では「教」「法」「道」が使われ、第三版（一八八六年）ではじめて「宗教」(shûkyô) という語が加えられていることがわかる。[77]「宗教」という語は中国の仏教典籍に由来し、宗旨と教派という意味である。だが、明治時代に religion を「宗教」と呼ぶようになったのは、決してたんなる借用ではなく、新たに造られた名詞といってよい。東京帝国大学教授の井上哲次郎は、この点をはっきりと強調している。まさしく明治初期の日本では、仏教の概念をとおして religion を理解しただけでなく、religion の訳語としての「宗教」は一宗派の学説という意味にすぎず、もっぱらキリスト教を指すものであった。

日本語の「宗教」が海を渡って中国へ返ってきたとき、まったく異なる反応が引き起こされた。黄遵憲は『日本国志』の中で「宗教」を用い、[78] 康有為も『日本書目志』において「宗教」という語を襲用した。しかし、「宗教」という語の来源と構成を考証するうちに、厳復と同じように「教宗」によって religion を翻訳しようという意見が生まれた。康有為は「宗教」という語の使用を、当初は受け入れたものの、やがて反対するようになったのである。

シカゴ宗教大会での宣教師の文章を詳しく検討して、中国語のどのような言葉が religion と訳されているかを調べることは重要な研究課題である。宣教師は religion という語でキリスト教を指しただけでなく、儒教・仏教・道教等をもその語で呼ぶことにより、religion に多様な含意を注入した。God の訳語をめぐって、宣教師たちは最後には「上帝」と「神」の二語を併用することで妥協に達したが、Blodgett が大会で再び「天主」を持ち出したように、すべての信徒を満足させることのできる完全な訳語など存在しないことが露呈した。語彙としての宗教はその含意が明確であるが、概念になると、宗教の意味は曖昧なものに変わってしまうのである。

　中国の知識人は religion を「教」や「宗教」と訳すことに抵抗したけれども、ついには「教」は religion の訳語となったばかりか、「宗教」は religion の正式な翻訳語として二〇世紀初めには中国人の常用語となっていく。一九〇八年、初めて大辞典に採用された「宗教」（zōngjiào）という語の解釈は、「神を崇拝し、信奉し、希求するある種の思考、感情、行為のやり方」というものであった[79]。この辞典の編纂者はのちに中華民国の名高い国務総理となる顔恵慶であり、その父は十五年前にシカゴ万国宗教大会で演説した顔永京牧師であったのである。

注

（1）John H. Barrows, ed., *The World's Parliament of Religions: An Illustrated and Popular Story of the World's First Parliament of Religions, Held in Chicago in Connection with the Columbian Exposition of 1893*. Vol. I. Chicago: The Parliament Publishing Company, 1893, p.19.

（2）Donald H. Bishop, "Religious Confrontation, A Case Study: The 1893 Parliament of Religions." *Numen*, 16:1（April 1969）, pp. 63-76., "America and the 1893 World Parliament of Religious," *Encounter*, 31:4（Autumn 1970）, pp.348-371.

（3）Richard Hughes Seager, *The World's Parliament of Religions: The East / West Encounter, Chicago, 1893*, Bloomington: Indiana University Press, 1995.

（4）Carl T. Jackson, *The Oriental Religions and American Thought: Nineteenth-Century Explorations*, Westport, Connecticut: Greenwood Press, 1981. Rick Fields, *How the Swans Came to the Lake*, Boulder, Colorado: Shambhala Publications, 1981.

（5）鈴木範久『明治宗教思潮の研究』、東京大学出版会、一九七九年、二〇七～二三一頁。

（6）森孝一「シカゴ万国宗教会議：一八九三年」、『同志社アメリカ研究』第二六号、一九九〇年三月。

（7）James Edward Ketelaar, *Of Heretics and Martyrs in Meiji Japan: Buddhism and its Persecution*, Princeton: Princeton University Press, 1990.（日本語訳：ジェームス・E・ケテラー著、岡田正彦訳『邪教／殉教の明治：廃仏毀釈と近代仏教』ぺりかん社、二〇〇六年）

（8）陳熙遠「『宗教』——一個中国近代文化史上的関鍵詞」、『新史学』第十三巻第四期、二〇〇二年一二月。村田雄二郎「東アジアの思想連環——清末中国『宗教』概念受容をめぐって」、三谷博編『東アジアの公論形成』東京大学出版会、二〇〇四年。

（9）John H. Barrows, p. vii.

（10）Reinhart Koselleck, *The Practice of Conceptual History: Timing History, Spacing Concepts*, Stanford: Stanford University Press, 2002.

（11）中国第一歴史檔案館編『清代官員履歴檔案全編』（五）、華東師範大学出版社、一九九七年、五九七頁。彭光誉は「説教」のほかに『吉林通志』、『鄂爾多城考』等の著作がある。

（12）Pung Kwang Yu, “Confucianism,” John Henry Barrows, ed.,The World’s Parliament of Religions, pp.374-439.

（13）彭光誉『説教』同文館、光緒二十二年（一八九六年）。

（14）W. A. P. Martin, “America’s Duty to China,” John Henry Barrows, ed., *The World’s Parliament of Religions*, p.1138.

（15）「出使美日秘国大臣楊奏」、彭光誉「説教」参照。

（16）彭光誉『説教』、五～六頁。

（17）同右。

（18）前掲「出使美日秘国大臣楊奏」。

（19）彭光誉『説教』、一頁。

(20)　彭光誉『説教』、三頁。英語版：Now take the word "Religion," which is the subject under discussion. Toward the close of the Ming Dynasty, the Europeans in China used the word "kao" in the sense of Religion. But "kao" signifies properly "to teach", if used as a verb, or "instruction" if used as a noun. (Barrows, p.375)

(21)　彭光誉『説教』、三頁。英語版：Even the term "Yu kao," or Confucian school, is employed only by the Taoists and Buddhists to distinguish the established system of instruction founded upon the principles of social relation, from their own systems of belief, which they call "Tao-kao" and "Foh-kao" respectively, by prefixing the word "yu" to the general term "kao." To these three systems of doctrine they sometimes give the name of "San-kao," or three systems of instruction. But Confucianists refer to the two sects only as "heterodox system of doctrine." Mohammedans call the Confucian system of doctrine "ta-kao," or the great system of instruction. All these terms, however, can be traced to those who desire to separate themselves by a distinctive name from the general body of the people. They are not of a Chinese origin. The only term that is of a Chinese origin is "li-kao," or the proper system of instruction. (Barrows, p. 375)

(22)　彭光誉『説教』、三～四頁。英語版：I find "religion," as defined by Webster, to be "the recognition" of God as an object of worship, love and obedience, or right feelings towards God as rightly apprehended," "prophet" to be "a person illuminated, inspired or instructed by God to speak in his name or announce future events," and "priest" to be "one who officiates at the altar, or performs the rites of sacrifice, hence, one who acts as a mediator between men and the divinity of gods," pastors, ministers, missionary being only different names for persons who perform functions quite similar to those of a priest. Now according to these definitions, "religion" has its proper Chinese equivalent in the word "Chuh." As for those persons who can foretell the future events, they can find their associates in China in those who are versed in sooth-saying. (Barrows, pp. 375-376)

(23)　彭光誉『説教』、四頁。英語版：When Europeans first made their way into China, toward the close of the Ming Dynasty, they found it difficult to hit upon a proper Chinese word for God. They made use of the terms "Shangti" (Ruler of the

Upper Religions), "Shen" (Spirit), "Chan Shen" (True Spirit), "Tuh-i-chi-Shen" (Only Spirit). Sometimes they merely translated the word "Pater" and "Jehovah" by means of Chinese characters. In their worship they made use of images. They had certain traditions on the subject of cosmogony. Their religious beliefs seemed to bear a strong resemblance to those held by Buddhist and Taoist priests. (Barrows, p. 376)

(24) 彭光誉『説教』、五頁。英語版：There are some western scholars who say that the system of doctrines of Confucius cannot be properly called a Religion, and there are others who say that China has not Religion of her own. That the ethical systems of Confucius cannot be called a Religion may be admitted without fear of contradiction, but that China has not Religion of her own must be taken as not well founded in fact. (Barrows, pp.378-379)

(25) 彭光誉『説教』外篇上、四三頁。

(26) 同右、四五頁。

(27) 同右、四八頁。

(28) 同右、五四頁。

(29) Kung Hisen Ho, "Confucianism", John Henry Barrows ed., *The World's Parliament of Religions*, pp.596-604.

(30) Taoism, A Prize Essay, John Henry Barrows ed., *The World's Parliament of Religions*, pp.1355-1358.

(31) 孔憲和「儒論」、『万国公報』第五四冊、光緒一九年六月（一八九三年七月）。

(32) 李葆元「道教論」、『万国公報』第五五冊、光緒一九年七月（一八九三年八月）

(33) 孔憲和「儒論」

(34) Timothy Richard, *Forty-Five Years in China*, London: T. Fisher Unwin, 1916, p. 222. William E. Soothill, *Timothy Richard of China*, London: Seeley, Service & Co. Limited, 1924, pp.175-176.

(35) 孔憲和「儒論」。The most important thing in the superior man's learning is to fear disobeying heaven's will. Therefore, in our Confucian religion the most important thing is to follow the will of heaven. (p. 596)

（36）孔憲和「儒論」。That is what has caused Confucianism to be transmitted from the oldest times till now, and what constitutes its superiority to other religions is that it does not encourage mysteries and strange things or marvels. It is impartial and upright. It is a doctrine of great impartiality and strict uprightness, which one may body forth in one's person and carry out with vigor in one's life. Therefore we say, when the sun and moon come forth（as in Confucianism）, then the light of candles can be dispensed with.（p. 604）

（37）李葆元「道教論」。

（38）同右。Chang Lu（A. D. 385-582）used charms in his teaching, and employed fasting, prayer, hymns and incantations to obtain blessings and repel calamities; and Taoism's fundamental doctrines had utterly disappeared.

（39）Daniel W. Fisher, *Calvin Wilson Mateer: Forty-Five Years A Missionary in Shantung, China*, Philadelphia: The Westminster Press, 1911.【中国語訳：『狄考文傳：一位在中国山東生活了四十五年的傳教士』、広西師範大学出版社、二〇〇九年、一五三頁】。

（40）Issac T. Headland, "Religion in Peking," pp.1019-1023.

（41）W. A. P. Martin, "America's Duty to China," pp.1137-1144.

（42）W. A. P. Martin, "America's Duty to China," p.1144.

（43）W. A. P. Martin, *Hanlin Papers, or, Essays on the intellectual life of the Chinese*, London: Trübner, Shanghai: Kelly & Walsh, 1880, pp.126-162.

（44）George T. Candlin, "The Bearing of Religious Unity on the Work of Christian Missions", pp.1179-1191.

（45）Y. K. Yen, "What Has Christianity Done for the Chinese?" pp.1311-1312.

（46）Ernest Faber, "Genesis and Development of Confucianism", pp.1350-1353.

（47）Ernest Faber, *A Systematical Digest of the Doctrines of Confucius*, translated from the German by P. G. von Möllendorff, Second Edition, The General Evangelical Protestant Missionary Society of Germany, 1902, pp.100-115.

（48）Timothy Richard, *Forty-Five Years in China*, pp.219-220. William E. Soothill, *Timothy Richard of China*, p.174.
（49）花子安『自西徂東』（近代文献叢刊）、世紀出版集団・上海書店出版社、二〇〇二年、二二五頁。
（50）Ernest Faber, "Genesis and Development of Confucianism", p.1353.
（51）Henry Blodgett, "Why Protestant Missionaries in China Should Unite in Using Tien-Chu for God", pp.1378-1379.
（52）Henry Blodgett, op. cit.
（53）Henry Blodgett, op. cit.
（54）平井金三について、「平井金三における明治仏教の国際化に関する宗教史・文化史的研究」（平成一六年度〜一八年度科学研究費共同研究報告書、代表者：吉永進一）を参照されたい。
（55）Kinza Riuge M. Hirai, "The Real Position of Japan Toward Christianity", pp.444-450.
（56）Kinza Riuge M. Hirai, "Synthetic Religion", pp.1286-1288.
（57）Reuchi Shibata, "Shintoism", pp.451-454.
（58）Nishikawa Sugao, "The Three Principles of Shintoism", pp.1370-1373.
（59）Banriu Yatsubuchi（八淵蟠龍）, "Buddhism", pp.716-723. Zitsuzen Ashitsu（蘆津実全）, "Buddha", pp.1038-1040. Horin Toki（土宜法竜）, "Buddhism in Japan", pp.1290-1293.
（60）Shaku Soyen, "The Law of Cause and Effect, As Taught by Buddha", pp.829-831. "Arbitration Instead of War", p.1285
（61）Yoshigiro Kawai, "A Declaration of Faith and the Truth of Buddhism", pp.1290-1293.
（62）Kozaki, "Christianity in Japan; Its Present Condition and Future Prospects", pp.1012-1014.
（63）ジュリオス・エイチ・シーレー著、小崎弘道譯纂『宗教要論』十字屋、一八八一年。
（64）Nobuta Kishimoto, "Future of Religion in Japan", pp.1279-1283.
（65）J. T. Yokoi, "Christianity-What is It? A Question in the Far East", pp.1283-1284.
（66）M. L. Gordon, "Some Characteristics of Buddhism As It Exists in Japan Which Indicate That It Is Not a Final Religion,"

pp.1293-1296.

（67）Takayoshi Matsugama, "Origin of Shintoism", pp.1370-1373.

（68）Goro Kaburagi, "The Shinto Religion", pp.1373-1374.

（69）Robert Morrison, *A Dictionaryofthe Chinese Language*, Honorable East India Company's Press, 1815-1823.

（70）W. H. Medhurst, *A Englishand Chinese Dictionary*, Mission Press, Shanghai, 1842-1843.

（71）Wilhelm Lobscheid, *Englishand Chinese Dictionary*, Hong kong: Daily Press Office, 1866-1869.

（72）『支那教案論』（A. Michie, *Missionaries in China*, 1892）（一八九九年）、王栻編『厳復集』第四冊、中華書局、一九八四年、八五〇頁。

（73）Rev. John Ross, "Our Attitude Towards Confucianism", *The Chinese Recorder and Missionary Journal*, Vol. 18, No.1., January 1887, p.4.

（74）『原富』（Adam Smith, *An Inquiry into the Nature and Causes of the Wealth of Nations*）、上海南洋公学。『厳復集』第四冊、九一〇頁。

（75）姜義華他編『康有為全集』第四集、中国人民大学出版社、二〇〇七年、三六頁。黄興涛「新名詞的政治文化史――康有為與日本新名詞関係之研究」、黄興涛主編『新史学――文化史研究的再出発』第三巻、中華書局、二〇〇九年、一一九頁。

（76）井上哲次郎『哲学字彙』（附清国音符）、明治一四年、東京大学文学部印行、七七頁。

（77）*A Japanese and English Dictionary, With an English and Japanese Index by James Curtis Hepburn*, Rutland, Vt.: C. E. Tuttle, 1867, 1872, 1886. J・C・ヘボン『和英語林集成』、講談社学術文庫、一九八〇年。

（78）黄遵憲『日本国志』（一八八七年）巻三二、学術志一。

（79）一九〇八年、顔恵慶『英華大辞典』（商務印書館）の religion に対する解釈は以下のとおり。a mode of thinking, feeling, and acting, which respects, trusts in, and strives after, the Divine, or God, 宗教・・any system of faith and worship, 教・信奉・道門・派教・・-ary, 宗教的・信仰的・教会的・教門的。

第二章　「洋教」という他者――一九世紀後半におけるキリスト教と中国社会

はじめに

一九一二年、中華民国の成立という歴史的な出来事を目撃したフランスの中国研究者グラネ（Marcel Granet）は、その後著した『中国人の宗教』と題した本のなかで、彼が一九一二年にできた北京のある監獄で目にした光景を次のように描写している。「監獄には説教室があり、説教者の席の背後にはキリスト・老子・孔子・ジョン・ホワイトとモハメッドの五人の肖像画が掲げられている」と。そして、中国人の宗教意識について、グラネは次のように述べている。すなわち、中国において「三教」と呼ばれる儒教・佛教・道教はしばしば一つの宗教であると説かれるが、このことは、中国人の「教義全般への根本的な無関心さを示すものでしかない」。監獄の壁に掲げられた五枚の肖像画に示された宗教的「混合主義」（syncrétisme）には特別な意味がないという[1]。

ここでグラネは中国人の宗教信仰の汎神論的な特徴を指摘すると同時に、異なる宗教がいかに中国社会のなかで共存しているかの問題にも触れている。しかし、一九世紀後半から二〇世紀初頭にかけての中国におけるキリスト教布教の歴史を振り返ってみれば、キリスト教が中国社会に受け入れられるまでの道のりはけっして平坦ではなかった。

一八四二〜一九一一年の間、キリスト教をめぐってさまざまな反キリスト教事件――いわゆる「教案」（missionary case）――が発生し、そのうち記録されたものだけで一九九八件に上った。[2]これらの反キリスト教事件のうちには、民事案件もあれば、刑事案件もある。また、宗教上の習慣や感情の対立に起因するものも少なくない。

グラネが北京の監獄で見た肖像画においてイエス・キリストがどのように描かれていたか、今日、われわれは知る術がない。しかし、それより約二〇年前の一八九一年に、中国の儒教知識人周漢が描いた絵本「謹んで聖諭に従い邪教を退ける」のなかで、イエス・キリストは禽獣の姿で登場している。この絵本は当時長江流域で流布したことから、広い影響を及ぼしたと考えられる。[3]もしグラネが指摘したように中国人が異なる宗教間の違いに無関心であり、宗教的「混合主義」の下でキリスト教が一席を占めるのも特別な意味がないのであれば、なぜ中国で大規模な「教案」が発生したか。一九世紀後半の中国で起きた数多くの反キリスト教事件に対して、われわれはどのように理解すべきであろうか。[4]

本章の目的は、「教案」が発生した社会的な文脈のなかで、キリスト教が中国社会に反発／受容されるプロセスを考察することによって、キリスト教と中国社会の複雑な関係の一側面を描くことにある。[5]

一　「秩序」としてのキリスト教

キリスト教はかなり早い時期に中国に伝わった。一九世紀半ばまで、「他者」としてのキリスト教は中国皇帝の権力に従属することによって中国に入ったのである。唐代において、ネストリウス派キリスト教が中国に入り、「景教」の名で教義を広げ、元代においては、景教の信者やカトリック教信者が「也里可温」（モンゴル語 Arkaun）と呼ばれた。明清時代、イエズス会の宣教師は儒教とキリスト教を調和させる布教方式を模索し、主として中国の知識人の間でカトリック教の影響を広げた。しかし清初期、清朝政府とローマ教皇庁の間で激しい「儀礼の争い」が生じたため、宣教師たちは皇帝の庇護を失い、中国での布教活動が禁止されてしまった。

キリスト教の宣教師たちが中国で布教活動を再開したのは一九世紀半ば頃のことである。二度にわたるアヘン戦争（一八四〇～四二、一八五八～六〇）の結果、清朝政府はやむをえず列強と一連の不平等条約を結び、そのなかに、中国の沿海そして内地におけるキリスト教布教の自由に関する規定が含まれていた。キリスト教の宣教師たちは諸外国の外交官と同様に「治外法権」を享受できるだけではなく、中国の民衆を対象とした布教活動も条約に基づいて保護された。一八六〇年の「北京条約」を通じて、外国の宣教師は中国内陸地で布教する権利と任意に田地を購入する権利を取得した。土地購入に関する部分は条約交渉の際にフランス人翻訳者がこっそり手を回して加えたものである。だがキリスト教会に土地や家屋を購入する権利を与えたことは各地の官民の猛烈な抵抗を招いた。そこで一八六五年、清朝政府とフランス政府が妥協し、土地売買の際の契約書に「本地の天主堂の公産として売ることを明記し、宣教師や信者の名前をわざわざ記入する必要はない」とした。清朝政府の考えでは、「本地」は中国にあるため、「その土地は依然として中国の土地であり、そこから中国人の財産であることを知ることができる」[6]とみなしていた。しかし、それ以降もキリスト教会による土地や家屋の売買をめぐるトラブルが多く発生した。このように、キリスト教は「近代秩序」の一部として中国に現れたのである。

中国の宗教について論じる際、欧米の研究者の間では、中国の宗教を制度化した宗教（institutional religion）と分散化した宗教（diffused religion）の二つに分類する傾向がある。前者は儒教・仏教・道教を指し、後者はさまざまな民間宗教、とりわけ「秘密宗教」と称される民間宗教を指す。[7]これらの民間宗教は教義や組織が異なるものの、宗教信仰と宗教活動の区別は必ずしも明確ではないと考えられてきた[8]。中国の宗教のうち、「儒教」は清朝の支配イデオロギーにおいて中心的な地位を有する。その他の宗教は政治的にいずれも従属的な地位におかれていた。仏教と道教は国家任命の僧官・道官によって管理され、寺院や道観という特定の空間以外では布教することができない[9]。他方、清朝は民間宗教を「人民を惑わす」「邪道異端」と見なし（『大清律例・禁邪類』）、儒教の正統思想に合致しないあらゆる思想・宗教、とりわけ「邪教」と呼ばれる民間宗教を「異端」と称し、厳しく弾圧した[10]。

一九世紀後半、「近代秩序」としてのキリスト教会が中国社会に出現した結果、新たにキリスト教信者と非キリスト教信者の対立構図が現れた。キリスト教会は往々にして信者の利益を守り、清朝の地方官や地域の宗族勢力に対抗した。その結果、キリスト教会と中国社会との間の宗教感情の対立は、しばしばキリスト教会と清朝の統治機構との間の政治的対立に拡大した。

二　「他者」との距離——宗教感情の齟齬

一九世紀後半、儒教知識人の反キリスト教的言論には、キリスト教の教義に対する蔑視と恐怖の二つの側面があり、両者はコインの両面のように共存している。明末（一七世紀前半）と清末（一九世紀後半）において、儒教知識人は、キリスト教の教義が儒教の倫理に背き、中国人の日常経験の常識とも一致しないと主張している。キリスト教に対して中国人が批判的な態度を取った理由について、グラネは次のように分析している。「カトリック教の教義の豊かな道具立ても中国人にとってはほとんど威信を与えるものではない。天のお告げ、山上で受けた聖なる書物、処女に宿った神、死者の復活、天国、地獄、罪の償いなど、中国人にとって以前から既に知っているものばかりである」[11]。つまり、キリスト教の教義はすでに中国の宗教に内包されており、中国人にとってキリスト教を重視する必要はない、という意味であろう。

一方、中国におけるキリスト教の布教活動の拡大に対して、儒教知識人は怒り狂って憂慮と憤慨の意を隠さなかった。明末期の知識人黄貞は、「姦夷は中華を狙い、学脈を乱し、神出鬼没である。これは開闢以来未曾有のことだ」と警戒した[12]。清末期になると、キリスト教に対する批判の声が一層高まった[13]。彼らが指摘したキリスト教のさまざまな問題のなかで、もっとも根本的なのはキリスト教が中国人の「祖先崇拝」に反対する点である。一九世紀五〇年代に現れた『西洋天主教の説に反駁す』の作者が列挙したキリスト教の「罪状」のうち、第一条が「天主教は人々に父母に孝行をせよと教えながら、なぜ祖先を祀らせないのか」であり、祖先を拝ませないことはすなわち君・親・師を拝ませないことであり、「要するに一人の西洋人（イエス・キリストのこと――筆者）以外は、誰のことも知らない。一人の西洋人以外は、心には誰のことも思っていない[14]」。また、広く知られる反キリスト教の作品「湖南公檄」の作者は、祖先や神霊を敬わないなど十カ条を挙げてキリスト教を非難し、祖先を敬わないことは「自らその根本を絶つことであり、根っこが切られたら枝葉も当然害を受けるに違いない」と述べている[15]。

中国人の祖先崇拝について、グラネは次のように指摘している。「事実中国には多少なりとも定義できる信仰があるとすれば、それは先祖に関連する信仰であり、聖職者の名に値するものがあるとすれば、それは俗人、一家の父である[16]」。清朝初期において、祖先崇拝は「儀礼の争い」の最大の争点であり、これをきっかけに清朝政府はカトリックの布教を禁止した。清末期において、マーティン（丁韙良）に代表される宣教師たちは各教会に対し、中国人の「祖先を祀る」ことを容認するよう呼びかけた。この問題をめぐって、一八九〇年に上海で開かれたプロテスタント宣教師の大会の席上で議論が行われた。しかし、丁韙良らの呼びかけに賛同する宣教師は少数に止まった[17]。

ところで、キリスト教の宣教師たちが広州・福州・アモイなど中国沿海の五つの都市での布教権を手に入れてからまもなく、科挙試験で度々失敗を経験した農村の青年洪秀全はキリスト教の教義に啓発されて「拝上帝教」を創立し、中国の南部で太平天国（一八五一〜一八六四）の旋風を巻き起こした。太平軍は到るところで祖先の位牌や民間宗教の偶像をことごとく取り壊した。これに対して、曾国藩は太平天国が「外夷の緒を盗み、天主の教を崇める」ことを批判し、それを「我が大清の変ではなく、開闢以来の名教の変である。我が孔子、孟子はそれが故に九泉で激しく泣き叫んでいるに違いない。本を読み字を識る者であれば、どうして手をこまぬいて気楽に座って何もしないでいられようか」と人々に呼びかけた。[18]

民間社会に対する「拝上帝教」の衝撃や太平天国に対する儒教知識人の批判は、一九世紀後半における中国人のキリスト教認識に少なからぬ影響を与えた。前出の周漢は「鬼叫（鬼教）死ぬべし」と題した文章のなかで、次のように述べている。「鬼叫（教）の大頭目は長髪洪秀全・楊秀清・石達開で、造反して天下をあまねく乱してしまった。彼らを殺し尽くすには数十年かかった。あなたたち若者は長髪の造反のことを知らないのだから、年寄りに聞いてみなさい」。[19]このような歴史記憶の再生産によって、キリスト教に対する批判や偏見は強化され、また後世の人々によって共有されるようになる。

一九世紀後半に中国で精力的な布教活動を行った宣教師アーサー・スミス（明恩溥）は、一八九九年に出版した『中国の郷村生活』のなかで、中国の農村にとってキリスト教のもっとも有益なところは中国人の家族関係を改善させ、婦女と児童の問題の解決に役に立った点だと指摘した。[20]しかし、皮肉なことに、キリスト教に対するさまざまな猜疑は往々にしてデマとして広まり、その多くは婦女・児童にまつわる問題に関わる話であった。そのうちもっとも典型的なものは、いわゆる宣教師たちによる「採生折割」――女性の生殖器をつかみ取ることによってみだらなことをし、子供の体の一部を盗み取って薬の材料にする――に関するデマである。[21] これらのデマはしばしば大規模な反キリスト教運動へ向けの世論を準備することとなっている。

では、キリスト教の教義やキリスト教の影響の拡大について、仏教と道教はどのような態度を取っていたのか。曾国藩は「焼かない廟はなく、壊さない仏像はなかった[22]」と述べた。あるカトリック教の宣教師は次のように述べている。「太平軍の到るところ、廟宇・寺院が悉く破壊され、寺廟の宝物はすべて略奪された。仏教・道教はひどい打撃を受け、僧侶は影も形もなくなった。多くの地域では、このことはかえってカトリック教の福音を宣伝するための障碍を取り除いてくれた[23]」。太平軍によって多くの寺院、道観の偶像が破壊されたことから、仏教・道教がキリスト教に対して好感を持たないことは想像に難くない。しかし仏教と道教は清朝政府の抑圧政策の下ですでに影響力が弱まっていた。チベット高原およびその周辺の一部の地域においてラマ教がキリスト教の布教に抵抗したのを除いて[24]、明末期のような仏教の高僧とカトリック教の宣教師との宗教弁論もなく、仏教や道教の僧侶による組織的な反キリスト教活動もなかった。

仏教・道教とキリスト教の信仰上の対立関係については、寺院・道観の建築、修理や宗教行事の費用分担など地方レベルの宗教活動を通じて見る必要がある。

地域社会では、仏教・道教活動の費用を、その地方の住民が共同で負担するのが一般的である。しかし、キリスト教の信者は自分がキリスト教を信じるのを理由に、これらの費用を負担することを拒むケースが続出した。それによって、地域内部におけるキリスト教信者と仏教・道教信者との対立が生じた。さらに深刻なのは、「廟産」（寺院の財産）の分割をめぐる対立である。カトリック教は中国内地での布教権を獲得した後、清初期にカトリック教が禁止された際に没収された教会の財産を賠償するよう求めた。賠償請求の対象のうちには、すでに書院・廟宇になったものも含まれている。[25] これをきっかけに、財産返却に抵抗する反キリスト教事件が多く発生した。また、一部の宣教師は宣教資金が不足するため、キリスト教信者を唆して「廟産」を分割するよう求めた。このようなケースは数としては多くないが、注目に値する。[26] 儒教・仏教・道教の象徴である書院・寺院・道観の一部がキリスト教のシンボルとなったことは、さらに宗教感情の対立を激化させた。以下では、具体的な事例を通じて見てみたい。

第一の事例はシャルボニエがその著『中国キリスト教徒史』のなかで記述している北京から南へ一五四キロ離れた河北省東閭村で起きた事件である。一九〇〇年の義和団事件の際に、この村は四四回にわたって義和団の侵攻を撃退したことで名を知られている。その四〇年ほど前の一八六三年、カトリック教の神父がはじめてこの村を訪れた。村の西側に住む楊一族がカトリック教に入信し、東側に住む蔡一族が建てた仏塔を取り壊した。蔡一族は保定府に訴えようとしたが、「彼らはキリスト教信者が西洋人の保護が得られるのを知っていた。彼らも劉神父を訪ねて、（キリスト教の）教義の本を学びはじめた。しかし、楊一族の人たちと連絡を取ろうとはしなかった」。神父が間に立って調停した結果、両家はともにキリスト教に帰依し、トラブルが解決した。[27] 興味深いことに、蔡一族が訴訟を放棄し、カトリック教に入った最初の動機は「キリスト教徒になれば西洋人の保護が得られる」ことであった。この事件は、一見宗教信仰の相違に起因したかのように見える衝突を地域の具体的な矛盾や対立の文脈から理解することの重要性を物語っている。

第二の事例は洪秀全をキリスト教に導いた宣教師梁発のケースである。梁発は自分がキリスト教に入った時の心境について次のように描写している。「これは真に新奇な宗教である。彼らの言うとおりにすれば、元宝・蝋燭・金華・冥鏹はいずれも無用になってしまう。[28] これはとても罪なことだ。私は彼らが神明をけがしたことに対して仏祖が彼らに罰を与えるのではないかと心配している。私は、彼らがこのような宗教を宣伝しつづけられるかどうか、しばらくに接したときの内面の動揺・葛藤が見事に描かれている。静観することにした」[29]。この一節では、幼い頃から儒・仏・道の信仰の影響を受けた中国人が、はじめてキリスト教

第三の事例は実生活のなかにおける祖先崇拝をめぐる、キリスト教と中国社会の対立に関するものである。一八七四年春、江西省安仁県王一族の族長王長生が族人のカトリック教信者王開秀らに連行されて街中を引き回された。これをきっかけに、王一族とカトリック教信者の間で械闘が起きた。王長生の供述によれば、王開秀が彼を引き回した原因は二つある。第一に、王開秀の妻が同族の人に蹴られてけがをし、死亡した。王開秀は相手側に示談をもちかけようとしたが、族長王長生は「人命に関わる事件を示談で解決するのは律例に違反した行為だ」と、阻止した。第二に、清明節の時、族人たちが祠堂に集まって祖先を拝んだ際、自分は族規に従って族人たちに「譜餅」を配った。ところがカトリック教に入った王開秀は祖先を拝まなかったのに、祠堂へ行って餅をもらおうとしたので口論となって分かれた[30]ということである。

この事件が示したように、キリスト教信者であれ、そうではない人々であれ、ふだんは同一の日常空間のなかで生活している。彼らの間で生じたトラブルもまた日常生活と密接に関わっている。王長生と王開秀の間では、信仰の違いから日常生活の局面でも深刻な対立が生じた。族長王長生からみれば、カトリック教に入信し、祖先を拝まない王開秀はもはや王一族の「他者」である。祖先を拝むという仕来りに従わない以上、一族のメンバーとして「譜餅」をもらう権利を失ってしまったのである。

最後に挙げるのは、福建省福安県坑源郷李一族の間で起きた死者の埋葬をめぐる対立である。一八八一年春、李一族の人李光華が病死したとき、その弟であるカトリック教信者李光照はフランス人神父王褒礼および信者十数名を招いて、「一族の公共の広間で聖書を読み」、兄のためにカトリック教の葬式を行おうとした。それに対して、一族の人

たちは猛烈に反対した。死者の末弟は、亡くなった兄はカトリック教の信者ではないため、僧侶・道士に済度してもらうべきであると言った。互いに意見が合わず、一族の人はよそに嫁いだ李光華の娘を迎えにやって決めてもらった。娘もカトリック教式の葬式に反対したため、結局、葬式は従来のやり方で行われた[31]。ここで、キリスト教と中国人の伝統的信仰との対立は、葬儀という日常のなかの非日常的な部分に表されている。興味深いことに、カトリック教信者は一族の公共の場である祠堂のなかでカトリックの葬式を行おうとしたが、一族の反対によって阻止された。

以上見たように、キリスト教は一九世紀後半に中国に入った後、中国人の伝統的宗教信仰との間に葛藤が生じた。両者の対立は以下の二つの異なるタイプに分けることができる。すなわち、一つは教義内容の相違に起因した対立である。儒教知識人によって行われる反対は、多くの場合このタイプに属する。「私はむしろ孔子について地獄に下っても、キリストについて天国に入るなどしない[32]」。この文句は「洋教」＝キリスト教という他者に対する儒教知識人の態度を端的に表している。キリスト教に対する中国人の認識は、多くの場合、このような自己／他者対立の感情的な要素の影響を受けている。しかし、キリスト教に対する中国人の態度を観察する際に、儒教知識人が書いたもののみに依拠するのは危険である。前出のスミスはかつて次のように指摘している。「中国人は自分の国家の運命にちっとも関心をもたない。この点において、学者・農民・商人・クーリーの間には何の違いもない[33]」。スミスのこのような見解は、キリスト教と中国社会の衝突を理解する際に示唆的である。前述の江西省・福建省の二つの事例が示したように、キリスト教が中国人の信者を媒介に宗族・地域という従来の社会組織に入った後、祖先崇拝や葬式など日常的な儀式をめぐって生じたさまざまな対立は、キリスト教会対中国社会という単純な構図の下での対立ではなく、もはや宗族や地域社会内部の問題として内面化してしまっているのであり、それが第二のタイプの対立を形成するのである[34]。

三　反転する他者——宗教組織の交錯

伝統中国において、数多くの民間宗教——秘密宗教が存在し、その数は二七〇を超えると言われる[35]。山東省済南府を中心に布教活動を行った宣教師Ｆ・Ｈ・ジェームズが一八九〇年に書いた報告書によれば、当時山東省の秘密結社だけでも百を超えるという[36]。宣教師たちは中国で福音を広げようとした際にさまざまな民間宗教と関わりをもった。キリスト教と民間宗教の関係について、従来の研究は民間教派の反キリスト教活動と民間教派の信者のキリスト教への改宗の二つの方向から検討している。

民間教派の反キリスト教活動について、一八七六年の長江中流・下流地域で起きた「剪辮」（辮髪を切る）事件、一八九一年熱河東部で発生した反キリスト教事件、および一八九五年福建省古田県で起きたキリスト教会襲撃事件はしばしば取り上げられる事例である。「剪辮」事件が民間宗教による反清排満の政治事件であったのに対して、他の二つの事件はキリスト教会や信者を標的とする「教案」と見られる[37]。以下、この二つの「教案」を通じて民間宗教とキリスト教会との関係について見てみよう。

一八九一年、金丹道がモンゴル王公の支配に反対して熱河東部の建昌県で蜂起した。その際、建昌県の在理教信者がリーダー林玉山にしたがって各地のカトリック教会を攻撃し、教会を焼き討ち、カトリック教信者を殺害した事件が起きた[38]。なぜ「禁煙禁酒、身を清める[39]」ことを目的とした在理教がカトリック教会を攻撃したのか。地方官の尋問、犯人の供述とカトリック教神父の報告の内容は互いに矛盾している。当時の直隷総督李鴻章によれば、建昌県の在理教信者とカトリック教信者は「平素から不和」で、キリスト教会側が三十家子村の村長徐栄を射殺したことが在理教信者がカトリック教会を攻撃した原因であったという[40]。熱河都統奎斌も「今般の乱は実に在理教と洋教（カトリック教）が互いに憎み合うことに起因した。およそ（カトリック教に）入信した者のなかに善人も悪人も混じり合っており、平素洋人（外国人）を後ろ盾に、することなすこと大概横暴である。（カトリック教に）入信した者とそうでない者の間で訴訟が起きた場合、（カトリック教の）宣教師が必ず再三に干渉する。地方官は自らの政治的業績のことを気にして、往々にして（信者を）かばう。人々の心に不満が長らくたまっていた。ひとたび入信した者とそうでない者の間で訴訟が起きると、朝陽（金丹道）蜂起の際には、在理教のずるい者たちがその機に乗じて人を惑わし、一時の痛快を図って（カトリック教の）信者を殺し、教会を焼き払った」と述べている[41]。それに対して、カトリック教神父の報告では、地元の住民は悪徳商人胡允に食糧を借りようとしたが断られたため、倉庫の保管係を射殺して食糧を奪い、罪をキリスト教信者に転嫁した。金丹道・在理教はことの真偽を問わず、カトリック教に対する攻撃を仕掛けたのだ、となっている[42]。

一九世紀後半、カトリック教宣教師は熱河東部地域で布教活動を行い、一八八三年に熱河カトリック教区を設立した。カトリック教勢力の拡大にともなって、カトリック教信者と在理教信者の間にトラブルが生じた。カトリック教会がそれに介入した結果、信者同士の対立はカトリック教と在理教の間の対立に発展した。在理教による反キリスト教事件は、こうした日常生活のなかのさまざまな矛盾や対立の結果と理解すべきであろう。

次に、一八九五年に福建省古田県の華山村で起きた反キリスト教事件について見てみよう。この年の八月一日、菜会の信者たちが突然村のイギリス宣教教会（Church Missionary Society）を襲った。イギリス人一一人が殺され、五人が重傷を負った[43]。菜会は一八九二年に江西省からやってきた劉祥興と免職された官吏張赤が仏教の教義に基づいて創設した教派で、入会者は菜食し、禁酒・禁煙を守った[44]。菜会は古田事件が発生する一年前まではあまり知られていなかったが、事件が起きた年にはすでに三〇〇〇人の信者を抱えていたと言われる。菜会によるキリスト教襲撃の動機について、劉詳興は次のように供述した。「何か紛争があれば、宣教師はかならず教民にえこひいきをする。また、(菜会の者は）いつもキリスト教の信者たちにバカにされていたため、キリスト教に報復し、日頃の鬱憤を晴らそうとした。史教士一家を殺し、彼の家を焼き払い、その物品を略奪し、軍用に充てた」、と。[45]一方、この事件に関する外国人の記載には、「彼ら（菜会会衆）が外国人をひどく恨んだ原因は、相手が宣教師であるからではなく、外国人だからである[46]」とある。

菜会による教会襲撃の行動や逮捕されたリーダーの供述からみれば、事件発生前の古田県において、菜会とキリスト教会との軋轢はすでに地域社会の日常生活の一部になり、県衙門も解決できないほどであった。右に引用した劉詳興の供述は、反「洋人」、反「洋教」の構図のなかで自らの暴力行動を正当化させようという菜会側の意図を表している。

民間宗教が関わった以上の二つの反キリスト教事件が示しているように、「近代秩序」としてのキリスト教会は中国社会に入った後、地域社会においてさまざまな政治的、社会的勢力と関わるようになった。キリスト教と民間宗教の対立関係は宗教感情の齟齬という思想的対立だけではなく、地域社会という日常の場において理解すべきである。ところで、キリスト教と民間宗教の関係については、これまでに見てきたような軋轢・対立の関係だけではなく、民間宗教の信者がキリスト教に改宗するというもう一つの側面も見逃すべきではない。民間宗教の信者がキリスト教に改宗することについては、D・ベースが先駆的な研究を行った。彼は宣教師の報告書を手がかりに、宣教師が積極的に民間宗教に接近し、そのメンバーをキリスト教に入信させたということに注目した。その理由について、ベースは、①キリスト教の千年王国の思想と民間宗教の「末劫」の思想との間に共通点があること、[47]②宣教師は中国の宗教

（特に仏教と道教）の観念あるいは用語を用いてキリスト教の教義を宣伝したこと、[48]にあると分析している。そのうち、筆者は②について賛成するが、①については、ベースが宣教師たちの報告を過信した可能性があると考えている。たとえば、「無為教」信者と接触したカトリック教の神父が、偶像を崇拝しない無為教信者をキリスト教に改宗させることができると確信をもったとベースは述べているが、これはナイーブな考え方と言うべきであろう。なぜなら、そもそも無為教は禅宗から強い影響を受け、その教義には偶像打破に関する内容が含まれている。その教義からすれば、キリスト教のような一神教の神もまた打破すべき偶像であっただろうからである。

たしかに、宣教師が残した記録のなかに、民間宗教の信者がキリスト教に改宗した事例に関する報告が含まれている。たとえば、前出のジェームズは、一八八六年、ポーターが山東省北西部で一人の八卦教信者をキリスト教に改宗させた。[49]これについて、前出のジェームズは、「実際に、この省の多くのキリスト教信者はもともと民間宗教の信者であった。従って、われわれは彼らに対してもっと配慮すべきである」と述べている。[50]これは注目すべき動向である。山東省の農村では、多くの民衆が一つもしくは複数の民間宗教に属していた。このような状況はほかの省においても当てはまるだろう。宣教師マイルズの報告によれば、二〇世紀初期の湖北省において、「瑤池」と称される民間宗教の信者が宣教師に近づき、最終的にキリスト教に改宗した。[51]

宣教師たちは民間宗教からキリスト教に改宗した信者たちの宗教心に対して相当高い評価を与えた。ジェームズは彼らが「もっとも優秀かつ信仰深いキリスト教信者」だと評している。[52]山東省巨野県張家荘で布教したドイツ人宣教師薛田資（Georg Maria Stenz）も同様の意見を示した。彼は白蓮教の信仰儀式がカトリック教のそれに似ていることから、白蓮教の信者を改宗させることができると報告した。[53]

では、なぜ民間宗教が従来の信仰を捨ててキリスト教の教義を受け入れたか。これについて、宣教師はキリスト教の宗教的な魅力を強調し、中国の民間宗教の「禁欲組織」（temperance society）や「実践道徳」（practical virtue）と比べて、キリスト教はすべての面において中国の民間宗教より優れていると強調した。それに対して、キリスト教に反対する儒教知識人は、民間宗教の信者がキリスト教に改宗したことは物質的動機とその他の政治的、社会的動機によるものであると解釈した。彼らは、祖先信仰を捨ててキリスト教に入った者はみな「莠民」（悪者）であると決めつけた。

私見によれば、民間宗教の信者がキリスト教に改宗した理由については、具体的な歴史的状況のなかで理解すべきである。義和団事件の際に、排外風潮が高まるなか、異なる地域の民間宗教はキリスト教に対して、異なる態度を取っていた。コーエンが指摘したように、自らが遭遇した苦難をキリスト教のせいにして、キリスト教を攻撃した者もあれば[54]、地方官の追跡から逃れるために「洋教」に入ったものもある。スミスは民間宗教の信者がキリスト教に改宗したことについて貴重な記録を残している。それは中央門と呼ばれる民間宗教にまつわる記録である。それによれば、この宗教は主に山東省徳州付近の農村で活動していた。一八六六年春、この宗教は「邪教」と見なされて厳しい弾圧を受けた。リーダーのうち逮捕されて獄死した者もあれば、流刑に処された者もある。主要リーダー（Old Man）は逮捕される前に信者たちに対して、「もし中央門の教義が失敗し、外国人の教義が役に立つなら、それに入るべし」と指示した[55]。結果的に、多くの中央門信者がキリスト教に改宗した。スミスは、これをキリスト教の教義の力によるものと主張したが、前後の経過からみれば、中央門の信者たちはリーダーが逮捕された後、危険な状況から脱出するためにキリスト教に入った可能性が高い。彼らの選択は純粋な宗教的信仰によるものとは考えにくい。いわゆる「外国人の教義が役に立つ」というのも、キリスト教会が条約という笠があるため、社会的に有利な立場にあることを意味するのであろう。中央門の事例は孤立的なケースではなかった。山東省巨野県で活動したドイツ人宣教師は、張家荘と李家荘の白蓮教信者の家族が地方官の迫害から逃れるためにキリスト教に入ることを求めたと報告している。[56]

キリスト教と民間宗教の複雑な関係は、以下のようにまとめることができる。すなわち一方において、民間宗教はキリスト教信者との日常的な対立を宗教間の争いに発展させた。在理教と菜会の反キリスト教言説において、キリスト教は憎むべき「他者」として登場している。しかし、他方において、「他者」としてのキリスト教のイメージは固定不変なものではなかった。なぜなら、キリスト教会は教義を広げると同時に、自らも「脱他者化」を経験しているからである。すなわち、キリスト教会は多くの一般民衆を吸収したのと同時に、積極的に制度化された宗教や民間宗教の信者たちをキリスト教に改宗させた。キリスト教会と中国社会との関係を敵対的構図の下で描こうとする従来の研究では、キリスト教と中国社会の関係のこうした側面はほとんど注目されていない。

おわりに

以上、本章はキリスト教が一九世紀後半の中国で遭遇した諸問題について考察してきた。キリスト教会にまつわる事件のうち、宗教感情の齟齬に由来したものも少なくないが、それを単純に「宗教衝突」と見なすべきではない。これまでに見てきたように、ほとんどすべての「教案」の背後に宗教以外の要素が働いている。「教案」はローカルなレベルにおける宗教感情の齟齬と日常生活におけるきしみが絡み合った結果であり、その衝突が清朝の支配体制と条約体制から逸脱した場合、外交事件にエスカレートする。

一七世紀の明末期に、キリスト教は「西洋教」と呼ばれるようになった。一九世紀半ば以降、中国と欧米列強の接触が増えるにつれ、「洋教」という語は「西洋教」に取って代わって広く使われるようになった。「西洋教」という語から「西教」と「洋教」の二つの言葉が派生し、両者はしばしば混用されるが[57]、一九世紀後半における「西教」と「洋教」の使用例を比較してみれば、「洋教」は明らかに貶称である。一九世紀後半、儒教知識人薛福成は上奏文のなかで、当時の中国人のキリスト教に関するさまざまなデマを批判しながらも、「臣は洋教が中国にとって害がないとは言っていない」と述べている[58]。ここで使われている「洋教」という語にはキリスト教に対する批判的な意味が込められている。「近代秩序」としてのキリスト教宣教師は、もはやマテオ・リッチら早期の宣教師のように皇帝の権力を後ろ盾に布教活動を行う必要がなくなった。しかし、「他者」＝「洋教」というイメージは依然としてキリスト教会につきまとっており、キリスト教会はつねに自己／他者の葛藤に直面しなければならなかった。

半世紀にわたって、宣教師たちは中国をキリスト教化させるために精力的に布教活動を行った。義和団事件後ようやく、彼らはどうすればキリスト教が中国社会に根を下ろすことができるかという問題を真剣に考えるようになった[59]。二〇世紀が幕を開けると同時に、キリスト教の脱「洋教」化も始まった。

一九〇一年一〇月、山西巡撫岑春煊は山西省各地の州県を通じて、キリスト教に関する一つの布告を発した[60]。その内容をまとめると、以下の三点になる。すなわち、第一に、中国内地会（China Inland Mission）の何斯徳（Mr. Hoste）牧師と太原府の洋務局との合意により、内地会側は義和団事件の際に焼き払われた山西内地会の財産に対する賠償請求を放棄する。その理由について、何牧師は、「救世主が人を自分の如く愛する心を仰ぎ察し、商民に（その負担を）割り当てて、民の膏血を尽くさせるに忍びない。商民の機嫌を取るためではない」。第二に、義和団事件の際に「無知の愚民」が「洋人」「教民」（キリスト教信者）を襲撃した。その行動は「残酷かつ理不尽で、全く野蛮人と同じ」であった。にもかかわらず、何牧師は報復しないどころか、自ら賠償を放棄した。これに対して、「中国人は徳をもって徳に報いるべきである」。第三に、「東西各国の宗教は名が異なるものの、善を勧める心は同じである。中国と外国

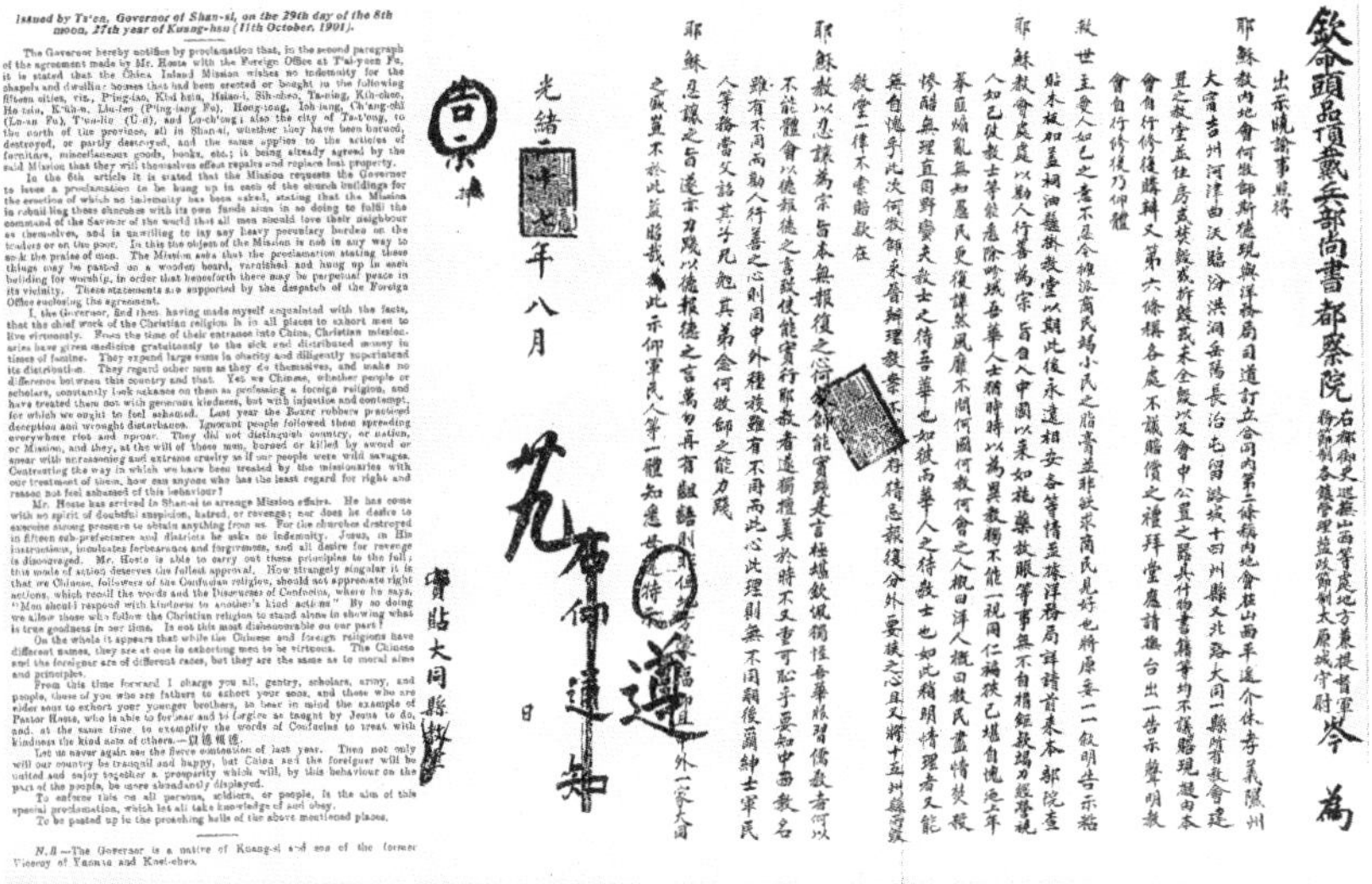

Issued by Ts'en, Governor of Shan-si, on the 29th day of the 8th moon, 27th year of Kuang-hsu (11th October, 1901).

The Governor hereby notifies by proclamation that, in the second paragraph of the agreement made by Mr. Hoste with the Foreign Office at T'ai-yuen Fu, it is stated that the China Inland Mission wishes no indemnity for the chapels and dwelling houses that had been erected or bought in the following fifteen cities, viz., P'ing-iao, Kiai hsiu, Hsiao-i, Sih-cheo, Ta-ning, Kih-cheo, Ho tsin, K'uh-o, Liu-lin (P'ing-iang Fu), Hong-tong, Ioh-iang, Ch'ang-chi (Lu-an Fu), T'un-liu (Ü-n), and Lu-ch'eng; also the city of Ta-t'ong, to the north of the province, all in Shan-si, whether they have been burned, destroyed, or partly destroyed, and the same applies to the articles of furniture, miscellaneous goods, books, etc.; it being already agreed by the said Mission that they will themselves effect repairs and replace lost property.

In the 6th article it is stated that the Mission requests the Governor to issue a proclamation to be hung up in each of the church buildings for the erection of which no indemnity has been asked, stating that the Mission in rebuilding these churches with its own funds aims in so doing to fulfil the command of the Saviour of the world that all men should love their neighbour as themselves, and is unwilling to lay any heavy pecuniary burden on the traders or on the poor. In this the object of the Mission is not in any way to seek the praise of men. The Mission asks that the proclamation stating these things may be pasted on a wooden board, varnished and hung up in each building for worship, in order that henceforth there may be perpetual peace in its vicinity. These statements are supported by the despatch of the Foreign Office enclosing the agreement.

I, the Governor, find then having made myself acquainted with the facts, that the chief work of the Christian religion is in all places to exhort men to live virtuously. From the time of their entrance into China, Christian missionaries have given medicine gratuitously to the sick and distributed money in times of famine. They expend large sums in charity and diligently superintend its distribution. They regard other men as they do themselves, and make no difference between this country and that. Yet we Chinese, whether people or scholars, constantly look askance on them as professing a foreign religion, and have treated them not with generous kindness, but with injustice and contempt, for which we ought to feel ashamed. Last year the Boxer robbers practised deception and wrought disturbances. Ignorant people followed them spreading everywhere riot and uproar. They did not distinguish country, or nation, or Mission, and they, at the will of these men, burned or killed by sword or spear with unreasoning and extreme cruelty as if our people were wild savages. Contrasting the way in which we have been treated by the missionaries with our treatment of them, how can anyone who has the least regard for right and reason not feel ashamed of this behaviour?

Mr. Hoste has arrived in Shan-si to arrange Mission affairs. He has come with no spirit of doubtful suspicion, hatred, or revenge; nor does he desire to exercise strong pressure to obtain anything from us. For the churches destroyed in fifteen sub-prefectures and districts he asks no indemnity. Jesus, in His instructions, inculcates forbearance and forgiveness, and all desire for revenge is discouraged. Mr. Hoste is able to carry out these principles to the full; this mode of action deserves the fullest approval. How strangely singular it is that we Chinese, followers of the Confucian religion, should not appreciate right actions, which recall the words and the Discourses of Confucius, where he says, "Men should respond with kindness to another's kind actions." By so doing we allow those who follow the Christian religion to stand alone in showing what is true goodness in our time. Is not this most dishonourable on our part?

On the whole it appears that while the Chinese and foreign religions have different names, they are at one in exhorting men to be virtuous. The Chinese and the foreigner are of different races, but they are the same as to moral aims and principles.

From this time forward I charge you all, gentry, scholars, army, and people, those of you who are fathers to exhort your sons, and those who are elder sons to exhort your younger brothers, to bear in mind the example of Pastor Hoste, who is able to forbear and to forgive as taught by Jesus to do, and, at the same time, to exemplify the words of Confucius to treat with kindness the kind acts of others.—以德報德.

Let us never again see the fierce commotion of last year. Then not only will our country be tranquil and happy, but China and the foreigner will be united and enjoy together a prosperity which will, by this behaviour on the part of the people, be more abundantly displayed.

To enforce this on all persons, soldiers, or people, is the aim of this special proclamation, which let all take knowledge of and obey.

To be posted up in the preaching halls of the above mentioned places.

N.B.—The Governor is a native of Kuang-si and son of the former Viceroy of Yunnan and Kuei-cheo.

〈写真２―１〉山西巡撫岑春煊の布告（1901年）。*Chinese Recorder and Missionary Journal*, Vol.33, No.1, January, 1902.

は種族が異なるものの、この気持ち、この道理は同じである」。

この布告は、義和団の暴力を批判し、それまで中国人が「洋人」や「洋教」を敵視してきた偏狭な心理について反省し、宗教・人種の違いこそあれ、本質的には互いに共通しているという認識を示した。義和団事件後、一部の宣教師は賠償をめぐって茶番劇を演じたが(61)、何牧師を賞賛する言葉の裏には、他のキリスト教会にプレッシャーをかけるねらいもあっただろう。内地会の宣教師の行動はキリスト教の「本土化」を象徴するものであった。

最後に強調したいのは、キリスト教の本土化は、単なるキリスト教会側の動きではなく、今日まで続いている中国人による「キリストを創造する」宗教運動であるという側面も無視できない(62)。二〇世紀初期、中国の新興宗教は、キリスト教の教義を取り入れただけではなく、キリスト教にならって中国以外の地域で救済活動を行った。たとえば、紅卍字会の活動は日本列島で大きな反響を呼んだ(63)。グラネは中国の宗教は混合主義的な性格を有すると主張したが、キリスト教が中国に入ってから、中国の混合主義的な宗教家族の一員になるまでには実に長い年月を経たことを忘れてはならない。

注

（1）Marcel Granet, *La Religion des Chinois*, Paris: Presses Universitaires de France, 1951, p.157. マルセル・グラネ著、栗本一男訳『中国人の宗教』、平凡社、一九九九年、二〇二〜二〇三頁。

（2）趙樹好『教案與晩清社会』、中国文聯出版社、二〇〇一年、二四七頁。

（3）"A Hunan Placard in Shanghai", *The North China Herald*, Aug. 16, 1895.

（4）この問題について、従来二つの解釈が存在する。一つは近代化アプローチに基づいた「衝撃—反応説」である。それによれば、キリスト教と中国社会の衝突は、進んだ西洋と立ち後れた中国との間の文明／文化の衝突である。もう一つはいわゆる帝国主義アプローチである。それによれば、中国社会の反キリスト教行動は帝国主義の侵略に対する抵抗である。中華人民共和国建国後、長い間、後者の解釈が中国の歴史学界で主流を占めていた。しかし、一九八〇年代以降、近代化建設の推進にともなって、キリスト教と中国社会との関係に関する研究者たちの関心も、近代知識の伝播や文化事業の展開におけるキリスト教宣教師たちの役割の方に移った。この流れは今日まで続いている。それに比べて、従来の意味での「教案」に関心を払う研究者はごく少数である（刑福増「晩清教案與反教思想述評」、蘇位智・劉天路主編『義和団運動一百周年国際学術討論会論文集』（下巻）、山東大学出版社、二〇〇二年、一二四四〜一二六三頁）。

（5）筆者はかつて「教案研究の二元論的傾向から脱出するには、教案を中国社会の構造そのものの変化のなかで考察する必要がある」と指摘した（拙著『十字架與龍』、浙江人民出版社、一九九〇年、一頁）。本章はこの問題意識を受け継ぎながら、「教案」に関する著者近年の関心を示している。

（6）「総署致法国柏爾徳密函・附致李鴻章函」（同治四年正月二五日）、『教務教案檔』第一輯（一）、五二頁。中央研究院近代史研究所匯編『教務教案檔』（第一輯〜七輯）台北：一九七四年〜一九八一年。

（7）Yang, C. K., *Religion in Chinese Society: A Study of Contemporary Social Functions of Religion and Some of Their Historical Factors*, Berkeley: University of California Press, 1961.

（8）Meir Shahar and Robert P. Weller, *Unruly Gods: Divinity and Society in China*, Honolulu: University of Hawai'i Press, 1996, p.2.

（9）清朝の宗教に対する管理政策および宗教に対する迫害の歴史について、J. J. M. De Groot, *Sectarianism and Religious Persecution in China*, 2vols., Amsterdam, 1903-1904. J・デ・ホロート著、牧尾良海訳『中国における宗教受難史』、国書刊行会、一九八〇年を参照。

（10）しかし、その一方で、皇帝支配の非均質性により、民間のさまざまな宗教に対して、清朝政府は「邪教であるかどうかを問わず、匪賊であるかどうかのみ問う」という一時の便法でイデオロギーと現実との矛盾を調和させようとした。結果的に、清朝は「邪教」や「異端」と見なされた民間教派の存在を黙認せざるをえなかった（拙稿「清末民初期における民間秘密結社と政治との関係」（神奈川大学人文学研究所編『秘密社会と国家』、勁草書房、一九九五年、九一〜九八頁）を参照されたい）。

（11）Marcel Granet, p.171. グラネ前掲書、二二〇頁。

（12）黄貞「十二深慨序」、徐昌治編『破邪集』巻六、安政年間刻。

（13）清末知識人の反キリスト教言論について、すでに多くの論著が発表された。そのうち代表的な研究は呂実強『中国官紳反教的原因』（中国学術著作奨助委員会、一九七三年）である。

（14）「辟西洋天主教説」、中国第一歴史檔案館「硃批奏摺」（咸豊七年五月二十九日）。

（15）「江西巡撫沈葆楨奏・摘録原単」（同治元年三月一六日）、『教務教案檔』第一輯（二）、九一六頁。

（16）Marcel Granet, pp.160-161. グラネ前掲書、二〇六頁。

（17）W. A. P. Martin, "The Worship of Ancestors—A Plea for Toleration", *Records of the General Conference of Protestant*

Missionaries in China, Shanghai, 1890, pp.619-631. マーティンの意見に対する反応は以下の通りである。“The Attitude of Christianity Toward Ancestral Worship”, ibid., pp.631-654.

（18）　曾国藩「討粤匪檄」、『曾文正公全集』文集、巻三。

（19）　「総署収徳国公使巴蘭徳函・附誹謗西教掲帖」（光緒一七年一一月一一日）、『教務教案檔』第五輯（三）、一二九八頁。

（20）　Arthur H. Smith, *Village Life in China: A Study in Sociology*, New York: Fleming H. Revell Company, 1899, pp.342-345.

（21）　前掲拙著、二〇四～二二一頁。

（22）　曾国藩「討粤匪檄」、『曾文正公全集』文集、巻三。

（23）　史式徽著、天主教上海教区史料訳写組訳『江南伝教史』第二巻、上海訳文出版社、一九八三年、一一五頁。

（24）　チベットの教案について、前掲『教務教案檔』に収録された「西蔵教務」および『清末教案』四（中華書局、二〇〇〇年）を参照。

（25）　呂実強前掲書、六四～八二頁。

（26）　それについてドイツ人研究者余凱思「宗教衝突：徳国伝教士與山東地方社会」（蘇位智、劉天路主編前掲書、上巻、六一三～六二七頁）を参照。

（27）　Jean Charbonnier, *Histoire Des Chrétiens De Chine, Desclée*, Paris, 1992. 沙百里著、耿昇・鄭徳弟訳『中国基督徒史』、中国社会科学出版社、一九九八年、二三八～二四〇頁。

（28）　元宝、金華、冥鏹はいずれも死人のために焼く紙銭や錫箔の類である。

（29）　麦沾恩『中華最早的布道者』、広学会、一九三九年、一四頁。

（30）　「江西巡撫劉坤一奏」（同治一三年八月二一日）、『教務教案檔』第三輯（二）、六九七頁。

（31）　「福州将軍穆図善奏」（光緒七年五月一四日）、『教務教案檔檔』第四輯（二）、一二一七、一二一九頁。

（32）　Paul A. Cohen, *China and Christianity: The Missionary Movement and the Growth of Chinese Antiforeignism, 1860-1870*, Cambridge, Massachusetts: Harvard University Press, 1963, p.80.

（33）Arthur H. Smith, op cit., p.348.

（34）Alan Richard Sweeten, *Christianity in Rural China: Conflic and Accommodation in Jangxi Province, 1860-1900*, Ann Arbor: Center for Chinese Studies, University of Michigan, 2001, pp.71-98.

（35）荘吉発「民間秘密宗教的社会功能」、『清史随筆』、博揚文化事業有限公司、一八八六年、一三九頁。

（36）F. H. James, "The Secret Sects of Shantung," With Appendix, *Records of the General Conference of Protestant Missionaries of China*, May 7-20, 1890. Shanghai, 1890, p.196.

（37）一説では、菜会は中国と外国とのトラブルを起こすことによって清朝政権を転覆することを意図した。Mary B.Rankin, "The Ku-t'ien Incident（1895）: Christians versus the Ts'ai-hui," *Papers on China*, Vol.15, pp.30-61（East Asian Research Center, Harvard University December, 1961）. 張秋雯「古田菜会的反教事件」、『中央研究院近代史研究所集刊』第一六期（一九八七年六月）。最新の研究として、佐藤公彦『清末のキリスト教と国際関係』（汲古書院、二〇一〇年）を参照されたい。

（38）Richard Shek, "The Revolt of the Zaili, Jindan Sects in Rehe（Jehol）, 1891," *Modern China*, Vol.6 No.2. April, 1980. pp.161-196. 佐藤公彦「一八九一年熱河金丹道蜂起」、『東洋史研究』第四十三巻、第二号、一九八四年、三七〜七一頁。

（39）「盛京将軍裕禄等暁諭参与朝陽起事之在理金丹教徒等準予自新事上諭」（光緒一七年一一月初七日）、中国第一歴史檔案館・福建師範大学歴史学系編『清末教案』（中国近代史資料叢刊続編）二、中華書局、一九九八年、五二〇頁。

（40）「直隷総督李鴻章等奏報査朝陽等処被擾情形並参処失職州県摺」（光緒一七年一二月二四日）、『清末教案』二、五四二頁。それについて、李鴻章はもうひとつの原因を取上げた。平泉州の地方政府はある馬賊を捕らえたが、カトリック教の信者のため、神父に保釈された。それに対して金丹道は民衆の不満を利用して叛乱をおこした。「直隷総督李鴻章奏報審明口外滋事人犯分別按律懲辦摺」（光緒一八年正月二三日）、同右、五四七頁。

（41）「熱河都統奎斌奏陳熱河之乱在於洋教亟須先籌辦法以弥禍乱摺」（光緒一七年一二月初九日）、『清末教案』二、五三六頁。

（42）「田貝致布莱恩函・附件『字林西報』刊載蒙古叛乱」（一八九二年二月一日）、『清末教案』五、中華書局、二〇〇〇年、三一五〜三一六頁。

（43）　Mary B. Rankin と張秋雯前掲論文。

（44）　「福州将軍慶裕等奏報現辦古田菜会傷斃洋人案情形摺」（光緒二一年七月一一日）、『清末教案』二、五九九頁。

（45）　「総署収閩総督辺寶泉文」（光緒二一年一〇月一八日）、『教務教案檔』第五輯（四）、二〇二三頁。

（46）　"The Kucheng Massacre," *The North China Herald*, Aug. 16, 1895.

（47）　Daniel Bays, "Christianity and the Chinese Sectarian Tradition," *Ch'ing-shih wen-t'i* 4.7 (June 1982): 33-55.

（48）　Daniel Bays, "Christianity and Chinese Sects: Religious Tracts in the Late Nineteenth Century, "in Suzanne Wilson Barnett and John King Fairbank, eds, *Christianity in China*, Cambridge (Massachusetts) and London: Harvard University Press, 1985, pp.121-134.

（49）　D. H. Porter, "Secret Sects in Shantung," *Chinese Recorder and Missionary Journal*, Vol. 17, No.1, Jan. 1886, pp.1-10, Feb. 1886, pp.64-73.

（50）　F. H. James, op. cit., p.198.

（51）　Geo. Milles, "Vegetarian Sects," *Chinese Recorder and Missionary Journal*, Vol. 33, No.1, January, 1902, pp.1-2.

（52）　F. H. James, op. cit., p.198.

（53）　余凱思前掲文、六一九〜六二〇頁。

（54）　Paul A. Cohen, *History in Three Keys: The Boxers as Event, Experience and Myth*, New York: Columbia University Press, 1997, pp.89-95.

（55）　Arthur H. Smith, "Sketches of A Country Parish," *Chinese Recorder and Missionary Journal*, Vol. 12, No.4, July-August, 1881, pp.248-249.

（56）　余凱思前掲文、六一九頁。

（57）　徐継畬「英吉利国」、『瀛寰志略』巻七、上海書店出版社、二〇〇一年、二三一、二三四頁。

（58）　「光禄寺卿薛福成奏陳処理教案治本治標之計摺」（光緒一七年八月初六日）、『清末教案』二、四九一頁。

（59）キリスト教本土化に関する議論について、張西平・卓新平『本色之探——二〇世紀中国基督教文化学術論集』（中国広播電視出版社、一九九九年）を参照。

（60）*Chinese Recorder and Missionary Journal*, Vol. 33, No.1, January, 1902.

（61）張力・劉鑒唐『中国教案史』、四川省社会科学院出版社、一九八七年、五四五～五四九頁。

（62）拙稿「基督の創出——「邪教案」にみるキリスト教系異端結社」、『愛知大学国際問題研究所紀要』第一三五号、二〇一〇年。

（63）拙稿「宗教結社、権力と殖民地支配——『満州国』における宗教結社の統合」（『日本研究』第二四集、二〇〇二年二月、一六三～一九九頁）を参照。

第三章　地震の宗教学——紅卍字会と大本教との関係を手がかりとして

はじめに

一九二三年九月一日、日本で世界を震撼させる関東大震災が発生した。その翌日、上海の『申報』はいち早くこの地震のニュースを流し[1]、地震発生三日後には中国の主要新聞が相次いで関東大震災を大きく報道し、異口同音に日本が蒙った大きな災害に同情の意を寄せている[2]。

関東大震災は緊迫した日中関係に一つの転機をもたらした。九月三日、北京政府が以下のような震災救援措置を取ることを閣議決定した。すなわち、①罹災者の慰問、②震災状況の調査、③義援金二〇万元の拠出、④各地の紳商に対する義援金拠出の呼びかけ、⑤救援物資の輸送、中国赤十字会代表の派遣などである[3]。九月六日、互いに対立する各派の軍閥が代表を北京に送って「救済同志会」を結成し、具体的な救援方法をめぐって討議した[4]。清朝最後の皇帝溥儀は数回にわたって北京の日本大使館に金品を寄附し、京劇の著名な俳優梅蘭芳は上海で慈善公演を行った。

中国各界による関東大震災救援のなかで、これまでにほとんど注目されてこなかったのが紅卍字会の活動である。同年一一月、世界紅卍字会中華総会は侯延爽ら三人を日本に派遣し、米二千石と五千ドルを送った。紅卍字会の救援活動は紅卍字会関係の資料のなかではしばしば言及されるが、その具体的な内容については不明な点が多い(5)。注意すべきは、紅卍字会代表団訪日の目的は地震救援のみならず、日本の民衆宗教大本教との連携を通じて紅卍字会日本支部を設立するという宗教的な動機があった、という点である。大本教の資料では、紅卍字会代表団の訪日は大本教の「筆先」（神の導き）によるものであり、すでに預言されたことであると記されている。一九二一年、大本教は不敬罪で日本政府の厳しい弾圧を受け、聖師出口王仁三郎は五年の実刑を言い渡された。王仁三郎はこれを不服し無実を主張して上告した(6)。こうしたなかでの紅卍字会代表団の訪日、とりわけ紅卍字会と大本教との関係に対して、日本政府は強い関心を払い、代表団一行の滞在中警察は終始彼らの行動を監視していた。

大本教に対する弾圧について、当時中国のメディアは日本の政府や世論の主張を引用する形で、大本教が「邪教」であり「謀反」を企てたと報道していた(7)。紅卍字会の関係者は当然これを知っていた(8)。では、なぜあえて大本教と提携しようとしたのか。以下、本章では、紅卍字会による震災救援活動を手がかりに、紅卍字会と大本教の出会い、両者の提携関係の成立の歴史的経緯について考察する。両者提携後の具体的な活動については別稿に譲りたい。

一　出会い

紅卍字会と大本教との提携を促した人物は当時の在南京領事林出賢次郎であった(9)。震災一ヶ月後の一〇月八日、林出は外務大臣伊集院吉彦宛てに書簡を送り、紅卍字会の状況や紅卍字会代表団の訪日について詳細に報告している。以下は書簡の全文である(10)。

本件に関シ往電第六五号ヲ以テ不取敢及報告置候通リ北京ニ於ケル世界紅卍字会中華総会ヨリ日本震災救恤米二

千担ヲ我方ニ寄送スルコトトナリ当地督軍及省長ノ特別許可ヲ得テ当地ニ於テ米二千担ヲ買求メ九月三十日小官エ交附（一袋百四十斤入二千袋）致シ候ニ付当地税関ニテ神戸郵船会社気付東京震災救護局宛輸出手続ヲ了シ十月六日当地発日清汽船南陽丸ニ積込ミ上海ニ向ケ発送シ上海神戸間輸送方ニ関シテハ上海総領事館ニ於テ取計ヒ貰フ様手続致置候該米発送ト共ニ世界紅卍字会中華総会ヨリ代表トシテ侯延爽楊承謀馮閲謨ノ三氏ヲ派遣シテ災害状況ヲ視察セシムルコトト相成候該世界紅卍字会ハ数年前山東済南ニ起リシ新宗教団体ニシテ現今ニテハ北京ニ其本部ヲ置キ世界紅卍字会中華総会ト称シ支那各地ニ其分会ヲ設ケ道院ト称シ当地ニモ南京道院江寧道院両分会アリ其宗旨トスル所ハ至聖先天老祖ノ神意ヲ奉シ（神諭ハ神前ニ於テ扶乩法ニヨリ授ケラル）儒教回教佛教道教及耶蘇教ノ五教ヲ統一シ世界ノ平和ヲ促進シ普ク災患救災ヲ行ハントスルモノニシテ霊学研究宗教研究ノ二部ヲ設ケテ其研究ヲ為シ信者ノ対内的修行トシテハ我ガ禅宗ノ坐禅ノ如ク指導者ノ指導ノ下ニ神前ニテ黙坐内省ノ工夫ヲ積ミ対外的手段トシテハ平和促進慈善施興ヲ力行シ北京ノ本部ニ於ケル信者中ニハ王士珍、王芝祥、江朝宗ノ如キ人物アリ当地ニ於テモ齊督軍韓省長宮鎮守使及葉総商会会長等ヲ始メ有力ナル官民ノ信者多ク浙江ノ督辦盧永祥上海ノ護軍使何豊林等モ亦其信者ニシテ今回江蘇浙江両省当局者間ニ成立セシ和平協定ノ如キモ該信者等ノ運動顧ツテ力アルモノニシテ其宗旨トスル和平促進ノ信条ヲ実現セルモノニ外ナラス又今回ノ対日救恤米二千担ヲ防穀解禁反対ヲ声明セル当省当局ノ特別許可ノ下ニ輸出ヲ為スに至レルモ亦其ノ宗旨ノ一ナル救災ノ信条ヲ実現セルモノニシテ革命以来戦禍全国ニ彌満シ人民乱ニ飽キ権勢ヲ握レル督軍其他ノ文武官ノ如キモ権力争奪ノ禍中ニ在リテて寧日ナク常ニ不安ニ襲ハレツツアル今日殷祺瑞ノ如ク佛書ヲ耽読スルモノ当地方文武官中ニモ多く認ムル所ニシテ全国民ヲ挙ゲテ平和ヲ熱望セル際ナレバ右紅卍字会ノ如キ自己ノ立場ニ不都合ナキ限リ一般ニ歓迎セラルルコト当然ニシテ支那ノ現在及将来ニ於テ社会上看過スベカラザルモノト思考セラレ候又該会関係者ノ道院ニ職ヲ奉スル者ハ何レノ新宗教ニ於テモ其勃興ノ際ニ見ルカ如キ真剣味ヲ有シ無関係者ヨリ迷信ナリトノ潮笑ヲ浴ヒツツ反テ大等ヲ憐ム可シトノ意気込ミニテ熱心宣伝ニ従事シ今回我国ニ派遣サレシ三代表ノ如キモ何レモ日本留学生出身ノ信者ニシテ災害視察ヲ兼該会ノ宗旨ヲ宣傳シ進テ此際日本ニモ其道院ヲ設ケ神意ニ基キ根本的ニ日支ノ和平親善ヲ謀ラントスル考ヲ有スル趣ニ有之候従テ右代表等着京ノ上ハ自然右ノ目的ノ為メニ行動スルモノト思考セラレ候ニ付我当局ニ於テモ前陳ノ事情御含ミノ上可然御取計相成候様致度此段報告旁卑見及稟申候

敬具

尚御参考進ニ世界紅卍字会大綱暨施行細目一部添付致置候

本信写送付先　在支公使　上海総領事　杭州領事

林出賢次郎の書簡は以下の三点に要約することができる。すなわち、①世界紅卍字会中華総会が派遣した日本留学経験者である侯延爽・楊承謀・馮閲謨の三人は震災慰問のために救援米二千石を携えて日本を訪問すること。②紅卍字会（道院とも呼ばれる、以下すべて「紅卍字会」とする）は五教合一を主旨とする新興宗教団体であること。慈善事業を主な活動とする紅卍字会は政界、商工業会で幅広い支持を得ており、「支那ノ現在及将来ニ於テ社会上看過スベカラザル」存在であった。③侯延爽ら三人の日本訪問の目的は震災慰問だけではなく、「日支ノ和平親善ヲ謀ラントスル考ヲ有スル」。すなわち日中両国の平和と親善を促進することや日本で紅卍字会の支部を設立するための準備も兼ねていること、である。

外交官である林出はなぜ紅卍字会についてこれほど広範な知識をもち、なぜわざわざ外務大臣に書簡を送り、鄭重に紅卍字会代表団一行を推薦したのだろうか。中国第二歴史檔案館所蔵の紅卍字会関係の資料がこの謎を解く重要なヒントを与えてくれる。関東大震災直後、林出は南京市水西門外にある紅卍字会南京分会を訪問し、大本教と提携す

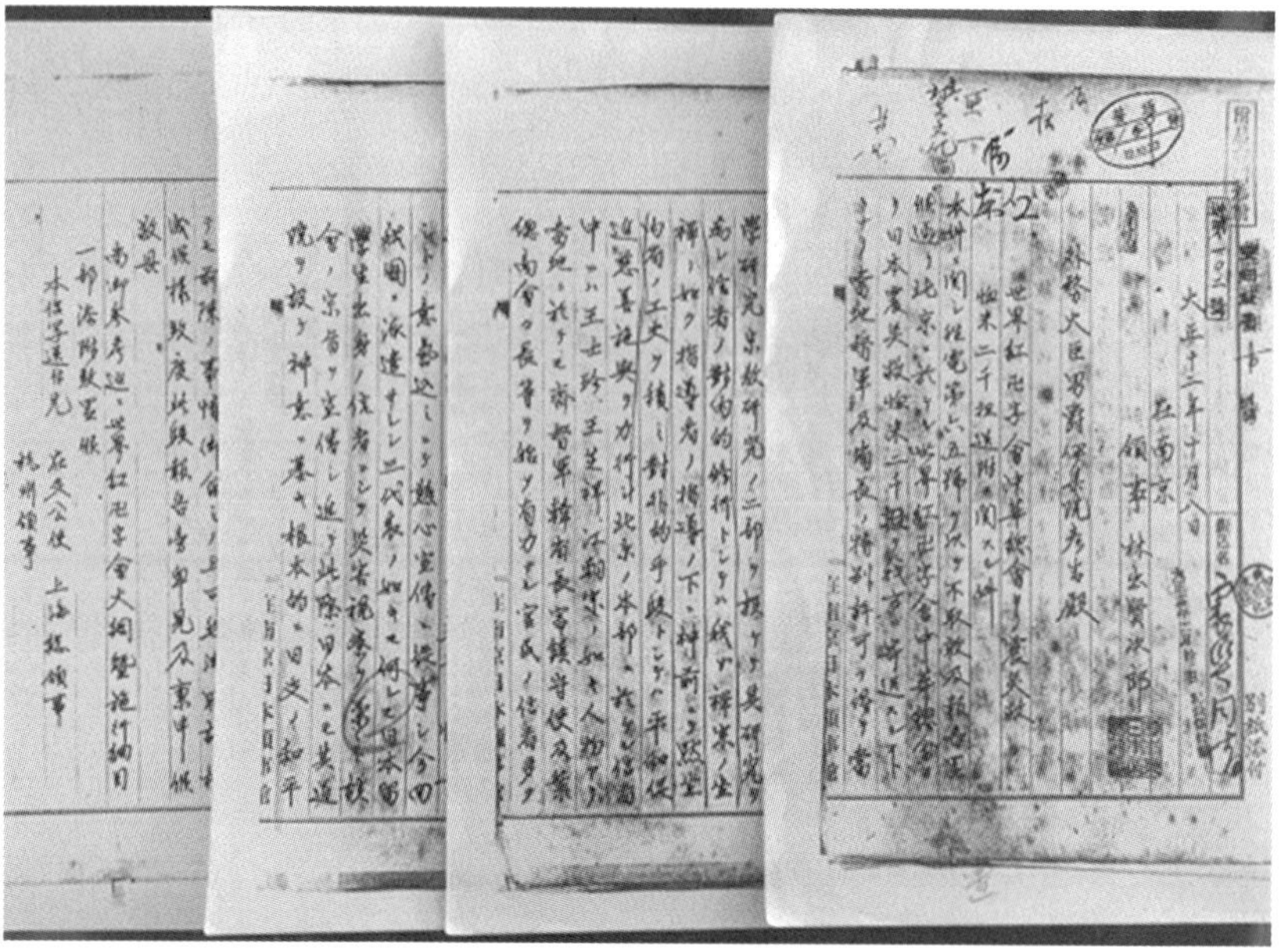

〈写真３―１〉在南京領事・林出賢次郎の手紙（1923年10月８日）。日本外務省外交史料館所蔵。

るよう働きかけた。これについて、南京分会の責任者の一人袁善浄は北京の紅卍字会総会宛の手紙のなかで、紅卍字会と大本教が提携関係を結ぶまでの経緯について次のように報告している。

近頃南京の日本領事林出賢次郎が道院を訪れ、参拝して道院の主旨について慧恵統掌と話し合った。（林出は）ここ数日頻繁に往来し、信仰を深めた。（林出の）話によれば、日本に大本教があり、成立してからすでに三〇年余り経った。（世界）大同を主旨とし、五教合一の精神と一致している。（大本教は）神がかりから始まって、現在すでに数百冊の著作を刊行した。東方に大災禍が起こることについては、はるか以前に、とっくに予言があった。（日本）政府はこれを厳しく禁じたにもかかわらず、信者はすでに数多くいる。政府はこれを警戒しているが、信者に対する表立った虐待はしていない。大本教の主旨や儀式は道院のそれと一致し、領事もまた信者である。本日、日本の領事から電話があり、以前に中国から使者がやって来るという神の啓示を受けたので、中国紅卍字会代表の住所を探してほしい旨の手紙が信者仲間の上西信助から送られてきた、等々。ここにその手紙の翻訳の写しを送る。林出には舞子の呉錦堂のところに代表の住所を尋ねるよう伝えた。今回の訪日と布教は我が卍会（紅卍字会）同志の良好の精神を喚起するチャンスである。[11]

この手紙によれば、関東大震災発生後、林出は大本教と紅卍字会を結びつけるために頻繁に紅卍字会南京分会を訪問した。彼は大本教の主旨と儀式が紅卍字会のそれと一致することを強調し、大本教が日本で弾圧を受けたことも紅卍字会側に話していた。

大本教の「神がかり」は紅卍字会の「扶乩（フーチー）」に似ているが、世界大同・五教合一は大本教の教義からかけ離れている。両者の主旨が一致しているという林出の主張には牽強付会な部分があったというべきである。

そして、袁善浄の手紙のなかにもう一つの重要なポイントがある。それは林出が自ら大本教の信者であると認めている点である。林出（一八八二～一九七〇）は東亜同文書院第二期の卒業生である。在南京領事館の領事に就任する前に、彼は二度新疆を訪れた。大本教との関係は一九〇五～一九〇七年の一回目の新疆行きに遡る。

一九〇七年、彼は新疆北部からウルムチに戻る際に、情報収集のために現地を訪れた陸軍少将日野強に出会った。日野は新疆での見聞をまとめた『伊犂紀行』のなかで、「天山北路に流寓すること二年今や帰国の途に就きしなり。予は単に天涯の奇遇を喜ぶのみならず、爾来同居数日、予が前程に懇切なる教示を興へられしを多とするなり。特に録して其の高誼を謝す」と記している。[12] ここでいう「天涯の奇遇」はすなわち林出との出会いであった。日野との出会いは林出の人生に大きな影響を与えた。その後林出は日野の次女と結婚した。そして、日野が帰国後大本教に帰依したのをきっかけに、林出も大本教の信者になった。

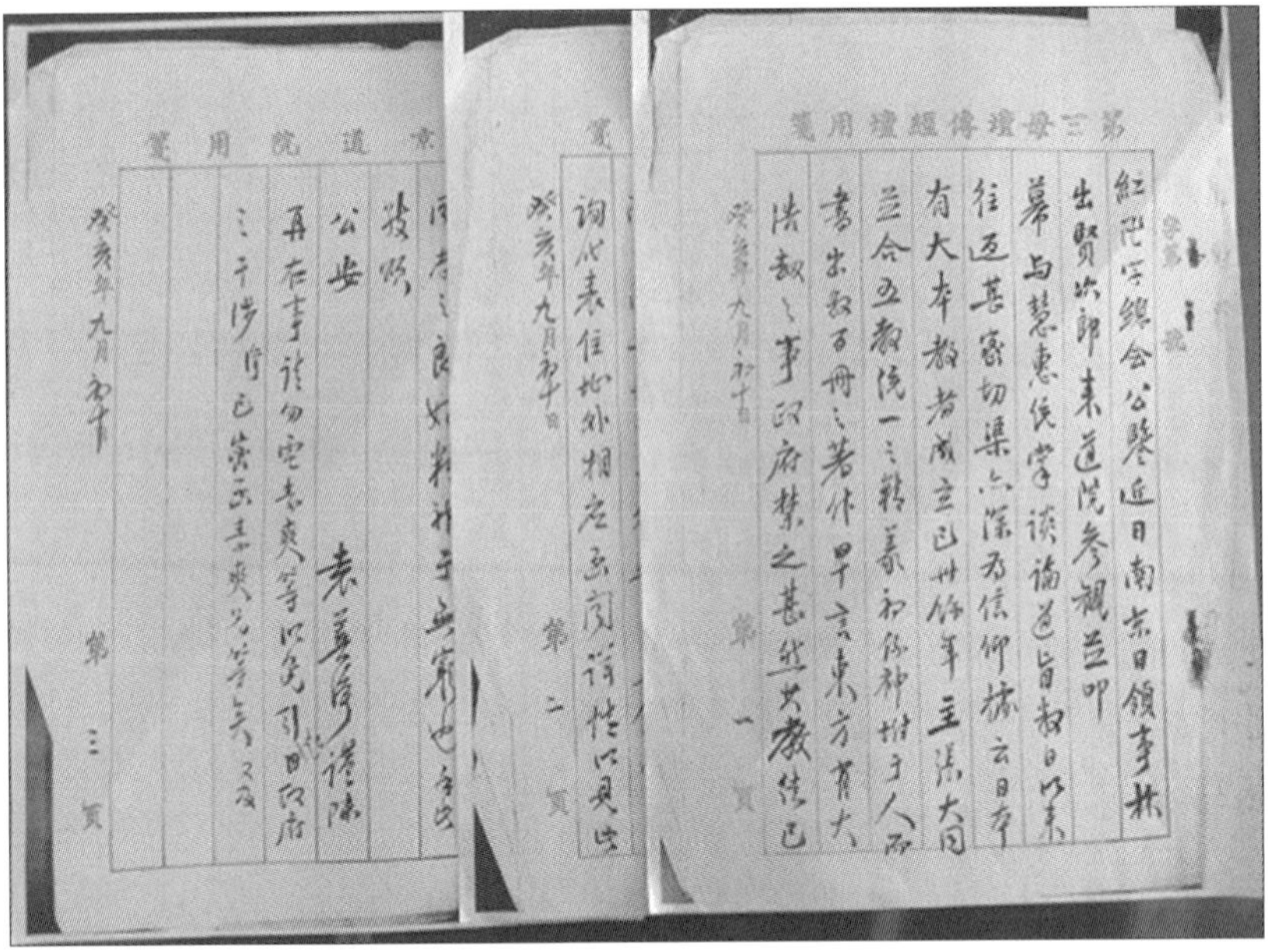

京道院用箋

第三頁

第二頁

第三母壇傳經壇用箋

第一頁

〈写真3―2〉南京道院・袁善浄の手紙（1923年9月10日）。中国第二歴史檔案館所蔵。

一九二一年二月、大本教は第一次弾圧を受けた。その二年余りのち紅卍字会代表団訪日の時、王仁三郎はまだ上告していた。大本教にとって、紅卍字会との連携は窮地から脱出し、中国で布教の道を開くチャンスであった。一九三一年一一月、大本教信者北村隆光は紅卍字会と大本教との提携について次のように述べている。「当時南京領事をして居つた林出賢次郎氏（道名尋賢）は大本教徒であり又南京道院の役員であったが、侯氏等の救しん（ママ）渡日につき便宜を図り且つ大本へ紹介されたのである」(13)。後述するように、前出の袁善浄の手紙に登場する上西信助は、林出が紅卍字会を大本教に紹介した後、具体的な連絡を担当した人物である。袁善浄が上西に神戸に住む華僑の呉錦堂に紅卍字会の住所を尋ねるよう述べたことから、呉錦堂も紅卍字会の信者であることが推測される。

紅卍字会南京分会は林出が勧めた日本での布教に大きな関心を示し、これを紅卍字会「同志の良好の精神を喚起するチャンス」と捉えていた。

九月二〇日、葉能静は紅卍字会総会への手紙のなかで、林出の来訪について次のように報告している。「先日又道開とともに林出賢次郎に会い、卍会の来歴及び現在の布教状況について詳しく述べた。日本の領事は盛んに感服し、道院が彼の国で布教することを極力勧めた。昨日（林出は）自ら南京道院を参観し、道開は（彼を）手厚く接待し、院則や卍会の各種の印刷物を渡し、仔細に閲覧するよう勧めた。この方（林出）は平素仏教を好み、信心が頗る深い。将来（紅卍字会の）拡大には少なからぬ力になるだろう。なお、これは紅卍字会の第一回目の発展の大きなチャンスであろう」[14]。葉能静は林出が前節で引用した書簡のなかで言及した江蘇省総商会の会長である。葉と一緒に林出に会った道開は本名を陶保晋といい、紅卍字会南京分会の創設者である[15]。

袁善浄が前出の手紙の最後にわざわざ「日本政府の干渉を招かないよう、素爽（侯延爽）などに電報を送らないでください」と付言していることから[16]、紅卍字会は大本教との提携の危険性についてある程度の認識はもっていた。しかし、紅卍字会は日本政府が大本教と紅卍字会の接近を警戒していたことを知らないまま、震災救援活動を着々と準備していった。

二　救援米

東瀛が受けた大惨禍は歴史上稀に見るものである。（中国は日本と）同じ洲にある国として、急いで救援に行くべきである。本会は慈善と救済を主旨として、すでに数万元を集め、江蘇・安徽などの省で米を買い入れて救援物資として送った。一杯の水では喉の渇きをいやすことはできないが、被災者が塗炭の苦しみのなかにいるのを思うと、関係のない人でも心を痛めるだろう。[17]

これは関東大震災七日後に紅卍字会中華総会が北京政府大総統に送った電報の一節である。電報のなかで、紅卍字会は、震災救援は中国が日本と同じアジアの国であることと被災者を救済するという慈善の目的によるものであることを強調し、「どれぐらいの募金が出せるか、謹んでご教示を頂きたい」と述べ、政府の支援を期待している。[18]これと同時に、紅卍字会中華総会は中央や地方の官僚に電報を送り、江西・安徽・江蘇などの省における募金活動と救援米買い入れの計画について次のように報告している。

今次日本の水火の災いは古今めったに見ないものである。救済するには食糧が第一である。本会はすでに資金を集め、安徽・江蘇・江西などで約一万石の米を購入することを計画した。安徽の蕪湖で六千石、江蘇と上海で三千石、江西の九江で千石を購入する予定である。[19]

この時期、中国各地で災害が頻発し米の価格が高騰していたため、北京政府は米の輸出を禁止していた。一万石の米を買い入れ外国に送るには決して容易なことではなかった。最終的に集められた米は二千石であった。この時、上海雲南路仁済堂に本部のある関東大震災を救援するための組織である中国協済日災義振会は紅卍字会に電報を送り、日本人の被災者を慰問するだけではなく、日本で被災した中国人を速やかに専用の船で中国に送ることを提案した。[20]なお、同会は紅卍字会の救援活動を自らの統轄下におくことも望んでいた。しかし、すでに大本教との連携を視野に入れ、日本での布教に希望を膨らませた紅卍字会にとって、これは受け入れられないことであった。

ところで、大量の救援米を調達し、税関を通過させて日本に送るにはさまざまな困難があった。紅卍字会はこれら一連のことをどのようにやり遂げたのだろうか。

紅卍字会中華総会は震災救援を決定した後、ただちに道開（陶保晋）を要員として北京から南京に派遣した。道開は九月八日に南京に到着した後、すぐ南京紅卍字会の葉能静と協議し、一石七・三元の価格で二千石の米を買い入れることを決めた。彼は一三日に紅卍字会中華総会への電報のなかで、「近頃米の価格は飛ぶように上がっている。そのため、即刻中国銀行へ金を引き出しに行った。持ってきた一万元の手形の控えが手元にあり、すぐに金を引き出して二つの米屋に内金を払った。北京から郵便局を通じて送金してもらった一万元の手形はまだ届いていない」、と述べている。[21]道開が南京に持って行った一万元の手形とその後南京に送られる予定の一万元を合わせた二万元の救援金はどのように集められたのだろうか。道開の話では、「今回卍会が賑災のために集めた二万元は将来各道院が共同で負担する。南京と江寧道院（の負担額）は約三千元になるだろう」、という。[22]

救援米の買い入れは紆余曲折を経た。北京政府財政部は江蘇・安徽・江西三省の省長に書簡を送り、救援米の買い入れに協力するよう求めた。それによれば、「安徽省では連年災害が続き食糧が欠乏している。地方紳士は度々米穀を外国に流出するのを禁止する声明を出している。紅卍字会が日本の救援米を買い入れるのは慈善のためであり、日本商人が蕪湖で米を買い入れるのとは事情が異なる。また、（紅卍字会が）買い入れた米の量もそれほど多くなく、すでに免税の許可が得られた」。[23]また、財政部は税務処と江海関（上海）に照会し、「上海の米価が高騰している。近頃地方各団体が上海で米を買い入れて日本に送ることに反対している。上海の食糧事情に勘案して、上海で買い入れる予定の三千石の米を蕪湖・九江の両地で購入することはできないか。江蘇省では米穀の海外輸送は厳しく禁止されている。日本で災害が起こったことを聞いた（江蘇）各地の人民は財政部に対して、江蘇省で米を買い入れて救援するよう要請している。そのため、これを遷延・禁止しないよう」求めた。[24]つまり、財政部は江蘇省・上海市における米穀の海外輸送禁止に鑑み、蕪湖と九江で救援米を買い入れることを決めた。しかし、最終的には、南京で二千石（一四万キロ）の救援米を買い入れた。[25]

一方、救援米を免税で日本に運ぶため、紅卍字会中華総会と北京政府、南京紅卍字会と江蘇省政府との間に複雑な交渉があった。道開が九月一六日に紅卍字会中華総会会長に送った電文によれば、九月一五日に税務処が金陵税関に対し、救援米を免税にすると命じた。しかし、その翌日に、「税関の担当者から、督軍と省長の許可がなければ米穀は通関できないとの連絡があった」。紅卍字会側はやむをえず江蘇省政府に状況を説明し協力を求めた。省長は督軍の許可が得られれば通関できると返答した[26]。二〇日、救援米の通関がようやく許可された[27]。

一〇月四日、救援米は船に運ばれた。紅卍字会南京分会は総会に宛てた電文のなかで、「さきほど届いた日本の林出公使からの手紙によれば、金陵税関がすでに救援米の通関許可証を発行した。米は林出が雇った大福丸で四日にもしくは大利丸で五日に上海に運ばれた後、上海の日本領事が雇った船で日本に運ばれることになる」、と報告している[28]。このように、救援米は買い入れから一ヶ月経てやっと日本に送られる運びとなった。ちなみに、紅卍字会が日本に送った救援米二千石と救援金二千元のうち、「七割が被災した日本人、三割が被災した華僑」に送られた[29]。

ところで、救援米の通関をめぐる交渉が行われる間に、紅卍字会訪日代表団の人選が決まった。紅卍字会中華総会が一六日に北京の日本公使に宛てた手紙のなかで、次のように書かれている。

貴国で災害が発生した後、（われわれは）ただちに寄付金を募り、南京等で米二千石を購入し、近日中に日本に送り被災者を救済する。ただし、遠く離れているため、救済の方法は必ずしもすべて適宜とは限らない。救援を慎重に行うため、弊会は会計監査院監査官馮閲模、前濱江税関監督侯延爽、山東省任用県知事楊承謀の三人を推挙して貴国に赴き、貴国政府及び各被災地を慰問し被災地の状況を調査する。弊会が今後継続的に災害救援金を募り、救援方法を策定する時の参考とする。侯君は救援米を護送するために一九日に北京から南京に出向き、外洋船に乗る。馮・楊二君は二〇日に南満洲鉄道で行く予定である。このために貴公使にこの書簡を送ったのである。

〈写真３―３〉侯素爽（『東瀛布道日記』より）

前もって貴国政府及び被災地の市長に電報で（一行を）紹介して頂き、合わせて沿道の各主管部門に世話するようそれぞれ伝えて頂ければ感謝の至りである(30)。

この手紙によれば、紅卍字会訪日代表団の三人の代表のうち、馮閲模と楊承謀は南満州鉄道で出発し、侯延爽は北京から南京を経由して上海で外洋船で救援米を護送する計画であった。一九日、紅卍字会総会会長はさらに神戸駐在の領事柯栄陔に手紙を送り、侯延爽ら三人が日清丸で救援米を送ることを伝え、「日本の被災地に赴き、実地調査を行う際に、適宜に米を配る。当該地区の地方官及び慈善団体との折衝については、本会会員の指針になるよう内密に指示してもらいたい。なお、馮君らが神戸に到着した後、支障がないように代わりに寓所を探してほしい(31)」。

三　提携

侯延爽・馮閲謨・楊承謀一行が日本に到着すると同時に、彼らに対する日本の警察の監視が始まった。兵庫県知事平塚広義が一一月一〇日に日本政府内務部大臣、文部大臣と外務大臣に送った報告書には次のように書かれている。

世界紅卍字会代表侯延爽（四九歳）ハ関東震災見舞ト称シ去ル十月七日八時、神戸入港ノ熊野丸ニテ来神シ同日午后八時七分三宮駅発列車ニテ上京。之ヨリ曩上京シタル審計院院長憑（馮）閲模（謨）、世界紅卍字会代表楊承謀及王煥等ト合シ同月十六日来神市内北長狭通六丁目吉野館ニ投宿シ翌十七日海岸通四丁目出口旅館ニ引移リ滞在中奈良大阪方面ニ遊ヒ及亡命客王揖唐ヲ訪問セル(32)。

侯延爽が一〇月七日に神戸に着いた後東京に赴き、その翌日にすでに到着した馮閲模・楊承謀と合流した。一六日、三人は一緒に神戸に行った。これで紅卍字会の震災慰問活動は終了した。しかし、三人はその後もただちには帰国しなかった。彼らは大本教と接触する機会を待っていた。一方、大本教側も紅卍字会代表団の行程に関する情報を手に入れようとした。一三日、上西は南京にいた林出に手紙を送り、紅卍字会代表団の行程を尋ねた。以下は手紙の内容である。

世界卍字会の代表が日本に到着したことはすでに教主にも報告した。（教主はこのことについては）とっくに以前より神の啓示があり、ずっと彼らを待っていた。早急に（彼らと）面会をしたい。代表らから紅卍字会の主張について話を聞き、また大本教の主旨について説明したい。世界的な難局に直面するなかで犠牲を減らし、世界を平和の境地に導くことを願っている。代表らが日本のどこに行き、何日に日本に到着するかを教えてほしい。現在大本教に対する当局の態度は以前ほど厳しくはないが、まだ（大本教を）充分に優遇していない。万が一当局が中国卍字会の代表が面会に来るのを許さなければ、上西が先に（紅卍字会の）代表らを尋ねることができる(33)。

つまり、紅卍字会代表団一行が日本に到着した一週間後も、両者の連絡がまだ取れていなかった。東京での震災慰問の任務を終えて神戸に戻った一〇月一六日後の半月あまりの間、代表団は一見してもっぱら景勝を楽しんでいたようだった。実際に、彼らは大本教本部の綾部に行くタイミングを探っていた。紅卍字会代表団と大本教との接触について、兵庫県知事平塚は次のように報告している。

何等カノ野望ヲ達セントスルモノノ如ク神戸市居住上海時報特派員飽（鮑）秋声ト共ニ去ル三日午后一時八分三宮駅発列車ニテ綾部ニ至リ大本教幹部ト会見シ二泊ノ上王仁三郎外幹部達ト共ニ五日午后七時三十分三宮駅着列車ニテ帰神出口旅館ニ入リタルカ八日同旅館ヲ引揚ケ管下武庫郡六甲村高羽十三大本教信者片山春弘ニ引移リタルカ同夜同所ニ会合シタルモノハ何レモ大本教ニ対シ多大ノ関係ヲ有スル自称海軍少佐出口利隆雑誌「神ノ国」記者加藤明子綾部在住北村隆光床次真廣田渕六合美等ニシテ徹宵密談シタルモノノ如ク出口以下ハ翌九日大阪ニ向ヒタル模様ナリ。[34]

ここに記された紅卍字会代表団と大本教との接触に関する時刻まで示された情報は、大本教内部に送り込まれた「内偵」によって得られたものであった。「内偵」の報告によれば、紅卍字会と大本教の代表者は綾部での初会見の時から互いに「意気投合」した。両者は大本教が北京で布教することと紅卍字会が本年中に神戸に根拠地を設けることについて合意した。侯延爽は大本教の秋季大祭に出席するために、一一月九日午後に阪急電車で綾部を出発した。平塚は報告書の最後に紅卍字会と大本教との提携に対しては「相当警戒ノ要アリ」と述べている。[35]

一方、大本教と紅卍字会代表団との接触について、京都府知事池松時和は内務大臣、外務大臣、文部大臣及び兵庫県知事に短い報告書を送っている。それによれば、代表団は南京領事林出賢次郎の紹介により大本教本部を訪問し、近日中に帰国する。「支那語ニ堪能ナル」北村隆光は紅卍字会の教義を研究する目的で紅卍字会本部を視察するために、代表団とともに中国に行く予定であるという。[36]

さらに、一一月二一日、平塚は以上の二つの報告書の内容を総合して、より詳細な報告書を書き上げた。その内容は以下の五点に要約することができる。[37] 第一、大本教と紅卍字会の提携について、平塚は、「衰退ノ状況ニ在ル大本教ニ於テハ出口王仁三郎以下ノ残党今尚世界立直シヲ夢想シテ教勢挽回ニ腐心シ偶々関東ノ大震災ニヨリ預言適中ノ意味ニ於テ何等カノ拡張策ヲ講ゼントセル折柄」と分析し、大本教と紅卍字会は相手の国で布教活動を行うために互いに利用し合っていると指摘している。第二、紅卍字会の設立及び主旨について、平塚は、紅卍字会は日本の赤十字会のような社会事業団体であり、多くの「上流知識階級」がそれに帰依している。「世界統一」を目標とする紅卍字会は「共産主義者の団体」の色彩を帯びている、と見ている。第三、紅卍字会の設立は中国政府の支持を得ており、今回中国政府が震災救援金を侯延爽に託して日本に持ってきてもらったのはその証明であると述べている。第四、大本教の「筆先」は紅卍字会の「老祖」に似ている。第五、大本教は世界各国で布教するために従来の「極端ナル排外思想」を変えて、幹部にエスペラント語を勉強させている。今回紅卍字会との提携もそのためである、という。

一方、大本教側の資料には、これと別の角度から紅卍字会代表団の訪問が記録されている。紅卍字会代表の来訪について、大本教の機関誌『神の国』には貴重な文章が残されている。それによれば、大本教本部を訪問したのは侯延爽と『時報』記者鮑秋声、及び魯という苗字の中国人であった。この文章の内容は三ページにわたるが、最初のページが欠落している。以下は現存内容の一節である。

丁度瑞月氏は滞阪中であるから、上西氏が先づ大本教の境内の案内を為し本宮山に登り、四日の午餐は池中宅の支那料理ですつかり寛ぎ、山口利隆氏早速主旨讃同して入会するなどのこともあり北村氏の流暢な支那語にて、鮑氏の通訳より、よく判るとて侯氏はいたく喜び、全く北村氏接伴役の感があつた。しかしながら、心から心へ、温厚玉の如き人格は二代教主も称揚され、上西・山口・日野の諸氏とも片言交りに十七年前留学せし時の日本語を操つて、常に莞爾として笑みを湛いた。また、エスペランチスト西村・桜井両氏駈け付け、エスペラントにて語らんとして通ぜず、エスペラントを宣伝し侯・魯両氏もそれを恢諾する等の滑稽もあり、実に異邦の人の感を抱く者なく、旧知―否、兄弟の如くに談笑した。

それより、主賓に二代教主と一二三さん及接伴役を加へて記念写真二葉を撮り、都合にて鮑氏のみ四時の汽車にて神戸へ帰られ、あとは、午後六時に瑞月氏が帰綾されて北村氏の通訳にて、欣欣として意見の交換があり、つひに大本内に侯氏は一泊した。

翌五日は引続き、寛いでの、談合に、急転直下両教の握手成り茲に国際的に平和促進に向つて努力を約し合ひ、さしずめ神戸に該会の分院を設置すること、北村氏の渡支該会訪問の段取りにまでなり、また瑞月氏を加へて大体昨日の貌触れにて記念撮影を黄金閣下に為して、十一時の汽車にて瑞月氏二代教主同伴し、谷村・北村・山口・三氏随行して阪神へ向つて出発された[38]。

侯延爽らが一一月三日に綾部を訪れた時、あいにく出口王仁三郎（瑞月）は不在であった。王仁三郎が侯延爽らと会談したのは四日夜であった。翌日午前、双方は引き続き会談した。王仁三郎は紅卍字会支部を設立するために侯延爽らと一緒に神戸に行くことを決めた。なお、前出の『神の国』の文章によれば、侯延爽は「上西・山口・日野の諸氏とも片言交りに十七年前留学せし時の日本語を操つて、常に莞爾として笑みを湛いた」という。ここでいう上西はすなわち上西信助である。

侯延爽一行は一一月五日午前一一時に列車に乗って綾部を出発した。王仁三郎も同行した。しかし、前出の兵庫県知事平塚の報告書によれば、一行は当日夜七時三〇分に三宮に到着した。出発から七時間半も経過したのは、侯延爽一行が亀岡で途中下車し、高熊山にある王仁三郎の修行所を訪れたためであったと見られる。侯延爽はこの時三篇の詩を残している。そのうちの一篇は次のような内容である。「物質文明は毒の波の如し、氾濫して誰も止めることはできない。先生は精神の世界から奮い立ち、わざわざこの山で修行された[39]」。侯延爽が神戸に帰った後、大本教の秋季大祭に参加するために九日に再び綾部を訪問した。なお、侯延爽が一一月二一日に日本を離れるまでの間に、王仁三郎と数回にわたって筆談を行った。北村が後に侯延爽一行とともに中国に行った旅先で書いた文章によれば、侯延爽が大本教本部を訪問した時、王仁三郎のことを次のように絶賛している。すなわち、「古の人胸中に百万の甲兵を有つて居たが先生の胸中には百万の神書を有つて居られる」。「大先生は是れ智慧第一であるから、一度面を見らるると説明を用ひずして世界紅卍字道院の宗旨を明瞭に認められた。自分は今迄頗る多数の人に面謁したが、実に先生のやうに優れて勝つた人に出会つた事が無い」、という[40]。

一一月二一日、侯延爽一行は船に乗って神戸を出発した。北村隆光も同行した。一行は朝鮮半島を経由して北京に向かい、一ヶ月半に及ぶ日本への震災慰問の旅を終えた。

おわりに

以上、いままでほとんど知られていない紅卍字会代表団の日本訪問、及び紅卍字会と大本教との提携関係の樹立までの経緯について考察した。本章で見てきたように、関東大震災直後に始まった紅卍字会の震災慰問活動は、北京政府及び中国社会各界の支持を得て行われた。米穀の海外運送が厳しく禁止されるなかで、北京政府や江蘇省政府の取り計らいにより救援米は税関を通過した。紅卍字会の慰問活動は、その後日本の震災に対する紅卍字会の救援活動の嚆矢となったのである[41]。

中国政府の態度と対照的に、日本政府は紅卍字会代表団一行の来訪を終始警戒し、兵庫県・京都府は大敵が目の前に現れたかのような対応を取っていた。探偵が密かに侯延爽一行を尾行するだけではなく、兵庫県は大本教内部に潜入させた内偵を通じて大本教と紅卍字会との接触に関する情報を入手し、政府に報告した。紅卍字会の「扶乩」が大本教の「筆先」に似ていることが確認された後、両者に対する警戒は一層高まり、翌年に紅卍字会と大本教の関係が密接になるにつれ、警察の尾行調査はますます強化された。

紅卍字会代表団の訪日や紅卍字会と大本教との提携において、林出賢次郎は大きな役割を果たした。南京領事と大本教信者という二重の身分をもつ林出は公務の傍ら、紅卍字会代表団の訪日、及び紅卍字会と大本教との提携のために尽力した。紅卍字会は日本で紅卍字会の支部を開設するために、大本教との提携に関する林出の提案を受け入れた。他方、紅卍字会代表団との接触を通じて、大本教は中国で布教することの可能性を見いだした。紅卍字会代表団訪日の翌年の一九二四年二月一三日、出口王仁三郎は秘密裏に奉天から蒙古に入り、冒険の旅を開始した。翌三月六日、紅卍字会神戸分会が正式に設立された。このように、日中両国の民衆宗教は国境を超えて交流を始めたのである。

注

（1）「日本地震大火災」、『申報』一九二三年九月二日。
（2）「日本大震災」、『晨報』一九二三年九月三日社説。
（3）「中国軍民救済恤民」、『盛京時報』一九二三年九月七日。
（4）「段張競因日災会合」、『盛京時報』一九二三年九月八日。
（5）世界紅卍字会中華総会編『世界紅卍字会史料彙編』、香港：二〇〇〇年八月、一三三頁。
（6）事件について、大本七十年史編纂会『大本教事件史』（天声社、一九七〇年）を参照。
（7）林可彝「日本大本教謀反事件」、『時事月刊』一九二一年第一巻第五号。幼雄「世界的秘密結社：日本大本教的始終」、『東方雑誌』一九二二年第一九巻第一九号。
（8）紅卍字会は一九二一年末に成立し、一九二二年一〇月に北京政府内務部の許可を得て、慈善団体として発足した（前掲世界紅卍字会中華総会編、五頁）。また、紅卍字会について、酒井忠夫『近・現代中国における宗教結社の研究』（国書刊行会、二〇〇二年）を参照。

（9）このことについて、林出賢次郎の回顧録では言及がない（林出賢次郎（尋賢）「南京の政変」（後編）、「尋賢回顧録」（四）、『日本卍字月刊』第七巻一一月号、一九六三年一一月一日）。

（10）「世界紅卍字会中華総会より震災救恤米二千担送附に関する件」（在南京領事林出賢次郎より外務大臣伊集院彦吉宛、一九二三年一〇月八日）。日本外務省外交史料館資料、「宗教関係雑件・大本教ト紅卍字会提携ノ件」。以下同。

（11）「袁善浄致紅卍字会総会函」、一九二三年九月一〇日。中国第二歴史檔案館内務部檔、巻宗号二五七、案巻号六四三。以下同。

（12）日野強『伊犁紀行』、博文堂、明治四二年。復刻版、芙蓉書房、一九六八年、上巻、一七四頁。

（13）北村隆光「道院、紅卍字会に就て」、『神の国』第一五四号、一九三一年一一月。

（14）「叶能静致紅卍字会総会函」、一九二三年九月二〇日。

（15）陶保晋（一八七五～一九四八）、江蘇省江寧県出身、「法政大学清国留学生法政速成科」第二班卒業。帰国後、江蘇省咨議局議員、金陵法政専門学校校長、衆議院議員等を歴任した。法政大学大学史資料委員会『法政大学史資料集』第十一集、一九八八年、一七三～一七四頁。沈雲龍『清末民初官紳人名録』（近代中国史料叢刊三編）、文海出版社、一九九六年、四九五頁。

（16）侯延爽、進士出身、清末に日本に留学した。中央と地方政府の官僚を歴任した後、基督教から改宗し、済南道院（紅卍字会）の統掌（責任者）となった。F. S. Drake, "The Tao Yuan: A New Religious and Spiritualistic Movement", *The Chinese Recorder*, Vol. 54, (March 1923), p.141. 北村隆光「世界紅卍字会の大元　支那道院に就て」、『神の国』第三九号、一九二三年一二月。

（17）「世界紅卍字会中華総会会長徐・王・銭・江・王致大総統電」、一九二三年九月八日。

（18）同右。

(19)「世界紅卍字会中華総会会長徐・王・銭・江・王致総長電」、一九二三年九月八日。
(20)「中国協済日災義賑会会長朱佩珍、副会長盛炳記・王震致北京紅卍字会中華総会電」、一九二三年九月一一日。
(21)「道開致会長及諸道長電」、一九二三年九月一三日。
(22)「叶能静致紅卍字会総会函」、一九二三年九月二〇日。
(23)「財政部復紅卍字会中華総会公函」、一九二三年九月二一日。
(24)同右。
(25)「紅卍字会中華総会致税務処函」、一九二三年一〇月一日。
(26)「陶保晋致紅卍字会中華総会会長」、一九二三年九月一六日。
(27)「叶能静致紅卍字総会函」、一九二三年九月二〇日。
(28)「南京紅卍字分会致中華総会電」、一九二三年一〇月四日。
(29)「世界紅卍字会中華総会会長徐世光・王芝祥・銭能訓・江朝宗・王人文致許芝田函」、一九二三年一〇月六日。この手紙において義援金の金額は二千元とされるが、米ドル五千とするのが一般的である。
(30)「世界紅卍字会中華総会会長徐・王・銭・江・王致日本公使函」、一九二三年九月一六日。
(31)「世界紅卍字会中華総会会長致神戸領事柯栄陔函」、一九二三年九月一九日。
(32)「大本教ニ関スル件」、兵庫県知事平塚広義、一九二三年一一月一〇日。
(33)「上西信助函抄件」、一九二三年一〇月一三日。
(34)「大本教ニ関スル件」、兵庫県知事平塚広義、一九二三年一一月一〇日。
(35)同右。
(36)「大本教ニ関スル件」、京都府知事池松時和、一九二三年一一月一〇日。
(37)「大本教ニ関スル件」、兵庫県知事平塚広義、一九二三年一一月二一日。
(38)『神の国』第三七号、一九二三年一一月。

(39) 侯延爽「登高熊山参大本教主錬魂処」(其三)、『神の国』第三九号、一九二三年一二月。
(40) 前掲北村隆光「世界紅卍字会の大元　支那道院に就て」。昭月生「世界紅卍字会の提携と霊界物語」、『神の国』第四〇号、一九二四年一月。
(41) 前掲世界紅卍字会中華総会編、一三三～一三四頁。

第Ⅱ部　権　力

第四章　土匪の政治学——檔案史料に見る華北地域の土匪

はじめに

民国初期の土匪について、もし当時の新聞記事をめくってみれば、その数の多さ、被害の大きさは人々を驚かせるだろう。一九二〇年代、土匪問題は幅広い関心と研究を巻き起こした。[1]二〇世紀末にもまた、中国社会史に関する研究において、土匪問題は研究者の関心を呼び、いくつかの研究著書が出版された。[2]これらの研究は、多かれ少なかれ、イギリスの歴史家ホブズボーム（Eric Hobsbawm）の「義賊」（social bandits）（社会的土匪）の概念の影響を受けている。ホブズボームが考えるには、社会的土匪は世間一般の人々の同情と称賛を得て、貧者の救済を主たる任務とするロビンフッド（Robin Hood）のような集団であり、「義賊はけっして屈服しない農民に過ぎず、革命者ではない[3]」。ホブズボームのこの考えは、ヨーロッパの歴史学界で大きな論争を引き起こし、その後しばらくして中国の学界に波及した。アメリカ人学者エリザベス・ペリー（Elizabeth Perry）は白朗に関する事例研究の中で、ホブズボームの観点に批判を加え、白朗の率いる土匪の軍隊は政治革命を擁護し、ブルジョア階級の革命同盟を結成することができたと述べている。[4]

筆者の考えでは、「義賊」という概念は異なる匪賊集団を区別するための分析手段として使うことはできるが、実質的な概念として使うことはできない。それゆえ、土匪が革命家になることができるかどうかを議論するよりも――その他のいかなる階層の人が革命家になることができるかを議論するのと同じように――どのような社会的・政治的・思想的背景のもとで、土匪が革命家になれるのかなれないのか、もし土匪が革命家になれるなら、どのような意味での革命家になるのかを議論するのがよい。

多くの論著で述べられているように、民国初期の軍閥は清末以来の地方軍事化に起源をもっており、政治的に武装したのは軍閥政権の性質を示している。一九一六年の袁世凱の死後、北洋系軍閥は分裂し、ただ虚名のみの北京政府は軍閥政治の姿をさらけだしていた。陳志譲の考えでは、たとえ民国時期の軍閥政権が整った近代的な官僚制度を有していたとしても、それはもともといる地方の士紳と結合してできたものであったという(5)。もし「軍紳政権」の概念を民国初期の華北という特殊な地域空間に置くならば、この概念は有効な分析概念となるであろうか。以下、筆者は主に中国第二歴史檔案館所蔵の北京政府陸軍部檔案に基づき、華北地域の土匪や軍閥政治における土匪の位置について具体的に分析する。土匪は本章の研究対象であるとともに、民国初期華北の地域社会と政治を理解する一つの切り口でもある(6)。

一　土匪の生成

土匪は地域の自然環境と社会環境のなかで生成する。一九二〇年代中葉、馬君武は次のように指摘している。「今の中国はもとより至るところに匪がおり、至るところに兵がいる。人民は喜んで匪となり、兵となるのか。貧困のためである。どうして貧困なのか。失業のためである。どうして失業したのか。この百年で産業に大変革が起こったからである」[7]。

一九二〇年代の江蘇省（北部）・山東省・河南省・安徽省（北部）地域にみられる深刻な土匪による被害は、地域社会の特質と関わっている。しかし、いわゆる地域社会とは一つの簡便な言い方にすぎない。なぜなら、たとえ同じ環境にあったとしても、具体的な状況はしばしば大きく異なっている。経済が発達し、地方政府のコントロールが比較的いきわたっている地域では、土匪の問題は地域社会に「内在」する問題ではなく、いかに「外在」の土匪の増大に対処するかがより切迫した問題であったのである。また、自然・社会環境が基本的に同じ地域では、時には互いに数十里あるいはわずか十数里離れている村落であっても、状況が大きく異なる。土匪の被害が深刻になると、村落は空洞化する。村民が武装して村落を守ることができれば、村落自治が可能になる。一九一九年に山東省督軍の張樹元は山東北部の状況について、「各民団がすべて立ち上げられ、整い、装備も士気も臨清・冠県・清平・寿張が最たるものである」と述べている[8]。これは地方駐留軍の助けのもと、県レベルの武装が防匪・剿匪の重要な力になっていたことを言っている。このような保衛団の性質をもつ武装はあまり発達せず、一九二〇年代中期以降は、紅槍会を代表とする各種の民間武装が、土匪やその他の外部の圧力に対応する組織になった。

黄宗智が言うには、「各村落がこれらの新しい圧力（公権力によるものを指す）に対して行った反応は、村落内部の構造によって異なる。結束の強い自作農の村落の場合、多くは団結して外界に対抗し、甚だしくは武装して自らの利益を守る。かなり分化し結束力の乏しい村落の場合、多くは外部の権勢に従う日和見主義者のやりたい放題になる。半ば無産化した村落の場合、官僚機構と村落の社団のシーソーゲームの狭間で苦しむことになる」[9]。黄が考察したのは郷村（荘）の半無産化と地方政権との関係であり、郷村社会の危機と土匪の生成との関係の研究は示唆に富むものである。

江蘇省・山東省・河南省・安徽省（とりわけ淮河以北）では、土匪の出没する地域は互いに生態環境が似ている。郷村で重要的な地位にあるのは小農経済であり、毎年絶えることのない日照りと降雨被害と高密度な人口はこの地域の経済を長期にわたり貧困状態に陥れた。河南西部の著名な土匪である白朗（当時の新聞記事では「白狼」と称される）について言えば、一家四人、耕作地二百余畝、長工一名、短工数名を雇った。宝豊県大劉村では、白家は富農あるいは地主とみなすことができる。このような家庭で、白朗は農業労働に参加しなくてはならず、農閑期には官塩の運送や鉄の鋳造など出稼ぎにも行った[10]。

貧困化がいきわたるにともない、この地域に土匪による被害が深刻であった。当時の資料をひも解くと、以下のような記述が多く目につく。山東省に土匪が多い理由は、人民が「その性質が驕惰に慣れているからであり、驕であれば人の下につくことはできず、惰であれば自給できず、ゆえに驕惰の民は兵にならず、匪になる[11]」。「（河南省南部では）民は強暴で、民情は頑なである。」「（河南省西部では）民は強暴であり、習俗もそうである[12]。」。「（江蘇省北部では）民情が強暴である[13]」。こうした見方は「他者化」された地域社会のイメージであり、地方志に書かれた「自画像」のイメージとは対照的である。

二　土匪の世界

一九二〇年代、江蘇省・山東省・河南省・安徽省では、土匪による襲撃事件はしばしば発生した。江蘇省北部では、徐州・淮陰と塩城は土匪による被害がもっとも深刻な地域であった。そのうち、徐州では、辛亥革命後、「地方の混乱は江北の各地でもっとも悲惨であり[14]」、匪賊が猛威を振るい、近隣の省にも大きな被害を及ぼした。

山東省では、西南地域に土匪がもっとも多い。一九一二年六月、陸軍第五鎮統制官の馬龍標の報告には、「山東省の土匪が蜂起し、南北が共同して幾度も警告を出したが、省の西部一帯の十数の州や県には平穏なところは一つもない。駐防軍がいるものの、鎮圧することはできない」とある。[15] 山東省の東部・中部・北部にも土匪は多い。一九一八年前後、新たに土匪に加わった退役兵や敗残兵を入れると、山東省の土匪は人数が多くなっただけではなく、浸透した地区も拡大した。

北は河南省に接し、東は江蘇省に接した安徽省北部も土匪が盛んな地区である。蒙城・宿県・鳳陽・定遠などの県では強盗放火事件が民国元年以降たえず発生し、[16] 亳州以北の地域はさらに「群盗が多かった」。[17] 匪賊はもともと地元の土匪であるが、外部から流れ着いた「客匪」もいた。とりわけ河南省から来たものが多かった。「客匪」は流動性が高いため、影響力も大きく、至る所で小さな土匪がこれに合流した。

河南省の「盗みが盛んなことは、各省で一番である」。土匪の分布地区は概して四つに分けられる。一つは土匪が「他省に比類ないほど、非常に盛んであった」西部である。[18] ここには白朗・老洋人・樊鐘秀などの著名な土匪がいた。宝豊・魯山・臨汝・郟県・洛寧と嵩県は土匪の被害が絶えないため、ほとんど「匪区」（土匪の縄張り）と同義語になっていた。二つ目は、鄧県・新野と南陽を中心とする西南部、および泌陽・舞陽・方城と叶県を中心とする南部である。一九二三年の調査によると、南陽一帯にはあわせて三二の土匪勢力が存在し、人数は百から千までと幅があった。[19] 三つ目は、永城・虞城を中心とする東部である。江蘇と山東二省の匪賊は逃げ回りここにたどり着き、「いくつかが合わさって、大きな土匪となり、略奪を行った」。[20] 四つ目は、北部と中部の広大な地域である。これらの地域には土匪の人口は少なく、相対的に影響力は弱かった。

次に、匪賊の人数について、山東省の事例を通じて見てみよう。

第一に、官側が報じた数字。一九一八年前後、山東省の匪賊の増加は民国元年以来のピークに達した。馬海龍が陸軍部に提出した探察報告では、山東省の三〇余の州・県には合計三万人を超える土匪がおり、所持する各種の銃器が二万八千八百丁にのぼった[21]。同年の山東省督軍の張樹元の統計によると、山東省の一一の土匪勢力の人数は二万八千人であり、「そのうちの約四、五割が精鋭で、優れた銃器を有する」という[22]。この二つの数字はおおむね符合する。すなわち一九一八年前後、官側が報じた数字では、山東省の土匪の人数は約三万人になる。

第二に、新聞の推計から得られる数字。もし季節や社会の混乱の要素を考慮するならば、土匪の人数の計算は暫定的でしかなく、兵と匪は等しく、農であり同時に匪である者がいる。『時報』の報道によると、山東省西南地域の土匪の数は二万三千人前後である[23]。一九一九年、荷沢などの県の紳民が述べたところでは、曹州一帯は「あちこちに匪がおり、すでに三、四万人に達した[24]」という。この二つの数字を加えてみると、土匪の数は五、六万人になる。その他の地域の土匪の数を加えると、山東省の土匪の人数は合わせて二〇万人前後に達し、山東省の総人口の千分の四から六くらいに当たる[25]。

以上のように、異なった推計では、結果に大きな違いが出てくる。土匪の実際の人数を把握することは困難である。とりわけ、土匪の活動と破壊力は土匪の人数に対する人々の見方に影響を与えており、新聞記事に頻繁に登場する「至るところに土匪」、「土匪がいない所はない」などの表現は一般の人々の心理を反映している。長野朗は一九三〇年の山東省の土匪の人数を百万とまで推定しているが[26]、百人のうち三人が土匪ということになる。

では、このように多くの土匪は主にどの階層から出ているのであろうか。まず陸軍部の剿匪統計報告から見てみる。

上述の統計が示すように、土匪の成分は複雑であり、そのなかで農業生産から離れた「遊民」（軍隊を離れた兵士を含む）の占める割合がもっとも高い。これは前に引用した馬君武の論評と概ね一致している。

表1　一九一四年二月一二日処刑犯人職業（南陽鎮守使署）

職業	遊民	欠	食肉処理業者・料理人	匪賊	軍人	職人	博徒
人数	24	5	4	4	2	1	1
総数	41						

出典：中国第二歴史檔案館陸軍部檔案（一〇一一）二五九八。

表2　一九一四年六月処刑犯人職業（曹州鎮守使報告）

職業	遊民	正業なし	軍人	農民	雇用労働者
人数	17	2	1	1	1
総数	22				

出典：中国第二歴史檔案館陸軍部檔案（一〇一一）二五九八。

表3　一九一四年四月処刑犯人職業（曹州鎮守使署）

職業	游民	小売商人	捕り手	農民
人数	21	9	2	1
総数	33			

出典：中国第二歴史檔案館陸軍部檔案（一〇一一）二五九八。

ところで、土匪の行動様式について、剿匪軍を指揮した経験をもつ張鈁が指摘したところによると、河南省では、窃盗の風潮は清末から一九二〇年代に至るまで三度の大きな変化を経ている[27]。

清末には、土匪は山に多く集まり、「みだりに殺戮を行うことを戒め、ただ仇敵とだけことをかまえた。富者がいてもただ食糧を借りるだけであった。続いて、子牛や牡牛をかたに身代金を要求する者が出たが、婦女をさらったりはせず、身代金も至って低く、決してひどくたかったりはしなかった。続いて、「快票」や「快上票」などの新しい言葉が登場したが、貧者や善人を傷つけたりはせず、人道を説き、盗人の名を嫌い、軽々に匪となることはなかった。

民国初年、土匪は「略奪しても殺したりはせず、貧者や中戸は一息をつくことができた」。

民国七年以降、土匪は「任俠の精神がなくなり、いわゆる「官になる」といったいいかげんなスローガンが出てきた。その後、親疎遠近を問わず、老若男女も問わず、天理・国法・人情も問わず、一切を考慮に入れず、ただ武器とお金だけを求めた。（中略）略奪し、残忍で無法なありとあらゆる悪事を働いた」。

このような「盗みの風潮」の変化は、土匪による被害の拡大の軌跡を描いている。

土匪は経済を破壊し、地域からの人口流出をもたらした。ビリングズリーが指摘するには、民国時期、河南省禹県は一三年間で土匪の襲撃を二六回、正陽県は二〇年間で少なくとも二七回、淮陽県は一一年間で二二回、西華県は二一年間で二六回も受けたという[28]。土匪がもっとも盛んな河南省の臨汝・伊陽・宜陽一帯では、土匪が蟠踞しており、人民は逃げ出し、田畑は荒れ、耕地はしばらくするとたいていは少数の豪紳の手に落ちた。「これは河南省の西南一帯で土地が高度に集中した主な契機なのである[29]」。

土匪は農業だけではなく、商業にも大きな破壊をもたらした。土匪が四方から出没すると、社会が不安定になり、商人の活動が滞る。一九二三年、江蘇・山東・安徽三省が隣接する安徽省宿県では、「股匪」の范明新などが騒擾を起こしたため、「商人は経営を行わず、農民は収穫ができなかった[30]」。山東省の曹州では、土匪が「旗幟を高く掲げ、銭糧を徴収した[31]」。農村経済の商品化が小農経済の破産を加速し、土匪の略奪が商品流通を滞らせ、農民生活に災いをもたらしたが、それだけではなく、土匪の活動が盛んな地区では、交通が遮断された。淮河の南と北の地域、淮河東北の鉄道である隴海線・津浦線・済寧線では、土匪による鉄道破壊の事件がしばしば発生した[32]。

もし土匪の意識の深層に着目するなら、多くの場合、強盗略奪は「野盗におちぶれる」ことによって永遠に頼ることができる「職業」ではなく、「土匪となること」を通じて蓄財したり、官軍に取り入ったり、「体面がよい」生活が送れるための手段である。土匪には次のような言葉がある。「騒げば騒ぐほど、得られる官が大きくなる」。その意味は、多くの略奪をすればするほど、その後官に取り立ててもらうための資本になるというものである。

上述のような複雑な成分と社会意識をもつ土匪はどのように発生したのか。土匪は一つの利益集団として、その内部には決まった分配の原則がある。すなわち梁山泊のような「大きなはかりで魚肉を分け、小さなはかりで金銀を分ける」。地位や功労の大小によって分配を行う原則である。この原則のほか、「福はともに享受し、難はともに当たる」という江湖の義侠心も強調され、一般には「家法」や「幇規」と表現される。[33]土匪の組織は序列によって構成される。大小の頭目と一般の土匪構成員との区別があり、先に入会した者と後から入会した者の違いがある。頭目になりうる者、年長の者、銃器をもつ者は比較的高い地位につく。土匪の部隊は少なければ十数人、数十人、多ければ千、万にも上る。いくつかの小さな土匪集団が互いに結びつくことによって、大きな土匪集団が形成される。一九一八年、徐州の豊県知事の陳葆恒は次のように指摘した。

北方の土匪が盛んになり、土匪と土匪が集まって股（集団）をなしている。多ければ、数百人が一つの股となり、少なければ数十人が一つの股になる。ゆえに股匪と称した。それぞれの股には小さな頭目がいて、若い人たちはこれを敬意をこめて大掌櫃もしくは某老大と呼んだ。すなわち首領のことである。この種の首領は、すべて土匪をたばねる者である。勇敢で声が大きく、能力が突出している者がこれになり、別の土匪からこの股に入れば、すべてその指示に従わなくてはならない。もし大事があって、その股の手に負えないようであったら、別の股を糾合して、臨時に大股となって行動する。[34]

これは、土匪が「合股」する一般的なケースである。合股するのは勢力を拡大し、官軍・巡警やその他の地方武装勢力の攻撃を防ぐためである。合股した後も各匪股の状況は基本的には変わらず、従来どおりに行動する。[35]そして、敗残兵の加入によって、土匪の軍事化の程度が高まり、内部の結合方式にも大きな変化が生じる。白朗が率いる土匪集団には、馬・歩・炮兵などの区別があった。「歩・馬・砲・工輜など、軍営が立てられ、巡廻し、さながら軍隊のようであった」[36]。一九一八年以降、軍隊の兵士を主力とする兵匪の出現によって、河南省の老洋人、山東省の毛思忠・龐子周・史殿臣・孫美瑶などの土匪部隊も、兵士の服装・銃器から部隊の編成にいたるまでそれに倣い、あたかも軍隊のようであった。

三　防匪と剿匪

民国時期、地域社会に二つのコントロールシステムができた。地方官紳の有形の力――すなわち保衛団・保安隊・公安局の類と、地方の民衆の潜在的な力によるもの、すなわち保甲組織や秘密結社（槍会などの地方自衛武装組織を指す）の類[37]である。

保衛団などの「有形の力」について言えば、一県の武装は平均して一五〇～三〇〇人の間であり[38]、土匪を防ぐにははるかに及ばない。山東省督軍の張懐芝は、「土匪の勢力がすでに大きくなっているので、少数の県の警備隊では防ぐことができない[39]」、と認めていた。山東省出身で北京在住の王謝庭など一九人は山東省の官吏の腐敗を概述して、「まちの近郊一〇里ほどでしばしば強盗があるが、被害者が大急ぎで訴えても、官は賭博に興じ、取り合おうとしない。一、二日後に形式的に調査するだけである。……人民の訴えが急であると、官の側はかえって匪と通じているのではと疑い、そのために被害者は甚だ多くなる。その間、賢明な知事であれば、ただ自らの保身を考えるだけで、その他のことは考えようとしない[40]」と記している。

保甲組織や秘密結社などの「無形の力」は主に地域の武装勢力を指す。地主の武力は限られており、銃器の保持は、個別の例外を除き、一般には七、八丁から二、三〇丁である。地主の武装は小堡塁や堀を用いて、辛うじて小さな土

表４　各省軍隊の人数統計

年代＼省別	江蘇	山東	河南	安徽
1912	33500人	42236人	21500人	26176人
1915	35500人（蘇北）	55300人	35451人	
1919	88000人	64000人	44000人	35000人
1924		200000人	200000人	

出典：（１）『北洋陸軍史料』、天津人民出版社、1987年、32～43頁。（２）『南北兵興後各省区兵力一覧表』、『東方雑誌』第16巻４号。（３）文直公『最近三十年中国軍事』、上册、上海、1930年版，160頁。

匪に応対できるが、民衆に大きな助けにならなければ、土匪が増大するのに任せるだけで、土匪に抵抗する力は持たない。淮北のある農村では、「小農は小堡塁を作る力はないので、夕べには野で寝た。家屋は土匪に狙われやすいからである。昼間は働き、夜は土匪に備える。元気をなくし、憔悴しきってしまう。たまたま備えを怠ったら、土匪につけいられてしまう[41]」。

このような構造の中で、地主・士紳はどのような地位を占めていたのであろうか。一九一三年三月、安徽省省長・督軍倪嗣冲が制定した「亳州清郷章程」には、次のことが定められている。(1)各郷の紳董は地方官を補助し清郷局を設立する。(2)各村で盗匪の巣窟を調査する。(3)各保董事で団体を設立する。(4)各保董事がもし土匪の掃蕩を行わなかったら土匪をかくまったということで罰せられる[42]。ここから分かるのは、地方士紳は防匪の責任を有していることである。しかし、当時において、ある人が曹県の状況について、「(地方官が) 事態に直面しても剿匪の功績を上げず、事後に清郷の名だけが虚しくあるだけで、禍を大きくし、結局は大軍を労して、地方は乱れ、人民の被害はじつに耐えがたいものになった[43]」、と指摘している。

県―民間の防匪の武装力には限りがあったが、地方駐在の軍隊の剿匪状況はどうであったか。まず各省の軍隊の人数統計を見てみる。

表４から見て取れるのは、軍閥の軍隊の人数は四年の間に増え続けているということである。一般に、軍閥同士に戦争が起きると、軍隊の人数が増える。戦争が終わる

と、軍隊の人数は急激に減少し、兵士が大量に削減され、数多くの人がそのまま土匪に流れ込む。一九一八年に山東省に駐在した軍隊は合計四万人であった[44]。当時、土匪の人数はわずかに三万人弱であり、防御に足りなかった。山東省西南部の剿匪に当たった唐天喜の軍隊は、一〇の大隊からなり、あわせて五千人であった。この五千人の兵力は三〇以上のところに配属され、一ヶ所あたり平均一六〇人足らずで、大きな土匪集団に対抗することはできなかった[45]。

四　政治勢力と土匪

一般に、土匪の集団は明確な政治意識や政治目標がなく、結局は壊滅させられるか、帰順させられるか、である。民国初期、各種の政治勢力は土匪の存在に注意をはらい、この社会的な力を政治目標の実現の資源に転化しようと試みた。以下では、袁世凱政権と対立している革命党をはじめとする政治勢力の土匪利用について見てみたい。

第一に、革命党による土匪利用。民国初期、革命党による軍政権は土匪に対して弾圧する政策を採った。一九一二年四～六月、南京にいた黄興は江北各地の守備部隊に対して土匪の勦滅を指示した[46]。しかし、その後まもなく、革命党は袁世凱政権打倒のために土匪を利用する方針に転じた。一九一三年の「二次革命」の発生後、革命党はそれぞれ江蘇省北部・安徽省北部、および河南省で土匪を利用して行動を共にした。江蘇省では、革命党の韓恢が丁明俊（丁三花の子[47]）を通じて泗陽・沭陽一帯に勢力を張る丁明斯などの武装勢力と連絡を取り、反袁闘争を行い、丁明斯を「江北義軍総司令」に任じた[48]。一九一四年夏から一九一五年秋に、丁の部隊は、反袁闘争に従事したといわれている[49]。安徽省でも革命党の活動は盛んだった。革命党・青洪幇、および社会会社という団体が連合して皖北三義会を組織し、勢力は五県に及び、蜂起をひそかに謀った[50]。河南省では、一九一五年に黄興らが南部の土匪・江湖会と連絡を取った。

一九一八年に山東省の曹州や青島などでも革命党は土匪の活動を利用したことが報じられた[51]。

白朗は民国初期の著名な土匪であり、彼は「富める者の財貨を奪って、貧者を救済する」をスローガンに掲げ、一定程度民衆の支持を得た。白朗の部隊が北方で勢力を張っていた時、まさに「二次革命」が発生した。革命党はますます白朗に興味を抱き、黄興は白朗に手紙を送り、「袁軍が大軍を南方に派遣し、内地が手薄になっているのに乗じて、攻撃を仕掛ければ、必ず勝利をおさめることができるでしょう。あなたが鄂豫を占領している間、攻撃を加えれば、豫州を奪取することができます。もし鉄道を多く破壊できれば、彼らの進路をふさぎ、その戦果は少なくないでしょう[52]」、と述べた。黄は人を遣わして白朗と連絡をとった。白朗の部隊には革命党のメンバーがおり、参謀を務めていた[53]。白朗がおおやけに反袁を標榜し、「中華民国撫漢討袁軍」の旗を掲げ、さらに「よい政府を設立する[54]」ことを主張したのは、革命党のさしがねによるものであったとみられる。

革命党が土匪と連携した意図は、「匪を兵に変えて省を救い、事が成れば、兵を工（労働者）に変えて国を救う[55]」というところにあった。しかし、後者は語るに及ばず、前者も達成できなかった。革命党は土匪に資金や武器を提供できず、さらに組織の改造もできず、ただいくらかの空疎なスローガンを提出し、いくらかの委任状を発行しただけであった。土匪の部隊は革命の軍隊に変わることはできなかったし、革命党と連携した土匪は依然として「略奪主義」的な活動に従事していた。

第二に、日本の浪人と土匪との関係。一九一八年、青島の日本人はひそかに土匪に資金援助し、とりわけ東北地域の馬賊が山東に来て略奪を行う行動に関与した[56]。陸軍少将、京師警察署長の銭錫霖などは一九一八年五月の報告のなかで次のように言う。「済南の日本人から銃器を購入しようとすれば、日本人は請け負ってくれて各地に手配してくれる。モーゼル銃一〇丁（銃弾三〇〇発を付ける）で四〇〇〇元。これは土匪を援助したことの明証である[57]」。当時、膠

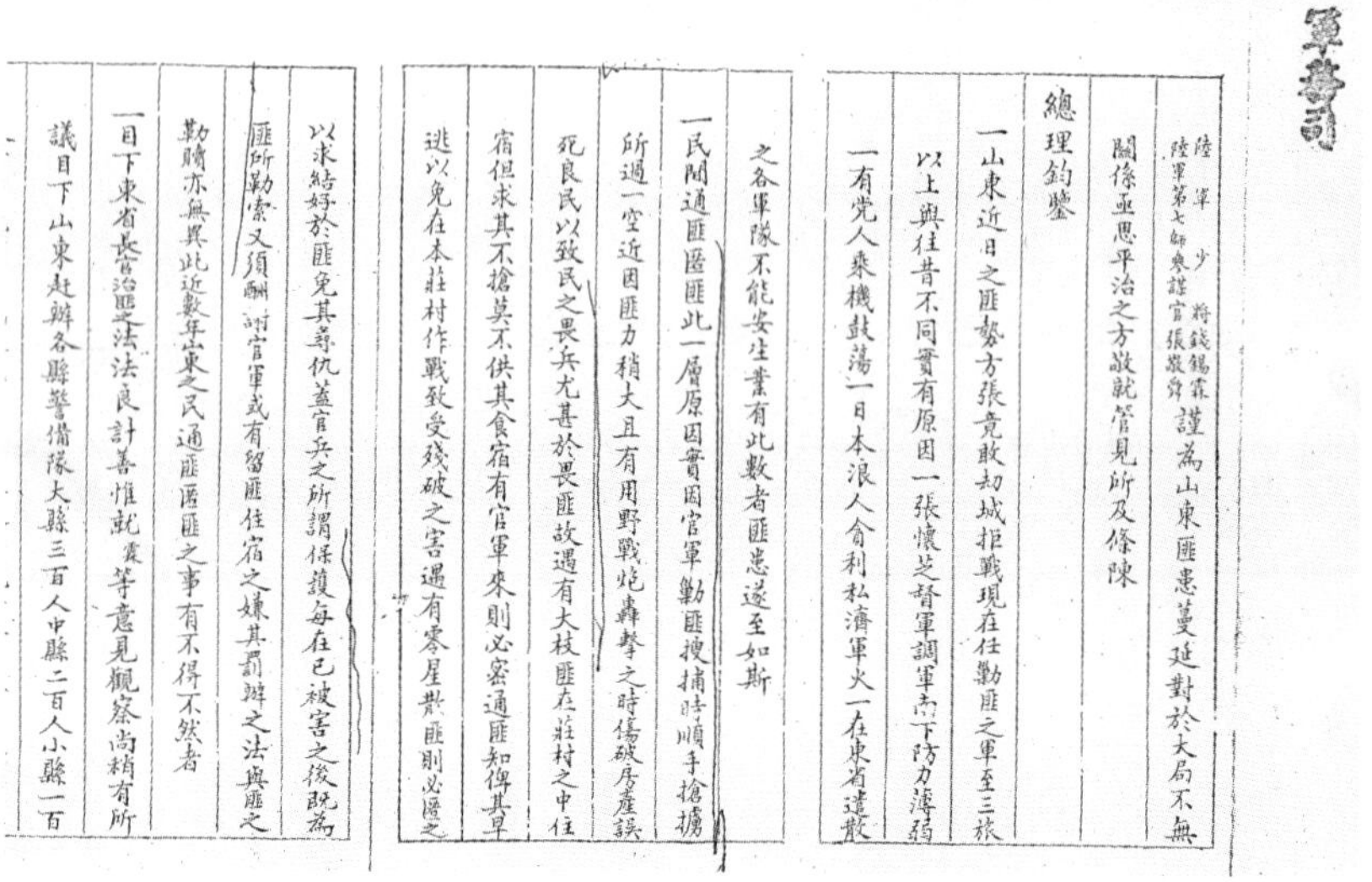
軍務司

陸軍少將錢錫霖 陸軍第七師參謀官張敬舜 謹爲山東匪患蔓延對於大局不無
關係亟思平治之方敬就管見所及條陳
總理鈞鑒
一山東近日之匪勢方張竟敢知城拒戰現在任勦匪之軍至三旅
以上與往昔不同實有原因一張懷芝督軍調軍南下防力薄弱
一有党人乘機鼓蕩一日本浪人貪利私濟軍火一在東省遣散
之各軍隊不能安生業有此數者匪患遂至如斯
一民間通匪匿匪此一層原因實因官軍勦匪搜捕時順手擄掠
所過一空近因匪力稍大且有用野戰炮轟擊之時傷破房屋誤
死良民以致民之畏兵尤甚於畏匪故遇有大枝匪在莊村之中住
宿但求其不搶莫不供其食宿有官軍來則必密通匪知俾其早
逃以免在本莊村作戰致受殘破之害遇有零星散匪則必匿之
以求結好於匪免其尋仇蓋官兵之所謂保護每在已被害之後既爲
匪所勒索又須酬謝官軍或有留匪住宿之嫌其罰辦之法與匪之
勒贖亦無異此近數年山東之民通匪匿匪之事有不得不然者
一目下東省長官治匪之法法良計善惟就霖等意見觀察尚稍有所
議目下山東趕辦各縣警備隊大縣三百人中縣二百人小縣一百

〈写真４—１〉陸軍少将銭錫霖などの手紙（1918年５月）。中国第二歴史檔案館陸軍部檔案（一〇一一）二六三。

済線沿線地域に多くの日本の浪人がおり、その多くはもっぱら土匪に銃器や銃弾を売っていた[58]。山東省督軍の田中玉は、曹錕などにあてた電報で、「首謀者や部下がいるともいうが、実態はよく分からず、推測できない[59]」というが、日本人が土匪と関わっていたことを示唆している。

軍閥の土匪に対する態度について。華北地域の土匪への対応をめぐって、北京政府の意見は二つに分かれていた。一つは厳しく討伐するという意見である。一九一七年、安徽省督軍の倪嗣冲は、「もし軍隊を増加しようとするなら、募集することはかまわないが、けっして投降した土匪を受け入れて軍隊に編入しないようにすべきである。そうでないと、大きな災いのもとになるからである」と述べた[60]。一九二三年、陸軍中将の孟効曾もまた次のように言う。「盗賊は受け入れることはできない[61]」。もう一つは、討伐と懐柔をともに行うという意見である。銭錫霖の考えでは、「一つの大隊を編成すれば、五〇〇人の匪賊を減らすことができる。山東では五〇〇丁の銃器を減らせば、きっと大規模な土匪は二度と現れない。そのほかの十余りの土匪武装を速やかに壊滅させ、討伐と懐柔をともに行えば、必ず治安を回復させることができる」[62]。討伐と懐柔をともに行うという主張にも大きな違いがある。一つは「小さな土匪」を懐柔するという主張、もう一つは大きな土匪を懐柔し、「小さな土匪であれば、すみやかに撲滅する」という主張であった。

しかし、「厳しく討伐して懐柔しない」や「討伐と懐柔をともに行う」と声高に主張してはいても、実際に行った施策の多くは「懐柔しているが討伐せず」か「懐柔を主にしている」というものであった。これはまず土匪は人数が多く、容易には討伐できないためである。その次には、大小の軍閥は、互いに利益をめぐって争うなか、土匪を仲間に引き入れたり、懐柔したりして、勢力を拡大し、相手を攻撃する手段にしているからである。土匪は戦いに長けており、給料や武器を与えさえすればすぐに軍隊に入ることができ、兵を募集したり訓練を施したりするよりも、はるかに簡便だったからである。

要するに、各種の政治勢力が土匪に対して関心をもったことによって、土匪という社会勢力は地方勢力のせめぎあいのなかに巻き込まれた。とりわけ軍閥は地盤もあり、資源も握っており、土匪に官職につかせる約束を与えたり、武器を与えたり、給料を払ったりできた。これは土匪という集団の目標と符合していたため、土匪の利用においては、軍閥は他の政治勢力に比べて立場が有利であった。土匪の政治勢力としての存在感も主に軍閥との関係において発揮された。

五　兵と匪の合流

軍閥混戦の時代、各派の軍閥は争って土匪から兵を募った。山東省では、「各省で兵を募っているが、大半は山東からの兵である。一人の兵士を帰郷させると、一人の土匪を増やすことになる」[63]。山東省の土匪が生成するにつれ、逆に各派の軍閥が次々に招撫にやってきて、一九一二年に陸軍第一混成旅団の旅団長である呉長植が、「目下、魯（山東省）に招撫にやってくる者は数えきれず、大声で募っている。土匪たちは鳥が止まり木を選ぶかのように次々とやってきた[64]」と述べたような状況になった。

本来、兵と匪は水と油のような相容れない存在であり、本質的な違いがある。しかし、軍閥は土匪に対して招撫をし、この反社会的勢力を軍隊に引き入れ、「兵と匪が合流する」という政治現象をもたらした。「兵と匪が合流する」とは、兵と匪の役割が相互に転換し、その境界が不明瞭で、兵と匪の行為が同一化に向かうということである。

まず、兵と匪の役割の転換について検討する。兵と匪の役割の転換は、軍閥が土匪を招撫したことに起因する。軍閥は兵員を削減し、軍隊は反乱したり、敗走したりして、昨日の兵士はあっという間に土匪に変わってしまう。これは江蘇省・山東省・河南省・安徽省で広くみられる兵が匪に流れていく、匪が兵に変わっていくという現象である[65]。

（1）兵が匪になる。兵が匪になるには二つの道がある。一つには帰還させられる。帰還させられた兵士について、北京政府は一般には一定の帰還費用を出した。しかし、本当に帰郷し、正当な職業につくことができた者はきわめて少なかった。戦争が終わるたびに、大量の退役兵が土匪に入っていった。

兵が匪になるもう一つの道は戦争に敗れた軍隊からである。民国初年、ある人が指摘している。江蘇省・山東省・安徽省が境界を接する徐州・帰徳と曹州は、「もとより強盗が多いという。（中略）その後、多数の敗残兵がその中に混じって、その勢いはますます盛んになった[66]」。張勲が復辟に失敗した後、その部隊が四省の境界に流れ込み、「各地で略奪をはたらき、その害は日増しに深くなり」、流入した者は数千人にまで達した[67]。これらの匪になった兵士は、「横暴で戦にたける土匪集団は装備もよく、多くの小さな土匪武装を引きつけたため、勢力がますます強くなり、対応ができなくなった」[68]。一九二三年の山東臨城の略奪事件を起こした孫美瑤の土匪部隊は、張敬尭・趙倜と張勲の旧部隊から成るものであった。一九二一年五月、斉燮元は、徐（州）・淮（陰）・海（州）の土匪の被害が著しいのは、「近隣の省の敗残兵、解雇された兵の影響が大きい」からであったと述べている[69]。

兵が匪になる三つ目の道には兵士の反乱がある。「食うために兵隊になる」というのは、一般の青壮年男子には大きな魅力であった。なぜなら兵士の収入は一般人の労働所得に比べ高かったからである[70]。しかし他方、軍隊がひとたび給料不足になると、兵士の反乱を招くことになる。陳志譲の統計によると、一九〇八～三六年に発生した三〇〇あまりの兵士の反乱のうち、一九一九～二九年には二〇六回にもおよび、兵士の反乱の原因の多くは、給料の不払いであった[71]。軍隊は反乱を起こすと、多くは略奪を行い、土匪と合流した。陳は「内戦の破壊的な性格は、おもに戦争の過程になるのではなく、戦争の前と後にある」と指摘している[72]。「戦後」の破壊とはすなわち兵が匪になることによる破壊である。

（2）匪が兵に変わる。匪が兵に変わるのは主に軍閥の招撫によるものである。河南省の土匪の人数は各省の中でもっとも多い。「その原因を調べてみると、土匪の首領をしていた者は、みな将校になろうとした。大きな土匪であれば、招撫された時に、連隊長や旅団長ならともかく、大隊長や中隊長以下は一顧だにしなかった。それゆえ、この二年、各県の富戸の子弟はみな土匪のリーダーになることを栄誉だと考えている」[73]。民国初期に招撫され官となった河南省の土匪で、著名なものには、王天縦・樊鐘秀・張寡婦・劉鎮華・老洋人などがいた。洛寧県には、招撫され連隊長以上になった土匪には丁老八など十人余りがいた。

山東省・安徽省・江蘇省にも招撫され官になった土匪が多くいた。なかでも山東は招撫が盛んに行われた。張敬尭が招撫した毛思忠は、山東省でもっとも早く招撫された土匪であった。毛思忠は江蘇・山東・河南・安徽の省界で活躍した著名な土匪であり、一万人余りを集めたといわれる。かつて四省の剿匪総司令官をつとめた陸建章は、「まず招撫を主にすべきであると政府に説いた」が、その意見は受け入れられなかった。北京政府は張敬堯を剿匪督弁として派遣した。張敬堯は兵力の不足を言い訳にし、つとめて招撫を説き、その結果、毛思忠の土匪部隊を招撫した。歩兵三営、騎馬兵一営に編成し直し、毛を四営総司令に任命し、「新編陸軍」と称して、すべて張が統括した。その後、「匪となるのは、利があって害がないと分かり、大土匪はますます強盗につとめ金銭をたくわえ、銃器を購入し、命知らずの輩を募った[74]」。

このように、兵が匪になり、匪が兵になって、兵と匪の役割に変換が生じた。この「兵と匪が合流する」という現象は、兵と匪の行為が同一化していくということであった。江蘇・山東・河南・安徽の各省の軍隊には広く民衆から略奪するという行為が横行しており、こうした行為はとりわけ軍事行動が行われた時期に顕著であった。たとえば、戦争前には、軍隊は民力を集め、民財を探し集め「車両や労役の調達はたえず行われ、特に車両に関してはただちに調達しなければならない。糧食の運送や婦女を乗せた馬車があれば、必ず停止させ、奪って去る[75]」。戦争後は、「兵が通過したところは、糧食を供出し、車両を供出し、労役を供出し、家屋を占拠され、老若男女は先を争って逃亡し、荒野で哀しんだ[76]」。これは軍閥同士の戦争時の状況だけではなく、軍隊の剿匪時の状況も同じである。

一九一二年七月、洛陽で土匪の騒乱事件が発生し、攻撃を受けて死んだ土匪の死体の中に一〇あまりの現地の駐防軍隊の兵士の死体が発見された[77]。一九一三年末、河南省と安徽省の軍隊は合同で永城の土匪を攻撃し、剿匪司令官の李伝業は河南防軍の消極さや怠慢は、「匪と通じているようである[78]」と叱責した。一九一八年一二月一二日、山東省の督署は趙全徳などの土匪の首に懸賞をかけた。同日、憲兵が趙全徳ら三人を捕まえ、署に護送しようとしていた時、陸軍の九四連隊が干渉してきて、趙らは招撫した兵士であるとして、憲兵に釈放を迫った[79]。曹州の土匪である范玉琳によれば、「銃弾の出所を聞かれれば、半ばは山東の軍隊より譲り受けたものである」[80]という。このような軍隊と土匪の間の銃弾問題が存在したのは、張作霖の部隊が山東省に駐在していた時にやったことと無関係ではない。張の軍隊は山東省で銃弾を公に販売しており、拳銃一丁四〇〇元、歩兵銃一丁二〇〇元、銃弾一発一元であった[81]。

「兵と匪が合流する」というのは、軍閥支配下の特殊な社会現象であり、この現象が生じたことは、土匪が一種の社会的な勢力であるだけではなく、軍閥の軍隊の予備隊でもあったということである。当時の人は、「賊は櫛、兵は小櫛、兵士（団練と郷勇）は髭剃り[82]」と言った。一九一八年、山東省の諜報員の報告では、「もし軍隊が追っていって尋ねても、村民はみな本当のことを告げようとしない。実際には軍隊が去った後に、土匪が必ず惨殺・放火を加えるからである[83]」。一九二〇年一二月、河南省洛寧県十三里の民衆は、宏威軍の林起鵬の部隊について訴え出た。林は土匪の出身であり、後に軍隊に入り大隊長になった。一九一九年に鴉片の密輸で一躍大隊長になった。林の部隊は洛寧で種々の不法行為を行い、民衆の訴状では、一に人命を軽んじて、匪賊の勢力を増長させたこと、二に鴉片禁止をやめさせ、国や民を病ませたこと、三に民財を略奪して婦女を犯したこと、四に兵士の給料を払わず略奪をほしいままにしたこと。告訴状の末尾には、「そもそも兵とは民を保つものである。これはまったく軍紀がないかのようであり、匪よりも腐敗している」と述べている[84]。一九二一年一月、河南省の地方政府は「ひそかに人を派遣して調べさせた」結果、まったくのでたらめであり、「軍隊の名誉を傷つけようとするもの[85]」であった。民衆が被害を受け、死を覚悟して北京政府に訴えた結果がこの通りであった。

おわりに

以上、本章では主として檔案史料に基づいて江蘇省・山東省・河南省・安徽省の土匪現象を考察した。そこから見えるのは、略奪を目的にした土匪が民国初期の混乱した社会的・政治的背景のもとで地域社会を破壊する勢力になっていたことである。農村経済の破壊と農民の貧困化は土匪に予備人員を提供した。広大な華北地域では、大小の土匪が活動し、彼らは武器を持ち、巨大な破壊力を有していた。軍事集団化した土匪の出現に直面して、郷村固有の自衛組織と県レベルの政権は無力であり、有効な抵抗を組織することは困難であった。

注目すべきは、もともとは後者の立場に立ち、地方の治安を維持するべき軍閥政権が、逆に土匪集団と一種の「共犯」関係を形成していたことである。軍閥政権は土匪を壊滅させ、自らの支配地域において統治を実行することを保証したがったが、土匪という半ば軍と化した集団の支援を必要としていた。土匪は軍隊の攻撃を避け、これに抵抗したが、軍隊に編入されることを願ってもいた。その結果、華北に「兵と匪が合流する」という共犯関係ができあがり、軍閥戦争の準備期、戦争中と戦後において、兵と匪の役割転換は加速した。地域社会にとって、彼らはすべて招かざる「外来者」であった。

土匪に注目したのは軍閥だけではなく、袁世凱や軍閥に反対した革命党もおり、さらに第一次大戦中にドイツの勢力に取って代わって山東省に進出した日本人もいた。「二次革命」の開始から、革命党が起こした政治闘争には、すべて土匪の影が存在した。同様に、山東省への勢力拡大を狙っていた日本人も軍閥との結託の一環として、視線を土匪集団に向けていた。このように、土匪は各種政治勢力の争奪の対象になっていたのである。

以上の考察が示したように、陳志譲のいう「軍紳政権」は民国初期の華北の大部分の地区には存在していなかった。地方の士紳は軍閥の経済的な搾取の対象であるだけではなく、兵と匪が合流したなかでの最大の被害者であった。地方の紳民は土匪も軍閥も憎んでいた。一九二二年八月、河南省の商丘で兵乱が起こった。その後、大きな損害を被った商人が大総統に手紙を出し、「人民は税を納めて政府に兵を養って安全を守ってくれることを期待しているが、逆に人民に被害を加えるのを望んでいない」と述べている。[86] この嘆願からは、華北の大地に「防匪御兵」を本旨とする紅槍会の足音が微かに聞こえてくる。

注

（1）たとえば、何西亜『中国盗匪問題之研究』、泰東書局、一九二五年。長野朗『支那の土匪と軍隊』、燕塵社、一九二四年。納武津『支那土匪の研究』、世界思潮研究会、一九二三年。

（2）Phil Billingsley, *Bandits in Republican China*, Stanford University Press, 1988. 呉恵芳『民初直魯豫盗匪之研究（一九一二至一九二八）』、台湾学生書局、一九九〇年。蔡少卿主編『民国時期的土匪』、中国人民大学出版社、一九九三年。

（3）Eric Hobsbawm, *Bandits*, Penguin books, London: Weidenfeld and Nicolson, 1969, p.24.

（4）E. Perry, “Social Banditry Revisited, the Case of Bailang, a Chinese Brigand,” *Modern China*, vol.9 no.3, 1983.

（5）陳志譲『軍紳政権』、三聯書店、一九八〇年。

（6）一般に江蘇省・安徽省は「華北」には含まれないが、本章で取り上げる両省の北部地域は隣接の山東省・河南省南部と地理的・人文的に共通性があるため、便宜上黄河・淮河流域を「華北」と称する。

（7）馬君武「戦争為人口増多生産缺欠之結果」、『国聞周報』第一巻第一三期、一九二四年一〇月。

（8）「張樹元電」一九一九年二月四日、中国第二歴史檔案館陸軍部檔、巻宗号（北十一）、案巻号一一九八。以下は番号だけを記す。

(9) 黄宗智『華北的小農経済與社会変遷』、中華書局、一九八六年、三一四頁。
(10)『白朗起義調査報告』、『開封師範学院学報』一九六〇年第五期。
(11)「呈大総統」一九一八年一一月二〇日。(一〇一一)二六三。
(12)「信陽電」一九一二年一一月二五日、四月二一日。(北十一)一一八。
(13)「徐州電」一九一二年一〇月。(北十一)一一八〇。
(14)「江北各属光復以後情況報告」。(一〇一一)二一六九。
(15)「陸軍第五鎮統制官馬龍標呈」一九一二年六月二五日。(北十一)一一七六。
(16) 安徽省北部の土匪に関する電報。(一〇一一)二六二。(一〇一一)六〇六六。
(17)「宿県、亳州之匪勢」一九一二年一二月七日。(一〇一一)六三三九。
(18) 作者不明。(一〇〇四)一二六。
(19)「南陽捍匪為患之調査」、『時報』一九二三年七月七日。
(20)『豫東土匪』一九一四年。(北十一)六二五。
(21)「馬海龍呈遁陸軍部報告」、一九一八年。(一〇〇二)五一。
(22)「張樹元電」、一九一八年一一月。(一〇一一)六〇六九。
(23)「魯陝匪乱之京訊」、『時報』一九一八年四月八日。
(24)「陸軍部致張樹元電」、一九一九年五月二一日。(北十一)一一九八。
(25) 山東省の人口は三二〇〇万人として計算している。張玉法『中国現代化的区域研究：山東省（一八六〇～一九一六）』、中央研究院近代史研究所専刊（四三）、一九八二年、上冊、一三～一四頁。二〇万の土匪の数は諸記事に見える。「各地農民状況調査――山東省」、『東方雑誌』第二四巻第一六号、一九二七年一〇月。
(26) 長野朗『支那兵・土匪・紅槍会』、坂上書院、一九三八年、一九七～一九九頁。
(27) 張鈁「河南全省清郷総報告」。王天奨「民国時期河南土匪略論」、『商丘師専学報』一九八八年第四期。

(28) Phil Billingsley, op. cit., p.47.

(29) 薛暮橋・馮和法編『中国農村論文選』(上冊)、人民出版社、一九八三年、四四六頁。

(30)「宿県各公団全体公民電」、一九二三年一〇月一五日。(北三) 一八三。

(31)「山東曹州公民代表呈」、一九二一年一二月七日。(一〇一四) 八九。

(32)「山東匪情」一九一八年一〇月二五日。(一〇〇二) 五一。「張樹元電」、一九一八年六月二一日。(北十一) 一一九八。「一九一八〜一九二〇年土匪拆毀鉄路報告」。(北十四)(一)。「土匪搶入睿県車站」、一九二〇年九月。(一〇一四) 二七二(一)。

(33) 何西亜『中国盗匪問題之研究』、三七〜三八頁。Phil Billingsley, op. cit., pp.113-114.

(34)「江北匪訊」、『時報』一九一八年四月一一日。

(35)「白朗起義調査報告」『開封師範学院学報』一九六〇年第五期。

(36)「随県匪乱之詳情」、『天津大公報』一九一三年五月一四日。この報道は正確ではない。白朗が陝西省に入る前に大砲を使用できていなかった。「白朗起義調査報告」参照。

(37) 聞鈞天『中国保甲制』、商務印書館、一九三五年、三六五頁。

(38) Phil Billingsley, op. cit., p.154. Billingsley の推計はおおむね妥当である。ただし、いくつかの県の保衛団や警備隊の人数は百名に届かず、それぞれの隊(団)員がもつ銃弾はわずか一〇〇ほどである。「山東博平県知事呉容熏」七月二四日(年代不明、おそらく一九一九年)。(一〇一四) 二九七。

(39)「張懐芝諮呈関於全省防剿事宜規則訓令」、一九一八年六月二〇日。(一〇〇二) 五一。

(40)「山東旅京紳民王謝庭等呈」、一九一八年一一月一九日。(一〇一四) 二五一(三)。

(41) 張介候「淮北之農民生活状況」、『東方雑誌』第二四巻一六号、一九二七年八月。

(42)「倪嗣冲致陸軍部電」、一九一三年三月一二日。(一〇一一) 二六一。

(43)「地方長官粉飾太平」、一九一八年一二月二六日。(一〇〇二) 五一。

(44)「土匪肆虐、官軍剿匪不力、百姓遭殃」、一九一八年五月一二日。(一〇〇二) 五一。

(45)「旅長唐天喜電」、一九一八年三月三一日。（二〇〇二）五一。
(46) 中国第二歴史檔案館編『中華民国史檔案資料彙編』（第三輯）、江蘇人民出版社、一九八一年、一四二～一四七頁。
(47)「徐州致陸軍部電」、一九一四年六月二六日。（一〇一一）六〇九二。「泗陽桃源匪熾」一九一四年一〇月二五日。（北十一）七五七。一九一五年九月二一日の『時報』では、丁明清と称す。「兄の丁明清を頼り、乱党と結託した。」
(48)「蘇軍統領白宝山電」、一九一五年九月二一日。（北十一）一一八三。
(49)「十九師師長楊春普致馮国璋等電」、一九一五年八月一五日。（北十一）一一八四。
(50)「皖北会匪」、一九一四年八月一三日。（一〇一一）二二六二。この檔案は年代がはっきりしない。このほか、革命党の柏文蔚もまた人を派遣してこの活動を行った。張俠他編『北洋陸軍史料（一九一二～一九一六）』、天津人民出版社、一九八七年、五二九～五三〇頁。宿県の土匪である王富春と革命党もひそかに連絡をとりあっていた。「李紹臣牛維霖電」、一九一四年五月三日。（一〇一一）二四三。
(51)「兗州鎮守使田中玉致段芝貴電」一九一五年四月二五日。（北十一）一一七七。「曹州紳民周宝廉等電」、一九一八年五月六日。（一〇〇二）五一。
(52) 杜春和編『白朗起義』、二二六頁。
(53) 杜春和編『白朗起義』、三五頁。『時報』一九一四年二月二三日。「鄒永成回憶録」、『近代史資料』一九五六年第三期。
(54) 閑雲「白狼始末記」、『近代史資料』一九五六年第三期。
(55) 蒋作新「韓恢事略」、『中華民国史事紀要（初稿）』、中央文物供応社、一九八二～八三年、八六三頁。
(56)「内地に某国人若干あり。箱に入った銃器を携え、普段着を着ている」。「胡匪二千来煙埠」、一九一九年六月一四日電。（一〇一一）六二六三。
(57)「銭錫霖呈」、一九一八年五月四日。（一〇一一）二二六三。
(58) Billingsley, op. cit., pp.217-218.
(59)『歴史檔案』一九八一年第二期、六二頁。

(60)「倪嗣冲致陸軍部電」、一九一七年九月一八日。(北十一) 七五七。
(61)「孟効曾呈治匪妙策」、一九二三年一一月。(北三) 一五七。
(62)「銭錫霖呈」、一九一八年五月九日。(一〇一一) 二六三。
(63)「銭錫霖呈」、一九一九年。(北十四) 一八六。
(64)「陸軍第一混成旅旅長呉長植電」、一九一八年八月九日。(北十一) 一一九六。
(65) Diana Lary, *Warlord Soldiers, Chinese Common Soldiers, 1911-1931*, New York: Cambridge University Pess, 1985, p.60. Phil Bllingsley, op. cit., p.206; 蔡少卿、杜景珍「論北洋軍閥統治時期的兵匪」『南京大学学報』一九八九年第二期。
(66)「曹州府単県黄子阿、鉅野県郭占元等呈」、一九一二年一〇月三〇日。(一〇一一) 六〇六六。
(67)「魯省匪勢熾之原因」、一九一八年四月三〇日。(一〇〇二) 五一。
(68)「呈大総統」(作成者不明)、一九一八年一一月一八日。(一〇一一) 二六三。
(69)「斉燮元電陸軍部」、一九二一年五月二七日。(一三四)、(北十一) 一二〇二。
(70) 陳志譲前掲書、七三頁。
(71) 同右、八一頁。
(72) 同右、八〇頁。
(73)『時報』一九二五年七月一〇日。三月一日の『時報』で言うには「匪賊たちは自ら奇貨であると考えている」。
(74)「山東曹県団紳為魯省匪患稟大総理」、一九一八年四月二三日。(一〇〇二) 五一。
(75)「山東東臨道属紳商学界公民等呈」、一九一九年一二月四日。(北十四) 一九三。
(76) 中国第二歴史檔案館編『直皖戦争』、江蘇人民出版社、一九八〇年、二四一頁。
(77)「河南第六鎮第十二協統領周符麟電」、一九一二年七月一四日。(一〇一一) 六〇七五。
(78)「駐宿(県)剿匪司令李伝業電」、一九一四年一月六日。(一〇一一) 二五二。
(79)「陸軍部致張督軍懐芝電」、一九一九年一月一〇日。(北十一) 一一九八。

（80）「山東調査員報告」、一九一八年一二月二日。（一〇〇二）五一。
（81）「参謀部抄山東諜報員報告」、一九一八年一一月二七日。（一〇〇二）五一。
（82）「大劫大掠之魯軍」、『上海民国日報』一九一八年四月一九日。
（83）「抄山東諜報員報告」、一九一八年一一月二七日。（一〇〇二）五一。「第一旅長呉長植電」、一九一八年五月二三日。（北十一）一一九六。
（84）「河南洛寧県十三郷里公民稟」、一九二〇年一二月。（一〇一四）七二。
（85）「河南督軍代署公函」、一九二一年一一月八日。（一〇一四）七二。
（86）中国第二歴史檔案館編『北洋軍閥統治時期的兵変』、江蘇人民出版社、一九八二年、二五一頁。

第五章　植民地の宗教結社――「満州国」と紅卍字会の関係を中心に

はじめに

一九三二年三月一日、日本の関東軍によって作られた傀儡国家「満州国」が中華民国の東北地域に現れた。この人造国家は、一九四五年八月一八日に皇帝溥儀が退位を宣言するまで、一三年五ケ月あまり存在した。本章で取り上げる満洲の宗教結社在家裡（青幇）と紅卍字会は、いずれも満州社会に根を下ろし、「満州国」の政治統合のプロセスにおいて重要な位置を占めていた。

日本には、「満州国」に関する研究が数多く存在する。[1]それらはおおむね「満州国」の政治実態に重点をおく「傀儡国家」論、「満州国」の政治言説に分析の力点をおく「理想国家」論の二つに分類できるだろう。そこでは、在家裡（青幇）と紅卍字会などの民間結社も取り上げられているが、ほとんど言説の分析に止まっている。たとえば、駒込武は「満州国」の宗教結社について、「結果としては、紅槍会や大刀会は抗日運動に向かい、青幇およびその分派である在家裡は秘密結社のままにとどまり、万国道徳会や紅卍字会は、「満州国」の支配下で『宗教化団体』として発展を遂げることになる」と述べている。[2]この指摘は示唆的であるが、こうした宗教結社の実態を反映したものとは言い難い(3)。

それに対して、ドゥアラ（P. Duara）は、超国家主義のイデオロギー（種族・文明）という視点から「満州国」の政治支配と宗教結社（道徳会・紅卍字会など）との関わりを概観し、近代東アジアにおいて、国家主義・帝国主義、そして超国家主義が異なる種族・文化・さらには文明を結び付ける共通の枠組みとなるものの中でいかにして形成されたのかという問題を検討した(4)。氏の研究は示唆に富むものであるが、道徳会と紅卍字会との違い、特にこの類の宗教結社と「満州国」政権との関係の実態については論じていない。

その他、沈潔は、「満州国」の社会事業に関する研究のなかで紅卍字会を取り上げているが、資料に対する選別が不十分であるため、いくつかの問題が残されている。そのうち最も重要なのは、氏が修行と慈善を目的とする紅卍字会を「中国在来信仰の範囲を超えて政治世界への進出をめざした宗教」であると断言している点である(5)。

先行研究におけるこれらの問題を踏まえながら、本章は、従来の研究で使用されていない一次資料に基づいて、紅卍字会を含む満州の宗教結社を類型的に概観したうえで、「満州国」の国家建設のプロセスにおける紅卍字会の役割、紅卍字会に対する統合策にうかがわれる「満州国」の宗教結社政策の特徴などを実証的に考察することを通じて、宗教統合をめぐる「満州国」の政治言説と政治実態との関係を検討する。

一　満洲における宗教結社

本章で使う「満洲」という語は、中国大陸の東北地域を指す(6)。二〇世紀初期の満洲には、数多くの宗教結社が存在していた。これらの宗教結社は信仰、組織構成からみると大きく次の三つに分類される。①仏教・道教・儒教などの

「正統」宗教、②在理教・在家裡（青幇）などの「民間」宗教もしくは「秘密結社」、③民国期に新たに現れた紅卍字会・道徳会などの「新興」宗教。当時、日本側の文献では、これらの信仰と結社は「街頭（村）信仰」、「既成宗教」、「類似宗教」とされている。「街頭信仰」とは、自然崇拝や慣習による通俗信仰である。それと対照的に、「既成宗教」とは、一般社会に「公認」され、体系的な信仰を有する仏教・道教・回教・キリスト教などを指す。また、「類似宗教」とは、宗教に似ていながらも宗教よりレベルの低いものとされるものである。そのなかに、白蓮教系・羅教系の民間宗教の伝統を受け継いだ宗教結社、および民国期に成立した「五教合一」を標榜する万国道徳会・紅卍字会などの新興宗教結社が含まれる。本章で取り上げる紅卍字会は、当時日本の文献において、仏教・道教などの「既成宗教」と区別され、「宗教類似結社」と称されている。また、時には中国の文献と同じく在家裡が秘密結社[7]、紅卍字会が慈善結社と見られることもあった。

「類似宗教」という呼称は、一種のイデオロギー的な色彩を帯びていると思われる。日本では、一八七三年（明治六年）に発布された法令において、神憑・霊媒などの行為が弾圧の対象に定められた。一九一九年三月（大正八年）、「類似宗教」という言葉は、帝国政府宗教局通牒発宗十一号に「神仏道基督教等ノ教宗派ニ属セズシテ宗教類似ノ行為ヲナス者」として初めて登場し、その後次第に習熟した。その定義は、一九三六年、帝国政府が第二次大本教を弾圧した際に定まった。

現在、行政上の意義における宗教とは、神道・仏教・基督教の三教を謂ひ、其の内神仏道と称するのは教宗派の成立を公認されたもののみを指すことは前述の通である。従つて神仏基三教以外の宗教及神仏基系統にして非公認のものは之を行政上類似宗教と称して別個に処遇する。[8]

ここで注目すべきなのは、国家権力に認められた仏教・基督教および国家神道（天理教などの教派神道も含まれる）

以外の民間宗教が、すべて「類似宗教」という「非公認」のものと目されていた、という点である。これに沿って、「類似宗教」とされた中国の民間宗教結社も当然非公認の存在とされ、国家権力によって弾圧されるべき対象とされたのである。

日本人が中国の「類似宗教」に目をむけたきっかけは、一九三〇年七月、山東省博山県で日本人経営の炭鉱が黄紗会によって襲撃された事件である。[9] その後、外務省は中国各地の領事館に対して、「宗教類似結社ノ行動」について、その名称・教義・人数・武装および活動を、調査・報告するよう命じた。[10] 各領事館から寄せられた報告をみると、民間宗教や信仰を民衆の精神的ささえとする紅槍会・大刀会・黄紗会・神兵などの「農民武装結社」、青紅幇・致公堂などの「秘密幇会結社」、在理教・道徳社・紅卍字会などの「宗教結社」が「宗教類似結社」とされていたことは一目瞭然である。

二　満洲における紅卍字会

紅卍字会は、道院と称する信仰団体の附設機関である。道院の発祥地は山東省の省都済南の東北、濱県である。一九一六年、県長呉福林と駐防軍営長劉紹基の二人が、唐代の「尚真人」を祭り、各神仙聖仏の降臨を仰ぎ、何事も神の「扶乩」(神懸かりの一種)に従って行動したところ、不思議と善果適合を得たという。以後、このような「扶乩」によって神の啓示を授ける信仰が多くの人々に奉じられるようになり、「扶乩」による神の言葉をまとめた『太乙北極真経』などの書物が道院の経典となった。北京政府大統領徐世昌の実弟徐世光などの有名人、地方軍閥・実業家などの道院への参加、及び紅卍字会の慈善活動への支持は、道院＝紅卍字会を全国的に発展させるのに重要な役割を果した。一九二二年、道院＝紅卍字会の数は六〇にのぼった。一九二二年一月、道院は社会団体として北京政府の正式な認可を得た。その理由として、済南道院が提出した申請書に書かれたように「道徳を提唱し慈善を実行する」（院章第一条）、「種族宗教の区分なし。但し政治に渉らず党派に聯せざる」（院章第三条）が挙げられる[11]。公認結社としての地位を得た翌年、道院は活動範囲を拡大させるために、総院を北京に移し、済南道院を母院とした。

紅卍字会の満洲進出については文献にはっきり記されている。山東省の道院が設立されてまもなく、一九二二年六月二四日、奉天で瀋陽道院が開設された。会長は張作霖政権の秘書長、教育庁長などの要職を歴任した談道桓である[12]。道院の設立に当って、談氏のほか、張海鵬・馬龍潭・熊希齢・許蘭洲などの著名人も積極的に関与した。それゆえ、紅卍字会は満洲地域で著しい発展を遂げていった。

関東庁警務局の一九二〇年五月の調査によると、当時、満洲の道院の数は奉天省三一（昌図・楡政・瀋陽）、吉林省三（吉林市・長林・濱江）、黒龍江省二（卜奎・綏化）、あわせて八つであった[13]。その後道院の数はさらに増え、「満州事変」前には、奉天・大連・営口・鉄嶺・長春・安東・錦州・哈爾濱・吉林等二〇の地域に分院が設けられた[14]。道院の発展については、一九三〇年一一月、在鄭家屯領事、大和久義郎の報告に次のように記されている。

遼寧全省ニ於ケル同会ハ奉天ニ本部ヲ置キ地方著名城市ニ支部ヲ設ケ支部長ハ其ノ地ノ名望家又ハ勢力家之ニ当リ其ノ地方ニ於ケル主脳官憲紳士紳商ハ多数之カ会員タリ……同会ノ行動ハ未タ共産党ノ土地政策ニ利用セラルカ如キ程度ニ進化シ居ラサルモ一部野心家等ハ同会ニ対シ殊更ニ多額ノ寄附ヲ為シ地方会員ヲ収攬シ以テ自己ノ政治的地盤ニ利用セントスル傾向アリ[15]。

哈爾濱の道院に関しては、一九三〇年一一月、在哈爾濱総領事八木元人の報告によると、

当地ニ於テハ爾来道外太古街ニ設置シアリシ分院ヲ本年十月道裡買売街ノ現所在地ニ移シタルモノナルカ会勢漸

次発展ノ域ニ向ヒツツアリ会員ノ大半ハ有産階級並有識階級ノ人士ニシテ会ハ会員ノ任意ニヨル寄附金ノ外毎月ニ於ケル会員応分ノ義務的献金ニヨリテ維持セラレアリ既ニ相当ノ基本財産ヲ有スルモノノ如シ。会員ハ道裡華洋百貨店公和利主、道外新世界店主等ノ有資階級ヲ始メトシテ会員合計三百七十余名ヲ有シ山東福山県人ニシテ山東同郷会長タル道名『道言』傅宗渭ヲ会長トシ道名『傅誠』孔立尉副会長タリ[16]。

以上の引用から明らかなように、有産階級の道院参加は道院の発展に決定的に重要であった。それらの人々は道院に多額の資金を寄附し、紅卍字会の慈善活動の拡大と同時に、一般社会にも影響を及ぼした。紅卍字会の慈善活動は災害時の救済活動に典型的に表されている。

尚満洲ニ於ケル現在ノ活動状況ヲ一瞥スルニ吉林分院ニテハ昭和三年四月山東難民救済ノ為吉林省黒龍省方面ニテ糧食ノ現品募集ヲ為シ大連支部之ヲ援助シタルコトアリ。且又同年十月東三省各地ノ道院ハ大連奉天営口長春安東吉林哈爾賓錦州等ノ各院ニ依頼シ山東省膠東一帯ニ於ケル罹災民ヲ救済シ……[17]。

このような救済活動の範囲は中国に限らず、国境を越えて日本などの外国にも及んでいた。第三章で述べたように、一九二三年に日本で関東大震災が起きた後、一〇月七日、中華紅卍字会代表団侯延爽らは米二千石と五千ドルを持って神戸港に上陸し、東京の震災見舞いにきた。訪問の結果、紅卍字会は神戸に分会（道院）を設立し、大本教は道院（内的修行）と紅卍字会（外的救済）の体制に倣って外廓団体「人類愛善会」を設け、満洲に進出した[18]。

その後、紅卍字会と大本教は満洲地域において交流を深めた。現在亀岡にある大本資料研鑽室に保存されている資料によると、「満州事変」前、多くの紅卍字会メンバーが大本教の本拠地綾部と亀岡を訪れた。そのうち、満洲からの会員と断定できる重要人物のなかに王性真と夏顕誠が含まれている。王は一九二九年九～一〇月に来日した紅卍字会（第二回）訪日団一行十八名の団長であった。王は世界紅卍字会安東分会の設立（一九二七年一二月）に大きな力を発揮したといわれる。[19] 一九三〇年一月には、満洲紅卍字会の李天真、夏頴誠ほか二名が大本教を訪問した。[20] こうした紅卍字会と大本教との交流が深まるにつれ、満洲の紅卍字会のなかにも大本教の信者の姿が現れた。[21] 一九二九年一〇月、出口王仁三郎が大本教二代目教主とともに「満鮮巡教」の旅に出たのは、このような流れの一環である。

以上から分かるように、「満州事変」前、満州の紅卍字会は慈善活動を通して次第に満洲社会に根を下ろし、社会に一定の影響力をもつようになった。なお、紅卍字会と大本教が関東大震災をきっかけに急接近したことから、「満州事変」後、満洲の紅卍字会はいち早く関東軍に協力するように行動していった。

三　大本教・紅卍字会と「満州国」

紅卍字会と大本教の提携において、両者の思惑は必ずしも一致していたとは言えない。一九二五年の大本教春季大祭の際、出口王仁三郎は、「総ての宗教団体なり思想界が大本の意思通りになつたら、それが大本の世界統一が実現したのである[22]」と語っているが、そこからは、紅卍字会のような人類救済を唱える慈善団体とは異なり、大本教の人類救済の背後には世界統一、具体的には日本の満洲支配があることがうかがえる。それゆえ、大本教と密接な関係をもつ「伝統的右翼」、アジア主義の先駆者の一人内田良平は、松江市官民有志が一九二九年一一月一九日に開いた歓迎会で、「世の行詰りは大動乱をひきおこしかねない。これを防ぐのは惟神の大道に奉仕される人々であり、吾々は大本の教団と手をつなぎ、聖師のかるる教えによつて、すすんで、国家のためにはたらきたい」と語った。[23]

出口王仁三郎にとって、「満州事変」は自らの先見の明を証明した出来事であり、大いに喜ばしい出来事であった。事変について、大本教の雑誌には「大本と道院の合同の意義がはつきり解つて来るであらう[24]」と書かれている。大本教側はいち早く関東軍の行動に支持表明をすると同時に、満洲における大本教の活動を更に拡大させようとしていた。事変後、出口王仁三郎が率いる大本教は、多方面にわたって満洲の「建国」に携わった[25]。本人は上京し、川島浪速などと面会し、事変に関する当局の意見を確認した上で、「現在の状態は或はハルマケドンの戦ひの之が行きがかりと思はねばならぬ」という認識を得た[26]。

満洲における大本教の活動は紅卍字会と密接に関わっていた。事変後、王仁三郎はただちに奉天駐在の日本憲兵に「全満洲院会（道院・紅卍字会）の人々をご保護を乞ふ、大本王仁[27]」と打電した。また、彼は二四日に出口日出麿ら六人を満洲に派遣した。出口日出麿の満洲行きは表向きは難民救済であったが、実際は紅卍字会とのパイプを利用し、満洲における大本教勢力の拡大を目的としていた。出口日出麿らが満洲に出発した後、大本教の中堅幹部の一人で、長く紅卍字会関係のことに携わっていた北村隆光は、出口日出麿らの満洲入りの意味について、「皇国軍隊の慰問に当ると共に彼地卍会と相協力して賑恤に当り……[28]」と位置づけていた。また、一一月に満洲を訪れた出口宇知麿は、帰国後に書いた「満洲実感」と題した文章のなかで、「満洲事変」が「天意」であると賛美し、「満蒙問題の解決は只に日本のためのみならず、東亜のため、全人類の為なる事を確心致しまするが故に大本としても、人類愛善会としても蹶然起つて活動して居るのであります」と満洲における大本教の役割を強調した[29]。

満洲滞在中、出口日出麿は先ず、長春―開原間の公主嶺で、満洲青年連盟等の在満日本人政治結社に倣って、三十代の青年を招集し「昭和青年会」を設立した。青年会のメンバーは日本人だけではなく、中国人も含まれている。最初に入会したのは大本教信者三、四名、中国人メンバー三十名、一般日本人メンバー十五、六名であった[30]。

その後、出口日出麿は「昭和青年会」を拠点に政治的活動を展開すると同時に、紅卍字会から中国各地道院の「流通責任統掌」の称号を得て[31]、活動の輪をほかの宗教結社に広げた。『大本七十年史』によると、大本教は一九三一年一二月一八日に儒・仏・道三教をとり入れた在理会（聖道理善会）と提携関係を結んだ。翌年の一月、さらに仏教系の普清会・安清会（在家裡）とも提携関係を結んだという[32]。大本教は、出口日出麿が一九三二年一月に帰国するまで、出口宇知麿・井上留五郎・高木鉄男などの中堅幹部を次々と満洲に派遣した。

勿論、大本教は関東軍の支持を得た上で活動していた。これについては、事変後関東軍司令部との連絡のため「渡満」を命ぜられた参謀本部の遠藤三郎が、帰国後次のように語っている。

彼（出口王秀蔵）が歓迎された理由は、紅万（卍）字会に連携もありましょうが、一つはあの先生（出口王仁三郎）、予言が当たったんです。それは今年どうしても流血の残禍を免れないということを去年いったそうで、しかもそいつが満州においての出来事であるということをピッタリ当てたのであります。ところが、その理由がおもしろいのです。今年は西暦一九三一年でいくさが始まると読めるんですな。……それから皇紀二五九一年でこれがまたおもしろい。……地獄の始まりということになるので、それがすっかり当たったというので、愚民どもが非常に有難がって崇拝しております。こういう奴から迷信深い愚民どもに、満州は将来日本が支配して、非常に幸福な土地になるんだということをいわせたらよかろうと思います[33]。

文中の予言＝語呂は、実は出口王仁三郎の発明ではなく、当時日本の巷で流行っていたものである[34]。出口宇知麿らは、それが紅卍字会の「扶乩」によるものと宣伝したのであり、その結果、一定の社会的効果を得ることとなった。「此の事変の起る事は扶乩によつて承知して居りました。ですから此事変の突発の為に日本を恨んで居る様な事は毛頭ない事を認めまして非常に喜ばしく思つたのであります[35]」。また、関東軍内部の大本教信者は大本教の活動に便宜を与え、「事変後当時の奉天憲兵隊長三谷清夫妻は熱心な大本信者であったので、陰に陽に各支部・道院の保護に配慮し、その後の活動にも注目すべきものがあった[36]」、と大本教の資料に記されている。

「満州国」成立後も、紅卍字会を介した大本教の活動は一層拡大した。大本教の綾部と亀岡の両聖地を訪れた紅卍字会人物の名簿には、「満州国」政府要人の張海鵬・李松年・袁金鎧などの名前が記されている。そのうち、一九三三年一一月、当時「満州国」執政溥儀の侍従武官長にして上将軍という肩書きを持つ張海鵬は、亀岡の天恩郷を訪れた。張はもともと張作霖東北軍閥の将校（師長）であり、「満州事変」後、関東軍に投降し関東軍の軍事支配に協力した。張の来訪は、大本教側にとって自らの影響力を満洲に広げたことを示す出来事であった。出口王仁三郎は会談の席上で、「満州の独立はお互ひに結構なことで私は二十年前からこれを計画してゐた。大正一三年の入蒙なども当局の目を覚まさす為めであつたので、駄目と知りつつ決行したのであつた[37]」、と述べている。

また、大本教は「満州国」の政治支配にも積極的に関与した。一九三二年三月「満州国」成立のとき、出口王仁三郎は民間人で唯一人皇帝溥儀に祝電を送った。出口王仁三郎は、亀岡の大本教の本部に「高天閣」を建設し、溥儀の訪れを待ち望んでいた。一二月、「満州国」の外交部総長謝介石の日本（東京・京都）訪問中、謝介石を亀岡に迎えようとしたが、実現できなかった[38]。大本教の活動は、「日本帝国主義のもとでの融和政策を求める性格がつよかったことも、大本の実践活動を日本帝国主義の大陸政策に協調てきなものにした[39]」。こうした活動は、紅卍字会を抜きにしては語られないだろう。

四　教化団体としての紅卍字会

視点を変えて、紅卍字会の動きを見てみよう。事変直後、紅卍字会の有力者は、難民救済と傷兵治療のために「四民治安維持委員会」を結成し、関東軍支配地域の治安維持に努めた。その後、張海鵬・董樹棠・馬龍潭などを中心に、各地の紅卍字会を統合し、「紅卍字会中華総会」との関係を断ち切り、「満州国」の紅卍字会として独立した。[40] 一九三二年三月、「満州国」の成立と世界紅卍字会・道院設立十周年を記念するため、満洲紅卍字会は新京で全満紅卍字会代表大会を催し、「中華総会」や済南母院と正式に関係を断絶し、新京で紅卍字会「満洲国総会」を設立することを議決した。[41] 一九三四年、「満洲国総道院世界紅卍字会満洲国総会」が発足した。この組織は総務部・会計部・防災部・救済部・慈業部および交際部から成り立つ。一九三五年一二月から、日本国内および「満州国」における大本教弾圧を受け、紅卍字会は大本教との連携を断ち切り、「世界の和平を促進し、災患を救済する」という旧来の宗旨を継承し、一九三六年九月、新しい紅卍字会「章程」を頒布した。

「満州国」における紅卍字会の状況について、民生部厚生司教化科一九四四年二月の統計によると、「康徳元年（一九三四年）には、新設分会二十二箇処、其翌年には、十五箇処に及び、此の年に三十九分会から一躍七十六分会に、増加したのであつた。次いで三、四年は僅か乍ら新設分会を数へ、最近又其の数を増してゐる。康徳八年末には総会の外に九十九分会がある」[42]。それを表にしてみると、表1のようなものである。

表1に示されるように、一九三四〜一九三五年と一九四〇〜一九四一年の二つの時期において、紅卍字会は著しく規模を拡大した。「満州国」初期の二、三年間、紅卍字会は従来通り分会を増やしたが、一九三四年に「紅卍字会満洲国総会」が発足してから、一気に三七個の分会を増設し、総数をほぼ倍にした。しかし、一九三六年以後、その発展は停滞状態に陥り、一九三八年には一つも設立されなかった。一九四〇年以後、再び発展の兆しが見えた。[43]

紅卍字会の活動は、もともと慈善を中心とした社会事業である。その持続的な慈善事業は、以下の通りである。①病院あるいは治療所（無料で患者を診断し薬を配る）。②貧民工場（貧民を収容して工員にし、技師を招聘してその教育にあたらせる）。③平民学校（貧民の子供を無料で教える）。④惜字会（字を粗末にしないという意味の惜字紙のために竹または木製の

表Ⅰ　紅卍字会分会設立数、年度別表

年度＼省別	新京特別市	吉林省	奉天省	四平省	錦州省	安東省	通化省	龍江省	熱河省	濱江省	三江省	牡丹江省	興安南省	間島省	東安省	興安西省	合計
1926			1														1
1927	1	1	1			1											4
1928				2	1	1		1		2							7
1929		1	1	1	2			1	3				1				10
1930		1	2	1				1	1								6
1931										1	1						2
1932		1	2		1												5
1933		1	1	1	1	1											4
1934		1	5	7	3	3		1				1		1			22
1935		4	1	2	1	2	1				1	2	1				15
1936							1							1			2
1937							2										2
1938																	0
1939		1	1														2
1940			3	1		2	1							1		1	9
1941			1	3	1	1	1								1		8
合計	1	11	19	18	10	11	6	4	4	3	2	3	2	3	1	1	99

出典：民生部厚生司教化科『教化団体調査資料第二輯 満洲国道院・世界紅卍字会の概要』（1944年）、169〜170頁。

惜字箱を街道に置いて「惜字を為す」人の利便に供し、その紙は後に集めて炉中で焚く）。⑤因利局（貧民に無利子で貸与し月賦で償還させる）。⑥育嬰堂（子を育てられない親から幼児を引き取り、幼児院または小学校に入れ、成長後引受人に渡す）。⑦残廃院（身体不自由な人を収容し簡単な工芸を教える）。⑧卍字新聞（宣伝の道具）。⑨慈済印刷所。⑩粥場（冬場や飢饉の時に貧民に粥を配る）。⑪平糶（被災地に平時の価格で食糧を売る）。⑫施棺（死者の家族に棺を給与する）。⑬施薬（疫病が流行った時、薬を配る）。⑭冬賑（冬期に貧民に衣食を配る）などの項目がある。[44] これらの恒常的な事業のほかに、災害が起きた時に臨時的な救災活動も行われていた。

次は、紅卍字会の民間慈善事業の展開についてみてみよう。上述の分会数増加の変化を見る限り、一九三六年以前は持続的に発展したが、以降は断続的な発展となった。ところで、「満州国」民生部厚生司教化科の統計によると、この会の慈善事業費の支出は、一九三八年に約四四万八七三六元、一九三九年に約九六万八六六二元、一九四〇年に約一二九万五二五三元であった[45]。沈潔は『「満洲国」社会事業史』において、この三つの数字を根拠に、紅卍字会が民間慈善事業に「投入した資金は毎年増加していく傾向が、明らかに現れている」と断言している[46]。確かに、紅卍字会の個別の分会が多方面にわたって慈善活動を広げていたが、一九三六〜一九三九年の四年間、紅卍字会の分会数は増えていない。実際、慈善事業に投入された資金が減少している年も見られる。紅卍字会の一九四一年の事業費は約五二万二一四九元（会経費を除く）であり、前述一九四〇年度の約一二九万五二五三元と大きな開きがある[47]。新京紅卍字会の例（表2）が示しているように、一九三六年以後一部の紅卍字会分会の事業は一九三六年以前より後退しているのが事実である。

ここにおいて、一九三七年度の事業費が一九三二度年のそれより増加していない点が注目される。なお、紅卍字会の資金は会員の会費と寄附に頼っていたため、それを元に行われた事業も限界がある。また、紅卍字会の資金運営と慈善事業の実態が解明されない限り、単に紙面上の数字をもって慈善事業の発展を証明することはできない。一九四五年に満洲を訪れ、奉天同善堂の育児事業という有名な慈善機構を視察した飯塚浩二は、「満洲事変後、日本人が（同善堂を）経営するようになってから、営利本位に傾いて、授産というよりも、幼年工使役の町工場みたいになり、社会事業としては、かえって思わしくないものになってしまったといわれている」[48]、と述べているが、このことは、奉天同善堂に関する資料には記されていない。紅卍字会が継続的に慈善事業のための資金を増やしたとすれば、奉天同善堂のような変質も見られるはずであろう。

「満洲国」における紅卍字会の慈善活動は「満洲国」以前のそれと

表2　新京紅卍字会事業及経費

項目	1932年	1937年
施粥	1200元	3552元
施診	640元	696元
施衣	1500着	300着
施棺	250個	100個
救災	16000元	167元
学校	11000元	3439元
種痘	2000人	なし

出典：①満洲国民政部地方司社会科『満洲国中央社会事業聯合会』、1934年5月、141頁。②民生部厚生司教化科『教化団体調査資料第二輯 満洲国道院・世界紅卍字会の概要』、178〜179頁。

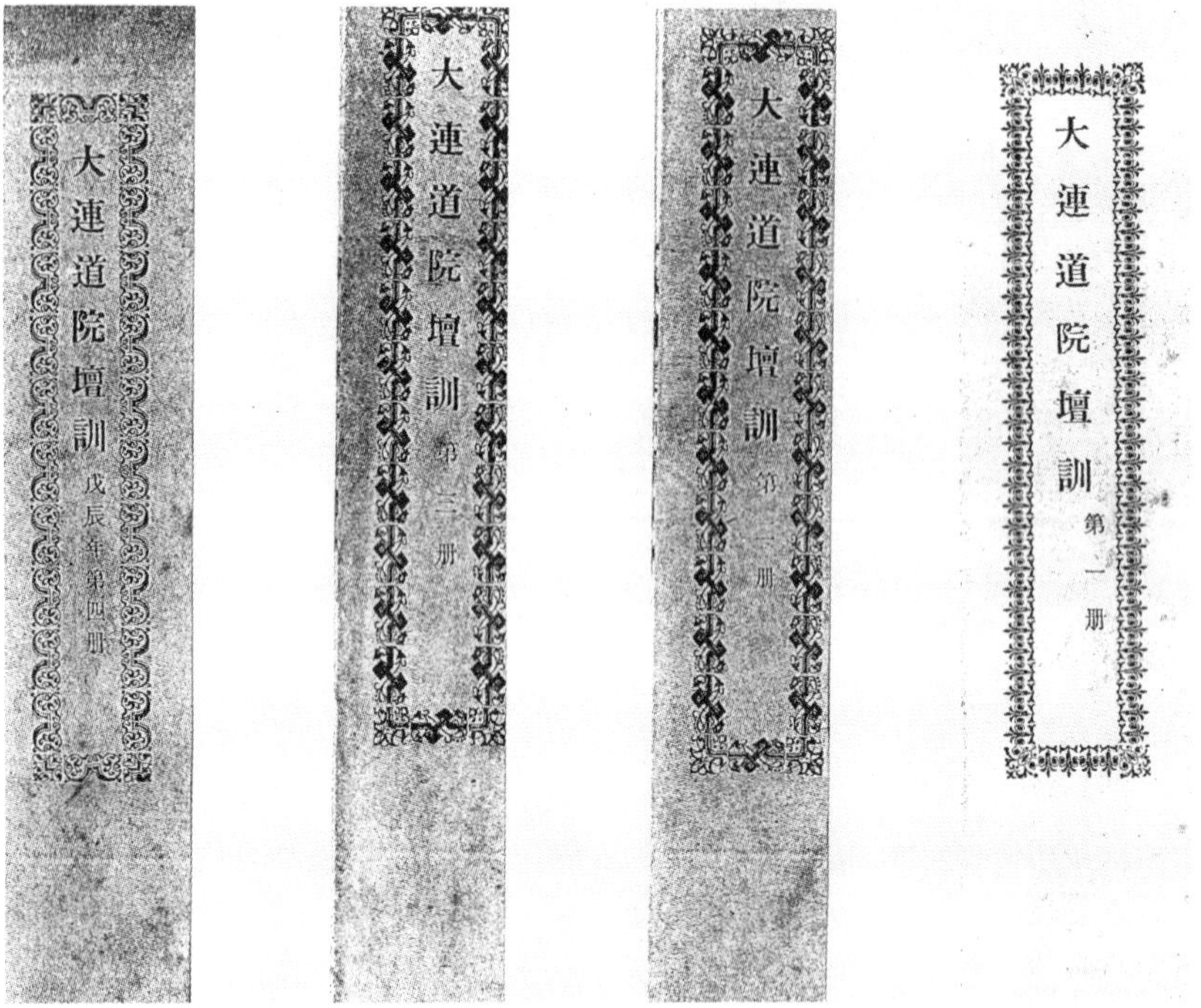

〈写真５―１〉 紅卍字会の壇訓。

変わらなかったが、「政治に渉らず党派に聯せざる」という旧来の政治姿勢の方は、紅卍字会が「教化団体」と位置づけられることによって大きく変化した。「満州国」の教化政策に従って、紅字会は「教化団体」として、慈善学校教育と卍字新聞など「教化」に関わる活動において「王道思想」の宣揚を義務づけられた。また、「扶乩」で得た壇訓は、神の言葉として「満州国」の政治支配に利用された。濱江総壇設立に関する一九三九年七月二六日の壇訓には、「国家的宗教意識の高揚」と記された[49]。一九四二年「満州国」建国十周年を祝う祈祷大会の際に、八月一三、一四日の壇訓に「満州国」や大東亜戦争を謳歌する文字が随所に見られる[50]。

五　宗教結社統合のジレンマ

これまでの考察によって、「満州国」の国家建設と紅卍字会の関係の具体的な側面が幾分解明された。しかし、「満州国」がどのような認識に基づいて宗教結社を統合したか、この問題がまだ残されている。以下、「満州国」の「類似宗教結社」統合策の変遷を通して、「満州国」の宗教統合と「王道国家」の超国家主義的イデオロギーとの関係について考察する。

1、「満州国」の宗教結社認識

「満州国」では、宗教結社は民政部の地方司・警察司と文教司によって管轄された。後の機構改革によって管轄権が治安部（警務司）・民生部（厚生司）・文教部（礼教司、教化司）などに移された。勿論、各省の関連機構、そして民衆動員を主な目的とする協和会も一翼を担った。

すでに指摘したように、「類似宗教」はイデオロギー的偏見を帯びている言葉である。「満州国」の支配者は「王道国家」のスローガンを打ち出して、紅卍字会をみずからの支配に取り入れようとした。と同時に、これらの結社を「類似宗教」と見なすこと自体は、超国家主義と国家主義のジレンマに陥ってしまったことを意味する。一九三三年、在家裡代表団訪日（第九章を参照）後、橘樸は「青幇を如何に扱ふべきか」と題した文章の中で、満洲の在理会（教）、在家裡（青幇）、大刀会（紅槍会）などの「貧民結社」について次のように分析している。

大刀会は必ずしも貧民と限らず其本質は農民の郷土自衛を目的とした結社であるから、治安回復の見通しの存する限り政治的にも社会的にも格別重視するに当らぬと思ふ。次に在理会であるが、これは無智な貧民の為の宗教であり、貧民社会の最重要なる徳目として信義と相互扶助とを奨め殊に煙酒の戒律を厳守せしむることによつて信徒を一層の窮乏と堕落とから防き止めるなど、これを為政者の側から見ても誠に都合の好い結社である。……在家裡は右二者と異なつて大きな危険性を包蔵する。而も其社会的勢力は遙かに二者の上に在る。[51]

橘は在理会（教）の存在を評価する一方、在家裡に対してはその危険性を強調しつつ、扱い方によっては利用しうる可能性も認める。[52]在家裡のこうした相反する両面性についての橘らの認識は、「満州国」全期にわたって主流的な位置を占めている。彼の認識は新しい政治秩序の建設を模索する日本の関東軍指導部の思惑を反映したものと見られる。後に協和会は、在家裡を依然として金儲け集団と規定し、警察や官吏が在家裡内部の事情を把握するために在家裡に参加し、結局、在家裡の後ろ盾となった、と在家裡の現状を分析した。その上で、「在家裡を弾圧することは、到底不可能である」と、その存在を認めざるを得なかった。[53]

ところで、「満州国」は紅卍字会に対しても在家裡と同じような見解を示した。「満州事変」後まもなく、内田良平は、「満蒙の独立」における世界紅卍字会の役割を論じた本の中で、「真に世界紅卍字会こそ満蒙独立国建設の最良の精神的基礎であり、満蒙楽土の建設を通して日支蒙民族の提携親善と共在共栄の精神的楔びとなるべきものである」と言い切った。[54]内田は長年にわたって大本教を介して紅卍字会を利用する「満蒙の独立」を唱えた人物である。[55]彼が紅卍字会に強い期待を寄せたのは、中国の紅卍字会と日本の大本教がすでに国境を越えて連携していたからである。一方、「満州国」政権は国家建設に本格的に取り組んでいく際に、紅卍字会の「トランス・ナショナリズム」的な性格が「満州国」の「国家」の枠組みから逸脱する可能性があると警戒していた。一九三五年末、日本国内における大本教弾圧が満洲の大本教に波及した。それと同時に、「なお大本教の邪教なるを以て、それと関係の存した道院を支那社会に於いて邪教なりと即断するわけにはいかぬことを、支那の民族的宗教の本質から附言しなければならぬ」という意見があった[56]。にもかかわらず、紅卍字会に対する警戒は、一層強まった[57]。支配者は紅卍字会の「扶乩」を利用する一方、「扶乩は党派に渉らず、政治を語らない事を述べた。……政治を語らぬ事は、無関心を意味するのであるか、或は又政治運動を排し、国家の意図する所にはあくまで同心協力するものであるか、此の点甚だ明瞭を欠いたものであつたと思はれる[58]」、と警戒を抱いた。また、当時、紅卍字会の慈善活動が民衆を政治に無関心の方向に引き連れていくと危惧し、それに対する制限を加えるべきだと主張する意見も現れた[59]。当然、このような不信感は「類似宗教結社」としての紅卍字会に対するものであり、「満州国」政権内の紅卍字会メンバーを対象としたものではない。

在家裡と紅卍字会に対するこのような認識の矛盾は、一九四三年五月、国民精神文化研究所から出版された西順蔵の『満州国の宗教問題』における次の一節にも表れている。

宗教結社にはかかる種類の外に純宗教的動機に出づるものもなきには非ざれど極めて稀にして、如何にも現世利益信仰民族らしい。即ち生活の上から、宗教を要請したる著しき徴証である。扨単なる宗教結社は自衛的にして且つ相互扶助・修道・慈善事業をなすに過ぎず概ね穏健であるが、自衛的といふ所から自然排他的閉鎖的となり特に支那に於いては官に対して反抗的となつて秘密結社となる傾きあり、之に一定の秘密目的が与えられると秘密結社となる。而てその秘密性は結社の中心たる宗教が巫術的秘密的なるものなるにより一層堅固となる。而るにかかる結社は国中更に別個の権威下に封鎖的団体をなすものなれば乱世の所産としてこれが存在は喜ぶべきでない、のみに非ずその害も特に潜行的且堅固なる団結の故に看過し難い。満州国に於てはもと民衆の自衛防御的宗教秘密団体たりしが事変発生後会匪（教匪）となり、建国後も凡そ二三十の数にのぼつて、中には純修道的なるものあるが必ずしも皆がさうではない[60]。

西順蔵によれば、「一旦在家裡の組織中に反国家的異分子が潜入せば如何、現になくはなかつた。されば、宗教結社はその秘密閉鎖性の故のみで既に非国家といふべきのみならず、更に又積極的に危険ありといはねばならぬものあり」[61]。このように、西順蔵は類似宗教結社の存在を「満州国」国家建設にとって不利であったと認識し、それゆえそれを排除すべきである、と主張している。要するに、「非公認」結社在家裡にせよ、「公認」結社紅卍字会にせよ、その信仰に含まれた超国家的な要素は、近代中国のナショナリズムと性格を異にする「満州国」の「王道思想」に呼応するところがある。しかし、とはいうものの、一旦「国家」として「満州国」の支配が確立されれば、この類の結社を如何に国家の支配装置に取り入れるかが、大きな問題となった。

2、「満州国」の宗教結社統合策

「満州国」治安部は、宗教結社・秘密結社に対して「其の設立の動機の如何に拘らず、総て中国側との関係を断絶せしめると共に邪教及び秘密結社の徹底的撲滅を期した」という統合策を定め[62]、その一環として、一九三二年九月一二日に「治安警察法」を頒布した。なかには、「秘密ノ結社ハ之ヲ禁止ス」(第五条)、そして「秘密ノ結社ヲ組織シタル者又ハ之ニ加入シタル者ハ三年以下ノ有期徒刑又ハ二百元以上千元以下ノ罰金ニ処ス」という内容が明示されている[63]。説明を付け加えると、政府に登録していない結社もしくは警察の了承を得ていない結社は、警察の懲罰の対象となる。「満州国」初期、在家裡と紅卍字会が「教化団体」とされたのはこの「治安警察法」が施行された結果の一つと見られる。

一九三五年一二月に日本国内で起きた大本教弾圧事件をきっかけに、「類似宗教」に対する「満州国」の政策が厳しくなった。一九三八年に出版された奉天省『省政彙覧』に、満洲社会における宗教結社の役割について次のように記されている。

宗教は国民精神生活の源泉となつて文化建設上重要なる使命を持つものにして其の民心に及ぼす影響重大なるも

のなれども従来満州国に於ける各宗教は雑然にして系統無く教派極めて繁雑にして人民信仰程度相同じからず僧侶は寺廟に於て自己の修養に努むるも進んで救世済民の意見に乏しく国民文化の程度も亦低く科学知識に乏しくして今尚迷信邪教に迷はさるるもの多く漸次国民の精神生活に対する指導的生命を失はんとして憂ゐる。[64]

ここで、宗教結社の多くが「漸次国民の精神生活に対する指導的生命を失はんとしてゐる」という認識は、宗教結社を「教化団体」化する従来の政策の失敗を意味するものであろう。従って、一九三七年四月、治安部は「従来乱立簇生を見て居た結社団体を整理し、之を警察の視察圏内に包容し、左記九結社（満洲帝国道徳会・世界紅卍字会・満洲大同仏教会・満洲国博済慈善会・五台山向善普化仏教会・満洲全国理善勧戒煙酒会・孔学会・仏教龍華義賑会・満洲回教会を指す）を基礎として設立に対して許可制を採り、以てその指導取締に任じ来つたのである」という命令を出した。[65] 治安部が新しく宗教結社に対する「許可制」を導入したのは、在家裡などの「類似宗教」を取り締まる姿勢を世間に示そうとしたからである。一九四〇年以降、治安部は満洲の「類似宗教結社」を三つに分け、それぞれに対する次のような考えを示した。

第一、普済仏教会などの民間宗教結社に対する政策。それによると、「仏教道教的色彩の濃厚なもの……としては、普済仏教会・白陽（羊）教・紅陽（羊）教・黄陽（羊）教等が其の主なるものであつて、之等は全満各地に分派し、此の外新京を初め、奉天・吉林・濱江・熱河・錦州・龍江・三江の各省及び興安西・南の両省に十九の邪教が潜在し、吉凶・禍福或天変地変・社会改革等の予言乃至迷信を流布し、以て無智蒙昧なる民衆を威怖せしめ、又は之を愚弄してゐる」[66]。普済仏教会などはかつて「満州国」に反抗事件を起こした結社である。

第二、紅槍会などの民間武装結社に対する政策。それによると、「武力的色彩あるものとして世上に伝へられてゐる紅槍会は、北満・東辺道・熱河地方に、其の他紅沙会・黄沙会・花籠会は熱河地方に潜在し、就中紅槍会・大刀会の中、信仰の強烈なるものは、敵弾命中し一時仮死するも再び甦生するという堅き迷信を抱き、事変以来敗残軍兵或は反満抗日分子の指嗾煽動を受け、日満軍警の討伐に際し狂暴なる抗戦を為しつつあつた事は周知の通りである」[67]。紅槍会などの結社とは、民間宗教を精神的な支えとして、「防匪御兵」を目的とする武装結社である。「満州国」が農村社会に支配を確立した際に、かつて一部の紅槍会から抵抗を受けていた。

第三、在家裡などの「秘密結社」に対する政策。それによると、「在家裡は全国的に、骨羊会は錦州地方に潜在し、就中在家裡は根強き潜勢力を有し、その教義は別として多分に秘密性を抱擁し、特に注意を要すべきものである」[68]。ここで明らかなように、「満州国」の宗教政策の中で、下層社会に多くのメンバーを有する在家裡は「秘密結社」として位置づけられ、警戒の対象となっていた。

「類似宗教結社」に対する以上の分析に基づいて、「満州国」治安部は「邪教に対する不断の取締の徹底強化は、遂に之を潜行的ならしめ、特に近時其の活動地下に潜り、或は宗教的美名の下に合法的に団体を組織せんとし、或は又公認結社・団体等を蚕食し、勢力の扶植を策さんとするが如き傾向あり、最近に於ては中共満洲党に利用された事例すらあり、将来更に一層之等の反日満勢力を結合し、反国家的挙措に出づるの危険性を多分に孕んで居り、今後これが取締には一段の努力を要するものがある」という対策を打ち出した[69]。

以上のように、一九四〇年以降、「類似宗教」に対する「満州国」治安部の考えは非常に厳しいものとなった。政府の許可を得ていない結社はすべて「邪教的」「反体制的」結社と規定される。そのため、本来「邪教」即ち「非公認結社」を弾圧の対象としたが、結局は一般の「公認結社」も弾圧の対象となったのである。

これとほぼ同じ時期、治安部とは別に、「類似宗教結社」を管轄する民生部は、一九三九年に満洲の各宗教教派の性格・信仰などについて調査を行った。在家裡・紅卍字会も調査の対象に含まれていた。その前年、一九三八年九月には、「暫行寺廟及布教者取締規則」が発布され、寺廟・教会・布教所などすべて宗教の教義宣布また宗教上の儀式を執行する施設は、その新設・変更・移転・併合・廃止に関してすべて民生大臣の許可を要すると定められた[70]。一九三九年一〇月、民生部は「暫行寺廟及布教者取締規則実施上ノ手続ニ関スル件」を発し、かつて清朝が仏教・道教の僧侶に「度牒」を発行したのに倣って、布教者に「身分証明書」を発給し、管理の強化を図った[71]。この二つの「規則」は、関東庁の一九二二年の宗教関係法令に基づいて作られたものと見られる[72]。一九四〇年以降、民生部はさらに四ヶ年計画を立てて宗派別に、即ち四〇年度には基督教及び民間信仰、四一年度には仏教、四二年度には教派神道・回教、四三年度には道教・道院調査を進めた。これらの調査資料の所在については未だ不明であるが、『満州国史』（各論）によれば、調査結果は「宗教法案作成の重要資料」となった[73]。

「満州国」における宗教結社統合をみるとき、協和会の存在を見逃してはならない。協和会は一九三二年七月に民衆動員のために作られた官製団体で、名誉総裁に溥儀を置き、「満州国」の治安維持と「宣撫工作」に加担した。溥儀が一九三四年に「満州国」皇帝に即位した後、協和会は「満州国が認めたる唯一無二の民衆的国民統一機関」と自称し、「満州国」政府と表裏一体の関係をもつようになった[74]。満洲の三千万の民衆を協和会という装置に取り入れようとするため、当然、多くの信者を抱える在家裡と紅卍字会も協和会の視野に入ったはずである。一九四一年、「紅卍字会満洲国総会」は、「協和会首都本部の意向を体し、二道河子に、貧民住宅を建築したのであるが、其の費用は六千百六十六元九十七銭であった[75]」。紅卍字会の慈善事業すら協和会の「意向」に左右されたことから、紅卍字会が協和会の指導下にあったことは明らかである。

以上考察したように、「満州国」の治安部・民政部（民生部）と協和会は、それぞれ社会治安維持、教化強化、イデオロギーの統一などの側面に着眼し、宗教結社を統合して取り込んでいった。しかし、「類似宗教結社」に対する

「満州国」の認識にはまだ不確定な部分が多く存在する。三つの「類似宗教結社」対策は互いに微妙にずれており、三者の対策に映された在家裡と紅卍字会などの「類似宗教結社」のイメージも一様ではなかった。たとえば、「類似宗教結社」に分類されるはずの在家裡と紅卍字会が、時には既成宗教と区別せずに「宗教」と呼ばれたり、時には、在家裡が「秘密結社」と称され、紅卍字会が「教化団体」と見なされたり[76]、また、時には両者が共に「邪教」と呼ばれたりしていた。このような呼称の混乱は単なる「名」の問題ではなく、そこにこそ「満州国」の宗教結社統合のジレンマが現れている。

おわりに

以上、紅卍字会を通じて、「満州国」の政治権力と宗教結社との関係を実証的に考察してきた。これまでの考察から、次の二点が明らかになった。

第一に、今までの中国社会史および「満州国」の歴史に関する研究において、これらの結社は見逃されており、それに関する数少ない記述も偏見に満ちたものであった。在家裡と紅卍字会の実態を問わず、在家裡を「秘密結社」、紅卍字会を政治的もしくは「邪教的」存在とみなす見解は今でも依然主流と言えるだろう。本章では、このような見解に疑問を投げかけ、一次資料に基づいて実証的考察を行った。それを通じて明らかになったように、二〇世紀に入ってから満洲移民社会の形成に伴って、紅卍字会のような宗教結社や「秘密結社」は満洲社会において発展し、一定の社会的影響力を持つようになった。

第二に、紅卍字会は、明確な政治的・民族的意識を持たず、その政治的立場はその時その時の政治的情勢に影響・

左右されていた。「満州事変」以前、紅卍字会はすでに在満日本人および日本人団体と接触していた。事変後、紅卍字会のほとんどの組織は自らの組織的優勢を獲得するために、関東軍および「満州国」に協力する道を選んだ。「満州国」側の一部の資料では、「類似宗教結社」とされる紅卍字会が「満州国」の政治統合の支障となったという記録が残されている。しかし、実際には、満洲地域の数多くの宗教結社の活動を全体的にみると、宗教結社が反満抗日に関与するケースは非常に少なく、しかも特定の時期（「満州事変」初期）と特定の地域（熱河・北満など）に限られていた。反満抗日運動に参加した紅卍字会のメンバーは確かに存在していたが、それは紅卍字会の組織的性質を反映するものではない。

総じていえば、「満州国」支配における宗教結社の統合は、単なる「植民地」という支配空間に生じた問題ではなく、実は日本近代国家の形成と関連して、日本国内＝「内地」が抱える「類似宗教」や「邪教」・「迷信」といった諸問題の延長上にあったのである。日本近代国家は、神道の国教化をはじめ仏教・キリスト教および神道諸教派を国家の支配装置に組み入れることに成功したが、「公認」宗教以外の「類似宗教結社」を支配装置のどこに配置するかについて、第二次大本教弾圧事件まで、政策の一貫性が見られない。紅卍字会と在家裡を宗教結社とみなすか、それとも「邪教」や「秘密結社」とみなすか、「満州国」の立場は最後まで定まらなかった。このことは、「内地」における宗教結社の問題がそのまま植民地における宗教結社政策へと引きずられたことを意味する。言うまでもなく、近代日本の支配下にあるそれぞれの植民地は均質的なものではなく、「皇民化」された朝鮮・台湾の宗教結社統合と、「王道主義」を掲げる「満州国」の宗教結社統合とは様相がかなり異なっていた。また、中国大陸における日本軍の支配地域が拡大するにつれ、「満州国」が抱えていた宗教結社の問題は、華北・華中などの地域においても形を変えて再び出現した。今後の課題として、内地―植民地、そして各植民地における宗教結社統合において、どのような「連続性」

あるいは「非連続性」が認められるかを明らかにするためには、言説レベルでの分析に止まらず、一次資料に基づいた実証研究が必要であろう。

注

（1）新しい研究として、安富歩・深尾葉子編『「満洲」の成立――森林の消尽と近代空間の形成』（名古屋大学出版社、二〇〇九年）を参照。

（2）駒込武『植民地帝国日本の文化統合』、岩波書店、一九九六年、二六五頁。

（3）紅槍会・大刀会のような結社に関する資料をいろいろな角度から検討する必要があると思われる。たとえば、当時、共産党側から見れば、紅槍会は必ずしも「民族意識」を持つ「反日的」な組織ではなかった（「張蘭生・金策給徐沢民的信」、一九三九年一一月七日、中央檔案館他編『東北地区革命歴史文件匯集』甲、第五六冊、吉林人民出版社、五頁）。

（4）P. Duara, "Transnationalism and the Predicament of Sovereignty: China, 1900-1945," *American Historical Review*, vol. 102, No.4, 1997.

（5）沈潔『「満州国」社会事業史』、ミネルヴァ書房、一九九六年、一二四～一三〇頁。

（6）本書では、引用の場合は史料のまま、「満洲」、「満州」、「満洲国」、「満州国」とし、その他の部分では、「満洲」、「満洲国」に統一する。いままでの研究で明らかになったように、地理概念としての「満洲」は、この地域（満洲人・漢人など）から生まれた概念ではなく、外部（日本人と欧米人）から設定されたものであった（中見立夫「地域概念の政治性」、溝口雄三他編『交錯するアジア』アジアから考える「Ⅰ」東京大学出版会、一九九三年）。本章では、歴史文献の呼称に従い「満洲」を用いるが、これは「東北」と同じような「地域的概念」である。なお、満洲文において、国名・部族名としての「満洲」の変遷について、石橋秀雄「清朝入関後のマンジュ（Manju）満洲の呼称をめぐって」を参照されたい（石橋秀雄編『清代中国の諸問題』、山川出版社、一九九五年七月）。

（7）学界では、一般的に、在家裡＝青幇は宗教的民間結社と見なされてはいない。本書でそれを宗教的結社と扱うのは、「満州国」において在家裡側が自ら宗教結社と自称し、在家裡組織を宗教化させたこと、在家裡が「満州国」側の資料でしばしば「類似宗教結社」と呼ばれていることなどの理由による。
（8）池田昭編『大本史料集成』Ⅲ事件編、三一書房、一九八五年、二三六頁。
（9）町田萬二郎「黄紗会擾乱状況」、昭和五年八月在博山日本総領事館出張所。同「博山県ニ於ケル黄紗会ノ行動」、昭和五年九月一一日、外務省外交資料館所蔵「支那政党結社関係雑件・宗教類似結社ノ行動査報関係」。
（10）「宗教類似結社ノ行動ニ関スル件」、外務省より在支各公館長宛、昭和五年九月一八、一九日、同右。
（11）酒井忠夫『近代支那に於ける宗教結社の研究』、東亜研究所、一九四三年八月、一三〇頁。
（12）民生部厚生司教化科『教化団体調査資料第二輯　満洲国道院・世界紅卍字会の概要』（一九四四年）、一六一頁。以下『満洲国道院・世界紅卍字会の概要』と略す。
（13）「最近ニ於ケル道院ノ情況」、関東庁警務局、大正一〇年五月二七日。
（14）松尾為作『南満洲に於ける宗教概観』、教化事業奨励資金財団、一九三一年七月、三五頁。
（15）「在鄭家屯領事大和久義郎より外務大臣幣原喜重郎宛」、昭和五年一一月四日。
（16）「在哈爾賓総領事八木元八より外務大臣幣原喜重郎宛」、昭和五年一一月一八日。
（17）松尾為作前掲書、三五頁。
（18）その直後次の三つの重要な出来事が起きた。①一九二四年二～七月、出口王仁三郎が密かに日本を出発、満洲・蒙古に入り、馬賊盧占魁と提携し蒙古・新疆で王国建設を図ろうとした。②同年三月、紅卍字会神戸道院が開設された。③同年五月、世界宗教連合会が発足した。頭山満・内田良平・田中義一（陸軍大将）らが発起人として名を連ねる。井上留五郎（大本）・徐世光（道院）・江朝宗（悟善社）・章嘉活仏（ラマ教）・陳明霖（道教）・諦閑（仏教）・王権益（回教）らが理事。
（19）前掲『満州国道院・世界紅卍字会の概要』、二〇九頁。
（20）夏頴誠は営口分会の設立に際して中心的な役割を果したという（前掲『満洲国道院・世界紅卍字会の概要』、一八五頁）。

(21)　松尾為作前掲書、三七頁。
(22)　大本七十年史編纂会『大本七十年史』上巻、七六八頁。この講演を裏付けるものとして、『出口王仁三郎全集』第六巻、一九二五年八月一五日条（天声社、一九三五年四月）を参照。
(23)　内田良平、一九二九年一一月一九日、松江市官民有志の歓迎会での講演（大本七十年史編纂会編『大本七十年史』下巻、三五頁）。紅卍字会日本総会は会長出口王仁三郎、責任会長内田良平、顧問頭山満である（内田良平『満蒙の独立と世界紅卍字会の活動』、先進社、一九三一年一二月、一一六頁）。
(24)　「日出麿再渡支」、大本資料研鑽室所蔵『真如の光』昭和六年一〇月、二一四号。
(25)　前掲『大本七十年史』下巻、一〇八頁。
(26)　出口王仁三郎「全会員に望む」（一九三二年三月一九日）、前掲池田昭編『大本史料集成』Ⅱ運動編、三一書房、一九八二年、五五四頁。
(27)　前掲『大本七十年史』下巻、九六頁。
(28)　北村隆光「道院、世界紅卍字会に就て」、大本資料研鑽室所蔵『神の国』一九三一年一一月、第一五四号。
(29)　「満州実感」、前掲池田昭編『大本史料集成』Ⅱ運動編、五四二頁。
(30)　「青年の叫び」前掲池田昭編『大本史料集成』Ⅱ運動編、五三四頁。
(31)　前掲北村隆光「道院、世界紅卍字会に就て」。
(32)　前掲『大本七十年史』下巻、九九頁。
(33)　『文芸春秋』一九三二年一月号。松本健一『出口王仁三郎』、リブロポート、一九八六年、三二一頁。
(34)　松本健一前掲『出口王仁三郎』、三二三頁。
(35)　「満州実感」、前掲池田昭編『大本史料集成』Ⅱ運動編、五四二頁。
(36)　前掲『大本七十年史』下巻、九七頁。
(37)　山本佐国「天恩郷に張海鵬将軍を迎へる」、『神の国』一九三三年一月、第一六八号。

(38) 栗原白嶺「謝答礼使節と車中に語る」、大本資料研鑽室所蔵『昭和』一九三三年一月、第四七号。
(39) 安丸良夫「解説」。『出口王仁三郎著作集』第二巻、読売新聞社、一九七三年。安丸良夫『一揆・監獄・コスモロジー――周縁性の歴史史学』、朝日新聞社、一九九九年。
(40) 前掲『満洲国道院・世界紅卍字会の概要』、一六二頁。
(41) 同右。
(42) 同右、一六三頁。
(43) 紅卍字会に関する次の二つの統計資料を参照されたい。『満洲国中央社会事業聯合会』、満洲国民政部地方司社会科、一九三四年五月。遠藤秀造『道院と世界紅卍字会』、東亜研究所、一九三七年二月。
(44) 前掲満洲国民政部地方司社会科編『満洲国中央社会事業聯合会』、五六～五七頁。
(45) 前掲『満洲国道院・世界紅卍字会の概要』、一六五頁。
(46) 沈潔前掲書、一二六頁。
(47) 前掲『満洲国道院・世界紅卍字会の概要』、一六九頁。
(48) 飯塚浩二『満蒙紀行』、筑摩書房、一九七二年、四八頁。
(49) 前掲『満洲国道院・世界紅卍字会の概要』、一七三頁。
(50) 同右、一七三～一七五頁。
(51) 橘樸「青幇を如何に扱ふべきか」、『満洲評論』第五巻第三号、一九三三年七月一五日。六九頁。
(52) 同右、七〇頁。
(53) 協和会中央本部調査部『在家裡調査報告書』、作成年代不明。
(54) 内田良平前掲『満蒙の独立と世界紅卍字会の活動』、一〇二頁。
(55) 初瀬龍平『伝統的右翼　内田良平の研究』、九州大学出版会、一九八〇年、二九一～三〇五頁。
(56) 酒井忠夫前掲『近代支那に於ける宗教結社の研究』、一四二～一四三頁。

(57) 各省における具体的な展開はそれぞれである。濱江省双城県の大本教「人類愛善会」が解散され、一部の地域には信者が経営した学校がまた残されていた。その影響で、双城県の在家裡と紅卍会は共に当局の監視下に置かれていた（大谷湖峰前掲「宗教調査報告書」、一五六〜一五七頁）。
(58) 前掲『満洲国道院・世界紅卍字会の概要』、一七一頁。
(59) 前掲大谷湖峰「宗教調査報告書」、四五頁。
(60) 西順蔵『満洲国の宗教問題』、国民精神文化研究所、一九四三年五月、四五〜四六頁。
(61) 同右、五〇頁。
(62) 満洲国治安部警務司『満洲国警察史』、一九四二年九月、五六五頁。
(63) 「治安警察法」（一九三二年九月一二日）加藤豊隆『満洲国治安関係法規集成』（全）、元在外公務員援護会、一九七九年一〇月、六四一、六四三頁。
(64) 国務院総務庁情報処『省政彙覧』第八輯、奉天省篇、一九三八年、五一四頁。
(65) 前掲満洲国治安部警務司『満洲国警察史』、五六五頁。
(66) 同右、五六九〜五七〇頁。
(67) 同右、五七〇頁。
(68) 同右。
(69) 同右、五七一頁。
(70) 「暫行寺廟及布教者取締規則」（民生部、一九三八年九月二四日）、前掲加藤豊隆『満洲国治安関係法規集成』、三一九〜三二一頁。
(71) 「暫行寺廟及布教者取締規則実施上ノ手続ニ関スル件」（民生部、一九三九年一〇月二六日）、加藤豊隆前掲『満洲国治安関係法規集成』、三二二頁。
(72) 「関東州及南満州鉄道附属地ニ於ケル神社廟宇及寺院等ニ関スル件」（一九二二年五月一五日）、「関東州及南満州鉄道附属

地寺院教会廟宇其ノ他ノ布教所規則」（一九二二年一〇月二六日）、松尾為作前掲『南満洲に於ける宗教概観』、一五三～一六一頁。

（73）満州国史編纂刊行会前掲『満州国史』各論、一一一頁。

（74）平野健一郎「満州国協和会の政治的展開——複数民族国家における政治的安定と国家動員」（日本政治学会『日本政治学会年報一九七二年度』）。

（75）前掲『満洲国道院・世界紅卍字会の概要』、一七七頁。

（76）在家裡関係の「満州国」文献のなかで、在家裡を「秘密結社」と呼ぶものは多数存在する。たとえば、国務院総務庁情報処編纂『省政彙覧』、第七輯、安東省篇（一九三六年九月）、二五五頁。国務院総務庁統計処編纂『第三次満州帝国年報』（一九三七年六月）、四五三頁。

第六章　戦時下の哥老会――重慶国民政府の社会統合における哥老会

一　問題の所在

一九五〇年、江蘇省常熟出身の歴史研究者周少平は、戦時中に重慶で哥老会に参加した経緯について、次のように振り返っている。

重慶のほとんどすべての街角にその（哥老会の）組織があった。四川人であれば十中八九、哥老会に参加していた。小さい頃から参加する者もいた。（哥老会の）勢力はきわめて大きく、各界に浸透していた。[1]

日中戦争期に戦火を逃れるために故郷の江蘇省から重慶に亡命した周少平は、ラーメン屋台で生計を立てていたが、幾度も嫌がらせを受けたこともあり、一九四五年一一月に哥老会に入会した。周が知識人であったためか、入会後まもなく「大哥」の地位にあがり、日々の生活も一変したという。

哥老会は清朝中期の「嘓嚕」が起源と言われ、[2] 四川省の哥老会は「袍哥」とも呼ばれる。「袍哥」の由来についてはニつの説がある。一つは「袍哥」は『詩経』の「与子同袍」という文句に由来したという説である。もう一つは

「袍」と「胞」が同意語で、「袍哥」は「兄弟」の意である、という説である[3]。四川省には「一袍通天下」（袍哥が天下に通用する）という諺がある。すなわち、袍哥に入ればどこに行こうと友がいる、ということである。清末期、哥老会メンバーを中心とする四川省の「同志軍」は辛亥革命の導火線となる保路運動を起こした[4]。四川哥老会の活動について、ある地方官は告示のなかで、「四川省では民間の風紀が乱れており、ややもすれば線香をあげて兄弟の契りを結んで会を結成し、自ら江湖の兄弟と称する」と述べている[5]。これは四川省哥老会の実態を表したものとも言えるが、一方で政府側の資料によくみられることであるが、地方官は四川省で何か事件が起きるたびに、それを「民間の風紀が乱れている」ことに原因を求める傾向をもつ。実際これと正反対の事例は四川各地の県志に多数残されており、たとえば「無鉄砲で剽悍な者も哥老会の会則に縛られて、恣に行動することはできない[6]」という。『重修南渓県志』に見られる哥老会の記述からは、哥老会が反乱を起こす組織どころか、会衆の行動を制約し、社会秩序の維持に役立っている様子が分かるのである。

また四川省哥老会関連の研究によれば、哥老会は社会の隅々にまで浸透していた[7]。中国共産党が一九四九年に行った調査では、四川省において直接的・間接的に哥老会を通じて生計を立てている人の数は千七百万人にものぼった[8]。一九四九年以前、重慶市には五百余りの哥老会組織が存在し、哥老会のメンバーが人口の七〇～八〇％を占め、「袍哥」を職業とする者が十万人近くいた[9]。成都の哥老会組織の数は、『新新新聞』一九三五年九月の統計では約六百だったが[10]、一九四九年には一千にまで急増している[11]。哥老会がこれほどの広い社会的基盤をもっていたことを考えると、哥老会は一般に理解されてきた「秘密結社」としてではなく、むしろ広く四川地域社会に根ざした社会的存在として理解されるべきであろう。

近年、民国期の四川省に関する研究が数多く発表されており、なかには哥老会に言及するものも見られる[12]。ステープルトン（Kristin Stapleton）は「秘密結社」と都市政治との関係という視点から成都と上海の比較を試み[13]、王笛は哥老会の隠語を通じて大衆文化の解読を試みた[14]。また山本真は戦後の民意機構と哥老会との関係を分析している[15]。

本章の目的は、四川省を中心に、重慶に遷都した国民党政権が社会の再編を進めるなかで、結社、とりわけ哥老会に対してどのような政策を行ったか、哥老会に代表される在来の勢力が外来の国民党政権に対してどのような態度を取っていたか、などの問題を検討し、中央及び地方レベルにおける国民党政権の哥老会統合策の制定、実施のプロセスを明らかにすることにある。資料については、主に中国第二歴史檔案館所蔵の国民政府社会部・内務部の檔案、及び四川省檔案館所蔵の四川省政府社会処・秘書処の檔案を利用する。

二　社会再編と哥老会の取締

戦時期の国民政府の檔案資料をひもとくと、四川省警察局が哥老会の活動を取り締まるために各市や県に出した指示が多数残されていることが分かる。多くの指示が一九三五年初めと一九三六年に制定された哥老会禁止に関する二つの章程を引用している。一九三五年に四川省に入った国民党政権と、劉湘を代表とする四川省政府とが、地域社会に深く根を下ろした哥老会に対してそれぞれ統合と再編を試みているのである。

一九三五年一月一二日、軍事委員会委員長行営参謀団主任の賀国光は中央政府の代表として重慶に入った。これによって、従来の「防区制」のもとで四川省の大小軍閥が分立割拠する局面に休止符が打たれた[16]。その背景としては、R・カープ（Robert Kapp）が指摘するように、四川省軍閥内部の危機だけではなく、一九三三年に徐向前の率いる中国共産党の紅軍が四川省に入ったとき、各地に分散した大小の軍閥がそれに対抗できなかったことも見逃せない。共産党勢力が四川省に進入した後、当時四川省の軍閥のなかで勢力がもっとも強かった劉湘は、一九三四年一一月に南京に赴いた。彼は中央政府から四川省主席の任命状を受けるのと引き替えに、中央政府派遣の参謀団が共産党を「包囲討伐」するために四川省に進駐することを認めた[17]。これが前述の賀国光の参謀団の四川省進駐のきっかけとなった。参謀団は、名義上は対紅軍作戦のための部隊であったが、その後の行動からみれば、その目的はそれをはるかに越えて、四川省における一連の改革を通じ、四川省を蒋介石政権の統制下に置く、というところにあった。一九三五年一〇月、参謀団は解散され重慶行営となった。これをきっかけに、劉湘の在地勢力と蒋介石の中央勢力との間の対立は急速に深まっていく[18]。

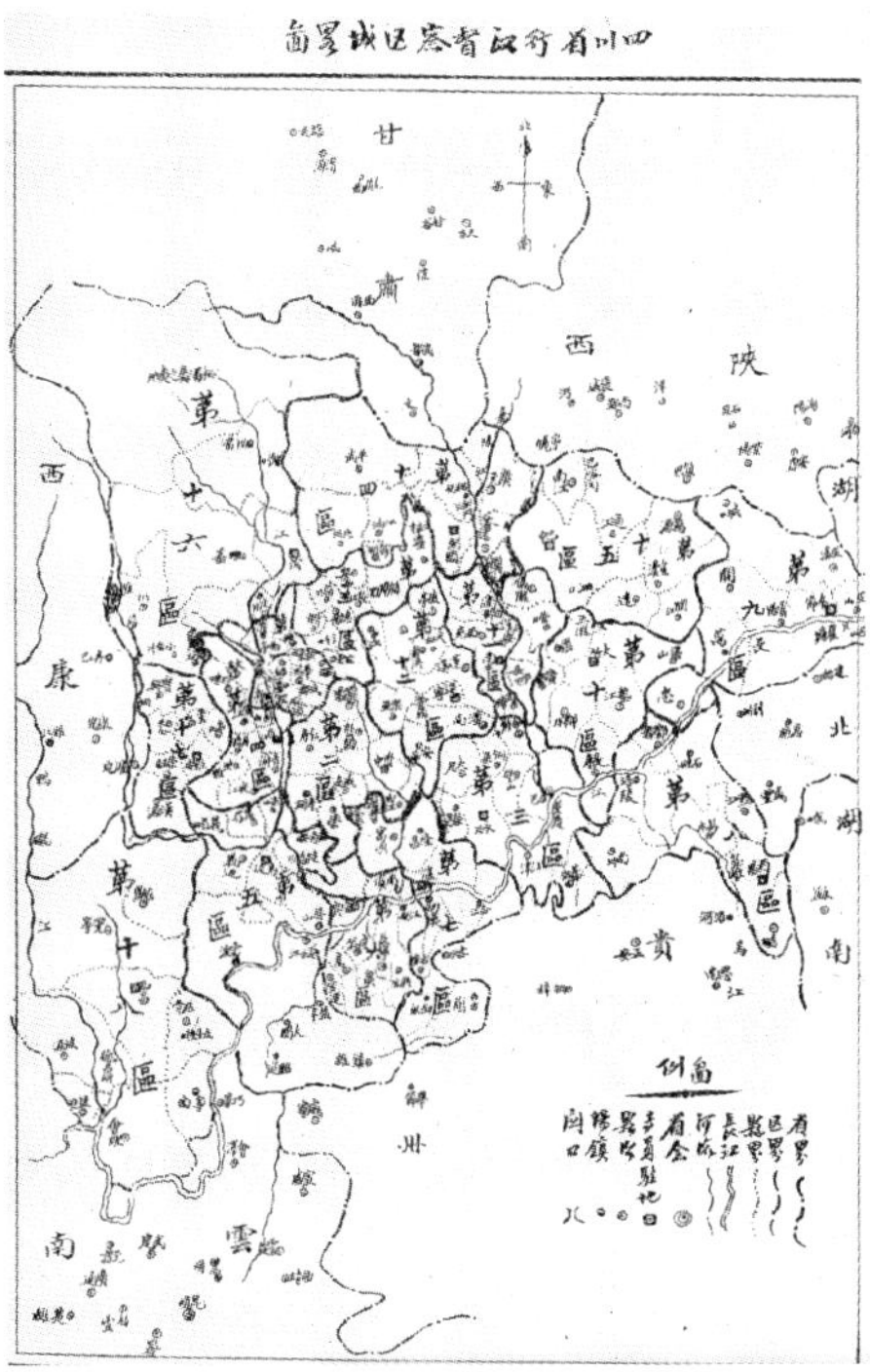

〈写真６―１〉四川省行政督察区。『国民政府軍事委員会委員長行営参謀団大事記』〈中〉、出版年代、出版社不明、影印本。

四川省における社会再編は、まず従来の「防区制」を撤廃し、各軍閥の官吏任命権と徴税権を奪うことから始まった。一九三五年二月一〇日に四川省政府が成立し、劉湘は主席に就任した。彼は参謀団の協力を得て、四川各地の軍閥に対し、所轄区域の指揮権を省政府に返上するよう命じた。一九三五年五月、「防区制」の代わりに行政督察区が設置され、四川省一四八の県が十八の専区に分けられ、それぞれいくつかの県を統轄することになった。専区には専員が置かれ、専員は駐在する県の県長を兼任する。これにともなって各区の官吏に対する人事調整も行い、官僚と防区の間の関係を断絶させた。また、社会末端組織である保甲制の保長、及び聯保主任から県政府の役人に至る各級の幹部に対して訓練を行い、末端に対する統制を強化した。一九三五年五月、南昌にある蒋介石の行営の秘書長（後に重慶行営の秘書長）楊永泰は四川省の県政人員訓練所で講演を行い、この改革には上から下への垂直の関係においては県政府の重要性を高め、水平の関係においては各級の権力機構の行政機能を強化する効果があると述べている。それを図式化すると、図1のような構図となる。

図1　行政改革後の四川省行政構図

省政府
↓
督察専員・各庁処
↓
県政府
↓
区署
↓
保甲

当然ながら、このような垂直的な支配体制と地域社会の旧来の権力との間には対立が生じた。たとえば、行政督察区は四川省政府の管轄下にあるが、専員を任命する際には蒋介石行営の批准が必要であった[19]。また、保甲の編成には当初から哥老会禁止の意図が含まれていた。後者については賀国光が講話の中で次のように述べている。

（哥老会・青洪幇などの）不法組織は、すでに深く民間に浸透している。その社会に及ぼす支配力は政府のそれをはるかに超えている。上に立つ官吏でさえ彼らの鼻息をうかがうありさまで、下の者たちは論ずるまでもない。国民党が四川に入ったとき、多くの人は上申書を出してその取締を求めた。しかし、彼らの勢力は非常に大きく、やたらに取り締まろうとするとかえって事件になる。従って、保甲組織を利用して、知らず知らずのうちに民衆を感化するより方法がない[20]。

ここで注目すべきは、哥老会に対する取締は参謀団が四川省に入ってから初めて議論された、という点である。劉湘は四川省政府主席に就任した後、哥老会の集会や宴会活動に対する禁止令を発布した。その理由は、哥老会首領は自らの誕生日に豪奢な宴会を開いて金を浪費しており、「速やかにそれを厳しく禁止しなければ、地方の治安や人民の生計を大きく妨害するに違いない[21]」から、というものであった。ただし、この禁止令の目的は集会や宴会など哥老会の活動を制限することにあり、哥老会そのものを禁止したわけではなかった。実際、四川省における保甲制度の設立は予想以上に困難であり、一九三六年の半ば頃になってやっと完了している[22]。そのため、保甲を通じて哥老会を取り締まるという当初の計画も難航した。当時四川省では旱魃が長年続いていたうえ、人民の税負担が「防区制」の時期よりも増えており、さらに中央政府が推進した行政改革も次第にその問題点を露呈しつつあった。一九三六年六月上旬、重慶行営は重慶において、四川・貴州両省の行政督察専員会議を召集した。その中心的な議題の一つは、哥老会や同善社などの結社の取締を通じて社会的統制を強化することであった。

まず、第六行政督察区専員冷薫南の哥老会禁止に関する提案を見てみよう。冷はもともと四川軍閥劉文輝部隊の師長で、後に第六区（以前は劉湘の防区であった）の専員に任命された。冷は、四川省政府が一九三五年に出した同善社や洪善祥などの秘密結社を禁止する命令に言及し、「これらの団体は我が四川において最も多く存在している。たとえ反動分子がいなくても、鬼神を迷信し、愚民を煽動しており、（中略）まさに厳しく取り締まる必要がある[23]」、と述べた。行営は冷の意見を称賛し、「四川各県の慈善団体は、種類が雑多で、（中略）各地の教匪の乱は悉くそれに関わっている。（冷の）要請に応じて取り締まるべきである[24]」、と指示した。四川省政府は七月三一日にこの命令を各県に伝達した。

つぎに、第十三行政督察区専員鮮英の哥老会禁止案を見てみよう。鮮は以前劉湘の参謀長をつとめた人物である。鮮によれば、上述の一九三五年の哥老会による集会と宴会の禁止令が発布された後、哥老会は幾分静かになったという。しかし、哥老会が一九三六年春から夏にかけての自然災害に乗じて反乱を起こすのを防ぐため、四川省政府は各専区に哥老会禁止の秘密命令を下した。鮮は六月の専員会議において、「（問題を）未然に防ぐ」ために確実に哥老会禁止の具体策を制定するよう提案した。行営はそれを許可し、四川省政府に対して哥老会禁止の条例を制定するよう命じた。そこで生まれたのが八月六日に発布された七カ条の「懲治哥老会締盟結社暫行条例」であった。その内容は次のとおりである。[25]

第一、四川省政府は哥老会の結盟・結社を禁じ、治安維持のためにこの条例を制定する。

第二、この条例が公布された日から、各県政府は当該地方の哥老会を一律に解散させる。各会の首領に脱会手続きをさせ、会の印章や名簿を差し出させる。もし、会費が残った場合、それを県の救済事業費に当てる。

第三、仮に哥老会が命令に従わず解散しなかったり、盟約や会を結んだりした場合、その頭目を逮捕し、一年以下の有期懲役もしくは三百元以下の罰金を課す。

第四、暴力をもって解散を拒否する者に対しては、刑法各条項に基づいて処罰する。

第五、各県政府は密かに探偵警察を派遣して報告させ、また、密告箱を設けて地元の人民に告発させる。ただし、怨恨による誣告は禁ずる。無実の者を告発していたことが判明した場合、誣告罪として処罰する。

第六、本条例は委員長行営に上申し、批准を得た日から実行する。

第七、本条例に不十分なところがあれば、委員長行営に報告してその批准を得てから修正する。

この条例には哥老会を徹底的に取り締まる姿勢が明確に示されているが、それに関する具体的な措置が欠如していたため、発布されて数ヶ月経ってもほとんど実施されなかった。同年一二月、鮮英はその内容を改正した上で、さらに二十二ヵ条の「懲治哥老会実施規程」を発布した。前者と比べて、その内容はかなり詳細であった。その根幹部分を要約すると、下記のとおりである。[26]

管轄区域内の公口・結社・神会・結盟などの一切を取締の対象とすること（第二条）。秘密結社に参加した各学校の教職員・各級の保甲人員・保安団員・各級の将官、および各機関の人員を重点的に取り締まること（第三、第六～九条）。哥老会から脱退する際、本人が複数の声明書を作成し、それを公の場に張り付けること（第四、五、二十一条）。調査や密告などの方法で哥老会内部の情況を調べ、各会の土地・家屋・現金などの財産をすべて県政府に交付し、その処分方法については省政府が改めて決定すること（第十一～十八条）。哥老会組織は一ヶ月以内に解散を宣布し、三ヶ月以内に一律解散すること。引き続き活動する者に対しては厳しく処分すること（第十九、二十、二十二条）。

ここで重要なのは、この案では社会再編と哥老会取締が一体となっている、という点である。明らかに、この「規程」には先の哥老会禁止令より一歩踏み込んだ具体策が盛り込まれている。これは民国史上最も形の整った結社禁止令とも言えよう。同年八月二二日、四川省警察局は「懲治哥老会締盟結社暫行条例」にもとづいて、各市・県の警察部門に対し、秘密結社を厳しく取り締まるよう命じた[27]。

これらの規程や条例は一部の地域では実際に施行され[28]、また国民党政権が重慶に遷都した後に発布した哥老会禁止令にもしばしば引用されている。たとえば、一九三八年六月に出された四川省政府、川康綏靖主任公署の布告には、「懲治哥老会締盟結社暫行条例」の主な内容が繰り返され、抗日戦争の後方としての四川を安定させるために、「行動が秘密で察知しがたい」哥老会を厳しく禁止すべきであると書かれている。また、四川省政府が一九四一年に発布した哥老会禁止令も「懲治哥老会締盟結社暫行条例」と「懲治哥老会実施規程」に言及し、「これらの計画は内容が甚だ詳細である。もし実行されたら、これらの組織を消滅するのはさほど困難ではない」と述べられている[29]。また、一九四四年一一月一二日、渠県龍鳳郷の育英総社でもめごとが起きた際には、第一保の陳致和は同じ哥老会組織のリーダー陳澤之ら数人を告発した。結局、陳澤之らは「懲治哥老会締盟結社暫行条例」第二条と第三条、「懲治哥老会実施規程」第六条により罰金二百元の処罰を受けた。郷長も「禁止令を遵守せず、密かに哥老会と結託した」ことを理由に免職処分を受けた。陳致和は「哥老会に籠絡されまいとした」ということで処罰を免れた。[30]

しかし、四川省では哥老会組織が社会の隅々にまで浸透していたため、全体的には哥老会禁止令は容易に実効を上げるものではなかった。賀国光の参謀団が考案した保甲組織を通して哥老会を禁止する方法は、根本的には清朝以来の秘密結社禁止策と同じものであった。ただし、注目すべきは、哥老会禁止の際、当局が行政督察区―県―保甲という垂直的な行政機構の末端にある保甲組織の機能に期待していたことである。つまり、末端の保甲組織を通して行われた哥老会取締は、国家による社会再編の一環として位置づけられていた。これは上述の一九三六年に発布された二つの哥老会禁止令、とりわけ鮮英の「規程」において明白に表されている。

さて、三ヶ月を期限とする哥老会禁止令が発布された後、表面的には哥老会の活動は停止したが、四川省における社会再編の具体的プロセスにおいては、なおさまざまな問題が残されていた。まず保甲組織の人的構成から見てみたい。保甲制そのものは伝統的な社会統制の再現に過ぎず、十戸をもって甲とし、十甲をもって保とし、十保をもって連保とする、といった上から下への垂直的な統治体制であった。また保甲とは別に、民兵からなる「壮丁隊」も従来どおり存在していた。ここで問題となったのは、保と行政機構である区署との間に置かれた連保と連保主任の職務権限である。当初、四川省政府は従来の郷・鎮長を連保主任に任命しようと考えていたが、中央政府はそれでは「土豪劣紳」勢力の増大につながりかねないとし、これに反対した。[31]

四川省では四期に分けて連保主任を訓練する計画が実施され、訓練を受けた人の数は四千にのぼった。訓練の責任者は省政府秘書長鄧漢祥であった。しかし訓練の唯一の効果は、彼らが「劉湘を擁護し、蒋介石に用心する」ようになったことだけであった。[32]このような訓練は区レベルにおいても行われた。しかし、保甲人員は訓練を経ても旧来の郷・鎮長とそれほど変わらなかった。一九三六年九月、四川省政府は保甲人員を対象に試験を行うよう指示した。そのなかで、次のように述べている。

各市・県の保甲人員や壮丁隊の人選は良不良が不揃いであり、各区の壮丁隊幹部訓練班の組織は短期間に設立され、人選も厳格ではなかった。そのため、不肖の徒が交じっている。彼らが卒業して職務についたら、きっと後ろ盾をたのんで何者をも恐れないに違いない。(33)

ここには雑多な保甲人員に頼って、哥老会を禁止することへの危惧が表されている。実際、哥老会に関する四川省各地からの報告も、甲長・保長・連保主任などの保甲人員のなかに哥老会分子や哥老会の指図を受けた者が少なくなかったことを示している。(34)さらに保甲組織が哥老会の禁止に際して十分機能できなかったもう一つの原因は、区や県の政府の職員が哥老会禁止に対して消極的であったことにある。彼らのほとんどは一九三五～一九三六年の間に何らかの訓練を受けた。しかし、そのうちの一部は哥老会のメンバーであり、哥老会禁止令に対しては面従腹背だったのである。

結局、国民党政権が再三にわたって哥老会禁止の命令を繰り返したにもかかわらず、実際の効果は得られなかった。行政督察区の設置に続いて「新県制」(35)を遂行した国民党政権は、一九三九年、哥老会政策の重点を禁止から統制と利用へと転換させた。その主役は国民党中央委員会管轄下の社会部である。社会部は各省の社会処に「秘密結社を含む特殊な社会団体」を調査することを命じた。筆者が閲覧した社会部の檔案のなかには、三六の県から提出された一三八枚の調査表が保存されている。

表1の各結社のうち、万源県の安清幇と岳池県の大成会を除くと、他はすべて哥老会系の結社である。調査の重点項目は哥老会設立の経緯、組織の特徴、および経費の出所であった。(36)

表１　結社調査表

県名	結社名	責任者	社会構成	人数
昭化	宝漢公	李越	下層、喧嘩屋	350
昭化	昭信公	王星如	商人、紳士、年配者多数	130
昭化	昭漢公	戴旭初	下層、「渾水袍哥」	200
鄰水	哥老会	不明	各階層、少数のならず者	不明
万源	大同社	楊盛明	中上層	200
万源	銅城公	祝鼎三	中上層	200
万源	福禄公	陳子方	中層	200
万源	安清幇	唐錫百	各界	50
郫県	郫簡公会	曾錫君	各界	6000
儀隴	哥老会	不明	下層、土豪	少ない
安岳	正気団同心公	陶幼雲	中上層	不明
岳池	大成会	黄直斎	中上層	60
広安	広漢公	姚子穆	各界、浮浪者多数	200～300

出典：「四川省昭化等県幇会調査表」、1939年６月。中国第二歴史檔案館社会部檔案（十一）七四一六。

第一、設立の経緯。ほとんどすべての哥老会が自らの起源を明末清初期に遡り、清朝が厳しく哥老会を禁止したため、公の活動はできなかったが、民国に入ってから公に活動したと称した。

第二、組織の特徴。いずれの組織も哥老会の思想を標榜し、それぞれの儀式を有する。メンバーの多くは下層の労働者もしくは無職であるが、士紳・商人・知識人などの地方名流も哥老会に参加している。

第三、経費の出所。いずれの哥老会組織も会員の会費もしくは寄付金で経費を集めており、違法な経営に関する内容は含まれていないと主張している。

このうちの一三の県に出された社会部の指示からみれば、社会部の関心は主に「抗敵後援会」・「動員委員会」などの組織にあった。また、宗教結社と哥老会とを区別し、前者に対しては岳池県のように取り締まり、後者に対しては、安岳県のように「統制を加え、抗戦の力を増加させる」、という方針であった。(37)

また社会部の哥老会調査と並行して、中央統計局も哥老会を対象に調査を行っている。(38)その数少ない調査資料からみれば、

表２　広元幇会分子調査表

氏名	年齢	職業	活動状況
辛○○	24	難民分局事務員	異党分子を集め、幇会を組織した
汪紹鼎	35	電報局局長	抗日の名義で組織を作り、国民党を批判した
黎元熙	28	県政府科員	異党の思想を宣伝した
羅紹淇	35	師範学校教員	異党の思想を宣伝した
朱穆永	18	学生	異党の主義を宣伝した
何点雲	22	学生	異党の主義を宣伝した

出典：「中統関於広元昭化幇会分子之調査」、1940年４月８日。中国第二歴史檔案館内政部檔案（十一）二／一四四五。

表３　昭化幇会分子調査表

氏名	年齢	職業	活動状況
石煥中	29	科員	異党の主義を宣伝した
何興候	26	科員	趙孟明と関わりをもった
黄典	34	職員	異党の新聞、雑誌を閲覧した
黄異斌	25	区員	異党と往来し、その主義を宣伝した
蘇冠群	37	職員	人民戦線を語り、異党の雑誌を閲覧した

出典：「中統関於広元昭化幇会分子之調査」、1940年４月８日。中国第二歴史檔案館内政部檔案（十一）二／一四四五。

中央統計局は主に哥老会と共産党などの「異党」との関係に関心を持っていた。哥老会に対する統制の強化には、共産党勢力の進入を防ごうとする国民党政権の思惑がはっきりと現れている。広元県・昭化県で行った調査から、中央統計局は中共およびその他の政党の勢力がすでに四川省北部に進入したことを察知し、それぞれの中心人物を監視する命令を下した。表２と表３はこの二県で行った調査の結果である[39]。

広元県と昭化県はともに四川省北部に位置し、第十四行政督察区に属する。中央統計局は、特に人口が多く陝西・甘粛両省に隣接する広元県における中国共産党の活動に神経を尖らせていた。中央統計局の調査報告には、「該地はすでに中共に利用され、新たに組織された幇会の支部が積極的に活動している。参加者は日に日に増えているため、十分に注意すべきである[40]」と述べられている。上の調査表からわかるように、抗日戦争中、国民党政権にとって最も関心の高かった問題は、やはり共産党とのイデオロギーの対立であった。

三　国家の論理と結社の論理

一九四〇年三月、国民自強社という哥老会の結社が重慶で設立大会を開いた[41]。哥老会のメンバーのほか、洪幇の楊慶山と向海潜、および重慶国民政府の党・政・軍・警察の各界の代表も会議に参加している。会議の様子は次のようなものであった。

四川洪門の仁義礼智信の五つの堂は、民国二九年三月一日に新都（重慶）に集まり、国民自強社を設立した。（中略）まず該社の主任石孝先が幹事全員を率いて宣誓した。宣誓詞の趣旨は「三民主義を実行し、総裁を擁護して抗戦建国の目標を達成させる」というものであった[42]。

国民自強社の設立は国民党政権の各方面から歓迎を受けた。その二ヶ月後、『四川哥老会改善に関わる討議』と題した書物が出版された。著者傅況麟は、哥老会を徹底的に合法的な社会団体に改組する先駆けとして国民自強社を高く評価し、哥老会が合法的な社団になった後、地方政府に協力し、あらゆる公益事業を行い、地方自治の基礎を固めることに期待を寄せている[43]。また、著者は合法的な社団の理想像として、「忠義社」の綱領も提示した。綱領の主な内容は次のとおりである。

第一、組織の理念について。三民主義の政治理念を「義兄弟を標榜する狭隘な民間組織」に浸透させ、「それを抗戦建国の最高の基準として信奉させ、実施させる」こと。

第二、組織の名称および職名の変更について。各種の名目の哥老会を一律に「忠義社」と改称し、その組織を近代的な社団に改造すること。兄弟という呼び方を廃止し、メンバー同士が社長・副社長・会員と呼び合うこと。

第三、儀式の改良について。哥老会の伝統的な儀式を廃止し、会議を開くときに国歌を歌い、国民党の旗をかけ、孫文の遺影の前で三回腰を前方へ曲げて敬礼するなどの儀式を取り入れること。

第四、メンバーの資格について。現在の哥老会メンバーには老人から児童まで幅広い年齢層の人々が含まれているが、会員の年齢を一六才以上に限定すること。

第五、官庁に届け出をすることによって、哥老会に合法的な地位を与え、それを近代国家の社団に変身させること。

この綱領は従来の研究のなかでほとんど注目を浴びていないが、哥老会の改造策のなかに国家主義的な論理が働いていることは見逃すべきではないだろう。

ところで、傅況麟がイメージした哥老会の組織は図2のようなものである。

もしこのような改造計画が実行されていれば、哥老会はもはや従来の民間結社ではなくなり、名実ともに政治的な性格を持つ社団、あるいは国民党の外郭団体になっていたことだろう。

図2　忠義社の組織構造

監事
｜
理事会（普通大爺）
｜
社長（掌旗大爺）
｜
文人総
書事務
股　股　股　股
｜
社員

しかし、国民自強社の成立後、四川各地の哥老会活動は次第に活発になり、国民政府が哥老会を統制することは以前よりも困難になった。一九四〇年四月、王庭五は、渠県で国民自強社を結成し、県政府の警告を無視して、仁・義・礼字の各哥老会を招集し、総社を設立した(44)。一九四〇年五月、蓬安県では、楊徳成・鄧錬衡が哥老会の兄弟分とでも言うべき政党を結成し、弱きを助けて強きをくじき、社会主義を実現することを目標として掲げた。四川省政府はただちに該県の党部に対し、国民自強社を監視、取り締まるよう命じた(45)。また、同年六月、遂寧県にある四川北部防区の副司令官王徳滋は国民党員の名義で、自ら怒潮社を結成し、哥老会・土匪を集めて改編し、「民族復興」に貢献させることを趣旨とする書簡を蒋介石に送った[46]。国民政府軍政部はこれを中央の命令や許可を得ていない「烏合の衆」と見て、速やかに制止するよう指示した[47]。

結局、一九四〇年九月末には国民自強社は国民党指導部の命令で解散させられた。そして同年一一月、国民党中央執行委員会は新たに幇会政策に関する三つの原則を打ち出した。すなわち、(1)党の組織と幇会組織とが直接的な関わりをもつことを禁止すること、(2)もし幇会と関わりをもたなければならない場合は、あくまでも個人名義とし、しかも特務機関の監督のもとで行うこと、(3)幇会を公認することや幇会が公の活動を行うことを禁止すること、である[48]。

こうした国民自強社をめぐる一連の動きが一段落した後の一九四二年一一月、忠勇社という名の哥老会が各地に姿を現し、人々の耳目を集めた。国民政府は四川省政府および各市と県政府に対してただちに調査及び禁止の措置を取るよう命じた。しかし調査によって忠勇社の政治綱領「哥老会組織大綱」の存在が報告されたものの、忠勇社の実態を明らかにすることはできなかったようである[49]。「大綱」の内容からみれば、忠勇社は軍事・政治などの中央政府の政策に不満を持つ袍哥ら地方有力者の意見を代表した組織で、忠勇社を通して四川地域社会を再統合し、外来の国民党中央政権に対抗しようとするものであった。忠勇社は四川省出身者をメンバーとしており、「四川哥老会組織の名称を統一する」と宣言し、四川の哥老会の改造を試みた。ただし国民政府社会部主導の哥老会改造計画に照らし合わせてみると、両者の間に大きな隔たりがある。「哥老会組織大綱」はメンバーの権利・義務、および組織内部の管理方法を明確に規定しており、忠勇社の活動資金はメンバーが納める会費でまかなうこととし、士・農・工・商各界から集まったメンバーが「忠・義・勇・信の四つの徳を根本精神として奉」じ（第二条）、四川省出身の将校が忠勇社の中心となり、旧来の哥老会首領が各地の忠勇社分社の中核となることを定めている。忠勇社の組織構成は図3のとおりである。

忠勇社は四川省旧軍閥出身の軍事将校と哥老会メンバーによって結成され、メンバーの絶対的な忠誠を要求し、その見返りに組織が全力を尽くして社員の利益を維持することが求められた。社員は内組と外組に分かれ、内組のメンバーは銃を持っていた。外組に入る条件は二人の紹介者と一人の保証人を要する、という比較的に緩いものであった。これに対して、内組のメンバーになるには、紹介人と保証人のほかに、「本人が勇敢で死を恐れない覚悟をもつこと」を要求される。そのため、内組になる者の多くはいわゆる下層社会出身の「渾水袍哥」であった。もちろん、内組と外組のメンバーの権利と義務も異なっていた。一度内組に入ると、「国家の官吏や政府の法律は一切顧みず、専ら社内の規律を遵守し、社長の命令を至上命令とし、社員の権利を最も重いものとする」（第十条）とされた。ここには、忠勇社の「哥老会組織大綱」が前出の『四川哥老会改善に関わる討議』とは異なり、明確な反国民党政権の色彩を帯びていたことがはっきり現れている。

図３　忠勇社の組織構成

委員会——成都、委員長（四川高級軍事将領）
四川東部：総社長
四川南部：総社長（四川軍戌区将領）
四川西部：総社長
四川北部：総社長
支社　県：支社長（名声のある袍哥）
分社　郷鎮：分社長（選挙）
社員　　内組（中心メンバー）
　　　　外組（周辺メンバー）

もう一つ注目すべき点は忠勇社の極端な地方主義的な色彩である。「哥老会組織大綱」には四川省地域本位の姿勢が終始一貫して示されている。それによると、「哥老会組織の宗旨は四川のために生存を謀り、社会のために幸福を謀ることである。人々の力を集めて四川の基礎を固め、社会をリードして中央を擁護し、抗戦建国を宗旨とする」（第一条）。ここで重要なのは、四川社会を統合する思想は三民主義ではなく、忠・義・勇・信の「四徳」であり、四川社会をリードするのは国民政府ではなく、四川の哥老会である、という点である。ここにも『四川哥老会改善に関わる討議』との違いが明確に現れている。さらに、忠勇社設立の目的について、「哥老会組織大綱」

は次のように中央政府との対決姿勢を打ち出している。

本社は忠・義・勇・信の四徳の精神を発揚し、四川人を団結させ四川の事業を擁護し、四川の青年を育成し、四川の地位を回復することを目的とする。もし我が四川の団結を妨害し、我が四川の事業を滅ぼし、我が四川の青年を虐げ、忠・義・勇・信の実行を妨げる者がいれば、委員会は全力を尽くしてそれを阻止し、その実行者を殲滅し、社員の唯一の使命を成し遂げ、その目的を達成させねばならない（第十八条）。

ここでいう「忠・義・勇・信の実行を妨げる者」とは、忠勇社の取締を命じた者を指す。すなわち、もし忠勇社が禁止されるならば社員全体が全力で組織を守る、ということであり、つまり国民党政権の哥老会禁止令に対抗する、ということであった。

上述のような忠勇社の綱領に見られる反中央政府の地方主義的傾向には、一定の社会的背景があった。戦時期に国民政府が重慶に遷都すると、四川社会には大きな経済的な負担がもたらされた。言うまでもなく、中央政府が遂行したアヘン禁止策や徴税・徴兵などの諸政策は、何らかの形で四川地域社会の一部の人びとに不利益を与えた。一般に哥老会はアヘン・賭博・強盗などの多くの不法行為を行う組織と見なされるが、哥老会が地域社会のなかの各種の社会的関係の集合体であったことも見逃すべきではない。長い伝統をもつ哥老会は、すでに四川人の社会生活に深く根を下ろしていた。哥老会の旗印の下で、共通の利害関係をもつ人びとが集まり、そのため、哥老会は地域社会に一定の影響力をもつ社会的存在となっていた。

哥老会が中央政府に対抗する組織として担ぎ出された背景には、中央政府が一九三五年に四川省に入ってから、四川省の地方実力派との間にたえず対立が生じていたことがある。これについては、哥老会が関わったいくつかの事件を通じて見ることができる。

劉湘の四川省主席在任中（一九三五〜一九三七年）、蒋介石の中央政府は四川省で一連の改革を押し広げようとしており、その圧力の前に劉湘に代表される地方実力派は政治的譲歩を余儀なくされていた。それでも彼らは陰に陽に中央勢力に対抗し、四川という地域のなかでは主導的な地位を占めていた[50]。しかし日中全面戦争が勃発すると四川省の地方軍隊が大量に省外に移動し、これによって中央政府の勢力が四川に進入する道が開かれた[51]。一九三八年一月、劉湘が漢口で客死すると、王纘緒・潘文華・鄧漢祥・鄧錫侯など四川省の地方実力派と蒋介石との間に後継の四川省主席の人選をめぐって意見の対立が生じた。その結果、蒋介石寄りの王纘緒が一旦省主席に任命されたが、ほかの地方実力派の反対によってまもなく離任し、蒋介石自らが省主席を兼任することとなった。この間に四川省の既存実力派の軍事勢力は解体され、次第に四川省の政治舞台から遠ざけられた[52]。一九四〇年一一月、蒋介石から厚い信頼を受けた張群が四川省主席に就任したが、このことは中央の勢力が四川省の地方実力派に代わって四川省の主導権を握ったことを象徴している。軍事面では、その後の数年間のうちに四川省軍閥潘文華の部隊が解体され、鄧錫侯の部隊もわずかな部分しか残らなかった。劉文輝部隊は実力を保っていたが、辺鄙な西康地域に移り、省内の権力争いに加わる余裕を失っていた[53]。

上述の四川省の政治構図の変化は哥老会にも一定の影響を及ぼした。一九四一年六月、聯徳社（別名新華社）と称する哥老会組織が現れた。軍閥時代の師長クラスの将領一一人がそれに参加者した。会員の人数は三千と言われ、その多くは労働者で、礼・智・信の三つの字号に属するメンバーが最も多かった。聯徳社の内部には長江旅行社という組織が設けられており、聯徳社の会員が十五元を納めれば、失業してもここに勤務することができたという。注目すべきことに、この組織は「中央が四川人を排斥しているから、（中略）われわれは団結しなければならない」という政治スローガンを掲げていた[54]。つまり、聯徳社は国民党中央と四川地方実力派の対立の産物であり、失意の四川軍人の不満のはけ口でもあったのである。同年八月の重慶の中共組織の報告にも「哥老会の多くは地方勢力の麾下にあり、（国民党）中央に対してはきわめて不満をもっている」とあり、哥老会をめぐる中央と地方の対立の問題を指摘している[55]。

一九四三年初め、哥老会組織「合叙同」が成都で設立大会を開いた。四川省政府が禁止令を下したにもかかわらず、各地から数千人の袍哥代表が会議に出席した。彭煥章（潘文華部隊一六四師の師長）・厳嘯虎（同副師長）など成都の実力派が合叙同を支持した。厳は軍隊を派遣して大会の秩序維持につとめ、自らも合叙同内部にポストを得た[56]。ただし合叙同大会と前述の忠勇社との間につながりがあったかどうかは、目下のところ資料から確認することはできない。

四　公務員の入会禁止

戦時期に国民党が哥老会を禁止する命令を下していたにもかかわらず、哥老会の組織は拡大を続けた。その原因について、三省公という哥老会組織の首領であり、軍人出身の唐紹武は次のように指摘している。第一に、入会者の人数を増やすために、哥老会の一部は香規・儀式・入会手続きなどを廃止した。第二に、「身家清、己事明」という哥老会の入会条件を緩め、そのほかの規定も一部廃止した。第三に、新しい公口（分会）を設立し、女性の袍哥公口も開いた。また、政治的な背景をもつ新設の公口に関しては、従来の仁・義・礼・智・信の五つの区分法を取り除き、公口や字輩を問わず自由に参加できるようにした。第四に、すべての袍哥公口を統一する袍哥総社を設立した[57]。これらの規則の変更が哥老会組織の拡大につながったのである。

重慶を例に見てみよう[58]。重慶の哥老会は主に一九四一年から戦争終結までの間に勢力を伸ばした。仁・義・礼・智・

信の各堂のうち、仁字堂以外はすべて礼字堂によって統一されており、また重慶には約六百の仁字公口があったが、その多くは名ばかりのものであったという。仁字堂には正倫社（田得勝、軍統）・蘭社（石孝先、復興社）・三省公（唐紹武、軍政界）の三つの組織があり、そのいずれも政界と密接な関わりがあった。義字堂哥老会は仁字堂より勢力が大きく、メンバーの多くは軍統のスパイや社会の末端組織である保甲の関係者であったという。義字堂は一九四四年一〇月に総社を設立した際に、近代的政党組織に倣って内部に公司を設けた。総社長は馮什竹、副社長は楊少宣であった。他方、礼字堂は人数は少ないが、総社の設立は義字堂よりも早かったという。一部の中小商工業者を除いて、メンバーの多くは下層労働者・失業者・退役軍人であった。総社の内部構成は義字堂と類似していた。総社長は範紹増で、副総社長は何占雲、廖開先であったという。

この時期、重慶の国民政府は哥老会の勢力拡大のみならず、中央と地方の公務員（政府職員や警察）の多くが哥老会に参加しているという問題に悩まされていた。前述のように、一九三六年一二月の「懲治哥老会実施規程」には公務員の結社入会を禁止する条文が含まれている。しかし、この規程は公務員の哥老会入会を阻止できず、政府職員や警察内部の哥老会への入会者数は増える一方であった。これに対して国民党中央執行委員会は哥老会に対する禁止政策や哥老会に対する統制政策を強化すると同時に、公務員の結社への入会を禁止する命令を下した。一九三九年一月五日に出された「厳禁公務人員参加任何幇会組織令」では、国家公務員が幇会に加入するのを放任したら、彼らの「党や国家に対する愛着心は自分の属する幇会に対する愛着心に変わり、（中略）（このことは）抗日戦争にも影響を与えかねない」[59]と述べられている。その後も同じ趣旨の禁止令が相次いで出された。たとえば、一九四一年七月二三日、四川省政府が発布した禁止令のなかに、次のような一節がある。

近年、本政府は厳しく（哥老会を）禁止することを繰り返し命じたにもかかわらず、各市・県の政府はそれの実

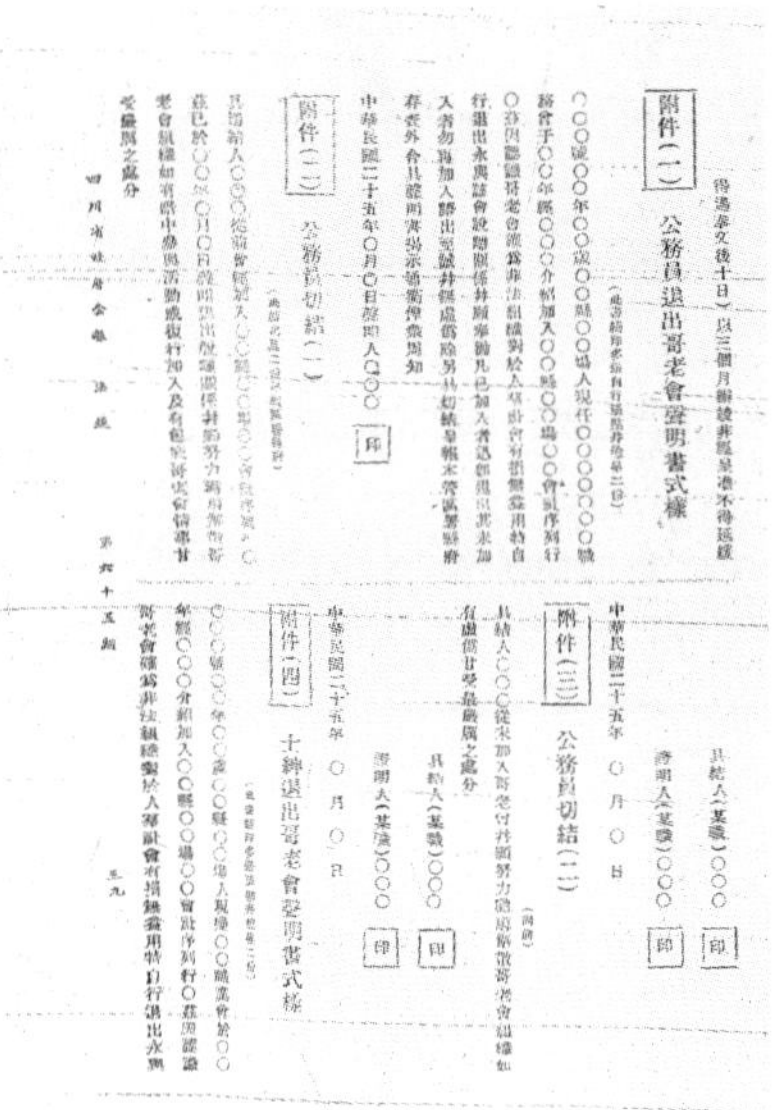

〈写真６—２〉公務員哥老会脱会届。「四川省政府公報」第六十五期。

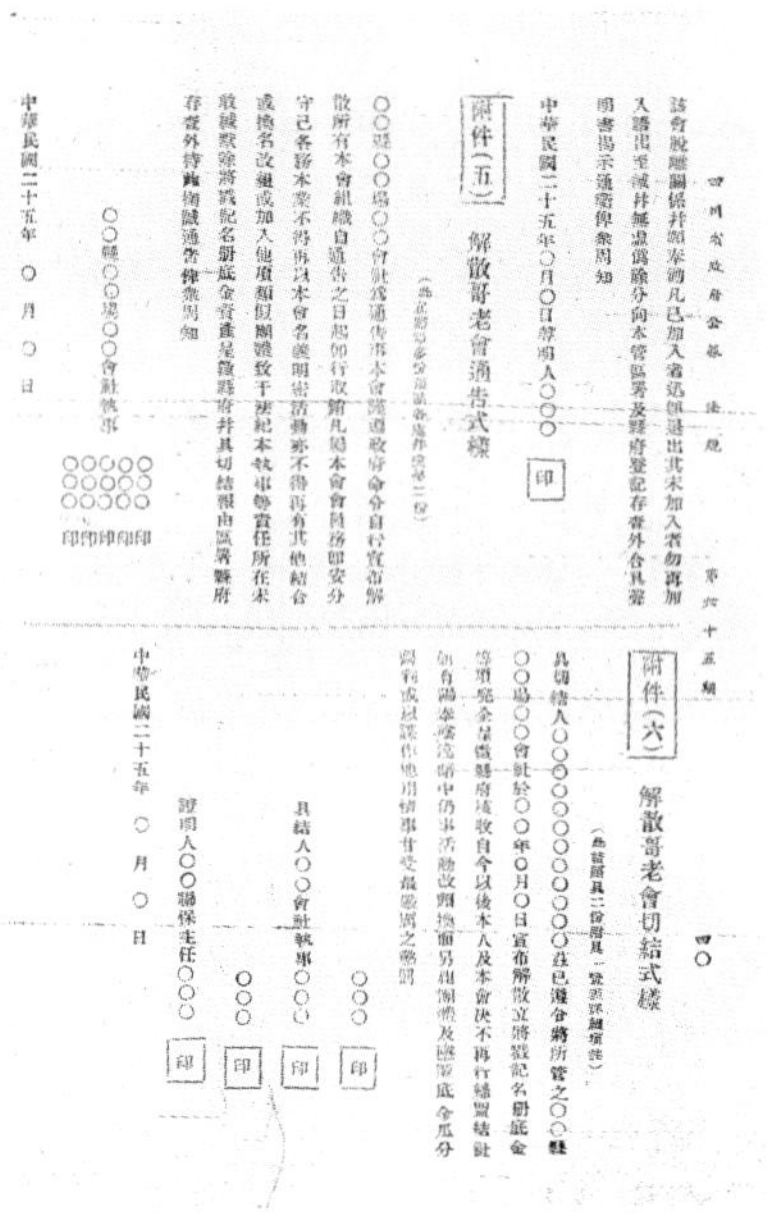

〈写真６—３〉公務員哥老会脱会届。「四川省政府公報」第六十五期。

施に当たっては面従腹背の姿勢であった。さらに政府公務員が密かに哥老会に入会し、恥知らずにもそれを保護し、法律に反して行動する者まで現れた。（中略）これら少数の不良分子がこのような違法組織に加わることは、下には社会の秩序を害し、上には地方の治安を悪化させることにつながる。[60]

しかし、国民政府が繰り返し哥老会の禁止を強調したにもかかわらず、政府の中枢にも哥老会入会者がおり、蒋介石の侍従室の一人までもが哥老会に参加していた。これを知った蒋介石は驚愕し、ただちに国民党中央執行委員会に新しい幇会禁止法を制定するよう命じた。これを受けて一九四二年初めに発布されたのが「厳禁党員・団員及公職人員参加幇会辦法」である。これは戦時期に国民党政権が発布した一連の禁止令のなかで最も厳しい内容のものであった。[61]

第一、党の紀律を守らせ、政府の命令を実施させるため、左の人員が幇会組織に参加することを絶対に禁止する。①（国民）党員、②（三青）団員、③政府官僚および国営事業団体の職員、④軍人・警察、⑤教職員・学生。

第二、中央が各主管部門に密令を下し、それぞれの職員が（幇会に）参加することを禁ずる。すでに参加した者に対しては期限を設けて脱退させる。違反者は党・団から除名し、懲戒免職の処分を与える。

第三、各地の幇会メンバーは政府の法令を完全に遵守すべきである。堂を設けて徒弟を招集したり、資金を集めたりする者に対し、軍隊・警察がこれを厳しく取り締まるべきである。

第四、政府の上級公務員の幇会参加者に対して、中央統計局・軍統はそれぞれ調査・報告し、（参加者に）通告して（幇会から）脱退させる。特別な事情のある者は、中央の批准を得てから脱退の期限を緩めることができる。

第五、本年五月一日より、この命令が各地（の主管部門）に伝達してから一ヶ月以内を期限に実行し報告すること。

表4　内政部警察総隊幇会脱退者人数統計

年代	青幇	哥老会	人数
1929	2		2
1938	1		1
1939	2	2	4
1940	1	1	2
1941	5	1	6
1942	7	6	13
1943	7	63	70
合計	25	73	98

出典：「内政部警察総隊退出幇会員警表」（1943年）。中国第二歴史檔案館内政部檔案（十二）二／一三六五。

この禁止令の発布により一定の効果が現れた。表4は国民政府内政部警察総隊が行った幇会脱会者に関する調査の結果である[62]。表4からは、警察総隊の幇会参加者の脱会時期が一九四三年に集中していることが分かる。つまり、中央および四川省政府が一九三九年から一連の禁止令を発布したにもかかわらず、一九四二年までの四年間の間にほとんど効果がなかったのである。また表4からは内政部の警備を担当していた警察総隊の中で幇会加入者の数がかなり高い水準に達していたこともうかがえる。

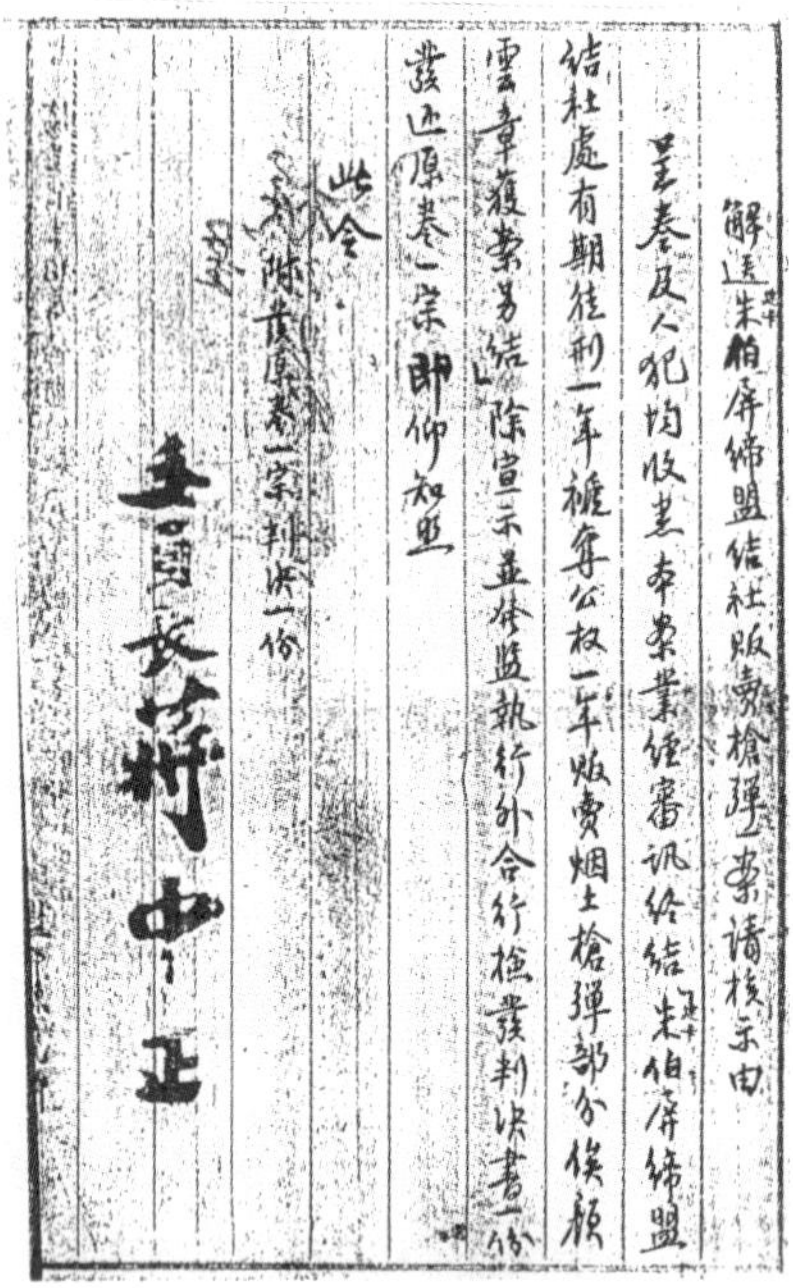

〈写真6―4〉哥老会メンバー朱伯屏の判決書。成都市檔案館所蔵。

この統計資料には一九四三年以降の数字が含まれていないが、ほかの資料と照合してみると、その後も政府職員の幇会入会の問題は依然として解決されなかったようである。一九四二年一一月、第九区行政督察員兼保安司令曾徳威は、四川省政府主席張群に、「今回専員が所轄の区や県を視察した結果、この類の不法組織がまだ数多く存在し、さらに、公務員もこの会に入会していることが分かった。彼らは互いに結託して悪事を行っている。実は哥老会が大きな妨げとなっているため、あらゆる政令が実行できないのである」[63]、と述べている。一九四三年九月、成都市北区草市街警察分所の三等警察長余漢魂が哥老会への入会と麻薬密売などの罪で逮捕された。余の供述によると、彼は八月中旬に警備部北区偵緝主任李合田の勧誘で元県長の梁中藩を首領とする北義社に入会した。入会の理由について、余は「私は今後の執務がうまく行くよう、地方の人びととの関係を良くするために一時の過ちで入会した」と述べた。結局、余の麻薬密売の罪は無実とされ、哥老会への入会についても「執務に便宜をはかるために入会した」とされ、十五日の監禁を言い渡された[64]。このように、余は警察長の身分で中央の命令に反して哥老会に入会したにもかかわらず、軽い処分しか受けなかった。一方、余漢魂案と逆のケースもあり、朱伯屏という人物はアヘン・武器の密売、結社入会の罪名で逮捕され、監禁一年の処分を言い渡されている[65]。この二人に対する異なった対応は、国民政府の司法制度そのものへの疑問を生じさせるものでもある。

おわりに

　以上、本章では、これまでほとんど知られていなかった日中戦争期の国民政府支配地域における国民党政権と哥老会との関係について考察した。本章で考察してきたように、国民政府の参謀団が一九三五年に四川省に進駐した時から、国民党政権は哥老会の取締や禁止に関する一連の章程や条例を発布し、哥老会に対する取締を通して地域社会を統合しようとした。そこには四川軍閥の勢力を抑えようとする政治的なねらいもあり、当然ながら、哥老会への取締は旧軍閥をはじめとする在地有力者たちの反発を招いた。本章は哥老会への取締をめぐって国家と地方のそれぞれ異なる方針を示した二つのテクストを分析した。一つは哥老会を国家の秩序に取り入れようとする『四川哥老会改善に関する討議』（一九四〇年）であり、もう一つは地域社会従来の秩序に基づいて哥老会を改造しようする忠勇社の「哥老会組織大綱」（一九四二年）であった。国民党政権は哥老会統合の問題に加えて、多くの公務員や党員や団員が哥老会に加入するというより深刻な問題に直面していた。蔣介石は公務員が幇会に加入することを厳しく禁止する法令を出した[66]。公務員と党員・団員の幇会入会を禁止することは、彼らの国家や党・団への忠誠心を求めることを意味する。興味深いことに、同じ時期、日本軍占領地域の汪兆銘政権も同様の問題に直面しており、公務員の幇会加入を禁止する指示を出している[67]。

　一九四三年四月一四日、四川省政府に一通の電報が届いた。彭県の哥老会が成都・什邡・温江・郫県などの哥老会メンバーを集めて彭県で会議を開き、軍隊と結託して武装反乱を企んでいる、という内容であった[68]。これを受けて、省政府秘書処視察室は視察員陳翰珍を彭県に派遣した。陳は早速彭県に赴いて調査に着手した。六月、陳は分厚い報告書を作成し、省政府に提出した。それによれば、事件に関係する青年社と友誠商店の二つの哥老会組織のうち、前者は世間を知らない青年たちの集まりであり、後者は社会経験が豊富な上層人士の組織であった。哥老会関係者は確かに四月一四日に彭県で会議を開いたが、「武器・弾薬を購入した証拠はなかった。また、陳鴻文師団長が会議に出席したかどうかについても確実な証拠は得られなかった」[69]、という。続いて、陳は次のように述べている。

社会一般において、哥老会は誰も知る人のない、声なくにおいなき組織である。近ごろ哥老会が積極的に活動し、実力を伸ばそうとしたのは、徴兵や食糧徴発を行う地元政府の対応があまりにも不公平で偏りすぎたからだ。これに対し、人々の思いは疑念から怨恨へと変わり、ついには仲間と連絡して結集した。初めは自衛のために法律を犯したが、のちには悪事をなし、法を犯す輩となった[70]。

この「声なくにおいなき組織」と「初めは自衛のために法律を犯した」という二つがポイントである。前者は哥老会の「日常」的な状態を表しており、後者は「日常」から「非日常」に変わった後の状態を表している。陳視察員によれば、哥老会の「悪事」は、徴兵と食糧徴発において不正を働かせた地元政府への不信感によるものであった。笹川裕史と奥村哲も日中戦争期に四川省の民衆が政府による徴兵と食糧徴発に対して見せた反抗の歴史に光を当てている[71]。ここで本章の問題関心に沿って徴兵と食糧徴発に関係する哥老会の事例を拾ってみるならば、一九四四年八月、国民党丹棱県党部第一分区のある党員の上層部への報告の中に、孫述先という人物が仁字総公社の社長と称し、入社する者は兵役と食糧徴発を免除されると言って金をだまし取ったという事例が見られる[72]。また同じく一九四四年に楽山県太平郷の郷長閔学謙が省政府主席張群に対して行った報告には、李成太という人物が群楽公社を設立し、「入会した者は壮丁にならないことが保障される」と言って若者を騙したという事例も見られる[73]。これらの二つの事例が示しているように、戦争に苦しめられた一部の民衆にとって、哥老会に入ることは苦しみから逃れる手段の一つだったのである。

注

（1）周少平「我参加幇会的情況」、一九五〇年三月二五日。南京大学中国民間社会研究センター所蔵。

（2）酒井忠夫『中国幇会史の研究・紅幇篇』、国書刊行会、一九九八年。

（3）木毎「四川的袍哥」、『警声月刊』第二、三期、一九四六年。Liao T'ai-ch'u, "The Ko Lao Hui in Szechuan", *Pacific Affairs*, Vol.20, No.2, June 1947.

（4）西川正夫「辛亥革命と民衆運動——四川保路運動と哥老会」、野沢豊・田中正俊編『講座中国近現代史』（三）、東京大学出版会、一九七八年。

（5）「四川省布政使扎発勧戒賭博争闘拘焼会告示」（光緒一一年一〇月）、巴県檔案、清六全宗、巻八九七、マイクロフィルム11。

（6）『重修南渓県志』巻四、礼俗、一九三七年。

（7）代表的なものとして周育民・邵雍『中国幇会史』（上海人民出版社、一九九三年）と王純五『袍哥探秘』（巴蜀書社、一九九三年）を参照されたい。

（8）「四川幇会調査」、趙清『袍哥與土匪』、天津人民出版社、一九九〇年、二一三～二一四頁。

（9）「重慶幇会調査」、「四川幇会調査」、同右、二一〇頁。

（10）王純五『袍哥探秘』、一六八頁。

（11）「四川幇会調査」、趙清前掲書、二一二頁。

（12）今井駿『四川省と近代中国』、汲古書院、二〇〇七年。

（13）Kristin Stapleton, "Urban Politics in an Age of 'Secret Societies': The Cases of Shanghai and Chengdu." *Republican China*, Vol. 22, No. 1, November 1996.

（14）Di Wang, Mysterious Communication: The Secret Language of the Gowned Brotherhood in Nineteenth-Century Sichuan,

Late Imperial China, Vol.29, No. 1 (June 2008).

(15) 山本真「一九四〇年代の四川省における地方民意機構——秘密結社哥老会との関係をめぐって」、『近きに在りて』第五四号、二〇〇八年一一月。氏の問題関心は筆者が以前発表した論文と共通するところがある。拙稿「戦後権力再建における中国国民党と幇会（一九四五～一九四九）」（その一）、『愛知大学国際問題研究所紀要』第一一四号、二〇〇〇年一二月。（その二）、『愛知大学国際問題研究所紀要』第一一六号、二〇〇一年五月。本書第七章を参照。

(16) 「防区制」については、呉光駿「四川軍閥防区制的形成」（四川省文史研究館編『四川軍閥史料』第二輯、四川人民出版社、一九八三年）を参照。

(17) Robert Kapp, *Szechwan and the Chinese Republic: Provincial Millitarism and Central Power, 1911-1938*, New Haven: Yale University Press, 1973, p.98.

(18) 鄧漢祥「四川省政府及重慶行営成立的経過」、『文史資料選輯』第三十三輯、一二四～一二五頁。

(19) これに対して劉湘の四川省政府は不満を持っていた（『国民政府軍事委員会委員長行営参謀団大事記』〈中〉、出版年代、出版社不明、影印本、四九八頁）。これをきっかけに、劉湘と蒋介石の間の対立は急速に深まった。鄧漢祥前掲「四川省政府及重慶行営成立的経過」。

(20) 前掲『国民政府軍事委員会委員長行営参謀団大事記』〈中〉、五二五頁。

(21) 「為哥老会集会宴客流毒社会通令査禁仰遵照厳拿辦由」、一九三五年三月五日。『四川省政府公報』第二号、一九三五年三月一一日。

(22) 前掲『国民政府軍事委員会委員長行営参謀団大事記』〈中〉、五三七～五三八頁。

(23) 「四川六九専員冷薫南建議取締慈善団体案」、『四川省政府公報』第五二号、一九三六年八月一日。

(24) 「奉委員長行営令為準川黔専員会議冷薫南提議取締四川慈善団体一案令仰照並転飭遵照由」、一九三六年七月三一日。同右。

(25) 「懲治哥老会締盟結社暫行条例」（一九三六年八月六日）。四川省檔案館社会処檔案（一八六）一二八五。

(26) 「懲治哥老会実施規程」、一九三六年一一月。成都市檔案館（四七）六四六四。

（27）「四川省会警察局通令政字第〇二六三号」、一九三八年八月二二日。成都市檔案館（九十三）一六二九。

（28）実施例としては以下のようなものがある。三台県安楽郷第一区党部書記謝迺周は、共産党の軍隊が一九三三〜三四年に四川省北部に侵入した後、新民会という哥老会を結成し、「剿共義勇挺進隊」を編成した。一九三五年、彼は三台に戻って現職に就いた後も、社員のなかから国民党員を選んで党務に充て、毎月国民月会を開いた。しかし禁止令を受けて、新民社を解散し、社員の名簿を県党部に提出した。「呈為遵令退出哥老会自動解散新民社団体請予備案存査」、第一区党部書記謝迺周、一九三六年一〇月。四川省檔案館社会処檔案（一八六）一三八五。

（29）「四川省会察局通令政字第〇〇四七号」、一九四一年九月一二日。成都市檔案館（九十三）一九六一。

（30）「渠県県長唐錦柏呈省政府主席張処理龍鳳郷陳澤之等秘密集会組織哥老情形」、一九四四年一二月二五日。四川省檔案館社会処檔案（一八六）一三五一。

（31）前掲『国民政府軍事委員会委員長行営参謀団大事記』〈中〉、五三一頁。

（32）鄧漢祥前掲文、一二〇頁。Kapp. op. cit., p.126.

（33）「為令発本省各県保甲自任考核表一分並限於文到十五日内列表具報査核一案令仰遵照辦理由」、一九三六年九月二一日。『四川省政府公報』第五八号。

（34）四川の地域社会における哥老会の影響力については、四川省檔案館所蔵の社会処檔案（全宗号一八六）、および中央檔案館・四川省檔案館編『四川革命歴史文件彙集』甲種（四川人民出版社、一九八九年）を参照のこと。

（35）張俊顕『新県制之研究』、正中書局、一九八八年。四川省の県政改革や新県制については、以下の論文を参照のこと。山本真「日中戦争開始前後、四川省新都県における県政改革の実験とその挫折――一九三八年一一月の県城包囲事件に対する一考察」、『一橋論叢』第一二〇巻、第二号、一九九八年八月。天野祐子「日中戦争期における国民政府の新県制――四川省の事例から」、平野健一郎編『日中戦争期の中国における社会・文化変容』、東洋文庫、二〇〇七年三月。

（36）「四川省昭化等県幇会調査表」、一九三九年六月。中国第二歴史檔案館社会部檔案（十一）七四一六。

（37）「民衆組織処審核文件福字第一〇四号社会部対射洪等三十六県各種社会調査表的意見」、一九三六年一一月四日。同右。

(38) 中央統計局が一九三八年に設立された当初、その第二組は党派・幇会・宗教団体を管轄する権限を与えられた（劉恭「我所知道的中統」、柴夫主編『中統頭子徐恩曾』、中国文史出版社、一九八九年、一〇五頁）。

(39) この調査表は中央統計局局長朱家驊、副局長徐恩曾が社会部部長谷正綱に提出したものである（中国第二歴史檔案館内政部（十一）二／一四四五。「中統関於広元昭化幇会分子之調査」（一九四〇年四月八日）。

(40) 同右。

(41) 会議の参加者唐紹武・李祝三の回想録によると、国民自強社は一九三二年夏に設立され、一九三九年夏以降は活動を停止した（唐紹武等「重慶袍哥四十年来概況」、『河北文史資料』編輯部編『近代中国幇会内幕』、下巻、群衆出版社、一九九二年）。

(42) 重慶市党部主任洪蘭友は宣誓の立会人であった。劉聯珂『中国幇会三百年革命史』、澳門留因出版社、一九四〇年、四二頁。

(43) 傅況麟主編『四川哥老会改善之商権』、四川地方実際問題研究会叢刊之三、一九四〇年五月、八頁。

(44) 「渠県県政府判決書」一九四四年八月。四川省檔案館社会処檔案（一八六）一三八六。

(45) 「楊徳成籌組哥老進行活動令蓬安県監視其行動」、一九四〇年五月。四川省檔案館秘書処檔案（四十一）一一〇。

(46) 「王徳滋呈委座函」、一九四〇年六月二七日。四川省檔案館秘書処檔案（四十一）一八七八。

(47) 「軍政部致四川省政府厳令制止王徳滋等組織『怒潮社』」、一九四〇年九月三日。同右。

(48) 周育民・邵雍前掲書、六七一頁。

(49) 「国民政府軍事会成都行轅致四川省政府」附件「哥老会組織大綱」、一九四二年一一月一〇日。四川省檔案館社会処檔案（一八六）一三八七。ちなみに、王純五前掲書（第一七六～一八〇頁）もこの『哥老会組織大綱』を引用しているが、一五〇箇所にも及ぶ誤字脱字があることから、原文からの引用ではないと見られる。

(50) 鄧漢祥「劉湘与蒋介石的勾心闘角」、『文史資料選輯』第五輯、五三～七一頁。

(51) 周開慶『四川與対日抗戦』、台湾商務印書館、一九八七年、一六九～一七三頁。

(52) 鄧漢祥「蒋介石派張群図川的経過」、『文史資料選輯』第五輯、七五～八〇頁。何智霖「張群入主川政経緯」、『第二届討論会・中華民国史専題論文集』、国史館、一九九三年、七五三～七六九頁。

(53) 劉文輝「走到人民陣営的歴史道路」、『文史資料選輯』第三十三輯、一～五八頁。
(54) 前掲『四川革命歴史文件匯編』(一九四〇～一九四一)、甲一四、二七九～二八〇頁。
(55) 同右、三五一頁。
(56) 紹雲「成都袍哥史略」、『成都志通訊』第一期、一九八八年。
(57) 前掲唐紹武等「重慶袍哥四十年来概況」。
(58) 同右。
(59) 「準中央秘書処函知厳禁公務人員参加任何幇会組織令仰知照由」、一九三九年一月一七日。中国第二歴史檔案館内政部檔案(十二)二／一三六五。
(60) 「為厳禁公務員加入哥老会組織飭遵照由」、一九四一年七月二三日。四川省檔案館社会処檔案(一八六)一三八五。
(61) 「厳禁党員団員及公職人員参加幇会辦法」、一九四二年。中国第二歴史檔案館内政部檔案(十二)二／一三六五。
(62) 資料には幇会から脱会した九八人のうち、警察長・中隊長及び一般の警察官・職員について、氏名や職名、脱会時期なども含めて詳しく記されている。
(63) 「四川省第九区行政督察員兼保安司令曾徳威呈省府兼理主席張群」、一九四二年一一月二〇日。四川省檔案館社会処檔案(一八六)一三八五。
(64) 「審理違禁加入哥老会余漢魂案」、一九四三年九月。成都市檔案館(九十三)三／三一。
(65) 「審理朱伯屏締盟結社一案」、一九四五年五月。同右。
(66) ここでいう「幇会」は哥老会や青紅幇を含む秘密結社を指す。本章の問題関心から国民党政権と青幇との関係には触れていないが、これらの民間結社は終始国民党の中央統計局・軍統の利用の対象であった。
(67) 「為厳禁警務人員不得参加幇会重申禁令仰転飭所属一体切実奉行由」、一九四三年一二月四日。上海市檔案館R二―一―四八。
(68) 「国民政府軍委会代電」、一九四三年五月八日。四川省檔案館秘書処檔案(四一)一八八九。

(69)「省府秘書処視察室派視察員陳翰珍調査員呈報」一九四三年六月。四川省檔案館秘書処檔案（四一）一八八九。

(70) 同右。

(71) 笹川裕史・奥村哲『銃後の中国社会——日中戦争下の総動員と農村』、岩波書店、二〇〇七年。また、笹川裕史『中華人民共和国誕生の社会史』、講談社選書メチエ、二〇一一年。

(72)「丹棱県党部第一区分部党員呈控」、一九四四年八月。四川省檔案館社会処檔案（一八六）一三八三。

(73)「楽山太平郷公所代理郷長閔学謙呈省主席張」、一九四四年一一月二三日。四川省檔案館社会処檔案（一八六）一三八六。

第七章　戦後の結社——南京国民政府の権力再建における幇会

はじめに

一九四五年、抗日戦争の勝利により、国民党の政治的課題は日本軍への抵抗から国内における政治統合の実現へと大きく転換した。この時期の国民党と幇会との関係は、本質的に、戦前・戦時中のそれを継承・再現するものであった。先行研究を振り返ってみれば、戦後国民党と幇会との関係は、それまでのどの時期よりも知られていないのが現状である。

本章では、第一節と第二節において、地域社会における支配強化を目論む国民党政権の幇会利用策を天津と上海の二つの事例を通して検討する。戦後、国民党が「憲政」を推進するなか、政党政治が空前の活況を示した。これを背景に、幇会の活動にも政治団体化ないし政党化の傾向が顕著に現れた。それについては第三節で扱う。一方、幇会の政党化現象は、国民党政権にとっては新たな課題となった。幇会の政党結成の動きに歯止めをかけるために、国民党の中統（中央統計調査局）と軍統（一九四六年七月以降は保密局と改名、以下は便宜上軍統と称する）は幇会政党の内部に浸透しようとした。中統が主に秘密工作を行ったのに対して、軍統は直接に「中国新社会事業建設協会」という新しい幇会組織を設立し、これを通じて各地の幇会を統一し、幇会政党ないし幇会政治団体の瓦解を図った。第四節は中統、軍統を中心に、国民党政権のこうした幇会政党化への対応を考察する。他方、民国期のほぼ全期にわたって事実上山西省を割拠支配した閻錫山は、自らの支配基盤を強化するために、山西進歩委員会と民衆山の二つの幇会を設立した。第五節ではこれまでほとんど知られていない閻錫山と幇会との関係をめぐる歴史的事実を検討する。

一　上海の青洪幇と国民党政権

日本軍が上海から撤退した後、国民党軍はこの大都会を接収した。これによって上海の青洪幇と国民党政権との関係は新たな段階に入った。

日中戦争の勃発によって上海の青洪幇の内部には大きな亀裂が入った。杜月笙（青幇）・向海潜（洪幇）らは国民党に追随し、活動の拠点を内地に移した。それに対して、常玉清（青幇）・白玉山（洪幇）らは日本軍に身を寄せたり、汪兆銘政権に接近したりしていた。日本軍が敗退すると同時に彼らは基盤を失った。戦後、杜月笙らは内地から上海に戻り、上海を本拠地に再び活動を展開していった。

この時期における青洪幇の活動を全般的にみるに、洪幇は青幇より素早い発展ぶりを見せた。戦後上海の洪幇は広東幇・長江幇・西南幇の三つの勢力に分かれ、そのうち一八の組織が比較的に大きな勢力を持っていた[1]。しかし、洪幇は多くのメンバーを抱えていたにもかかわらず、上海の地方政治において影響力をもつ人物はきわめて少なかった。楊虎（興中山）・向海潜（五聖山）・鄭子良（俠誼山）らは確かに国民党の中枢に人脈をもっていたが、政治的ポストには就かなかった。洪幇と比べると、青幇団体の数はそれほど多くなかった。黄金栄は楊虎・鄭子良の勢力拡大を羨んで「栄社」を組織したが、十分な活躍は見せなかった。[2]この時期上海の青洪幇組織のうち、唯一実力のあるものは杜月笙の恒社であった。

戦後、国民党政権が上海で支配体制を再建するプロセスにおいて、三青団を中心とした革新勢力は政治の刷新をはかった。そのため、杜月笙集団との正面衝突は避けられなかった。こうした国民党側からの圧力を前に、杜月笙は従来の影響力を回復することはできなかったし、辛うじて回復したとしても、その勢力は以前のように思うままに機能することがもはやできなくなった。一九四八年二月、恒社の春節祝賀会の席上で杜月笙は、

目下の状況において、われわれは徹底的に覚悟しなければならない。すなわち、みんなの力と知恵をあわせて終始一貫して努力して、初めて生存と成功することが可能になる。……過去においては一人の力で多数の人を助けることができたが、今は多数の人が団結しなければ、一人ひとりが生存すらできないからである。[3]

と語った。ここに、困難な局面に置かれた杜月笙の危機感が克明に表されている。以下、戦後上海の地域政治における杜月笙グループの勢力消長に焦点を当てて見ることにする。

1、労働運動と青紅幇組織を切り離す：国民党の試み

戦後、国民党の上海「接収」は「劫収」（略奪）と言われていた。当時、国民党の党・政・軍・特（特務）の接収機関の数は八九もあった。[4]「接収」後、上海で政治的実権を握っていたのは国民党の三青団系の革新勢力であった。三青団は、従来の国民党政権と幇会勢力との癒着構造を一変させ、「接収」をきっかけに上海で新しい秩序を作りだそうとしていた。一九四五年一〇月、上海警察局長、松滬警備司令宣鉄吾は就任してまもなく、「上海は貪官とチンピラが集まるところである。警察局は全力を尽くして（秩序を）整頓し、それらに打撃を与えようとする。青洪幇のメンバーなら一切面会せず、重用しない」と発言した。[5]国民党政権の歴史上、地方警察長官がこのような青洪幇と真っ

正面から対決する姿勢を見せた発言をしたのはきわめて異例なことである。これが上海の青洪幇、および青洪幇を中心とした権力ネットワークから反発を受けたのも当然のことであった。労働運動の指導権をめぐって繰り広げられた呉紹澍と陸京士との権力争いはその典型的な一例であった。

呉紹澍は江蘇省松江県の出身で、杜月笙の恒社のメンバーであった。呉は一九二五年の「五・三〇運動」の際に中共の労働運動に参加し、一九二七年四月の「四・一二クーデター」後に国民党に入った。その後、陳立夫・陳果夫の「CC系」の下で漢口市党部、および南京の中央党部民衆訓練部などの部門で勤務した。[6] 抗日戦争勃発後、呉は一時期職を失ったが、一九三八年七月に三青団が成立した後、「CC系」から離脱した朱家驊に抜擢されて、上海三青団の中心メンバーの一人となり、一九四〇年前後、上海三青団支部の書記に就任した。[7] 戦後、呉は上海国民党党部主任・上海市副市長・三青団支団部主任・社会局局長・軍事特派員・政治特派員の六つの肩書きを持ち、文字通り上海の最高責任者の一人となった。

一方、杜月笙の数多くの弟子、学生のなかで、郵便職員出身で一躍上海の労働運動のリーダーとなった陸京士は、杜月笙から深い信頼を得た人物である。戦時中、陸京士は国民党政権から軍事委員会京滬区委員会少将工運特派員に任命され、軍統と深い関係をもっていた。[8] この経歴からみれば、戦後、陸が上海市政府の社会局局長に就任するする可能性は呉よりも高かったはずである。ところが、その椅子に座ったのは陸ではなく、呉であった。

国民党政権による上海「接収」の直後に、上海の労働運動の主導権をめぐって、陸と呉の間に火花が散った。当時、上海の労働運動を管轄する政府機構は上海市党部と市社会局であった。従来上海の労働運動において大きな影響力をもつ青幇の勢力を排除するため、呉紹澍はこの二つの機構に自らの側近をあてがって、上海市党部と市社会局を自らの支配下におき、労働運動の主導権を掌握した。[9] さらに、杜月笙集団の勢力が最も強い郵務労働組合に対しても、呉は同じ方法を用いて杜月笙の勢力を排除した。

それに対して、陸京士は計画的に呉に対抗措置を取った。それについて、一九四五年一〇月の中統の調査資料には、上海の労働運動はすべて呉紹澍の一手に握られている。陸京士はまったく身動きが取れない。しかも、彼の掌握した労働組合の下層幹部がほとんどチンピラ一色で、社会的なイメージがきわめて悪い。こうした状況から、陸はこれまでの方針を変え、積極的に青年学生を組織に吸収する方向へ転じた。陸は腹心の曹沛滋を通して「力社」を組織し、近頃錦江菜館で宴会を開き、各大学・中学の青年を招待した。[10]

と記されている。さらに、呉の上海市総工会に対抗するために、陸はもう一つの組織「中国労工協会」を設立した。「積極的に上海の失業労働者の救済に取り組む」ことを標榜したこの組織は、国民党社会部部長谷正綱の支持を得ていた。その名誉理事長の名簿には戴笠・杜月笙・王暁籟・陸京士の名前が並んでいる。[11]陸京士は呉が任命した郵務工会の幹部程佐卿ら二四人を「確実に敵に投降した証拠があるため、上海郵政当局に免職処分を与えるよう求め、彼らを郵務工会から追放した」[12]。陸は同じ「通敵」の罪名で、上海市党部が任命したほかの業種の労働運動幹部をも排除しようとしていた。その結果、上海の労働組織を整頓・改組する呉の計画は水泡に帰したのである。

陸京士が公に呉紹澍に対抗しえたのは、上海の労働者組織で長年培われた青幇勢力のネットワークと、軍統の戴笠・呉開先ら「CC系」の支持があったからである。一方、呉紹澍は有力な人材がなく、市長銭大鈞と警察局長宣鉄吾の支持も得られなかった。一〇月二九日夜、呉はラジオ講演の帰りに突然狙撃され、彼が乗っていた車は四発の弾に撃たれた。運良くその乗った車が警備車であったため、彼は命拾いをした。この事件について、章君谷の『杜月笙伝』は何も触れていない。中統の報告では「上海の状況は日に複雑になり、共産党がきわめて激しく活動しており、党務（国民党）が各方面から打撃を受けている」と、共産党がこの事件に関与していないことを暗示している。[13]他方、恒社の中堅幹部郭蘭馨によると、この事件は「すべて戴笠がやった」ものであった[14]。当時戴笠が率いた軍統（忠義救国軍も含む）は上海で大きな影響力をもっていた。事件の前に、戴笠はすでに呉が売国奴陶式軍の財産を横領したと揚言していた。そのため、呉は国民党中央の信頼を失った。事件後の一九四六年一月、窮地に陥った呉は上海市副市長と社会局局長のポストから退けられた[15]。

呉の失脚に伴って、上海の工会（労働組合）指導権は事実上杜月笙グループの手に握られることとなった。一九四六年九月に上海市総工会第五回代表大会が開かれ、杜月笙門下の水雲祥ら二十五人が理事、朱学範ら九人が監事に当選した。そして、この年の暮れに、陸京士は国民党中央党部によって農工部副部長に任命された[16]。このように陸京士が呉紹澍との争いで完勝したことによって、杜月笙集団は再び上海労働組合の主導権を掌握したのである。

とはいえ、この時期の杜月笙集団は、もはや一九三〇年代のように上海の労働界をほしいままにコントロールし、国民党政権と密接な協力関係を維持することができなくなっていた。それにはおおよそ次の二つの理由がある。第一に、インフレなどの原因により政府による所得税徴収に反対する労働運動が頻繁に発生していた。こうしたなか、労働者の利益を代表する組織として、労働組合は政府との対立を強いられたのである。上海市総工会は南京に代表を派遣し、直接税を取りやめるよう政府と交渉した。この時期の国民党政権の略奪政策に対して、杜月笙はしばしば不満を洩らしていた。彼が言うには、帝国主義統治下の上海租界にはまだインフラ建設があり、秩序も比較的に良かったが、国民党が上海を「接収」した後、「金儲けしか知らず、人民の膏血をしぼりとる手段は帝国主義より十万も増している[17]」。

第二に、杜月笙集団内部の結束力が低下していたことがあげられる。当時杜月笙を悩ませたもう一つの出来事は直弟子朱学範と国民党政権との衝突であった。朱学範は一九二七年に杜月笙の門下生になってから労働運動に従事し、中国労働協会理事長をつとめ、国際労働会議にも出席し、労働運動のリーダーとして次第に地位を固めた。日中戦争中、朱の中国労働協会は重慶を拠点に、労働者の福祉の改善と文化宣伝に力を注いだ[18]。朱本人も国民党政権と密接な関係を持っていた。戦争中、彼は一時期軍統の外郭団体「人民動員委員会」の督導組長に就いた。戦後まもなく、朱学範は政治的に左傾の方向に転じ、国民党政権を批判し始めた。一九四六年一月、政治協商会議閉幕の前夜、朱は「二十三箇条の政治的主張」を発表し、民主政治の推進、労働者の待遇の改善などを求めた[19]。国民党政権との事実上の対立姿勢を示したこの声明は、ただちに大きな反響を呼んだ。以来、朱の国民党離れの政治姿勢が一層強まった。一九四六年九月、国民党中央社会部は各省の社会処に訓令を下し、中国労働協会などの団体の活動が最近法令の範囲を越える傾向があるとし、今後各地で労働組織の分会を設立するのを一切禁止し、すでに設立された場合それを厳しく監督することを命じた[20]。一一月に、陳立夫は朱学範に反共声明を発表するよう強く求めたが、朱はそれに応じず、突然上海を離れ香港に渡った。杜月笙集団の中核的人物の一人として、朱学範のこの行動は戦後杜月笙集団の衰退を象徴するものであった。

2、青幇と上海資本家：杜月笙に対する国民党政権の冷遇

杜月笙勢力の伸張のきっかけは一九二七年四月に蒋介石とともに発動した「四・一二クーデター」であった。その後、杜月笙は国民党政権が上海地域で築いた権力ネットワークの最も重要な網目の一つとして機能していた。しかし、日中全面戦争勃発後、杜月笙はやむを得ず上海を離れ、国民党政権に従って重慶に避難した。その後、蒋介石は上海における杜月笙グループのネットワークを利用しながらも、杜月笙が重慶で幇会活動を再開することを忌避し、杜月笙に対する蒋介石の態度も次第に冷淡になっていった[21]。

戦後、上海に戻った杜月笙は上海市市長の座を心から欲していた。しかし、蒋介石の意向により市長になったのは

銭大鈞であった。上海に戻った杜月笙は国民党政権から一連の打撃を受けた。そのうち、最も大きな事件は前述の朱学範に対する陳立夫の抑圧、および松滬警備司令宣鉄吾による萬墨林（杜月笙の腹心、上海米業公会理事長）の身柄拘束事件であった[22]。特に萬墨林逮捕事件は杜月笙のメンツを傷つけた。それに対して、憤慨きわまりない杜月笙はこっそりとこうつぶやいた。「敵（日本軍）の手に陥落した上海には正義がなかった。勝利後の上海には公道がない[23]」。さらに、杜月笙は一九四六年の上海市参議会議長に当選したにもかかわらず、国民党上層部の圧力でやむをえずそのポストを「ＣＣ系」の潘公展に譲った[24]。そして、一九四八年八月、杜月笙の息子杜維屏が蒋経国に逮捕された事件は再び杜月笙に大きな衝撃を与えた[25]。

これら一連の事件は、杜月笙集団の勢力が絶頂にあった一九三〇年代なら想像もつかないものであった。ここでは、なぜ戦後杜月笙集団は国民党政権からこれほどの攻撃を受けたか、また具体的に国民党の結社抑圧政策が政府のどの部門から発せられたか、という二点から見てみよう。

まず、戦後上海地域における支配体制の再建に際して、国民党政権は青幇出身の杜月笙の勢力を権力ネットワークに組み入れようとしなかった。杜月笙の勢力拡大は国民党政権にとって望ましいことではなかった。上海に帰ってまもなく、杜月笙は国民大会代表・上海参議員を始め、教育・文化・金融・交通など一四の分野で董事長・名誉董事長など七〇以上の肩書きも持ち、上海の工商業各界を牛耳っていた[26]。三青団に代表される国民党の革新勢力は、杜月笙に攻撃を加えることによって、旧来の青洪幇勢力と一線を画し、上海の資本家たちを諌めることをねらっていた。「金圓券」の金融改革が失敗した後、蒋経国は一九四八年一一月二日に上海の市民に対して次のように呼びかけている。「私は上海の市民が自ら力をもって、投機商人・官僚政客、および土地のやくざが引き続き上海を支配することに歯止めをかけることを心から願っている[27]」。ここで言う投機商人、土地のやくざとは杜月笙集団を含めたものと見られる。

では、杜月笙集団に攻撃を加えたのは、一体国民党政権のどの部門であったのだろうか。戴笠の死後、杜月笙は軍統という強力な援護者を失った。杜月笙と上海の「ＣＣ系」官僚（潘公展・呉開先など）との関係も密接ではなかった。直接に杜月笙集団に攻撃を加えたのは三青団の呉紹澍・宣鉄吾・蒋経国などの国民党革新勢力であった。三青団の革新勢力は上海において杜月笙に代表される旧来の幇会勢力を排除し、新たな統治基盤を築こうとしていた。しかし、注目すべきことに、それによって杜月笙の影響力はある程度低下したものの、国民党政権がそれに代わる有力な社会的な支持基盤を築くことはできなかった。結局、こうしたことは国民党政権と上海の在地勢力との疎隔、上海地域における国民党政権の支配力の弱体化という結果をもたらしたのである。

二　天津の青洪幇と国民党政権

上海の場合と対照的に、戦後の天津地域においては、国民党政権は積極的に青洪幇勢力を政権支配の権力ネットワークに組み入れようとしていた。天津の青洪幇はこれに便乗して、大きく勢力を伸ばした[28]。

天津は青幇・洪幇だけではなく、宗教結社も非常に活躍した地域である。日中戦争期に、天津の宗教結社は急速に発展した。華北政務委員会が一九四二年に行った調査によると、天津特別市には百十の宗教団体が存在していた。その内には、多数を占める理教の各団体のほか、世界白卍字会・万国道徳会・一心天道龍華聖教会などがある。各団体が報じたメンバーの総数は一万人を越えないが、実際の数はこれをはるかに越えるものと見られる[29]。しかし、戦後国民党政権による天津地域社会で支配体制の再建において特に注目されるのは青洪幇の役割であった。

二〇世紀初め、漕運が廃止された後、脚行（人力車・運搬屋）を中心に、青幇は天津市街地に活動範囲を広げ、地元の「混々児」（ちんぴら）と融合していった。一九二〇〜三〇年代の天津では、青幇の勢力はイギリス租界・フランス租界・日本租界・河北・河東の五つに分かれ、それぞれの下にさらに小さな勢力範囲があった。[30]魏大可・王慕沂・厲大森の四人の著名な青幇人物がそれぞれ堂を開き、厲大森を除いた残りの三人はそれぞれ約二千人、二千五百人、千五百人の弟子を抱えていた。[31]厲大森はかつて一九二〇年代に直隷の軍警督察処処長をつとめた。その弟子白雲生、および白の弟子袁文会の二人によって、この集団は天津青幇のなかでもっとも勢力の強いものになった。そのほか、青幇リーダー、『大公報』記者張遜之は天津の知識界に多くの徒弟を抱えていた。[32]統計によると、一九三〇年代天津の青幇リーダーのうち、「大字輩」は九人、「通字輩」は二十人、「悟字輩」は三十九人、「学字輩」は五人、あわせて七三人がいた。天津の洪幇人物のうち最も有名な巴延慶は同時に青幇のリーダーでもあった。[33]

一九二六〜二八年直魯軍閥が天津を支配していたころ、軍事・民政長官李景林・張宗昌らはみな青幇メンバーで、その部下の中堅、下級幹部はほとんどすべて青幇に加入していた。国民党勢力が華北地域に入った後、青幇のリーダーは「安清同義義道徳会」と「安清同義道徳協会」などの組織を結成した。また、彼らは北京の中央憲兵第三団の意向を受けて「安清整理委員会」を設立し、スパイ組織として活動していた。[34]日本軍の勢力が華北地域に侵入したのをきっかけに、天津青幇の政治的な色彩は一層濃くなった。日本軍の支配下、天津の各青幇集団は「安清道義総会」という組織に統合され、そのほかに業種別に河川・鉄道の青幇組織が設立された。[35]

戦前、天津地域における洪幇勢力は張樹声の「太極山」、姜般若の「太行山」であった。日中全面戦争勃発後、張樹声は重慶に転じた。姜般若は天津・北京地域に残ったが、ほとんど影響力がなかった。しかし、日本軍の傀儡組織である新民会の頭目喩熙傑が新しい「太行山」を結成し、北京・天津を中心に数多くの徒弟を集めた。[36]そのうち、忠信堂堂主章甕の門下には千三百人も集まっていた[37]。このように、天津の青紅幇は日本軍の新しい支配体制のなかに組み込まれたのである。

戦後、安清道義総会は自発的に解散し、この類の幇会組織も姿を消した。天津が国民党政権によって「接収」された後、天津地域の幇会勢力に次の二つの変化が生じた。第一は青洪幇勢力の著しい発展である。青幇勢力は従来どおりに天津の東・北・西の鉄道の駅・港などに分布していた。洪幇勢力も同時に拡大した。青洪幇メンバーの構成を洪幇の例からみれば、労働者が五五%、商人もしくは行商人が二〇%、知識人が一〇%、官僚と退役軍人が一五%を占めていた[38]。第二は青洪幇首領の政治的地位の変化である。戦後、かつて日本軍に協力したものや傀儡政権の下で公職についたものは逮捕され、処罰を受けた。しかし、日本軍や傀儡政権に通じたと言われるものでも、国民党の特務機構と関係を持っている場合には、その罪状が容赦され、戦後新体制の中で一席を占める例が少なくない。張遜之・巴延慶・姜般若はその典型的な例である。このように、国民党政権の支持を得た天津の青洪幇組織は、戦後の新しい政治体制に組み込まれていったのである。

最初に、一九四六年四月に[39]、軍統天津站站長・天津警備司令部稽査処処長陳仙洲の支持を得て、青洪幇メンバーを中心とした忠義普済社が設立された。天津の国民党・政府・軍事関係者、および天津各界の名流はその成立大会に出席した。この組織の構成は図1のようである[40]。

図1から明らかなように、忠義普済社は国民党政権と青洪幇が合流して生まれた組織である。そのメンバーはほとんど人力車夫・運搬屋・行商人など社会下層の出身で、その数は約一万人にのぼった。この組織は「忠国義群」を建前としていたが、事実上軍統（保密局）の情報収集機構であった。

次に共済社について見てみよう。共済社のメンバーのほとんどは青幇メンバーであり、社長張遜之は陳仙洲の支持を得ていた。一説によれば、一九四五年一二月に戴笠が天津にいたとき、その部下金玉波が張遜之とともに、安清道義会の幹部らを集め、軍統天津站の外廓団体「天津青年共済社」を設立する計画を考案した(41)。もう一説によれば、この組織の前身は一九四六年七～八月間に成立した「青年読書会」であった。共済社の組織構成は図2のとおりである(42)。

図2に示されるように、共済社は、国民党政権が自らの支配基盤を強化するために、従来青幇のコントロール下にあった各種の労働組織・商人組織を統一して結成したものである。一九四八年、共済社は一時活動を停止したが、まもなく「同善共済社」と名を改めて再び活動を開始した。そのほかに、戦後の天津には、洪幇を主体とした「節約社(43)」、および青洪幇のメンバー、社会各界の有名人からなる「新社会事業建設協会天津分会」（いずれも軍統の勢力が関与していた）も存在していた(44)。

図1　天津忠義普済社の組織構成

理事長――陳仙洲（稽査処処長、保密局天津分站初代站長）
副理事長――朱佑衡（保密局天津分站第五組長、国民大会代表）
　　　　　　袁潤之（接収委員会メンバー）
理事――張倹斎（三理協会首領）
　　　　冠聞（文）達（青幇、商会委員、参議員）
　　　　鄧少蒸、富健康、潘立成、王宝英
分社長――第一分社長：周震蓀
　　　　　第二分社長：王玉堂
　　　　　第三分社長：郭夢元
　　　　　第四分社長：馬文元（青幇）
　　　　　第五分社長：秦瀛洲
　　　　　第六分社長：徐文翰
　　　　　第七分社長：李吟梅
　　　　　第八分社長：劉徳山（青幇）
　　　　　第九分社長：王義如
　　　　　影劇分社長：董春栄
　　　　　商業分社長：孫率真

以上から明らかなように、戦後初期、国民党の勢力は天津の幇会組織に介入し、青洪幇の組織的再編を通じて、それらを一つの政治的団体に統合することを目指していた。忠義普済社と共済社はともに軍統と中統の意向に沿った組織であり、いずれも天津地域における国民党の支配体制の再建と国民党の「反共防共」の政治的目的に合致するもの

図2　天津共済社の組織構成

社長：張遜之
書記：徐新之
幹事：劉千里（中統）
総務組長：劉拱震（辰）
調査組長：王鑫培
碼頭組長：蕭魁生（昇）
七聯工会
- 商聯組：王鴻序（緒）
- 印刷組：呂宝賛
- 電信組：劉文清
- 自来水組：趙志錦
- 電工組：不明
- 海員組：李徳山
- 電車組：回雲蒲

であった。これは前節でみた上海における国民党による幇会勢力の排斥と対照的であった(45)。

三　幇会と政党政治

戦後、国民党が標榜した「憲政」を背景に、幇会の間で政権参加を目的とする政党結成がブームになった。他方、政権を握る国民党も政権参加を目指す野党も、自らの支持基盤を拡大するため、積極的に幇会を利用していた。このような新しい動きは戦後における選挙の実施に由来したものと見られる。

1、選挙と幇会

戦後、主として次の三つの重要な選挙が行われた。すなわち、市・県参議会の選挙、国民大会代表の選挙、および立法委員の選挙であった。幇会は大きな票田として各勢力の注目の的となった。以下、四川省のケースを通して見ることにする。

日中戦争後期、国民党政権は「憲政」を提唱し、一九四五年秋以降、重慶で選挙が行われた。それは普通選挙による区民代表選挙（選出された区民代表会において区長が選挙される）、市参議員選挙（選出された参議会で議長、制憲国大代表が選ばれる）、および行憲国大代表、立法委員選挙という三級普通選挙であった。このような直接選挙は多くのメンバーを持つ哥老会にとってきわめて有利であった。それゆえ、この時期四川省の哥老会は空前の活躍ぶりを見せた。区レベルの選挙では、当選者のほとんどは哥老会メンバーであった。重慶各区の区長選挙では、哥老会の仁・義両堂が互いに攻撃、譲歩をしていた。区レベルの選挙と比べ、国民党・三青団は市議員の選挙をより重視し、多くの候補者を出した。金で票を集める手段もあったが、「袍哥組織との関係がうまく行かなかったら、十分に勝利の可能性があるとはいえない」。そのため、国民党・三青団の候補者はさまざまな人脈を利用して袍哥組織を籠絡し、紹介人を探して、選挙の直前に幇会に入会した人も少なくなかった。たとえば、工商界の李奎安と「CC系」の中統特務呉人初は仁字袍哥に入会した。重慶市議会に選出された八十余名の議員のうち、八〇パーセントは袍哥のメンバーであった[46]。

袍哥仁字大爺馮什竹は、

我々袍哥は今後本市を拠点とする。仁・義・礼各堂の兄弟はどこで活動するかを問わず、引き続き選挙を操り、それぞれの地方で政権を掌握すべきである。将来は別の役割があるが、それについて今は明言できない。次期選挙では、参議員・市長から正、副区長・区代表主席・保甲長・調解員に袍哥を選ばないものがいたら、袍哥から追い出すなどの処分を与える[47]。

と語った。この引用文から、当時の重慶における袍哥の派手な活躍ぶりが窺える。ほかの地域においては、袍哥の勢力は重慶ほど強くなかったが、無視できない存在ではあった。たとえば、中統が楽山地域で行った調査によると、当地の国民党員のうち党に忠実であるものは一人しかいなかった。ほかは「地方勢力」を背景としたものばかりで、そのうち「哥老分子」が四割を占めていた[48]。

四川省から全国に目を転じると、幇会は例外なくその地域で行われた各種の選挙運動に巻き込まれていた。上海・南京・天津・西安などの大都会では、議員や国大代表に選ばれた人のうちには必ずといってよいほど幇会出身者がいた。上海でもっとも有名な杜月笙の恒社はすでに旧式の青幇組織から脱皮していたが、依然として上海地域社会と密接な関係を保っていた。千人足らずの杜月笙の恒社は、上海地域に最も勢力の大きい社会団体であった。一九四六年八月、上海で参議会選挙が行われ、一八〇人余りが当選した。そのうちで恒社のメンバーは三〇名を越えた[49]。そして、国民大会代表の選挙では、杜月笙・水祥雲など恒社のメンバー一三名が当選し、陸京士など六名が立法議員に当選した[50]。南京では、一九四六年秋の参議会選挙で南京青洪幇の代表九人が当選した。翌年に国大代表に当選した南京幇会の人数は不明であるが、一九四八年一月には少なくとも二人の幇会メンバーが立法委員に当選した。と同時に、青洪幇は選挙において国民党の官僚、政客が当選するために力を尽くしてもいた[51]。

幇会組織が戦後の選挙でこれほど大きな役割を果たせた理由は、次の二つにあると考えられる。第一に、単一の職業団体に比べ、いくつかの業界をまたがる幇会は動員力が強かったこと。たとえば、杜月笙を国民大会代表に当選させるため、恒社は一人ひとりの社員を通してそれぞれの所属する機関・団体の職員とその家族・親類に対して、杜月笙に投票するよう呼びかけた。その結果、杜月笙は予想以上の高得票率で当選を果たした[52]。第二に、中統の調査が示したように、この時期に行われた選挙は「大部分が根回し選挙」であり[53]、哥老会組織を通して投票者に強制的にある特定の候補者に投票させる形で行われていた。それに、賄賂などの不正手段が加わり、選挙の公正さの点では甚だ疑わしいものであった。このような状況は四川省に限らず、幇会活動の歴史が長く、勢力が大きい地域では、幇会の人物が選挙の波に乗って政界に入った事例は多く見られる。湖北省広済県はかつて漢流組織の活動が盛んな地域であった。一九四三年、広西省から進駐してきた国民党軍第四一三団は県当局とともに「威」・「徳」の二つの漢流リーダー三〇人あまりを処刑し、幇会の活動を一切禁止するよう布告した。しかし、国民大会代表の選挙が行われるなか、「家に長くいて、生活がきわめて困難になった」一部の幇会リーダーは、候補者と結託して、再び政治活動を開始した[54]。

2、幇会政党の出現

以上みた上海と天津の二つの事例から、戦後における支配体制再建のプロセスにおいて、国民党政権の幇会政策は

表１　幇会政党統計表

党　名	代表人物	成立時期	所在地	幇会名
中華社会建設党	冷開泰・鄧叔才	1946.3	成都	袍哥
民主社会協進会	方茂山・馬昆山		成都	袍哥
中国自強党	旧「国民自強社」	1945	重慶	袍哥
中国和平党	張之江・張樹声	1946.5	重慶	青洪幇
中国社会民主党	石孝先・田得勝	1946	重慶	袍哥
中国社会協進会	譚備三・石栄廷		重慶	袍哥
中国洪門民治党	司徒美堂・趙昱	1946.9	上海	洪門
洪興協会	張子廉・鄭子良	1946.10	上海	洪門
新中国総社	江泮嘉	1946.10	上海	青洪幇
民主共進党		1946	上海	洪幇
中国自由党	杜月笙		南京	
民治建国会	王超雄・鄒亜夫	1946.9	上海	洪幇
益社	範紹増	1946.4	上海	洪幇
中国民主自由大同盟	王慧生	1946.3	昆明	洪幇
民族大同盟	龍紹		昆明	
中国大同党	蕭振瀛・顧竹軒	1946.5	上海	青洪幇
鉄血党		1946.5	江蘇高郵	青洪幇
忠義党	楊慶山		漢口	洪幇
華北建設協会	顧震・姜維周		北平	洪幇
洪門忠義会	葛肇煌	1946	広東	洪幇
中国民生共進党	樊崧甫	1946.3	西安	洪幇
進歩党	李君亮・鄭士美		南洋	洪門
中国民主合衆党	李大夫	1946	香港	洪門
中国社会建設協会	黄金栄・徐良	1946	上海	青洪幇
致公党	陳其尤	1947.5	香港	洪門

地域によって異なっていたことがわかる。すでに述べたように、国民党政権は一九二〇〜一九三〇年代における上海青幇への依存関係を清算するため、杜月笙集団に攻撃を加えたのである。しかし、地域社会に強固な支配基盤を持たない国民党政権にとって、幇会勢力を徹底的に排除することは困難であった。国民党が行った憲政のなかで、幇会は却って各政治勢力の関心を集め、幇会政治団体ないし幇会政党が多数現れた。表１は戦後現れた二五の幇会政治団体と幇会政党の統計である[55]。

表１が示しているように、戦後初期幇会政党は驚くほど早いスピードで発展していった。これらの幇

会政党の存在は従来の研究ではほとんど注目されていない。以下、これらの幇会政党の具体的な状況を概観する。

第一、幇会政党が大量に出現した政治的背景。農民を主体とする共産党や、知識人を中心とする民主同盟と異なって、戦後に現れた幇会政党は幇会首領を中心とした小さな集団であった。言うまでもなく、彼らが政党を組織する主な目的は政治活動への参加と自らの勢力ネットワークの拡大にあった。これらの幇会政党の一部は、国民党の中統、軍統に利用されたもので、ほかの政党を解体するためのいわば国民党の御用組織であった。

戦後初期における幇会政党の勃興は、戦時中国民党政権が行った国民大会の準備活動を背景としていた。一九四五年三月に蒋介石が同年一一月に国民代表大会の召集を宣布した後、重慶各界が一斉に準備を始めた。中統がこの年の三月に行った調査では、「下層社会の労働者の支持を得た青洪幇は、近々労働党を組織することが噂されている。すでに数回の集会が行われ、宣伝出版物『労働週報』の刊行が予定されている[56]」とある。噂された労働党の具体的な状況は不明であるが、中統の報告によると、『労働週報』の編集者は国民党の党員で、かつて第八十四軍で副官処長をつとめた人物であった。ゆえに、この労働党は国民党に対して「同情的」態度を取るものと見てよい[57]。明らかに、間近に行われる国大代表選挙のために誕生したこの労働党を通して、幇会分子は下層組織の政治的資源を利用し、自らの政治的地位を高めようとしていたのである。戦後初期に現れた多数の政党は、この労働党と同じパターンのものであった。

表1に示されているように、これらの幇会政党のほとんどが一九四六年一〇月前に成立したものである。時期的に国民党の「行憲大会」と一致していた。事実上、多くの政党は選挙で票を獲得するために短期間に結成されたものであった。国大代表選挙のほか、各地で行われた参議院議員選も、幇会組織にとってよいチャンスであった。しかし、民主政治は国民党政権の建前にすぎず、まもなく国民党による一党独裁の本音が公になった。こうしたなか、当然な

がら、幇会政党は長く存続するわけがなかった。また、一九四六年一〇月に軍統主導の「中国新社会事業建設協会」が成立した後、一部の幇会政党はそのなかに吸収されていった。

第二、幇会政党の政治的態度。この時期に現れたほとんどの幇会政党は社会改良を旗印として、民生主義もしくは社会主義のスローガンを掲げていた。一部の政党は公然と民主政治を主張していた。しかし、政治的綱領やスローガンだけでその政治的態度を判断することは避けるべきである。たとえば、一九四六年三月に昆明で成立した幇会政党中国民主自由大同盟は、内戦反対と民主・自由・仁義を綱領に掲げ、一見鮮明な政治的主張を持っていた。[58]しかし、この組織は雲南警備司令部に利用されて、著名な民主人士李公樸・聞一多の暗殺に関わった。[59]後にその頭目王慧生は武器売買の罪名で国民党に逮捕され、党もその年に解散した。[60]このケースは幇会政党と国民党政権との関係を考察する際に重要な視点を提示している。

幇会政党のうち、公に反国民党の姿勢を取るものは一つもなかった。しかし、その多くが国民党の一党独裁政策に不満をもっていたのも事実である。幇会政党と国民党政権との関係は概ね次の三つのタイプにまとめられる。①国民党の御用政党。②規模が大きくて、かつ明確な政見を有し、国民党政権にとって潜在的な脅威であるもの。③国民党の一党独裁に不満を持ちながらも、現実的な利益のために独自の政見を放棄するもの。

国民党の御用政党は、厳密にいえば政党ではなく、政治団体と称すべきものである。この類のもののうち、洪興協会・民治建国会・華北建設協会は自らも政党とは称していなかった。洪興協会と民治建国会はいずれも国民党、とりわけ軍統と密接な関係を持ち、洪門民治党に敵対し、自分こそ国内洪門の代表であることを主張した。[61]そして、華北建設協会は河北省・山東省の共産党に対抗するために作られた国民党の外郭団体であった。[62]一方、忠義党や洪門忠義会などは国民党に接近する組織でありながら、自らの政治目的を持っていた。忠義党のリーダー楊慶山は漢口の著名な幇会人物でありながら、中統のメンバーでもあった。戦後、楊は武漢で国大代表に当選した[63]。洪門忠義党のリーダー葛肇煌は軍統出身で、戦時中の親日洪門団体「五洲華僑洪門西南本部」（この組織は一九四一年広州に成立したもので、中華の復興と東亜保全を標榜していた[64]）を接収し、これを親国民党の組織に改組した。一九四九年に彼は洪門忠義党を利用して反共産党の活動を展開した。彼は香港に逃亡した後、党を「14K党」に改組した[65]。

国民党と距離を置いた幇会政党としては中国洪門民治党・中国民生共進党・中国和平党などがあげられる。洪門民治党については後に述べることとして、ここでは残りの二つの政党について見てみよう。中国民生共進党は一九四六年三月に洪門五聖山の樊崧甫（当時国民党軍事委員会軍風紀第二巡察団の中将主任委員）によって西安で設立された組織であり、鄭州を中心に河南省で勢力を拡大していた。その後、その総部は上海に移り、江蘇省・浙江省で発展した[66]。しかし、党内部の結束力が弱く、党員の政治意識が低いため、結局、一部の地域では組織が国民党によって瓦解された。中国和平党の主席は張沆であるが、事実上張之江・張樹声が中心であった。そのメンバーの多くは青幇分子であった。中国和平党は政治民主化、軍の国家化、人民代表による国家統治といったスローガンを掲げていた[67]。張之江・張樹声はかつて馮玉祥の部下であったため、馮玉祥と蒋介石の政治的対立を背景に、中国和平党は国民党にとって潜在的な脅威であった。

続いて、国民党政権と不即不離の幇会政党について見てみよう。これらの幇会政党は地域別に次の三つに分けられる。第一、中華社会党・中華社会建設党など四川省で活動した幇会政党。前者は四川の袍哥首領葉道信・方茂山を中心に組織されたものである。彼らは民主・自由などの政治主張を掲げていたが、本当の目的は政党を通して幇会の各組織を統一し、自らの政治的発言力を強めようとすることにあった。国民党側の資料によれば、「該党は幇会を基礎として、四川北部地域に頗る影響力を持っているが、組織能力と政治意識が欠如している。そのため、成立して以来顕著な進展を見せることはできなかった」、という。[68]

中華社会建設党の設立者は袍哥首領冷開泰・鄧叔才であった。彼らは「民生主義の発揚」をスローガンに、利益を獲得することに力を入れていた。袍哥勢力をかりて党の力を拡大させ、党費の徴収という手法で党の収入を増やした。その下に「漢華社」・「生活互助社」・「漢華企業公司」が設立された。中華社会建設党はかつて「大同学術研究社」の名で出版社・新聞社を設立した。[69]この二つのケースからは、政治中心から離れた袍哥首領の政治参加の意欲が窺える。

幇会政党が集中する第二の地域は上海であった。最も注目されるのは杜月笙・黄金栄・顧竹軒と袍哥首領範紹増の政党活動であった。杜月笙・黄金栄は国民党政権と太いパイプを持ちながら自ら政党を組織した。これは、彼らが国民党政権から冷遇を受けたことに強い不満を持っていたからであろう。杜月笙本人は政党結成に慎重であったが、恒社メンバーの後押しで、戦争終結の直前に重慶の良厦で結党の準備大会を開いた。しかし、結局反対多数で党は結成されなかった。[70]

上海の閘北地域で「江北大王」と呼ばれた顧竹軒は杜・黄ほどには国民党政権との関係が緊密ではなかった。彼は蕭振瀛が重慶で設立した中国大同党に参加した。この党は一九四六年五月に上海に移った後、顧竹軒と前仏租界捕房金九林の支持を得て、上海を中心に発展し、長江下流地域の蘇州・揚州・鎮江・丹陽・南京にも多くの党員を抱えていた。そのうち、南京の幹部趙老五が招集したメンバーはほとんど常玉清の徒弟であった。[71]しかし、政治的にはこの政党は大きな影響がなかった。また、一九四六年四月に成立した益社は、上海在住の四川省出身の軍人を中心とした組織である。益社は「社会服務」のスローガンを掲げていたが、実際には範紹増個人の政治的利益団体であった。[72]

次に注目すべきは、香港・東南アジア地域の洪門政党である。国内政治情勢の変化の影響を受けて、これらの地域の洪門組織もまた相次いで政党を組織した。そのうち、「中国宏済社」を前身とした中国民主合衆党の党首は医者の李大夫で、国民党政権の憲政を支持する組織であった[73]。李君亮・鄭士美を党首とする進歩党は東南アジアの華僑政党であり、『僑商公報』を機関誌としていた[74]。一方、中国洪門民治党の結党に反対する陳其尤は香港で依然として致公党の旗印の下で活動を続けていた。一九四七年五月に香港で中国致公党の第三回全国代表会議が開かれ、新しい綱領、党の章程が発表され、陳は主席に選ばれた。致公党は国共内戦に反対し、民主政治の実現という政治的理念を掲げていた。致公党はこの時期の幇会諸政党のうち唯一中国共産党と民主同盟に接近した政党であった[75]。

3、諸政党による幇会組織の利用

戦後幇会政党の大量出現と相まって、国民党政権に接近するいくつかの小さな政党もまた自らの力量を増大させて政権に参加するため、多かれ少なかれ、幇会を利用した。以下、中国民主党・中国国民自由党など四川省を拠点とした五つの幇会政党を分析したい。

(1)中国民主党。一九四五年一〇月から四川・西康両省で活動を開始した政党である。中心人物は劉曼華・侯野君・劉子文であった。この党は工商界、知識人などの中間階層を代表するブルジョアを主流とする政党と称していたが、党員のうち哥老会出身者が六％を占めていた。なかでも、四川の著名な袍哥馬昆山・方茂山が党の中央委員をつとめていた[76]。この党は始めに哥老会を中心に組織を拡大しようとしていたが、うまくいかなかった。そこで、一九四七年前半から、大・中学生を吸収し、青年運動を重視する方向に転換していく[77]。

(2)中国国民自由党。もとの名は自由党で、一九三八年元旦に長沙で成立し、一九四六年元旦に重慶で改組された。主席は林東海博士、党の主体は中産階級で、政治的には国民党寄りの姿勢を取っていた。この党は哥老会が活躍した重慶と巴県を主な活動地域としたため、必然的に哥老会と接触することとなった。党の中央執行委員会委員胡西侯は、巴県で党員を募集したとき、地元の県参議員・士紳のほか、幇会の力をもかりて幇会の首領を党の幹部にし、重慶と巴県で三万人の党員を獲得しようとしていた[78]。

(3)中国農民自由党。「四川糧民索債団」を前身としたこの政党は、戦後、四川省参議会で「借穀案」――毎年政府が四川省の農民が返済した穀物を四川経済建設基金に当てるという提案――を提出した。この案は一部の四川人の中央政府との利権争いの種となったが、結局廃案となった[79]。その後、「四川糧民索債団」が解散され、リーダーの何魯・王国源・汪白与などは一九四七年八月に中国農民自由党を結成した。この党は四川省の地方実力派を中心としたもので、初めは速やかに国民大会を開くよう主張したが、国民大会に参加できなかったため、国民大会の開催に反対する方針に転じた。袍哥組織の利用は党の活動の中心であった。なお、この党は上海にある四川人の政治グループ「益社」とも関わっていた[80]。

(4)中国民主社会党。これは国家社会党と民主憲政党が一九四六年八月に合併し、上海で設立した政党である。正、副主席は張君勱・伍憲子であった。一年後に党は分裂したが、伍憲子一派は依然として民主社会党と称し、社会主義のスローガンを掲げていた。前述の小党派と異なって、民主社会党（以下民社党と略す）は人材が比較的豊富で、多くの省に支部があった。民社党は国民党寄りの姿勢を取り、青年党をライバル視していた。民社党は四川省に多くの支部を設立し、国大代表の選挙に際して哥老会と密接な関係を持っていた。一九四七年一〇月、自貢市民社党の羅師仏は地元の仁字輩袍哥同仁社のメンバー百九〇余人を宴会に招き、羅の国大代表当選に協力するよう要請した[81]。四川省の一部の地域において、この党は直接に哥老会の首領を民社党の地方参議院議員に推薦するのと引き替えに、哥老会の経済的支援を得ている。たとえば、重慶大東賓館社長、仁字輩袍哥李孟凡は民社党に入党した時、市参議院議員候補に推薦されるのを条件に、党に三千万元の援助金を出すことを許諾した。しかし、李は立候補した後、金を出すことを拒否し、党側ともめた[82]。この時期、民社党が党の発展に必要な人材を獲得するために袍哥組織を利用していたため、このような紛糾は各地で相次いで生じた。「退役軍人・政客・漢奸・ちんぴらなどが殺到し、党員の構成が複雑で、統御できなくなった」からである[83]。

しかし、その一方で、民社党の哥老会利用には成功した事例もあった。民社党は四川省西部地域の袍哥組織と関係が深く、いくつかの袍哥組織を結成し自らの外郭団体としていた。民社党四川省委員会委員兼社会処処長張聯芳は袍哥の出身であった。彼は一九四五年「正倫社」のリーダーになり、社会各階層から党員を吸収した[84]。

⑸中国青年党。諸政党による幇会組織の利用に関して、青年党の活動は最も注目されるものである。青年党は一九二三年にパリで設立されたもので、国家主義を掲げ、共産党と国民党のいずれに対しても反対する姿勢を示した。しかし、日中全面戦争勃発後、一九三八年から国民党の抗戦救国路線を支持した。そのため、国民党支配地域で公に活動することを許された。戦後、青年党は急速に国民党に接近し、政権に参加する意欲を見せた。一九四五年、青年党の政治主張は中国民主同盟（以下民盟と略す）の臨時大会で否決され、民盟における青年党党首左舜生の地位も弱まり、それを機に青年党は民主同盟から脱退した。この党は各省に多くの支部を抱えていたとはいえ、「四川人が四川省を治める」という党のスローガンが示すように、主として四川を基盤とした地域的政党であった[85]。

戦後、青年党にとって政権参加の最も便利な方法は、四川の下層社会に深く根を下ろした幇会結社の力を借りることであった。一九四七年三月、国民党中央連絡処の調査によると、成都青年党の責任者文建成、記者林徳雲ら九人は、党の社会運動部の責任者、広義堂の袍哥でもある鉄華峰を拝して師傅とし、青幇に参加した。このように、青年党は下層社会で活動を展開し、哥老会と青幇を通して「無知の徒を党のために利用する」策略を取っていた[86]。青年党の哥老会利用には次の二つの特徴がある。第一に、哥老会の組織に倣って外郭団体を設立すること。自貢市は国民党の勢力が比較的に弱い地域である。一九四五年八月の中統の調査によると、「市政府内の秘書長以下、漢奸・中国青年党・

青幇・哥老会、およびその他の党派に属する者が数多くいる」[87]。そのうち、青幇勢力が最も強く、自貢市における青幇組織「衆志社」のメンバーは一万人を越えた。四万人の社員を抱え、活動再開を準備していた「合叙同社」（哥老会）も青年党の外郭団体であった[88]。第二に、各地の幇会首領を直接に入党させること。四川省崇慶県の青年党リーダー施徳金は哥老会のメンバーで、政治協商会議後、袍哥組織を通して青年党の勢力を大きく拡大させた[89]。

以上からみれば、哥老会利用は青年党が四川省の地域社会で勢力を伸ばした最も重要な原因と言える。しかし、その一方で、哥老会出身の党員のほとんどは選挙のために臨時入党した者で、思想的訓練が乏しかった。このことは必然的に青年党全体の発展にマイナスな影響を及ぼした。たとえば、青年党は自貢市で教育界から党員を招集する従来の方針を変え、下層社会からさまざまな背景を持つ人々を党に吸収した。その結果、党員の構成はちんぴら・土地のやくざから、袍哥商人まできわめて複雑なものとなり、そのうち、「仕事や技能もなく、政治意識もない者が青年党の名の下で派手に騒ぎ立て、一般の人からは歯にもかけられない」ほどであった[90]。

四　国民党政権による幇会の統合

幇会政党の大量出現に対応して、国民党政権は幇会に対する統合策を打ち出した。それは幇会政党の拡大と発展を阻止しようとする方針であった。党部（中統）の方針は幇会政党内部への浸透を強化することによってその瓦解を促し、さらに幇会政党を国民党の外郭団体に転じようとすることであった。それに対して、軍統の幇会対応策はより野心的であった。すなわち、全国統一の幇会組織を結成することによって幇会を全面的に改造することであった。この時期、幇会政党化の傾向を阻止したい意向と、自らの政権基盤を固めるために幇会勢力を利用しなければならないことの間で、国民党政権はジレンマの境地に置かれることとなった。

1、幇会政党化に対する国民党の阻止策

戦後初期、国民党政権の幇会政策は地域によって内容が異なり、統一した方針がなかった。一九四六年一一月、国民党中央組織部は四川省社会処処長黄仲翔が作成した「幇会を指導し、幇会による政党組織を防止する案」を受け入れた[91]。これは、これまでその存在すら知られていなかった資料である。以下、その中心部分を引用する。

（一）幇会の政党結成を防止すること。

1、各地の幇会が人民団体組織法に従って、地域的な合法団体を組織することを許すこと。

2、幇会の社会事業への参入を扶助し、それによってその政治的目標を移転させること。

3、国内外の幇会組織の合流を防ぐこと。

4、国内の幇会組織同士を隔離し、互いに関係を持たせないこと。

5、国大代表や参議員など、できるだけ幇会の主要分子に政治的発言権を与えること。

6、幇会内部において党（国民党）・団（三青団）の組織を強化すること。

7、中共・民盟による幇会利用を防ぎ、幇会内部における党（国民党）・団（三青団）活動を通じて反動派に打撃を与えること。

8、すでに組織された幇会に対して、本党は積極的にその内部で党（国民党）・団（三青団）組織を設立し、その政治的活動をコントロールし指導すること。

9、すでに中共・民盟に引き入れられた幇会分子を幇会から脱退させること。

(二)　幇会に対する本党のリーダーシップを樹立すること。
1、匪徒に対する防備・干渉、および(国民)党員の幇会入会を禁止するという従来の政策を、積極的に幇会に働きかけ、コントロールすることへ転換すること。
2、幇会をコントロールし、それを改造し、その組織を強め、内容を充実させ、それによって時代に適応した本党の有力な外郭組織に転じさせること。
3、幇会の民族・国家を愛する思想を発揚し、もって民族の利益を裏切る中共と民盟に打撃を与えること。
4、幇会を通じて社会の各階層に各種の社会組織を設立し、本党がこれらを運営し、コントロールすること。
5、これまでの中央組織部の特殊社会団体、党団督導委員会の組織を調整すること。党中央の重要責任者のほか、できるだけ各幇会組織の指導的地位にいる本党の同志もこれに参加すること。
6、これまで軍統局が指導してきた「中国(新)社会(事業)建設協会」が、しっかりと各地の幇会首領の活動を指導すること。
7、各地の党部に幇会活動を指導するよう明確に命令を下し、また幇会を利用して幇会を指導すること。
8、中統局・軍統局・社会部が各幇会の中枢に代表を派遣し、幇会首領をコントロールし、幇会の活動を指導し、よってその狭隘な封建思想や組織を改変させ、その組織を本格的な外郭団体に転じさせること。
9、中央組織部を中心に本方案を実施すること。

この資料からみれば、国民党の方針は、幇会の政党化や幇会との連合を阻止しようとするものであったことがわかる。すでに成立した幇会政党に対しては、国民党・三青団勢力がその組織内部に浸透し、幇会の政治活動を指導する方針であった。しかし、その後の状況からみれば、国民党の当初の目的は達成されなかった。なぜなら、上述の方案が事実上形を変えて幇会の発展を助長し、幇会組織の国民党化という結果をもたらし、それによって国民党政権内部における党部・社会部・軍統の三機関の間に意見分岐が生じたからである。

2、「中国洪門民治党」の盛衰の背後

戦後の中国洪門民治党の盛衰には、国民党党部・中統が深く関わっていた。この党の前身は一九二三年にアメリカの致公堂によってサンフランシスコで設立された民治党であった。戦後致公党は国内で政治勢力を伸ばすため、世界各地の洪門メンバーに対し、帰国して政党に参加することを呼びかけた。致公党は一九四五年三月にニューヨークで代表大会を開き、「中国洪門致公党」に改名することを決定した。[92]党の主席司徒美堂が一九四六年四月に帰国後、七月に「全球洪門懇親大会」が開かれ、九月一日に中国洪門民治党が正式に誕生した。[93]その懇親大会で蒋介石に敬意を表す決議が通過されたことから、成立大会に代表を派遣した各幇会が政治的に親蒋介石の態度を取っていたことがわかる。[94]洪門民治党の綱領・宣言には政治の民主化、軍隊の国家所有、「各党派と合作し、新しい中華民国を建設する」などの主張が含まれている。[95]しかし、民治党は、成立後まもなく、国民党の勢力（すなわち司徒美堂の言う「CC系」）が民治党に浸透したことによって分裂した。

国民党は、民治党はあくまでも海外洪門の政党であり、海外で活動すべきであるという態度であった。民治党成立直後、党の内部から民治党が洪門全体を代表することができないという声があがり、洪門の張子廉・王知本・鄭子良らは洪興協会、許君武・林有民らは洪門民治建国会をそれぞれ設立した。[96]すでに述べたように、洪興協会と洪門民治建国会は国民党の外郭団体で、その設立は単なる洪門民治党内部の指導権争いの結果ではなく、民治党を分裂させようとする国民党の意図とも合致するものであった。

一方、国民大会代表の選出をめぐる意見分岐も、民治党の政治的分裂を促した。洪門民治党の中心は海外洪門メンバーの間で最も知名度の高い司徒美堂であった。党執行部は各派から九人の常務委員によって構成された。成立当初から党は司徒美堂と趙昱の二派に分かれ、上海の洪門を背景とした趙が主流を占めていた。ただし、司徒美堂の勢力は主に北アメリカにあり、国内洪門の間での影響力は弱かった。これは彼の海外生活が長かったため、標準の中国語さえ話せなかったこととも関係するだろう。国民大会が開催される前に、民治党は希望の代表数が配分されず、たった一人の代表の枠は司徒美堂に与えられた。しかし、司徒は代表を辞退し、その後次第に民盟に接近していった(97)。趙も国民大会に出席できなかったため、国民党に不満を持っていた。一方、楊天孚と張書城はそれぞれ民治党の中央組織部長と秘書長につとめ、司徒と趙との派閥闘争において趙を支持した。二人は政治的に国民党にきわめて近い態度を取っていた。一九四七年六月、司徒美堂は民治党主席の名義で、民治党が「中間党聯盟」に参加することに反対するという趣旨の声明を発表した。それに対して、張書城は司徒が民盟分子の影響を受けたことを理由に、党から除名する処分を与えることを警告している(98)。

戦後一時期の盛況を見せた幇会政党の末路を象徴するかのように、司徒美堂は国共内戦の最中の一九四七年九月に党から脱退する声明を発表した。そして、翌年一〇月に、司徒は蒋介石の独裁政治に反対する声明を発表し、一九四九年九月に北京に入り、共産党の盟友となった(99)。

3、「中国新社会事業建設協会」の野望

抗日戦争勝利後、軍統御用の幇会組織人民動員委員会は終わりを告げる。軍統は引き続き幇会を利用するため、各地の幇会首領を集め、新たに「中国新社会事業建設協会」（以下「新建会」と略す）という組織を設立した。

一九四六年初以降、戴笠は共産党勢力に対抗し、国民党政権の支配を強化するため、瀋陽・北平・天津で「中国社

会建設協会」の設立を準備していた。すでに述べたように、軍統の支配下にあった人民動員委員会は表面的には各地の幇会組織の大連合であったが、そこに集まった幇会首領のうち、張樹声の弟子らが北平・天津に勢力があったのを除いて、ほとんど影響力がなかった。新建会の設立の重要な動機の一つは、人民動員委員会の不振に新たな局面を打開することであった。戴笠の死後、その後継者鄭介民・毛人鳳は蔣介石の了承を得て、一九四六年一〇月に正式に新建会を設立した。鄭・毛が蔣介石に呈した計画書には、新建会設立の目的がはっきり表されている。すなわち、幇会の社会的基礎を利用し、国民党の社会支配を強化すること、幇会勢力の連合を防ぐこと、そして幇会を利用して共産党に対抗し、国民党に協力すること、であった。それによると、全国幇会の人数は八千万人にものぼり、一人の幇会首領は往々にして数百、数千ないし数万人を掌握していた。もしそれぞれの党派から数十の幇会首領が新建会に参加するなら、それはすなわち数万、数十万、ないし数百万の人の入会を意味する。ゆえに、「群衆を引きつけることに力を入れる人はだれでも幇会に着目する」のであった[100]。

新建会に対して、各地の幇会首領のうち、積極的に応じるものもいれば、半信半疑もしくは消極的なものも多くいた。政局が激しく変化するなかで、新建会の設立は幇会のリーダーたちにとって、組織を合法化する絶好のチャンスであった[101]。しかし、その反面、自らの勢力が新建会に呑み込まれる恐れもあった。結局、軍統の強い影響の下で、各地の有名な幇会首領はほとんど新建会に参加し、その組織が国民党の権力ネットワークの網目となっていったのである。

一九四六年一〇月一九日、新建会は上海で設立大会を開き、各界から二千五百人が出席した。南京と上海にそれぞれ新建会の事務所が設置された。新建会の名義上の責任者は常務理事の杜月笙・楊虎・向海潜であったが、日常事務を処理するのは理事兼書記長に任ずる軍統特務徐亮であった。軍統は徐の下に八人の工作員を派遣した。このように、新建会は幇会と軍統の二元構造を構えた[102]。

新建会の設立章程には、その活動の趣旨について次のように書かれている。「国民の道徳水準を高め、社会の風紀を改良し、社会事業に従事し、政府に協力し建国の目標に達成する」。実際には、新建会の活動の中心は「政府に協力する」ことであった。具体的には、それは軍統の外郭組織として情報を収集することであった。この点は、一九四七年に制定された新建会の工作計画に露骨に表されている。それによると、各地にある新建会の分会は各政治団体・社会団体・自由職業団体・幇会・秘密結社、および特殊な能力を持つ個人に関する情報を各方面から調べ、情況に応じて攻撃・分化・吸収工作を行う、ということである。[103]そのうち、最も注目されるのは新建会の「幇会」・「秘密結社」工作であった。ここで「幇会」と「秘密結社」が別々に取り上げられていることは興味深い。新建会にとって、「秘密結社」とは非政治的、内部の結束性の強い秘密宗教のような民間団体であった。「計画」では、「秘密結社」について詳細に調査し、その内部に浸透し、意味のないもの、あるいは役に立たないものを解体し、治安を危うくするものや不法活動を行うもの、あるいは政治活動に利用されるものに対しては、治安当局に報告しそれを取り締まる方針が示されている。一方、「幇会」組織に関しては、「計画」では、各地に散在するさまざまな名目の幇会の名称、組織構成、人数などを調査し、「影響力のある幇会には忠実かつ練達の同志をその内部に進入させ、指導権を取得し、指導力のある幇会幹部を吸収・利用し、次第に一部の腐敗した幇会を消滅させる」方針が出されている。つまり、「幇会」に対する新建会の方針は、その組織の存在と影響力を現実的に受け止めたうえ、その組織の内部に浸透し、幇会を利用する、ということである。

設立からわずか一年の間に、新建会の組織は驚異的なスピードで拡大し、一九四七年九月までにすでに二八の省に分会、四六八の県に区会が設立された。入会手続きを取った正式な会員は五六万数千人で、入会手続きを履行していない会員でも長春・山東省など二十七の分会だけで四五万数千人にのぼった。[104]新建会の急速な発展は、戦後の政党政治に多大な影響を与えていた。一九四六年一〇月以降、一時期盛んだった政党設立ブームは急速に冷めていった。このことは、国民党軍統の外郭組織としての新建会と無縁ではなかった。逆に、国民党政権にとって、各地の幇会首領をほとんどすべて網羅した新建会はマイナスの存在でもあった。そのため、最終的に、新建会は国民党政権から解散を命じられた。

4、「中国新社会建設事業協会」の終焉

新建会の終焉は、国民党政権の幇会政策の転換を示すものでもあった。各地における新建会の組織とそれぞれの地域の国民党党部や政府機関との間にはトラブルが生じていた。両者の矛盾は、直接に新建会区会の勢力拡張に由来した。新建会の地方組織は分会（省レベル）と区会（県・市レベル）の二段階に分かれており、分会の中心人物は大概その省の有名人であった。軍統のバックアップがあったため、新建会分会の設立は社会部管轄下の各省の社会処からはほとんど反対されなかった。[105]

ところが、省レベルの分会が順調に設立されたのと対照的に、県レベルにおける新建会各区会の設立はそれほどスムーズではなかった。貴州省では分会が設立された後、貴陽・遵義・安順など十数の市や県に新建会の区会が設立された。[106]一方、江蘇省の一部の県では、新建会区会の設立は、新建会のメンバーがきわめて複雑で、なかには「ちんぴら・漢奸・新民会のメンバー」が交じっていたこと、[107]一部の新建会組織が山堂を開いて弟子を招いたことを理由に、国民党県党部に反対された。軍統と対立する「ＣＣ系」や社会部（部長は谷正綱）はこれを口実に、新建会の区会を取締り、さらに新建会を解散するよう軍統に迫った。これを受けて、一九四七年七月、社会部は新建会分会取締の命令を各地の社会処に下した。[108]

それに対して、七～九月の間に、新建会の書記長徐亮は社会部と交渉する一方、各分会、区会書記長に「開堂収徒」

を取り止め、区会の活動を一時期停止するよう命じた[109]。新建会側のこうした動きもあって、事実上、各地の社会処は社会部の新建会取締の命令を忠実に実行していなかった。社会部も六月以降には各地の社会処に速やかに実施する趣旨の指令を下さなかった[110]。しかし、九月中旬に情況は一変し、徐亮は軍統の意向を受けて、やむを得ず新建会の区会活動を一律に停止した[111]。一二月に、国民政府行政院の命令で新建会は最終的に解散された。

このような結末は、各地における新建会の発展の勢い、およびそれに触発された各勢力間の矛盾対立に由来した。しかし、より根本的に、新建会の消滅は国民党政権内部の対立、具体的には軍統と「ＣＣ系」・社会部との権力争いの結果である。「ＣＣ系」は軍統が各地の幇会組織を掌握した後、選挙を操ることを恐れていた[112]。また、社会部の谷正綱は、本来社会部の職務範囲に属する幇会の管轄が軍統の手に移されたことに対して不満を持っていた[113]。軍統出身の沈酔の回想録によると、保密局局長鄭介民は各方面からの圧力の前に進退窮まり、自ら新建会の活動を停止させたのである[114]。

五　進歩委員会と民衆山――閻錫山による幇会利用

1、戦時中山西省における結社

民国期のほぼ全期にわたって事実上山西省を割拠支配した閻錫山については、数多くの伝記資料や研究が存在する[115]。しかし、閻錫山と幇会との関係に関する記録は皆無に等しい。

一九一一年の武昌蜂起後、閻錫山は太原で清朝からの独立を宣言し、山西省の軍隊を掌握した。その後、彼は袁世凱に近づき、一九一三年に山西省で「二次革命」を起こした洪漢会を鎮圧した[116]。袁世凱の死後、閻錫山はさらに山西省の政治権力をも手に握り、一九一七年から一九三七年まで山西省で「村本政治」と名付けた地方自治を実施した[117]。上から下への厳密なコントロール体制の下で、山西省の社会秩序はほかの省より安定し、土匪・兵隊による被害も少なかった。この時期、山西各地の社会組織のなかに、青洪幇の姿はほとんど見られず、民間宗教の団体も少なかった[118]。

ところが、一九三七年山西省が日本軍に占領された後、閻錫山は各種の結社に対するそれまでの態度を一変した。彼は幇会組織が「社会において最も潜在的な力を持つもの」と見なし、幇会に対して次の二つの方針を打ち出した。すなわち、第一に、「その従来の規模を回復し、その民族革命の主張を貫徹させる」こと。第二に、「現在の幇会人士を組織化し、現代化する」こと、である[119]。一九三八年、閻錫山は「民族革命同志会」を設立し、自ら会長となった。一九四二年前後、さらにその外郭組織「安清進歩委員会」（青幇）と「進歩総社」（洪幇）を設立した[120]。この二つの組織はそれぞれ明徳堂と進歩堂を設立し、「領袖至上、山主至尊、組織至上、義気第一」のスローガンを掲げていた[121]。これらの組織は軍隊に対する閻錫山の支配力を強化し、山西省と隣接する各省への組織拡大にも力を入れた。

閻錫山の幇会重視は、戦時中の山西省における結社勢力の勃興と無縁ではなかった。戦時中の山西省結社の状況については、当時日本軍の山西省支配に協力した山西省傀儡政権（省長蘇体仁）の「乙種宗教」調査から次の二点が明らかである。

第一に、民間宗教団体の急速な成長。一九四二年山西省政府の統計によると、山西全省に三五の民間宗教団体が存在していた。これらは、農民を中心とした自衛的組織、地方士紳を中心とした救済的組織、および仏教信徒を中心とした慈善的組織の三つのタイプに分けることができる[122]。これらの宗教団体のうち、万国道徳会・理教会・世界卍字会・一貫道・同善社・一心天道龍華聖教会は比較的に勢力が大きかった[123]。これらの団体はいずれも日本軍による山西省占領後の一九三九〜一九四〇年前後に現れたものであり、太原を拠点に、各県で組織を拡大していった。戦時中日本軍や山西省の傀儡政権は民間の宗教団体を監督・管理すると同時に、その社会秩序の安定に有利な一面を利用していた。

第二、安清同義委員会の発展。数多くの結社のうち、青幇系統の安清同義委員会の勢力が最も大きかった。安清幇を前身とするこの組織は一九四〇年九月に太原で設立され、太原市内に五つの「区」、二〇の事務所を持ち、ほかの県にも分会を抱え、一時期一万人の会員を越えたと言われる。[124]わずか一年余りの間にこれほど大きな発展を遂げたのは、この組織は宗教的色彩が薄く、傀儡政権を擁護する姿勢を取っていたからである。その成立趣旨には「道義をもって国に報い、新政権の発展に協力する」と書かれている。一部の分会は「東亜新秩序の建設に協力する」というスローガンも掲げていた。この点においては慈善を趣旨とする一般の宗教団体とは大きく異なっていた。安清同義委員会は仏教と青幇（羅教）の三祖翁・銭・潘を拝すると称していたが、各級の委員・課長・股長の多くは地方の士紳、商人であり、宗教信仰と関わる活動をほとんど行っていなかった。[125]

戦時中における安清同義委員会の急速な発展は、当然、閻錫山の目をひいた。閻錫山は新洪門・新清門を設立し、民衆山の会員三万人、安清会の会員五万人を訓練するという目標を打ち出した。[126]その具体的な活動については資料の制約により不明であるが、これらは戦後閻錫山が山西省で自らの統治を回復・強化するための幇会利用策につながるものと見られる。[127]

2、閻錫山による幇会利用（その一）：進歩委員会

戦後、閻錫山による青幇組織の利用は、彼と進歩委員会との関係に最も鮮明に現れている。これに関して、筆者が入手した一九四八年中共太岳区党委員会社会部が編纂した「山西進歩委員会（すなわち青幇）」と題した資料には、「共匪はさまざまな手段を使って我が安清組織と関係をもとうとする」、「悉く安清同道である」といった内容が書かれている。つまり、進歩委員会は青幇もしくは安清同義委員会をベースにしたものと見られる。[128]この資料から、閻錫

山の進歩委員会を通じた安清道義委員会に対する改造・利用に関する事実が明るみになる。
まず、安清道義委員会に対する改造について。戦後閻錫山は山西省で独裁支配を一層強め、彼個人に対する忠誠を山西統治の基礎とし、全省範囲において「三自伝訓」運動を行った。いわゆる「三自伝訓」とは、自清・自衛・自治を通じて共産党勢力、土匪を山西省の村々から取り除く運動であった。進歩委員会もこの運動に積極的に関わっていた。運動の責任者は閻錫山から厚い信頼を受けた綏靖公署秘書長呉紹之であった。呉は太原に総機関を設立し、山西省を一四の「区」に分けて、それぞれに「区分会」を設立した。一つの「区分会」はいくつかの（市）県を管轄し、規模の大きな（市）県にはさらに分会を設立した。組織の内部には「三自伝訓」を行っていた。たとえば、進歩委員会総会は各分会に対して次のような指示を下した。すなわち、太原市に倣い、書面告白を行って、過去における自分の思想・意識・行動・生活などのすべての過ちを告白し、そうすることによって自分を「再生」させる（転生自己）。そして、自白しなかった人に対してはその私事を告発し、他人をも再生させる（転生大家）、ということである。[129]この運動を通じて、閻錫山は安清同義委員会を徹底的に改造し、彼がほしいままに利用できる組織へと変身させたのである。

また、安清同義委員会の改造と同時に、閻錫山はその内部に「六七五三組」と呼ばれるスパイ組織を密かに設立した。この組織のメンバーはわずか八人で、その任務は共産党占領地域の状況、および山西省内の共産党員について偵察することであった。[130]

数多くの民間結社のなかで、閻錫山がとりわけ安清同義委員会を重視したのは、言うまでもなく、この結社が戦時中に蓄えた勢力が閻錫山の山西支配にとって有利であったからである。と同時に、閻錫山はこの結社を通じて華北ほかの地域の青幇組織と連絡を取り、自らの勢力を山西省以外の地域に拡大することをはかっていた。[131]以上からみて、戦後、閻錫山は安清同義委員会を改造した上で進歩委員会を設立し、それを山西省における支配再建の有力な手先として利用したことは明らかである。

3、閻錫山による幇会利用（その二）：民衆山

青幇組織を基盤とした進歩委員会と同様に、閻錫山は山西省でもう一つの幇会組織「民衆山」（洪幇）を設立した。この組織は戦時中にすでに設立されたが、大きな活動がないまま終戦を迎え、その後まもなく活躍し始めた。民衆山の活動状況は資料の制約により不明であるが、次の中統の調査資料からその片鱗が窺える。

閻長官は最近民衆進歩社を組織し、高級幹部を各県に派遣し工作を行っている。三～五県を一つの区とし、そこに主任一人、少将級の幹部十余人を置く。県には分社を設け、社長一人（上校級）を置く。……大同分社は紅幇の指導を名目に主に情報収集を行う。その組織構成は哥老会と同じく、山と堂の名目を設けた。山は民衆山で、堂は進歩堂のことである。入社するには四人の紹介者がいる。一人は恩兄閻百川（閻錫山）、一人は承兄王靖国、一人は保兄謝応濂（謝濂）、もう一人は引兄趙承綬である。第二戦区に所属する官兵はみな入社したと言われる。[132]

この引用文から民衆山に関して次の三点が注目に値する。第一に、進歩委員会と同様に、民衆山の組織は区・県の二層構成であった。しかし、進歩委員会が全省を一四の区に分けたのに対して、民衆山は三～五県を一区とする。つまり、民衆山組織の整合性が進歩委員会のそれより高かった。第二に、進歩委員会と同様に、民衆山も情報収集を活動の中心としていた。第三に、民衆山に入会する時の手続きはかなり複雑で、閻錫山を含めて四人の紹介者を必要とする。閻錫山は民族革命同志会会長で、ほかの三人はこの会の高級幹部であった。[133]四人はそれぞれ仮名を使っていた。

民衆山に関して、筆者は、民衆山の会員で、日本軍投降後山西省に残った日本人吉岡二郎が持っていた洪幇の会員証「会簿」を含む二枚の貴重な写真を入手した。この資料とほかの関連資料からみれば、山主閻錫山の仮名は斉継川、

副山主王靖国の仮名は王夢飛であったことが判明する。二枚の写真のうち、一枚に保兄は矢田茂、引兄は広瀬賢治とある。これを右に引用した中統の調査資料と照らし合わせれば、矢田茂と広瀬賢治がそれぞれ謝応濂と趙承綬である可能性は否定できない[134]。

次に、民衆山と山西省に残った日本人との関係について。日本軍撤退後、閻錫山が山西省における自らの支配を強化し、共産党勢力に対抗するため、さまざまな優遇条件を出して、日本軍兵士に山西省に残るよう求めていたことは周知のとおりである。しかし、その時彼が秘密結社民衆山を利用して日本兵士を引き留めたことについてはほとんど知られていない。その事実について、前出の吉岡二郎は一九七九年に渡辺淳教授に宛てた手紙のなかで、「昭和一六年（一九四一年）三月から山西省甲種警官学校の指導教官、戦後は日僑管理処長（閻省長の甥にて、中将）の要請にて省警務庁の専員を勤めました」、と述べている。吉岡の民衆山「会簿」に一九四六年二月一〇日の日付があることから、彼の入会は山西省警務庁の専員に在任中のことであったと推察される。

要するに、戦後、閻錫山は次の二つの目的で、戦時中民族革命同志会の外郭団体として、山西進歩委員会と民衆山の二つの幇会を設立した。第一に、幇会の組織原理を軍隊に浸透させ、軍隊内部の団結、上下関係の明確化によって、閻錫山個人への服従を強化すること。第二に、従来の青洪幇の勢力を利用して大衆動員を行い、それを社会の隅々にまで監視機能を発揮するスパイ組織として利用すること、である。閻錫山の部下の一人王靖国がかつて部下に洩らしたように、「幇会をコントロールすることは義気を講ずることではなく、幇会を通じて民衆を動員・組織することである」[135]。これはまさに閻錫山の幇会政策を的確に約言している。

おわりに

本章の考察から明らかになったように、幇会の政治化は、戦後国民党が行った「憲政」において加速化した。幇会が各種の選挙に参加していく動きは民国成立後政治史上最も興味深い現象である。その背景としては、政治に対する幇会の関心が高まり、数多くの政治団体もしくは政党を結成したことと、青年党・民主社会党など国民党の「友党」が自らの社会基盤を拡大するため、先を争って幇会を利用し、そのうち、一部は幇会組織をベースに自らの外郭団体を作ったことがあげられる。

国民党は幇会の政治化を阻止するため、分化・解体などさまざまな手段を使い、新建会のような直接的に幇会を支配・利用する手も打った。新建会の最大の特徴は、ほかの幇会組織を利用し、国民党政権の代わりに政治支配を行ったことにある。しかし、幇会的色彩を帯びた新建会は国民党政権内部から不満を招き、派閥間の対立をもたらした。結局、新建会は「CC系」、社会部の圧力の下で解散に追い込まれたのである。

戦後国民党政権と幇会との関係を戦時中のそれと比較すると、戦後における政策の後退という現象は注目に値する。その第一の理由は、国民党政権が幇会の活動を公に禁止しなかったことにある。重慶国民政府時期、国民党政権は幾たびも哥老会禁止の命令を下し、それを通じて社会再編を行おうとしていた。また、国民党政権は政府職員が幇会に参加することをも禁止した。これらの措置は、実際にどれだけ効果があったかはともかく、少なくとも形式上国民党政権が幇会と一線を画す姿勢を示した。それと対照的に、戦後権力再建のプロセスにおいて、国民党政権は公に幇会を禁止する命令を一通も下さなかった。なぜなら、この時期に、国民党政権にはもはや幇会禁止の命令を通じて社会再編を行う能力がなかったからである。

戦後に国民党政権帮会政策が後退した第二の理由は、国民党政権が帮会結社を自らの権力ネットワークから排除しなかったことにある。戦後初期、国民党政権は広大な「接収」地域において支配を再建する際に、大いに帮会組織の社会的基盤を利用していた。第一節で見た上海で繰り広げられた杜月笙と三青団勢力との間の争いは比較的に特殊なものであった。ある意味で、三青団は上海の資本家に攻撃を加えようとしており、帮会との直接的な関連性は少なかった。最後に、山西省で独裁支配を行っていた閻錫山は、新たに進歩委員会と民衆山の二つの秘密結社を設立し、これらを通じて、帮会内部の原理を社会統合・政治統合に適用した。閻錫山はこの厳密かつ巧妙な手段を使って、帮会を温存しながらもそれを徹底的に改造したのである。

注

（1）衛大法師『中国的帮会』、説文社、一九四九年、一〇七～一一〇頁。一方、姜豪の回想によると、その数は二六を越えていた（姜豪「洪門歴史初探」、中国人民政治協商会議上海市委員会文史資料工作委員会編『旧上海的帮会』、上海人民出版社、一九八六年、八〇頁）。

（2）黄振世口述、何国涛整理「我所知道的黄金栄」、同右、一九一～一九二頁。

（3）「杜月笙在三十七年二月二十七日恒社春節同楽大会上的訓詞」、『檔案與歴史』、一九八九年第一期、四二頁。

（4）崔美明「上海『劫収』実録」、『檔案與歴史』、一九八六年第二期、七九頁。

（5）宣鉄吾は黄埔軍校第一期の卒業生で、かつて蒋介石の侍従長をつとめた。彼は蒋経国との親密な関係により、浙江省第九十一軍の中将軍長、三青団籌備主任など多くのポストを任ぜられた。彼は蒋経国と同様に、国民党の腐敗構造を刷新すべきであると考えていた。国民党のほかの官僚と異なって、彼は上海に就任した後、漢奸の財産の「接収」には参加しなかった

（沈立行「杜月笙宣鉄吾闘法記」、『檔案與歴史』一九八九年第五期、六二頁）。
（6）章君谷『杜月笙伝』第四冊、伝記文学叢刊之九、英泰印書館、一九六八年、二六～二八頁。
（7）呉紹澍「記上海統一委員会」、『文史資料選輯』第二十九輯、八〇頁。『張治中回憶録』（上）、文史資料出版社、一九八五年、三三五頁。
（8）章君谷前掲書、四、二五頁。
（9）梅臻・韶菩『海上聞人杜月笙』、河南人民出版社、一九八七年、一三〇頁。
（10）「陸京士在滬組織力社」、一九四五年一〇月二五日、中央調査統計局（中統）編『党政情報』、台北法務部調査局図書室所蔵。
（11）その下に、周学湘・水祥雲・陸克明・章祝三などの理事がいる（「陸京士在滬籌組中国労工協会」、一九四五年一〇月二三日、前掲『党政情報』）。
（12）「陸京士呉紹澍互争工運領導権益烈」、一九四五年一〇月二九日、前掲『党政情報』。
（13）「滬市党部主任呉紹澍遇刺」、一九四五年一一月一三日、前掲『党政情報』。
（14）郭蘭馨「杜月笙與恒社」、前掲『旧上海的幇会』、三一六頁。一方、徐鑄成によると、呉紹澍本人は呉開先がこの事件に関与していたと述べた（徐鑄成『杜月笙正伝』、浙江人民出版社、一九八二年、一一八頁）。また、呉が失脚した後、杜月笙は一度弟子王兆槐（軍統特務）に呉を暗殺するよう命じたが、そのことが毛人鳳（戴笠死後軍統の責任者）に知られ、部下の沈酔（保密局処長）を通して阻止した（範紹増口述、沈酔整理「関於杜月笙」、前掲『旧上海的幇会』、二四一頁）。
（15）章君谷前掲書、五三～五五頁。
（16）「恒社第五届理事会工作報告」、『檔案與歴史』一九八九年第一期、三九頁。
（17）範紹増前掲文、前掲『旧上海的幇会』、二四二頁。
（18）中国労工運動史編纂委員会『中国労工運動史』第四冊、中国労工福利出版社、一九五九年、一五二八～一五三六頁。
（19）陸象賢『中国労働協会簡史』、上海人民出版社、一九八七年、六一～六四頁。
（20）中国第二歴史檔案館編『中華民国史資料長編』、一九三六年（二一）、（六九）、南京大学出版社、九三二頁。

(21) 杜月笙は四川の哥老会に対する蒋介石の弾圧政策に不満を持ち、一九四一年前後、楊傑による反蒋介石の政党組織活動にも関わった（範紹増前掲文、二三六頁）。

(22) 萬墨林拘束の罪名は食糧資金の留用であった。戦後、上海の物価が高騰し、ことに米の価格は高かった。上海市政府は米業工会に巨額な援助金を出し、上海の米商人に各地に米を買い付けるよう求めた。しかし、米商人は援助金をほかの投機商売に流用した。その結果、上海の米価格がさらに高騰した。こうした中、米業工会の理事長をつとめ、上海最大の米屋「萬昌米号」の経営者であった萬墨林は「米虫」と称され、世論の攻撃の的となった。宣鉄吾は萬の身柄を拘束し、彼を尋問した。杜月笙は、これは反対派が故意に自分を倒そうとした行動であると受け止めていた。杜によれば、萬墨林は米投機の主役ではなく、それよりもっと大きな投機商売をやっている人がいるのに無事であった。彼はこの事件によって自分のメンツが損なわれたとし、宣に対してはなはだ不満を持っていた（範紹増前掲文、二四二頁）。

(23) 範紹増前掲文、二四二頁。

(24) 同右、二三九～二四〇頁。徐鑄成前掲書、一五五～一五六頁。しかし、その一方で、章君谷によれば、杜月笙は自らそのポストを譲ったのである（章君谷前掲書、六九～七二頁）。

(25) この事件の起因は当時国民党政権が行っていた「金圓券」の幣制改革にあった。共産党との内戦で次々と敗北を喫していた国民党政権は、物価の高騰に歯止めをかけ、人心を安定させるため、「金圓券」改革を実施した。この改革の主眼は、物価を八月一九日の水準に定着させること、および「金圓券」をもって百姓手中の金銀、外貨を回収することにあった。中央銀行総裁兪鴻鈞と蒋経国はそれぞれ正、副経済管制督導員に任ぜられ、蒋経国は事実上の責任者であった。蒋は自ら幹部を率いて上海に赴任し、地元の党や行政の力を一切排斥した。九月三日、彼は杜月笙の息子杜維屏を含めた七人の違法の工商人士を逮捕した。証券取引所のブローカーをつとめた杜維屏の罪名は「場外取引」であった（蔡真雲『蒋経国在上海』、中華印刷出版公司、一九四八年、二八～二九頁）。

(26) 章君谷前掲書、一〇三～一〇八頁。しかし、徐鑄成によると、実際の数はこれをはるかに上回るものであった（徐鑄成前掲書、一四八～一五〇頁）。

(27)　蒋経国「敬告市民書」、『申報』一九四八年一一月二日。
(28)　調査によると、一九五〇年に政府に届け出た青幇メンバーの数は九万五千八一一人であった。洪幇の人数も一万人近くあった。これは強制的に届け出をさせられた者の数で、実際の数はこれを越えるはずである（「取締反動幇会組織情況」、一九五一年）。
(29)　理教・一心天道龍華聖教会などの宗教団体の発展およびそれぞれの人数の変化は、「天津特別市公署行政紀要」（一九三八年、一〇～二七頁）、および第二歴史檔案館所蔵の「天津特別市乙種宗教団体調査表」（一九四二年、偽華北政務委員会内務公署檔〈二〇一八〉九三）によるものである。
(30)　「青幇の過去と現在」、興亜院『情報』第二十九号、一九四〇年一一月一日。
(31)　三人は同時に北京でも多くの弟子を有した（「北平青幇調査資料」、一九四九年五月）。
(32)　胡君素・李樹棻「張遜之其人」、『河北文史資料』編輯部編『近代中国幇会内幕』（上巻）、群衆出版社、一九九三年、四八〇～四八八頁。
(33)　周恩玉・劉炎臣「天津清幇見聞雑記」、前掲『近代中国幇会内幕』上巻、四六七～四七九頁。
(34)　「北京天津思想団体調査」（下）、興亜院『調査月報』第二巻第六号、一九四一年六月、四二七～四五〇頁。
(35)　胡君素・李樹棻「天津青幇與帝国主義勢力的勾結」、『天津文史資料選輯』第二十四輯、一九八三年、二一九～二三一頁。
(36)　王子晨「我所知道的青紅幇在天津的活動」、『天津文史資料選輯』第二十四輯、二〇八～二〇九頁。
(37)　「天津市幇会調査」、一九四九年、調査資料。
(38)　同右。
(39)　一説は七月（舒季衡「軍統局在天津的特務活動」、『特工秘聞――軍統活動紀実』、中国文史出版社、一九九〇年、三〇一頁）。
(40)　前掲「天津市幇会調査」。
(41)　同右。
(42)　同右。

(43)　節約社のリーダー宮梅峰は軍統のメンバーで、戦後かつて保定警備司令官に任じた（「天津市幇会調査」、一九四九年）。
(44)　これは第十一戦区司令部少将参議、保密局特務戚南譜を中心とした組織である。戚と張遜之はそれぞれ書記長、副書記長となった。しかし、この組織は成立してまもなく張遜之の共済社に合併された（前掲「張遜之其人」、前掲『近代中国幇会内幕』上巻、四八七頁）。
(45)　この時期、中統と軍統の間で、天津青洪幇に対する指導権をめぐる争いが頻繁に行われていた（「天津市幇会調査」、一九四九年）。
(46)　唐紹武・李祝三・蒋相臣「重慶袍哥三十年」、前掲『近代中国幇会内幕』（下巻）、三一三〜三一四頁。
(47)　重慶市檔案館檔案「劉健民等呈内政部文」、一九四六年六月一五日。周育民・邵雍『中国幇会史』、上海人民出版社、一九九三年、七六八〜七六九頁。
(48)　「楽山幇会把持参議会選挙」、一九四五年一〇月二二日。前掲『党政情報』。
(49)　徐鑄成前掲書、一五五頁。章君谷前掲書、六九頁。
(50)　「恒社資料選輯」、『檔案與歴史』一九八九年第一期、三九頁。
(51)　「南京幇会」、一九五〇年。
(52)　前掲「恒社資料選輯」。
(53)　前掲「楽山幇会把持参議会選挙」。
(54)　「広済漢流組織」、一九五〇年七月。
(55)　「領導幇会与防止幇会組党案」、国民党中央組織部、一九四六年。『中国現有党派概況表』、一九四六年。『中国党派』、中央聯秘処、一九四八年。王覚源『中国党派史』、正中書局、一九八三年。『国民党統治時期的小党派』、檔案出版社、一九九二年。
(56)　「渝市幇会分子籌辦『労働週報』」、一九四五年三月一三日。前掲『党政情報』。
(57)　同右。
(58)　「中国民主自由大同盟成立宣言」、一九四六年三月一〇日。前掲『国民党統治時期的小党派』、三〇二〜三〇四頁。

(59) 何文龍『中国特務内幕』、風雨書社、一九四七年、四三、四五、四八頁。王康『聞一多伝』、湖北人民出版社、一九七九年、四〇六〜四〇七頁。
(60) 前掲『中国党派』、四七五頁。
(61) 同右、一九三、四七三頁。衛大法師前掲『中国的幇会』、一一二頁。
(62) 前掲『中国党派』、四八一頁。
(63) 蕭志華・商若氷「洪幇寨主楊慶山」、前掲『近代中国幇会内幕』下巻、群衆出版社、一九九三年、一八八〜二〇〇頁。
(64) 「陳応権呈汪精衛」(一九四一年二月、一九四一年九月一五日)、「労生等致汪精衛」(一九四二年八月一日)。中国第二歴史檔案館所蔵汪精衛政権檔案(二〇〇二)四八。
(65) 何崇校「広東洪門忠義会始末」、前掲『近代中国幇会内幕』下巻、七三〜一〇五頁。
(66) 前掲『中国党派』、二一七〜二三七頁。樊崧甫「我所知道的洪門史実」、前掲『近代中国幇会内幕』下巻、一九〜四二頁。
(67) 前掲『国民党統治時期的小党派』、三〇九〜三一九頁。
(68) 前掲『中国党派』、三二二頁。
(69) 同右、四六一頁。因みに、党首冷開泰は一九四七年に立法委員選に出馬したが落選した。一九四九年後、彼は国民党の「ゲリラ幹部訓練班」に参加し、反共産党の暴動にも加わった。そのため、共産党に処刑された(熊倬雲「五毒倶全的袍哥冷開泰」、前掲『近代中国幇会内幕』下巻、四四七〜四六七頁)。
(70) 章君谷前掲書、二〇三〜二〇四頁。郭蘭馨前掲文、三二〇頁。趙君豪「記重慶良厦一会議」、『杜月笙先生記念集』(初集)、伝記文学出版社、一九七九年影印本、一四〜一五頁。
(71) 前掲『中国党派』、四七四頁。
(72) 同右、四五六頁。衛大法師前掲書、一一三頁。
(73) 前掲『中国党派』、四一八頁。
(74) 同右、四八五頁。

（75）同右、四〇四～四〇五頁。
（76）前掲『国民党統治時期的小党派』、一九一、一九七頁。
（77）国民党党務系統檔案「中国民主党在四川之活動」、一九四七年六月、同右、二四五頁。なお、方茂山については『和平日報』一九四六年九月一日の記事によると、方は清末の武挙人で、かつて提督軍門統領に任ぜられた。当時、すでに九十五才高齢の方は政治協商会議に不満を持ち、五月五日に国民大会を開催することを支持していた。
（78）前掲『国民党統治時期的小党派』、二八六～二八七頁。
（79）同右、三二一頁。前掲『中国党派』、三四一頁。
（80）前掲『国民党統治時期的小党派』、三二五、三四八頁。
（81）中国第二歴史檔案館編『中国民主社会党』、北京檔案出版社、一九八八年、三八五頁。
（82）同右、三九〇～三九一頁。
（83）同右、三九七頁。
（84）趙清『袍哥与土匪』、天津人民出版社、一九九〇年、二一二頁。
（85）『中国各小党派現状』、一九四六年八月刊行、出版社不明、五〇～五一、五三頁。なお、一九四五年一〇月に開かれた青年党第十回全国代表大会に当選した四九人の中央委員会委員のうち、四川省出身者は一九人、湖南省六人、湖北・江蘇・安徽省はそれぞれ三人であった。
（86）中国第二歴史檔案館編『中国青年党』、北京檔案出版社、一九八八年、二九五頁。
（87）「自貢市党政社会動態」、一九四五年八月一四日。前掲『党政情報』。
（88）前掲『中国青年党』、三二二頁。前掲「自貢市党政社会動態」。
（89）同右、三三六頁。
（90）同右、三〇一頁。
（91）「領導幇会與防止幇会組党方案」（一九四六年一一月二七日、四川省社会処処長黄仲翔）、四川省檔案館社会処檔案（一八六）

一三八八。
(92) 前掲『中国党派』、一九一頁。
(93) 同右、一九一～一九二頁。
(94) 司徒丙鶴「司徒美堂與美洲洪門致公堂」、『文史資料選輯』第三十八輯、二四四頁。致公堂の政治態度に関して、『中国党派』では、致公堂内部に国民党を擁護するグループと中共・民盟と連携し、国民党政権を押し倒そうとする者もいたとされるが（前掲『中国党派』、一九二頁）、筆者の考えでは、民治党成立当初このような政治的分岐はなかった。
(95) 前掲『中国党派』、一九五～一九九頁。
(96) 同右、一九三頁。前掲『国民党統治時期的小党派』、三五八頁。
(97) 司徒丙鶴前掲文、二四八～二四九頁。
(98) 前掲『国民党統治時期的小党派』、三五七頁。
(99) 司徒丙鶴前掲文、二五〇～二五七頁。その後、趙昱と張書城も北京に行って司徒美堂に庇護を求めたが、断られた。
(100) 周育民・邵雍前掲『中国幇会史』、七八五～七八七頁。
(101) 「成都市哥老会歓宴軍委会特派員」（一九四六年六月一三日）、四川省檔案館社会処檔案（一八六）一三八四。
(102) 「中国新社会建設協会章程」、一九四六年一〇月。中国第二歴史檔案館編『民国幇会要録』、檔案出版社、一九九三年、三三〇～三三六頁。
(103) 「中国新社会建設協会対社会工作実施計画」、周育民・邵雍前掲書、三三八～三四一頁。
(104) 「中国新社会建設協会禁止会員開堂収徒的通令」、一九四七年九月。同右、三五〇頁。
(105) たとえば、一九四七年三月四日に、新建会貴州分会は貴陽市政府構内で準備大会を開き、貴州参議会議長平剛・議員張彭年・胡寿山が出席した。この三人はかつて辛亥革命貴州独立の参加者であった。そのほか、社会処処長周達時・保安情報処処長周養浩・警察局局長東方白も新建会貴州分会の成立大会に出席した（「貴州幇会」、一九五〇年、六四頁）。また、一九四七年五月、新建会江蘇分会が成立した時、江蘇省社会処、南京市社会局から派遣された代表が出席した（前掲『民国幇会要録』、三四二頁）。
(106)「貴州幇会調査」、一九五一年。陳少龍「貴陽哥老会活動憶実」、前掲『近代中国幇会内幕』下巻、三六七～三七〇頁。
(107)前掲『民国幇会要録』、三四五～三四六頁。
(108)同右、三五四頁。
(109)同右、三四六～三四七、三四九～三五二、三五四～三五五頁。
(110)同右、三五五～三五七頁。
(111)同右、三五八頁。
(112)沈酔『軍統内幕』、中国文史出版社、一九八五年、四七六頁。
(113)沈酔・文強『戴笠其人』、文史資料出版社、一九八〇年、二三一頁。
(114)前掲『軍統内幕』、四七六、五六七頁。
(115)Gillin, Donald G., *Warlord: Yen Hsi-shan in Shansi Province, 1911-1949*, Princeton: Princeton University Press, 1967. 山西省政協文史資料研究委員会編『閻錫山統治山西史実』、山西人民出版社、一九八一年。閻伯川先生紀念会編『民国閻伯川先生錫山年譜長編初稿』、台湾商務印書館、一九八八年。蔣順興・李良玉『山西王閻錫山』、河南人民出版社、一九九〇年。中共中央党校閻錫山評伝編写組『閻錫山評伝』、中共中央党校出版社、一九九一年。
(116)「閻錫山趙倜致大総統等電」、一九一三年一〇月一六日。「閻錫山致大総統等電」、一九一三年一一月二〇日。中国第二歴史檔案館所蔵陸軍部檔案、(一〇一一)三一二〇
(117)黄東蘭『近代中国の地方自治と明治日本』(汲古書院、二〇〇五年)第一〇章を参照。
(118)興亜宗教協会『華北宗教年鑑』(第一版)、一九四一年、四九六、五五〇、五一五～五一九、五三七～五三八、五四一～五四二頁。『晋北自治政府管内宗教調査統計表』、民国二十八年(一九三九年)七月現在。
(119)『閻司令長官抗戦復興言論集』第五輯、二五七頁、前掲『閻錫山評伝』、三六七頁。
(120)一説では一九四五年終戦直前。「西安市紅幇概略」、一九五〇年三月。

(121) 前掲『閻錫山統治山西史実』、三二九頁。
(122) 「蘇体仁致華北政務委員会内務総署・附件答復諮詢宗教行政事項」、一九四二年六月一三日。中国第二歴史檔案館所蔵華北政務委員会内務総署檔（一〇一八）六九。
(123) 「山西省乙種宗教団体種類調査表」、一九四二年六月。同右。
(124) 「華北乙種宗教団体調査表・山西省安清道義委員会調査表」、一九四二年三月。同右。
(125) 同右。
(126) 前掲『閻司令長官抗戦復興言論集』第六輯、二八頁。前掲『閻錫山評伝』、三六八頁。
(127) かつて安清進歩委員会辦公室主任をつとめた肖寿愷の回想録によれば、安清進歩委員会は太原に分会を設立した。日本軍撤退前、日本人竹林二郎（青幇学字輩）は太原分会の責任者韓金声の案内で閻錫山と会見した（肖寿愷「日青幇道徒竹林二郎朝拝閻錫山見聞」、『山西文史資料』第二十六輯、一五七頁）。
(128) 太岳区党委社会部『山西進歩委員会（即青幇）』、一九四八年八月二五日。
(129) 同右、呉紹之「一九四七年年一二月二〇日日太原進歩委員会給各区県会指示信」。「一九四七年一二月二〇日日太原進指七〇五八号緊急指示」。
(130) 「六七五三情報組工作計画」、一九四七年一二月二七日。
(131) 元河北省石家庄市警察局のある責任者の供述によると、一九四六年初期、山西進歩委員会は陳義斎を石家荘に派遣し、そこで「進歩社」を設立した。また、別の者の供述では、石家荘における進歩委員会の活動の主眼は主として地元の安清道と連絡を取り、安清組織を再建し、日本軍・傀儡政権の人員を吸収することにあった。また、閻錫山の命を受けて河北省で兵士を招募することもその任務の一つであった（『石門安清会概況』、一九四八年四月二三日。「石家荘解放前各種幇会之活動滴点」、一九五〇年前後）。
(132) 「晋閻組織民衆進歩社」、一九四五年一〇月二七日。前掲『党政情報』
(133) 前掲『国民党統治時期的小党派』、一八四頁。

(134) 拙著『近代中国の革命と秘密結社——中国革命の社会史的研究（一八九五〜一九五五年）』、汲古書院、二〇〇七年、四四八〜四四九頁。

(135) 前掲「西安市紅幇概略」、一九五〇年三月。

第Ⅲ部　叙　述

第八章　暴動なき「暴動」——一九二九年宿遷県小刀会事件の叙述をめぐって

一　問題の所在

一九二九年二月一三日、江蘇省銅山県から首都南京の江蘇省代表大会宿遷県代表処に一通の電報が届いた。「十三日午後、極楽庵の僧侶たちが土豪劣紳とともに小刀会の会衆七、八千人を率いて、県指導委員会及び各学校を破壊し、党員を探し出して殺害し、本会の職員九名を拘束した。当地は極度に混乱しており、情勢は非常に差し迫っている」[1]、というものであった。署名は「宿遷県指委会代表」（宿遷県国民党指導委員会代表）である。これは、宿遷県小刀会の「暴動」に関する第一報であった。

宿遷県は、江蘇省北部の大運河沿いに位置し、かつては「南北水路の要衝」、「淮北の港町」であった。しかし、津浦鉄道（天津から南京北部の浦口までの鉄道）が開通すると、「市況は次第に凋落した」という[2]。

二月一三日は旧暦の正月四日であった。一年のうちでも最大の祝日のさなかに、当地の人々はなぜ僧侶や「土劣（土豪劣紳、地主に対する蔑称）」に唆され、国民党県指導委員会や学校を打ち壊し、国民党員を捕殺したのだろうか。そして、民間の武装勢力である小刀会の会衆七、八千人はなぜ大規模な「暴動」に参加したのだろうか。事件発生後まもなく、宿遷県の国民党指導部の機関誌『導報』は事件の一部始終を次のように報じている。

宿遷県は長江の北側に位置し、交通が不便なため土豪劣紳の勢力がきわめて強く、もともと刀匪による被害が多かった。一七年の夏、江練如が刀会首領張儒高を逮捕し東岳廟を打ち壊したが、これに刀会が反発し、報復のため日頃から暴動を企てていた。しかし県指導委員会が設置されると、委員会は民衆の要求に基づいて少数の土豪劣紳及び五華頂の悪僧らを逮捕してこれを裁いた。すると県内の反動的な土豪劣紳、睢寧や邳県の反動勢力も同類相哀れんでか、一緒になって抵抗しようとした。彼らは革命勢力を撲滅するため、あの手この手を使って忠誠なる同志を中傷した。その手口は県長董漢槎を失脚させ、さらに県党指導部を崩壊させるというものであった。董が免職され、童錫坤が後任として赴任すると、土豪劣紳はほしいままに行動するようになった。一八年三月一二日（二月一二日――引用者）、県長童錫坤、公安局長孫啓人が商会会長席裕琨、五華頂の匪僧慧門・済聖、極楽庵僧侶祥斎らとともに刀会と結託して暴動を起こし、役所・学校・演説会場及び党指導部を悉く打ち壊した。(3)

つまり、県長江練如が小刀会の首領を逮捕し、東岳廟を取り壊したことをきっかけに地元の人々が不満を招き、国民党の地方組織によって「土豪劣紳」や「悪徳僧侶」が裁かれたことは地域の「反動勢力」の反発を招いた。そして、「反動勢力」は県長董漢槎を免職に追い込んだ後、新県長童錫坤、県公安局長、商会主席などと結託して、県の党指導部や学校を標的とする暴動を起こした、というのである。そうだとすれば、事件の背後には「革命勢力」と「反動勢力」の間の対立だけではなく、宿遷県の党指導部（以下「党部」と略す）と県政府との対立もあったと言うべきであろう。

しかし、国民党の非主流派である左派の機関誌『民意』に掲載された「宿遷の民変について」と題した文章は、上述の県党部の説明と真っ向から対立する見解を示している。著者の青山は上述の事件に関する党部の説明について、

「この新聞は該県党部の指図に従って書かれたため、当然一方だけを庇い、その過ちを他人になすりつけている」と指摘し、また小刀会がまいた「民衆の連合に関する意見書」というビラにも触れ、次のように述べている。「（意見書は）明らかに宿遷の民衆の民権宣言だ。一文一文には尽きない悲痛が込められている。彼らが望んでいるのは、種々の過酷な税金を廃止し、汚職役人を打倒することだった。これに陰暦の擁護や東岳廟の支持などの保守的な思想が加えられただけである」。青山は、「彼らを刀匪と呼ぶことで、どれだけ多くの人にぬれぎぬを着せることになるだろう」[4]と述べ、小刀会の立場からすれば、この事件は国民党の圧迫に対する民衆の反抗であったことを示唆している。

これまでの中華民国史研究を振り返ってみると、宿遷県で起きたような地方レベルの衝突事件は、国家が推進する政治的、社会的統合政策が地域社会の従来の利益関係を打破し、地方エリートを中心とする勢力がこれに対抗する、という国家—社会の二項対立の枠組みのなかでとらえられてきた傾向がある。[5]このような歴史叙述を克服するため、ドゥアラ（Prasenjit Duara）は華北農村社会研究のなかで、「権力の文化的な絆」という概念を提起し、国家と社会は必ずしも対立関係ではなく、むしろ国家はしばしば民間信仰などのローカルな資源を利用して権力を行使した、という視点を提示した。[6]しかし、南京国民政府期においては、このような伝統的な手法とは正反対に、国家はローカルな資源を利用するどころか、反迷信運動を通じてこれを消滅させてしまう。その結果、国家の社会統合も失敗に終わってしまった、とドゥアラは指摘している。[7]

三谷孝は、南京国民政府の迷信打破と小刀会の暴動との関係について、一連の先駆的な研究を発表している。三谷は国家—社会関係アプローチを採るのではなく、南京国民政府の「党治国家」方針と行政との間の対立に注目する。そして酒井忠夫の反迷信運動研究においては、反迷信運動の主導者が国民党の党部であったのか、それとも国民政府であったのかを区別していない点に問題があると批判している。[8]宿遷県で起きた小刀会事件について、三谷は次のようにとらえている。すなわち、小刀会は一九二九年二月一三～一五日、翌三月初め、および四月初めの三回にわたって暴動を起こしたが、その目的は近代的政党が行った「啓蒙運動」に抵抗することにあり、そして暴動は国家の強権によって弾圧された、というのである。[9] また、党部／政府の二項対立から宿遷県の小刀会事件を「暴動」ととらえる三谷と同様に、朴尚洙は『中国革命と秘密結社――一九三〇～四〇年代の陝甘寧と江蘇北部』[10]、R・ネッドスタップは「迷信体制――宗教と中国近代性の政治」と題した著書[11]のなかで、それぞれ小刀会の暴動を考察している。

国家―社会関係アプローチであれ、党―政府関係アプローチであれ、当事者や各方面の関係者がこの「暴動」事件をどのように叙述していたのか、これは事件を理解するうえで避けて通れない問題である。しかし、これまでの先行研究では、小刀会の「暴動」事件をめぐる当事者、目撃者を含む各方面の関係者の叙述そのものはあまり批判的に検討されてきていない。ネッドスタップと朴尚洙はそれぞれ中国第二歴史檔案館の廟産紛糾に関する資料と一九八〇年代の地方文史資料を利用したが、事件の分析という面では両者は三谷の先行研究を超えてはいないのである。

以下、本章では、小刀会「暴動」事件発生後の各方面の関係者の叙述を検討し、先行研究と異なる事件叙述の可能性を探ってみたい。

二　青天白日旗の下で

一九三〇年、呉寿彭は「農村経済時代にとどまる徐海各地」と題した論文のなかで、中国東北地域と江蘇省北部地域を比較し、ある日本人研究者の言葉を引用して「二〇世紀の蘇北は満洲と同様、原始時代と手を取り合って進んでいる」[12]と述べている。この論文は蘇北地域の社会経済史研究の重要な文献として現在でもしばしば引用されているが、ある「現代人」が同時代を生きる「他者」をどのように理解したかを分析する上で重要なテクストでもあろう。

一九二九年夏、小刀会による三回目の「暴動」からわずか数ヶ月後、呉は宿遷県に一週間ほど滞在している。彼の目に映ったのは、壊れ果てた自然風土と人文景観であった。いたるところにほこりが舞い上がり、土地は痩せている。たまに上海から帰郷したスーツ姿の学生たちの姿を見かけるが、地元の人々は手織りの綿布の服を身に纏っている。ここは項羽の郷里であった。かつては、多くの文人墨客が明嘉靖年間に建てられた項王廟を訪ね、往時を偲んでいたが[13]、「今は壊れ果てた廟と斜陽のなかに傾いた残碑しか残っていない[14]」。中華民国が成立してまもなく二〇年の月日が経つ。しかしいまだに帝政時代の残影が人々の意識のなかから消えていない。一九二九年三月に散布された小刀会の檄文には、「われわれは今や徳州嗀師祖爺の命を受け、主人を助けにわざわざ江南にやってきた。目下、徐州を占領し、将来は宿遷を攻略した後、淮河や長江を渡って南京を都とする」と書かれている[15]。宿遷県北部の皂河窑湾一帯に「郭三閻王」と呼ばれる小刀会首領がいるが、まるで『水滸伝』・『施公案』・『彭公案』のなかの人物のようである[16]。呉は、宿遷県に対して以上のような印象を述べている。

蘇北の人々は、土塀で囲まれた「土囲子」のなかで生活していた。また淮河流域では、土匪や軍隊による被害を防ぐため、いたるところに「圩子」と呼ばれる土手も作られていた[17]。これについて、一九一〇年にここを通りかかった日本の外務省調査員西本省三は、次のように述べている。「県城ハ内城ト囲子トニ分シ内城ハ通常ノ瓦墻ニシテ囲子ハ土墻ナリ[18]」。「土囲子」は「集」・「寨」・「荘」とも呼ばれる。農村経済が専門の金陵大学教授 J. L. Ossing Buck は、小作制度に関する小冊子のなかで、「蘇北宿遷県に住む地主たちをみると、われわれは古代ヨーロッパの封建領主を想起する。地主たちは高い建物のなかに住み、周りは堡塁や塀で囲まれている。小作農は彼らの周りにあるぼろぼろの家に住んでいる」と述べている[19]。

商業資本が発達した豊かな江蘇省南部地域に比べ、蘇北の宿遷県は全体的に経済が立ち遅れており、県内には、清末期に張謇らが二百万元を出資して創業した耀徐硝子工場が唯一あるだけであった。地元の上質の石英砂と運河による交通の便を見込んだものであったが、呉は「これは江北屈指の工場だったが、今では収拾がつかないほど敗れ果ててしまった」と述べている。[20]呉によれば、工場経営が失敗したのは、外国人技師の腕が悪く、設備も老朽化したため、製品が外国産の硝子と競争できなかったからであったという。しかも工場はしばしば敗残兵や土匪による襲撃に見舞われ、生産も途切れ途切れであった。

こうしたことから、宿遷の主な産業は、農業であった。しかし、蘇北地域は江南地域に比べて生産力が低いにもかかわらず租税負担が比較的高く、貨幣制度や度量衡も混乱しており、その上、民衆は土匪の問題に悩まされていたという。[21]「江南と江北はわずか一本の川で隔てられているだけだが、歴史の隔たりは千年もあり」、蘇北地域では土地は地主に集中し、百頃（一万ムー）の土地を有する地主がどの県にも一人ないし数人はいて、「彼らはだれよりも高い権威を持っていた」のである。[22]そして宿遷県では、最大の土地所有者は極楽庵という仏教寺院であった。

一九二七年、北伐軍がこの地にいた軍閥の軍隊を追い出し、南京政府が任命した新しい県長江練如がやってきた。着任早々、江県長は県政の改革に乗り出した。宿遷県では、昔から胥吏が県政を仕切っており、彼らの協力がなければ外部から来た県長は、たとえ有能な人物であっても県政を正常に運営することは不可能であった。江県長は「分科配置」の方法で胥吏らを自らの監督の下におきつつ、県政の運営に従事させた。しかし、経費が不足しているため、県政改革の遂行は容易ではなかった。[23]

一九二八年七月に発布された「江蘇省政府十七年度施政大綱」によれば、県財政局長は県長が兼任し、副局長は省財政庁が任命するとされ、将来的には各県の財政局長は省民政庁が直接任命するとされていた。田賦の徴収方法に関しては、以下の五項目が定められた。すなわち、(1)土地面積の測量方法の改革を田賦改革の根本とする。(2)各県の田賦徴収簿を編成し、糧戸の徹底的調査から着手する。(3)十八ヶ月以内に全省内で不動産の登記を行う。(4)田賦の徴収方法を改善し、本年度内に省庫もしくは代理省庫が田賦の徴収を行う。あらゆる雑多な税目を廃止し、民力に応じて新しい税を導入する。(5)土地価格の見積もり方法を定め、次第に実行に移る[24]。

宿遷県では、民国成立の一九一二年に巡警処が設立され、その後、警察事務所、次に警察所となり、一九二七年には公安局となった[25]。林県長は公安局の力で小刀会取締の成果を上げようとしたが、県政府が頼れるのは、まもなく弾薬が尽きそうな公安隊の四〇丁あまりの銃だけであった。しかも「宿遷県の民は従来から訴訟を好むので、民事・刑事訴訟が一日平均で四、五〇件」あり、拘置所に収監中の犯人が常時百五、六〇人いたため[26]、県長は日常の法律案件の対応に追われざるをえなかった。

このような民国成立以来の宿遷県で行われてきた旧弊を取り除く改革とは対照的に、一九二八年七月末、党部（国民党の県党務指導委員会）が設置されると、宿遷県では天変地異のごとき社会革命が始まった。江県長は管内のすべての紳董を集めて会議を開き、訓政時期に実施する各種の重要な政策について討議すると同時に、省政府に対し、宿遷県で特別法廷を設置し、会議期間中は「土豪劣紳」や反革命の罪に関する審議を停止するよう求めた[27]。

宿遷県では、それまでの民事、刑事犯罪以外に、「土豪劣紳」と「反革命」という二つの新しい罪名が加えられた。前者はその人物が所有する財産、とりわけ土地の面積によって決められ、後者はその人物の政治的立場によって決められた。六月二九日、江蘇省政府委員会は、「江蘇省党務指導委員会および各県の指導委員会（委員は）すでに各県に戻り、仕事を開始しようとしているが、まだ経費がないため、人材が集まらない。そこで議決により、各県に対し、最も緊急を要する経費に関して至急それぞれの県政府に電報を送り、満額立て替えて支給するよう要請させる[28]」という応急措置を取った。そして、七月二日、江蘇省政府主席鈕永建は省政府の各機関に対し、「党化された新江蘇を建設し、三民主義を実現し、総理の遺言を遵奉し、反動勢力を撲滅し、土豪劣紳や汚職官吏を取り除き、労働者や農民を助け、訓政方略を実施する。江蘇の民衆よ、団結せよ」[29]と呼びかけた。ここで特に注目したいのは、「反動勢力の撲滅」や「土豪劣紳や汚職官吏を取り除く」ことが「党化された新江蘇を建設する」ことの前提とされている、という点である。「反動勢力」とは、軍閥や共産党、及び国民党のイデオロギーや組織に相応しくない在地勢力を指している。宿遷県では一時期、民間の関羽や岳飛信仰までもが迷信として禁止の対象とされた[30]。また「土豪劣紳や汚職官吏を取り除くこと」には二つの意味が含まれており、「土豪劣紳」は大地主と在地有力者を、汚職官吏は県長などの役人を指していた。

七月二一日、葉堅・王志仁・劉執中・徐大鎔・姚進賢・王澐の六人は、南京で国民党宿遷県党部の構成員に任命された。一行は、二六日に宿遷県に赴いた[31]。この頃は、ちょうど南京国民政府が推し進めた「廟産興学」が勢いを増していく時期であった[32]。「廟産興学」の主張は、張之洞の「新政」にまで遡ることができるが[33]、国民党政権の「廟産興学」においては「党化教育」という明確な政治的目標が目指された。一九二八年三月、中央大学教授邰爽秋は「廟産興学運動」と題した文章のなかで、「僧閥」を打倒して一般僧侶を解放し、廟産を学校の建設費用に充てることを提言した[34]。これをきっかけに、各地で仏像・仏壇を取り壊す事件が相次いで発生し、僧侶を殺害する事件も起こった。葉堅らの一行が宿遷にやって来る以前から、中央大学区に附属する省立の宿遷中学といった新設の中学校は、「党化教育」の中心的な役割を果たしていた[35]。各中学校の校長や教員には南方の出身者が多く、彼らは学生に対して新思想を教育するだけではなく、一般の民衆を相手に反迷信の思想宣伝も行った。学校は「廟産興学」を通じて教育経費不足の問題を解決しようとしたのである。残念ながら、「廟産興学」に関する宿遷県党部の方針を示す資料は未発見だが、呉寿彭が党部から入手したと見られる情報に基づいて書いた論文を通して、宿遷県の国民党員たちの態度を垣間見ることは可能である。呉によれば、極楽庵は、二千ヘクタールの土地を所有する大地主であった。極楽庵は、蘇北によく見られる土塀で囲まれた「土囲子」に住む地主のような暮らしで、小作農を雇い、自衛のための武器まで備えていた。僧侶たちはみなこっそり妻妾を持っており、寺院としてはもはや名実の相伴わない存在であったという[36]。呉にとって、このような極楽庵はまさに「廟産興学」の対象であった。

呉は、別のところでも「周知のように、極楽庵の土地は属院を除いても千ヘクタールあまりもある。しかし政府に租税を納め、土地所有証書のある土地はわずか二五〇ヘクタールで、それ以外はすべて租税を納めない所在不明の土地である。このような状況は江北各県に共通している」と述べ、またそれだけはなく、極楽庵の僧侶が「だれもがこっそり妻妾をもっている」ことにも再度言及している[37]。

しかし、蘇北では江南地域と異なり、耕作可能な土地は限られていた。極楽庵側の主張によれば、実際に所有する土地は三百ヘクタールあまりに過ぎず、それ以外はすべて荒れ地であったという[38]。また極楽庵のような数百人の僧侶をかかえる大きな寺院では、個別の僧侶が戒律を破ってこっそり妻妾をもつ者がいたというのもあり得る話である。しかし、極楽庵の僧侶が全員妻妾もちであったという呉の話は実のところ誇張であった。しかし、いずれにしても、党部にとって「僧閥」たる極楽庵は、打倒すべき反動勢力であった。

宿遷県の県長江練如は、宿遷県に赴任する前に部下に命じて東岳廟を取り壊して講堂に改築させ[39]、さらに党部は極楽庵の数名の「劣僧」を「土豪劣紳」とともに逮捕した。党部のこれらの行動は、政府の支持を得て進められた。この年の一二月、江蘇省政府は各県党部に対し、「宣伝と訓練から着手し」、迷信打倒と廟産剥奪を区別して行うよう命じた[40]。国民政府が一九二九年一月に発布した「寺院管理条例」によれば、戒律を破り、党や政府の政策に違反した寺院は廃止することができた（第四条）。これによって、各県の党部は自らの判断で寺院の存廃を左右する権限を与えられたのである。[41]

他方、宿遷県を含めた蘇北地域では、党部は自らが推進した急進的な政策によって窮地に陥っていた。同年七月、省政府が各県に派遣した指導委員会委員は、数回にわたって各県の公安隊に対し、「所員たちは非常に大きな使命を背負っている。当然彼らの安全をしっかり守るべきである。そうでなければ、彼らが自由に職権を行使して順調に業務を遂行することができない[42]」と、喚起を促した。宿遷県党部は、「劣僧」や「土豪劣紳」を逮捕したことによって、すでに在地の有力者を敵に回していたが、これに続いて一九二八年一二月、党部と新任の黄県長が陰暦を陽暦に変え、旧暦の正月を祝うことを禁止するよう命じたことにより、さらに多くの敵を作った。[43]一九二九年二月、深刻な水害に見舞われた宿遷県の人々は旧暦の新年を迎えた。[44]しかし、その年の宿遷県は例年と異なる、異様な光景に包まれたのである。

三　表象された事件

一九二九年二月一三日、宿遷県の県城とその周辺と、さらに遠く離れた村々で、人々が口々に叫びながら動きまわり、小刀会によって「暴動」が起こされた。人々は県城にある党部や中学校を打ち壊し、党部の指導委員と校長を人質にして県城を後にした。その一週間後、事件は上海・南京の各新聞で報道され、人々に大きな衝撃を与えた。報道によると、事件は小刀会、「土豪劣紳」、凶暴な僧侶による「暴動」であった。参加者の人数は五、六万人とも数百人とも言われたが、いずれにせよ建物や家屋が打ち壊され、国民党員数人がナイフで切りつけられて負傷し、女性が連れ去られた、とされている。だが、果たしてこれは本当に事件の真相といえるのだろうか。

事件翌日（一四日）の未明、宿遷城内で秘かに一夜を過ごした国民党宿遷県党部の幹部簫某は、国民党の軍隊に救援を求めるために隣の沭陽県に駆け込んだ。その求めに応じて、新安鎮駐在の第九師団（師団長蒋鼎文）は、二個大隊の兵力を出動させたが、簫某は軍隊とは別行動を取り、一六日に徐州にたどり着いた。彼は徐州で『申報』記者の取材に応じ、自分が経験した事件の一部始終について次のように語っている。すなわち、事件発生当日、小刀会会衆は極楽庵を出て、「三民主義を打倒せよ」、「帝国主義を回復せよ」、「春聯を貼り、爆竹を鳴らそう」、「迎神賽会を回復せよ」、「陽暦を廃止し陰暦を実施せよ」などと叫びながら行進してきた。一行はまず県党部を打ち壊し、県指導委員会委員徐政、汪澐・王志仁の三人と第一区の党常務委員蔡克堯ら九人を連れ去った。続いて、彼らは学校を破壊して教員を殴打し、省立宿遷中学校の校長周宣徳、県立宿遷中学校の校長張懐鐸らを負傷させた。事件当時、県長童錫坤は、洋河鎮で道路建設現場を視察しており、県公安局長孫啓仁が小刀会が県城に入ってくるのを防ぐため、城門の閉鎖を命じた[45]。

宿遷の小刀会は日頃から甚だ猖獗で、五華頂や極楽庵の僧侶もまた勢力が大変強い。去年、党が東岳廟を取り壊して講堂を建設しようとしたが、会衆がこれに強く反発した。その後、五華頂の住職である匪僧慧門が逮捕されると、僧侶たちは再び反抗しようとした。そして今回、旧暦の暮れに党が旧暦を廃止するよう命じた結果、突然事件が起こった。極楽庵と講堂はともに城北にあったが、僧侶・土匪・小刀会会衆の三つの勢力の約七、八千人が連合し、十三日午後一時、突然武器を持って暴動を起こしたのである。

以上の簫某の話のなかで、重要なのは以下の二点である。第一に、「暴動」は僧侶・「土豪劣紳」・小刀会の三つの勢力による突発的な事件であり、初日の一三日には七、八千人が参加していた、という点、そして第二に、「暴動」

の目的は党部の政策に反対することだった、という点である。

一七日、区長採用試験を受けるために宿遷県を訪れていた蔡維幹ら一行が宿遷から徐州に戻ってきた。その中にいた蔡維干という人物が語った事件の経緯も、上述の籥某の話とほぼ一致している。それによれば、「暴動に加わった者のなかには僧侶・農民・ならず者・労働者もいれば、土豪劣紳もいた。保守的で知識のない人々ばかりだった」という。[46] さらに、蔡は籥某が宿遷県を離れた後の一四日に起きたことについても語っている。一四日午後一時、童県長は、小刀会会衆を集めて訓話した。その際、小刀会は三つのことを要求した。すなわち、(1)種々の過酷な徴税の廃止、(2)県党部の廃止、(3)東岳廟の再建、である。童県長は第一条には応じたが、第二、第三条は拒否した。彼は小刀会会衆に対して次のように語った。すなわち、もし法律や規律に違反した党員がいれば、民衆はその人物を告訴することができる。しかし東岳廟の取り壊しは迷信打破のために偶像を壊すという正義の行動である。事態の平和的解決を望むならば、人質をただちに解放すべきである、と。話し合いの結果、小刀会は人質をすべて解放した。ところが一五日朝、小刀会会衆は再び城門の外に集まって、党の支部及び学校を打ち壊した。

この事件について、一九日に宿遷から徐州に来た商人郝某は、『新聞報』記者にさらに詳細な経緯を語っている。それによれば、宿遷県の小刀会は「もともと土匪の被害を防ぐためのものであった」ため、「農夫・佃戸・ならず者のほか、中流層・下流層の人々もみな小刀会に入っていた」。彼らが暴動を起こしたのは、「県の党指導委員会が小刀会を打倒せよというような絵入りの標語を壁に貼って刀匪の怒りを買ったからだ。また宿遷県では最近、四千文の価値の家屋の家屋税が毎月銀一五元にまではね上がる有り様だったので、刀匪は負担が重すぎると言っていた。そこに来て旧暦の正月を祝うことが禁止され、各種の娯楽施設で花鼓歌詞（民間の演劇）を歌うことも禁じられ、旧暦正月の元日には指導委員会がこれに反した者を何人も逮捕した。刀匪はこれでは酷すぎると言っていた。また前商会会長が指導委員会によって検挙され、県政府から五万元の罰金を言い渡されたが、刀匪はこれは人々からみだりに罰金を取る行為だと反発していた。このようなことがみな今回の残酷な事件につながったのだ」、という。[47] 郝某の証言によれば、小刀会が反発したのは政府による種々の過酷な税の徴収と民間の伝統的習俗を無視した政策に対してであり、事件の直接的なきっかけは、旧暦正月の元日に多くの人が逮捕されたことであった。郝某は商人の立場から、多額の罰金を強要された商会会長と小刀会との関係を強調したが、別の資料によれば、国民党政権は「金融を操り、中央の命令に違反した」という罪で、宿遷県商会会長に罰金五万元を課し、十年間は地方の政治に関与することを禁じたのだという。[48]

一方、各方面の証言を付き合わせてゆくと、郝の証言と、先の蔡維干が語った内容には互いに一致しない点がある。郝によれば、県長童錫坤は公安局長孫啓仁や商会とともに、第三者の立場から事件の「調停」役をつとめた。童県長は小刀会が求めた東岳廟の再建には応じたが、県党部の撤廃と種々の過酷な徴税の廃止は拒否したという。事態の拡大を防ぐため、彼は小刀会首領張儒高を「剿匪」司令官に任命し、小刀会に対し、政府に敵対することなく従来通り「自衛防匪」に従事するよう呼びかけた。小刀会がこの童県長の調停に応じたのは、軍隊の弾圧を恐れていたからである、という。[49] 郝の証言は、その後徐州の商人何某が宿遷の友人からもらった手紙によっても裏付けられる。手紙の日付は一七日であったが、何がこれを新聞に公開したのは二〇日だった。手紙によると、小刀会の「数百人」は旧暦年の廃止や賭博、祭祀が禁止されたことに反発し、正月四日午後に講堂や県党部、宿遷中学などを打ち壊し、職員、党員数人を連れ去った。五日には、女子懐仁中学、商立中学などをも打ち壊し、孫文の遺影も引き破った。六日に第九軍の部隊が到着すると、事態は一旦沈静化したが、楽観を許さない状態である、とされている。[50] ここで重要なのは、この手紙では小刀会が「数百人を集めた」と書かれていることである。これは前述の蕭某の証言や本章冒頭の電報に書かれた人数よりもはるかに少ない。この数字は、事件の被害者の一人である徐政らの証言とも一致している。後述するように、二月二二日、徐政一行は宿遷から徐州に戻った後、記者に「暴動」に加わったのは五、六百人であると語っているのである。

以上の四人の観察者の証言は、それぞれの立場や事件との関連性の違いから互いに矛盾する部分もあるが、四人の証言者は期せずして一様に事件は地方政府、とりわけ党部が推進した経済政策や社会改革に対する住民の不満に起因すると述べている。一方、事件の首謀者に関しては、証言の内容は食い違っている。党幹部簫某や区長試験受験者の蔡維干[51]らは、地主・僧侶と小刀会――党部が彼らをそれぞれ「土豪劣紳」・「僧匪」・「刀匪」と呼んでいる――が事件を起こしたと主張した。一方、郝某、何某の友人は、地主や僧侶の事件との関わりには言及せず、小刀会が事件の首謀であったと主張した。ここで留意すべきは、外来者である幹部および幹部候補であった簫と蔡は、党部を新勢力として、そして地主・僧侶・小刀会を含む在地勢力を時代遅れの人々としてとらえていた点である。これに対して、地元出身の郝某・何某の友人は、党部と小刀会の対立が事件発生の要因であると考え、僧侶・商会・公安隊・県長は事件と無関係の第三者だと考えていた。

しかし、結局、党部の意見が輿論の方向を決定づけた。二一日、釈放されていた党幹部徐政・王志仁らは、徐州に戻るとただちに『新聞報』の取材に応じた[52]。当日夜に徐州に到着した中央大学区省立宿遷中学校の校長周宣徳・訓育主任簫明琴・教員梁某も被害の状況について記者に語った。徐政と周宣徳の証言から総合した事件の経緯は、次のとおりである。

一日目（一三日）の昼、小刀会は講堂を打ち壊した。これに続いて、夜には党部を打ち壊し、徐政らを県城から四キロ余り離れた許王古城の文昌閣に連れ去った。その後、人質らは三つの場所を移動させられた。徐政は一六日夜にようやく商会の保証で解放された。この時、「保証書には、非党員でかつ善良な人物である、と書かないと保釈できない」、と言われたという。

二日目（一四日）、小刀会は講堂と各学校を取り壊し、教員・学生を連れ去った。周宣徳によれば、城外にある宿遷中学には二つの校庭があった。教員の多くは江南の出身で、事件発生当時、冬休み中の補習授業を行っていた。「刀匪が学校に入ってきた時、学校にいた三十人余りの男女教員・職員と学生はうろたえて、塀を越えたり、屋根に登ったりして逃げようとした」。教員のうち四人がけがをし、五人が一旦人質になった後釈放された。羅慶光ら数人の教員は縄で縛られて県城まで連れて行かれたが、一六日に釈放された(53)。

三日目（一五日）、小刀会が家宅捜査を行い、二十人余りを連れ去った。その後、これらの人たちも商会の保証で解放された。

四日目（一六日）、第九師団の師団長周（陳）琦が兵士を率いて宿遷に到着し、運河北岸にある耀徐硝子工場に駐屯した。小刀会は当初対抗しようとしたが、「会衆の多くが地元の農民であり、軍隊が村に入って討伐するのをひどく恐れていた」ため、まもなく四散した。その後、軍隊は県城近くに移駐し、その一部は極楽庵に駐屯した(54)。

徐政の証言によれば、「この三日間、会匪の威勢の良さはまるで造反さながらだった。彼らはみな普段着姿でいたが、針で黄色の布きれを肩につけていた。彼らは大太刀やピストル、歩兵銃・長槍・銃剣などさまざまな武器を持ち、ものすごい勢いで行動しており、一目で会匪だと分かった」という。また、一日目の「暴動」に参加した人は約五、六百人だったが、三日目には千人余りに増えたという。そのうち半分は極楽庵の小作農だったが、「ただし、会匪らは県政府の人々には悪意を抱いていなかった。彼らが最も恨んだのは党員と学生だった」という。ここで、徐は極楽庵の小作農が小刀会に参加したことに言及し、僧侶の関与を示唆している。徐によれば、当時宿遷県の道路沿いにはたくさんの標語が貼られていた。その内容は「帝国主義擁護」・「三民主義打倒」・「党匪打倒」・「仏聖尊重」・「日本帝国主義はわれわれのよい友人だ」など乱雑なものだったが、「標語も宣伝文も文章がとてもうまく、後ろにだれか指図する者がいることがうかがえた」と述べている。

他方、事件で大きな被害を受けた宿遷中学[55]の教職員たちは事件についてどのように語ったのだろうか。

事件後、校長らは南京に行き、中央大学の学長張乃燕から特別に慰問を受けた。彼らは行政院・中央大学に対して事件の報告を行い、「土匪に切りつけられて負傷した時に着ていた革製の服を調べてもらい、焼き崩れた学校の写真を見せた」という。二五日、教員沈鴻翼らが中央大学教育学院で記者会見を開き、「宿遷中学被難教職員告民衆書」を公表し、事件解決に関する四つの要求を提起した。⑴今回の暴動の責任者を徹底的に調査し、厳しく処罰すること。⑵速やかに授業を再開するために学校の現状を回復すること。⑶損害を受けた教職員や学生に賠償すること。⑷宿遷県当局が今後本学の安全を保障するよう責任をもつこと[56]。このことから、学校側の批判の矛先は県長、公安局長、僧侶と商会に向けられていることがうかがえる。

そもそも、県長が小刀会と交渉した結果、人質となった宿遷中学の教職員らが解放されたのは一四日午後であった。しかし、校舎が破壊されていたため、一部の教職員は住居を失った。彼らは「やむなく学生の家に住み、六、七日間も恐怖のなかで過ごした。彼らは再三県当局に対し救済を求めたが、相手にされなかった。そこで彼らは困り果てて、二〇日に宿遷から徐州に行き、被害を受けた教員が集団で上京して請願した」のであった[57]。同様に、党幹部徐政も身の安全が確保されなかったことを訴えた。彼は小刀会が商会に対して教育局長羅毅堂、指導委員会徐政ら四人の身柄を渡すよう求めたという情報を知り、宿遷県から逃れることを決めたのだという。彼は小刀会に拘束された時のことを次のように振り返っている。「小刀会は徐に対し、党部はなぜアヘンと賭博を禁止したのか、なぜ皂河の木を伐採したのか、またなぜ余分な租税を徴収したのか、などと尋ねた。徐はひとつひとつ回答したが、（小刀会が）聞いたことはほとんど党部と無関係だった。（徐の答えを聞いた後）小刀会のなかには徐に対し理解を示した者もかなりいた。このことから、彼らが党部や学校を敵視したのには確かに背景があり、事件の原因が非常に複雑であることが分かった」のだ、と。いっぽう同行の王志仁の証言では、党員が連行された時、党部はまだ破壊されていなかったという。王は、「何度も公安局に部隊を派遣して保護してくれるよう求めたが、なかなか来てくれなかった。その日の夜、党部が打ち壊された。陳らは党部の印鑑だけをもって逃げた。刀匪は陳に三発の銃弾を撃ったがいずれも命中しなかった。王は連行されたが、前公安局長王公義（汪公易─引用者）の担保で解放された。汪は小刀会の者たちに食事はどうしているのかと尋ねたところ、会衆は「極楽庵と商会が出してくれる」と言った。これで裏の事情が明らかになった」と述べている[58]。つまり、小刀会の「暴動」の黒幕は極楽庵だったというのである。

実は、徐政ら一行が徐州に到着した二一日の『申報』には、党部の意見を反映する報道が掲載され、地主・僧侶と小刀会が共謀して暴動を起こしたと報じている。報道には、党部が逮捕もしくは指名手配した者に五華頂・極楽庵の慧門・躋聖・祥斎・蓬仙などの「悪僧」、馬啓龔（龍）・馬啓豫・孫用標・蔵蔭篤・蔵蔭梓・張梓琴・劉孟侯などの「土豪劣紳」の名前が挙げられている。報道によれば、これらの人々が逮捕されたため、彼らの小作人たちが小刀会に入り、暴動を起こそうとしたのである。「今回開かれた県代表大会で、多くの土豪劣紳を摘発し、近いうちに蔵蔭篤を逮捕することが決まった。だから宿遷の土豪劣紳はますます恐怖に陥り、逆襲するために公然と活動した」、また「暴動」が発生すると、「土塀のなかに住む極楽庵の僧侶や民衆は多くのマントーを匪賊（小刀会）に差し入れた」[59]、とも述べられている。

この証言の中で県長と公安局が小刀会を庇ったことがほのめかされている点も重要である。証言によると、事件発生当日（一三日）、五千人の会匪は宿遷県の五孔橋を出発し、行進しながら「県党部打倒」、「洋学校打倒」、「童県長擁護」、「中国を救った日本人を擁護する」など「得体が知れないでたらめなスローガンを掲げた」という。さらに、大きな旗には「党の圧迫により民は造反した」とも書かれていた。「この時、土豪劣紳や悪僧は何度も徐政らを斬首にするよう求めたが実現しなかった。県長・公安局長は数百名の兵士を抱えながら一歩も門を出ようとせず、逆に刀匪と互いに侵犯しないことを約束した」のだという。そして、二日目の出来事については、「（童県長が）党員に責められてやむをえず一中隊の公安隊員を率いて機関銃数丁をもって城外に出て調停に当たった。土豪劣紳や悪僧が提起した党部の廃止や講堂の取り壊しなどの条件に対し、童県長は、「党部は私が設立し委任したものではないから、これを廃止する権限は私にはない。それ以外の要求については相談してもよい」と答えた[60]、と述べられている。

以上からみれば、事件に関する目撃者の叙述は互いに多くの一致しない点があるが、それでも証言者たちは期せずして一様に事件の原因は県長と極楽庵にあったと主張している。また党部の関係者たちの間では、事件の首謀者は極楽庵であり、県長が小刀会の行動を容認したため「暴動」の規模が拡大した、という点でも一致している。

四　県長の弁明

一九二七年七月から一九三八年一一月に日本軍が宿遷県を占領するまでの一二年間、南京国民政府はあわせて一六名の県長を宿遷に派遣した[61]。童錫坤はそのなかで最も不運な県長であったと言えよう。二月九日、旧暦の大晦日、彼は長旅を終えて宿遷県に到着し、一一日に県長に就任した。その二日後の一三日、彼は道路工事を視察するために洋河鎮に赴いた。その最中に小刀会の「暴動」が起こったのである。責任追求の矛先が自分に向けられた童は、どのように自己弁明したのだろうか。

事件発生当初、童は人質の釈放を優先して事件の早期解決を図った。しかし、小刀会との話し合いが成立した後の数日間、約束通り小刀会の要求に応じるべきか、それとも党部の要請にしたがって小刀会を厳しく処罰するべきか、童の気持ちは激しく揺れ動いていた。一五日、彼は江蘇省民政庁長繆斌に書簡を送り、事件について報告した。その間、県党部の幹部や学校の教員は、童の返事を待ちきれず宿遷県を離れた。童は一行がきっと自分に不利な証言をするに違いないと判断して、書簡の内容を新聞に公開した。手紙によれば、彼は事件発生直後から全力で人質の救出をはかる一方で、海州の新安鎮に電報を送り、救援部隊の派遣を要請していた。童は、「一五日の夜は、党部や学校、電報局が破壊された以外には地元の商店では騒動はなかった。三、四人の女子学生を除いて、多くの人質は解放された」と述べている。新安鎮に駐在していた軍隊が宿遷に来たことについて、童は、陳琦が童錫坤の教え子であったため、事件の一報を受けた後ただちに駐屯地を出発したのだと述べている。これは前述の簫某の証言とはやや異なっている。そして、事件発生の原因については、童は「間接的な原因は党部や学校が東岳廟を打ち壊し、神を敬うことを禁止するなど強引に新政を実施したことにあるが、直接的な原因は前県長黄某が旧暦の正月を祝うことを一切禁止したことにある[62]」と述べている。

しかし、童錫坤の弁明は彼が置かれた不利な状況を変えることはできなかった。党部や教職員たちは、徐州および南京に到着した後、小刀会を厳しく処罰しなかった童県長の対応を批判した。なかには、童が事件の黒幕であることをほのめかす者もいた。各方面の圧力を受けて、童錫坤は公安局長らを集めて、小刀会に対する処罰方法について協議し、三つの措置を取ることを決めた。(1)小刀会の投げ槍と刀を没収し、彼らに互いに身元の保証をさせること。(2)武装解除した後、今回の事件の主要な犯人を処罰すること。(3)今回の事件の主犯者は損害を受けた学校・党部・団体に賠償を行うこと。[63] つまり、童県長は東岳廟の再建をめぐって小刀会と交わした約束を破り、党部や学校の損害賠償を小刀会に要求し、事件の主犯者に懲罰を加えようとしたのである。結局、童は懐柔策で最初の小刀会「暴動」を収束させ、その後小刀会との約束を反故にした。これが原因で小刀会は二回目の「暴動」を起こしたのである。[64]

二月に起きた一回目の事件に関する報道と同様に、二回目の事件に関しても、新聞報道の内容は互いに食い違っている。関連する報道を最大公約数的にまとめると、事件の経緯は以下のとおりである。

三月一日、宿遷県公安局は県長童錫坤の命令に従って、「大衆を集めて暴動を企てた罪、および総理を侮辱した罪」で小刀会首領張儒高、極楽庵の僧侶十数人を逮捕した。リーダーの逮捕を知った小刀会の者たちは憤慨し、県城周辺に集まった。この時、宿遷に駆けつけてきた陳琦の部隊は、十余名の騎兵を遣わして県城南から五キロほどのところで偵察するよう命じた。しかし、一行は小刀会の待ち伏せに遭遇し、全員捕らえられた。童県長は張儒高の釈放を条件に兵士たちの身柄の解放について小刀会側と約束した。しかし、兵士たちが戻った後、童県長は一部の小刀会の者たちを釈放しただけで、張儒高は釈放しなかった。小刀会会衆は県長の二度の背信行為に激怒し、武器を手に宿遷県城を包囲した。

多勢に無勢の童県長は城門を閉鎖し、軍隊の救援を待っていた。[65] ある目撃者によると、二日、小刀会の者たちは再び集まって県城を攻撃した。彼らは外側の土城の城壁を突破し、刀で警察二名を斬り殺し、公安隊員数名を負傷させた。巻き込まれた住民にも多数の死傷者が出た。三日、小刀会は三度県城を攻撃した。童県長は小刀会に談判を呼びかける一方で、ひそかに警察に命じて小刀会の仏堂十数ヶ所を破壊させたという。[66] しかし、宿遷県から徐州に逃れた中学生李保則の証言によると、小刀会が県城を包囲したのは、童県長が彼らのリーダー六、七人を逮捕し、そのうちの二人を殺害したからであるという。[67] つまり、童錫坤が小刀会との約束を反故にしたのは、警察がすでに二人の小刀会リーダーを殺していたからであった。小刀会の行動について、童県長は次のように述べている。「二日午後、刀匪は五十二連隊と衝突した。双方は夜を通して激しく戦った。三日、刀匪は敗れて四散した。陳の部隊は十数ヶ所の仏堂を焼き払い、火は運河の西側にある高坂頭村一帯の百軒以上の民家に及んだ[68]」。

四日、陳琦の部隊は上官の命令に従って宿遷県を離れた。後ろ盾を失った童は翌五日、変装して宿遷県を後にした。彼は六日に徐州に着き、翌七日に首都南京に到着した。県長不在となった宿遷は、無政府状態に陥る。残った在地紳商は自発的に維持会を組織し、小刀会の了承を得たうえで王仰周が代理県長に推挙され、主に小刀会との交渉を担当した。小刀会は交渉の席上で以下の四つのことを要求した。⑴損害の賠償（新たに仏堂と家屋を建築すること）。⑵党部を撤廃すること。⑶学校の設立を禁止すること。⑷党部の孫啓仁の身柄を小刀会に引き渡し、処刑させること[69]。第一条は受け入れられ、それを受けて小刀会は県城の包囲を解除した。一三日以降、近隣の邳県、泗陽県、睢寧県の県長らがそれぞれ公安部隊を率いて宿遷県にかけつけ、清江に駐留した岳維峻の部隊も増援に派遣された。一六日、宿遷県の公印は睢寧県長李子峰に渡され、臨時的に保管された。

三県の県長と王仰周は事件現場を視察し、混乱は童県長の対応に起因するという認識で一致した。「県城の西部、南部近辺の四百十戸余りの家屋が焼かれ、農民三十四人が焼き殺された。これらの人々は、童県長が（小刀会）会衆を攻撃した際に被害を受けた。彼らは、会匪と農民が入り混ざった玉石混淆の状態であったが、その状態は非常に悲惨であった[70]」という。なお、彼らは童県長が「公金や武器を携えて密かに逃げた」とも指摘した。これについては、後に童は自分が持っていたのは軍隊を接待するための資金だったと自白している[71]。

その後、宿遷県の前公安局長汪公易が特派員として宿遷県に派遣された。王仰周と県常務委員黄某らは汪に対して、第九師団の軍隊が宿遷県で放火した後、「小刀会の会衆は郷董に担保してもらって、武器を引き渡して騒動を終わらせ、田舎に戻ろうと思っていた。ところが思いがけないことに、童（県長）が出奔してしまった」[72]と述べている。これを受けて汪公易は調査報告書で、小刀会によって最初に学校が打ち壊された後の童錫坤の対応について、次のように述べている。

（童県長が）刀会の会衆を多数逮捕したため、同会が一味を糾合し、三月一日の夜から二日間にわたって県城を包囲した。童県長は人を遣わして解散するよう説得したが、まったく効果がなかった。三日午後、（童県長は）再び軍隊を率いて県城を出て（小刀会を）攻撃したので、刀会の会衆は散り散りになって数ヶ所の家屋を焼いた。四日八時、童県長は外から来た軍隊と公安隊を率いて黄河西岸にある沈荘沿及び古城黒魚汪、申徐荘一帯で捜査し、四百軒余りの家屋を焼いた。刀会は慌てふためいてあちこちへ逃げた。五日早朝、童県長は軍隊が移動命令を受けたため、部隊と一緒に出奔した。たちまち城内は混乱した。（中略）地方の人士は臨時治安維持会を発足させ、まもなく公安隊の蔡隊長が部隊を率いて戻ってきて、人心は落ち着いた。そして行政局長王仰周を推戴し、しばらく県の印鑑を保管させた。当日の夜、童の出奔を知った刀会は再び集まった。王仰周は人を遣わして彼らと三、四日間話し合った。九日になって（刀会が）ようやく退いた[73]。

事件に関するその他の報道と付き合わせると、右の記述は比較的に客観的であるといえる。一回目の事件は、党部が推し進めた改革が小刀会の不満を招いたことに起因するのに対して、二回目の事件は童県長が小刀会のリーダーを逮捕し、公安局と軍隊が武力で小刀会を弾圧したことに起因していたのである。童は一回目の事件の際に党部から弱腰という批判を受けており、その汚名をすすぐため、小刀会に対して強行姿勢を取った。しかし、それが二回目の事件の導火線となり、宿遷県に更に深刻な被害をもたらしてしまう。事件が発生すると、彼は小刀会と宿遷県民衆の報復を恐れ、県長の公印を捨てて宿遷県から逃げ出したのである。就任からわずか一ヶ月であった。

童県長が去ってから、宿遷県は六人目の県長劉昌言を迎えた。しかし四月一一日から数日にわたって、就任早々の劉県長は三回目の小刀会「暴動」に遭遇することになる。正確には、この三回目の「暴動」は二つの異なる事件であった。一つは宿遷県と邳県の県境にある両県が共同管理する窑湾で起きた「暴動」である。事件は四月一一日から一三日まで三日間続いた。四月一四日、海州駐在の譚曙卿部隊の一部が宿遷県に到着すると、小刀会は戦わずに四散した[74]。事件がメディアの注目の的となった原因は二つあった。第一は、事件が武漢と山東省東部の政治情勢と関係していたためである[75]。第二は、事件の首謀者薛幹臣が「大同国皇帝」と名乗り、布告やビラをまき散らして世間を驚かせたのである。薛は地元出身の小刀会首領で、わずかに字が読めた。その薛が逮捕されたのは軍隊が勇敢に作戦した結果ではなく、薛の部下が彼を生け捕りにし、その身柄を軍隊に引き渡したからであった[76]。

一九日、宿遷県城の南東にある陸（鹿）家集でこの小刀会事件に関連のある別の事件が起きた。就任早々の劉県長は事態の早期沈静化を図り、小刀会首領大金子ら十数人の逮捕、及び会衆方平安らの家の家宅捜査を命じたのであるが、これに対して、「小刀会首領が再び会衆を集めて兵を挙げた」のである[77]。劉県長の要請を受けて、岳維峻部隊の騎兵は皂河一帯で小刀会を包囲殲滅をはかり、家屋を焼き、人々を殺し、略奪を行ってこの地を去った。小刀会は復讐のために集まり、県城外の東大街の砲塔を占領し、軍隊相手に死闘を繰り広げた。軍隊は砲塔や民家、商店に火をつけて小刀会を撃退した。この闘いで、「皂河は軍隊に、東大街は小刀会にそれぞれ焼き払われた。いずれも大災害になった」という[78]。しかし正確には、どちらも軍隊の手によって破壊され、県長劉昌言の手によって破壊されたのであった。劉県長は軍隊の力を借りて、いわゆる三回目の小刀会「暴動」を鎮圧したのである。

五　小刀会は匪賊であったのか

以上からみると、宿遷県小刀会の「暴動」事件をめぐっては事件発生直後から各方面の証言が互いに大きく食い違っていたことが分かる。個々の証言者が各々の立場から小刀会による「暴動」の物語を紡いでいるわけであるが、一連の事件を別の角度から検討してゆくならば、小刀会による「暴動」という物語にはなお疑問を差し挟む余地があるように思われる。

前述のように、一回目の事件に関する新聞記事には小刀会のスローガンや標語が引用されている。その言わんとするところは、それまでの半年の間に数々の不幸な出来事が起きたが、それは党部と学校に原因があった、ということであった。これはある意味で正鵠を射ている。東岳廟の取り壊しと旧暦正月の廃止は、人々の従来の信仰体系を破壊した。「土豪劣紳」の逮捕は、一見すると特殊な階層を標的にした行動のようだが、土地の測量と新たな納税基準の制定は、すべての住民の利害に関わることでもあった。「帝国主義擁護」、「日本帝国主義はわれわれのよい友達だ」についても、もしこれらが小刀会のスローガンであったとすれば、それは、三谷氏が指摘したように、民衆が党部を恨むあまり、党部に敵対するあらゆる勢力を支持する立場を取ったことによるのであろう[79]。しかし、仮に小刀会のなかにこのような考え方をもつ者がいたとしても、それは一部の小商人たちの国民党政権による外国製品ボイコット政策に対する不満の表れであり、このような意見が小刀会のなかで主流を占めていたとは考えにくい[80]。これを裏付ける資料として、前出の宿遷県の事件に関する国民党左派青山は、小刀会の「民衆の聯合に関する意見書」を引用して、次のように述べている[81]。

みな、なぜ講堂を打ち壊すか、分かっているか。講堂は東岳廟の財産だった。これはすべて韓某の陰謀だ。党部ですら共産党になってしまった。赤化とは何か。北伐軍が勝利した時、党は武力を誇りに威勢を示し、誰彼かまわず罵ったり打倒したりし、われわれ民衆のことでさえ土匪と罵った。去年はなんと皂河一帯で農民が植えたばかりの木を悉く自分のものにした。金持ちに多額の金銀を強要したのも、彼ら党と教育局、県政府公安局の仕業だった。彼らは三民主義をさっぱり忘れてしまい、民生主義をどこかに打ち捨ててしまったのだ。（中略）三民主義は民衆のために利益を図るものなのに、党と汚職官吏はさまざまな名目の税金を徴収している。（中略）われわれ民衆が力を合わせ、省政府の知らないところで行われている種々の過酷な徴税をやめさせ、党部が結んだあらゆる不平等条約を廃止させることで、ここに初めて革命が行われ、民生問題を重んじる〔孫〕中山先生の思いが実現されるのである。そうしてこそわれわれ民衆はやっと安心できる。江北の民衆を組織し、赤化と汚職官吏を排除するのが本当の幸せだ。以上は、童県長が二日目の談話のなかで認めた条件である。

ここで著者は、現在の国民党は孫文の三民主義に反して民衆を圧迫し、赤化政策を推し進める暴力機構になってしまった、と国民党を痛烈に批判している。小刀会のスローガンに「三民主義打倒」が含まれていたことを考えると、「民衆の聯合に関する意見書」が本当に小刀会の手によって書かれたものかどうかは疑問である。共産党側の回想によれば、事件発生後、宿遷県の共産党組織が事件に介入し、国民党の政策に対する民衆の不満を反国民党の政治闘争に発展させようとしたとも言われている。(82) しかし、史料上の制約のため不明な点が多く、この点についてはそれを裏付ける新しい史料の出現を待たなければならない。

国民党左派が宿遷県で秘密裏に活動していたかどうかは不明であるが、青山が言及した東岳廟の取り壊しや皂河の木の伐採、公安局がほしいままに人を逮捕していたこと、および「二日目に童県長が（小刀会の）要求を受け入れた」

こと等はほぼ宿遷県で起きたことと一致している。事件当時宿遷県にいた人物でなければ知り得ないはずのことであり、この文書そのものが捏造されたものとは考えにくい。党幹部徐政も、「（小刀会の）標語も宣伝文も文章がとてもうまく、後ろにだれか指図する者がいたことがうかがえた」と述べている。ただしその内容から見て、この「民衆の聯合に関する意見書」は国民党の非主流派の手によって書かれた可能性も完全に払拭することはできないであろう。これに比べて、事件当時散布されていた「江北民衆告白」と題するビラは、民衆のより切実な要求を示している。[83]

みんな聞いてくれ。民衆には不平があるのだ。

昨日党部を打倒したのは、党部が民を苦しめたからだ。

陰暦を祝うことを許さず、寺院を壊して人々の感情を傷つけた。

（中略）

みんなで力を合わせて、彼らを県城から追いだそう。

もし党部を残していたら、まもなく先祖までもが滅ぼされるのだ。

このビラには、その一字一句に党部による迷信反対、風俗粛正などの政策に対する憤激と恨みが表現されている。

国民党政権の歴史叙述において、小刀会は反動的迷信団体と見なされている。[84] これに対して、国民党左派は反主流の立場から宿遷県の小刀会の事件を「党逼民反」と位置づけた。[85] 小刀会の「暴動」をめぐるこれらの叙述と歴史事実との間には大きな溝が横たわっている。一回目の事件は「控えめな暴動」であった。党部と学校に対する鬱憤を晴らすため、小刀会は家屋を打ち壊し、党員と学校の教職員や学生を人質にした。しかし、塀を飛び越えた際に転んでけがをした二人の教員を除けば、人質は全員無傷だった。宿遷中学校の関係者は、二人の教員が大きな刀で斬りつけられてけがをしたと証言したが、それは小刀会会衆が逃げ出そうとする二人を引きとめるために不注意でけがをさせたのであって、意図的に危害を与えたものではなかった。「刀匪」という言葉を口癖のように使う党部の徐政も、小刀会が「道理をわきまえ、情理にかなった〔行動をして〕」おり、会衆の多くが農民で、軍隊がやってくると恐れて自ら解散したと述べている。

二回目の事件は「抗争」と称すべきであろう。童県長は何度も言葉を翻しただけではなく、小刀会の会衆を殺害していた。小刀会はやむをえずこれに反抗したのであった。小刀会を弾圧する際、童県長と軍隊はやたらに罪のない人まで殺害し、宿遷の人々にきわめて大きな危害を与えた。公安大隊と軍隊に比べ、小刀会は厳しい規律を有する武装集団であった。この点については、小刀会に好感を持たない輿論も困惑を隠せず、「刀匪」がむやみに人を殺さなかったのは彼らの「迷信」によるものだったと述べている。(86)

二回目の事件と同様に、三回目の事件もまた小刀会による「抗争」であったと言うべきであろう。これは劉県長が強制的に住民の武器を押収しようとしたことに起因し、軍隊による殺人・放火・掠奪をきっかけに起きた事件である。小刀会の行動は正当防衛であった。窰湾で起きたもう一つの事件についても、当時の新聞は小刀会による「焼殺」事件と報じているが、比較的に信頼できる報道は、薛幹臣の大同軍が「窰湾奶奶廟に参加した」人物一名を殺害したとする報道一件のみである。(87)

小刀会が土匪ではなかったことのもう一つの根拠は、小刀会の組織の特徴にある。宿遷の小刀会は、もともと自衛を目的とする民間の武装組織であった。師（神）に倣って魔除けの札を描いて呪文をとなえれば、「刀槍不入」の超能力を身につけることができると信じられていた。江蘇省北部の小刀会は紅会・黄会と花藍会の三派に分かれており、そのうち、紅会は人数がもっとも多く、「黄蓮老祖」（仏祖）を祖師とする。会衆は赤い帯を身につけ、刀に赤い纓を付けていた。また、花藍会の会衆は全員女性であった。黄会は「紅蓮老祖」（関帝）を始祖とし、会衆は黄帯を身につけ、刀に黄色い纓を付けていた[88]。「（会衆は）みな百姓の服装を着ていたが、ただ体に黄色い帯がついていた」という徐政の証言からみれば、一回目、二回目の事件に関わった小刀会はいずれも黄会の系統に属するとみられる。この時期、宿遷県の県城周辺には、永慶郷の丁克興・大同郷の張儒高・南郷の劉士龍がそれぞれ率いる小刀会勢力が存在した。丁克興が一回目の事件に関わったかどうかについては不明であるが、張儒高・劉士龍はいずれも第一回、第二回の事件に関与していた。

また、これらの小刀会組織は互いに独立していた。童錫坤が小刀会の活動拠点であった仏堂を数十ヶ所焼き壊したことから判断すると、各小刀会組織は圩子ごとに活動していたわけではなく、それゆえ、個々の小刀会組織の規模はさほど大きくなかったことが推測される。これらの小刀会組織と地主・商人など地域の有力者との具体的な関係はほとんど知られていないが、県長と小刀会の話し合いの際に商会の代表が立ち会い、県長の小刀会に対する賠償の保証人にもなっていたことを見ると、商会と小刀会との間には何らかのつながりがあったことは推測される。一回目の事件が起きた後、党部は極楽庵・商会・大地主の間に何らかの同盟関係があったのではないかと疑ったが、その後、商会・地主に対する疑念は解消され、極楽庵だけが疑惑の対象となった。これについて、前出の呉寿彭は次のように述べている。「宿遷県の刀会は最大の地主である極楽庵の僧侶の命令に従って行動した。事件が起きたのは国民党の県党部や学校の学生が寺の財産を没収しようとしているとの風説が広がったからだ[89]」、「たとえば、極楽庵は宿遷だけではなく、江北でも最大の地主であった。極楽庵は小作農・会衆に呼びかけて県城を撃破し、国民党の人を撃ち殺し、学校をたたき壊し、街のいたるところに富紳を擁護する標語を貼った[90]」、と。しかしこれについては、以下のようなその後の経過を見ておく必要がある。三回目の事件が沈静化した後、劉県長は民間人を対象に刀や槍などの武器の押収を開始した。それが終了すると、六月二二日、民政庁長繆斌が視察のため宿遷を訪れた。繆は劉県長の強力な弾圧手腕を高く評価した。劉は極楽庵と小刀会との関係には触れずに、「極楽庵と五華頂の僧侶は、例えば、財産を蓄え、園林を広く作り、小作農を私刑で懲罰し、女性を強奪し、寺院の清規を守らない、など種々の劣悪なことをした」と報告した。「繆氏はそれを聞いて激怒し、二つの寺院の財産を差し押さえることを命じた」という。翌日午前、繆は公共体育場での講演を終えた後、地方行政の長を集め、「寺の財産を調査し、租税を減らし、農具を無料に農民に配るよう命じた。これを聞いて僧侶たちは皆逃げだした[91]」という。つまり、ここから、寺の財産を没収したことと暴動事件とが無関係であることは明らかである。

六　僧侶たちの訴求

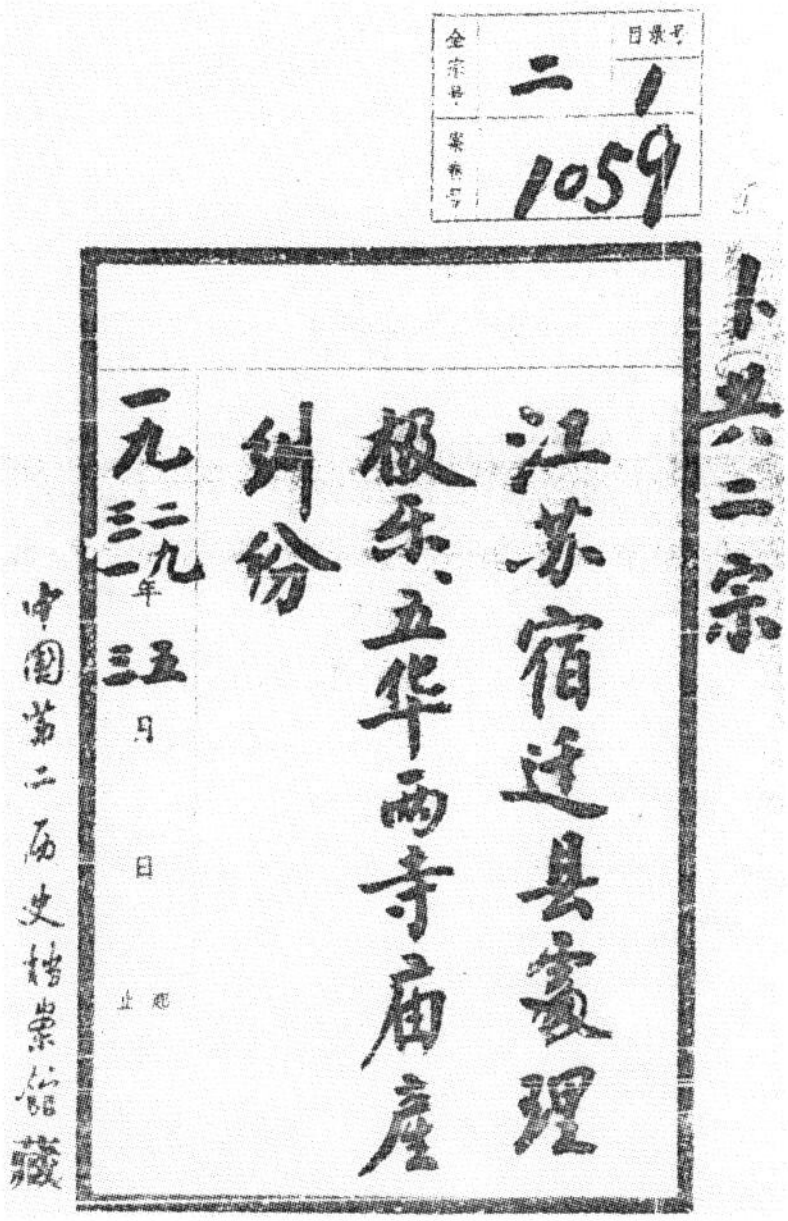

〈写真８―１〉中国第二歴史檔案館所蔵

極楽庵はいくつかの律宗寺院の総称であり、極楽庵（南大寺とも呼ばれる）のほかに、五華頂などの分院が含まれている。当時の資料ではしばしば「極楽庵・五華頂」と併称された。極楽庵は壮大な寺院と数百人の僧侶、雑役を抱えていた。呉寿彭と宿遷県党部によれば、極楽庵は約一千ヘクタール、すなわち一〇万ムーの土地を所有していた。これについて極楽庵側は、寺が所有する土地は痩せ地ばかりで、合わせて三百ヘクタールあまりしかなかったと主張した[92]。しかし、党部を始めとする「廟産興学」の推進派からみれば、たとえ極楽庵の廟産が三百ヘクタールしかなかったとしても、極楽庵は十分裕福であり、それゆえ「迷信」かつ「反動」的であり、当然打倒すべき対象であった。

一回目の小刀会事件の後、童錫坤は党部の圧力で公安隊を派遣して極楽庵を捜査し、僧侶文軒を逮捕した。しかし、文軒から寺の「土匪隠匿」を裏付ける情報が一切得られなかったため、童県長は「文軒を釈放し、優しい言葉で（彼を）慰めた」という[93]。事件は一段落した。しかし、童県長が宿遷県から逃げ出した後、後任の県長劉昌言は小刀会の首領を逮捕するよう公安隊に命じ、一挙に二十数名の小刀会首領を逮捕して殺害した。事件から半世紀後も、現地にはいまだにこの「首切り役人」のことを覚えている人がいたという[94]。

小刀会による「暴動」の最中、劉昌言は不安に陥った極楽庵に金を貸すよう求めたが、極楽庵はこれを断った。四月一七日、公安隊は突然南大寺の僧侶霊澈を逮捕した。霊澈は、極楽庵が小刀会に物資を与え、住職の蓬仙がひそかに小刀会の首領劉士龍と付き合っていたと供述した[95]。

同じ時期、劉昌言は省政府に対し、宿遷県の監獄のほとんどが藁葺きの粗末な建物で、在監の犯人のうち二八〇人もがまだ判決を受けていないと報告し[96]、積年の懸案を解決するために資金を配分するよう求めていたが、一ヶ月経っても返事がなかった[97]。そこで、金に困った劉県長は極楽庵に金を出させることを思いついたのである。劉は、その後江蘇省民政庁宛ての報告書のなかで、極楽庵・五華頂は自ら三十万元もしくは廟産の三分の一を供出し、損害を受けた学校の賠償金や地方の公益事業に充てることを願い出たと述べている[98]。

極楽庵がこれを知ったのはそれから一ヶ月後のことであった。五月三〇日、僧侶たちは行政院長譚延闓に電報を送り、次のように事情を説明した。すなわち、前県長の童錫坤が民政庁に報告したとおり、極楽庵は小刀会と党部との衝突とは何の関係もないのに、劉県長は僧侶を拷問し、極楽庵の住職蓬仙が小刀会に四百元の金を出したと供述させたのだ、と。[99] 六月五日、宿遷県仏教会常務委員祥斎は行政院に上申書を呈し、事件の経緯について詳細に述べたうえで、極楽庵廟産の差し押さえの処分を停止させるよう求めた。以下はその全文である。[100]

宿遷県極楽庵五華頂の僧侶によれば、童前県長が民政庁宛の書簡のなかで詳しく述べているように、宿遷県で起きた会党による事件は極楽庵と何の関係もなかった。劉県長から拷問を受けた瘋癲の僧霊澈は、極楽庵の住職蓬仙が土匪の首領劉子龍らと結託し、四百元を（劉らに）渡したとあしざまに供述した。蓬仙は今年陰暦正月の四日に病気を患った師を見舞いに蕭県に行った。上海の『新聞報』に掲載された記事によって極楽庵は（今回の）会党による事件に関わっていると書かれていることを知り、蕭県から上海に赴き、江蘇仏教連合会に事情を報告し、その記事の誤りを訂正する記事を新聞に掲載した。このことはすでに僧侶璽山らによって県政府に報告され、それを証明する資料もある。（蓬仙は）今も上海で病気の治療を受けており、宿遷県には戻っていない。どうして劉士龍らと結託することができようか。彼らは県城の掠奪を密謀したと言われているが、どこにその根拠があろうか。だいたい密謀であったならば、外部の人がどうしてそれを知ることができたのか。（蓬仙が）巨額の資金を（劉らに）援助したと言われているが、蓬仙が（宿遷に）戻っていない以上、どうして援助することができるだろうか。しかも今年四月一六日、刀会の呉丕順は五華頂を掠奪した際、五華頂と極楽庵の自衛的武装組織（郷練）に猛烈に攻撃されている。当時土匪は両寺院の人々を殺害すると公言していた。そのため五華頂の僧侶蔵真は省政府民政庁に報告し、軍隊を派遣して弾圧するよう求めていた。もし劉らが土匪と結託したり、彼らを援助したりしていたら、極楽庵はどうして郷練を出して猛烈な攻撃を食らわすことができたのか。また、土匪らはどうして（寺院の人々を）殺害することを公言したのか。また、刑法第三十一条に精神異常者の行為は処罰の対象にはならないと書かれている。僧侶霊澈は昔から精神が異常であり、日頃からよくめまいを起こしていた。このことについてはすでに本人から供述があった。たとえ（彼が）罪を犯したとしても、法律上処罰の対象にはならない。ましてや拷問を受けたうえでの供述はなおさらである。（省政府民政庁は）いくつかの県（の県長）を集めて会議を開き、僧侶たちに対し、賠償金として三分の一の財産もしくは三十万元を出すことを強制し、これに従わない場合、（寺の財産を）差し押さえると言ったそうだ。僧侶には何の罪があってこのような迫害を受けなければならないのだろうか。

調べたところによれば、霊澈は精神異常者であり、その供述を証拠とすることはできない。いわんやそれが拷問を受けたうえでの供述であれば、なおさら信用してはならない。また、蓬仙は本年正月四日に病気療養のために簫県から上海に行き、未だに（宿遷県に）戻っていない。（彼と）劉士龍らとの結託云々はまったく根拠がないことである。（劉らに）資金を援助したことについても証拠があるわけではない。刀会が暴動を企てたことは蓬仙とは何の関わりもなかった。刀会が（僧侶）殺害を企てたのは事実である。むりやり財産を出させ、これに応じない場合は（寺の財産を）差し押さえることは、「寺廟管理条例」第四、第五条に反する。そのため、公正を支持し、（極楽）庵の財産を守り、無実の人を巻き添えにしないように、宿遷県の県長に（廟産の）処分を停止させることを命じるよう願っている。謹んで国民政府行政院に呈す。江蘇宿遷県仏教会常務委員　祥斎より。

この長い上申書には三つのポイントがある。第一に、一回目の事件が発生した日、極楽庵の住職蓬仙は簫県にいたということである。簫県で極楽庵が事件と関わっているという『新聞報』の報道を知った彼は、ただちに上海に赴き、「江蘇仏教連合会に事情を報告し、誤った報道を訂正する記事を新聞に掲載し、僧侶璽山などを通じて県政府にも報告した」[101]。祥斎は、二回目の小刀会事件の際、五華頂は地元の郷長や保長と協力して呉丕順が率いる小刀会の攻撃を撃退したことを挙げて、寺院が小刀会と何の関わりもないことを強調している。第二に、精神異常者の供述の有効性を否定する刑法第三十一条に基づいて、てんかんを患った霊澈の供述はそもそも無効であり、しかも残酷な拷問で強要されたその供述には当然信用性がないとしている点である。第三に、「寺院管理条例」の第四、第五条に基づいて、廟産の差し押さえや分割は違法である、としている点である[102]。

もっとも、この上申書には事実認定と論証の面で多少辻褄の合わないところもある。たとえば、蓬仙がいつ宿遷を離れ、さらにいつ簫県から上海に赴いたかについては、「蓬仙は今年陰暦正月四日にはすでに師の病気を見舞うために簫県に出かけていた」と言いながら、「蓬仙は確かに正月の四日に病気を治療するために簫県から上海に行き、いまだに戻ってきていない」とも言うなど、内容が前後している。もし蓬仙が『新聞報』を通じて極楽庵が小刀会事件と関わりがあると疑いをかけられたことを知ったとすれば、彼は二月二〇日以降、すなわち事件発生一週間後に簫県から上海に行ったと推察されるのである[103]。また、上申書は五華頂が地元の武装勢力と協力して呉丕順が率いる小刀会を撃退したとも述べているが、呉の一派は自衛を目的とする刀会・槍会とは異なり、掠奪を目的とする土匪集団であった。これらの矛盾はさておくとしても、この上申書は江蘇省民政庁と宿遷県が主張した極楽庵廟産差し押さえの根拠を否定しており、また、党部と当時の新聞報道が作りだした小刀会「暴動」の物語の信憑性にも疑問を投げかけているのである。

しかし極楽庵側の上申に対して、江蘇省民政庁の役人たちは全く聞く耳を持たなかった。この上申書が南京に省政府に届いた後、民政庁長繆斌は宿遷県を視察した。前述のように、繆は宿遷県の事件解決方法を評価した。その根拠は、「宿遷県の極楽庵・五華頂両寺院の僧侶祥斎・慧門らは日頃から富を頼みに強勢を振るうこと、土劣（土豪劣紳）よりも甚だしい。近ごろはさらに土匪をかくまい、ひそかに反動を企て、刀匪に食糧と物資を提供し、二月一三日の刀匪事変を引き起こした。土匪の根源を取り除くため、寺のあらゆる財産を差し押さえ、処分を待つべきである[104]」、というものであった。さらに、民政庁は「宿遷極楽庵・五華頂両寺院の処分方法」を発布とし、以下の五つのことを定めた[105]。

(1)両寺院の住職は宿遷県仏教会ではなく、江蘇省仏教会によって選挙される。このことはすでに省政府が文書で省仏教界に知らせた。

(2)両寺院の財産について、仏教会の原案に従い、その一部を工場建設などの地方の重要な事項に充てる。民政庁が内政部の批准を得てからこれを適切に処理する。寺を維持するために廟産の十分の四を寺に残し、有徳な者を派遣してこれを経営させる。十分の二を工場の建設に充て、十分の二を自治経費の不足分を補う。十分の一を教育経費、十分の一を宿遷県救済院の建設費用に充当する。

(3)蓬仙・祥斎ら両寺院の主要な僧侶九人は指名手配し法律に従って処罰する。

(4)両寺院の財産を分割し、それぞれ極楽庵と五華頂財産処分委員会を結成し、その処分に当たる。

(5)極楽庵・五華頂両寺院の財産処分委員会のメンバーは、江蘇省政府と民政庁からそれぞれ一名、江蘇省仏教会から二名、宿遷県で公選された公正な人士四名、および宿遷県長から構成される。

以上からみれば、この「処分方法」の本当のねらいは両寺院の財産を剥奪することにあったことが分かる。これを受けて、一九二九年六月二二日、宿遷県公安隊は捜査の名目で「地面を三尺の深さまで堀りかえし、部屋のなかでは壊されなかったものがなかった」というほどに極楽庵・五華頂で掠奪を行い、その三日後の二五日に寺院財産の差し押さえを宣言した。さらに、公安隊は九十才近い高齢の僧侶慧門を「ひそかに陰謀を企てた」罪で逮捕した。その後、県長は両寺院から押収した食糧をこっそり売却し、数千元の金を手に入れた。これを知った党部の各部門は廟産の分与を求めた。六月二八日、善後委員会常務委員呉荘・周宣徳は国民党中央部・内政部・中央大学にそれぞれ電報を送り、「僧侶の悪行が目に余る」と述べ、差し押さえた廟産の一部を教育経費に充てるよう求めた。[106]

窮地に追い込まれた極楽庵は、成立したばかりの全国仏教連合会に助けを求めた。[107] 仏教改革の推進派、国民党内に太い人脈をもつ南京毘盧寺の太虚法師が極楽庵に救援の手を差し伸べた。一九二九年七月、太虚は極楽庵の要請に応じて、杭州と霊県から二回にわたって内政部に打電し、民政庁の「処分方法」を廃止し、中国仏教会に廟産を用いて僧侶の学校、工場を建設させるよう求めた。これを受けて、九月五日、内政部は太虚の要求を民政庁に伝えたが、きっぱり断られた。「もともと両寺院の主要僧侶は地元をかき乱したため、人民に深く恨まれていた。新たに見識があり、かつ有能な人を選んで住職にし、仏教会から引き継いで管理させるのは当然である」。「廟産を分割し、工場建設など地方の重要な事項に充てるのは、人々の怒りを抑え、広く仏縁を結ばせるためである」。「本案は情状がきわめて重大であるため、それに相応しい処分を行わなければ、党の方針を維持し、民衆の怒りを静めることはできない」[108]。これらの意見は一一月二〇日に内政部によって譚延闓院長に上程された。「寺院管理条例が修正・公布される以前の段階では、寺院に対する処分は依拠しうる法律がない。ただし、本案の情状は重大であるため、速やかに解決し民衆の怒りを静めるべきである」[109]、とされた。

ところが、事件がこのまま収束に向かうかと思われた時、二つの出来事によって情勢は極楽庵と仏教連合会に有利な方向に転じた。すなわち、第一に、宿遷県の政局に再び異変が起こり、県党部と対立した県長劉昌言がついに職を追われたのである。[110] 後任の県長崔馨山は、僧侶霊澈は拷問を受けて自白させられたとしてその無実を認め、霊澈を釈放した。第二に、「寺院監督条例」が一二月に発布され、極楽庵はこれを根拠に廟産に対する処分が無効であることを強く主張したのである。一九三〇年二月一三日、小刀会事件発生からちょうど一年後、極楽庵は行政院長譚延闓に三通の上申書を提出した。一通目は霊澈の上申書である。それによれば、彼は自分が日頃病気を患って、よく気絶するし、足も悪いため、一切外出しない。小刀会事件の後、劉前県長は極楽庵に罪をなすりつけるために霊澈を逮捕し、さまざまな刑を使って拷問を加えた。霊澈は堪えきれず小刀会との結託などの罪を認めざるをえなかった、というものであった[111]。二通目の上申書は宿遷県仏教常務委員会委員、五華頂僧侶蓮遠らが執筆したものである。蓮遠は譚延闓宛ての上申書のなかで、劉県長が極楽庵・五華頂の財産を差し押さえた後、蓮遠の名前を使って、自ら廟産を寄附したと偽って内政部に報告した、と述べている[112]。三通目の上申書は、極楽庵・五華頂が位置する西山郷の郷長王龍山・嶺陰郷の郷長張巡五・双湖郷の郷長高孝鼎・龍泉郷の郷長高孝宗、および宿遷県第一区の住民代表らが連名で出されたものである。それによれば、極楽庵・五華頂は小刀会事件と何の関係もないのに、財産を差し押さえられた。郷長らは両寺院が無実の罪を着せられるのを見るに忍びず、その無実を証明しようとするものである。小刀会の会衆呉丕順が五華頂を攻撃した時、同寺院の住職蔵真が郷長らとともに地元の団練や極楽庵の荘練を集めてこれを撃退し、土匪の首領蔡朗生を捕まえて、その身柄を県政府に送った。郷長らはこれによって両寺院の潔白が証明されるとし、責任をもって両寺院の慧門・躋聖・祥斎・蓬仙らの無罪を保障する、とされていた[113]。

この手紙から、劉県長や党部が再三主張してきた極楽庵に対する「人民の怒り」は事実ではないことが読み取れる。郷長らは、極楽庵は匪賊と内通などしていないため、「寺院監督条例」第九条に基づいて極楽庵の廟産を剥奪することはできない、と主張している。

行政院長譚延闓は劉県長の所業の数々に驚き、宿遷からの上申書を江蘇省政府主席鈕永建に転送させた。これを受けて、鈕は事件の徹底調査を命じた。一九三〇年二月二六日、彼は余炳忠を査察員として宿遷県に派遣し、県長に協力して事件を調査するよう命じた[114]。三月九日、余炳忠・崔馨山は霊澈を法廷に呼び出し、けがの状態を調べた。拷問から九ヶ月経っても、霊澈の背中・臀部・両腕の傷跡はどれもはっきり残っていた。公安隊に勤務した宋光起ら二人は劉県長が霊澈を拷問したことを証言した[115]。

こうしたなか、三月末、中国仏教会常務委員圓瑛・太虚・楊仁山らが内政部に上申書を呈し、「法令を維持し、人権を守るため、江蘇省政府に原案を撤回させるよう」求めた[116]。極楽庵の住職蓬仙（三五才）、五華頂の住職蔵真（四五才）ら一一六名の僧侶が連名で行政院に上申書を送り、「一八年（一九二九年――引用者）に宿遷で起きた小刀会の変は、無知な愚民が党部や学校をねたみ恨んで起こした。われわれ僧侶は党や学校に恨みはなく、刀会とは何の付き合いもない。どうして結託することがあろうか」、と無実を訴えた。上申書は、また、仏教は慈善を行う団体であり、人に頼って寄生生活を送るわけではないこと、宗教の自由は法律によって守られているため、廟産の差し押さえには法律の根拠が必要だ、とも主張した[117]。一九三〇年四月一五日、極楽庵は「法院」に起訴したが、受理されなかった。これを受けて、六月に再度提訴し、極楽庵が一回目の小刀会事件と何の関係もないこと、かつて呉丕順の率いる小刀会と戦ったこと、廟産差し押さえの理由となる霊澈の供述は拷問を受けた末やむなく自白したものであって無効であることを主張している。さらに、「劉前県長が逮捕した会首丁克興の供述によれば、（極楽庵との間の）連絡人は劉仁珩で、連絡場所は文昌閣であったという。どうして両寺院が連絡場所になり得ようか。密謀と言っている以上、どうして外部がそれを知ることができるのか。指名手配された慧門はすでに九十才の高齢であり、盲目である。どうして密謀に加わることができようか」。「寺は少しの土地を持っているとはいえ、それは

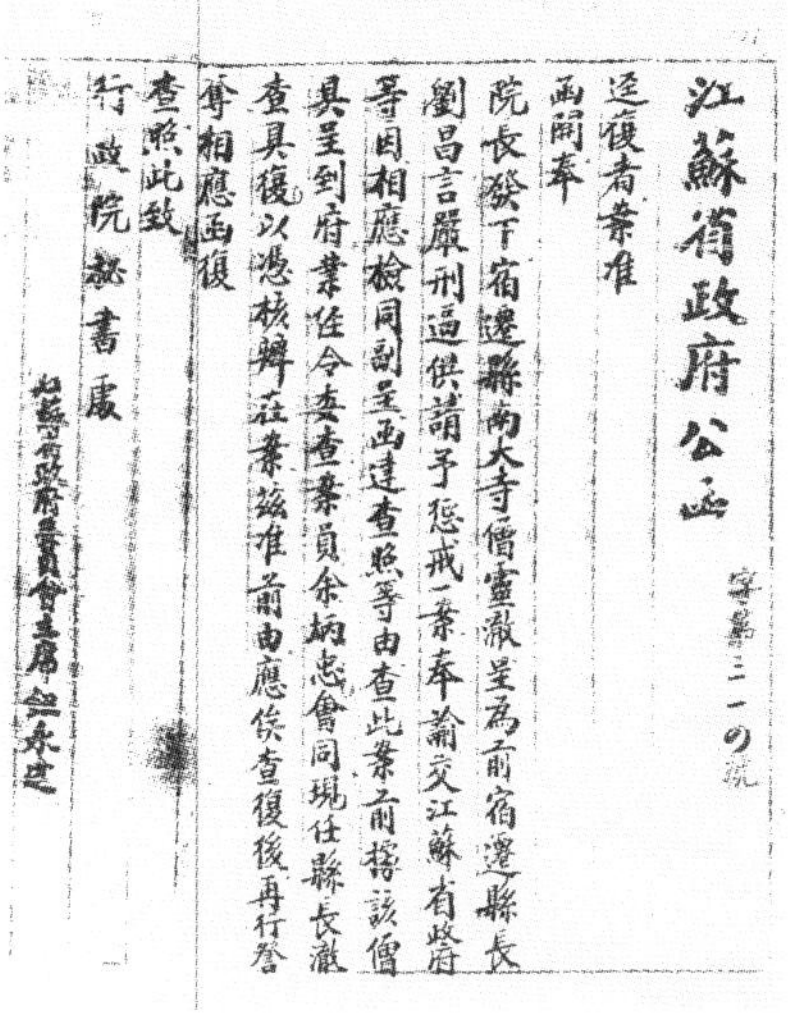
江蘇省政府公函
字第三一〇號
逕復者案准
函開奉
院長發下宿遷縣南大寺僧霊澈呈為前宿遷縣長
劉昌言嚴刑逼供請予懲戒一案奉諭交江蘇省政府
等因相應檢同副呈函達查照等由查此案前據該僧
具呈到府業經令委查案員余炳忠會同現任縣長澈
查具復以憑核辦在案茲准前由應俟查復後再行咨
奪相應函復
查照此致
行政院秘書處
江蘇省政府委員會主席 鈕永建

〈写真８―２〉中国第二歴史檔案館所蔵

四方に托鉢して得た供養であり、畢竟私利私欲に走る大地主とは異なる。（廟産）処分は『寺院監督条例』に抵触している」[118]、と述べている。これに対し、六月一二日、鈕永建は「もし（極楽庵が言ったような）強制的に廟産を寄附させたことが事実であれば、明らかに該県長に汚職行為があっただろう」、と述べている[119]。

しかし極楽庵の訴えは激しい反発を招いた。蓬仙・蔵真は上述の上申書のなかで次のように述べている。「一二月中、『寺院監督条例』が公布されてから数十日、江蘇省政府は突然人を派遣して、両寺院の財産を処分させた。前民政庁長の取り決めに従って、（廟産を）十に分割し、六割を地方（政府）に、四割を（僧侶の）生活のため寺に残した」[120]。省民政庁が派遣した二人の委員、および県の役人は寺の倉庫にあった麦を差し押さえ、寺の土地を測量した。この時、党部の圧力で宿遷の県長は再び更迭された。六月八日、宿遷県公安局長杜光晨は警察を率いて両寺院の祥斎・躋聖を逮捕し、「監禁して尋問を行い、脅迫して金銭財物をゆすり取ろうとした」。追い込まれた祥斎は金塊を飲み込んで自殺を図ったが病院に運び込まれ、躋聖も意識朦朧の状態であった[121]。その年の秋、蓬仙らの再三の要請を受けて、江蘇省法廷はようやくこの案件の関連資料を集め、審理に着手しようとした。

宿遷県党部は、こうした事態の変化に危機感を覚えた。一九三〇年一一月二五日、徐政らは職階を超えて、新任の行政院長蒋介石に直接書簡を送り、連年災害を受けた黄河と運河一帯の一〇万人あまりの失業者が救済を待っており、極楽庵への処分を維持し、その財産の十分の一を党部に与えるよう求めた。しかし、書簡のなかでは極楽庵と小刀会との関わりについては言及していない[122]。さらにこの件をめぐっては、一二月にも徐政ら宿遷県各団体の代表三三人は国民政府主席蒋介石に書簡を送り、崔県長の責任を追及した[123]。「民衆は（本案が）覆されるという噂に驚き、騒然としている。崔前県長は（前政権）の役人であり、能力がないのに（国民）党統治下の役人となった。彼は宿遷に着任する前に、南京で極楽庵の悪僧と付き合っていた」。赴任してから、党部の要請があったにもかかわらず祥斎を逮捕せず、

「その訴状を受理し」、霊澈への処分を覆した。「祥斎・蔵真は終始両寺に盤踞し、廟産を売って金に換え、南京・上海に奔走して、廟産を取り戻そうとした。すでに決めた処分方法を厳重に実施しなければ、賄賂を貪る悪役人やごろつきが（極楽庵）の指図を受けることになり、我が宿遷が受けた殺人や放火の惨禍が今後いつでも突然起こる恐れがある」。さらに、一九三一年二月、宿遷県教育局長羅毅堂らが連名で蔣介石に電報を送り、「地元の人々は両寺院の悪僧を猛獣蛇蝎よりも深く恨んでいる」。「極楽庵の悪僧祥斎を逮捕した後、前県長崔馨山は八方手を尽くしてその罪を言い逃れさせ、遂に釈放した」と述べている。[124] 三月二一日、蓬仙らは新任の張県長に対し、逮捕された僧侶と寺の小作人を釈放し、廟産の売却を止めるよう求めた。こうした一連の動きからみれば、宿遷県党部にとって、極楽庵が小刀会を操って「暴動」を起こしたかどうかよりも、如何にして極楽庵の廟産を手に入れることができるかどうかがより重要であったことは明白であろう。

訴訟の結果についてはいくつかの異なる説がある。一説によると、極楽庵は一八〇ヘクタールの土地を地方の建設事業のために寄附したと言われている。[125] この数は呉寿彭が見積もった極楽庵の廟産（一千ヘクタール）の五分の一弱、極楽庵が主張した廟産（三〇〇ヘクタール）の半分強に相当する。五分の四の廟産を没収し、五分の一を寺に残すという宿遷県と江蘇省民政庁の当初の案に比べれば、これは極楽庵に比較的有利な結果であった。

おわりに

一九二九年に宿遷県で起きた事件をめぐる関係者の叙述と再記述に関するこれまでの考察が示したように、事件が小刀会による「暴動」であったというこれまでの定説は、批判的に再検討されなければならない。

一回目の事件は辛うじて「暴動」と言ってもよいかも知れない。しかし、この事件には一つ注意すべき点がある。それは小刀会が党部と学校の関係者に危害を与えることを極力避けていたことである。これを見逃すと、小刀会を土匪と同一視してしまう危険に陥りやすい。二回目の事件の際、県長童錫坤は小刀会会衆を殺害し、軍隊や公安隊は住民の財産を掠奪し、家屋を焼き払った。小刀会の行動はこれに対する「抗争」と言うべきである。三回目の事件も、二回目の事件と同じパターンであった。県長劉昌言が小刀会会衆を逮捕して殺害し、軍隊が周辺で家屋を焼いたり人を殺したりした。これに対し、小刀会は会衆を集めて反抗した。宿遷や周辺の県の小刀会組織は規模が小さく、その多くは単独で行動していたことから、小刀会が地域を越えて統一行動をとるのは困難であり、いくつかの県を跨いだ政治的「暴動」――いわゆる三県の小刀会による合同の武装蜂起――の可能性はきわめて低いと考えられる。

宿遷県の小刀会事件の真相を明らかにする鍵は、一回目の「暴動」の原因を究明することにある。以下は宿遷県小刀会による「暴動」事件に関する筆者の叙述である。

一九二九年二月九日、旧暦正月の日、宿遷県党部は禁令に反して正月を祝った地主・小刀会首領・僧侶を突然逮捕し、小刀会の結社活動を禁止する布告を街中に貼らせた。憤慨した小刀会会衆や地元の人々はこれに反撃し、南京から宿遷にやって来てわずか半年の間に地元をかき乱したこの者たちを追い出そうとした。一三日午後、約束どおり集まってきた一部の小刀会会衆は演説堂・党部を次々に打ち壊し、党部の要員を人質にした。翌一四日、彼らは学校を打ち壊し、数人の教職員を連れ去った。一五日には教員の宿舎を打ち壊した。この時、旧暦年禁止の命令に不満をもつならず者や小商人たちもデモの行列に加わり、大声で叫び始めた。初日には数百人だったデモ隊はこの日に千人前後に膨れあがった。急遽洋河鎮から宿遷に戻ってきた県長童錫坤は小刀会の勢いを恐れて、県城にこもっていた。しかしついに商会の担保の下で、県長と小刀会との間で話し合いが成立した。小刀会は人質を解放し、県政府は東岳廟を再建する、というものであった。

小刀会の行動に対し、県党部の改革に不満をもつ宿遷の地主・僧侶・商人などは同情的であった。小刀会の会衆には極楽庵の小作人も含まれていた。初日の一三日、極楽庵住職の蓬仙は密に宿遷を離れ、徐州附近の簫県に避難し、その後上海に移った。小刀会が弾圧された後、極楽庵の廟産をめぐる争いが長く続いた。宿遷県政府と党部は廟産を手に入れるため、事実をねつ造し、拷問で僧侶に自白を強いた。彼らの行動によって、「廟産興学」の正当性は完全に失われた。

いわゆる歴史事実とはテクストに書かれた「事実」に過ぎず、言語によって構築された「事実」はつねに構築する側の認識や権力と複雑に絡み合っている。歴史事実の解明を目的とする歴史家（＝叙述する人）は、素朴な実証主義に陥らないよう、目の前の史料――直接的な一次表象（representation）であれ、間接的な再表象（re-representation）であれ――の欠陥に起因する曖昧さと偏りに細心の注意を払わなければならない。本章で検討した宿遷県の事件は、太平天国や辛亥革命、日中戦争など近代中国の運命を震撼させる数々の出来事に比べれば、ほとんど取るに足りないものかも知れない。しかし、これまでに見てきたように、事件の当事者を含む同時代の証言が錯綜し、どれも「真相」を語っているかのようにみえる点において、歴史をいかに叙述するかという歴史学の大問題を思索する研究者に重要なヒントを与えてくれているように思える。素朴な実証主義歴史学は、テクストに書かれた事実を特定の時間・空間のなかで起きた歴史事実と同一化し、テクストが歴史事実を複製することができるという前提に立って、テクストそのものから偽りの部分を取り除き、真実の部分を残しさえすれば、歴史事実を再現することができると考えている。しかし、これまで見てきたように、宿遷県の小刀会事件をめぐって、当事者を含む当時の人々が語った内容にも、事件の後に語られた内容にもさまざまな矛盾があった。過去が「不在」である以上、歴史家が行った真偽の判断は、言語で構築された事実に対する真偽の判断に過ぎず、必ずしも過去に起きた歴史的事実と一致するわけではない。したがってテクストに対する批判という作業は、異なるテクストの間の叙述の相違、および叙述に含まれた認識の誤りを指摘し、複数の証拠から「事実」にもっとも近いものを見出し、歴史的事象について自分なりに解釈する、ということにほかならないのである。

注

（1）「宿遷僧衆土劣刀匪暴動」、『申報』、一九二九年二月二〇日。

（2）殷惟龢編『江蘇六十一県志』下巻、商務印書館、一九三六年、一四八～一四九頁。

（3）青山「紀宿遷的民変」、『民意』第七期、一九二九年四月二八日。

（4）同右。

（5）例外として、王奇生の以下の研究を参照。『党員、党権與党争――一九二四～一九四九年中国国民党的組織形態』（増補版）、華文出版社、二〇一〇年。

（6）Duara, Prasenjit, *Culture, Power and the State: Rural North China, 1900-1942*, Stanford: Stanford University Press, 1988.

（7）Duara, Prasenjit, *Rescuing History From The Nation: Questioning Narratives of Modern China*, Chicago: University of Chicago Press ,1995.

（8）三谷孝「南京政権と『迷信打破運動』（一九二八～一九二九）」、『歴史学研究』四五五号、一九七八年四月。

（9）三谷孝「江北民衆暴動（一九二九年）について」、『一橋論叢』第八三巻第三号、一九八〇年。

（10）박상수『중국혁명과 비밀결사』、심산출판사、2006, pp.315-321.

（11）Rebecca Nedostup, *Superstitious Regimes: Religion and Politics of Chinese Modernity*, Cambridge (Massachusetts) and London: Harvard University Press, 2009, pp.175-187.

(12) 呉寿彭「逗留於農村経済時代的徐海各属」、『東方雑誌』第二十七巻、第六号、一九三〇年三月。
(13) 李徳溥修、方駿謨纂『宿遷県志』(三)、巻第十一、同治十三年。中国方志叢書・華中地方・第一四一号。成文出版社有限公司、一九七四年。
(14) 呉寿彭「逗留於農村経済時代的徐海各属」、『東方雑誌』第二十七巻、第六号、七〇頁。
(15) 同右、七〇～七一頁。「徐東刀匪変乱状形」、『時報』一九二九年四月二二日。この檄文の落款は「大同中華十八年三月二日」となっている。
(16) 呉寿彭「逗留於農村経済時代的徐海各属」、『東方雑誌』第二十七巻、第六号、七一頁。
(17) 捻軍反乱と圩寨の関係について、並木頼寿『捻軍と華北社会』(研文出版、二〇一〇年、八二～一一九頁)を参照されたい。
(18) 西本省三「江蘇安徽両地方会匪視察報告」(明治四三年)。外務省外交資料館蔵「各国内政関係雑集・支那之部・革命党関係・革命党ノ動静探査員派遣」。
(19) 呉寿彭「逗留於農村経済時代的徐海各属」、『東方雑誌』第二十七巻、第六号、七四頁。
(20) 同右、七五～七六頁。
(21) 呉寿彭「逗留於農村経済時代的徐海各属」(続)、『東方雑誌』第二十七巻、第七号、一九三〇年四月。
(22) 呉寿彭「逗留於農村経済時代的徐海各属」、『東方雑誌』第二十七巻、第六号、七八頁。
(23) 「宿遷県呈報淘汰衙蠹情形」、『江蘇省政府公報』第四一期、一九二八年七月九日。
(24) 「江蘇省政府十七年度施政大綱」、『江蘇省政府公報』第四〇期、一九二八年七月二日。
(25) 「江蘇省宿遷県公安行政現況調査表」(一九三五年五月十八日)、全宗号十二(2)、案巻号二五六一。中国第二歴史檔案館所蔵。
(26) 「宿遷林県長呈報一月来工作」、『江蘇省政府公報』第六二期、一九二八年一二月三日。
(27) 「省政府委員会第七十七次会議記録」、『江蘇省政府公報』第四〇期、一九二八年七月二日。
(28) 「省政府委員会第七十八次会議記録」、『江蘇省政府公報』第四〇期、一九二八年七月二日。

(29)『江蘇省政府公報』第四〇期、一九二八年七月二日。

(30)「令知廃止関岳祀典」、『江蘇省政府公報』第四九期、一九二八年九月三日。

(31)「各県党務指導委員人名単」、『江蘇省政府公報』第四一期、一九二八年七月九日。

(32)当時、西本願寺大谷派の僧侶として上海に滞在中の藤井草宣『支那最近之宗教迫害事情』（浄円寺、一九三一年）の記述がもっとも詳しい。また、牧田諦亮「清末以後における廟産興学と仏教教団」（『東亜研究』第六四号、一九四二年一二月）を参照。のちに、『中国仏教史研究』（大東出版社、一九八四年）に収録された。また塚本善隆「中華民国の仏教」、『塚本善隆著作集』第五巻（大東出版社、一九七五年）を参照。最近の研究としては、以下の大平浩史の論文を参照。「南京国民政府成立期の『廟産興学』と仏教界――寺廟産・僧侶の『有用』性をめぐって」、『立命館言語文化研究』第一三巻、四号、二〇〇二年二月。同「南京国民政府成立期の廟産興学と仏教界」、『現代中国』第八一号、二〇〇七年。

(33)村田雄二郎「孔教と淫祠――清末廟産興学思想の一側面」、『中国――社会と文化』、第七号、一九九二年六月。阿部洋『中国近代学校史研究』、福村出版株式会社、一九九三年。

(34)邰爽秋「廟産興学運動――一の教育経費政策の建議」、藤井草宣前掲書、四～一一頁。

(35)中央大学区ついては、高田幸男「南京国民政府の教育政策――中央大学区試行を中心に」（中国現代史研究会編『中国国民政府史の研究』、汲古書院、一九八六年）を参照。

(36)呉寿彭「逗留於農村経済時代的徐海各属」、『東方雑誌』第二十七巻、第六号、七九頁。

(37)呉寿彭「逗留於農村経済時代的徐海各属」（続）、『東方雑誌』第二十七巻、第七号、六〇頁。

(38)「呈為違法処理懇恩准取消省令発還廟産以救僧命而維仏教事」（一九三〇年三月）、全宗号二、案巻号一〇五九、中国第二歴史檔案館所蔵。以下同。

(39)その法的根拠としては「神祠存廃標準」（一九二八年一一月）を参照。『中華民国法規彙編』（一九三四）、八〇七～八一四頁。

(40)「打毀神像與破除迷信」、『江蘇省政府公報』第六四期、一九二八年一二月一七日。

(41) この条例は仏教界に大きな衝撃を与えた。太虚らは「管理」という二文字を削除するよう国民政府と交渉した。詳細は大平浩史前掲「南京国民政府成立期の『廟産興学』と仏教界」を参照のこと。

(42)「各県政府応負責保護党務指導委員」、『江蘇省政府公報』第四〇期、一九二八年七月一二日。「令県保護党務視察員」、『江蘇省政府公報』第四二期、一九二八年七月一六日。「各県政府応負責保護党務指導委員」、『江蘇省政府公報』第四三期、一九二八年七月二三日。

(43) 一九二八年十二月八日、国民党中央執行委員会は所轄の党組織や民衆団体に旧暦を廃止し、新暦を使うように通知した。「内政部致国民政府呈」、中国第二歴史檔案館編『中華民国史檔案資料滙編』、第五輯、第一編、文化、江蘇古籍出版社、一九九四年、四二五頁。また、左玉河「擰在世界時鐘的発条上——南京国民政府的廃除旧暦運動」(『中国学術』第二一輯、二〇〇五年一月)を参照のこと。

(44)「徐属宿籥両県之災情」、『新聞報』一九二九年二月一五日。

(45)「宿遷僧衆土劣刀匪暴動」、『申報』一九二九年二月二〇日。

(46) 同右。

(47)「宿人之経過目撃談」、『新聞報』一九二九年二月二三日。

(48)「令査宿遷県処罰商会主席案」、『江蘇省政府公報』第七五期、一九二九年三月四日。

(49) 一九二九年二月二一日の『申報』に掲載された「宿遷土劣僧匪暴動続訊」と題した記事は、郝其恒(前出の郝某と同一人物とみられる)の証言を引用し、「童県長は平和的な方法で拘束している党員を釈放するよう小刀会に命じた。小刀会は軍隊が弾圧に来るのを恐れ、首領張某は会衆を集めて各地の防衛に当てた」、と述べている。

(50)「宿遷刀匪遍地皆是」、『時報』一九二九年二月二三日。また、「宿遷小刀会暴動続誌」(『京報』一九二九年二月二二日)を参照のこと。

(51) 二月二十七日に公表された試験結果では、宿遷県の区長試験の合格者は「朱鎮卿等二十二名」で、不合格者は該当なしであった。「蘇省考試区長審査結果公布」、『時報』一九二九年三月二日。

(52)「宿遷県指委逃徐後之報告」、『新聞報』一九二九年二月二四日。
(53)「宿遷中学被毀之経過」、『新聞報』一九二九年二月二五日。
(54)「宿遷刀会逐漸散去」、『時報』一九二九年二月二四日。
(55)宿遷中学は一九二八年春に設立され、中央大学区に属していた。
(56)「宿遷中学被毀之経過」、『新聞報』一九二九年二月二五日。「宿中被難教職員報告遭難経過情形」、『時報』一九二九年二月二七日。「宿中被難教職員哀告江蘇民衆書」、『大公報』一九二九年三月一日。
(57)「宿中被難教職員遭難経過情形」、『時報』一九二九年二月二七日。「宿遷中学被毀之経過」、『新聞報』一九二九年二月二五日。
(58)「宿遷刀会逐漸散去」、『時報』一九二九年二月二四日。また、「宿遷小刀会徒暴動情形」(『京報』一九二九年二月二四日)を参照のこと。
(59)「宿遷土劣僧匪暴動続訊」、『申報』一九二九年二月二一日。
(60)同右。
(61)沈凌霄「形形色色的国民党宿遷県長」、『淮陰文史資料』第三輯、一九八四年一二月。初出は『宿遷文史資料』第二輯である。
(62)「童県長上繆庁長函」、『新聞報』一九二九年二月二三日。
(63)「宿遷県長呈報会議剿撫辦法」、『江蘇省政府公報』第八四期、一九二九年三月一五日。
(64)事件の原因については、刀会のメンバーを含め五千人の民衆が間もなく軍のために使役されるからであるとされた。鄭克明「宿遷小刀会始末」、『淮陰文史資料』、第三輯、一九八四年一二月、四七頁。初出は『宿遷文史資料』第二輯。
(65)「宿遷刀匪二次攻城之徐訊」、『新聞報』一九二九年三月八日。「宿遷刀会囲城、会首未釈出」、『時報』一九二九年三月八日。
(66)「宿遷刀匪二次攻城詳情」、『新聞報』一九二九年三月一〇日。
(67)「宿遷刀会調停解囲会徒提出条件」、『時報』一九二九年三月一五日。

(68) 同右。
(69) 同右。
(70) 「宿遷浩劫」、『時報』一九二九年三月一九日。
(71) 「宿遷童前県長電陳交代情形」、『江蘇省政府公報』第一一八期、一九二九年四月二五日。
(72) 「飭査宿遷童県長釀乱案」、『江蘇省政府公報』第一〇九期、一九二九年四月一五日。
(73) 「汪公易呈報刀匪乱宿先後状況」、『江蘇省政府公報』第一〇九期、一九二九年四月一五日。
(74) 「徐東刀匪変乱状形」、『時報』一九二九年四月二二日。
(75) 「徐属刀匪猖獗詳情」、『新聞報』一九二九年四月一八日。
(76) 陳挹江「窯湾小刀会始末」、『新沂文史資料』第四輯、一三〇〜一三一頁。また、張承啓「刀会在窯湾鬧事的回憶」(『新沂文史資料』、第四輯)を参照。
(77) 「徐東刀匪変乱状形」、『時報』一九二九年四月二二日。「宿遷刀会復集衆暴動、対抗軍隊、砍断電線」、『時報』一九二九年四月二四日。
(78) 「宿遷刀会已剷平」、『時報』一九二九年四月二六日。「宿遷刀会騒動後県長辦理繳刀皂河被禍最烈」、『時報』一九二九年四月三〇日。
(79) 三谷孝前掲「江北民衆暴動(一九二九年)について」。
(80) 宿遷商会会長が政府の金融方針に反した罪で罰金刑を受けたことからも分かるように、日貨ボイコット運動はすでに宿遷に波及していた。なお、反日運動をめぐる隣接の清江地域における政府と商人の紛糾については以下の記事を参照。「反日工作之糾紛」、『時報』一九二九年三月一九日。
(81) 青山「紀宿遷的民変」、『民意』第七期、一九二九年四月二八日。
(82) 鄭克明「宿遷小刀会始末」、『淮陰文史資料』第三輯、一九八四年一二月。
(83) 史志辦公室「一二・一三小刀会暴動」、『宿遷文史資料』第二輯、六一〜六二頁。鄭克明「宿遷小刀会始末」、四六頁。

(84) 張振之『革命與宗教』、民智書局、一九二九年、一九一～一九六頁。
(85) 易元「党逼民反」、『紅旗』第一四期、一九二九年二月二二日。
(86) 「刀会幸有迷信宿民得免浩劫」、『時報』一九二九年三月一〇日。
(87) 「徐東刀匪変乱情形」、『時報』一九二九年四月二三日。陳挹江前掲「窯湾小刀会始末」、一三一頁。
(88) 曙東「淮宝地区的小刀会活動簡介」（一九八四年）、『淮陰県文史資料』第四輯、七六～七七頁。
(89) 呉寿彭「逗留於農村経済時代的徐海各属」（続）、『東方雑誌』第二十七巻、第七号、六六頁。
(90) 同右、七〇頁。
(91) 『中央日報』一九二九年六月二九日。「宿遷没収極楽庵産」、『海潮音』第十年第五期、一九二九年六月二六日、一四頁。
(92) 「呈為違法処理懇恩准取消省令発還廟産以救僧命而維仏教事」（一九三〇年三月）。
(93) 「蓬仙等呈宿遷県政府朦請違法処廟産請送法院解決」（一九三〇年六月）。
(94) 沈凌霄前掲「形形色色的国民党宿遷県長」、二六四頁。
(95) 「江蘇宿遷県仏教会常務委員祥斎呈」（一九二九年六月五日）。
(96) 「宿遷劉県長呈報司法監獄工作」、『江蘇省政府公報』第一三四期、一九二九年五月一四日。
(97) 「宿遷請撥款清理積案不准」『江蘇省政府公報』第一三六期、一九二九年五月一六日。
(98) 「江蘇宿遷県仏教会常務委員祥斎呈」（一九二九年六月五日）。
(99) 「江蘇宿遷仏教会呈為会党衝突與極楽庵五華頂無干県府強迫提産索款賠償請求訊電飭査」（一九二九年五月三〇日）。
(100) 「江蘇宿遷県仏教会常務委員祥斎呈」（一九二九年六月五日）。
(101) 藤井草宣前掲『支那最近之宗教迫害事情』、七九頁。
(102) 一九二九年二月一五日に「寺廟管理条例」が頒布された（『新聞報』一九二九年二月一六日）。第五条は実際は無関係の条項で、第四条は次の通りである。「寺廟僧道有破壊清規、違反党治及妨害善良風俗者、得由該管市県政府呈報直轄上級政府転報内政部核准後、以命令廃止、或解散之」。

(103) 二月一八日の『新聞報』で極楽庵と小刀会「暴動」との関係に言及した記事が掲載されていることを知った蓬仙は、『新聞報』に抗議した。「宿遷並無匪僧」（蓬仙、三月六日）、『海潮音』第十年第二期、一九二九年三月三十一日、一四頁。
(104) 「準江蘇省諮拠民政庁擬具処理極五両寺産辦法請核示由」（一九二九年一一月五日）。
(105) 「処理宿遷極五両廟辦法」、「准江蘇省諮拠民政庁擬具処理極五両寺産辦法請核示由」（一九二九年一一月五日）。
(106) 「宿遷善後委員会常務委員呉荘等電」（一九三〇年六月二八日）。
(107) 清水董三「上海に於ける仏教団体」、『支那研究』第一九号、一九二九年五月。
(108) 「内政部秘書処趙戴文」（一九二九年九月五日）。「準江蘇省諮拠民政庁擬具処理極五両寺産辦法請核示由」（一九二九年一一月五日）。
(109) 「呈為奉令核定江蘇省政府民政庁処分宿遷県極五両寺産請即准如所擬辦理請鑑核示遵由」（一九二九年一一月二五日）。
(110) 沈凌霄前掲「形形色色的国民党宿遷県長」、二六四～二六五頁。
(111) 「霊澈呈為劉県長厳刑逼供請以法懲戒」（一九三〇年二月一三日）。
(112) 「呈為捏造献産拠実声明請求免予処分以維仏教事」（一九三〇年二月一三日）。
(113) 「呈為去歳宿遷刀会事変波及極楽庵五華頂両寺拠実証明公叩主持正義免予処分由」（一九三〇年二月）。
(114) 「江蘇省公函字第三一四号」（一九三〇年二月二六日）。
(115) 「霊澈懇准依法懲辦以粛官箴而雪飛冤」（一九三〇年三月）。
(116) 「中国仏教会常務委員圓瑛・太虚・仁山等呈内政部」（一九三〇年三月）。
(117) 「呈為違法処理懇恩准取消省令発還廟産以救僧命而維仏教事」（一九三〇年三月）。
(118) 「蓬仙等呈宿遷県政府朦請違法処廟産請送法院解決」（一九三〇年六月）。
(119) 「江蘇省政府公函字第一三六四号」（一九三〇年六月十二日）。
(120) 「呈為違法処理懇恩准取消省令発還廟産以救僧命而維仏教事」（一九三〇年三月）。
(121) 「極楽庵・五華頂住持蓬仙・蔵真電」（一九三〇年六月）。

(122)「徐政等呈懇由極楽庵五華頂両廟充産項下指撥十分之一辦理救済事業由」（一九三〇年一一月二五日）。
(123)「徐政等呈為公懇厳辦袒庇朦准之貪官並厲行成案以乱萌事」（一九三〇年一二月）。
(124)「羅毅堂等代電請維持蘇省府処分宿遷極楽庵五華頂両廟之原案鏟除悪僧由」（一九三一年二月一〇日）。
(125)鄭克明前掲「宿遷小刀会始末」、四九頁。

第九章　増上寺の香堂——一九三三年満洲在家裡代表団の日本訪問をめぐって

一　満洲より来たり

一九三三年七月、「秘密結社」とされた在家裡（＝青幇）が「満州国」の代表団として日本を訪問した。これは、近代日中関係史においてほとんど知られていない出来事である。

在家裡代表団は六月二八日に奉天を出発し、朝鮮を経て七月一日に東京に到着した。一行は正式メンバー一〇名、随行者四名、案内者三名、合計一七名によって構成されている。構成員の氏名は以下の通りである。

一、代表者氏名

奉天代表：馮諫民（二十一字輩、四八歳）、王兆庥（二十一字輩、五五歳）、張新甫（二十一字輩、四四歳）、祖憲庭（二十二字輩、四八歳）、林慶臣（二十三字輩、五四歳）

新京代表：呂萬濱（二十一字輩、六〇歳）、常玉清（二十二字輩、四九歳）

営口代表：郝相臣（二十二字輩、五五歳）

哈爾濱代表：趙慶祿（二十二字輩、六三歳）

〈写真９―１〉家裡代表団記念撮影。出典：利部一郎『満洲国家理教』、泰山房、昭和８年。

法庫門代表：楊宇山（二十二字輩、五五歳）

二、随行者氏名

呉泰淳（新京）、郝俊和（営口）、姜国本（関東州金州）、評世信（奉天）

三、案内者氏名

平野武七、鷲崎研太、吉村智正

一行は朝八時半に東京に到着し、その足で明治神宮を参拝し、「満州国」公使館を訪問した。午後は陸軍省、参謀本部および外務省を訪問し、翌日（二日）には市内を見物した。そして、三日午前は海軍省・外務省・拓務省・文部省および首相官邸を訪問し、午後は東京市長・府知事を訪問した後、午後六時に東京会館で外務省・陸軍省・海軍省・外務省・文部省（重光次官は欠席）、拓務省の次官が主催した盛大な晩餐会に出席した。十人の代表のうち、張新甫を除いて全員が参加した。世界慈善聯合会総会奉天支会副会長張煥英も臨席した。日本側の出席者の中に、外務省からはアジア局長谷正之など六名、陸軍省からは次官柳川など一四名、海軍省からは次官藤

〈写真９―２〉家裡代表団招待宴会。出典：利部一郎前掲『満洲国家理教』。

田など一二名、文部省からは次官栗屋以下五名、拓務省からは次官河田以下三名、計四〇人が含まれている。そのほか、学者・宗教家・財界人・官僚および「満州国」駐日公使などが陪賓として出席した。加藤玄智・白鳥庫吉・小柳司氣太・常盤大定・姉崎正治・筧克彦など当時一流の学者も出席した（付録を参照）。

四、五両日、東京の芝区にある増上寺で在家裡に関する研究会が開かれた。参加者は在家裡訪日団一行一七人のほか、上述の歓迎会に参加した文学博士白鳥庫吉・加藤玄智・常盤大定・小柳司氣太・姉崎正治、陸軍省参謀本部部員および各方面の代表計四〇人を数える[1]。二日間続いた研究会は在家裡代表と日本側代表の一問一答の形で進められた。最後に、神道研究者の加藤玄智は、「家理教は一種の自力教で在理教の他力教に対峙し、究極する處禅宗の自力教に淵源するのである」と述べ、在家裡が宗教であるという考え方を示した[2]。

近代日本の中国研究を振り返ってみれば、在家裡はほとんど「秘密結社」という差異装置の中で語られてきた[3]。「満州国」発足後一年あまり経ってもいなかった在家裡は、なぜ帝国の賓客として日本を訪問することができたのだろうか。本章では、日本外務省外交資料館の史料を手がかりとして、数多くの満洲研究の中でほとんど言及されていない在家裡を考察し、在家裡訪日団をめぐる一連の政治的動きを究明し、帝国の「学知」をめぐる最近の議論にも一石を投じたい。

二　在家裡という結社

在家裡は、青幇・安清幇とも呼ばれる。在家裡内部の伝説を含め、その起源に関していくつかの説があるが、明末期大運河の「漕運」ギルドをその起源とするのが一般的である[4]。清咸豊年間に「漕運」が廃止された後、それまでの水手ギルドは下層民衆を中心とする青幇＝在家裡として、大運河沿岸から全国各地に広まり、次第に天津を中心とする華北地域、上海を中心とする揚子江下流地域に大きな影響力をもつようになった。

在家裡は、擬似親族関係の原理によって結ばれ、「師徒如父子、同参似手足」ともいわれるように、師弟間の伝承関係と義兄弟関係の両方を重んじる組織であり、一般に「父子の道」を唱える民間結社と見なされている。青幇・安清道友会・安清幇・在家裡・清門などの名をもつ結社は、みなこの類の結社である。在家裡には統一した組織はなく、メンバー同士の関係は家族制度に倣い、字輩という縦の序列で現わされる。前二十四輩の最後の四つの字輩は大・通・悟・学字輩であり、後二十四輩の最初の四つの字輩は万・象・依・帰字輩である。メンバーたちは「興武六」「興武四」「嘉海衛」「江淮泗」「嘉白」および「杭三」などの「幇」に属する。「幇」は宗族の「房」にあたるものと見られる。

満洲の在家裡について、一九三四年一月、関東軍第十四師団参謀部は、在家裡内部の文書『学道須知』に基づいて、また黒竜江省軍参謀処長于治功、龍江大戯院主王海楼の説を参照して、「黒竜江省内ノ家裡ニ就テ」という小冊子を編集した。(5) この冊子には、在家裡の五つの特徴を記されている。第一、在家裡は相互扶助を目的とする組織であり、互いに父子兄弟の関係であること。北方では「在家裡」、南方では「青幇」と呼ばれる。上には大臣、下には馬賊、中国全土に約一千万人の信者を有し、満洲には百万人、黒竜江省には二〇万人のメンバーがいると言われた。歴史上、孫文も、蒋介石も在家裡からの支持を受けた。第二、家裡の起源について。在家裡は臨済宗の一派として明の羅正清によって創設された。弟子には翁徳慧・銭徳正・潘徳林などいわゆる「三祖」がいた。清康熙四年（一六四八年）に、相互扶助の精神に基づいて安清幇が作られた。安清幇は水夫を中心に勢力が拡大し、一九世紀半ば以降は鉄道、汽船の普及と共に広がった。第三、在家裡の儀式。入会式は小香堂と大香堂の二つに分かれ、大香堂の儀式は正式であり、小香堂より複雑である。入会の際、「天地君親師」および「三祖」の位牌を祭り、入会者は自分の履歴書を引導師に渡し、引導師はそれを本命師に呈する。第四、在家裡の規則。在家裡は自らの組織を固めるために「十大幇規」「十大禁止」などを定めた。その内容は、儒教の仁・義・礼・智・信を守ること、師・祖を欺かないこと、同門の兄弟が助け合うこと、強盗・淫乱をしないこと、組織内部の秘密を外部に漏らさないこと、などとなっている。第五、在家裡の習慣。初対面や挨拶する時の隠語・暗号などがある。以上の内容から、満洲の在家裡は内陸部のそれに比べると特殊なところがないことが分かる。

在家裡がいつ、どのように中国東北地域に伝来したかについて明確な記録はないが、一般に一九世紀末に溯ることができると考えられる。前述した「黒竜江省内ノ家裡ニ就テ」には次の一節が見られる。

光緒二七年頃ヨリ海ニ汽船航行シ陸ニ汽車疾走スルニ及ヒ家裡ノ勢力ハ支那沿岸ノ各港ニ侵入シ更ニ鉄道ニ依リ

奥地ニ入ルニ至ツタノテアル満洲ニ於テハ東ハ安東ヨリ鴨緑江ノ水流ニ沿ヒ上流深ク山林地帯ニ入リ西ハ営口ヨリ遼河ノ水運ニ依リテ深ク其流域ニ侵入シ又大連ヨリ鉄道ニ依リ哈爾賓ニ至リソレヨリ一方松花江流域ニ他方北満鉄道依リ西比利亜沿海州方面ニ迄伸展シタル右ノ如キ状態テ其勢力ハ今テハ殆ント之ヲ消滅セシムル事カ出来ナクナツタノテアル[6]。

右は、伝統的青幇と同様に、満洲の鉄道、水運業が普及している中で在家裡が自らの勢力を伸長していることを物語っている。

そのほか、協和会の「在家裡調査報告書」には、別の角度から満洲の在家裡の歴史について記されている。すなわち、一八九五年（清光緒二一年）、于公田（杭三・悟字輩）が安東で弟子を招集し、在家裡の組織を拡大させた。一八九九年（光緒二五年）、呉鵬挙（興武四・大字輩）が大連で活動した。一九二〇年（民国九年）以降、華北青幇の大字輩の著名人王連三（興武六）・党金源（杭三）・厲大森（嘉海衛）・王約瑟（嘉白）・曹幼珊（江淮四）などが満洲各地で在家裡の香堂を開いて、多数の弟子を招集した[7]、という。この協和会の資料を裏付けるものとして、「満州国」国務院の資料に次の一節がある。

満州に家裏の進出せし系統は頗る複雑にして満人が京津地方に入りてより帰来伝道せられたものが山東省方面よりの移民に依るもの南支方面の妓楼業者等に依つて伝播せられたもの等があり、其の幇員も凡ゆる階級を集めて相当の潜勢力を有するに至つた[8]。

以上の資料はいずれも満洲移住民と在家裡との関連性に言及している。周知のように、一七世紀末、清王朝は中国全土を支配した後、満洲人の発祥地である中国東北地域の「漢化」を防ぐために、「封禁」政策を打ち出した。しかし、華北地域からの移民が後を絶たず、漢人の人口は増える一方であった[9]。民国期に入ると、漢人の人口は満洲全人口の九割を占めるに至った[10]。移住民のほとんどは華北地域（山東省・河北省・河南省など）からの出稼ぎ労働者であった[11]。当時、「山東省ノ毎年増加人口ハ約四五万内外ニシテ其三分ノ二ハ他省ニ出稼セサルヘカラサル状態ニアリ、其他直隷省方面ハ状況明ナラサルモ毎年他省ヨリ満蒙ニ出稼スル総数ハ約四〇乃至四五万ニシテ其満州ニ残留土着スル者ハ七割以上即約三〇万人内外ナルヘク[12]」、と言われた。一九二七年一一月、在奉天日本領事館は調査報告のなかで、「然るに近時山東直隷方面移民の増加著しきものあり、単に其数に於て増加し来れるのみならず永住者増加の傾向あり」と、同様の見解を示している[13]。こうした華北からの移住は「満州事変」まで続いたと見られる。

満洲の在家裡にいち早く注目したのは関東庁警務部に勤めている末光高義であった。彼は『支那の秘密結社と慈善結社[14]』の著者として知られているが、在家裡についても多数の文章を著している。彼は、「今日満洲の在家裡は約百万と称せられてゐる。大連だけでも二三萬に達してゐるが到底正確な数字を示すことは困難であらう」と述べている[15]。末光によれば、南満洲の大連・営口・安東などの港湾地域は在家裡の活動が最も盛んな地域であり、「在家裡でないものは何事も出来ぬと云はれる位であつて、殊に安東の満洲人は九分まで在家裡と称せられてゐる[16]」。また、「北満殊（洲）に哈爾賓地方に於ける在家裡は奉天・新京地方よりも更に一層旺盛である、東支鉄道従業満洲国人・巡警・警備軍人、又松花江を中心とする船乗業其他凡有階級にまで在家裡が及んでゐて、実に其の数幾何であつて又那辺まで浸潤してゐるか奥が知れない[17]」という。このように、在家裡は、東北地域の交通沿線や都市部を中心に移民社会が形成されるにつれて重要な社会的存在となっていった。

一九三一年九月の「満州事変」後、東北地域の政治秩序は急速に変化していく。関東軍は在家裡を新しい政治秩序に組み入れるために、その動向に目を向けるようになった。「満州青年連盟」（理事長金井章次）を中心とする在満日本人団体は、いわゆる満蒙自由国の建設に取り組み、一一月一〇日に奉天で「自治指導部」を開設した。その理論的大綱とも言える「満蒙自由国設立案大綱」の中に、宗教結社や「秘密結社」について次のような見解が示されている。

支那には社会的欠陥の為に派生したる所謂腫物あり青幇紅卍字会大刀会等の結社是なり之を誤て自治機関と見做すの弊は日本人の陥り易き謬見なるが是れ決して真の意味の自治機関に非ずして真の自治機関は古来保甲制度、清郷制度等に現はれたる所にして……[18]。

ここで注目されるのは、「大綱」が青幇・紅卍字会・大刀会などの宗教結社や「秘密結社」の役割を否定し、中国古来の保甲制度を評価している、という点である。「自治指導部」部長于漢沖は就任前、関東軍司令官本庄繁に対して、「旧来陋習打破についても漸進主義をもって行なうを可とする」と述べ[19]、民間結社に対して慎重に対応していく考えを示した。さらに、自治指導部顧問の橘樸は、「東北社会に適用せらるべき人民自治の根本要義」と題した文章のなかで、「東北社会の特質は、大部分は封建的農村社会であり、これに適用すべき自治の原則は、中国社会の基礎をなす宗族制度、土地廟制度等の血縁・地縁団体や都市における同業組合その他宗教団体の実体に即して、人民の生活を完全に保障すべきである」と述べている[20]。また、橘は『満洲評論』に発表した「土匪とギャング」と題した文章のなかで、「問題は唯如何にすれば巧みに彼等の反社会的性質を解消せしめ、且つこれ者を統治の味方たる勢力として農村及都市に於ける左翼勢力と対抗し得るよう組織し訓練し得るかといふ点にかかる。厖大な支那民族社会の全体に向つて同時にこれを期待することは不可能であらうが、然し曾て台湾が経験したやうに、支那民族社会の或一部分を撰（掴――引用者）んでこれを行ふことは充分有効だと思はれる」と述べ、在家裡などの「秘密結社」を利用すべきである考えを示した[21]。

ところで、満洲在家裡の系統と内部の構造について、末光高義は次のように分析している。

在家裡の精神は今尚各階級に依つて使ひ分けをされてゐて決して統一されてゐない。のみならず、組織上に於ても同一地域内に在りて、多数の師傅即ち親分に依つて各々徒弟即ち乾分を擁して勾結されてゐるのであつて、その間に格別連絡もない。それまでなればまだよいが、師傅は上海に居住してゐる者があり、天津に在住してゐる者があり、また満洲に居住する者もある。又その乾分は新京にもあり、奉天にもあり、大連にもあり、其他の地方にもあり、また親分の居住地にもあると云ふ状態であつて……今北平に居住してゐる王約瑟は張作霖存命当時その私設顧問として、奉天で大なる勢力を有してゐた二十代満洲最高の在家裡であつたのである。その徒弟には楊宇霆あり張宗昌あり馮諫民あり、今日満洲の二十一代は殆ど王約瑟の乾分であると云はれてゐるかと思へば、上海系統のものあり、青島系統の者あり、天津系統の者ありであつて、到底系統すら知ることは出来ぬのである。[22]

ここで、末光は、「満州国」新政権に迎合する各地の在家裡の足並みが混乱している状況から、在家裡の一部を批判し、それに対する統合の必要性を強調している。末光が言及した在家裡の系統から見ると、在家裡のほとんどは天津・山東および上海から来たものと見られる。末光が言及した王約瑟は山東省鐸県の出身で、華北の北京・天津一帯に多くの弟子を有し[23]、東北地域にも多くの子分がいた。一九三四年、王約瑟は吉林省を訪れ、仏教の布教を装いながら在家裡との連携を深めようとした。これによって、国民党側のスパイと見なされた[24]。日中全面戦争期に、彼は日本軍の華北支配に協力した[25]。また、天津系在家裡のメンバーのなかで、「満州国」在家裡の総代表は馮競欧であった。馮は字を諫民といい、河北省饒陽県生まれ、崇正中学を卒業した。北京嘉憲武備学校を出て東北三省・河南省で軍関係の要職を経て、一九二八年九月に辞職し、奉天赤十字会長となった。事変後、東北四省独立政府研究会四民維持会の参議となり、「大満州国軍事講演団」の軍事主任などを務めた[26]。

末光が言及した上海系在家裡の具体的な人物については不明である。前述の協和会の資料に登場した曹幼珊は山東省の出身であり、長く上海に居住し、現地有力の在家裡＝青幇のリーダーであった。曹幼珊は、「昨年（一九三四年

——引用者）一月貸金整理ノ為ト称シ上海ヨリ大連奉天新京哈爾濱等ヲ歴訪在家裡ト楽ク来往シタル在上海青幇首領第二十一代曹幼珊ハ蒋介石ノ指令ヲ受ケ在家裡ト連繋之ヲシテ反満抗日ノ策動ニ出テシムヘク来満シタルナリトノ説アリ」(27)。それに対して、曹は「各集会に於て在家裡教理の由来と青幇の関係を説き教憲儀式等につき詳細にその真髄を伝へ南支に於ける青幇と満州国に於ける在家裡は相互に同気相通じ一致団結をなし共に倶に携へて義気的精神に活きんとなし……」(28)、という説もあった。

曹の弟子、在家裡訪日代表団の一員であった常玉清は、湖北省出身の満洲「旗人」で、青幇の通字輩に属し、上海の日系綿工場の「工頭」であった。一九三二年「上海事変」の時、常は胡立夫とともに日本軍に協力する上海市民維持会を組織した。しかし、まもなく胡は国民党の上海駐在の秘密工作員によって暗殺され、常は大連に逃亡した(29)。これについて、常玉清は在家裡訪日団の一員として日本に滞在した際、自分の経歴を、「上海事変の折には私は日本軍の為めに身命を賭して働きました。その為めに同志の一人は殺されたが私はやつと逃れて生命を完ふ」、と振り返った(30)。

増上寺ニ於ケル香堂（其ノ一）
（陸軍省蔵版）
増上寺ニ於ケル香堂（其ノ二）
（陸軍省蔵版）
追濱航空隊本部前ノ一行
（海軍省蔵版）

〈写真９—３〉増上寺における家裡研究会。出典：利部一郎前掲『満洲国家理教』。

そして、末光が言及した青島在家裡の具体的な状況についても不明であるが、一般に、在家裡メンバーのなかに山東省出身の人が多いことから、山東系の在家

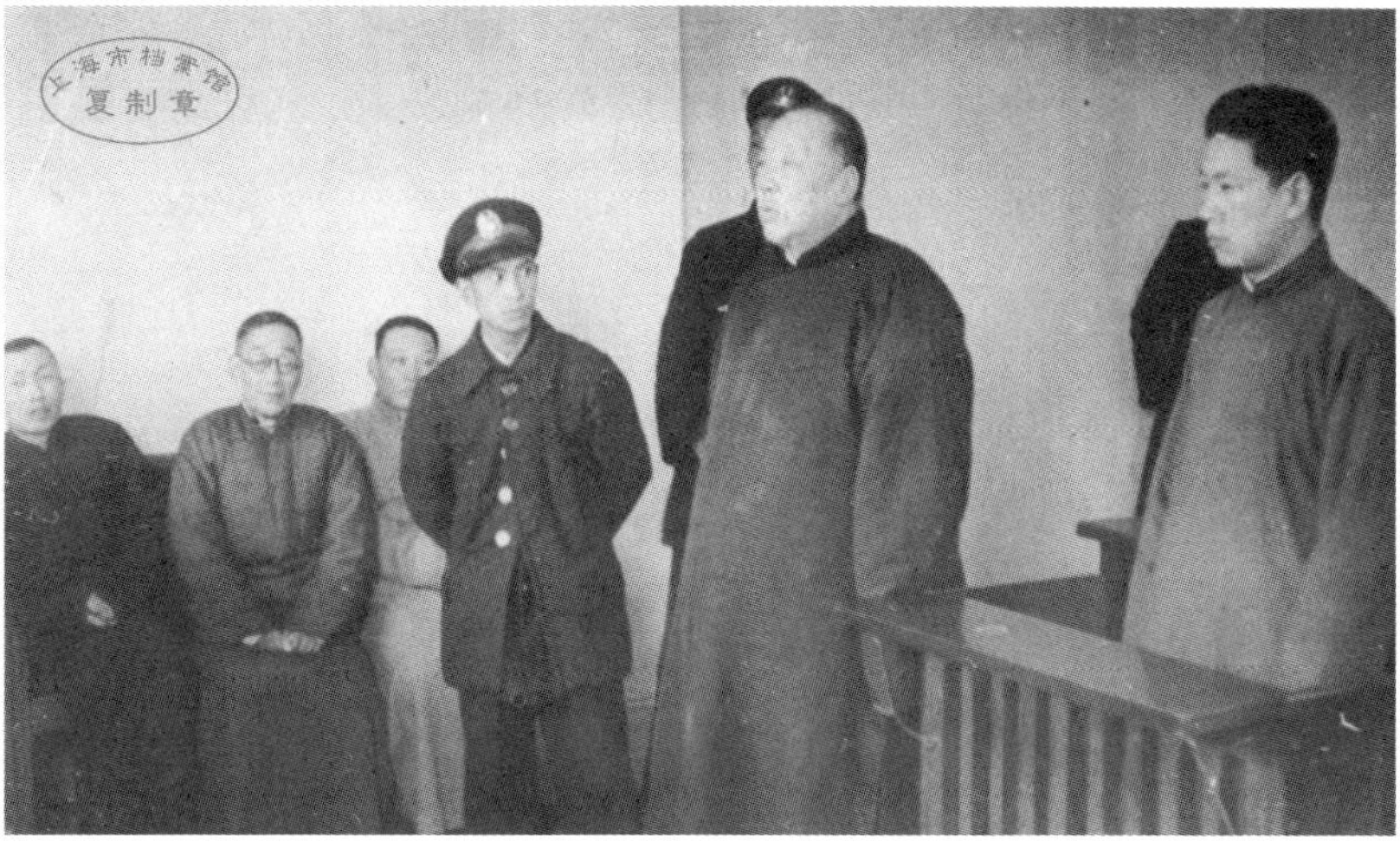

〈写真９—４〉戦後、漢奸裁判で死刑判決を言い渡された常玉清。上海市歴史檔案館所蔵。

裡の人数も少なくないと推測される。いわゆる青島系在家裡の存在もありうるのであろう。

以上の末光の観察は満洲の在家裡を考察する際に重要な手がかりであるが、満洲在家裡を網羅的に反映したとは言えない。例えば、齊齊哈爾の在家裡のリーダー劉少恩と丁貴昇はともに通字輩で、興五六幇に属している。二人はそれぞれ劇場と風俗店を経営していた。調査によると、「劉少恩及丁貴昇ノ両名ハ満洲事変前教師買（賈——引用者）長清ヲ上海ヨリ招聘シ指導ヲ受ケタルカ買（賈——引用者）ハ昭和六年一二月江蘇省揚州ニ帰省シ其ノ後ノ消息不明ナリ」という[31]。彼らは在家裡のネットワークを利用するために、わざわざ揚州から在家裡の先生を招聘した。二十一字輩の王殿臣（五十八歳）は、江蘇省揚州府江都県に生まれ、挙人出身であった。一八歳の時、在家裡に参加し、三七歳の時、東北地域にやってきて、ハルビン・奉天などで税務警察・私書房教師を務めた[32]。また、末光が言及していない訪日団の一員王兆庥は、孫弟子を含め一千名の弟子を有した。直弟子だけでは地域別に江蘇省に二一名、天津に二一二名、北京に二四名、奉天に九四名であった[33]。

現地領事館・協和会・警察などの調査を総合すると、在家裡のリーダー格となる人のなかには退役軍人、失意政客、チンピラのボス、商人がもっとも多く、一般メンバーのなかには小売り販売者・労働者等、現役軍人や警察が少なかった。末光によれば、大連「東亜仏教会」発足の時、会長柳成名（大連乗用馬車組合長）・副会長劉神致（アヘン小売業）、刑順亭（貸家業）・尹天純（福昌華工公司苦力頭）と王宝春（人力車収容所所内有力者、飲食店業）といった、主要メンバーはみんな商売に従事していた。他方、在家裡は主に相互扶助を目的とする組織であり、リーダーのうち地方有力者や政界出身の人もいたが、東北の軍閥政権との関わりは確認されていない。

三　在家裡と在満日本人

「満州事変」後、満州青年同盟・大雄峯会、および橘樸を主筆とする雑誌『満洲評論』に集う人々が関東軍の要請を受けて、いわゆる「満洲新秩序」の理論構築に着手した。「彼らの積極的参加が建国運動の大きな推進力となり、ここに善政主義、民族協和、王道楽土建設、アジア復興、人類解放といったさまざまな夢が紡ぎ出され、満洲国の建国理念として提起されていくこととなるのである[34]」。こうしたことを背景に、在家裡との提携を図る在満日本人団体が現れた。

一九三三年三月、酒井栄蔵を盟主とする「大満州国正義団」が奉天で成立した[35]。この政治団体は在家裡を対象に東北各地に組織を拡大させ、一時期大きな影響力を持っていた。後に「大満州国正義団」は「一国一党主義に基く教化団体統一の趣旨により」、「満州国」協和会に統合された[36]。「大満州国正義団」は東北各地の在家裡組織に呼びかけ、奉天代表祖憲庭・新京代表呂萬濱、および全満総代表馮諫民を中心に、在家裡と提携関係を結んだ。「大満州国正義団」成立大会における馮諫民の次のような祝辞が、両者の関係の緊密さを物語っている。

今日進家の日本人満州人都べて一壇に集ひ家裡の道に随ふ我等家裡は即ち師弟は父子の如く同参は手足の如く古語に曰く遠き親族は近隣に若かずと我等黄種の同胞は手足同様である況んや同参の爾等日満人は最も其因縁深きものと云はねばならぬ。(37)

つまり、両者は、在家裡が「大満州国正義団」に吸収され、そして「大満州国正義団」のメンバーが在家裡に加入する、いわば一体的関係であった。このような一体的な関係があってからこそ、数か月後の在家裡代表団の訪日の一幕が上演されたのである。在家裡と「大満州国正義団」のこのような関係について、別の調査資料には次のように記されている。

日本側よりは鷲野（崎――引用者、以下同）研太、平生武七郎（平野武七）、宮地（久衛）大佐と共に日本陸軍省及関東軍を動かしその真意徹底皇室中心主義を標榜して満州政府の容認を得て全満在家裡教徒二百五〇万人を一団とし大日本正義と契合大同団結を図り清静興民同志会を組織し主義綱領を議決し公認結社として従来の潜行運動を抛棄し社会の表面に乗り出さんとするに至れり。(38)

ここで言及された三人の日本人は、いずれも在家裡代表団の日本訪問に際して重要なパイプ役を果たした人物である。鷲崎研太は上海東亜同文書院の卒業生で、在家裡訪日の時、「満州国」の治安警察部門に務めていた。平野武七は長崎県の出身の大陸浪人であり、在家裡の会員であった。(39)宮地久衛は東京府社会事業協会融和部長、中央融和事業協会理事、予備騎兵大佐などをつとめた。在家裡と「大満州国正義団」の合併を促したのはこの三人であった。三人が関東軍に働き掛けた結果、「満州国」政府の承認を得て「清静興民同志会」が結成された。在家裡と「大満州国正義団」が合併した後、「大満州国正義団」は在家裡の協力を得て急速に勢力を伸ばした。と同時に、馮諫民ら在家裡の中心メンバーも在満の日本人団体の力を借りて、組織の拡大を図った。この点に関して、瀧澤俊亮は『満洲の街村信仰』の中で、「大同二年（一九三三年）馮諫民が全満同志統制の満州国正義団組織の為に奉天から各地の主要都市に入つた時は実に素晴らしい歓迎振りで新入会員も少なくなかつた」と述べている。(40)

ところで、瀧澤によれば、「大満州国正義団」のほかに、日本の大本教も在家裡に接近し、在家裡と大本教の信仰の一致性を強調し、多くの在家裡メンバーを獲得した。「殊に大本教の人類愛善会と家裡教とは同じく天之御中主神を祖とするものであるとの説に多大気を得て、新入門者が一時に増えたと言ふ」(41)。在家裡代表団の訪日の際に、「その際の代表及び随員の人中の濱江警務司令部諮議魯寶化や弁護士張慶禄はわざわざ綾部の（大本教）本部を訪ねた程であつた」(42)という。ただし、瀧澤が挙げた魯寶化と張慶禄の名は、在家裡代表団の名簿には載っていない。冒頭で述べた代表団一行の名簿から、張（「ちょう」と音読み）慶禄は趙（「ちょう」と音読み）慶禄と同一人物であると推測される。魯（「ろ」と音読み）寶化については手がかりがないが、呂（「ろ」と音読み）萬濱であることは推測できる。(43)

在家裡と大本教の関係は、大本教聖師出口王仁三郎の蒙古入りまで遡ることができる。出口王仁三郎の孫出口京太郎が書いた『巨人出口王仁三郎』によると、一九二四年二月中旬、「（出口王仁三郎が）奉天に夜について、すぐ悦来桟に投宿し、祖憲延（「祖憲庭」の誤り――引用者）とあった」(44)。この記述からみれば、在家裡代表団訪日の一〇年ほど前に、大本教がすでに満洲在住の信者を通じて奉天の在家裡と接触していた。その延長上に、一九三二年一月、大本教が「禅・儒教をあわせた安清会との提携がなされた」(45)。それゆえ、「在家裡代表ノ渡日ニ際シテハ下関上陸以来終始二名ノ案内者ヲ附シ沿線主要駅ニハ関係団体ヲシテ歓迎セシムル」(46)。七月七日夜、大本教の外廓団体「人類愛善会」が在家裡代表団を招待した。(47)

以上のように、日本側の「大満州国正義団」と大本教などの組織が在家裡を通じて満洲で自らの勢力を拡大させようとした。在満日本人団体が積極的に在家裡に働きかけた背後には、在家裡を宗教団体化し、その慈善活動を通して、社会全体を統合する狙いがある。末光は『満洲評論』に寄せた一連の文章の中で、「満州国」における在家裡の存在を高く評価し、「此秘密結社青幇在家裡が、満洲で俄然社会的役割を公然と声明し、又はこれを統一した合法的結社たらしむべく活動を開始するに至つては、大にその動向を監視すると共に、その精神を正しく理解して対策を講ずることが、新興満洲国にとって最も重要な問題ではあるまいかと思ふ」と語っている。[48]また、末光は別の文章において「在家裡を以て政党を組織」などの目標を掲げ、次のように述べている。

殊に在家裡は単に満洲のみに存在する秘密結社ではなく、支那全土に浸漫する一種の民族的結社であるからである。しかして今日までこの在家裡（青幇）が屡屡政治運動に、又は社会運動に大なる潜行的勢力を示して来たその過去の行動に鑑みて、王道政治の満洲国に取つては最も重大な問題でなくてはならぬ。この在家裡を王道政治に依つて馴化せしむることが結局王道政治の基本ともなるのであつた、大きく云へば支那全土の大衆を統一することにもなるのである。[49]

満洲在家裡のリーダーたちもこうした在満日本人団体の期待に迎合し、在家裡の伝統と「満州国」の「王道政治」との共通点を強調し始めた。馮諫民は「満州国」における在家裡の役割についてこう語っている。

元来我満洲国は是れ我が家裡の源流で我が満洲国執政は正に我等家裡の旧主人である。満洲国に忠勤をなす事は即ち是れ安清家理の根本精神であります。……抑々日本帝国と満洲国は唇亡びて歯寒しの関係で即ち絶対不可離の間柄にあるもので在れば友邦の皇軍は我等満洲国人の生命を救ひ悪軍閥を掃除し不良政府を駆逐し漸く我等の旧主人にして仁慈博愛なる執政出で我が満洲の国政を執行せられるのである。[50]

また、馮諫民は在家裡の「十大幇規」を「満洲国」建設に協力するための六か条に書き直した。すなわち、（一）

父母に孝順にして、（二）長士兵を尊敬し、（三）郷里和睦し、（四）子孫を教訓し、（五）各々生活に安んじ、（六）非為を作すなかれ。[51]「十大幇規」に比べ、この六か条の「幇規」には、在家裡が地域社会に溶け込もうとする意欲が表されている。このようにして、在家裡は「満州国」の建設に積極的に動き出した。

四　在家裡訪日の結末

在家裡代表団の日本訪問のきっかけをつくったのは前出の宮地久衛である。宮地は、陸軍次官柳川中将の意を受けて、「特殊部落民ノ融和事業ニ専従シ」、一九三三年四月一〇日、東京を出発、翌七日に帰った。帰国した後、彼は「北満に於ける在家裡」と題する小冊子を印刷し、陸軍次官、内務省社会局長などへ配布した。そのなかで、彼は一連の経緯について次のように語っている。

昨年来軍部方面ノ依嘱ニヨリ我カ特殊部落民ノ満洲移住ノ能否調査ノタメ客年末渡満シタル際満洲ノ支那人間ニ標記宗教結社アルヲ知リタレハ今回特殊民カ満洲移住後差別待遇ヲ受クルヤ否又土着民ノ態度探求ノタメ再渡満セルヲ好機ニ在家裡ヲ調査タル次第ナリ。[52]

なるほど、宮地は「特殊部落民」の満洲移住という陸軍部の使命を負い、満洲に渡って在家裡と関係をつけたのである。五月一四日に、宮地は当時の神道研究の権威・帝国大学教授加藤玄智を訪ね、在家裡の教典『三庵全集』、『三庵宝鑑』および末光高義著『支那の秘密結社と慈善結社』など三冊を加藤に提供し、在家裡の性質を検討するよう頼んだ。加藤は、儒・仏・道三教合一の視点から在家裡が禅宗の一派であり、「満洲国人の現況に鑑み、無学文盲且迷信的の多き国民に対しては此の過渡期に於て法律力よりも宗教的指導を最も必要と信ず」ると述べ、宮地が計画している在家裡の訪日を支持し、東洋史の権威であった白鳥庫吉を宮地に紹介した[53]。三日の晩餐会、そして四、五日に増上寺での研究会を経て、六日以降、一行は明治神宮と靖国神社を参拝し、横須賀海軍基地と慶応義塾を見学した。ところが、一一日、突然在家裡代表団は解散を命じられた。なぜ、訪日がこのような形で中断したのだろうか。関東庁警務局長の事後説明は次のようである。

其間ニ一行中ノ吉井清春（吉村智正——引用者）ハ之カ機会ヲ利用シ種々売名的行動ニ出テ而モ鷲崎、平野等ハ関東軍ヨリ支給セラレタル経費約一千五百圓ヲ費消シタル問題ヲ発見シ十一日一行ハ突如解散ヲ命セラレ吉井ハ全然同団ヨリ除名セラレタルタメ一行ハ東京ニ於テ各自自由行動ヲトルコトノ已ムナキニ至リ[54]。

この一節によれば、代表団解散の理由は吉村智正の売名行為と案内役の鷲崎・平野の不祥事にあった。しかし、以下の一文が示しているように、在家裡訪日団解散の本当の原因は別なところにあった。

陸海軍方面ノ消息トシテ聞知スル同方面ニ於テハ在理ナルモノヲ認メス従ツテ其行動ヲ弾圧スルト洩サレタル模様ナルカ真相不明ニシテ自分等ハ飽迄宗教力ニヨリ結成スヘク活動ヲ継続スル方針ナリ[55]。

関東軍の在家裡政策と異なって、陸軍と海軍は在家裡に対する弾圧策を検討していた。陸・海軍省の代表が一週間前に盛大な在家裡歓迎会を挙げたばかりなのに、なぜ陸・海軍省は在家裡弾圧に転じたのか。これについて、前述した関東庁警務局長は、「今回ノ渡日ハ計画通終了セス一部邦人不良者ニ利用セラレタル観アリテ之カ将来ニ相当ノ禍根トナルニ非スヤト憂慮セラル」と危惧した[56]。

他方、在家裡の訪日をめぐって、関東軍側と外務省の間で意見の相違があった。関東庁警務局長は在家裡代表団の訪日について、次のように述べている。

支那ニ於ケル在家裡（家裡又ハ在裡）ハ宗教的信念ヲ以テ結束スル一種ノ秘密結社ニシテ幇員間ハ厳格ナル戒律

ヲ設ケテ個人ノ向上ヲ図ルト共ニ幇員ノ共存互助ヲ実行スルモノニシテ各階級ヲ通シテ多数ノ幇員ヲ擁シ社会的ニ一大潜勢力ヲ有スルモノナルカ軍部其他満洲関係者間ニ於テハ夙ニ此ノ在家裡ヲ利用シテ満洲国内ノ治安維持並建国精神ノ普及ヲ図ルヘク計画セル者アリシカ今回愈之カ前提トシテ在満在家裡代表者ヲ渡日セシメ日本各地ノ視察及在家裡研究者トノ会見等ニ依リ日本カ満洲国ヲ援助スル所以ヲ知ラシメ将来ニ於ケル日満人ノ提携連携ニ資スルコトトナレリ[57]。

つまり、関東軍は、在家裡の訪日は日本の在家裡研究者との交流、日本各地の視察を通じて将来の日満提携において有意義であると考え、在家裡を通じて「日満人ノ提携」を促進する具体的な方策まで考案した。すなわち、(一)宣伝機関として利用することである。満洲の各派閥を糾合し、連合総会を組織し中央に統制機関を設け幇員を指導・教化すること。(二)在家裡を民衆の自治的な援助機関とすることによって労働者を統制し、地方保甲組織の中堅となり、社会改良、反満分子の摘発および支那本土に対する工作を行うことである。

これに対して、関東軍側の勇み足にブレーキをかけようとする言論も現れた。在家裡訪日団が出発する前に、在牛荘領事荒川充雄は全満全権大使武藤信義宛の手紙のなかで、次のように述べている。

今回軍部ノ慫慂ニヨリ全満各地ノ家裡教代表七名ヲ内地ニ視察ニ派遣スルコトトナリ之等代表ハ哈爾賓二名（勝、張）新京一名（盧）奉天三名（馮・王・常）営口一名（郝）ニ決定セルヲ以テ在営約二万ノ同志ニ之カ報告ノタメ来営セルモノニシテ本名等ハ別紙写ノ如キ小林海軍司令官ノ紹介状ヲ携ヘ憲兵分隊ノ訪問其ノ了解ヲ求メ同夜八時頃ヨリ営口硝鉱局楞厳寺（付属地外）ニ同志百余名会合右報告ヲ為シ之カ同意ヲ求メタリト謂フカ之等ハ本月四日頃新京ニ集合軍部ヨリ旅費一切ノ支給ヲ受ケタル後正式ニ渡日スル予定ナリノト謂ヒ軍部カ本教徒ヲ利用スル目的ハ全満二百万ノ同教徒ヲ独立セシメ以テ南方家裡ト対抗セシムルカ為ナリト謂フ[58]。

関東軍の行動を間接的に批判した荒川は営口の例を取り上げ、「尚郝相臣ハ元総商会長トシ又紅卍会首脳者トシテ営口ニ於テ相当ノ勢力ヲ有シタルモノナレハ従来本名カ帰営スル場合実業家等ノ訪問頻繁ナリシカ今回在家裡教代表トシテ来営シタルヲ知リタル一般商民ハ敬遠シテ一名ノ訪問者モ無シト謂フ」と述べ、在家裡が一般社会から敬遠される存在であることを指摘した[59]。しかし、在家裡代表団の日本訪問が着々と準備されるなかで、このような意見は上層部には認められず、結局、在家裡一行が「満州国」を代表して日本に渡ったのである。

解散後の一行は三班に分かれ、帰国の途についた。一五日、郝相臣は東京を出発し、陸路朝鮮を経由して一足早く帰国した[60]。続いて、馮諫民など六名（楊宇山と張新甫は含まれる）は「不良邦人」吉村智正の同伴で列車に乗り、七月一六日午後九時四十分に下関に到着し、十時三十分の船に乗って釜山に行って、帰国した[61]。ほかの代表は、肩書を変えて、それぞれ奉天聖道理善研究総会長祖憲庭、奉天在理教領正林慶臣、新京在理教領正呂萬濱、ハルビン世界慈善会聯合会名誉会長趙慶祿、奉天私立学校長王兆庥、新京建築請負業常玉清と称し、一三日午後五時二十分亀岡に到着し、大本教の本部を訪問した。その日程は以下の通りである[62]。

十三日、亀岡着。出口王仁三郎と歓談。

十四日、午前綾部へ、大本本部を訪問。午後亀岡に戻る。

十五日、午前京都へ、人類愛善会会長出口宇知磨に迎えられた。第十六師団を訪問。桃山御陵を参拝。正午、同志社新島会館で新聞記者と昼食。午後、御所二条離宮を参拝、同志社大学を見学。吉岡旅館に戻る。

十六日、午前、京都駅発列車で大阪へ向かう。八時三十二分大阪駅着。皇道大本人類愛善会大阪聯合会会員、大日本正義團団員が迎え、第四師團司令部を訪問、大阪城を見物。午後、大阪朝日、大阪毎日両新聞社を訪問。人類愛善会の招待晩餐会に出席、八時四十六分大阪発列車にて下関へ出発[63]。

〈写真9―5〉前列左一常玉清、左三呂萬濱。中祖憲庭。右二林慶臣、右三趙慶祿。大本資料研鑽室所蔵。

在家裡代表の大本教本部訪問について、筆者は京都府亀岡市天恩郷にある大本資料研鑽室で在家裡に関する六枚の写真を入手した。それによれば、在家裡訪日代表団のうちの五人が七月一三日には亀岡を訪れた。六枚の写真のうちの一枚には、教主出口すみ子、聖師出口王仁三郎と五人の「満洲人」が写っている。写真の傍注によれば、五人は共に在理会（教）と在家裡の二重の身分を有する。前出の利部一郎の『満洲国家理教』に収録された代表団メンバーの写真と併せてみると、この五人は祖憲庭・林慶臣・呂萬濱・常玉清・趙慶祿と判明される。

五　監視下の協力

宮地は、在家裡訪日の目的を（一）該教研究希望者との面会、日本政府から支持を得ること、（二）日本精神を学ぶこと、（三）日本文化の見学、などと挙げている。（二）（三）はともかく、（一）は明らかに実現できなかった。「不良邦人」の一人とされた鷲崎のその後の状況は不明であるが、吉村は新京の関係者に挨拶し活動を再開した[64]。また、在家裡の身分を持つ平野武七は、自ら香堂を開き、日本憲兵隊、領事館などを訪問し、引き続き在家裡と「満州国」の建設を結びつけようとした[65]。宮地の「部落民」移民の具体的な状況については不明であるが、彼はその後在家裡訪日の成果を示す小冊子を編纂し、各方面に配った。

一方、在家裡代表団のその後の動きについてみると、一九三四年一月二〇日、馮諫民らは在家裡と在理教を統合するため、奉天工業地区善理公所で香堂を開いた。事前に、馮は『満洲国家理教』と題したパンフレットを各地の官庁に送り、残りの九千部を東北全域に配付した。馮の「満洲国家理教」には指導部を含めて八つの部門があった。委員長は馮諫民であり、委員には郝相臣・周維新・王少源・吉村智正などがいた[66]。馮諫民の在家裡勢力はもともと奉天周辺の十余県にしか及ばなかったが、これをきっかけに、斉斉哈爾に家裡同志会、佳木斯に三義堂、奉天に家裡研究会を置き、ネットワークが急速に伸びた[67]。

ハルビンでは、趙慶祿が「大満洲国家裡教北満総会」を開き、北満在家裡の統合を図った。この会の設立時期については二つの説がある。一説は一九三三年九月である。大谷湖峰「宗教調査報告書」によれば、この会は、正式な会員が三〇名で、信者数が一萬人に達したと自称した。しかし、この会は「満州国」政府によって合法的な団体として認められなかったため、目立った活動はほとんどなかった[68]。もう一説によると、会の設立時期は一九三四年三月一八日であった。この日、哈爾濱道外北五道街商務会に五百人余りの信者が集まり、「満洲国家裡教北満総会」籌備所を発足させた。幹事長は馬宗達、幹事は平野武七ら八名で、実際に会務を担当するのは、会長趙慶祿を中心とする役員会であった[69]。

一九三四年四月五日、在家裡は「満州国」首都新京の東四条通りにある「集善堂」に創立事務所を置き、第一回準備委員会を開いた。準備委員長は呂萬濱で、委員となった人は宛栄臣ら三四名であった。そのうち、「満州国」官吏張實（監察院）と銭啓承（交通部）の名が含まれている。会の宗旨は、「仏教を奉じ身心を修養し慈善事業を図り併せて王道主義に基き日満親善を実現し楽土を建設するにあり」という。準備委員会では、呂萬濱を中心に九つの機構を設けること、および大連方面の在家裡リーダー常玉清と連携することが決められた[70]。新京の在家裡幹部は委員会の設立をめぐって、「家理教を従来の如く秘密結社としての存在を主張するものと公開主義によらんとするもの」と意見が分かれた。一九三四年三月一五日、在家裡の有力者彭綜宗が天津からやってきて調停を試みたが、物別れに終わった[71]。その後、「達磨清浄仏教会」という名前の組織が設立させられたが、目立った活動は見られなかった[72]。

この時期、各地の在家裡は先を争って「満州国」建設に迎合したが、組織の弱点も露呈し始めた。各地の在家裡は、公認結社の主導権をめぐって対立していた。新京呂萬濱の一派は、奉天馮諫民の一派と激しく対立し、互いに「我等は在家裡の北京の直系正派なり」と主張し、譲ろうとしなかった。そのため、東北地域の在家裡の統一運動が一時頓挫した[73]。その後、呂が馮諫民の同意なしに「大満洲国家裡同志会」に馮の名前を入れたが、馮諫民は反対の声明を出した[74]。

こうした在家裡自身の問題に加え、日本人団体の在家裡工作が予期せぬ結果をもたらした。これについて、末光は次のように指摘している。「然るに昨今在家裡を利用せんとするものが数多擡頭してゐる。大本・協和会・正義団・其他日本人等々である。その会の名称も大満洲国清静興民同志会あり・興亜大同義会あり・大満洲国家裡同志会ありであつて、その間の連絡もなく、はつきりした認識もなく個々に策動してゐるものらしい[75]」。つまり、各地の日本人団体あるいは個人がそれぞれ独自の在家裡工作を行なったことが、もともとばらばらに行動していた各地の在家裡組織を統合させるどころか、一層一体性を欠いた組織となった。

他方、訪日団メンバーの一人であった郝相臣は、莫大な不動産を捨てて「逃亡」したとされた。郝の「逃亡」について、営口領事と奉天領事がそれぞれ報告を残している。前者によると、郝相臣は張学良の直系で、「満州事変」後、「不遇ノ立場ニアリ」、奉天の実業部方面に泣きつくために、「逆産」の処分を免れた。その後、家裡第二十二代と名乗り、宮地との関係で頭角を現した。一九三四年三月下旬、国民党の藍衣社は前述した上海仏租界在住の王約瑟と連絡し、五月下旬に数名の幹部を東北に遣わし、馮諫民と郝相臣らと協力して情報収集に当たった。そのためか、郝相臣ら主要なメンバー全員が「満州国」の警察や憲兵の監視下に置かれた。こうした中、郝相臣は一七日に北京で開かれる紅卍字会会議出席のために出発し、八日に北京にいった。その二日後、家族（妻子五人）も密かに北京に行った。「附近一帯ニ某事件ニ関スル嫌疑ノ為官憲の視察厳重ニシテ身辺ノ危険ヲ感シ北平方面ニ永住ノ目的ヲ以て遁走セリトノ風評アリ[76]」、という。

営口領事の報告とやや違って、奉天領事の報告によると、郝相臣は、「帰満後熱心ニ同教宣布ニ奔走シ居タルモノナルカ同年十月頃ヨリ俄ニ従来ノ態度ヲ一変シ専ラ自己勢力伸長ニ努メ満洲在家裡ナル小冊子発行ニ際シテモ自己名ヲ以テ之を発行セントシ宮地陸軍大佐ニ拒絶セラルルヤ関東軍ニ関シ同大佐、及奉天在家裡有力者馮諫民吉村智正等ヲ中傷セント企テシコトアリ[77]」、という。そのため、郝は監視の対象となった。馮諫民や吉村智正らは訪日した時随行した奉天の姜国本を営口に遣わし、一ヶ月間営口に滞在させたが、姜が逆に買収されるのを恐れて、彼を奉天の在家裡本部に呼び戻した。

二説を合わせると、以下のことが推測できる。つまり、三月ごろ、同じ在家裡出身の王約瑟の東北訪問をきっかけに、馮諫民と郝相臣は憲兵隊に嫌疑をかけられた。その際、奉天の在家裡を操る馮諫民は何らかの工作で嫌疑を解かれ、憲兵隊の手先として郝相臣の元に姜国本を送った。おそらく姜国本は無実だった郝相臣から情報を得ることができなかった。前述の牛荘領事荒川充雄の手紙が言及したように、在家裡のメンバーと名乗ったとたんに、郝相臣は営口の有力者に敬遠された。おそらく、訪日から帰ってきた後もこのような孤立状態が続いたのだろう。財産を守るために協力者となった郝相臣は、今度は身の安全のために、財産を手放さなければならなかった。郝相臣と家族五人が本当に憲兵隊の監視から逃れたかどうかは不明である。

日本政府に招待された在家裡一行は、帰国後も関東軍の協力者として活動したが、常に憲兵の監視下にあった。一九三六年以降、「満州国」が在家裡を抑止する方針を打ち出してから、在家裡という名の下で活動することはほとんど不可能であった。こうした中で、大連と新京を行き来する常玉清は、日中全面戦争の勃発を機に、一九三七年一二月に上海に戻り、日本の大陸浪人と黄道会を組織し、抗日運動に加わった中国人を次々と暗殺した。彼は一九三八年に南京で「安清同盟会」を設立し、南京を中心に活動した。一九四六年五月、常は漢奸罪で処刑され、起訴書には、常の東北地域での活動について一言も記されていない(78)。

おわりに

以上、従来ほとんど注目されてこなかった一九三三年の在家裡代表団による日本訪問を中心に、在家裡と「満州国」との関係の一側面を考察してきた。事件そのものは茶番劇であったが、劇は監督・俳優・観客らによる呼吸の合った協力の下で出来上がったものである。舞台監督であった関東軍は、武力で中国の東北地域を占領した後、傀儡政権「満州国」の支配を支える社会的基盤を作ろうとした。そこで、在満日本人団体の情報と力添えを得て、東北軍閥の支配下で疎外された在家裡が利用の対象として浮上した。監督の意図に従って、東北在家裡の一部のリーダーたちは在家裡の真実を隠して、仏教徒と偽って舞台に登場した。在家裡はそもそも現地の中国人社会で敬遠され、「満州国」

の中国人官僚のなかにも在家裡に反感をもつ人は少なくなかった。しかし、彼らはたとえ在家裡代表団の真相を知ったとしても、関東軍が在家裡に特別の好意を寄せた以上、けっして真実を語ろうとしなかった。これらの観客の沈黙なしには劇はシナリオどおりには上演されなかっただろう。

目下、戦時下の「帝国の学知」が研究者の間で注目を浴びている。本章で取り上げた在家裡代表団の訪日の事例から分かるように、関東軍やそのブレインたちの満洲在家裡認識は現実から大きくかけ離れていた。彼らは、在家裡を百万ないし二百万の会衆を抱えた結社と見なし、在家裡の統合を通じて「満州国」の支配基盤を固めることができると考えていた。しかし、日本の外務省が現地の駐在機関を通じて代表団の日本訪問後に満洲各地で行った調査によれば、在家裡会衆の人数は百万人をはるかに下回った。「在家裡」と名乗る組織も互いに関連性が希薄であり、組織としてのまとまりがなかった。在家裡代表団と面会した人のなかには、当時日本の「一流の頭脳」を代表する帝国大学の学者たちが名を連ねた。近代日本の宗教学の権威姉崎正治、東洋史研究の権威白鳥庫吉、仏教研究の権威常盤大定、道教研究の権威小柳司氣太らは、増上寺で在家裡の文書や儀式を目にした時、きっと困惑しただろう。

〈写真９—６〉上白鳥庫吉、加藤玄智。下常磐大定、小柳司氣太。出典：利部一郎前掲『満洲国家理教』

さらに注目すべきは橘樸が在家裡代表団の日本訪問の前後に果たした役割である。橘は自らが主編した『満洲評論』に末光高義の文章を掲載し、在家裡を利用して社会統合をはかることの重要性を強調した。また、彼は蔣介石が上海で青幇を利用したのと同様に、東北地域でも青幇を「満州国」の支配に有利な方向に利用できると考えた[79]。しかし、馮諫民を含む訪日代表団の人々は、誰一人上海の黄金栄・杜月笙のような力を持っていなかった。橘樸はかつて日本の支那学研究が中国の現実から乖離していることを厳しく批判したが、彼自身も関東軍に協力するようになってから、それまでの批判精神を失ってしまった。野村浩一は『近代日本の中国認識』と題した名著の冒頭で、「戦前日本の失敗は中国認識の失敗であった[80]」と指摘している。あえて補足するならば、野村のいう日本の「中国認識」そのものは「帝国知」であり、それゆえその失敗は「帝国知」の失敗でもあった。

注

(1) 利部一郎『満洲国家理教』、泰山房、昭和八年、二一〜五五頁。

(2) 加藤玄智「家裡教の宗教的判断」、利部一郎前掲書、五七頁。

(3) 拙著『近代中国の革命と秘密結社――中国革命の社会史的研究(一八九五〜一九五五)』(汲古書院、二〇〇七年)を参照。

(4) 馬西沙・韓秉方『中国民間宗教史』(上海人民出版社、一九九〇年)と酒井忠夫『中国幇会史の研究・青幇篇』(国書刊行会、一九九七年)を参照。

(5) 「黒龍江省内ノ家裡調査報告ノ件」、在斉々哈爾領事内田五郎、昭和九年一月一五日。また、以下のものを参照。「満洲国に於ケル在家裡ノ現況」、関東庁警務部長、昭和一〇年五月二〇日。「満洲国に於ケル在家裡ノ現況」、関東庁警務部長、昭和一〇年五月二〇日。外務省外交資料館蔵『各国ニ於ケル宗教及布教関係雑件・在家裡関係』、以下同。潘居士・李格政「瀋陽清幇家理和清理」(『瀋陽文史資料』第九輯、一九八六年)を参照。

(6) 「黒龍江省内ノ家裡ニ就テ」(第十四師団参謀部調)、昭和九年一月十五日。

(7) 協和会中央本部調査部、『在家裡調査報告書』。原文は日本語であるが、この引用は一九四七年二月中国共産党の人民解放軍「松江第六大隊」によって意訳されたものである。この訳文は解放軍が在家裡を弾圧するため、事情収集の一環で、原文の内容を忠実に訳されたと見られる。調査書の作成時期は明らかではないが、文中「飛行機献納」、「治安部」等の用語が現れたことから、四十年代初期から一九四三年四月一日（治安部廃止）までの間に行われた調査と見られる。

（8）国務院総務庁情報処『省政彙覧』、第一輯、吉林省篇（日文）、一九三五年、二一七〜二一八頁。

（9）荒武達朗『近代満州の開発と移民』、汲古書院、二〇〇八年。路遇『清代和民国山東移民東北』、上海社会科学院出版社、一九八七年。

（10）満州国史編纂刊行会『満州国史』総論、一九七〇年、七三頁。

（11）一九二九年、満洲に移住した人口の出身別は以下の通りである。山東省七四万二〇〇〇人、河北省一七万二〇〇〇人、河南省一一万七〇〇〇人にその他一万六〇〇〇人。「満洲に於ける出稼移民」、東亜同文書院第二十四回支那調査報告書（昭和五年度第二十七期生）第二巻。愛知大学図書館所蔵。

（12）小峰和夫『満洲（マンチュリア）：起源・植民・覇権』、お茶の水書房、一九九一年一一月、一五四頁。

（13）「対満政策私論」（在満奉天日本総領事館、一九二七年一一月二九日）、小林龍夫・島田俊彦『現代史資料7・満洲事変』、みすず書房、一九六四年、一〇八頁。

（14）末光高義『支那の秘密結社と慈善結社』、満洲評論社、一九三二年。

（15）末光高峯（義）「青幇の在家裡が満洲に政治的活動を始めた」、『満洲評論』第五巻第一号、一九三三年七月一日、一〇頁。末光高峯（義）、『満洲の秘密結社と政治的動向』、満蒙評論社、一九三三年、四頁。

（16）前掲「青幇の在家裡が満洲に政治的活動を始めた」、一一頁。前掲『満洲の秘密結社と政治的動向』、六頁。また「省政彙覧」（第七輯安東省篇、一九三六年九月、二二五頁）を参照。

（17）前掲「青幇の在家裡が満洲に政治的活動を始めた」、一〇頁。前掲『満洲の秘密結社と政治的動向』、五頁。

（18）片倉衷「満洲事変機密政略日誌」一九三一年一一月七日条。小林龍夫・島田俊彦前掲『現代史資料七・満洲事変』、二五二頁。

（19）満州国史編纂刊行会『満州国史』各論、一九七一年、一六〇頁。

(20) 同右、一六二頁。
(21) 橘樸「土匪とギャング」、『満洲評論』第二巻第十九号、一九三二年五月一四日、九～一〇頁。
(22) 末光高峯「在家裡の動きと東亜仏教会の全貌」、『満洲評論』第五巻第十五号、一九三三年一〇月、一九頁。
(23) 調査資料「北平青幇概況」。この資料は、一九三二年に青幇に参加し、王約瑟の弟子となった人が書いたものである。文脈から見て、一九四九年に中国共産党軍が北京（平）を制圧した直後に作成したものである。当時、著者はすでに中共の一員となっていた。
(24) 「華北ヨリ入吉セル在家裡教徒ノ行動ニ関スル件」、在吉林総領事森岡正平、昭和九年八月一日。
(25) 一説によると、王はカトリックの信者で、華北に五千名の弟子をもっていた（調査資料「北平青幇調査資料」〈中共華北区政治部、一九四九年五月〉）。
(26) 「奉天ニ於ケル在家裏ノ現状ニ関スル件」、在奉天総領事峰谷輝雄、昭和九年二月二八日。
(27) 「満洲国に於ケル在家裡ノ現況」、関東庁警務部長、昭和一〇年五月二〇日。
(28) 『満洲及支那に於ける地下秘密団体に就いて』、三江省公署警務庁特務科、一九三六年、二二三頁。
(29) 「工部局捕房刑事股副探長致警務所報告」（一九三八年一一月）、『檔案與歴史』一九八九年第二号。
(30) 利部一郎前掲書、四六頁。
(31) 「齊齊哈爾ノ青幇概況ニ関スル件」、在齊齊哈爾領事内田五郎、昭和八年五月一三日。
(32) 「奉天ニ於ケル在家裏ノ現状ニ関スル件」、在奉天総領事峰谷輝雄、昭和九年二月二八日。
(33) 「奉天ニ於ケル在家裏ノ現状ニ関スル件」、在奉天総領事峰谷輝雄、昭和九年二月二八日。
(34) 山室信一『キメラ――満洲国の肖像』、中公新書、一九九三年、九一頁。
(35) 前掲『満洲及支那に於ける地下秘密団体に就いて』、二二七頁。
(36) 前掲『満洲及支那に於ける地下秘密団体に就いて』、二二七～二二八頁。喬越「壇花一現的偽満洲正義団」、孫邦主編『殖民政権』（偽満洲史料叢書）吉林省人民出版社、一九九三年、五四五～五四八頁。

（37）筆者の知る限り、馮諫民の講演には少なくとも三つの日本語訳が存在する。一つは前掲の末光高峯（義）「青幇の在家裡が満洲に政治的活動を始めた」（後、『満洲の秘密結社と政治的動向』に収録）に収録されたものである。この文章が一九三三年七月一日の『満洲評論』に載せられたことから、馮が日本訪問前にすでに満洲在家裡の統合をはかり、日本軍の支配への協力のために発表したものと見られる。二つ目は「馮諫民師の慈悲」（『在家裡研究資料』、東洋文庫所蔵、出版元・年代不明、「東京市神田駅前印刷所板倉謄写堂」によって印刷された）である。これは在家裡訪日代表団が日本に滞在中、訳されたものと思われる。三つ目は『満洲及支那に於ける地下秘密団体に就いて』（二二四頁）に収録されたもので、馮諫民が一九三四年四月三日に哈爾濱の「大満州国正義団」成立大会でおこなった講話と同じ内容である。以上の三つの訳文は内容の差はあるものの、ほとんど同じである。本章は二つ目の「馮諫民師の慈悲」を引用すると同時に、末光の文章をも参照した。
（38）前掲『満洲及支那に於ける地下秘密団体に就いて』、二二八頁。
（39）「家裡教会員平野武七ノ行動ニ関スル件」、在海拉爾領事米内山庸夫、昭和八年一〇月一四日。
（40）瀧澤俊亮『満洲の街村信仰』、満洲事情案内所、一九四〇年、二九一頁。
（41）同上。
（42）同上。
（43）また、在家裡代表団が訪日する前に、末光は「青幇の在家裡が満洲に政治的活動を始めた」と題した文章の中で、「又馮諫民一行が哈爾賓に入るや同地の在家裡代表は、馮諫民が日本へ赴くことを聞き哈爾賓からも代表者を一行に加へて呉れる様願出たので結局馮師の直系から濱江警備司令部諮議魯賓氏と他系から弁護士慶祿氏の二名を渡日させることに決定し大変な人気であつた」と述べている。末光のいう魯賓と慶祿は、前述の魯寶化と張慶禄であったと思われる。末光高峯「青幇の在家裡が満洲に政治的活動を始めた」、『満洲評論』第五巻第一号、一九三三年七月一日、一〇頁。前掲『満洲の秘密結社と政治的動向』、五頁。
（44）出口京太郎『巨人出口王仁三郎』、講談社、一九七三年九月、一九七頁。
（45）大本七十年史編纂会『大本七十年史』下巻、九九頁。

(46)「満洲国に於ケル在家裡ノ現況」、関東庁警務部長、昭和一〇年五月二〇日。
(47)利部一郎前掲『満洲国家理教』、一六頁。
(48)末光高峯前掲「青幇の在家裡が満洲に政治的活動を始めた」、八頁。前掲『満洲の秘密結社と政治的動向』、一頁。
(49)末光高峯「秘密結社の指導原理」、『満洲評論』第五巻第五号、一九三三年七月二九日、一五三頁。前掲『満洲の秘密結社と政治的動向』、二五頁。
(50)前掲「馮諫民師の慈悲」、前掲「青幇の在家裡が満洲に政治的活動を始めた」、八〜九頁。
(51)前掲「馮諫民師の慈悲」。
(52)「在家裡真相調査員ノ身元其他ニ関スル件」、警視総監藤沼庄平、昭和八年五月一六日。
(53)「満洲国在家裡に対する文学博士加藤玄智氏の談話」(要旨)、昭和八年五月一四日。
(54)「渡日在家裡教徒ノ帰来言動」、関東庁警務局長、昭和八年七月二四日。
(55)同右。
(56)同右。
(57)「在家裡代表団ノ渡日」、関東庁警務局長、昭和八年六月一三日。
(58)「全満青幇代表渡日視察ニ関スル件」、在牛荘領事荒川充雄、昭和八年六月三日。
(59)同右。
(60)「満洲国在家裡渡日代表郝相臣ノ動静」、関東庁警務局長、昭和八年七月二一日。
(61)「満洲国宗教団体帰国に関スル件」、山口県知事岡田周造、昭和八年七月一七日。
(62)「満洲在家裡在理両団体代表往来ノ件」、京都府知事斎藤宗宜、昭和八年七月二四日。
(63)「満洲国家理教代表団ノ往来ニ関スル件」、大阪府知事縣忍、昭和八年七月一八日。
(64)「在家裡渡日代表帰来後ノ言動ニ関スル情報」、在奉天峰谷輝雄、昭和八年七月二六日。
(65)「家裡教会員平野武七ノ行動ニ関スル件」、在海拉爾領事米内山庸夫、昭和八年一〇月一四日。

(66) 前掲『満洲及支那に於ける地下秘密団体に就いて』、二一八〜二一九頁。
(67) 前掲協和会中央本部調査部、『在家裡調査報告書』。
(68) 大谷湖峰「宗教調査報告書」、『長春文史資料』一九九八年第四号、一一八〜一一九頁。
(69) 前掲『満洲及支那に於ける地下秘密団体に就いて』、二二一〜二二二頁。
(70) 同右、二一九〜二二〇頁。
(71) 同右、二一九頁。
(72) 前掲『省政彙覧』、第一輯、吉林省篇（日文)、二一八頁。
(73) 前掲『満洲及支那に於ける地下秘密団体に就いて』、二一九頁。
(74) 前掲末光高峯「在家裡の動きと東亜仏教会の全貌」、一七〜一八頁。
(75) 同右、一七頁。
(76)「満洲家裡第二十二代営口代表郝相臣逃亡説」、在営口領事太田知庸、昭和九年六月二八日。
(77)「在家裡営口代表郝相臣逃亡説ニ関スル件」、在奉天総領事峰谷輝雄、昭和九年七月三日。
(78) 上海市檔案館編『日本帝国主義侵略上海罪行史料匯編』、上海人民出版社、一九九七年、三三〇〜三三一頁。
(79)「私は現に上海の共同租界が行つて居るやうに、青幇労働組織を保護改善することによつて労働統制政策の一基石を据え同時に匪賊（ギャングを含めて）対策の一助たらしむことを当局に勧めたい」とも述べた。橘樸「青幇を如何に扱ふべきか」、『満洲評論』第五巻第三号、一九三三年七月一五日、七〇頁。
(80) 野村浩一『近代日本の中国認識――アジアへの航跡』、研文出版、一九八一年、四七頁。

付録・増上寺における在家理研究会記録（一九三三年七月四日、利部一郎『満洲国家理教』、泰山房、昭和八年）

此速記は昭和八年七月、満洲国家理教代表の上京を機とし、同月四、五両日芝区増上寺に於て、文学博士白鳥庫吉氏、同加藤玄智氏、同常盤大定氏、同小柳司氣太氏等を中心とし各方面の有志約五十名により同教を研究したる際の解説及び問答のみを記したるものとす、尚同代表者中二三在理教に属せる者ありしを以て同教の問答も付記したり、但在理教の教義は従来世間に発表しあるを以て今回の研究はその一部に過ぎず。

此研究会は数名の通訳を依頼せり、然るに通訳者必しも宗教的専門語又はその意義を熟知せず、双方の理解に困難を生ぜしは已むを得ざる処なり、従て此速記には事理不明及問答不一致の点尠からざるも、そのまゝ記録す。乞ふ諒されん事を（記録係、利部一郎、柴田侑陝、佐々木徳治述）。

宮地久衛氏

一寸御挨拶を申上げます。私は世話役の一人宮地であります、本日は御多用中の処御出を願ひましたのは皆様と家理の教義を研究するのが目的であります。

併し本格的に研究するのは一ヶ月も半年もかゝるのですが代表者の滞在期間も短いのですから大体今明日の二日間で切り上げ度いのであります。

家理と在理の二種類ありますが、先づ家理より始めます。本日は教義を主とし明日は儀式を主として大体完了する様にしたいと思ひます。

馮諫民

家理是佛、臨済派　　（黒板掲示文字）。

授式優婆塞同大乗法

家理とは佛教の臨済派で戒を授くる優婆塞と同じであります、此の戒を受くる者は即ち善を生じ悪を滅すと云ふのが元胎であります、元胎とは根本の原理であります、即ち超凡入聖（道）の意であります。

之種子。登戒品。便絶輪廻授持不味。於初心無犯功修謹防微念止。

之は非常に六ヶ敷い、要は超凡入聖の極地に入つて之れを保つて行けば即ち戒に入つた心を失はなければ一切の雑念は起りません。

家理に聖諭六訓があります。

第一、孝順父母

第二、尊敬長上

第三、和睦郷里

第四、教訓子孫

第五、各安生理

第六、勿作非為

此の外に十大幇規と云ふのがあります。

清国康熙二十六年皇帝より勅諭がありました、其の勅諭は南北の交通を開らく為めに河の道を拓けと云ふのでありま す。

それが基となつて水路に依る兵糧運搬が始まり、又此処に家理教発生の源となつたのであります。

是等家理教起源に就いては配布してあります印刷物で精しく御調べを御願致します。

御心付の点を個々に御質問に御答へし度いと思ひます。

小柳文学博士

白鳥文学博士

家理教の奥義を説明して貰ひ度い。

馮諫民氏

清朝時代の糧米運搬船には一隻四十人の人が乗つて居りました、処が途中の困難即ち暴風、生活の苦しみ其他逃亡者を防ぐ為めに総てを徒弟としたのであります、徒弟は親子の関係にあり即ち一家のものとしたのであります。同舟共済家理尽忠、之れ即ち家理教の起りであります。家理教三祖の中翁祖は糧食を運び、銭祖は運河を拓らき、藩祖が船を造つて三人共同して国家の為めに尽したのであります。安清家理と云ふ言葉があります、揚子江付近の青幇は安清と云ひ、北方の陸では家理と言ふ言葉を用ひたのであります。

白鳥文学博士

佛、道、儒を合せて居ると云ふのは如何云ふ事ですか。

馮諫民氏

六部経を根本とし、第一　金剛経、第二　心経、第三　老子道徳経、第四　密経、第五、家譜、第六　運河図即ち儒、佛、道三教であります。

（速記者曰く、右馮氏の答解は従来の同氏の主張と稍異る処あるが如きも暫く此ま丶掲載す）

加藤文学博士

北斗星教、一天善教は入つておりませぬか。

馮諫民氏
道徳経中に夫れは総てを含んで居ります。
白鳥文学博士
家理教と在理教は如何云ふ様に違ひますか。
馮諫民氏
在理教は八戒律即ち香、紙、像、鶏、猫、犬、煙、酒の戒を保ち修身成佛するのであります。
在理教は祷を密にする為めに邪教ではない乎と云はれましたが祷を密にする丈けで八戒を以て修身成佛せんとするのですから邪教ではありません。
袁世凱の折り理善、勧戒煙酒総会立案を公認せられたのであります。
家理教は達摩、在理教は観世音菩薩を信仰しております。
白鳥文学博士
座禅をやります乎、臨済派としてはやられると思ひますが。
馮諫民氏
大体の趣旨としては座禅をくむのを原則として居りますが、職業等の関係で簡単化されて居ます。
白鳥文学博士
全眞教との関係はありませぬ乎。
馮諫民氏
家理教は来るものは拒まず去るものは追はず、何の教も差支ありません。

（速記者曰く、本項通訳の訳語に誤あるように思はる。）

加藤文学博士

北中の白雲観にある羅祖とは関係あります乎。

馮諫民氏

北斗のは道教の羅祖で家理教とは関係ありません。

小柳文学博士

道院とは何か関係あります乎。

馮諫民氏

道院は老子から起つたものですが家理教とは関係ありません。

白鳥文学博士

家理教の信徒は全満州に何程あります乎、他の宗教を攻撃する様な事はありませぬ乎。

馮諫民氏

他教は一切攻撃しませぬ、信徒の数は各代表と相談して御答へ致します。

―休憩―

小柳文学博士

三庵全集は何時誰が作つたか判りません乎。

馮諫民氏

出来たのは旧いのです、中華民国となつてからは圧迫されて一切秘密にしてゐましたので判りません、最近になつて出版して居ります、学者が作つたのでしようが秘密で判りません。

常盤文学博士

三祖当時から三庵全集はあつたのです乎。

馮諫民氏

御座いました、只今の「臨済派三庵全集佛教」は奉天で最近五十部丈出版したのです。

宮地久衛氏

其の編輯には馮諫民も関係がありません乎。

馮諫民氏

一切が秘密です。

常盤文学博士

家理教は入幇すれば一生出られません乎。

馮諫民氏

そうです、但し除名する事があります。

加藤文学博士

誓と云ふ様な事があります乎。

馮諫民氏

入幇は七年の修業を要します、引進師について三ヶ年、修道三年、後一ヶ年の成績を見て入れるのです、その間は親子の関係ですから相互扶助を実行します。

小柳文学博士
白鳥文学博士
　家理教の魅力は何処にあります乎、例へば道教のような！
馮諫民氏
　物質的は勿論、各般に亘る相互扶助にあります。
白鳥文学博士
　相互扶助の財源は何処にあります乎。
馮諫民氏
　親分子分の情と云ふのではありませぬ、三祖の情として喜んで出し合ふのです。
加藤文学博士
　それでは宗教的の味がない様に思はれますが、如何です乎。
馮諫民氏
　宗教であるか如何乎は判りませぬが家理教が達磨や佛の道を堅く守つて居る事は間違ありません。
白鳥文学博士
　家理には僧侶の様なものがあります乎。
馮諫民氏
　ありますが上は師父と云ひ同じ階級のものや船頭仲間では老大（兄弟分）と云ひます。
加藤文学博士

代髪僧とは何を云ふのですか。

馮諫民氏

佛教の優婆塞のことです。

樹下信雄氏

在理の八戒中に、犬、鶏、猫の啼声を聴かずと云ふのは如何云ふ訳ですか。

馮諫民氏

理由はありませぬ、在理教は開祖の教に依るのです、僧侶、寺を守るものは犬、猫、鶏を飼ひませぬ即ち声を聴かないので一般には通用しませぬ。

樹下信雄氏

香、紙は如何云ふのです乎。

馮諫民氏

香、紙は草で造つたもので其の汚を厭ふのです。併し一般信者には二大戒として、煙酒を禁ずるのです。

白鳥文學博士

天地會。哥老會等と家理教在理教の関係は如何なつて居ります乎。

馮諫民氏

何等の関係はありませぬ。

白鳥文學博士

家理教の連絡方法、統制方法は如何していますす乎。

馮諫民氏
別に方法は一定しておりませぬ、併し家理一同は親子兄弟でありますから一家同様の連絡と統制が自然に出来て居るのです。
加藤文學博士
修道々場があります乎。
馮諫民氏
ありませぬ、家に在りて身を修め外に在りては總てを為し内外到る處修養の道場であります。
加藤文學博士
除名されるのは如何云ふ事です乎。
馮諫民氏
家理には罰則はありません、悪い事をした時には衆議に依つて除名します。
加藤文學博士
家理には寺はありませぬか。
馮諫民氏
ありませぬ、杭州に家廟があります。
樹下信雄氏
三菴全集は東京で印刷して差支ありませぬ乎。
馮諫民氏

差支ありませぬ。

樹下信雄氏

像を造らないのは如何いふ譯ですか、回々教などの影響を受けて居るのではありませぬ乎。

馮諫民氏

家理で習慣上像を造りませぬ信仰上排斥してゐるのではありませぬ。

樹下信雄氏

全満に廟を造つたら如何です乎、哈爾賓に廟を造る計画があるそうではありませぬ乎。

馮諫民氏

廟はあつたほうが良いです、哈爾賓に造る計画はあります。

軍参謀某氏

是迄満州に廟がないのは如何云ふ譯です乎。

馮諫民氏

政府の圧迫と経済的関係です、杭州の廟は大建築で之を真似るには非常な経費を要します。

軍參謀某氏

家理には何か標語がありますか、又入會者の目的とする利益は何です乎。

馮諫民氏

家理の間には各種の暗號があります。茶舗で茶碗の持ち方でも判ります、入會の最大目的は相互扶助です、入會者は祖師の霊感を感じ又信仰もあります。

樹下信雄氏
　外国人もいれます乎。
馮諫民氏
　規則を守れば誰でも入れます、君主も大官も入れば家理の規則を守らなければなりませぬ。
某氏
　死後のことを考へます乎、女の入會無きは如何。
馮諫民氏
　現在を信ずると共に無論死後を考へます、極楽は仏教の極楽です、併し現在の相互扶助魅力を感じ死後の極楽には感じをもつものは尠ない様です。男が入れば女は之に従つて入つてます、女が入つてるものは最近上海方面にはあります。
宮地久衛氏
　満州では女も入會せしむる希望あるや。
馮諫民氏
　今後は大に歓迎する積です。
宮地久衛氏
　警察、軍隊の力量のない時代は家理存在の利益が多かつたらうが今日の如く治安確立後は其の有り難味が少なくなつたのでない乎。
馮諫民氏

家理は国法に従ひ又信仰に生きて居りますから治安確立の如何に係らず発達します、殊に今迄積極的に勧誘したのではありませぬから、今後家理が過去の圧迫から脱する事を得れば益々伸びて行くと信じます。

某氏

家理入會に年齢の制限がありますか。

馮諫民氏

丁年（十五歳）を標準として居ります。

宮地久衛氏

家理大體の信者数は何程です乎。

馮諫民氏

確実の数は不明ですが満洲国政府に公に認めて貰へましたところ非常に数が増しました、家理も在理も十人に一名位であります。

宮地久衛氏

何處邊に家理は澤山居ります乎、其の分布はわかりませぬ乎。

馮諫民氏

海岸河川に多く山に近づくに従つて少ない。

某氏

溥儀執政は入つて居られますか、職業的分布如何。

馮諫民氏

執政は現在関係ありませぬ、職業は官公吏商工農各階級にありますが労働者以外は特に秘密にしてありますから今の處、労働者階級が一番多いと云はねばなりませぬ。

宮地久衛氏

家理の宣傳力は一日十三里と云ひますがそれはどう云ふ事ですか。

馮諫民氏

家理が圧迫の下に発達して来たので其の秘密通信の速さを云つたのですが家理は各階級のものが各所に居りますから如何なる秘密も全満に速時伝へることが出来ます、在理は一日と十五日に公會がありますから其の時伝へれば是又非常なる宣伝力があります。

某氏

高梁の繁茂期に向つたが家理の力で匪賊の招撫鎮壓の方法はない乎。

馮諫民氏

家理は秘密結社としえて教達して来たから何處にも連絡がある、何時何處にでも宣伝が出来る、匪賊の招撫の第一義は王道精神の宣布である、即ち家理の力で王道を宣伝し進んで、その帰順を説いたならば必ず効果ありと信ずる。

宮地久衛氏

家理と青幇との関係如何、満州に青幇ありや。

馮諫民氏

青幇即家理である安清家理のことである、南支揚子江を中心として青幇と称し、満州にては家理と称す。

某氏

南の青幇は非常に有名で杜月金、黄金榮、張嘯林等の巨頭があるが、家理は名も人も今迄出なかったには如何なる訳であるか。

馮諫民氏

青幇は浙江、江蘇を中心とし且つ上海の佛租会に根據を置いて一方揚子江を控へ全く物質的に地理的に恵まれ且つ政治的に支那政府の圧迫から逃がれる事が出来たので今日の発達を来たし、又世界的に知られたのです、家理は全く政府の圧迫の下に呻吟して今日に至つたので表面に出なかつたのです。

某氏

日本の佛教は満州の佛教より優れて居るが将来之を取り入れる意はない乎。

馮諫民氏

今日迄は連絡がなかつたから如何とも出来なかつたが日満提携の今日であるから大いに日本仏教の粋を取り入れる積である。

某氏

匪賊は家理、在理に危害を加へる事はない乎。

馮諫民氏

危害を加へる様な事は断じてありませぬ。

軍参謀某氏

紅卍字教との関係如何。

馮諫民氏

家理教はその教徒が紅卍字教に行くも亦紅卍字教教徒が家理に入會するのも自由にして居ります、併し、会としては何等関係ありませぬ。紅卍字教は慈善団体です。

某氏

回教その他の教義との差ありや。

馮諫民氏

他の宗教より家理に入るは家理としての待遇をなし、外の事は問はない。

某氏

家理の勢力範囲縄ばり等ありや。

馮諫民氏

縄張なし唯機関として将来本山等を建立する希望があるがそれは軍部等の援助を要すると思ふ。

宮地久衛氏

本日の研究はこの位にして置き度いと思ひますが、明日は儀式を実演し後で色々質問研究を続け度いと思ひます。

第十章　テクストのなかの虚構——一九四二年黎城離卦道事件を手がかりとして

一　問題の所在

一九四一年一〇月一二日の夜、中国共産党の統制下にあった山西省黎城県北社村で、突如静けさを破って銃声が鳴り響いた。後に「離卦道暴動」と名付けられることになる事件の発生であった。この事件の経過は以下のように叙述される(1)。

一二日の夜、黒衣をまとい、腰に白い帯を締めた五〇〇名ほどの離卦道の信徒が大きな刀や矛を手に、北社村に置かれていた黎城県共産党委員会と区の役所を攻撃しようとしていた。黎城県の公安局はある小学校教師からその情報を得たが、離卦道の信徒がすでに暴動を起こしているとは思わず、港東村に駐在していた八路軍の兵士と民兵だけを派遣して離卦道の者たちを解散させようとした。しかし県公安局は離卦道の力を見くびっていた。教主李永相の指揮のもと、離卦道の信徒たちは再び終結し、声高に共産党及び八路軍打倒のスローガンを叫びながら北社村に突進した。黎城県の県長孫竹庭は、かくも多数の群衆が謀反を企てていることを知るや、急いで彼らに対する布告文を作り、敵に騙されないようにと呼びかけた。しかし県長の忠告はもはや用をなさず、暴動に加わった民衆はそのまま北社村に迫ってきた。暴動の隊列を阻止するため、八路軍の兵士は群衆に向かって手榴弾を数発投げ込んだ。これによって李永相は爆死し、暴動に加わった者たちを港東村に追い返すことができた。その後暴徒たちは、教主を引き継いだ李永貴の指導のもと、県党委員会と県城に駐留する八路軍部隊（新八旅）の間の電話線を切断し、共産党幹部および村民の七名を殺害、九名に怪我を負わせた。しかし暴動が成功しないことを見て取ると、ついに李永貴は残った信徒九二人を率いて潞城の日本軍および傀儡政権に投降した。大部分の信徒たちはその後、傀儡政権によって長治駅の労働者として駆り出されたが、共産党の寛大な政策のもと、そのほとんどが再び故郷の村に戻った。一方、主だった指導者たちは潞城において離卦道を「東亜仏教会」に改組し、日本の傀儡政権のために働いた。抗日戦争の勝利ののち、こうした指導者たちは共産党によって逮捕され、銃殺されたり死刑判決を受けたりした。

黎城は太行山の南側のふもとに位置し、共産党の晋冀魯豫辺区に属している。(2)事件の一年半前、中国共産党中央北方局はこの場所で太行・太岳・冀南地区の高級幹部会議を開き、抗日拠点の建設について話し合った。この会議の席上、北方局書記楊尚昆は報告の中で、「二万五千里に及ぶ長征における根本的な問題は根拠地を一つも立て上げなかったことで、これは深刻な教訓である。このことはよくよく頭に入れておかなければならない。軍隊がどこかに到着したら、彼らがまず責任を負うべきは根拠地の建設なのである」と強調していた。(3)北方局の上層幹部が黎城に集まって会議を開いていたということは、黎城が共産党の堅固な統制下に入っていたことを示している。上述の離卦道暴動についての描写と対照させてみるならば、以下のような疑問がわいてくる。離卦道の人々はどうして抗日闘争に携わっていた共産党の基層政権に刃向かうようなことをしたのだろうか。暴動を起こした離卦道の信徒とはどういう人々なのだろうか。そしてこの暴動は共産党の抗日動員を理解するうえでどのような意味を持つのであろうか。

周知の通り抗日戦争時期の共産党をめぐってはすでに多くの研究が蓄積されており、さまざまな解釈モデルが形成されている。ジョンソン（Chalmers A. Johnson）は民族主義に基づく解釈モデルを提起し、中国共産党は抗日戦争のなかで農民たちの潜在的な民族主義をかき立て、それによって彼らを共産党が指導する抗日路線へと導いていったとしている。[4]これに対し、セルドン（Mark Selden）に代表される研究者たちは民族主義による解釈モデルを批判し、共産党の土地改革が農民に最大の利益をもたらしたことを強調し、これが共産党の抗日闘争を農民たちが支持した根本的な原因であるとしている。[5]いっぽう片岡は戦闘の際に共産党の組織が果たした役割に注目し、こうした組織力こそが彼らの勢力拡大をもたらしたとする。[6]後二者の解釈はペリー（Elizabeth Perry）と陳永発の研究においてさらに深められた。ペリーは共産党革命において地理や生態、そして社会政治環境が持った意味に着目しており、[7]陳永発は「現在進行形」の革命の展開過程に注目し、単一の解釈モデルに依拠することを避けつつ、農村という場における共産党と農民の関係性に着目しながら政策面にとどまらない解釈を施している。[8]また一九八〇年代以降、研究方法や対象の変化に伴い、研究者たちの間に新たな視点が見られるようになってきた。エシェリック（Joseph W. Esherick）は革命研究への反省に立って共産党の歴史叙述が学者たちに与えた影響について指摘している。[9]さらにハートフォード（Kathleen Hartford）らは、過去の研究は方法論において本質主義的な特徴を帯びていたこと、すなわち目的論的な考察によって普遍的な意義を持つ解答を導き出そうとしていたことを指摘し、共産党の各抗日拠点の研究について、革命に関する唯一の解釈など存在しないことが明らかになったと述べている。[10]事実、先に述べた黎城の離卦道の一件について考えてみれば、暴動の参加者の大多数は共産党による改革（税と利子の減免）によって利益を享受した人々であったはずであるのに、彼らは共産党に感謝の念を抱いておらず、また彼らのなかにいかなる民族主義的な思想を見いだすこともできないのである。さらに奇妙なのは、これほど大規模な暴動が起きたことを共産党の基層組織が全く察知していなかったということである。もしそれが本当ならば、この共産党の模範的な拠点とされてきた地域について、その真実の姿をもう一度検討していかなければならないだろう。

革命研究において研究者たち――筆者自身も含むが――は、資料の性質による限界から、自覚的にせよ無自覚的にせよ「他者」の、いわば上からの視点から農民の政治姿勢を推測することに慣れてしまっていた。しかしこのような上からの視点に立った研究方法は、我々の社会の底辺に対する認識、すなわち村落の変化が住民にどのような実際的な問題をもたらしたか、そして彼らがそうした問題をどのように感じ、どのように対処したか、を理解することを妨げてしまっている。セルドンらもかつての自らの研究の不備を自覚し、河北南部のある模範拠点を対象に五〇回にも及ぶ調査を行うことで、それまで聞くことのできなかった戦時下の住民の声を明らかにした。[11] 同じような観点は三谷孝らによる研究の中にも反映されている。[12] しかし、これらの調査研究に対して敢えて苦言を呈するなら、政治的な動揺が数十年続いた後に行われたこのような調査で、農民の口述記録が当時の歴史的な場面をどの程度再現できているのか、という問題がある。つまり我々は記憶の再生産が再表象（re-representation）にもたらす影響を見極める必要があるのである。こうした認識に立って、本章では黎城事件後まもなく共産党が行った調査をもとに、農村住民の革命と戦争に対する観点について検討し、村落という「場」を通して「現在進行形」の革命と戦争を考察してゆく。筆者が分析の対象としたテクストは事件後まもなく共産党の秘密調査員がこの地域で行った調査報告である。[13] 報告内容は非常に豊富で、これに匹敵する文献資料やフィールドワークの成果は今のところ存在しないと言ってもよいだろう。この数万字におよぶ調査報告は共産党の上層部が三人からなる調査団を黎城地区に派遣し、徹底的に調査させたものである。三人のうちひとりは黎城で共産党工作を指導していた幹部であり、もうひとりは現地出身の信望の厚い幹部、残るひとりは女性の幹部である。調査団は一九四一年一一月二三日から翌年の一月二六日までのおよそ二ヶ月にわたって村内の知識人・女性、そして離卦道信徒らと接触し、彼らとの会話を通して民衆の意識や考え方、共産党の政策に対する態度を明らかにしようと試みた。報告書の執筆者によれば、「対話の中で、それまで言いたくても言えなかったことを口にする調査対象者もおり[14]」、また「洗いざらいぶちまける」者もいたという[15]。ただし執筆者の学力の問題で、報告書の文章はあまりこなれておらず、字体も整っていない。また、少なからず方言が混じっており、解読が非常に困難な資料である。

この調査報告はかつて二人の研究者が使用したことがある。そのうちのひとりグッドマン（David Goodman）は十数年前に執筆した論文の中で、階級や性別、幹部といった観点から黎城の暴動事件について考察している[16]。グッドマンと筆者との違いは、筆者はテクストの構成の分析に重点を置き、研究の過程で「階級」や「性別」といった概念の影響を受けることを避けるだけでなく、意識的に報告執筆者の側に存在するイデオロギー的な要素を取り除こうとしていることである。そのうえで筆者はこの事件の叙述の解体と再構築を通してテクストの虚構性（fiction）の問題を指摘したいと考えている[17]。この資料を使用したもうひとりの研究者黄東蘭は、農村それ自体の歴史、という角度から村落の戦争前と戦争中の比較を行い、革命と戦争が住民に与えた影響および彼らの革命と戦争に対する態度について考察している[18]。本章でも事件の背景に関する記述については、黄の研究を参照している。なお、抗日戦争時期の民間宗教結社の政治姿勢

〈写真10—１〉『離卦道事件調査報告』（1942年４月）

については、これまでの研究の多くが宗教結社（一般的には武装した結社は「紅槍会」と総称される）の「排他性」という観点から、宗教結社がどのようにして外来の政治勢力、すなわち国民党や共産党、そして日本軍を排斥したかが強調されてきたが、筆者はかつてこうした目的論的な仮説を批判し、宗教結社と外来の政治勢力の関係は具体的な歴史的文脈、すなわち政治的磁場のなかで考察すべきであると述べたことがある。[19] 本章もまたこうした研究方法に基づくものである。

二　革命と戦争

一九一七年、閻錫山が山西省の省長となり、省内に新しい行政の仕組みを導入し、省―県―区―村―閭―隣―戸の体制を確立させた結果、省レベルの権力が村落にまで及ぶことになった。しかしそのことによって黎城の農村経済と社会に変化がもたらされたわけではなく、省の権力もそれまでと同様に「社頭」や「香老」制度を通して行使されていた。

一九三七年七月の盧溝橋事件ののち、日本軍は同年末には太原を占領し、蘇体仁を省長とする傀儡政権を打ち立て、閻錫山は主力部隊を率いて吉県方面への退却を余儀なくされた。この間、共産党率いる八路軍の部隊が山西省に入り、太行山を中心とする太北、太岳抗日拠点を開いた。こうして山西省には同時に三つの異なる政治勢力が出現し、かつて閻錫山が政権の基礎と見なした村落は異なる政治勢力による支配を受けるようになった。

一九三八年、八路軍の一分隊が黎城県にやってきた。同年、八路軍の「掃討」のためにやってきた日本軍が村内に入り、破壊活動を行って去っていった。同じようなことが一九三九年と一九四一年にも起こった。しかしそれ以外の、一九三八年から一九四一年までの間の大半の期間は共産党八路軍が黎城地区全体を実質的に支配しており、共産党により県―区―村という行政体制が敷かれていた。このような行政区分は表面的には閻錫山時代の方法を踏襲したものであるが、内実は根本から異なっていた。それは、イデオロギー上の、そして抗日戦争遂行上の必要から、主に政権と土地関係の面で共産党が山村に革命を起こそうとした結果であった。

一九三九年一二月、閻錫山は「晋西事変」を起こして共産党員を惨殺し、共産党と閻錫山は決裂した。共産党の部隊は「悪者を排除する」というスローガンのもと、日本の「掃討」部隊が黎城に来たときにそれを「支持」した者たちを逮捕し、厳罰を与えた。この一件は黎城県、特に県城内の住民たちを震え上がらせた。さらに共産党は県・区・村の権力者の「人員入れ替え」にも大々的に着手した。すなわち、もともと知識人が占めていたポストに農民を当て、地方の有力者が持っていたポストに共産党員や共産党に近い人物を当てたのである。一二月には黎城県で拡大幹部会議が開かれ、県の行政・財政・司法・武装等々の科長の更迭が決定された。その中には犠盟会の元老で公安局長の康珍甫も含まれており、また離卦道の中堅幹部で「鉄筆」(文書係)の崔琦や趙連城も武装科の科員であったが、やはりこの時更迭されている。こうして調査報告書がいう「知識人は外に出て行く者が非常に多くなり」、労働者や農民出身の幹部と知識人階級の幹部との間に「ある種の不正常な関係」が生じる、という状況が生まれることになるのである[20]。区のレベルも状況はほぼ同じで、区長はみな農民であった。また村のレベルでは共産党が大幅に党員を増やして党支部を作り、村長や農会の会長もすべて共産党員の農民に代えてしまった。このような変革を通して、共産党は農民の支持を得ながら意欲的に政権の基礎を確立していったのである。

それでは、こうした農民たちはいったいどのような人々であったのだろうか。太行山区全体の中で見れば、黎城は貧しい県だったわけではないが、豊かというほどでもなかった。閻錫山の時代には全県一万五千戸のうち、土地を持

表1　一九三九年黎城県の二つの村における土地の所有状況

各戸の所有面積	なし	1～10畝	10～30畝	30～50畝	50～100畝	100畝以上
全戸数に対する割合（%）	9.93	43.70	36.42	5.32	3.31	1.32
全土地面積に対する割合（%）	／	17.9	42.1	14.2	13.2	12.6

たない戸数が全体の八%、家を持たない戸数が一〇%であったという。[21] 共産党の見方によれば、「戦前の地主や高利貸しによる搾取は極めて残酷であった」ということになる。[22] 報告書には「野政民運部」が一九三九年に二つの村一五一戸、二二五〇畝の土地の所有状況について取った統計が引用されており、そこから黎城県の村落の農地のおおよその状況を知ることができる。

一方報告書は共産党がどのように「階級」を区分したかについては明確に述べていないが、共産党が定めた地主・富農・中農・貧農の階級区分の指標と、報告書にある「全体の四分の一の土地が全戸の二〇分の一の家に集中している」という言葉から、黎城の村落の階級区分はほぼ以下のようなものであったと推定できる。すなわち、一～一〇畝の土地しか持たない者が貧農、一〇～三〇畝が中農、三〇～五〇畝が富農、そして五〇畝以上を所有するのが地主である。

このような土地の所有状況に対して、共産党はまず「抗日民族統一戦線」のもとで定めた「減租減息」政策にのっとり、地租は二五%ほど、また黎城県では利息は支払う必要なし、とされた。その結果利益を得たのは当然ながら小作農と貧農で、損をしたのが富農と地主であったが、中農は大きな影響を受けなかった。ところが状況はその後さらに大きく変化する。一九四〇年春の植え付けの時期に荒地（公地・廟地などの村の所有地）が小作農や貧農に分配され、翌年春の植え付けの時期には「土地買い戻し」と「債務整理」運動が行われ、地主が持っていた五〇箇所ほどの土地が強制的に剥奪された。報告書に収録された「ある村の最新統計」によれば、全ての階級構成が基本的に変化していないという前提で見てゆくならば、富農になる中農もいれば、中農に落ちぶれてしまう富農もいたという結果になったようだ。これは労働力の多寡や分家の有無とも関係があり、富農で「落ちぶれた者の中には賭博で負けたり麻薬中毒になったりしたことが原因の者もおり、一方で貧農から富農になったのは一戸だけで、これは商売をしてもうけたからであった」という。[23]報告書によれば、「一般的には中農以下の人々の生活は改善された。地主は戦前と比べるとかなり力を削がれたが、それでもやっていけないほどではなく、生活にはまだ余裕があった。富農も生活は悪くなかった。どの階級も労働力があり、経営能力のある者がいて、ある程度商売ができさえすれば、いい生活が送れた」のである。[24]

それでは共産党の改革に対して村民たちはどのような代価を与えたのだろうか。閻錫山時代と同じように食料の徴収と労役の賦課から見ていこう。報告書によれば、「労役の賦課は太行区について言えばさほど重くはなかった」という。たとえば一九四一年では一〇八戸を擁するある村では六二戸に長期の労役、一八戸に短期の労役、一四戸に家畜による労役が課され、年間の労役は家畜が六〇頭、人手は一六九人で、年間を通して全村の人口の五％（家畜一頭も人口一人分とみなす）であった。このほか大会を開く際には、軍隊や政府に供出するために作物生産にある程度の影響が出ることはあったが、「そのための労役を見積もってみてもさほど多くはない」程度であったという。[25]全体的に見て、こうした「労役」は農繁期に行われたものではないため、農民の生活への影響は大きくはなかった。

労役は、労働力を供出するか、金銭や食料でそれを減免するかするもので、村民にはみなこれが課された。しかし金銭や食料の徴収はこれとは異なっていた。一九四〇年一二月に食料の徴収が行われたときには、「合理的な負担」のスローガンのもと、徴収の対象となった家庭は全体の一五～三〇％、すなわち主に地主と富農に限定された。ある区の幹部は動員大会の席上でおおっぴらに「ヤオトン（黄土高原地方の洞窟式住居）掘り」式の強硬な徴収を行わねばならない、と語り、その結果「一石の糧食を出そうとしない者にも何としても一〇石出させるといった具合で、非常に悪い影響を及ぼした」という。特に村レベルで権力の移行があった後は、「合理的な負担」をどういった家庭にどのくらい負わせるかが重要となったが、その決定権を握ったのは新しい村の幹部、特に村長であった。その過程は衝突と闘争に満ちたものであり、結果的に食料の徴収や労役などの問題で、共産党は貧者と富裕者を差別化し、富裕者の利益を剥奪し、その負担を増加させることで村落の大多数の支持を得ていった。離卦道に入信したある富農は、共産党は食料の徴収の際「高い山をならす」方式、つまり「豊かな者を貧しくさせる」方法を採っていたと述べている。この富農に言わせれば、土地を精密に測量し、広さに応じて徴収量を定め、その分を負担するというのは公正なやり方であるが、それは一九三九年に食料の徴収を乱発されたときよりもっと恐ろしかった。「あの時は、やたらと徴収されたが、食料がなくなれば当然ながらそれ以上要求されなかった。今は法令があり、土地を売ってでも供出しなければいけない。こんなことでは永久に立ち直れる日など来ない」、「政府が言う民主は、実質的には共産党の一党専制で、これからは共産党員でない限り村長になれる希望など永久にない」というのである。また李風棋という五〇才の「上流知識人」もある村での選挙の例を挙げ、「選挙では三三制を実行した。聞こえはよいが、結果的にはやはり彼らが投票しろと言った人間に投票しないといけないのであって」、「結局は一党専制だった」と述べている。共産党が取り込もうとしていたのは、知識人でも、ましてや地主や富農でもなく、間違いなく革命によって良い目を見た貧困層、すなわち貧農と中農だったのである。

しかしかつての研究で指摘されていたのとは異なり、利益を手にし、負担の増加もなかった貧困層の共産党に対する支持は実は非常に限定的であった。彼らは土地を手に入れ、「減租減息」や「合理的負担」による利益を享受したのちも、村の運営には熱心さを見せなかったばかりでなく、共産党が次々と与えてくる政治規則に嫌気がさしてすらいたのである。先にも登場した李風棋は次のように述べている。

今日のいわゆる民主は、人々から見れば満清時代の専制よりももっと不自由なことなのだ。というのもあの頃は糧食さえ片付ければ（田賦を納めれば）完全に自由で、アヘンを吸おうが賭博をしようが……誰も干渉してこなかった。今は外に出るにも通行証が必要で、何をするにも集会を開かねばならず、かえって不自由になった。あの頃を思い出すと天国で暮らしていたかのように思えるくらいだ。(26)

この老知識人は山西大学の工科出身で、閻錫山時代に県長の登用試験に合格していた（着任はしていない）。長く長治中学で教鞭を執り、黎城でも名声のあった人物である。報告書でも幾度となく村民が「集会」を嫌っていたことに言及していることからも、李の話には一理あったことが分かる。

しかも村落内の階級格差が「日常」となってしまうと、共産党の支持者と反対者、つまりは貧者と富裕者の双方が、まさにそこに発生しつつあった新たな不平等、すなわち村の幹部の特権に注目するようになっていった。権力の制約のない権力は必ず腐敗し、道徳的な制約のない権力はさらに容易に腐敗してゆくものである。共産党が村落で展開した階級闘争はそれまで村民を制約してきた「古い道徳」を破壊した。当時の村長（社頭）の多くはさまざまな村落内の勢力の制約を受け、思いのままに他人に強制力を加えることはできなかった。しかし今や、あの頃は衣食をつなぐのも困難だった貧者が村の権力を握ることになり、それまでの統治者以上に特権を振りかざそうとするようになった。こうして階級闘争だけでなく、村の幹部の言動が引き起こすもうひとつの対立、すなわち共産党と村民の間の対立が醸成されていくことになるのである。

革命は村落に天と地が入れ替わるような大変化をもたらしたが、日本軍の黎城での「掃討」作戦は村落に空前絶後の災難をもたらした。一九三七年一二月、日本軍は太原を占領すると抗日地区に対して計画的に「掃討」を行った。黎城が八路軍の拠点になると、日本軍もそれにともなってやって来るようになった。日本軍がやって来たのは潞城の方向からであったが、潞城に近い長治市が同浦鉄道によって他の日本軍の占領地区とつながっていたため、離卦道事件が起こる前の段階で黎城は一九三八年、一九三九年、一九四一年と三度に及ぶ日本軍の「掃討」を経験していた。

八路軍と日本軍が対峙していた間、村民たちはこの戦争をどのように見ていたのだろうか。一九三七年一二月に太原が陥落し、日本軍が黎城に迫ってきているとの風聞が伝わると、城内の有力者楊仲文らは協議して「敵が来たら支持する」という方針を定めた。すなわち、日本軍と交渉し、地域の秩序を維持する、というものである[27]。この情報を察知した共産党の一一五師団はすぐに楊らを逮捕し銃殺した。楊は「黎城でも最も有力な人物のひとりで、その人物が捕らえられた衝撃は非常に大きく、この突然の鎮圧は、その後敵が何度か県城を占領しても上流階級の人々が表だって支持しなかったことに大きく関係してゆくことになった」という[28]。しかし全く、あるいはほとんど抵抗しなかった平野の村では「掃討」が行われるたびに日本軍を「支持」する者たちが現れ、日本軍が去ると、これらの人々が共産党による「悪者排除」の対象になった。范家荘では共産党に抵抗した離卦道信徒が一六人いたが、そのうちのふたりは富農の出身で、共産党に「仇討ち」することを望んでいたという。ひとりは父親が「敵を支持した」として逮捕されて病死し、もうひとりの父親は同じ理由で銃殺刑に処されていたのである[29]。

日本軍の「掃討」の際には、村民たちは集団で山のなかに逃げたり、或いは家の中に閉じこもったりしており、日本軍は実際のところ、面従腹背の「支持」ですらそう容易く得られていたわけではない。しかし村民たちは共産党八路軍による抗戦に動員されることに対しても決して積極的であったわけではなかった。「群衆の迷信の度合いと迷信的組織の大きさは驚くべき」ものだったという。三〇才以上の人々はだいたい何らかの迷信的組織に参加しており、その最大のものが離卦道・還郷道・先天道・長毛道・清茶道・太陽道・九宮道・大仏道・三教道・孔子道の一〇種の会道門で、その信徒は合わせて一万三千五〇〇人あまりおり、全県の人口の一七・八％（この数字は先の人口統計とは若干ずれている）を占めていた。一方全県でさまざまな抗日団体（児童団は含まない）に登録していた人々の総数は一万六千五百三十人で、全人口の二三%に過ぎなかった[30]。

村民たちの間には民族意識は極めて乏しく、抗日戦争がもたらした変化、例えば労役や食料徴収、見張りや斥候への動員などに対して彼らは消極的な態度を示した。報告書には「群衆の八路軍に対する態度は悪くはなかったが、軍が戦っていない、あるいはある部分においては戦っていないと考える人々も多かった」と述べられている[31]。日本軍の大部隊が大挙して急襲してくると、八路軍は自ら山間部に退き、共産党の県・区・村の組織は物資を敵に渡さないように除き去ってしまう「堅壁清野」作戦に村民を動員し、集団で山の中に隠れさせた。そして村の幹部は民兵を組織して「遊撃戦」を展開したが、こうした「遊撃戦」が村民たちの不満を募らせていたことは、以下の范家荘の状況からも見て取れる。

一九三九年夏、敵が再び黎城に侵入してくると、遊撃隊が組織され、生産活動から離れて集団生活を送るようになった。本村から毎日米や麦を供給したが、裕福な家の中には役に立たないと言ってこれに反対するものもあり、秘かに敵を援助していた。この年の冬、我々はこれを発見し、銃殺したが、このことが多くの人々の不満を引き起こした。敵を援助したのは全村のためであると思っているのである。またこの時期、支部と民兵がやたらに人々を罰し、浪費したので暴乱が突発的に起こるようになってきた。これがさらに人々の不満を呼び、特に富裕者たちは消極的な抵抗を示すようになった[32]。

村の幹部たちが遊撃戦を展開していた間、村民たちはその食料を負担しなければならなかっただけでなく、幹部たちが様々な名目で割り当ててくる要求に応えなくてはならず、これが「人々の不満を引き起こした」のである。一方で村民たちは「敵を援助する」者を忌み嫌うことはなかったようで、むしろその行為は「全村のため」であると考えていた。だから村の幹部がこうした者たちを銃殺すると、「多くの人々の不満を引き起こした」のである。村の幹部たちのこのようなやり方は敵対勢力に弱点をさらすことになった。范家荘には国民党の馬希俊の指導のもとにあった先天道の信徒が五〇人ほどいたが、その馬はいくつか風刺の効いた言葉を発明している。「先に甘くて後から苦い」――共産党が最初にやってきたときは金持ちを打倒し、貧しい人々にいいことがあるように見せて彼らを喜ばせたが、今では二、三畝の土地にも税金を要求し、食料を徴収していく。「草刈るごとくに人殺し」――共産党は遊撃隊や民兵を組織し、ゆっくりと人々を八路軍に編入している。そのうち民衆を残らず草を刈るように殺してしまうつもりだ。「敵の攻撃を破った」――どこでどれほどの人が死ぬか分からないが、また宣伝にやってきた。不満を抱いていたのは范家荘の村民だけにとどまらず、路堡でも村の幹部による遊撃戦に対する不満が一部の村民と幹部との抗争を引き起こしていた。その一連の過程はすさまじいものであった。

一九三九年夏、日本軍が再び黎城に侵攻し、なかなか去らずにいた。この村の幹部は遊撃隊を組織して生産活動から離れさせ、隊員それぞれの毎日の生活費を全て村に負担させたため、「食料の徴収割り当ては量も時期もまちまちで、多くの人々の不満を招いた」という。そこで村民の王自清は二〇戸の連名で請願書を用意したが、これが村の編隊公所に届けられると、王は「逮捕されつるし上げ」られてしまう。王らはこの失敗ののち、村の遊撃隊の編隊長に抗議するという名目で再び戦いを挑んだ。編隊長は村に出かけていってなぜ自分に抗議するのか尋ねたが、「みな口を開こうとせず、ついにある者が隊長は戦を分かっていないからだ、と答えた」という。すると編隊長は村民たちの行為は抗日に反するものであるとして遊撃隊を解散しようとし、罰として王らに太刀や軍服を差し出させた。王らは合法的な抗議行動にはもはや希望が持てないと考え、編隊長の殺害を企てたが、結局王は公安隊長に捕らえられ、またも痛めつけられた。そのうえ王は彼らの銃を一丁差し押さえたと誣告され、賠償を命じられる。しかし王はすきを見て逃げ出し、平順から長治にたどり着いた。すると村の幹部は「敵を援助した」という名目で富農出身の楊世傑を銃殺したのである。このように幹部たちが抗日遊撃戦を私腹を肥やす道具にしていたことは、疑う余地のないことであった。

もちろん村レベルの遊撃隊がすべて私腹を肥やす集団だったわけではない。王家荘では一九四〇年一一月の「掃討」への反撃の際、村民はみな逃亡してしまい、村の役所や指導部はある一般家庭に移された。ある晩、ここに身を隠していた村長と数名の幹部がその家のとうもろこしと小麦粉数升を盗み食いし、さらにとうもろこしと小麦粉一斗、油一斤を使って「遊撃戦」のための携帯食料を作った。その家の者は食料が減っていることを発見し、幹部たちを追究したが、彼らは知らぬふりをし、民兵が取っていったのだと嘘をついた。そこでその家の主は村の人民武装委員会の主任に訴え出た。主任が民兵にどうして一般民の食料を盗み食いしたのかと詰問すると、民兵たちは夜は自分たちはその家を使っておらず、しかも夜間は見張りに立ったり外部との連絡を取ったりしているので、食べ物を取りに来る時間などないと答えた。そこで武装委員会の主任は村長を問い詰め、村長はとうもろこしを盗み食いしたことを認めないわけにはいかなくなったが、それは借りただけのことで、粉や油は通信員が盗んできたのだと主張した。しかしそばにいた通信員は、自分も食べたが、盗んできたのは自分ではないと答えた。武装委員会の主任は一般民の物を盗るべきではないと村長を責め、民兵たちも「小声で罵りはじめた」。村長はこれを聞いて激怒し、主任と争いになり、ついにこの主任を捕まえて牢屋に放り込み、その後県政府に突き出してしまった(33)。ここでは武装委員会の主任と民兵たちは村落レベルの共産党遊撃隊のあるべき姿を示したもので、むしろ一村の長のほうが反面教師となってしまっている。だが不幸なことに、この反面教師のほうが権力を握っており、白黒を反転させて、積極的に民兵を組織して抗戦させていない、との名目で主任を逮捕させてしまったのである。

以上述べてきたようなことがらは、戦時下の村落のいくつかの断片的な出来事に過ぎず、報告書の執筆者の立場を考えれば、村落レベルの遊撃戦の実情はおそらくもっとひどいものであったと思われる。もし日本軍の度重なる「掃討」作戦が村民に絶え間なく降りかかった災難だったとするならば、村の幹部による抗日遊撃戦の名のもとの徴収や権力濫用は、共産党の土地改革と「合理的負担」政策が大多数の村民にもたらした利益を帳消しにしてしまうものであった。一九四一年春、日本軍はついに黎城を去った。村民の苦難はわずかながら遠のくかに見えたが、五、六月にかけて突如猛威をふるいはじめた疫病がその一縷の望みも消し去ってしまった。民間宗教の「末劫」到来の予言がひそやかに流布し、恐怖に陥れられた村民たちにとって、「老爺」こそが先を争って崇拝し、希望を託すべき対象となっていったのである。

三　村民と「老爺」

黎城では様々な宗教結社——離卦道・還郷道・先天道・長毛道・清茶道・太陽道・九宮道・大仏道・三教道・孔子道などが存在していたが、これは、天地を覆すような革命と戦争の中で衰退するどころか、かえって大いに発展していった。宗教結社は村の人々と神々の、あるいはこの世とあの世の架け橋を築いたのである。

黎城に存在した宗教結社の中では離卦道はおそらく最も遅く現れた結社であろう。抗日戦争が始まった直後、つまり八路軍が黎城に入ってきたその年に、李永相という港東村出身の人物が離卦道をもたらした。李永相は幼名を牢児といい、富農の家に生まれたので数年間勉学を積んでおり、しかも拳法に長じていた。一九三六年、李永相は河北省大名府の南宮県にある外祖父の家に行った折に離卦道の教えに出会った。翌年黎城に戻ると、李はすぐに親戚や友人たちにその教えを広めはじめた。

離卦道は八卦教の一派に属する。信徒たちが崇拝した「老爺」は離卦道の中に実在した人物で、経典では「南方離宮透天真人郜老爺」と称されている[34]。しかし以下に述べることからも分かるように、民間宗教においては伝播の過程で伝統がたえず「再創造」されていく現象が見られるものであり、本来の教祖の系譜が伝承されていったとしても[35]、源流から派生した支流の段階ではその様相は大幅に変わってしまっているのである。たとえば黎城の離卦道においては、信徒が入信する際の儀式は以下のようなものである。「引導師」を介して入信するのであるが、まず神壇が設置され、信徒は両膝をついて立ち、五回叩頭して「弟子某は南海老母に叩頭いたします」と唱える。さらに「真言を漏らしてはならず、仏と法と三宝に帰依しなければならない。教主さまを崇拝しなければならず、もし崇拝しないときには百日とたたないうちに全身が膿みと血にまみれるであろう」という誓いの言葉を立てる。入信後は毎度の食事の前に両手を頭の上に挙げ、心の中で「弟子某は南海老母に食物をささげます。ご記録ください」と唱える。毎日朝、昼、晩と三本の香を焚く。また、毎月一日と十五日、それに四月八日の南海老母の降誕日には供物をささげてお祀りしなければならなかった。南海老母のほかにも崇拝する神々として西天仏祖や仙童仙子などがいた。信徒たちの修行は「修真養性」の四文字に集約される。座禅を組むときは両足を組み、心を静めて心の中で口伝の「真教」を唱える。また弟子たちは南海老母に五回叩頭する。南以外の方向であればどちらに向いて座禅を組んでもかまわないとされた。座禅を修得すると、護身のためのまじないや護身符、病気を免れる方法などを学ぶことができた。

離卦道は血縁関係を紐帯とする宗教結社で、核となるメンバーのほとんどは親戚同士であったが、こうした親しい人間関係を介して伝えられてゆくことによって離卦道は徐々に県城周辺の村落にも伝播していった。離卦道の中核メンバーは「京・津・省・府・州・県」の六つの階層に分けられており、京の位にあったのが「三師」李永相、津の位にあったのが李道風（李永相の弟李永貴の嫁）、以下、省の位には一七人（男性一五人、女性二人）、府の位には一〇三人

（男性四九人、女性五四人）、州の位には七人（男性四人、女性三人）、県の位には九二人（男性六六人、女性二六人）がいた。「三師」李永相が総責任者で、「副師」の李永貴（李永相の弟）と李永福（李永相の兄）が日常の宗教事務を、「鉄筆」の崔琦・趙連城・宇文斐が文書事務を、「秘語師」の王雨寛（盲目であった）が師の言葉の伝達係を、「通訊」の常紀虎（常華庭の養子）が連絡係を、「小姨」の王雲・崔安唐（常華庭の妻）が女性信徒の事務を、そして常華庭は対外事務をそれぞれ担っていた。一般信徒には位の別はなく、男性信徒を「大衆」、女性信徒を「二衆」と呼び、毎月一度、額の定めのない「門丁銭」を納めることになっていた。

一九四〇年の日本軍による三度目の「掃討」作戦ののち、離卦道は急速な発展を見せた。その原因として、報告書では、まず、三度にわたる「掃討」によって人々が受けた損失が大きく、人心が乱れていたこと、次に一九四一年の春に行われた「土地買い戻し」運動が地主や富農の不満を引き起こしたこと、さらに同年五～六月に疫病が流行して人々の不安があおられたこと、そして最後に八月に分壇が設置されて教務が急速に発展したこと、を挙げている。

最初の三点は離卦道に限らず、他の宗教結社も共有した外在的な要因であるため、離卦道が急速に発展した原因は最後の要因に求めてしかるべきであろう。

先に述べたような離卦道の内部の位階制度が清代以前の官僚行政制度の名称に依拠したものであったとするならば、分壇設置後の組織は閻錫山及び共産党支配下の行政制度を模したものであった[36]。壇は離卦道の組織では「県」と同等のもので、指導機関を中壇、または中央壇ないし老壇と称した。一九四一年八月以降、離卦道は老壇の下に東・西・南・北の四つの壇を設置し、これらを地壇と称した。これは「区」に相当するレベルであるが、この地壇の下にさらに「村」のレベルに相当する分壇が設置された。信徒が多い分壇ではさらに一班一二人以下の班に分けられた。地壇には老壇から派遣された兼任の「平行師」がひとりずつ置かれ、東壇の平行師は李永相が、西壇は李永福が、南壇は李永貴が、北壇は常律虎がそれぞれ務めた。[37]こうした上意下達式の、村の境界を越えた組織網は、他の組織力の緩い、あるいは家庭での集会を中心とした宗教結社に比べて宗教としての発展や信徒の吸収に有利であった。信徒の組織に対する求心力を高めるために、離卦道は十条からなる規定を定めていた。

ひそかに真言を伝えれば、三魂空に昇る。
ひそかに宝法を伝えれば、火の中もともに行く。
男女を分かたねば、破門して身体を苦しめる。
欺瞞を言いふらせば、三ヶ月病に苦しむ。
収入を隠せば、ただちに首を斬られる。
不義の財をむさぼれば、七〇年にわたって功徳が去る。
指導者の命を聞かねば、五〇年にわたって功徳が去る。
平和を尊ばねば、香九炉で罰せられる。
師に背き、祖を忘れ去れば、その体は万仙の陣におかれる。
壇の外に言葉を漏らせば、ただちに頭を切り落とされる。

これらの信徒たちを束縛する規則は、離卦道にかなりの程度の凝集力をもたらした。ある村では引導師が異なる信徒同士の間では交際すらなかったとも言われている。こうして離卦道は二ヶ月もしないうちに信徒を三三二一人（男性一七六二人、女性一五五九人）にまで増やし、一躍黎城最大の宗教結社となった。

離卦道の各壇は一五里四方の中に収まっており、中壇は李永相の住む港東村に、東壇は県城内に、西壇は坑東村に、南壇と北壇は報告書の調査地である范家荘と王家荘にそれぞれ置かれていた。

報告書では、離卦道が活動していた村落はいずれも共産党の組織工作が「極めて薄弱な村」であったとされているが、実際は決してそうではなかった。港東村は共産党の県「救連会」が置かれていた場所であるし、県政府の北社からも一里ほどしか離れていなかった。もし離卦道が党組織の「極めて薄弱な村」に勃興したと言うのなら、黎城県のどこに党組織が「極めて強大な村」があったと言えるのだろう。その答えはひとつで、黎城県の共産党組織そのものが「極めて薄弱」であったのである。このことは先に論じた村の幹部の行為からも立証できる。革命と戦争が交錯するなか、幹部たちの行為は共産党が意欲的に作り出そうとした政治的イメージを大きく損なわせ、村落内では村民と共産党幹部との対立が、階級対立とは別のもうひとつのより重大な対立となっていた。離卦道は村民たちの間の一般的な感情に迎合、ないしそれを反映させ、教義の中で繰り返し「甲年（末劫）」の来臨を述べることで革命に対する不満を暗示したのである。

離卦道が共産党を批判したという点について、報告書では離卦道から発せられたとされる多くの「流言」を羅列している。これらの流言は教義に基づいた「現世批判」と、利益衝突に基づいた「現実批判」の両者に分けて考えていかなければならない。後者は離卦道のあり方がどのような文脈のもとで生まれてきたのか、あるいは再生産されてきたのかを他の資料と併せて判断してゆかねばならず、これについては後で述べることとしたい。まずはここで、教義に基づいた現世批判の問題について考えてゆこう。これは離卦道がどのように村民たちを引きつけ、入信に至らせたのかを理解するうえで重要なテクスト上の根拠となるものである。

離卦道の教えの中には三〇篇の詩とその教えの歴史に関わる文章があり、いずれも李永相の作と伝えられている。三〇篇の詩はそれぞれ、昔話にかこつけた現代への比喩であったり、「修真養性」を説くものであったり、何かの物語になっているが、その主題は一貫して「末劫（甲年）」がまもなく来臨するので、急いで修行し、『神聖な者に成る』

ことを勝ち取れ」という点にあった。その詩の断片を拾ってみると、たとえば「魚鱉下界し閙すこと哄哄、男女老少哭声を動かす」（第二篇）という句では「真龍」（すなわち清朝）はもはやおらず、魚や鱉（すなわち中華民国）が世を治めている乱れた世情を暗喩している。また「鬼子が世を治めて中盤（大地）にあり、兵行きて天下の民は安からず」（第七篇）という句では、日本軍が跋扈し、人々の生活が脅かされていることを暗喩している。さらに「平等・自由も言うはよし、陰陽分かたず打てど開かず」（第一〇篇）という句では、共産党革命を暗に批判している。そして人々が生きるすべを失ったこの乱世の時代に、中国の大地に真の主――李永相が現れた、というのである。第八篇には以下のような句がある。

十八頑童が総壇に前み、筆を提げ点落つれば涙流れ開す
木目成功して英雄動く、神仙煉成は等つこと幾年。

第一句の「十八」と「頑童」（すなわち「子ども」）で「十八子」、これが「李」の文字を表し、「李」が「扶乩」の壇に現れたことを述べている。第二句は「扶乩」を行う「乩手」が筆から水を一滴落とすと、その点がにじみ広がった、という意味で「永」の文字を表している。そして第三句の「木目」は「相」の文字を表しており、この三つの句をつなげると、「李永相」がこの世に現れ、天下の英雄たちがこぞって呼応した、という意味になる。しかし李永相が功徳を成し遂げ、人々を災いから救うにはまだ幾年を待つ必要があるというのである。

「十八子」は清代の民間宗教結社の間に流布した、末世の来臨を暗示する不吉な予言の言葉で、歴史的にはその原型は明末の農民反乱の首領李自成にまで遡ることができる。李永相は離卦道の四字真言のひとつ「修」について論じる際、「草龍」李自成の物語を作り上げ、自分がそれに取って代わる「真龍」であることを暗示している。

草龍が李自成に乗り移り、明朝を混乱させ錦江に滅ぼした。そして陝西省の地に将兵を集め、敵を殺めながら河

南に来た。行く先々で殺戮し、鶏一羽犬一匹とて生かしておかなかった。彼はもとより玉旨を奉り、人の生殺与奪を預かった。人馬を率い、殺し尽くして黄河のほとりにまで来た。天に月がかり、大河を超えることができず、草龍は追い詰められた。草龍は心に思った。誰か自分にこの河を渡らせてくれたなら、その恩は決して忘れない。混水の精が水晶宮で龍の願いを耳にし、急いでやってきて水を集めて橋をかけ、龍の囲みを解いた。草龍はこれを恩に着て天宮に奏上し、劫年の来臨が許されたので、清朝は滅亡し、華年が跋扈した。しかしこの者はもとより水の中に住む精霊で、龍の位に就くことなどできなかった。人民だ、主義だ、と言って社会の気風を破壊し、権利平等だ、自由だ、と言って幸福を得ようとした。目の前の楽しみに心奪われ、根本を忘れているのであって、鶏や虫にも及ばない。

この物語の大まかな意味は、「草龍」李自成が天命を受けて清を滅ぼし、「華年」すなわち中華民国を建立したが、革命の後、社会の気風は日に日に悪化し、「甲年」が徐々に近づいている、というものである。李永相の詩や文章は共産党革命に対する批判であった。

報告書は、こうした批判の土台を階級間の怨念に帰結させているが、報告書が調査に基づいて述べている信徒の出自に関する統計の数値を見てゆくと、必ずしもそうとは言えないことが分かる。例えば地壇以上の二九人の指導者について見てみると、地主が五人、富農が一三人、中農が一〇人、小商人が一人である。地主と富農を併せれば一八人であるが、中農以下も一一人いるのである。さらに、報告書が言及しているある村の信徒一九四人について見てみると、そこで結論として述べられているのは、地主は一人、富農は全体の二一%、中農が五三%、貧農は二六%という数値である。地主と富農はたった四分の一強で、中農が半数を超えている。また、ある村の女性信徒の出自に関する統計では、信徒数七九人のうち、女性が三五人、そのうち富農が一五人、中農が一四人、貧農が六人となっており、中農以下が二〇人を占めていた。これらの三つの数値を見てゆくと、離卦道においては中農出身者が重要な地位を占めていたことが明らかである。中農は共産党革命においてさほど損失を受けていないのに、どうしてこれほど多く離卦道に参加したのだろうか。階級理論では解釈しきれないことは明らかであろう。以下に示す離卦道の信徒の入信動機に関する調査報告からは、離卦道の性質を知るためのもうひとつの手がかりを得ることが可能である。

離卦道の全信徒三三二一人中、年齢についての統計があるのは二四三六人であるが、それによれば、一～一五才が六二七人、一六～二五才が六五八人、二六～三五才が五八七人、三六～四五才が二三一人、四六～五五才が二〇六人、五六～八〇才が一二七人となっている。一五才以下の信徒はおそらく両親とともに入信したはずで、彼らの両親は青年、中年の世代であったはずである。その一五～四五才の信徒が大部分を占めていた。先に挙げたある村の女性信徒に関する年齢の統計を見ても、青年が一三人、中年が一四人、老人が八人と、同じ傾向が見られる。そもそも離卦道の教主李永相は二八才の若さであった。

さて、こうした信徒たちはどのような動機にかられて離卦道の参加したのだろうか。まず王家荘の楊先堂と董姓のある人物について見てみよう。

王家荘は八四戸四二〇人を擁する村である。抗日戦争前は村の公務はすべて「龍王社」の決定を経なければならなかった。「龍王社」の社首である「香老」は村民の輪番で、各人生涯に一度（一年）だけと決まっていた。「香老」は「書記」を雇い、「金銭や労役の供出」などの村の公務を「書記」に処理させることになっていた。「書記」の任に就くのは楊先堂ら数名の者だけであった。

いっぽう、王家荘には外来者も暮らしており、もともとの住民から排斥されていた。外来者たちは十数年前に相互扶助のために「柴米社」を結成し、誰かの家で老人が亡くなれば、残りの一二家庭から米五升、薪八〇斤ずつを出し合って葬式の費用に充て、また人手も一人ずつ出して棺を用意し、土葬を手伝わせることにしていた[38]。

さて、この王家荘で楊先堂ら書記たちと董文田の家の間に対立が起こる。楊先堂は四一才、一二人の家族を養う一家の主で、六〇畝あまりの土地と三棟の家屋、羊の群れ、家畜三頭を擁し、作男と羊飼いを一人ずつ雇う、王家荘で二番目に豊かな家であった。一九三〇年、董文田が社頭だった時、楊先堂ら四名はロバ一頭ずつを連れて村代表として労役に出かけた。当時の決まりでは人一人ロバ一頭で一日当たり洋銀二元五角、もし途中でロバを失った場合、村全体で賠償することになっていた。二ヶ月あまりして楊先堂らが村に戻ってきたが、二頭のロバを失ったと言って村にロバの代価と供出費用併せて一一〇〇元あまりの賠償を求めた。彼らはまず社頭に賠償を求め、社頭は村民にそれを求めたが、村民たちはみなロバは楊先堂たちがこっそり売り払ったと考え、拠出を拒否した。そこで互いに裁判に訴え合うことになり、一年半後にようやく決着した。しかし社頭の董文田はこの間に死んでしまう。董の息子（調査が行われたときにはすでに共産党員であった）は父親が楊先堂への憤りのあまり死んだと考え、父の仇を討ちたいと思っていた。これが後々の争いの種となった[39]。

楊先堂は離卦道に入信すると、すぐに北壇の主師になった。彼が離卦道に身を投じた目的は「村の幹部に対抗し」「昇進して金持ちになる」ためであった。楊先堂に対して「父を殺された仇」を持つ董文田の息子は、楊先堂が離卦道に入信するのを見るや、共産党員という自らの立場も顧みず、離卦道に入信した。彼は三三才、一八畝の土地と牛二頭、ロバ一頭、一六部屋ある家屋を持つ中農であった。彼が離卦道に入信したのは長く病を患ったままの母親のためであり、また「彼の父親が楊先堂に対する怒りのあまり憤死したからで、楊先堂との裁判にもすべて出席し、最後まで戦い抜いた人物であったから」であるという。「彼はほかの村の離卦道信徒もすでに百数十人になっており、もし入信しなければ楊先堂に返り討ちに遭うかもしれないと考えた」のである。こうした状況は、およそ六〇年前にカトリックが華北の村に伝播した際、対立する者同士が争って入信した状況とも似通っている。

また王家荘では二人の義兄弟の青年（中農である）が入信した例もあるが、彼らが入信したのは、楊家の二人の美しい娘に惚れこんだからであった。報告書の言葉を借りれば、「去年敵が掃討作戦でやって来たとき、村のみんなが山の中に三日間逃げ込んだ。楊家の娘たちが李月桂の家に行って、李月桂兄弟三人と一緒に寝ていたことは、誰でも知っている」、そこでこの二人の兄弟も楊家の娘たちに近づこうと思ったが、「自分たちなどは見下されてしまうだろうと思った」ので、離卦道に入信したというのである[40]。

また、報告書は王家荘以外の村の住民の入信の動機についても言及している。鴿子歧村の富農で三三才の李忠和は死んだ父を恋しがって一家で離卦道に入信した。孔家歧村の小作人で五六才の王瀟倉はもともと長毛道の信徒であったし、病気を治してもらうために入信した者たちもいた。先にも述べた疫病の大流行の後「一家全員が大汗をかく病気になった」ため入信したという王家荘の貧農で五六才の張有哲などはその典型である[41]。

上述の信徒たちのいくつかの例のうち、楊家と董家の場合は閻錫山の統治時代の「私怨」が共産党の革命の時代まで引きずられていただけでなく、離卦道の中にまで持ち込まれていたことが分かる。二人の義兄弟が離卦道に入信したのは、信心とは別に身の丈を超えた下心があったからである。残りの三人はみなそれぞれの心身の問題があったからである。彼らのなかで階級間の怨恨があったと無理にでも言えるのは北壇主師の楊先堂ただひとりであって、しかも裕福な楊先堂が入信した目的は必ずしもそれだけではなかったのである。

男性信徒は以上のような状況であったが、女性信徒はどうだったであろうか。報告書には「何が一番嬉しいことですか」という質問に対する三四人の女性信徒の答えが集計されている。それによれば、(1)「いい男がいること」が四人、(2)「誰にもとやかく言われたり、されたりしないこと」が三人、(3)「日本をやっつけること」が六人、(4)「一家が仲の良いこと」が六人、⑸「飲み食いできて、いい暮らしができること」が一〇人、⑹「息子が平安無事に育ってくれること」が五人となっている。さらに報告書には六人の女性についての具体的な調査報告もある。

まず、中肉中背で「とても快活でよくしゃべりよく笑う」「世慣れて腹のすわった」一九才の李乃庭は上記⑴に属する女性である。彼女の父李貴興は、革命前は桂花村の「権威ある人物」で「代々神仏、つまり老爺を信仰してきた」。革命後、李貴興はすっかりおとなしくなってしまったが、娘のほうは活発だった。婦救会に入り、識字教室に通い、ついには離卦道に入信したのである。彼女は外向きには入信したのは自分の体のちょっとした病気を治したかったからだ、と言っていたが、結婚願望という心の悩みが本当の理由だった。「女はいい男がいればそれで幸せなのよ」と、彼女は述べたという。

姑と夫に不満を持つ上桂花村の一八才の女性は、嫁となるために幼い頃から夫の家で育てられた「童養媳」であるが、彼女は⑵に属する。調査を行った女性調査員は、彼女は「家庭で教育を受けておらず」、言動が「まともではなかった」と記している。彼女はあるとき家出し、そこで二三才の男に出会って「恋愛感情が芽生え」たのだが、一緒にいるところを夫に発見され、めった打ちにされた。それ以来夫婦関係が悪化したのだという。彼女は「姑にあれこれ束縛されるのが一番いやだ。男（夫）は居丈高すぎる。誰にも束縛されないときが一番楽しい。でも実家に帰っても誰もかまってくれないと、それもつまらない」と言う。彼女は信徒である夫の勧めで入信し、口では「老爺を崇めている」と言うが、実際はこれを口実に家の外に出て遊んでいられるから入信したのである。

李乃庭と同じ村に住む中年女性の場合、夫とは「それなりに良い関係」だが、姑が厳しいのだという。夫を亡くしてから二〇年以上独り身を通し、清茶道を三〇年以上信仰する姑は、「息子と嫁の仲がよいのに嫉妬し」、二人にも清茶道に入信するよう要求してきた。姑への反抗心から、「あなたにはあなたの、私には私の老爺がいる」とばかりに離卦道に入信したのである。この中年の女性は李乃庭の勧めで離卦道に入信した。

いっぽう、一九才の武俊峰は富農の家の嫁で、夫はまだ小学生であった。「彼女は夫が子供で、ものごとが分かっていないことをいやがっており、関係が良くなかった。賢くてやり手だった彼女はある男（共産党員）と懇意になった」という。彼女が離卦道に入信した目的は嫁ぎ先の束縛から逃れ、村の外で「活動にいそしむ」ことであった。

范家荘では富農の劉長珍の嫁が熱心に女性調査員をもてなし、家で「麺を食べさせてくれた」という。だが調査員は彼女を「ちっとも誠意がない」と評している。この中年女性は、家庭円満で、上記(5)に属する女性である。「ほぼ一日中話をしていたなかで、彼女が何かと口にしたのは、『合理的負担』が重くて担いきれない、何とかして軽減して欲しい、ということだった。さらには彼女がどんなに難儀をしているか、とか、雇い人の給料が高すぎる、ちゃんと仕事をしなくて使いにくい、といったことを話していた」という。

先に述べた李乃庭の母親もこの劉長珍の嫁と同じで、離卦道に入信したのは、ひとつには「今負わされている負担に不満を持っている」からで、もうひとつには離卦道が女性の病気を治してくれるから、であった。

以上の六人の女性信徒の入信の動機はそれぞれで、二人は直接的に共産党政府が課す「負担」への不満を口にしたが、それでも敢えて公然と共産党に反対するまでには至っていない。

このように見てくると、離卦道について以下のように総括することができる。離卦道は性別を問わず、幅広い年齢や階級の人々を取りこんだ宗教結社であるが、主体は中農の青年及び中年層である。また階級間に存在する怨恨を晴らすことを目的とした組織ではなく、信徒たちの入信の動機も年齢や性別、出自や思惑の違いによって多種多様であった。離卦道は様々な種類の「ご利益」への願望を背負った宗教的な集合体であり、それらのご利益や願望を無差別平等な神仏、すなわち「老爺」に対する信仰の上に集約させたのであった。「老爺」は教主が発する「甲年」来臨という「非日常」的なメッセージによって信徒たちのさまざまな具体的な現実の「日常」的な動機に応えていったのである。

四　表象としての事件

しかし、本章の冒頭に立ち返ってみるならば、上述のような結論の信憑性は「離卦道暴乱」の側からは疑問を呈されることになる。

一〇月一二日の夜、港東村と北社村で突如響いた銃声と雄叫びが秋の夜の静けさを破った。それから銃声と叫び声は徐々に静まり、潞城の方へと遠ざかっていった。

「離卦道が暴乱を起こしたぞ！」

「離卦道が敵に投降したぞ！」

翌日、黎城の住民たちの間でそんな驚きのニュースが飛び交った。黎城県の党委員会からの「離卦道暴乱」の報告を受けた太行共産党区委員会には激震が走った。日本軍による残酷な「掃討」が過ぎ去って半年、共産党はすでに黎城地区の管轄権を取り戻しているというのに、刀や矛を持った離卦道信徒が身のほど知らずにも共産党の指導に挑戦してきたというのだろうか。暴乱は一体どのような背景で発生したのだろうか。党の基層組織はどうしてこれを未然に防げなかったのだろうか。黎城県の党委員会の説明は当然ながら上層の委員会には釈然としないものであった。しかし上層の党委員会も黎城の離卦道暴動の原因を明らかにする前に、まず大挙して侵攻してくる目の前の日本軍に対処しなければならなくなった。

一一月中旬、日本軍の「雪部隊」が突然黎城北部の黄崖洞八路軍の工場である機械の修理工場を襲い、八路軍と日本軍との間で壮絶な殺し合いになった。日本側は多大な「損害」を出しながらも、最後には八路軍の陣地を破り、敵を混乱のうちに潰走させ、「掃討作戦」の過程で工場内の機器や装置、建物を爆破し二度と使えないようにした、と述べている[42]。八路軍司令部のスポークスマンは日本側の宣伝に反論し、これは「敵の死者千人以上、見方はわずか百人ほど」の戦闘で、「黄崖洞防衛戦の勝利の意義は、敵に重大な打撃を与えた模範的な戦いの例を作ったことにあり、中日の戦史上、敵にも味方にも空前絶後の死傷者を出した戦いであった」としている[43]。黄崖洞の戦闘が勝利であったか敗北であったかはともかく、戦闘ののち共産党は再び黎城地区の支配権を取り戻し、すぐさま離卦道事件の調査のために三人の調査団を黎城に派遣したのである。

調査団の調査はごく真剣に行われたものであった。県の公安局から「暴乱」に関する資料を受け取ると、調査団は当初の計画に従って村々に入ってゆき、特に離卦道信徒が比較的多い村で直接的に、或いは親戚友人を介して間接的に彼らと接触し、最終的に「離卦道事件調査報告」をまとめ上げた。調査団の本来の目的は「離卦道暴動」の本当の原因を明らかにすることであったが、それがかえって革命と戦争のもとで村落に起こっていた、ほとんど誰も知る人のない小さな出来事たちを後世に伝えることになった。こうした諸々をも記録した資料としてこの報告書が存在するのであるが、いま改めて離卦道事件に対する報告書の解釈を再検討してゆくと、意外にもこの報告書の内容に互いに大きく矛盾する点があることが明らかになるのである。

例えば、報告書ではいっぽうで離卦道が暴動を起こしたのには理由があり、離卦道の反動性は少数の上層部の階級属性によって決定されていた、としつつ、他方で大多数の信徒はこうした反動性と何の関係もなかったことを認めている。すなわち、報告書は離卦道が「まず日本と結託して八路軍を倒し、その後で日本軍と中央軍を倒して全ての道

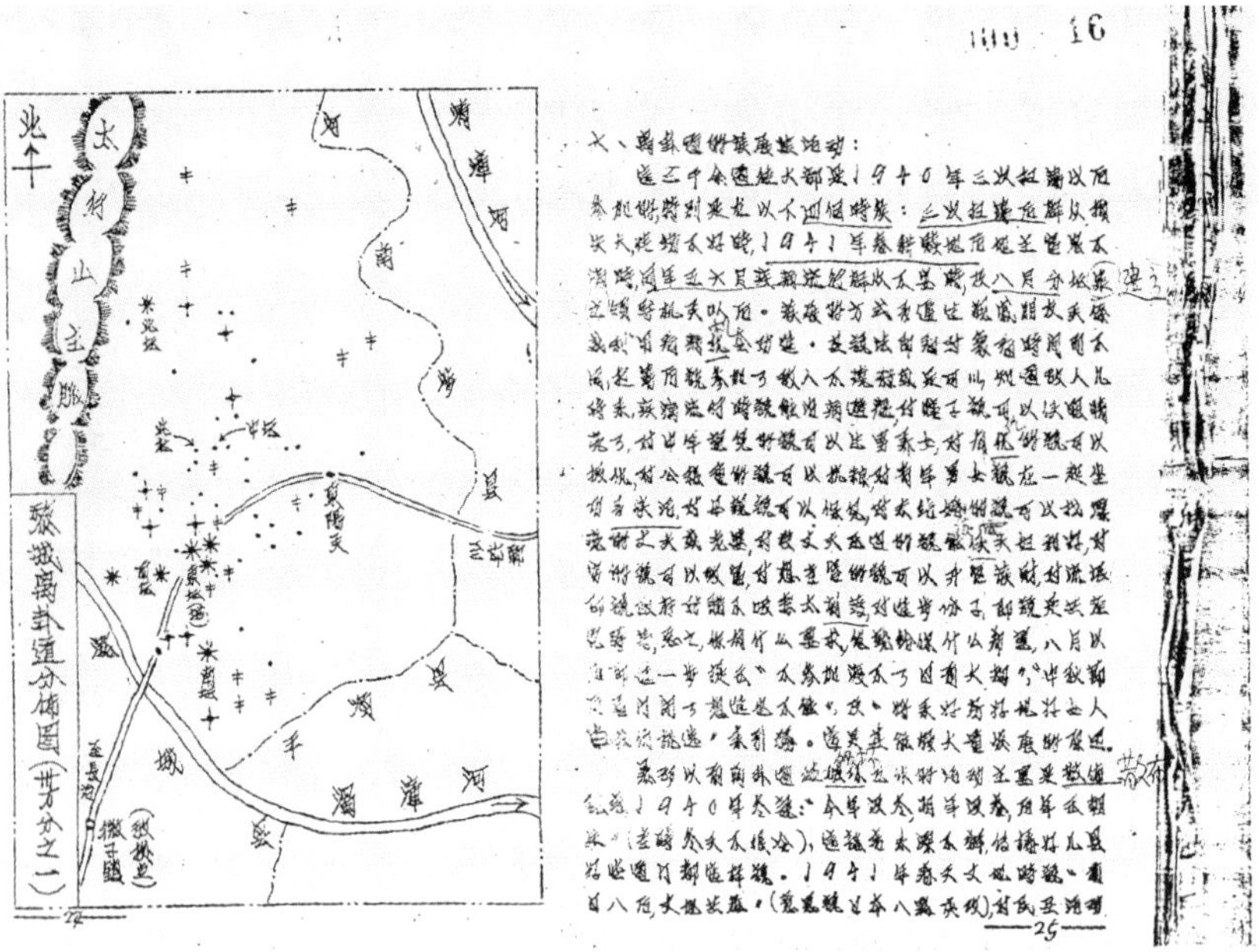

〈写真10—2〉『離卦道事件調査報告』。

を一つに束ね、天下を取る」ことを企てており、「朱（徳）と毛（沢東）は豚と猫の化身だが、日本人は民衆を殺さない」という歌謡を作った、と述べる一方で、「このことは一般の信徒に向けては言わなかった」とも述べている。「一般の信徒」が誰も知らないのに、なぜ離卦道が暴乱を企て、こっそり歌謡まで作っていたなどと言えるのだろうか。調査員は何をもって離卦道がそうであったと断言しているのだろうか。その原因を探ってゆくと、実は調査が始まる前に、調査団がすでに離卦道は反動的な性格の団体であると認定してしまっていたことが明らかになる。というのも、先に取り上げた八路軍司令部のスポークスマンによる黄崖洞の戦いについての発言の中で離卦道事件も言及されているからである。

　実は先月一二日、敵は黎城の離卦道と画策し、悪人李老二・常華亭らの指導のもと悪者どもに暴動を起こさせ、我が黎城県府を襲撃して我々の根拠地の秩序を破壊しようと企てた。あにはからんや、暴動は壊滅し、悪巧みは失敗したので、敵は自ら出陣してこなければならなくなったが、その結果かえって暴乱を起こした悪人どもの背後にいた黒幕たるおのれの無能さをさらけ出すことになり、我々の全地区の軍民を大いに奮い立たせることになったのだ[44]。

このくだりから、調査団が離卦道事件に対する調査を始める前に、共産党や八路軍はすでにこの事件は離卦道が敵と結託して起こした暴動という位置づけを定めてしまっていたことが分かる。この前提に立っていたので、調査団が村々で多くの住民の声を拾ってきていたにもかかわらず、この事件の性格についての認識は変えられることがなかった。しかし奇妙なことに、この調査報告をよくよく読んでいくと、本章の冒頭に示した離卦道暴乱の経過についての記述に対して疑問を禁じ得なくなる。すなわち、離卦道はそもそも本当に「暴乱」だったのだろうか、という疑問である。

まず問題になるのは、離卦道には暴動を起こすだけの力があったのだろうか、という点である。

一九三七年秋に共産党が黎城地区に入ってから一九四一年に事件が発生するまでの四年間、日本軍の三回の「掃討」作戦時を除いて、黎城県下の六六の村はすべて共産党八路軍の管轄下にあった。黎城の中には日本軍の拠点は一つもなく、他方八路軍は一旅団が県城を守備し、区には自衛隊があり、村には民兵がいた。事件発生の二日前、つまり一〇月一〇日は「双十節」だったため、共産党八路軍は「全県に大厳戒態勢を敷いていた」。平時であっても通行証がなければ一般人は勝手に外出できなかったくらいである。しかし、報告書では離卦道の暴動準備について、以下のように述べている。

八月までは彼らは信徒の大幅増加を主要方針にしていたが、八月以降は発展を続けつつ積極的に暴動の準備に取りかかる方針に切り替えた。各地から忠実な精鋭信徒を選び出し、五つの大隊を組織した。各隊は三つないし四つの小隊に分かれ、小隊はさらに二、三班に分かれ、各班は七、八人から一一、一二人ほどで構成された。男性を鉄羅漢、女性を鉄女兵と呼んだ。組織に各隊をしきらせ、戦闘の監督責任を負わせた。この軍事組織のことは一般の信徒には秘密とされ、刀や銃を作って武器を準備していた(45)。

しかし、ここに書かれていることには疑問点が多い。最も少なく見積もっても離卦道には二一〇人からなる軍事組織が存在したことになり、最も多く見積もればその数は七二〇人にもなる。平均値をとっても四六五人である。先にも述べたとおり、報告書は離卦道の信徒数を三三二一人としているが、おおよその年齢で統計が取れたのは二四三六人だけで、残りの九一五人については年齢不詳になっている。村々に党組織が作られていて、村民たちはお互いを知り尽くしており、なおかつ事件後離卦道に対して徹底的な調査と取り締まりが行われたというのに、黎城県の党委員会がこの九一五人のおおよその年齢すら把握できなかったというのは信じがたいことである。したがって筆者は年齢の分かった二四三六人というのが、比較的信憑性の高い離卦道の実際の信徒数ではないかと考える。先にも述べたように信徒の半分が青年・中年層（一六～五五才）であったと仮定すれば、一一七三人がそれに当たることになる。ここから「忠実な精鋭信徒」を四六五人「選び出す」となれば、二～三人から一人選び出さなければならないことになるが、信徒の半分近くは女性や病弱者、「疫病」の被害者であり、また一家を率いて入信した者たちであったことを考えれば、四六五人からなる軍事組織を編成できる可能性はほとんどなくなってくるはずである。ましてやそれが「一般の信徒には秘密」だったというのである。一歩譲って、仮に武器を持った四六五人の軍事組織が存在したとして、一ヶ月半ほどの時間しかなく、訓練もしていないのに、片や実弾が込められた銃を持ち、訓練を受けている自衛隊や民兵にどうやって太刀打ちしようというのであろうか。ましてやその上には一旅団の八路軍がいるというのに、である。

このように力の差が明らかで、暴動が成功する希望など全くない状況下で、離卦道はなぜ敢えて無理な行動に打って出たのだろうか。報告書は「彼らはまず公安局を制圧し、さらに県政府を制圧して、それから敵の保護を受けつつ県城に攻め入るつもりだった」としている。その理由としては、「九月に常紀虎が潞城に赴いた」後、離卦道が二度の会議を開いたことを挙げている。その会議については「一〇月五日（中秋節、陰暦）に開かれた二度の会議で具体的な布陣について話し合い、東壇から一二〇人、西壇から八〇人、南壇から一〇〇人、北壇から二〇〇人の計五〇〇人を出すこと、また五隊に分かれ、三隊は合同で北社の県政府を攻撃し、残りはそれぞれ一区の役所と二区の役所を攻撃することを決めた。また各隊の集合地点も定め、日時も一〇月一〇日の夜とされた」と述べられている。しかし全県で厳戒態勢が敷かれる日と重なってしまったため、離卦道側は暴動を一二日に遅らせることにしたという。そして「一一日には、潞城県に連絡しに行く者がいたと言われている」とされる。しかしながら、ここで言われている「敵」や「潞城」のくだりは非常に疑わしい。「それから敵の保護を受けつつ県城に攻め入るつもりだった」という言葉から判断すれば、暴動は九月に常紀虎が潞城で敵と話し合いをしたときに決められたことになる。計画が予定通りに行われなくなり、暴動の前日になって人をやって「潞城県に連絡しに行」かせたのであれば、暴動を起こした晩に潞城からの日本軍の姿が黎城に現れていてしかるべきだが、そんなことは起きなかった。したがって、ここで「と言われている」とあるのはただの噂か、故意の作り話かのどちらかである。離卦道と日本軍とは何ら関係なかったのである。

次に問題となるのは、離卦道に暴動を起こす動機があっただろうか、という点である。信徒を動員して共産党政権に対する暴動を起こすのであれば、まず信徒たちを説得できる現実的かつ宗教的な理由を示す必要がある。筆者が先に分析してきたように、共産党は「減租減息」と「合理的負担」という階級差別による方法で村落の中の指導権を確立してきた。しかし村の幹部たちの腐敗した行動は共産党が立て上げようとした革命イメージを損なっただけでなく、村落の中に共産党政権と村民の間の対立をも醸成してしまった。

貧富の差という意味での階級的な出自から言えば、離卦道は中農を主体とした宗教組織であって、この階級が抗日戦争下の黎城で受けた損害はさほど大きくはなかった。貧農のように革命による利益を享受できたわけではなかったが、地主や富農ほど革命がもたらした損失に対する不満を抱くこともなかった。したがって階級に由来する利益の面から中農の信徒が積極的に暴動に参加したと解釈するのは困難である。また共産党が「敵を支持した」者に対して下した懲罰が示しているように、共産党の抗日への呼びかけに応じない村民は財産を失うだけでなく、命も失う可能性があった。したがって、革命の被害者である地主や富農であってもそう簡単に暴動を起こしたり、それに参加したりすることはできなかったのである。

一般に教主にカリスマ性がある結社の場合、教主が「末劫」の召喚をすれば、信徒たちは現実世界の利益を捨てて教えに殉じようという衝動に駆りたてられるものである。李永相の「甲年」にまつわる教えは多数の人々の心をとらえ、信徒たちは彼らにとっての「真の主」の出現を期待した。しかし李永相は三〇篇の詩の中でも「甲年」の到来がいつになるかは予告しておらず、第八篇の「木目成功して英雄動く、神仙煉成は等（ま）つこと幾年」という一句があるものの、やはり末劫がいつかは判断しがたい。報告書には「今年は冬がなく、来年は春がなく、再来年に朝廷が現れる」という歌が記録されており、「この噂の出所はよく分からないが、多数の県に広まっており、多くの会道門の信徒たちがこれを口にしている」とされている。[46]「今年」というのは一九四〇年の冬を指しており、確かに暖冬であった。したがって時間的には「再来年」は一九四二年のはずである。もし離卦道がこれをもって「甲年」の到来とし、信徒たちに暴動を起こすよう呼びかけたとするなら、その時期は一九四二年であるべきで、一九四一年一〇月ではないはずである。

あるいは離卦道は一九四二年の「甲年」の到来に備えて準備をしていたということであろうか。報告書は、離卦道が信徒を集めるために「教主さまはあなたの願いをかなえてくれる」と言ったり、八月以降はさらに「入信しないと目前の大いなる劫を乗り切ることができない」とか「中秋節を過ぎたら善門は閉まり、入りたくても入れなくなる」、あるいは「将来いい家や土地、いい女を我々が選び出してあげよう」と言ったりしており、「これが大量に信徒を増やした原因だった」としている。歴史的にいくつかの民間宗教は反乱を起こす前に「八月に兵が動く」といった類の予言を作り出していた。調査報告書からは、離卦道が確かに八月以降「善門」が閉まるという予言を広めていたことが分かる。しかしこの時点では「甲年」まではまだ一定の時間があり、離卦道の具体的な行動を検討する前にこれを暴動の合図であると簡単に断定してしまうことはできない。むしろ教主がわざと大げさなことを言って信徒を引きつけようとしていたと見るほうが妥当であろう。しかも当時「多くの会道門の信徒たちがこれを口にして」いたのである。したがって、離卦道に暴動を起こす宗教的動機がなかったとは言えないが、「甲年」（一九四二年）がまだ到来しておらず、暴動を起こす実力もない状況下でこうした暴動を起こす動機が存在したのかどうか、まずは一〇月一二日の夜に起こった事件を具体的に考察していく必要がある。

そうであるとすれば、自然と第三の疑問がわいてくる。すなわち、今まで語られてきた一二日の夜の暴動は真実なのだろうか。一二日の夜の状況については、本章の冒頭で引用した叙述は基本的に報告書の以下の部分を下敷きにしている。

　一二日夜、区の役所を襲撃した二隊と県政府を襲撃した一隊が合流しようとしていたところ、民兵ないし駐留していた八路軍に追い払われた。いっぽう主力の一隊は港東村北三皇瑠に集合し、その数は三〇〇人あまりであった。李永相が老爺に代わって講話し、皆は供物をささげ、跪いてひれ伏していた。李は、すでに万仙の陣が敷かれた、我々は公安局と県政府を攻撃し、捕まえられる者は捕まえ、殺すべき者は殺せ、逃げようとしても老爺が宮中に待ち構えておるぞ、などと言った。次いで常華庭が「合理的負担」や供出すべき糧食があまりに重く生きていけないほどだ、それに県政府は老爺を拝んではいけない、打倒すべきだ、などと言っている、と言った。さらに崔琦が、前に進むのは光明に満ちた大道であるが、逃げようとすれば三魂七魄を宮中に差し出すことになるぞ、などと言った。そしてみなに口を大きく開けさせ、符を吹き入れて飲み込ませた。こうすれば恐ろしくなくなるというのである。しかしこの時、人を殺すと聞いて逃げ出す信徒たちもいたので、残ったのはわずかに二〇〇人ほどだけだった。当時すでに公安局は察知しており、公安隊を港東村に派遣して捜査させていた。信徒たちは「県政府を倒し、范雲章を生け捕りにしよう」、「共産党を打倒し、親ソ連派に対抗しよう」、「八路軍を倒し、東亜新秩序を打ち立てよう」といったスローガンを叫び、ついに公安隊と衝突した。公安隊は北社村との境界まで退却した。李永相たちは突撃してきたが、李は手榴弾に当たって死んだので、信徒たちはやっと退却しはじめ、散り散りになっていく者たちもいた。港東村に戻ると、常華庭たちは李永貴が三師の位を継ぐと宣言し、自分たちの家を焼いて南に向かった。途中で土地瑙に集合していた県政府を襲撃する予定だった別の一隊八五人と途中で合流したが、ほかの隊はすべて追い散らされていた。……〔文字が不鮮明〕な者たち三〇〇人ほどが敵の拠点である微子鎮に向かい、その途中で草を積み上げて焼いた（おそらく敵に対する合図であろう）。城南角土堆まで来たとき、ある者が、我々はもう選択肢がない、微子鎮に行くしかない、家ももうないし、気に病む必要はない、と言った。これを聞いてまた恐ろしくなって逃げ出す者がいた。濁嶂を渡るころにはまだ二〇〇人いたが、潞城に着くと遊撃隊の攻撃を受け、また常華庭ら数名が捕らえられたので、さらに多くの者が逃げ出した。城内の敵が確認した時には九二人しか残っていなかった。男性も女性もいたという(47)。

長い引用となったが、ここには五つの場面が登場する。第一は、暴動を起こすと聞いて三分の一の信徒が恐れて逃げ出し、残ったのは二〇〇人あまりだけになった。第二は、県の公安隊が離卦道の陰謀を知り、ついに「衝突が起こった」が、公安はまともに戦わず、北社村に退却した。第三は、李永相が信徒たちを率いて北社村に押し寄せたが、手榴弾によって爆死し、離卦道側は大混乱に陥った。第四は、離卦道の信徒たちが港東村に退却し、李永貴が三師の地位を引き継いだ。李はその場にいた信徒たちや別ルートを進み追い散らされた信徒たちを集め、敵に身を投じるために潞城県微子鎮へと向かった。敵に投降すると聞いて、逃げ出す者も現れ、濁嶂を渡るころには二〇〇人だけになった。第五は、潞城県との県境のあたりで離卦道は遊撃隊の攻撃に遭い、さらに多くの者が逃亡し、敵が投降した離卦道の信徒たちを確認した時には、その数は男女合わせて九二人になっていた。

これらの五つの場面は離卦道の暴動について、その動員の過程から民兵との衝突、そして日本軍への投降という三つの段階を示しているが、そのいずれの段階においても疑問点を抱えている。まず動員段階であるが、報告書は先に離卦道では暴動を準備する軍事組織が五隊に分けられていたと述べているのに、ここでは四隊しか現れておらず、しかもそれぞれが別々に行動している。教主李永相が老爺に代わって主力となる一隊を鼓舞していた頃、その他の三隊のうち、一隊は県政府を襲撃しており、残りの二隊は民兵に追い散らされていたことになり、暴動を起こした離卦道の各組織の間でここまで連絡が取れておらず、統一の指揮系統がなかったというのは、あまりにも常軌を逸しているように思われる。さらに不思議なのは、李永相は公安局と県政府を攻撃するように命じているが、残りの三隊のうち、二隊がそれぞれ公安局と県政府を攻撃していたはずであり、どうして彼らがまた隊を分けてまで県政府と公安局を攻撃しに行かねばならなかったのだろうか。筆者の推測では、主力以外の三隊に関する話というのは事実の捏造であって、実際には存在していなかったのではないかと思われるのである。

次に、民兵との衝突の過程に関する疑問点であるが、報告書によれば公安隊が離卦道の陰謀を発見した後、両者の間には小規模の衝突が生じていたが、正面から衝突したのは北社村でのことで、ここで李永相が公安局側の手榴弾によって命を落としたとされている。これは一二日の夜に起こった最も重要な出来事である。しかしこの夜、港東村で老爺を礼拝する集会に出席していた信徒の供述は、報告書とは異なっている。この信徒は王家荘の李忠和で、亡き父に会うために離卦道に参加したと言っていた人物である。李によれば、彼の引導師から、黒衣に白い帯を締め、武器を持って中壇（港東）に礼拝の儀式に行くように言われたのだという。李は以下のように事件のことを叙述している。

暴動が起こった。「彼は礼拝の儀式だと思っていたのに」、「県政府を打倒せよ」などの命令を聞かされた。ついで銃声が響き、怖がっているさなかに「いくつもの手榴弾が彼の目の前でどんと爆発し、目の前で彼の叔父の息子と李牢児（すなわち李永相）ら数名が炎の中に倒れた」。この時、彼は恐れ、また後悔しながら、訳も分からずに仲間に背負われて潞城までたどり着いた。潞城に着いてから彼は「だんだんと意識がはっきりしてきた」。最終的に彼は三、四人の仲間と黎城に戻ってきた。(48)

李忠和の叙述はあちこち言葉が濁してあり、虚々実々であるが、彼はあの夜現場におり、しかも教主のそばにいたのである。その李の叙述は重要な秘密を明らかにしている。「礼拝をする」儀式が始まってまもなく、民兵が発砲し、李永相ら数名の重要なメンバーたちがその場で手榴弾によって死んだのである。

そうであれば、この事件は民兵による「鎮圧」が先にあり、離卦道の「暴動」が後だったのではないだろうか。実はその可能性が非常に高いのである。例えば、王家荘で楊先堂と何度も争いを起こしていた董某は、離卦道に入信しただけにとどまらず、この日「暴動にも参加していた」とされている。董は王家荘の階級革命の受益者であり、しかも共産党員であった。もし暴動を起こすと分かっていたら、わざわざ参加しただろうか。事件後、黎城県の党委員会は一〇一人の離卦道信徒を逮捕した。結婚を切望していたあの李乃庭もその一人である。彼女は「離卦道が造反したあの晩、私は何も知らず、ただ老爺を礼拝する日だということしか知らなかった。殺人放火などということを知っていたわけがない。明け方に区の役所が人をよこして離卦道の信徒を捕まえたので、私も捕まえられて県政府に連れてこられた」と供述した。[49]しかし近くにいた人物は「李乃庭は他の人には暴動に参加したことを否定していたが、本当はあの夜暴動に参加していた」、港東村に行く途中で暴動のことを聞き、逃げ戻ってきたが「自衛隊に調べられ、区の役所まで連行された」と告発している。[50]これらの証言から、あの夜現場にいた者は暴動に加わった者、すなわち暴徒と見なされていたことが分かるのである。

最後に、日本軍への投降に関わる疑問点である。老爺を礼拝する儀式の途中で教主をはじめとする主要メンバーが突然民兵に爆殺されたとしたら、信徒たちが暴力行為に出るであろうことは容易に想像がつく。このような抗争の中で離卦道の信徒たちが数名の民兵を殴り殺し、「公安隊は北社村との境界まで退却した」のである。「敵を支持する」者ですら殺されるのに、共産党員を殺したらなおのこと大変なことになる、これが離卦道の信徒たちが敵に投降した理由であった。筆者は先にすでに離卦道の信徒たちの日本軍への投降を、あらかじめ申し合わせていたこととして捉えることの矛盾を指摘しているが、実は報告書の最後の部分でも、微子鎮に潜んでいた日本軍が外で叫んでいる離卦道信徒たちのことを信用せず、明け方になってからようやく目の前で起きていることを信じたことが述べられている。これは、黎城県の上層知識人の代表である李風棋が冷静に分析したものである。

彼は港東村の事件については、迷信がその主な理由であると考えており、事件の前に敵方と関係を持っていたがどうかには疑問を抱いている。というのも彼は暴動に参加した後、河を渡ったが、また逃げ戻ってきた群衆の一人から話を聞いていて、それによれば、河を渡った後、……その時はほかに道はなく、ただ敵に投降するしかないと思っていたが、待てど暮らせど話をつけに行った代表者が誰も中にいれてもらえず、その間に多くの者たちが逃げ出したのだという。だから彼はその人々が敵に投降したのは、もう災いの中に飛び込んでしまっていたからで、どうしようもなくてそうしたのだと考えている。[51]

これは報告書に残された唯一の異論の声である。「迷信が主な」理由という一言は、簡潔にこの問題の核心を言い当てている。一〇月一二日の夜、離卦道は暴動の準備など全くしておらず、「老爺を礼拝する」宗教的な集会を開いていただけなのである。そして「その人々が敵に投降したのは、もう災いの中に飛び込んでしまっていたからで、どうしようもなくてそうした」のであった。敵側が残した記録もこのことを証明している。筆者は中国第二歴史檔案館の史料の中から、傀儡政権の山西省長を務めていた蘇体仁の一九四一年一一月の電信を発見した。そこには以下のように述べられている。

華北政務委員会 委員長 王 殿。上党道の張道尹が電信で報告してきたところによりますと、黎城県の港東村など一九の村で民衆が匪軍の残虐に耐えかねて蜂起しましたが、武器を持たないのでついに匪賊の追い散らすところとなり、民衆の多くが県外に逃げ出しました。潞城県下の微子鎮に逃げ延びた者が二〇〇余名おり、友軍にその惨状を訴え、金銭を与えて救済してくれるよう懇願しに来ております。[52]

「潞城県下の微子鎮に逃げ延びた者が二〇〇余名おり、友軍にその惨状を訴え」たとあることから、事件前には両者の間に全くつながりがなかったことが明らかである。その後、華北政務委員会と山西省、上党道の三者間で電信のやりとりがあり、上党道が二万元を拠出しその他の設備も投入して麻袋工場を作り、彼らを収容したという。[53]

では、もし離卦道が暴動の準備をしていなかったとすれば、一〇月一二日の夜に起こった事件はどのように理解すべきなのであろうか。一〇月一〇日はもともと離卦道の信徒が「老爺」に親しくまみえる特別な日で、教主が住む村で教主が「老爺」の声を人々に伝えることになっていた。しかしこの日が共産党政府の革命を祝う記念日——辛亥革命を記念する「双十節」であったため、全県に厳戒態勢が敷かれた。そこで離卦道側は自分たちの礼拝日を二日遅らせなければならなかった。そして一二日の夜、離卦道の礼拝の儀式がついに始まった。以下は筆者が再構築したその夜の事件の経過である。

一二日夜、信徒たちは黒衣に白い帯を締め、老爺を礼拝する儀式に参加するため、粛々と各村々から港東村へと向かっていた。これは共産党統治下では禁止されていた「迷信」行為であって、路堡村の還郷道などはこうした「迷信」行為のために「取り締まりを受けていた」(54)。しかし、人々は続々と集まってきた。離卦道信徒たちの行動は公安局の警戒を呼び、公安局はすぐに公安隊と民兵を送ってこの集会を阻止し、人々を追い払おうとした。宗教儀式が始まって間もないうちに民兵たちが乱入してきたことは、信徒たちの強い反感を生み、敵対心が高まっていた。民兵は空に向かって銃を撃ち、信徒たちを追い散らそうとしたが、これが思いがけず衝突を引き起こしてしまった。怒りに燃える信徒たちに取り囲まれ、身の危険にさらされた民兵は手榴弾をつかみ、教主李永相に投げつけた。李永相たちはその場に斃れ、教主が殺されるのを目の当たりにした信徒たちは怒り狂い、日頃の村の幹部たちや民兵に対する不満が爆発し、声高に県政府を倒せ、というスローガンを叫びながら民兵を袋だたきにし、多くの死者を出した。残りの民兵たちは彼らの数にとても及ばないのを見て取ると、急いで北社村に撤退した。信徒たちは大変な災いの中に飛び込んでしまい、もはや逃げ道のないことを悟り、河を渡って傀儡政権に投降することを決めたのであった。

おわりに

以上が離封道暴動の概要である。

姜文が監督をした映画『鬼が来た〔鬼子来了〕』は次のようなあらすじである。

長城のふもとにある小さな村にある晩、突然中国抗日部隊（八路軍）が村の住民馬大三の家の門をたたいて開けさせ、麻袋二つを放り込み、馬に八日後にまた取りに来るので、それまでその袋を保管しておくよう馬に命じる。実はその袋に入っていたのは二人の人間で、一人は日本軍の捕虜、もう一人は通訳だった。この一件は馬大三と村人たちを大いに困らせた。日本軍の宿営地が近くにあり、いつでも村まで来られる距離だったのである。だがもし日本軍に捕虜を帰せば抗日部隊は「敵に投降した」村人たちを放ってはおかないに違いなかった。八日経っても抗日部隊の軍人は現れず、ついに半年経っても彼らはまだ現れなかった。そこで村人たちは捕虜の哀願を真に受け、彼を返してやった。ところがしばらくして村人たちが受け取ったのは日本軍からの感謝ではなく、敗戦によって絶望に陥った日本軍からの銃弾の雨だった。

この荒唐無稽に見える物語には深い寓意がある。すなわち「鬼が来た」という言葉には強制を伴う「均質化」された政治の時代がやって来たということが含意されているのであり、村人たちは自ら選択する権利がなくなったばかりか、選択しない権利すら奪われてしまったということなのである。そして、結社による「革命」ないし「反革命」もまた、往々にして自ら選択した結果ではなく、『鬼が来た』の村人たちがそうであったように、「選択された」結果であった。

黎城の離卦道事件に関わった村人たちも同じであった。二〇世紀初頭まで黎城の村落は「自然村」であり、村人たちは長年変わることのなかった習慣に従って村の運営を管理してきた。村落は自律が保たれた存在だったのである。民国初期、山西省の統治者閻錫山が黎城の村人たちを近代化の過程へと巻きこんでいった。しかし閻錫山による村の再編成はその地方固有の政治文化を剥奪するのではなく、行政単位としての「村」という近代的な装置を村落にもともとあった権力構造の上に接ぎ木しただけであったので、抗日戦争が始まるまでは黎城の村人たちはまだ「伝統」と密接につながった状態にあった。だが戦争の勃発によって黎城の村落の伝統は終わりを迎え、革命と戦争の渦の中に巻きこまれていった。革命が多くの村人たちに新時代の良い面を感じさせるものであったとしたら、村の幹部の腐敗と特権化はより多くの人々に抑圧を感じさせるものとなった。そして少数の地主や富農だけでなく、大多数の貧農や中農にまで革命に対する疑念を抱かせることになった。日本軍の「掃討」は村人たちに数々の言い尽くしがたい苦難を与えただけでなく、革命によって良い目を見た人々の利益を台無しにしてしまった。村人たちが願うと願わざるとに関わらず、抗日戦争は村人ひとりひとりにより多くの犠牲を強いることを意味した。これは民族の利益のために必要なことであった。そして反感を持つと持たざるとに関わらず、抗日戦争は村人ひとりひとりが共産党の教えを受け入れなければならないことを意味した。これは革命闘争のために必要なことであった。すると、我々の眼前には従来の研究を通して見てきたものとは全く異なる光景が広がるのである。すなわち、革命と戦争のもとでは、村落は自分で舵を取ることのできない小舟のようなものだったのであり、人々は不安と不満とで一杯だったのである。それにくらべれば、渺茫として目に見えない神仏、すなわち「老爺」のほうがよほど親しく近しい存在だったのであり、宗教結社が唱えた「末劫（甲年）」によって、村人たちは共産党の指導のもとに固く団結するのではなく、急速に老爺の名のもとに結束していったのであった。

特に深刻な意味を持つのが、この一〇月一二日の夜に黎城県北社村で発生した事件は本来現地の公安隊民兵が強制的に村人たちの「迷信」行為、つまり宗教活動を制止しようとしたのが発端であり、そして事件の責任逃れのためにこの事件が「反動会道門」が日本軍と結託して起こした暴動としてこの事件が定義づけられた、ということである。黎城県の党組織から報告を受けた太南専区の共産党は事件の発生に震撼し、三人からなる調査団を黎城県に派遣して調査させた。調査報告書は事件の性格については黎城県の党組織が出した結論を踏襲したが、図らずもその行間から事件の真相が明るみに出たのである。デーヴィス（Natalie Zemon Davis）は一六世紀のフランスの恩赦に関する有名な著作の中で「恐怖体験を物語化することは自分とその出来事を隔離する方法のひとつであり、悪くても自分を騙そうという目的は果たせるし、運が良ければ自分を許すこともできるかもしれないものなのである」と述べている。[55]離卦道事件に即して言うならば、事件を引き起こした者が採る手法のひとつに、自分の行為と事件を「隔離」すること、というのもある。そして、デーヴィスの研究の結果とはちがい、本章の結論では、「悪くても上司を騙そうという目的は果たせるし、運が良ければ上司からのご褒美ももらえるかもしれない」ということになるのである。

歴史とは「語り」の産物である。時空を超えて事件の現場に身を置くことができない以上、筆者の再構成の作業は不完全であることを免れ得ず、誤りが存在している可能性すらある。しかし報告書と、それをもとに後から叙述しなおされたものとを比較してゆくとき、少なくとも筆者による再構成が今のところ黎城事件に関する最も合理的な解釈であるとは言えるだろう。

注

（1）王志道・劉書友『黎城県粉碎離卦道暴乱記』、『山西文史資料』第四三輯、一六六〜一六九頁。このほか、黎城県志編纂委

員会編『黎城県志』（中華書局、一九九四年）の「平息離卦道暴乱」も参照されたい。

（2）一九四〇年八月に冀太聯辦区が成立すると、黎城と潞城・長治・平（順）北・壺関等の県は太行区太南専区に帰属させられた。山西省史志研究院編『山西通志・民政志』第三五巻、中華書局、一九九六年、七〇頁。

（3）『楊尚昆同志在黎城会議上的報告』（一九四〇年四月一六日）、『晋察冀抗日根拠地』史料叢書編審議委員会・中央檔案館編『晋察冀抗日根拠地』第一冊（文献選編　上）、中央党史資料出版社、一九八三年、二〇九頁。

（4）Johnson Chalmers A., *Peasant Nationalism and Communist Power: The Emergence of Revolutionary China, 1937-1945*, Stanford: Stanford University Press, 1962.

（5）Mark Seldon, *The Yenan Way in Revolutionary China*, Cambridge, Mass., Harvard University Press, 1970.

（6）Kataoka Tetsuya, *Resistance and Revolution in China: the Communist and the Second United Front*, Berkeley: University of California Press, 1974.

（7）Elizabeth Perry, *Rebels and Revolutionaries in North China, 1845-1945*, Stanford: Stanford University Press, 1980.

（8）Chen Yung-fa, *Making Revolution: The Communist Movement in Eastern and Central China, 1937-1945*, Berkeley: University of California Press, 1986.

（9）Joseph W. Esherick "Ten Theses on the Chinese Revolution," Modern China, Vol.21, No.1 (January. 1995).

（10）Kathleen Hartford and Steven M. Goldstein (ed.), *Single Sparks: China's Rural Revolutions*, New York: M. E. Sharpe, 1989.

（11）Selden, Mark, *China in Revolution: The Yenan Way Revisited*, New York: M. E. Sharpe, Inc, 1995.

（12）三谷孝編『農民が語る中国現代史』、内山書店、一九九三年。

（13）黎城考察団『離卦道事件調査報告』（一九四二年四月）、黎城県檔案館藏。

（14）同右、三頁。

（15）同右、六頁。

（16）David Goodman, "The Licheng Rebellion of 1941: Class, Gender, and Leadership in the Sino-Japanese War," *Modern China*,

Vol.23, No.2, (April 1997).

（17）　拙稿「没有暴動的事件——関於抗日戦争時期先天道事件的表述問題」、楊念群主編『新史学——感覚・図像・叙事』第一巻、中華書局、二〇〇七年所収。最新の研究として佐藤仁史「回顧される革命——ある老基層幹部のライフヒストリーと江南農村」（山本英史編『近代中国の地域像』、山川出版社、二〇一一年）を参照。

（18）　Huang Donglan, "Revolution, War, and Villages: A Case Study on Villages of Licheng County, Shanxi Province during the War of Resistance Against Japan", *Frontiers of History in China,* Vol. 6, No. 1 (March 2011).

（19）　拙著『近代中国の革命と秘密結社——中国革命の社会史的研究（一八九五～一九五五）』、汲古書院、二〇〇七年。

（20）　黎城考察団『離卦道事件調査報告』、六頁。

（21）　同右、二頁。

（22）　同右、二～三頁。

（23）　同右、三頁。

（24）　同右、五頁。

（25）　同右。

（26）　同右、六二～六三頁。

（27）　黎城県志編纂委員会編『黎城県志』、三七六頁。

（28）　黎城考察団『離卦道事件調査報告』、六頁。

（29）　同右、八二頁。

（30）　同右、七頁。

（31）　同右。

（32）　同右、八〇頁。

（33）　同右、九七頁。

(34) 馬西沙『清代八卦教』中国人民大学出版社、一九八九年。
(35) 路遙『山東民間秘密教門』、当代中国出版社、二〇〇〇年、一六九頁。
(36) 王志道・劉書友『黎城県粉碎離卦道暴乱記』。
(37) この箇所は文字が不鮮明なため、引用の際には前掲の王志道・劉書友『黎城県粉碎離卦道暴乱記』を参照した。
(38) 黎城考察団『離卦道事件調査報告』、九二頁。
(39) 同右、九二～九三頁。
(40) Jean Charbonnier, *Histoire Des Chrétiens De Chine*, Desclée, Paris, 1992。沙百里著、耿昇・鄭徳弟訳『中国基督徒史』、中国社会科学出版社、一九九八年二一八～一四〇頁。
(41) 報告書は、石橋背村では全二五戸のうち一八戸が離卦道に入信していたと述べている。そして「そのうち一七戸は大汗の病に見舞われた家で、彼らは常華亭（庭）が病気を治してくれることを期待して離卦道に入信した」のだという。
(42) 関東地区雪部隊慰霊会編纂委員会編『雪第三十六師団戦誌』、一九八八年、一七頁。黄東蘭「革命、戦争と村――日中戦争期山西省黎城県の事例から」、平野健一郎編『日中戦争期の中国における社会・文化変容』、東洋文庫、二〇〇七年三月。
(43) 『十八集団軍総司令発言人関於黄崖洞保衛戦的談話』、『新華日報』一九四一年一一月二七日、華北版。
(44) 同上。
(45) 黎城考察団『離卦道事件調査報告』、二六頁。
(46) 同右、二五頁。
(47) 同右、二七頁。
(48) 同右、三六頁。
(49) 同右、四五頁。
(50) 同右、四六頁。
(51) 同右、六四頁。

（52）『転報黎城県港東等十九村民衆曁盂県平定両県辺境村荘被匪残虐情形乞迅援款以資救済由』（山西省省長寒代電、一九四一年一一月）、中国第二歴史檔案館藏、巻宗号二〇〇五、案巻号五一一。

（53）共産党の歴史叙述のなかで、われわれは習慣的に宗教結社は日本軍およびその傀儡政権と結託しているものと思ってしまっているが、事実は必ずしもそうとは限らない。山西省潞安近辺の宗教結社について当地の日本軍の特務機関が調査した報告書によると、潞城の「乾卦道」（約七〇〇人）・「三教聖道会」（五四人）・「同善社」（約一五〇人）は道徳の振興を目的とする宗教団体だが、「秘密結社」に属する集団だとされている。日本軍は一九四二年後半の作戦方針について総括する際、宗教結社の活動に関しては、軍全体としての対策の一環としては特に注目せねばならないほどの価値はないようである、と述べている〔防衛庁防衛研修所戦史室『北支の治安戦』二、朝雲新聞社、一九七一年、二三六〜二三七頁〕。また、山西省の万国道徳会・理教会・世界卍会・安清同義会・静善会・耶蘇教内地会・一貫道・同善社などについて、傀儡政権の山西省は「各種（乙種）宗教団体は地方の主管政府機関で随時留意し、不良分子が混じっていないかどうか調査することとし、集会や講演会の折には監視員を派遣して指導に当たらせる」としている〔山西省公署咨内務総署（省民字第二三号）、一九四二年六月一三日。中国第二歴史檔案館藏、巻宗号一〇一八、案巻号六九〕。

（54）黎城考察団『離卦道事件調査報告』、八六頁。

（55）Davis, Natalie Zemon, *Fiction in the Archives: Pardon Tales and Their Tellers in Sixteenth-Century France*, Stanford: Stanford University Press, 1987, p.114. 成瀬駒男・宮下志朗訳『古文書の中のフィクション：一六世紀フランスの恩赦嘆願の物語』、平凡社、一九九〇年。

終　章

以上、本書は言説・権力・叙述の三つの角度から近代中国の宗教と結社の問題について考察した。以下に本書の主な論点をまとめておきたい。

一　沈黙の被写体

宗教と結社を論じる際、われわれがまず直面するのは歴史叙述の問題である。歴史とは、実際に起きた出来事と叙述された出来事である。前者は実在の歴史であり、後者は叙述する側によって構築された歴史である。後者のなかに様々な非歴史的な要素、甚だしくは虚像の要素が含まれる可能性がある。本書で考察した宗教・結社に関係する一連の事件に関していえば、一次資料だけですべての問題を説明することは困難である。なぜなら、これまでに知られている資料のほとんどは権力者側の立場を反映するものであり、被支配者の声は排除されているか、場合によっては権力者の都合によって虚構の内容が加えられているからである。中国民間宗教研究の大家、故李世瑜先生は、かつて清朝の檔案のなかの民間宗教信者の犯人の供述に虚構の部分が含まれていることを鋭く指摘した[1]。李が指摘した資料の虚構性の問題は、デーヴィスが『古文書の中のフィクション』と題した本のなかで考察した中世フランスの殺人犯が情状酌量を求めて物語を構築した問題とは性質が異なる。[2] 李が注目したのは、裁判の際に筆録を担当する人たちが民間宗教の教義を理解しないまま（あるいは理解しようとせずに）、自分の思い込みで犯人の供述を筆録した点である。同様に、研究者は太平天国の関係者の供述中の肉声に耳を傾ける必要があるという菊池秀明の指摘も正鵠を射たものである。[3] ここでいう「肉声」は、R・グハ（Ranajit Guha）がサブカルチャー研究において指摘した「歴史のなかの小さな声」（the small voice of history）のことである。[4] 本書で取り上げた個々の事例は、多かれ少なかれテクストの批判という方法論的な問題に関わる。

筆者は本書の第三部「叙述」編（八〜一〇章）のなかで三つの事件を取り上げた。一九二九年二月〜三月に江蘇省宿遷県で起きた小刀会「暴動」について、国民党宿遷県党部や新聞報道は口を揃えて、宿遷の大寺院である極楽庵の僧侶が小刀会を指図したことを強調した。宿遷で社会調査を行った社会経済学者呉寿彭も同じ意見であった。しかし、各方面の史料を仔細に吟味すれば、宿遷県党部が蘇北最大の地主であった極楽庵の財産を奪い取ろうとするために、極楽庵が小刀会「暴動」の元凶だと主張したことが分かった。

一九三一年「満州事変」後、関東軍は在満日本人団体の助言と協力により、蒋介石「四・一二」クーデターを真似して、青幇代表団を帝国政府の賓客として招き、青幇の力を借りて満洲における社会統合を進めようとした。長い間、『満洲国家理教』と題した書物を除けば、この青幇代表団の日本訪問はほとんど知られていない。十年前、筆者は京都府亀岡にある大本資料研鑽室で、偶然上海で活躍した青幇リーダー、満洲青幇訪日団メンバーの一人常玉清に関する資料に出会い、それを手がかりに訪日団の活動について考察することができた。青幇訪日団の事例が示したように、そもそも関東軍司令部やそのブレインたちが考案した青幇利用策は常軌を逸するものであった。一九世紀末以降、大陸浪人の活動を始め、日本は長年にわたって青幇／秘密結社に関する情報を数多く収集した。しかし、これらの「帝国の学知」は倉庫に埋もれたまま、一九二〇〜三〇年代日本の中国認識や対中政策にはほとんど役に立たなかった。

そして、一九四三年山西省黎城県で起きた離卦道「暴動」に関する第十章の考察は、革命と歴史叙述という前著の問題関心の延長上にある。この事件に関する従来の研究と異なって、筆者は事件後に共産党地方組織が作成した調査報告の解読を通じて、事件そのものの虚構性を指摘した。前著ですでに明らかになったように、結社による「革命」ないし「反革命」もまた、往々にして結社が自ら選択した結果ではなく、映画『鬼が来た』に登場する村人たちがそうであったように、「選択された」結果であった。

二　結社の政治学

本書の第二部は政治権力の社会統合における宗教・結社の問題について考察した。第四章は北京政府期における華北軍閥と土匪との間の持ちつ持たれつの関係を考察したうえで、「軍紳政権」という概念をもって辛亥革命前後の中国の政治的変化を説明することには限界があることを指摘した。第五章では、紅卍字会の事例を通じて、「満州国」が政治と関わりのない紅卍字会などの結社を「教化団体」と位置づけ、これらの民間勢力を政治統合の道具にしようとしたことを明らかにし、「満州国」の宗教認識と政策が明治以降の日本国内における宗教認識と政策の延長上にあることを指摘した。第六章と第七章は国民党政権と結社との関係について考察した。蒋介石が率いる国民党政権は哥老会・幇会の利用・改造を通じて地域社会を統合しようとしたが失敗し、公務員や国民党員・三青団員の結社加入を防ぐことすらできなかった。

中国では、帝政時代から民国期を含めて、結社問題はつねに政治的な性格を有する問題であった。政治権力は結社に対して警戒的であり、結社を厳しく弾圧した。この特徴を洞察した小林一美は、「専制的世界帝国の下、中国民衆は秘密結社を通して『社会』を創出し『政治』に迫る」という独自の秘密結社叙述を展開した[5]。氏の研究と異なって、筆者の問題関心は主に次の二つである。すなわち、第一に、結社の日常と非日常の問題。結社の非日常的な部分に関して、どの部分が歴史的事実であり、どの部分が後に構築・再構築された「事実」であったか。第二に、なぜあらゆる権力が反結社の政治姿勢を取り、たとえ政治権力に反抗する能力すら持たない結社でも例外ではなかったのか。

第四章では華北の土匪の問題を取り上げ、土匪と政治の関係について考察した。これに対して、第五章〜第七章では主に政治問題としての結社・宗教を政権側から考察し、「満州国」政権から重慶国民政府、および戦後の南京国民政府に至る政権の結社認識にある共通の前提が存在することを指摘した。すなわち、結社はいずれ反乱を起こすものであり、たとえそうでなくても、反政府勢力に利用される、というものである。

なぜ国家は反結社の政治姿勢を取ってきたのか、これは中国の伝統的政治そのものの問題でもあり、フランス革命以降近代国家が共通して直面する問題でもある[6]。筆者は前著のなかで清朝「律例秩序」下の結社問題を考察したうえで、次のことを指摘した。すなわち、清朝政府は結社に対する弾圧政策を貫くことができない時、やむをえず「会であるかどうかを問わず、匪であるかどうかだけを問う」方向に政策を転換し、そうすることによって、イデオロギーと現実との乖離の問題を解消させようとした。清末期には、各地に現れた数多くの結社を厳しく禁止することは事実上不可能であった[7]。一九〇八年、清朝政府は立憲改革の一環として「結社集会律」を発布した。それによれば、「各省の会党のうち、明らかに法律に違反した秘密結社に対しては律法に従って厳罰すべきだが、それ以外の結社や団体は政治や公共の活動に関わらなければ、従来どおりその設立を許可してよい[8]」、という。ここで留意すべきは、「会党」と称される「秘密結社」は従来のように禁止の対象とされるが、政治と公共の活動に関わる結社の存在も違法とされた、ということである。この点に関しては、袁世凱政権も後の国民党政権、そして「満州国」の支配も例外ではなかった。

三　社会史と概念史

最後に、本書第一部の主な関心は宗教言説がいかに生産・再生産されたかという問題にあり、近代中国の宗教に関する問題を取り上げた。長年社会史研究に取り組んできた筆者は、自分の研究への反省も含めて、社会史研究においてテクスト内部の構成に対する分析が不十分であることへの反省から、概念史研究の方法と社会史研究の方法を結合させることの重要性を痛感した。(9)

第一章は一八九三年シカゴで開かれた万国宗教大会において、「中国の宗教」がどのように表象されたか、という問題を中心に、religion という語の漢訳をめぐる諸問題を検討した。「教」という漢字が「教育」・「教化」を意味し、religion という語に対応しないため、会議に参加した彭光誉は religion を「宗教」と訳すことに反対した。第二章では、いくつかの具体的な事例を通じて「洋教」をめぐる諸言説を考察し、地域社会の人々がキリスト教をどのように見ていたかについて検討した。清末期の中国において、キリスト教会を標的とする「反洋教」事件が多発している。しかし、その一方で、キリスト教を受け入れる社会的な条件があったことも無視できない。これは近年キリスト教系統の「邪教」に関する事件がしばしば報道されていることにも通底するように思える。(10)

第三章では、関東大震災後、中国の紅卍字会と日本の大本教が提携関係を結んだことの背景について分析した。二つの宗教はそれぞれ当時日中両国に出現した新興宗教であり、いずれも自国の既成宗教を批判し、その限界を克服しようとした。ただし、紅卍字会の「五教合一」の教義は大本教が後に提起した「万教同根」の教義とは本質的に異ったものである[11]。

ところで、本書で使用した結社・幇会・迷信などの概念について、当初は結社と宗教の二つの概念に統一することを試みたが、結局、史料に現れた宗教・迷信・類似宗教・結社・幇会・秘密結社などの用語を使用することにした。なぜなら、これらの用語はそれぞれ異なる文脈のなかで使われ、つねに「誰の声であるか」ということへの注意を喚起してくれるからである。たとえば、第八章に現れた「廟産興学」という言葉を仔細に吟味すると、財産を奪われた仏教寺院側が自ら「廟」と呼ぶことは一度もなかったし、当然、彼らの語彙には「廟産」という言葉は含まれていない[12]。このことは、概念を歴史の現場に戻して考察することの重要性を物語っている。

橘樸はかつて魯迅に対し、「支那には支那の尺度がある」と言ったが、彼は、別のところで、「民俗道教」が中国でいかに深く人々の心に入り込んでいるかについても語った。橘は中野江漢の著書に記された山東省のあるカトリック教信者との以下の会話を引用している[13]。

中野：君は日曜日毎に欠かさず天主教会に拝礼に行つてゐるさうだが、君は信者か。
信者：さうです、私は立派なクリスチャンです。
中野：クリスチャンである君がどうして家では道教の神様である玉皇様を祀つてゐるのか。
教徒：クリスチャンがどうして玉皇様を祀られないですか。
中野：だつて基督教のゴッド（天主）と道教の玉皇とは違ふぢゃないか。
教徒：とんでもない、そんなことがありますか。天主様も玉皇様も同じ神様です。
中野：天主堂の宣教師がさう説教してゐるのか。

教徒：勿論宣教師はさう説きます。それは宣教師の説明によらなくとも、もとからさうと定まつてゐることです。宇宙には一つの神様が主宰してゐられて、主宰神に二神あるわけがありません。その主宰神を基督教ではゴッドと言ひ、道教では玉皇と呼び、宗派によつて便宜上呼称が違つてゐるだけです。

このエピソードを通じて、橘は次のことを強調しようとしたのであろう。すなわち、たとえ宣教師が中国人をキリストの信者にすることができたとしても、道教に対する彼らの深い信仰を変えることはできない。中国の民衆にとって、聖母マリアとキリストはすなわち道教の女神と玉皇のことであった、ということである。橘は中国社会に対する長年の観察から、一部の中国人がカトリック教を奉じても、彼らの心のなかには道教の神々がきちんと坐っていることを感じ取ったのである。しかし、彼は中国の歴史と文化の自律性を鋭く指摘する一方で、二〇世紀の激動する中国で日々起きている変化から目をそらしたのである。橘の時代に限らず、一世紀後の今日においても、中国の尺度とは何かという問題は、依然として世界中の中国研究者を悩ませている。

注

（1）李世瑜「民間宗教研究之方法論瑣議——以馬西沙先生的研究為例」、『台湾宗教研究通訊』第二期、二〇〇〇年一二月。

（2）Natalie Zemon Davis, *Fiction in the Archives: Pardon Tales and Their Tellers in Sixteenth-Century France*, Stanford: Stanford University Press, 1987, p.114. N・Z・デーヴィス著、成瀬駒男・宮下志朗訳『古文書の中のフィクション：一六世紀フランスの恩赦嘆願の物語』、平凡社、一九九〇年。

（3）菊池秀明『清代中国南部の社会変容と太平天国』、汲古書院、二〇〇八年、一九頁。

（4）Ranajit Guha, "The Small Voice of History." In *Subaltern Studies, IX: Writing on South Asian History and Society*, ed. Shahid Amin and Dipesh Chakrabarty, 1-12. Oxford and New York: Oxford University Press, 1996. R・グハ 他著、竹中千春訳

『サバルタンの歴史：インド史の脱構築』（岩波書店、一九九八年）を参照。

（5）小林一美『中華世界の国家と民衆』下巻、汲古書院、二〇〇八年、一〇九頁。

（6）高村学人『アソシアシオンへの自由：〈共和国〉の論理』、勁草書房、二〇〇七年。

（7）拙著『近代中国の革命と秘密結社――中国革命の社会史的研究（一八九五〜一九五五）』（汲古書院、二〇〇七年）第四章を参照。

（8）「奏訂結社集会律」、憲政編査館大臣奕劻等奏、光緒三四年二月九日。

（9）拙編著『新史学――概念・文本・方法』第二巻、中華書局、二〇〇八年。

（10）拙稿「基督の創出――『邪教案』にみるキリスト教系異端結社」、『愛知大学国際問題研究所紀要』第一三五号、二〇一〇年三月。

（11）本章は筆者が近年行った日中間の宗教的「越境」に関する研究の一部であり、紅卍字会と大本教に絡む当時日中両国間のさまざまな出来事については別途考察するつもりである。

（12）太虚「佛寺管理条例之建議」、『海潮音』第十年第九期、一九二九年一〇月二六日。

（13）橘樸「道教概論」、『中国研究』、『橘樸著作集』第一巻所収、勁草書房、一九六六年、四五頁。

引用文献一覧

一、檔案・未公開史料

1、中文檔案史料

①中国第一歴史檔案館

――「復訊王会等供詞」、「録副奏摺」、乾隆一八年八月八日方観承奏。

――光緒二年八月一四日沈葆楨奏。

――光緒二年一〇月一七日文煜等奏。

――「辟西洋天主教説」、「硃批奏摺」、咸豊七年五月二十九日。

②中国第二歴史檔案館

陸軍部檔案

――「参謀本部陸軍部致黎元洪密電」一九一三年一〇月一一日。全宗号（一〇〇一）②、案巻号二八九。以下は番号のみを記す。

――「参謀部抄山東諜報員報告」一九一八年一一月二七日。（一〇〇二）五一。

――「曹州府単県黄子阿・鉅野県郭占元等呈」一九一二年一〇月三〇日。（一〇一一）六〇六六。

――「曹州鎮守使造報一九一四年六月份正法人犯職業」（一〇一一）二五九八。

――「曹州紳民周宝廉等電」一九一八年五月六日。（一〇〇二）五一。

――「抄山東諜報員報告」一九一八年一一月二七日。(一〇〇二一) 五一。
――「呈大総統」一九一八年一一月二〇日。(一〇一一一) 二六三。
――「地方長官粉飾太平」一九一八年一二月二六日電。(一〇〇二一) 五一。
――「第一旅長呉長植電」一九一八年五月二三日。(北十一) 一一九六
――「河南第六鎮第十二協統領周符麟電」一九一二年七月一四日。(一〇一一一) 六〇七五。
――「河南督軍代署公函」一九二一年一一月八日。(一〇一四) 七二。
――「河南洛寧県十三郷里公民稟」一九二〇年一二月。(一〇一四) 七二。
――「胡匪二千来煙埠」一九一九年六月一四日電。(一〇一一一) 六三六三。
――「江北各属光復以後情況報告」。(一〇一一一) 二一六九。
――「蒋雁行致大総統及陸軍総長等電」一九一三年一〇月六日。(一〇〇一) ②二八九。
――「蒋雁行致大総統及陸軍総長密電」一九一三年一〇月七日。(一〇一一一) ②二八九。
――「李紹臣牛維霖電」一九一四年五月三日。(一〇一一一) 二四三。
――「魯省匪勢熾之原因」一九一八年四月三〇日電。(一〇〇二) 五一。
――「陸軍部致張督軍懐芝電」一九一九年一月一〇日。(北十一) 一一九八。
――「陸軍部致張樹元電」一九一九年五月二一日。(北十一) 一一九八。
――「陸軍第五鎮統制官馬龍標呈」一九一二年六月二五日。(北十一) 一一七六。
――「陸軍第一混成旅長呉長植電」一九一八年八月九日。(北十一) 一一九六。
――「旅長唐天喜電」一九一八年三月三一日電。(一〇〇二) 五一。

――「馬海龍呈逓陸軍部報告」一九一八年。（一〇〇二）五一。

――「孟効曾呈治匪妙策」一九二三年一一月。（北三）一五七。

――「南陽鎮守使署民国三年二月、十二月份盗匪案件執行死刑人犯一覧表」。（一〇一一）二五九八。

――「倪嗣冲致陸軍部電」一九一三年三月一二日。（一〇一一）二六一。

――「倪嗣冲致陸軍部電」一九一七年九月一八日。（北十一）七五七。

――「斉燮元電陸軍部」一九二一年五月二七日。（一三四）、（北十一）一二〇二。

――「銭錫霖呈」一九一八年五月四日。（一〇一一）二六三。

――「銭錫霖呈」一九一九年。（北十四）一八六。

――「山東博平県知事呉容稟」七月二四日（年代は不明）。（一〇一四）二九七。

――「山東曹県団紳為魯省匪患稟大総理」一九一八年四月二三日。（一〇〇二）五一。

――「山東曹州公民代表呈」一九二一年一二月七日。（一〇一四）八九。

――「山東東臨道属紳商学界公民等呈」一九一九年一二月四日。（北十四）一九三。

――「山東調査員報告」一九一八年一二月二日。（一〇〇二）五一。

――「山東匪情」一九一八年一〇月二五日。（一〇〇二）五一。

――「山東旅京紳民王謝家籌呈」一九一八年一一月一九日。（一〇一四）二五一（三）。

――「十九師師長楊春普致馮国璋等電」一九一五年八月一五日。（北十一）一一八四。

――「泗陽桃源匪熾」一九一四年一〇月二五日。（北十一）七五七。

――「宿県各公団全体公民電」一九二三年一〇月一五日。（北三）一八三。

――「宿県・亳州之匪勢」一九一二年一二月七日電。（一〇一一）六三二九。
――「蘇軍統領白宝山電」一九一五年九月二一日。（北十一）一一八三。
――「土匪搶入睿県車站」一九二〇年九月。（一〇一四）二七二（一）。
――「皖北会匪」一九一四年八月一三日。（一〇一一）二二六二。
――「皖北土匪関係電報」。（一〇一一）二六二。（一〇一一）六〇六六。
――「信陽電」一九一二年一一月二五日。（北十一）一一八。
――「徐州電」一九一二年一〇月。（北十一）一一八〇。
――「徐州致陸軍部電」一九一四年六月二六日。（一〇一一）六〇九二。
――「兗州鎮守使田中玉致段芝貴電」一九一五年四月二五日。（北十一）一一七七。
――「一九一八～一九二〇年土匪拆毀鉄路報告」。（北十四）（一）。
――「豫東土匪」一九一四年、（北十一）六二五。
――「張懐芝諮呈関於全省防剿事宜規則訓令」一九一八年六月二〇日、（一〇〇二）五。
――「張樹元電」一九一八年六月二一日。（北十一）一一九八。
――「張樹元電」一九一八年一一月。（一〇一一）六〇六九。
――「張樹元電」一九一九年二月四日。（北十一）一一九八。
――「駐宿（県）剿匪司令李伝業電」一九一四年一月六日。（一〇一一）二六二。
――「閻錫山趙倜致大総統等電」一九一三年一〇月一六日。
――「閻錫山致大総統等電」一九一三年一一月二〇日。

内務部檔案

――「道開致会長及諸道長電」一九二三年九月一三日。（二五七）六四三。以下同。

――「財政部復紅卍字会中華総会公函」一九二三年九月二一日。

――「紅卍字会中華総会致税務処函」一九二三年一〇月一日。

――「南京紅卍字分会致中華総会電」一九二三年一〇月四日。

――「上西信助函抄件」一九二三年一〇月一三日。

――「世界紅卍字会中華総会会長徐、王・銭・江・王致日本公使函」一九二三年九月一六日。

――「世界紅卍字会中華総会会長致神戸領事柯栄陔函」一九二三年九月一九日。

――「世界紅卍字会中華総会会長徐、王・銭・江・王致大総統電」一九二三年九月八日。

――「世界紅卍字会中華総会会長徐、王・銭・江・王致総長電」一九二三年九月八日。

――「世界紅卍字会中華総会会長徐世光・王芝祥・銭能訓・江朝宗・王人文致許芝田函」一九二三年一〇月六日。

――「陶保晋致紅卍字会中華総会会長」一九二三年九月一六日。

――「叶能静致紅卍字会総会函」一九二三年九月二〇日。

――「中国協済日災義賑会会長朱佩珍、副会長盛炳記・王震致北京紅卍字会中華総会電」一九二三年九月一一日。

華北政務委員会内務公署檔案

――「華北乙種宗教団体調査表・山西省安清道義委員会調査表」一九四二年三月、（二〇一八）九三。

――「山西省公署咨内務総署（省民字第一三号）」一九四二年六月一三日。（一〇一八）六九。

――「蘇体仁致華北政務委員会内務総署・附件答復諮詢宗教行政事項」一九四二年六月一三日、（一〇一八）六九。

――「転報黎城県港東等十九村民衆暨盂県平定両県辺境村荘被匪残虐情形乞迅援款以資救済由」（山西省省長寒代電、一九四一年一一月）、（二〇〇五）二一・五一一。

――「天津特別市乙種宗教団体調査表」一九四二年、（二〇一八）九三。

内政部檔案・社会部檔案
――「呈為奉令核定江蘇省政府民政庁処分宿遷県極五両寺産請即准如所擬辧理請鑑核示遵由」一九二九年一一月二五日。全宗号二、案巻号一〇五九。以下、全宗号と案巻号が同じ場合は番号を省略する。

――「呈為捏造献産拠実声明請求免予処分以維仏教事」一九三〇年二月一三日。

――「呈為奉去歳宿遷刀会事変波及極楽庵五華頂両寺拠実証明公叩主持正義免予処分由」一九三〇年二月。

――「呈為違法処理懇恩准取消省令発還廟産以救僧命而維仏教事」一九三〇年三月。

――「江蘇省宿遷県公安行政現況調査表」一九三五年五月十八日。全宗号十二（二）、案巻号二五六一。

――「極楽庵、五華頂住持蓬仙・蔵真電」一九三〇年六月。

――「江蘇宿遷仏教会呈為会党衝突與極楽庵五華頂無干県府強迫提産索款賠償請求訊電飭査」一九二九年五月三〇日。

――「江蘇宿遷仏教会常務委員祥斎呈」一九二九年六月五日。

――「霊澈呈為劉県長厳刑逼供請以法懲戒」一九三〇年二月一三日。

――「霊澈懇准依法懲辧以粛官箴而雪飛冤」一九三〇年三月。

――「羅毅堂等代電請維持蘇省府処分宿遷極楽庵五華頂両廟之原案鏟徐悪僧由」一九三一年二月一〇日。

――「蓬仙等呈宿遷県政府朦請違法処廟産請送法院解決」一九三〇年六月。

――「四川省昭化等県幇会調査表」一九三九年六月。（十一）七四一六。

――「徐政等呈懇由極楽庵五華頂両廟充産項下指撥十分之一辦理救済事業由」一九三〇年一二月二五日。

――「徐政等呈為公懇厳辦袒庇朦准之貪官並厲行成案以乱萌事」一九三〇年一二月。

――「宿遷善後委員会常務委員呉荘等電」一九三〇年六月二八日。

――「中国仏教会常務委員圓瑛・太虚・仁山等呈内政部」一九三〇年三月。

――「中統関於広元昭化幇会分子之調査」一九四〇年四月八日。（十一）二・一四四五。

――「準江蘇省諮処民政庁擬具処理極五両寺産辦法請核示由」一九二九年一一月五日。

――「準中央秘書処函知厳禁公務人員参加任何幇会組織令仰知照由」一九三九年一月一七日。

――「厳禁党員団員及公職人員参加幇会辦法」一九四二年。（十二）二・一三六五。

③その他の檔案史料

四川省檔案館社会処・秘書処檔案
――「成都市哥老会歓宴軍委会特派員」一九四六年六月一三日。（一八六）一三八四。

――「呈為遵令退出哥老会自動解散新民社団体請予備案存査」一九三六年一〇月。第一区党部書記謝迺周。（一八六）一三八五。

――「懲治哥老会締盟結社暫行条例」一九三六年八月六日。（一八六）一三八五。

――「丹棱県党部第一区分部党員呈控」一九四四年八月。（一八六）一三八三。

――「国民政府軍事会成都行轅致四川省政府」附録「哥老会組織大綱」一九四二年一一月一〇日。（一八六）一三八七。

――「国民政府軍委会代電」一九四三年五月八日。（四一）一八八九。

――「楽山太平郷公所代理郷長閔学謙呈省主席張」一九四四年一一月二三日。（一八六）一三八六。

――「領導幇会与防止幇会組党方案」一九四六年一一月二七日、四川省社会処処長黄仲翔。（一八六）一三八八。

――「渠県県長唐錦柏呈省政府主席張処理龍鳳郷陳澤之等秘密集会組織哥老情形」一九四四年一二月二五日。（一八六）一三五一。

――「渠県県政府判決書」一九四四年八月。（一八六）一三八六。

――「省府秘書処視察室派視察員陳翰珍調査員呈報」一九四三年六月。（四一）一八八九。

――「四川省第九区行政督察員兼保安司令曾徳威呈省府兼理主席張群」一九四二年一一月二〇日。（一八六）一三八五。

――「王徳滋呈委座函」一九四〇年六月二七日。（四一）一八七八。

――「為厳禁公務員加入哥老会組織飭遵照由」一九四一年七月二三日。（一八六）一三八五。

――「楊徳成籌組哥老進行活動令蓬安県監視其行動」一九四〇年五月。（四一）一一〇。

成都市檔案館

――「懲治哥老会実施規程」一九三六年一一月。（四七）六四六四。

――「審理違禁加入哥老会余漢魂案」一九四三年九月。（九三）三・三一。

――「四川省会警察局通令政字第〇〇四七号」一九四一年九月一二日。（九三）一九六一。

――「四川省会警察局通令政字第〇二六三号」一九三八年八月二二日、（九三）一六二九。

巴県檔案館

――「四川省布政使扎発勧戒賭博争闘拘焼会告示」（光緒一一年一〇月）。清六全宗、巻八九七、マイクロフィルム。

黎城県檔案館

――黎城考察団『離卦道事件調査報告』一九四二年四月。

上海市檔案館

——「為厳禁警務人員不得参加幇会重申禁令仰転飭所属一体切実奉行由」一九四三年一二月四日。R二一―一―四八。

2、中文未公開史料

南京大学民間社会研究センター所蔵

——「広済漢流概況」、一九五〇年七月一二日。

——「貴州幇会調査」、一九五一年。

——太岳区党委社会部『山西進歩委員会（即青幇）』、一九四八年八月二五日。

——「天津市幇会調査」、一九四九年。

——「西安市紅幇概略」、一九五〇年三月。

——周少平「我参加幇会的情況」、一九五〇年三月二五日。

台北法務部調査局図書室所蔵中央調査統計局（中統）編『党政情報』。

——「滬市党部主任呉紹澍遇刺」、一九四五年一一月一三日。

——「晋閻組織民衆進歩社」、一九四五年一〇月二七日。

——「楽山幇会把持参議会選挙」、一九四五年一〇月二三日。

——「陸京士呉紹澍互争工運領導権益烈」、一九四五年一〇月二九日。

——「陸京士在滬組織力社」、一九四五年一〇月二五日。

——「陸京士在滬籌組中国労工協会」、一九四五年一〇月二三日。

――「渝市幇会分子籌辦『労働週報』」、一九四五年三月一三日。

――「自貢市党政社会動態」、一九四五年八月一四日。

3、日本文檔案史料

外務省外交資料館「各国内政関係雑集・支那之部・革命党関係・革命党ノ動静探査員派遣」

――西本省三「江蘇安徽両地方会匪視察報告」、明治四三年。

日本外務省外交資料館所蔵「支那政党及結社状況調査」。

――「九龍山（秘密結社）ニ関スル件」、在南京領事船津辰一郎、大正二年二月二〇日。

――「九龍山（秘密結社）首謀者処分ニ関スル件」、在南京領事船津辰一郎、大正二年二月二五日。

「宗教関係雑件・大本教ト紅卍字会提携ノ件」。

――「世界紅卍字会中華総会より震災救恤米二千担送附に関する件」、在南京領事林出賢次郎より外務大臣伊集院彦吉宛、一九二三年一〇月八日。

――「大本教ニ関スル件」、兵庫県知事平塚広義、大正一二年一一月一〇日。

――「大本教ニ関スル件」、京都府知事池松時和、大正一二年一一月一〇日。

――「大本教ニ関スル件」、兵庫県知事平塚広義、大正一二年一一月二一日。

「支那政党結社関係雑件・宗教類似結社ノ行動査報関係」。

――「黄紗会擾乱状況」、昭和五年八月在博山日本総領事館出張所、町田万二郎。

――「博山県ニ於ケル黄紗会ノ行動」、昭和五年九月一一日。

――「宗教類似結社ノ行動ニ関スル件」、外務省より在支各公館長宛、昭和五年九月一八、一九日。

「各国ニ於ケル宗教及布教関係雑件・在家裡関係」

――「最近ニ於ケル道院ノ情況」、関東庁警務局、大正一〇年五月二七日。

――「在鄭家屯領事大和久義郎より外務大臣幣原喜重郎宛」、昭和五年一一月四日。

――「在哈爾賓総領事八木元人より外務大臣幣原喜重郎宛」、昭和五年一一月一八日。

――「家裡教会員平野武七ノ行動ニ関スル件」、在海拉爾領事米内山庸夫、昭和八年一〇月一四日。

――「黒龍江省内ノ家裡調査報告ノ件」、在斎々哈爾領事内田五郎、昭和九年一月一五日。

――「満洲国に於ケル在家裡ノ現況」、関東庁警務部長、昭和一〇年五月二〇日。

――「齊齊哈爾ノ青幇概況ニ関スル件」、在齊齊哈爾領事内田五郎、昭和八年五月一三日。

――「奉天ニ於ケル在家裏ノ現状ニ関スル件」、在奉天総領事峰谷輝雄、昭和九年二月二八日。

――「満洲国に於ケル在家裡ノ現況」、関東庁警務部長、昭和一〇年五月二〇日。

――「在家裡真相調査員ノ身元其他ニ関スル件」、警視総監藤沼庄平、昭和八年五月一六日。

――「満洲国在家裡に対する文学博士加藤玄智氏の談話」（要旨）、昭和八年五月一四日。

――「渡日在家裡教徒ノ帰来言動」、関東庁警務局長、昭和八年七月二四日。

――「在家裡代表団ノ渡日」、関東庁警務局長、昭和八年六月一三日。

――「全満青幇代表渡日視察ニ関スル件」、在牛荘領事荒川充雄、昭和八年六月三日。

――「満洲国在家裡渡日代表郝相臣ノ動静」、関東庁警務局長、昭和八年七月二一日。

――「満洲国宗教団体帰国に関スル件」、山口県知事岡田周造、昭和八年七月一七日。

――「満洲在家裡在理両団体代表往来ノ件」、京都府知事斎藤宗宜、昭和八年七月二四日。

――「満洲国家理教代表団ノ往来ニ関スル件」、大阪府知事縣忍、昭和八年七月一八日。

――「在家裡渡日代表帰来後ノ言動ニ関スル情報」、在奉天峰谷輝雄、昭和八年七月二六日。

――「家裡教会員平野武七ノ行動ニ関スル件」、在海拉爾領事米内山庸夫、昭和八年一〇月一四日。

――「満洲家裡第二十二代営口代表郝相臣逃亡説」、在営口領事太田知庸、昭和九年六月二八日。

――「在家裡営口代表郝相臣逃亡説ニ関スル件」、在奉天総領事峰谷輝雄、昭和九年七月三日。

二、新聞・雑誌史料

1、中文

『晨報』

『大公報』

『東方雑誌』

『国聞周報』

『海潮音』

『紅旗』

『解放日報』

『京報』

『警声月刊』

『民立報』
『民意』
『時報』
『時事月刊』
『申報』
『盛京時報』
『万国公報』
『新華日報』
『新聞報』

2、日本文

『神の国』
『月刊支那研究』
『京津日日新聞』
『支那研究』
『情報』
『昭和』
『調査月報』

『真の光』

『日本卍字月刊』

『満洲評論』

『満洲民族学会会報』

3、欧文

The Chicago Sunday Times (1893)
The Chinese Recorder and Missionary Journal
The North China Herald

三、中文公開史料

『白朗起義調査報告』、『開封師範学院学報』一九六〇年第五期。

「北京天津思想団体調査」(下)、興亜院『調査月報』第二巻第六号、一九四一年六月。

卞宝弟「奏為拿獲会匪就地正法摺」、『卞制軍奏議』巻四。

蔡真雲『蒋経国在上海』、中華印刷出版公司、一九四八年。

陳挹江「窯湾小刀会始末」、政協新沂縣文史資料研究委員會『新沂文史資料』第三輯、一九八八年。

『重修南溪県志』巻四、礼俗、一九三七年。

崔美明「上海『劫収』実録」、『檔案與歷史』、一九八六年第二期。

大谷湖峰「宗教調査報告書」、『長春文史資料』一九九八年第四号。
「打毀神像與破除迷信」、『江蘇省政府公報』第六四期、一九二八年一二月一七日。
鄧漢祥「蒋介石派張群図川的経過」、『文史資料選輯』第五輯。年代不明、以下同。
鄧漢祥「劉湘与蒋介石的勾心闘角」、『文史資料選輯』第五輯。
鄧漢祥「四川省政府及重慶行営成立的経過」、『文史資料選輯』第三十三輯。
「杜月笙在三十七年二月二十七日恒社春節同楽大会上的訓詞」、『檔案與歴史』一九八九年第一期。
樊崧甫「我所知道的洪門史実」、『河北文史資料』編輯部編『近代中国幇会内幕』下巻、群衆出版社、一九九三年。
「各地農民状況調査——山東省」、『東方雑誌』第二四巻第一六号、一九二七年八月。
「各県党務指導委員人名単」、『江蘇省政府公報』第四一期、一九二八年七月九日。
「各県政府応負責保護党務指導委員」、『江蘇省政府公報』第四〇期、一九二八年七月二日。
「各県政府応負責保護党務指導委員」、『江蘇省政府公報』第四三期、一九二八年七月二三日。
「工部局捕房刑事股副探長致警務所報告」（一九三八年一一月）、『檔案與歴史』一九八九年第二号。
郭蘭馨「杜月笙与恒社」、中国人民政治協商会議上海市委員会文史資料工作委員会編『旧上海的幇会』、上海人民出版社、一九八六年。
『国民政府軍事委員会委員長行営参謀団大事記』、出版年代、出版社不明、影印本。
何崇校「広東洪門忠義会始末」、『河北文史資料』編輯部編『近代中国幇会内幕』下巻、群衆出版社、一九九三年。
何文龍『中国特務内幕』、風雨書社、一九四七年。
「恒社第五届理事会工作報告」、『檔案與歴史』一九八九年第一期。

「恒社資料選輯」、『檔案與歴史』一九八九年第一期、三九頁。
胡君素・李樹棻「天津青幇與帝国主義勢力的勾結」、政協天津市文史資料委員會編『天津文史資料選輯』第二十四輯、天津人民出版社、一九八三年。
胡君素・李樹棻「張遜之其人」、政協天津市文史資料委員會編『天津文史資料選輯』第四十五輯、天津人民出版社、一九八八年。
花子安『自西徂東』（近代文献叢刊）、上海書店出版社、二〇〇二年。
黄貞「十二深慨序」、徐昌治編『破邪集』巻六、安政年間刻。
黄振世口述、何国涛整理「我所知道的黄金栄」、中国人民政治協商会議上海市委員会文史資料工作委員会編『旧上海的幇会』、上海人民出版社、一九八六年。
黄遵憲『日本国志』（一八八七年）巻三十二学術志一。
姜豪「洪門歴史初探」、中国人民政治協商会議上海市委員会文史資料工作委員会編『旧上海的幇会』、上海人民出版社、一九八六年。
蒋作新「韓恢事略」、『中華民国史事紀要（初稿）』中央文物供応社、一九八二～八三年。
姜義華他編『康有為全集』第四集、中国人民大学出版社、二〇〇七年。
『教務教案檔』、中央研究院近代史研究所、一九七四年～一九八一年。
『晋北自治政府管内宗教調査統計表』、一九三九年七月。
孔憲和「儒論」、『万国公報』第五十四册、光緒一九年六月。
「江蘇省政府十七年度施政大綱」、『江蘇省政府公報』第四〇期、一九二八年七月二日。

黎城県志編纂委員会編『黎城県志』、中華書局、一九九四年。
李葆元「道教論」、『万国公報』第五十五册、光緒一九年七月。
劉恭「我所知道的中統」、柴夫主編『中統頭子徐恩曾』、中国文史出版社、一九八九年。
林可彝「日本大本教謀反事件」、『時事月刊』一九二二年第一巻第五号。
「令査宿遷県処罰商会主席案」、『江蘇省政府公報』第七五期、一九二九年三月四日。
「令県保護党務視察員」、『江蘇省政府公報』第四二期、一九二八年七月一六日。
「令知廃止関岳祀典」、『江蘇省政府公報』第四九期、一九二八年七月三日。
劉文輝「走到人民陣営的歴史道路」、『文史資料選輯』第三十三輯。
馬君武「戦争為人口増多生産缺欠之結果」、『国聞周報』第一巻第一三期、一九二四年一〇月。
麦沾恩『中華最早的布道者』、広学会、一九三九年。
木毎「四川的袍哥」、『警声月刊』第二、三期、一九四六年。
潘居士・李格政「瀋陽清幇家理和清理」、『瀋陽文史資料』第九輯、一九八六年。
彭光誉『説教』、同文館、光緒二十二年。
青山「紀宿遷的民変」、『民意』第七期、一九二九年四月。
山西省史志研究院編『山西通志・民政志』第三五巻、中華書局、一九九六年。
山西省政協文史資料研究委員会編『閻錫山統治山西史実』、山西人民出版社、一九八一年。
上海市檔案館編『日本帝国主義侵略上海罪行史料匯編』、上海人民出版社、一九九七年。
沈葆楨「研訊皖南教堂滋事確情分別示懲摺」、『沈文肅公政書』巻六。

沈凌霄「形形色色的国民党宿遷県長」、『淮陰文史資料』、第三輯、一九八四年。『宿遷文史資料』第二輯。
沈雲龍『清末民初官紳人名録』（近代中国史料叢刊三編）、文海出版社、一九九六年。
沈酔『軍統内幕』、中国文史出版社、一九八五年。
沈酔・文強『戴笠其人』、文史資料出版社、一九八〇年。
「省政府委員会第七十七次会議記録」、『江蘇省政府公報』第四〇期、一九二八年七月二日。
『十八集団軍総司令発言人関於黄崖洞保衛戦的談話』、『新華日報』一九四一年一一月二七日、華北版。
史志辦公室「二・一三小刀会暴動」、『宿遷文史資料』、第二輯。
世界紅卍字会中華総会編『世界紅卍字会史料匯編』、香港紅卍字会、二〇〇〇年八月。
舒季衡「軍統局在天津的特務活動」、陳楚君・俞興茂『特工秘聞――軍統活動紀実』、中国文史出版社、一九九〇年。
曙東「淮宝地区的小刀会活動簡介」、『淮陰県文史資料』第四輯、一九八四年。
司徒丙鶴「司徒美堂與美洲洪門致公堂」、『文史資料選輯』第三十八輯。
「四川六九専員冷薫南建議取締慈善団体案」、『四川省政府公報』第五二号、一九三六年八月一日。
「宿遷林県長呈一月来工作」、『江蘇省政府公報』第六二期、一九二八年一二月三日。
「宿遷劉県長呈報司法監獄工作」、『江蘇省政府公報』第一三四期、一九二九年五月一四日。
「宿遷請抜款清理積案不准」『江蘇省政府公報』第一三六期、一九二九年五月一六日。
「宿遷童前県長電陳交代情形」、『江蘇省政府公報』第一一八期、一九二九年四月二五日。
「宿遷県長呈報会議剿撫辦法」、『江蘇省政府公報』第八四期、一九二九年三月一五日。
「宿遷県呈報淘汰衙蠹情形」、『江蘇省政府公報』第四一期、一九二八年七月九日。

太虚「佛寺管理条例之建議」、『海潮音』第十年第九期、一九二九年一〇月二六日。
「天津特別市公署行政紀要」一九三八年。
王子晨「我所知道的青紅幇在天津的活動」、政協天津市文史資料委員會編『天津文史資料選輯』第二十四輯、天津人民出版社、一九八三年。
王志道・劉書友「黎城県粉碎離卦道暴乱記」、政協山西委員會文史資料研究委員會編『山西文史資料』第四三輯、一九八六年。
「為哥老会集会宴客流毒社会通令查禁仰遵照厳拿辦由」、『四川省政府公報』第二号、一九三五年三月一一日。
「為令発本省各県保甲自任考核表一分並限於文到十五日内列表具報查核一案令仰遵照辦理由」、『四川省政府公報』第五八号、一九三六年九月二二日。
『文史資料選輯』合訂本第一三冊、第三八輯、中国文史出版社、一九八六年。
呉光駿「四川軍閥防区制的形成」、四川省文史研究館編『四川軍閥史料』第一輯、一九八三年。
呉紹澍「記上海統一委員会」、『文史資料選輯』第二九輯、一九八〇年。
呉寿彭「逗留於農村経済時代的徐海各属」、『東方雑誌』第二七巻、第六号。一九三〇年三月。
――「逗留於農村経済時代的徐海各属」（続）、『東方雑誌』第二七巻、第七号。一九三〇年四月。
協和会中央本部調查部『在家裡調查報告書』、作成年代不明。
閑雲「白狼始末記」、『近代史資料』一九五六年第三期。
肖寿愷「日青幇道徒竹林二郎朝拝閻錫山見聞」、政協山西委員會文史資料研究委員會『山西文史資料』第二六輯、一九八三年。

蕭志華・商若氷「洪幇寨主楊慶山」、『河北文史資料』編輯部編『近代中国幇会内幕』下巻、群衆出版社、一九九三年。
熊倬雲「五毒俱全的袍哥冷開泰」、『河北文史資料』編輯部編『近代中国幇会内幕』下巻、群衆出版社、一九九三年。
徐継畬「英吉利国」、『瀛寰志略』、上海書店出版社、二〇〇一年。
王栻編『厳復集』、中華書局、一九八四年。
顔恵慶『英華大辞典』、商務印書館、一九〇八年。
閻伯川先生紀念会編『民国閻伯川先生錫山年譜長編初稿』、台湾商務印書館、一九八八年。
『楊尚昆同志在黎城会議上的報告』（一九四〇年四月一六日）、『晋察冀抗日根拠地』史料叢書編審議委員会・中央檔案館編『晋察冀抗日根拠地』第一冊（文献選編　上）、中央党史資料出版社、一九八三年。
易元「党逼民反」、『紅旗』第一四期、一九二九年年二月二一日。
殷惟龢編『江蘇六十一県志』下巻、商務印書館、一九三六年。
幼雄「世界的秘密結社：日本大本教的始終」、『東方雑誌』第一九巻第一九号、一九二二年。
曾国藩「討粤匪檄」、『曾文正公全集』文集、巻三。
張承啓「刀会在窯湾鬧事的回憶」、政協新沂縣文史資料研究委員會『新沂文史資料』、第三輯、一九八八年。
「張蘭生・金策給徐沢民的信」、一九三九年一一月七日、中央檔案館他編『東北地区革命歴史文件匯集』甲、第五六冊、吉林人民出版社、一九九一年。
張俠他編『北洋陸軍史料（一九一二～一九一六）』、天津人民出版社、一九八七年。
張振之『革命與宗教』、民智書局、一九二九年。
張治中『張治中回憶録』（上）、文史資料出版社、一九八五年。

趙君豪「記重慶良厦一会議」、『杜月笙先生記念集』（初集）、伝記文学出版社、一九七九年影印本。

鄭克明「宿遷小刀会始末」、『淮陰文史資料』第三輯、一九八四年。初出は『宿遷文史資料』第二輯。

中央檔案館・四川檔案館編『四川革命歴史文件彙集』甲種、四川人民出版社、一九八九年。

中国第一歴史檔案館編『清代官員履歴檔案全編』（五）、華東師範大学出版社、一九九七年。

中国第一歴史檔案館・福建師範大学歴史学系編『清末教案』（中国近代史資料叢刊続編）、中華書局、一九九八年。

中国第二歴史檔案館編『北洋軍閥統治時期的兵変』、江蘇人民出版社、一九八二年。

中国第二歴史檔案館編『国民党統治時期的小党派』、檔案出版社、一九九二年。

中国第二歴史檔案館編『民国幇会要録』、檔案出版社、一九九三年。

中国第二歴史檔案館編『直皖戦争』、江蘇人民出版社、一九八〇年。

中国第二歴史檔案館編『中華民国史資料長編』、南京大学出版社、一九九三年。

中国第二歴史檔案館編『中華民国史檔案資料彙編』（第二輯）、江蘇人民出版社、一九八一年。

中国第二歴史檔案館編『中華民国史檔案資料彙編』、第五輯第一編・文化、江蘇古籍出版社、一九九四年。

中国第二歴史檔案館編『中国民主社会党』、北京檔案出版社、一九八八年。

中国第二歴史檔案館編『中国青年党』、北京檔案出版社、一九八八年。

『中国各小党派現状』、一九四六年八月刊行、出版社不明。

中国人民大学清史研究所編『康雍乾時期城郷人民反抗闘争資料』、中華書局、一九七九年。

中国人民大学清史研究所・中国第一歴史檔案館編『天地会』（一）、清史資料叢刊、中国人民大学出版社、一九八〇年。

『中国現有党派概況表』、出版元不明、一九四六年。

『中国党派』、中央聯秘処、一九四八年。

『中華民国法規彙編』、出版元不明、一九三四。

周恩玉・劉炎臣「天津青幇見聞雑記」、『河北文史資料』編輯部編『近代中国幇会内幕』（上巻）、群衆出版社、一九九三年。

「鄒永成回憶録」、『近代史資料』一九五六年第三期。

「奏訂結社集会律」、憲政編査館、光緒三四年二月九日。

三、日本文資料

池田昭編『大本史料集成』Ⅱ運動篇、Ⅲ事件編、三一書房、一九八五年。

内田良平『満蒙の独立と世界紅卍字会の活動』、先進社、一九三一年。

大本七十年史編纂会編『大本七十年史』。

遠藤秀造『道院と世界紅卍字会』、東亜研究所、一九三七年。

加藤玄智「家裡教の宗教的判断」、利部一郎『満洲国家理教』、泰山房、昭和八年。

加藤豊隆『満洲国治安関係法規集成』（全）、元在外公務員援護会、一九七九年。

北村隆光「世界紅卍字会の大元　支那道院に就て」、『神の国』第三九号、一九二三年一二月。

北村隆光「道院、紅卍字会に就て」、『神の国』第一五四号、一九三一年一一月。

栗原白嶺「謝答礼使節と車中に語る」、『昭和』第四七号、一九三三年一月。

興亜宗教協会『華北宗教年鑑』（第一版）、一九四一年。

国務院総務庁情報処編纂『省政彙覧』第一～九輯、一九三五～一九三七年。

国務院総務庁統計処編纂『第三次満州帝国年報』、一九三七年六月。

侯延爽「登高熊山参大本教主鎮魂処」(其三)、『神の国』第三九号、一九二三年一二月。

昭月生「世界紅卍字会の提携と霊界物語」、『神の国』第四〇号、一九二四年一月。

清水董三「上海に於ける仏教団体」、『支那研究』第一九号、一九二九年五月。

末光高義『支那の秘密結社と慈善結社』、満洲評論社、一九三二年。

末光高峯（義）「青幇の在家裡が満洲に政治的活動を始めた」、『満洲評論』第五巻第一号、一九三三年七月一日。

――『満洲の秘密結社と政治的動向』、満蒙評論社、一九三三年。

――「秘密結社の指導原理」、『満洲評論』第五巻第五号、一九三三年七月二九日。

「青幇の過去と現在」、興亜院『情報』第二十九号、一九四〇年一一月一日。

瀧澤俊亮『満洲の街村信仰』、満洲事情案内所、一九四〇年。

橘庵「周氏兄弟との對話」(上、下)、『京津日日新聞』一九二三年一月一一日、一月一三日。

橘樸「支那を識るの途」、『月刊支那研究』第一巻第一号、一九二四年一二月。

――「通俗道教の経典」(上)、『月刊支那研究』第一巻第五号、一九二五年四月。

――『道教と神話伝説――中国の民間信仰』、改造社、一九四八年。

――『中国研究』、『橘樸著作集』第一巻所収、勁草書房、一九六六年。

――「青幇を如何に扱ふべきか」、『満洲評論』第五巻第三号、一九三三年七月一五日。

『出口王仁三郎全集』第六巻、天声社、一九三五年。

西順蔵『満洲国の宗教問題』、国民精神文化研究所、一九四三年。

日野強『伊犁紀行』、博文堂、明治四二年、芙蓉書房、一九六八年復刻版。

「日出磨再渡支」、『真如の光』二二四号、昭和六年一〇月。

「馮諫民師の慈悲」、『在家裡研究資料』東洋文庫所蔵、出版者、年代不明。

藤井草宣『支那最近之宗教迫害事情』、浄圓寺、一九三一年。

法政大学大学史資料委員会編『法政大学史資料集』第十一集、一九八八年。

防衛庁防衛研修所戦史室『北支の治安戦』二、朝雲新聞社、一九七一年。

松尾為作『南満洲に於ける宗教概観』、教化事業奨励資金財団、一九三一年七月。

満洲国治安部警務司『満洲国警察史』、一九四二年九月。

満洲国民政部地方司社会科『満洲国中央社会事業聯合会』、一九三四年五月。

民生部厚生司教化科『教化団体調査資料第二輯　満洲国道院・世界紅卍字会の概要』、一九四四年。

山本佐国「天恩郷に張海鵬将軍を迎へる」、『神の国』一九三三年一月、第一六八号。

利部一郎『満洲国家理教』、泰山房、昭和八年。

四、中国文研究書・論文

蔡少卿主編『民国時期的土匪』、中国人民大学出版社、一九九三年。

蔡少卿・杜景珍「論北洋軍閥統治時期的兵匪」、『南京大学学報』一九八九年第二期。

陳熙遠「宗教――一個中国近代文化史上的関鍵詞」、『新史学』第一三巻第四期、二〇〇二年一二月。

陳志譲『軍紳政権』、三聯書店、一九八〇年。
曹新宇「異端的譜系：従伝教士漢学到社会科学」、黄興涛主編『新史学――文化史研究的再出発』第三巻、中華書局、二〇〇九年。
傅況麟主編『四川哥老会改善之商榷』、四川地方実際問題研究会叢刊之三、一九四〇年五月。
何西亜『中国盗匪問題之研究』、泰東図書局、一九二五年。
何智霖「張群入主川政経緯」、『第二届討論会・中華民国史専題論文集』、国史館、一九九三年。
黄興涛「新名詞的政治文化史――康有為與日本新名詞関係之研究」、黄興涛主編『新史学――文化史研究的再出発』第三巻、中華書局、二〇〇九年。
黄宗智『華北的小農経済與社会変遷』、中華書局、一九八六年。
蔣順興・李良玉『山西王閻錫山』、河南人民出版社、一九九〇年。
李世瑜「民間宗教研究之方法論瑣議――以馬西沙先生的研究為例」、『台湾宗教研究通訊』第二期、二〇〇〇年一一月。
劉聯珂『中国幇会三百年革命史』、澳門留因出版社、一九四〇年。
陸象賢『中国労働協会簡史』、上海人民出版社、一九八七年。
路遙『山東民間秘密教門』、当代中国出版社、二〇〇〇年。
路遇『清代和民国山東移民東北』、上海社会科学院出版社、一九八七年。
呂実強『中国官紳反教的原因』、中国学術著作奨助委員会、一九七三年。
麻国慶『家與中国社会結構』、文物出版社、一九九九年。
馬西沙『清代八卦教』、中国人民大学出版社、一九八九年。

馬西沙・韓秉方『中国民間宗教史』、上海人民出版社、一九九〇年。

梅臻・韶菩『海上聞人杜月笙』、河南人民出版社、一九八七年。

欧大年『中国民間宗教教派研究』、上海古籍出版社、一九九三年。

喬越「曇花一現的偽満洲正義団」、孫邦主編『殖民政権』(偽満史料叢書)、吉林省人民出版社、一九九三年。

紹雲「成都袍哥史略」、『成都志通訊』一九八八年第一期。

沈立行「杜月笙宣鉄吾闘法記」、『檔案與歴史』一九八九年第五期。

史式徽著、天主教上海教区史料訳写組訳『江南伝教史』第二巻、上海訳文出版社、一九八三年。

孫江『十字架與龍』、浙江人民出版社、一九九〇年。

——孫江・黄東蘭「論民間秘密結社與晩清教案的関係」、『南京大学学報』一九九〇年第三期。

——「教派叙述與反教派叙述」、『文史哲』二〇〇六年第一期。

——「橘樸與魯迅——以『京津日日新聞』為文本的考察」、『中国近現代報刊的自由理念與実践』、香港城市大学国際シンポ論文、二〇〇九年一二月四～五日。李金銓主編『報人報国』、香港中文大学出版社、二〇一二年。

——「没有暴動的事件——関於抗日戦争時期先天道事件的表述問題」、楊念群主編『新史学——感覚・図像・叙事』第一巻、中華書局、二〇〇七年。

——『新史学——概念・文本・方法』第二巻(編著)、中華書局、二〇〇八年。

——「在中国発現宗教——日本関於中国民間信仰結社的研究」、『文史哲』二〇一〇年第三期。

王純五『袍哥探秘』、巴蜀書社、一九九三年。

王康『聞一多伝』、湖北人民出版社、一九七九年。

王覚源『中国党派史』、正中書局、一九八三年。
王奇生『革命與反革命——社会文化視野下的民国政治』、社会科学文献出版社、二〇一〇年。
——『党員、党権與党争——一九二四～一九四九年中国国民党的組織形態』（増補版）、華文出版社、二〇一〇年。
王天奨「民国時期河南土匪略論」、『商丘師専学報』一九八八年第四期。
衛大法師『中国的幇会』、説文社、一九四九年。
聞鈞天『中国保甲制』、商務印書館、一九三五年。
呉恵芳『民初直魯豫盗匪之研究（一九一二至一九二八）』、台湾学生書局、一九九〇年。
夏明方「一部没有『近代』的中国近代史——従『柯文三論』看『中国中心観』的内在邏輯及其困境」、『近代史研究』二〇〇七年第一期。
刑福増「晩清教案與反教思想述評」、蘇位智・劉天路主編『義和団運動一百周年国際学術討論会論文集』、山東大学出版社、二〇〇二年。
許地山『扶箕迷信底研究』、上海文芸出版社、一九八八年。
薛暮橋・馮和法編『中国農村論文選』（上冊）、人民出版社、一九八三年。
楊念群『再造「病人」——中西医衝突下的空間政治（一八三二～一九八五）』、中国人民大学出版社、二〇〇六年。
楊念群編著『新史学——感覚・図像・叙事』第一巻、中華書局、二〇〇七年。
余凱思「宗教衝突：徳国伝教士與山東地方社会」、蘇位智、劉天路主編前掲書、上巻。
章伯鋒・李宗一主編『北洋軍閥』（一九一二年～一九二八）、（二）、武漢出版社、一九九〇年。
章君谷『杜月笙伝』第四冊、伝記文学叢刊之九、英泰印書館、一九六八年。

張力・劉鑒唐『中国教案史』、四川省社会科学院出版社、一九八七年。

張介候「淮北之農民生活状況」、『東方雑誌』第二四巻一六号、一九二七年一〇月。

張俊顕『新県制之研究』、正中書局、一九八八年。

張秋雯「古田菜会的反教事件」、『中央研究院近代史研究所集刊』第一六期、一九八七年六月。

張西平・卓新平『本色之探――二〇世紀中国基督教文化学術論集』、中国広播電視出版社、一九九九年。

張玉法『中国現代化的区域研究――山東省（一八六〇～一九一六）』、中央研究院近代史研究所専刊（四三）、一九八二年。

趙清『袍哥與土匪』、天津人民出版社、一九九〇年。

趙樹好『教案與晩清社会』、中国文聯出版社、二〇〇一年。

中共中央党校閻錫山評伝編写組『閻錫山評伝』、中共中央党校出版社、一九九一年。

中国労工運動史編纂委員会『中国労工運動史』第四冊、中国労工福利出版社、一九五九年。

周開慶『四川與対日抗戦』、台湾商務印書館、一九八七年。

周育民・邵雍『中国幇会史』、上海人民出版社、一九九三年。

荘吉発『清史随筆』、博揚文化事業有限公司、一九八六年。

左玉河「擰在世界時鐘的発条上――南京国民政府的廃除旧暦運動」、『中国学術』第二一輯、二〇〇五年一月。

五、日本文研究書・論文

相原一郎介「訳語〝宗教〟の成立」、『宗教学紀要』五、一九三八年。

阿部洋『中国近代学校史研究』、福村出版株式会社、一九九三年。

天野祐子「日中戦争期における国民政府の新県制――四川省の事例から」、平野健一郎編『日中戦争期の中国における社会・文化変容』、東洋文庫、二〇〇七年。

姉崎正治「中奥の民間信仰」、『哲学雑誌』第一二巻第一三〇号、一八九七年一二月。

飯塚浩二『満蒙紀行』、筑摩書房、一九七二年。

井上圓了『妖怪學講義』、『井上円了選集』第一六巻、東洋大學、一九九九年。

井上哲次郎『哲学字彙』（附清国音符）、明治一四年、東京大学文学部。

今井駿『四川省と近代中国』、汲古書院、二〇〇七年。

石橋秀雄「清朝入関後のマンジュ（Manju）満洲の呼称をめぐって」、石橋秀雄編『清代中国の諸問題』、山川出版社、一九九五年。

大本七十年史編纂会『大本教事件史』、天声社、一九七〇年。

菊池秀明『清代中国南部の社会変容と太平天国』、汲古書院、二〇〇八年。

黄東蘭『近代中国の地方自治と明治日本』、汲古書院、二〇〇五年。

――「革命、戦争と村――日中戦争期山西省黎城県の事例から」、平野健一郎編『日中戦争期の中国における社会・文化変容』、東洋文庫、二〇〇七年。

高村学人『アソシアシオンへの自由：〈共和国〉の論理』、勁草書房、二〇〇七年。

小浜正子『近代上海の公共性と国家』、研文出版、二〇〇〇年。

小林一美『中華世界の国家と民衆』（上・下）、汲古書院、二〇〇八年。

駒込武『植民地帝国日本の文化統合』、岩波書店、一九九六年。

酒井忠夫『近代支那に於ける宗教結社の研究』、東亜研究所、一九四三年。

――『中国幇会史の研究・青幇篇』、国書刊行会、一九九七年。

――『中国幇会史の研究・紅幇篇』、国書刊行会、一九九八年。

――『近・現代中国における宗教結社の研究』、国書刊行会、二〇〇二年。

笹川裕史・奥村哲『銃後の中国社会――日中戦争下の総動員と農村』、岩波書店、二〇〇七年。

笹川裕史『中華人民共和国誕生の社会史』、講談社選書メチエ、二〇一一年。

佐藤公彦『清末のキリスト教と国際関係』、汲古書院、二〇一〇年。

佐藤仁史「回顧される革命――ある老基層幹部のライフヒストリーと江南農村」、山本英史編『近代中国の地域像』、山川出版社、二〇一一年。

沈潔『「満州国」社会事業史』、ミネルヴァ書房、一九九六年。

鈴木範久『明治宗教思潮の研究』、東京大学出版会、一九七九年。

ジュリオス・エイチ・シーレー著、小崎弘道譯纂『宗教要論』、十字屋、一八八一年。

孫江「戦後権力再建における中国国民党と幇会（一九四五～一九四九）」（その一）、『愛知大学国際問題研究所紀要』第一一四号、二〇〇〇年一二月。

――「戦後権力再建における中国国民党と幇会（一九四五～一九四九）」（その二）、『愛知大学国際問題研究所紀要』第一一六号、二〇〇一年五月。

――「宗教結社、権力と殖民地支配――『満州国』における宗教結社の統合」、『日本研究』第二四集、二〇〇二年一二月。

――「『洋教』という他者――一九世紀後半におけるキリスト教と中国社会」、『歴史学研究』八〇八号、二〇〇五年一一月
――『近代中国の革命と秘密結社――中国革命の社会史的研究（一八九五～一九五五年）』、汲古書院、二〇〇七年。

――「基督の創出――「邪教案」にみるキリスト教系異端結社」、『愛知大学国際問題研究所紀要』第一三五号、二〇一〇年三月。

――「地震の宗教学――紅卍字会と大本教との関係を手がかりとして」、武内房司編『越境する東アジアの民衆宗教』、明石書店、二〇一〇年。

――「戦時下の哥老会――重慶国民政府の政治統合における哥老会」、『愛知大学国際問題研究所紀要』第一三九号、二〇一二年一月。

高田幸男「南京国民政府の教育政策――中央大学区試行を中心に」、中国現代史研究会編『中国国民政府史の研究』、汲古書院、一九八六年。

大平浩史「南京国民政府成立期の『廟産興学』と仏教界――寺廟産・僧侶の『有用』性をめぐって」、『立命館言語文化研究』第一三巻第四号、二〇〇二年二月。

――「南京国民政府成立期の廟産興学と仏教界」、『現代中国』第八一号、二〇〇七年。

武内房司編『越境する東アジアの民衆宗教』、明石書店、二〇一〇年。

塚本善隆「中華民国の仏教」、『塚本善隆著作集』第五巻、大東出版社、一九七五年。

出口京太郎『巨人出口王仁三郎』、講談社、一九七三年。

トクヴィル著、松本礼二訳『アメリカのデモクラシー』、岩波文庫、二〇〇八年。

中見立夫「地域概念の政治性」、溝口雄三他編『交錯するアジア』アジアから考える（Ⅰ）東京大学出版会、一九九三年。

長野朗『支那の土匪と軍隊』、燕塵社、一九二四年。

――『支那兵・土匪・紅槍会』、坂上書院、一九三八年。

並木頼寿『捻軍と華北社会』、研文出版、二〇一〇年。

西川正夫「辛亥革命と民衆運動――四川保路運動と哥老会」、野沢豊・田中正俊編『講座中国近現代史』（三）、東京大学出版会、一九七八年。

野口鐵郎編『結社が描く中国近現代』、山川出版社、二〇〇五年。

納武津『支那土匪の研究』、世界思潮研究会、一九二三年。

初瀬龍平『伝統的右翼　内田良平の研究』、九州大学出版会、一九八〇年。

林出賢次郎（尋賢）「南京の政変」（後編）、「尋賢回顧録」（四）、『日本卍字月刊』第七巻一一月号、一九六三年一一月一日。

平野健一郎「満州国協和会の政治的展開――複数民族国家における政治的安定と国家動員」、日本政治学会『日本政治学会年報』（一九七二年度）。

平野健一郎編『日中戦争期の中国における社会・文化変容』、東洋文庫、二〇〇七年。

福田アジオ編『結衆・結社の日本史』、山川出版社、二〇〇六年。

夫馬進『中国善会善堂史研究』、同朋舎出版、一九九七年。

J・C・ヘボン『和英語林集成』、講談社学術文庫、一九八〇年。

シュテファン＝ルートヴィヒ・ホフマン著、山本秀行訳『市民結社と民主主義』、岩波書店、二〇〇九年。

牧田諦亮「清末以後における廟産興学と仏教教団」、『東亜研究』第六四号、一九四二年一二月。

――『中国仏教史研究』、大東出版社、一九八四年。

松本健一『出口王仁三郎』、リブロポート、一九八六年一二月。

満州国史編纂刊行会『満州国史』総論、一九七〇年六月。

溝口雄三『方法としての中国』、東京大学出版会、一九八九年。

三谷孝「南京政権と『迷信打破運動』（一九二八〜一九二九）」、『歴史学研究』四五五号、一九七八年四月号。

――「江北民衆暴動（一九二九年）について」、『一橋論叢』第八三巻第三号、一九八〇年。

三谷孝編『農民が語る中国現代史』、内山書店、一九九三年。

三谷博編『東アジアの公論形成』、東京大学出版会、二〇〇四年。

村田雄二郎「孔教と淫祠――清末廟産興学思想の一側面」、『中国――社会と文化』第七号、一九九二年六月。

――「東アジアの思想連環――清末中国『宗教』概念受容をめぐって」、三谷博編『東アジアの公論形成』、東京大学出版会、二〇〇四年。

森孝一「シカゴ万国宗教会議――一八九三年」、『同志社アメリカ研究』第二六号、一九九〇年三月。

安冨歩・深尾葉子編『「満洲」の成立――森林の消尽と近代空間の形成』、名古屋大学出版社、二〇〇九年。

安丸良夫「解説」、『出口王仁三郎著作集』第二巻、読売新聞社、一九七三年。

――『一揆・監獄・コスモロジー――周縁性の歴史史学』、朝日新聞社、一九九九年。

柳田國男「妖怪談義」、『定本柳田國男集』第四巻、筑摩書房、一九六三年。

――「國史と民俗學」、『定本柳田國男集』第二四巻、筑摩書房、一九六三年。

山田辰雄他編『橘樸　翻刻と研究――「京津日日新聞」』、慶応義塾大学出版会、二〇〇五年。

山室信一『キメラ――満洲国の肖像』、中公新書、一九九三年。

山本英史編『近代中国の地域像』、山川出版社、二〇一一年。

山本真「日中戦争開始前後、四川省新都県における県政改革の実験とその挫折――一九三八年一一月の県城包囲事件に対する一考察」、『一橋論叢』第一二〇巻第二号、一九九八年八月。

――「一九四〇年代の四川省における地方民意機構――秘密結社哥老会との関係をめぐって」、『近きに在りて』第五四号、二〇〇八年一一月。

六、韓国語研究書

박상수『중국혁명과 비밀결사』、심신출판사、二〇〇六。

손승회『근대 중국의 토비 세계：하남의 토비 홍창회 군벌을 중심으로』、창비、二〇〇八。

七、欧文資料・著作・論文

Ashitsu, Zitsuzen, "Buddha," Barrows, John H., ed., *The World's Parliament of Religions: An Illustrated and Popular Story of the World's First Parliament of Religions, Held in Chicago in Connection with the Columbian Exposition of 1893*. Chicago: The Parliament Publishing Company, 1893.
Barrows, John H., ed. op. cit.

Bays, Daniel, "Christianity and the Chinese Sectarian Tradition." *Ch'ing-shih wen-t'I* 4.7 (June 1982).

——"Christianity and Chinese Sects: Religious Tracts in the Late Nineteenth Century", in Suzanne Wilson Barnett and John King Fairbank, eds, *Christianity in China*, Cambridge (Massachusetts) and London: Harvard University Press, 1985.

Billinsley, Phil, *Bandits in Republican China*, Stanford: Stanford University Press, 1988. 山田潤訳『匪賊——近代中国の辺境と中央』、筑摩書房、一九九四年。

Bishop, Donald H., "Religious Confrontation, A Case Study: The 1893 Parliament of Religions." *Numen*, 16:1 (April 1969).

——"America and the 1893 World Parliament of Religious," *Encounter*, 31:4 (Autumn 1970).

Blodgett, Henry, "Why Protestant Missionaries in China Should Unite in Using *Tien-Chu* for God," Barrows, John H., ed., op. cit.

Chalmers A. Johnson, *Peasant Nationalism and Communist Power: The Emergence of Revolutionary China, 1937-1945*, Stanford: Stanford University Press, 1962.

Candlin, George T., "The Bearing of Religious Unity on the Work of Christian Missions," Barrows, John H., ed., op. cit.

Charbonnier, Jean, *Histoire Des Chrétiens De Chine, Desclée*, Paris, 1992.

Chen, Yung-fa,, *Making Revolution: The Communist Movement in Eastern and Central China, 1937-1945*, Berkeley: University of California Press, 1986.

Cohen, Paul A., *China and Christianity: The Missionary Movement and the Growth of Chinese Antiforeignism, 1860-1870*, Cambridge: Harvard University Press, 1963.

——*Discovering History in China*, New York: Columbia University Press, 1984. 佐藤慎一訳『知の帝国主義——オリエンタリズムと中国像』、平凡社、一九八八年。

——*History in Three Keys: The Boxers as Event, experience, and Myth*, New York: Columbia University Press, 1997.

Davis, Natalie Zemon, *Fiction in the Archives: Pardon Tales and Their Tellers in Sixteenth-Century France*, Stanford: Stanford University Press, 1987. 成瀬駒男、宮下志朗訳『古文書の中のフィクション：一六世紀フランスの恩赦嘆願の物語』、平凡社、一九九〇年

De Groot, J. J. M., *Sectarianism and Religious Persecution in China*, 2vols., Amsterdam, 1903-1904. 牧尾良海訳『中国における宗教受難史』、国書刊行会、一九八〇年。

Drake, F. S., "The Tao Yuan: A New Religious and Spiritualistic Movement", *The Chinese Recorder*, Vol.54（March 1923）.

Duara, Prasenjit, *Culture, Power and the State: Rural North China, 1900-1942*, Stanford: Stanford University Press, 1988.

——*Rescuing History From The Nation: Questioning Narratives of Modern China*, Chicago: University of Chicago Press, 1995.

——*Sovereignty and Authenticity: Manchukuo and the East Asian Modern*, Lanhan: Rowman and Littlefield, 2003.

——"Transnationalism and the Predicament of Sovereignty: China, 1900-1945", *American Historical Review*, vol. 102, No4. 1997.

Esherick, Joseph W., "Ten Theses on the Chinese Revolution," Modern China, Vol.21, No.1 (January 1995).

Faber, Ernest, *A Systematical Digest of the Doctrines of Confucius*, translated from the German by P. G. von Möllendorff, Second Edition, The General Evangelical Protestant Missionary Society of Germany, 1902.

——"Genesis and Development of Confucianism," Barrows, John H., ed., op. cit.

Fields, Rick, *How the Swans Came to the Lake*, Boulder, Colorado: Shambhala Publications, 1981.

Fisher, Daniel W., *Calvin Wilson Mateer: Forty-Five Years A Missionary in Shantung, China*, Philadelphia: The Westminster Press, 1911.

Gillin, Donald G., *Warlord: Yen Hsi-shan in Shansi Province, 1911-1949*, Princeton: Princeton University Press, 1967.

Goodman, David, "The Licheng Rebellion of 1941: Class, Gender, and Leadership in the Sino-Japanese War," *Modern China*, Vol.23, No.2, (April 1997).

Gordon, M. L., "Some Characteristics of Buddhism As It Exists in Japan Which Indicate That It Is Not a Final Religion," Barrows, John H., ed., op. cit.

Granet, Marcel, *La Religion des Chinois*, Paris: Presses Universitaires de France, 1951. 栗本一男訳『中国人の宗教』、平凡社、一九九九年。

Guha, Ranajit, "The Small Voice of History." In *Subaltern Studies, IX: Writing on South Asian History and Society*, ed. Shahid Amin and Dipesh Chakrabarty, 1-12. Oxford and New York: Oxford University Press, 1996.

Hartford Kathleen and Goldstein, Steven M., (ed.), *Single Sparks: China's Rural Revolutions*, New York: M. E. Sharpe, 1989.

Headland, Issac T., “Religion in Peking,” Barrows, John H., ed., op. cit.

Hepburn, James Curtis, *Japanese and English Dictionary, With an English and Japanese Index* Rutland, Vt.: C. E. Tuttle, 1867, 1872, 1886.

Hirai, Kinza Riuge M., “Synthetic Religion,” Barrows, John H., ed., op. cit.

——“The Real Position of Japan Toward Christianity,” Barrows, John H., ed., op. cit.

Hisen Ho, Kung, “Confucianism,” Barrows, John H., ed., op. cit.

Hobsbawm, Eric, *Bandits*, Penguin books, London: Weidenfeld and Nicolson, 1969. 斉藤三郎訳『匪賊の社会史』、みすず書房、一九七二年。

Huang, Donglan, “Revolution, War, and Villages: A Case Study on Villages of Licheng County, Shanxi Province during the War of Resistance Against Japan”, *Frontiers of History in China*, Vol. 6, No. 1 (March 2011).

Jackson, Carl T., *The Oriental Religions and American Thought: Ninteenth-Century Explorations*, Westport, Connecticut: Greenwood Press, 1981.

James, F. H., “The Secret Sects of Shantung”, With Appendix, *Records of the General Conference of Protestant Missionaries of China*, May 7-20, 1890. Shanghai, 1890.

Kaburagi, Goro, “The Shinto Religion,” Barrows, John H., ed., op. cit.

Kapp, Robert, *Szechwan and the Chinese Republic: Provincial Millitarism and Central Power, 1911-1938*, New Haven: Yale University Press, 1973.

Kataoka, Tetsuya, *Resistance and Revolution in China: The Communist and the Second United Front*, Berkeley: University of California Press, 1974.

Kawai, Yoshigiro, "A Declaration of Faith and The Truth of Buddhism," Barrows, John., ed., op. cit.

Ketelaar, James Edward, *Of Heretics and Martyrs in Meiji Japan: Buddhism and its Persecution*, Princeton: Princeton University Press, 1990. 岡田正彦訳『邪教／殉教の明治・廃仏毀釈と近代仏教』、ぺりかん社、二〇〇六年。

Kishimoto, Nobuta, "Future of Religion in Japan," Barrows, John H., ed., op. cit.

Koselleck, Reinhart, *The Practice of Conceptual History: Timing History, Spacing Concepts*, Stanford: Stanford University Press, 2002.

Kozaki, "Christianity in Japan; Its Present Condition and Future Prospects," Barrows, John H., ed., op. cit.

Lary, Diana, *Warlord Soldiers, Chinese Common Soldiers, 1911-1931*, New York: Cambridge University Press, 1985.

Liao T'ai-ch'u, "The Ko Lao Hui in Szechuan", *Pacific Affairs*, Vol.20, No.2, June 1947.

Lobscheid, Wilhelm, *English And Chinese Dictionary*, Hong kong: Daily Press Office, 1866-1869.

Martin, W. A. P., "America's Duty to China," Barrows, John H., ed., op. cit.

——*Hanlin Papers*, London and Shanghai, 1880.

Medhurst, W.H., *A English and Chinese Dictionary*, Mission Press, Shanghai, 1842-43.

Michie, A., *Missionaries in China*, Shanghai, 1892.

Milles, Geo., "Vegetarian Sects," *Chinese Recorder and Missionary Journal*, Vol.33, No.1, January 1902.

Morrison, Robert, *A Dictionary of the Chinese Language*, Honorable East India Company's Press, 1815-1823.

Nedostup, Rebecca, *Superstitious Regimes: Religion and Politics of Chinese Modernity*, Cambridge (Massachusetts) and

London: Harvard University Press, 2009.

Nishikawa Sugao, "The Three Principles of Shintoism," Barrows, John H., ed., op. cit.

Overmyer, Daniel L., *Flok Buddhist Religion, Dissenting Sects in Late Traditional China*, Cambridge: Harvard University Press, 1976.

Perry, Elizabeth, *Rebels and Revolutionaries in North China, 1845-1945*, Stanford: Stanford University Press, 1980.

——Social Banditry Revisited, The Case of Bailang, a Chinese Brigand, *Modern China*. vol.9 no.3., 1983.

Porter, D. H. , "Secret Sects in Shantung," *Chinese Recorder and Missionary Journal*, Vol. 17, No.1, 1882.

Pung, Kwang Yu,"Confucianism," Barrows, John H., ed., op. cit.

Rankin, Mary B., "The Ku-t'ien Incident (1895): Christians versus the Ts'ai-hui, *Papers on China*, vol.15 (East Asian Research Center, Harvard University December, 1961).

Records of the General Conference of Protestant Missionaries in China, 1890. Shanghai, 1890.

Shibata, Reuchi, "Shintoism," Barrows, John H., ed., op. cit.

Ross, Rev. John, "Our Attitude Towards Confucianism", *The Chinese Recorder and Missionary Journal*, Vol.18, No.1., January 1887.

Seager, Richard Hughes, *The World's Parliament of Religions: The East / West Encounter*, Chicago, 1893, Bloomington: Indiana University Press, 1995.

Selden, Mark, *China in Revolution: The Yenan Way Revisited*, New York: M. E. Sharpe, Inc, 1995.

Shahar, Meir and Weller, Robert P., *Unruly Gods: Divinity and Society in China*, Honolulu: University of Hawai'I Press,

1996.

Shaku Soyen, "The Law of Cause and Effect, As Taught by Buddha," Barrows, John H., ed., op. cit.

——"Arbitration Instead of War," Barrows, John H., ed., op. cit.

Shek, Richard, " The Revolt of the Zaili, Jindan Sects in Rehe (Jehol), 1891," Modern China, Vol.6 No.2, April 1980.

Smith, Arthur H., *Village life in China: A Study in Sociology*, New York: Fleming H. Revell Company, 1899.

Soothill, William E., *Timothy Richard of China*, London: Seeley, Service & Co. Limited, 1924.

Stapleton, Kristin, "Urban Politics in an Age of 'Secret Societies': The Cases of Shanghai and Chengdu." Republican China, 22. 1 (1996).

Sun jiang, "The Memory of the Sun, An Archaeological Study of Knowledge Concerning the Discourse on the Birth of the Sun on the Nineteenth Day of the Third Month (Lunar Calendar)", *Chinese Sociology and Anthropology*, Winter 2004-5 / Spring, 2005, Vol.37, Nos.2-3, M. E. Sharpe, New York.

——"Representing Religion: Chinese religions at the 1893 Chicago World's Parliament of Religions," *Concept and Communication*, No.6, December 2010.

——"Yangjiao or the Other: Christianity and Chinese Society in the Second Half of the Nineteenth Century, " *Frontier of China History*, Vol.6, No.4, Spring 2011.

Sweeten, Alan Richard, *Christianity in Rural China: Conflic and Accommodation in Jangxi Province, 1860-1900*, Ann Arbor: Center for Chinese Studies, University of Michigan, 2001.

Takayoshi, Matsugama, "Origin of Shintoism," Barrows, John H., ed., op. cit.

Toki, Horin, "Buddhism in Japan," Barrows, John H., ed., op. cit.

ter Haar, B. J., *The White Lotus Teaching in Chinese Religious History*, Honolulu: University of Hawai'i Press, 1999.

——*Telling Stories: Witchcraft and Scapegoating in Chinese History*, E. J. Brill, 2006.

Timothy, Richard, *Forty-Five Years in China*, London: T. Fisher Unwin LTD, 1916.

Wang, Di, "Mysterious Communication: The Secret Language of the Gowned Brotherhood in Nineteenth-Century Sichuan", *Late Imperial China*, Vol .29, No. 1, June 2008.

Wilson, Bryan, *Religious sect*, London, 1970. 池田昭訳『セクト——その宗教社会学』、平凡社、一九七二年。

Yatsubuchi, Banriu,"Buddhism". Barrows, John H., ed., op. cit.

Y. K. Yen, "What Has Christianity Done for the Chinese?" Barrows, John H., ed., op. cit.

Yokoi, J. T., "Christianity-What is It? A Question in the Far East," Barrows, John H., ed., op. cit.

あとがき

ここ数年、私が勤務する大学から毎年のように一人また一人の同僚が職場を離れていった。親しく接して下さった彼らの後姿を目の当たりにして、ひとつの時代の終わりに寂しさを感じた。

研究者は孤独の旅人である。これまでの旅を振り返ると、故人たちの言葉が時々脳裏に浮かび上がってきた。

「社会主義は決して終わっていません」。一九九六年、東京から千葉行きの電車のなかで、故菊地昌典先生が目を光らせながら、凛とした表情でこう語られていた。社会主義から資本主義に転換するさなかの中国から日本に来た私は、先生のお話しに戸惑いを感じた。これはやがて、私が再びマルクス主義の書物を読み、中国が直面するさまざまな問題を思索するきっかけとなった。

「日本人は太陽系だ。だけど、中国人は宇宙系だ」。これは九十七歳で大往生をなさった故酒井忠夫先生が生前たびたび筆者に語られた言葉である。先生の最晩年の数年間、私は年一、二回先生のご自宅にお邪魔して、学問のお話しや先生の昔話をうかがいながら、世代や思想信条を超えて歴史を追体験した。

「大作は歴史家の澄んだ目で書かれたものです。まさに私の読みたいものです」。故溝口雄三先生は筆者がお贈りした拙著『近代中国の革命と秘密結社』が届いた後、わざわざ送ってくださったお手紙のなかでこう綴られた。年追うごとに視力が低下する筆者は決して自分の目が澄んでいるとは思えない。しかし、これからも「和にして同せず」、時に耐えられる研究を続けたい。

本書に収録された論文は、以下の学術誌に発表されている。

①「戦後権力再建における中国国民党と幇会（一九四五〜一九四九）」（その一）、『愛知大学国際問題研究所紀要』第一一四号、二〇〇〇年一二月。（その二）、同一一六号、二〇〇一年五月。

②「宗教結社、権力と植民地支配――『満州国』における宗教結社の統合」、『日本研究』（国際日本文化研究センター）第二四集、二〇〇二年二月。

③「『洋教』という他者――一九世紀後半におけるキリスト教と中国社会」、『歴史学研究』二〇〇五年一一月号。

④「地震の宗教学――紅卍字会と大本教との関係を手がかりとして」、武内房司編著『越境する東アジアの民衆宗教』、明石書店、二〇一一〇年三月。

⑤「戦時下の哥老会――重慶国民政府の政治統合における哥老会」、『愛知大学国際問題研究所紀要』第一三九号、二〇一二年三月。

⑥「増上寺的香堂――一九三三年東北青幇代表団訪問日本」、『南京大学学報』二〇〇七年第三期。

⑦「土匪政治――従檔案史料看民国初期華北的土匪」、中国社会科学院近代史研究所民国史研究室・四川師範大学歴史文化学院編『一九一〇年代的中国』、社会科学文献出版社、二〇〇七年八月。

⑧「作為他者的洋教――基督教與中国社会関係的再解釈」、『江海学刊』二〇〇八年第一期。黄愛平・黄興涛編『西学與清代文化』、中華書局、二〇〇八年一月。

⑨「在中国発現宗教――日本関於中国民間信仰結社之研究」、『文史哲』二〇一〇年第四期。

⑩「文本中的虚構――関於『黎城離卦道事件調査報告』之閲読」、『開放時代』二〇一一年第四期。

⑪「一九二九年宿遷小刀会暴動與極楽庵廟産糾紛案」、『歴史研究』二〇一二年第三期。

⑫ "Representing Religion: Chinese Religions at the 1893 Chicago World's Parliament of Religions" (*Concept and Communication*, No.6, December. 2010.)

⑬ "Yangjiao or the Other: Christianity and Chinese Society in the Second Half of the Nineteenth Century" (*Frontier of China History*, Vol.6, no.4, Spring, 2011.)

⑭「'종교', Religion의 재구성：一八九三년 시카고 세계종교회의에서의 '중국종교'」、『개념의 번역과 창조——개념사로 본 동아시아 근대』、돌베개、二〇一二。

いくつかの言語で書かれたこれらの論文を一冊の日本語の書物にするのは手間のかかることである。力を貸してくださった友人の中里見敬さん、倉田明子さんに深く感謝したい。白川知多女史は原稿に目を通して下さり、細かい表現まで直してくださった。小武海桜子さんは初校のゲラに目を通して下さった。この場を借りて、感謝の意を表したい。

筆者は学習院大学武内房司教授、国際日本文化研究センターの鈴木貞美教授・劉建輝教授が主催した研究班に参加したことから多くの知見を得た。また、神戸大学の緒形康教授のご好意により、孫文記念館で報告する機会を得た。資料収集にあたって、中国人民大学の楊念群教授、南京大学の朱慶葆教授、中山大学の麻国慶教授、南開大学の江沛教授、台湾中央研究院歴史語言研究所の陳熙遠教授、近代史研究所の黄克武教授、張寿安教授と潘光哲教授、アメリカ・テキサスＡ＆Ｍ大学の王笛教授、シカゴ大学博士課程の許国恵女史、および中国第二歴史檔案館、愛知大学など数々の資料館・図書館の方々に大変お世話になった。本書の一部の論文は、シンガポール国立大学のP. Duara教授やオランダ・ライデン大学のter Haar教授から学問的な刺激を受けた。友人の陳力衛さん、閻小妹さん、陳継東さん、李梁さん、林少陽さん、王元さんに大変お世話になった。大学時代に恩師蔡少卿先生に結社の研究を勧められてから、三十年の歳月が過ぎてしまった。先生の学恩に深く感謝したい。

本書第五～九章の基礎となる部分は東京大学大学院在学中に書いたものである。院生時代に松下財団、富士ゼロックス財団の研究助成金を頂いた。遅くなったが、この場を借りて感謝の意を表したい。前著『近代中国の革命と秘密結社』に続き、本書も汲古書院のお世話になった。本書の出版を快く引き受けて下さった石坂叡志社長に感謝したい。本書の出版にあたって、静岡文化芸術大学の熊倉功夫学長や多くの同僚のお世話になった。本書の出版は静岡文化芸術大学の出版助成による。

長年孤独の研究を支えてくれたのは妻黄東蘭である。二人が大学院在籍中に生まれた娘澄音が後一年に大学に入る年である。時々親の意見に反論する娘の姿を見て、時の流れを感じた。

Distrahit animum multitudo librorum（多読は心を乱す）。

この十数年、私は人文社会科学の諸領域を渉猟し、中国から日本・欧米へ、社会史から思想史へ、ナショナリズム論から歴史の記憶へ、関心の分野がどんどん広がった。恩師・故並木頼寿先生は生前、新しいテーマについて熱く語った私の話をお聞きになって、いつも「いいじゃないか」とおっしゃった。今思えば、あれは先生独特の曖昧な表現だったかも知れないが、私は先生のお言葉を自分の研究への肯定ととらえ、猪突猛進してどんどん先へ進んできた。もし先生が天国で本書をご覧になったら、微笑みながら「いいじゃないか」と頷くだろう。先生が亡くなられて早くも二年の歳月が過ぎました。謹んで本書を並木先生に捧げたい。

二〇一一年一一月一一日

孫　江

事　項　索　引

索　　引

人　名　索　引

〈著者略歴〉
孫　　江（そん　こう）

1963年生まれ
東京大学総合文化研究科博士課程修了（学術博士）
静岡文化芸術大学文化政策学部国際文化学科教授
著書『近代中国の革命と秘密結社—中国革命の社会史的研究（1895～1955）』（汲古書院、2007）。

汲古叢書103

近代中国の宗教・結社と権力

二〇一二年六月三十日　発行

著　者　孫　　江
発行者　石　坂　叡　志
整版印刷　富士リプロ㈱

発行所　汲　古　書　院
〒102-0072 東京都千代田区飯田橋二-五-四
電　話　〇三（三二六五）九七六四
FAX　〇三（三二二二）一八四五

ISBN978-4-7629-6002-4 C3322

100	隋唐長安城の都市社会誌	妹尾　達彦著	未　刊
101	宋代政治構造研究	平田　茂樹著	13000円
102	青春群像－辛亥革命から五四運動へ－	小野　信爾著	近　刊
103	近代中国の宗教・結社と権力	孫　　　江著	12000円
104	唐令の基礎的研究	中村　裕一著	15000円

（表示価格は2012年６月現在の本体価格）

67	宋代官僚社会史研究	衣川　強著	11000円
68	六朝江南地域史研究	中村　圭爾著	15000円
69	中国古代国家形成史論	太田　幸男著	11000円
70	宋代開封の研究	久保田和男著	10000円
71	四川省と近代中国	今井　駿著	17000円
72	近代中国の革命と秘密結社	孫　江著	15000円
73	近代中国と西洋国際社会	鈴木　智夫著	7000円
74	中国古代国家の形成と青銅兵器	下田　誠著	7500円
75	漢代の地方官吏と地域社会	髙村　武幸著	13000円
76	齊地の思想文化の展開と古代中國の形成	谷中　信一著	13500円
77	近代中国の中央と地方	金子　肇著	11000円
78	中国古代の律令と社会	池田　雄一著	15000円
79	中華世界の国家と民衆　上巻	小林　一美著	12000円
80	中華世界の国家と民衆　下巻	小林　一美著	12000円
81	近代満洲の開発と移民	荒武　達朗著	10000円
82	清代中国南部の社会変容と太平天国	菊池　秀明著	9000円
83	宋代中國科擧社會の研究	近藤　一成著	12000円
84	漢代国家統治の構造と展開	小嶋　茂稔著	10000円
85	中国古代国家と社会システム	藤田　勝久著	13000円
86	清朝支配と貨幣政策	上田　裕之著	11000円
87	清初対モンゴル政策史の研究	楠木　賢道著	8000円
88	秦漢律令研究	廣瀨　薫雄著	11000円
89	宋元郷村社会史論	伊藤　正彦著	10000円
90	清末のキリスト教と国際関係	佐藤　公彦著	12000円
91	中國古代の財政と國家	渡辺信一郎著	14000円
92	中国古代貨幣経済史研究	柿沼　陽平著	13000円
93	戦争と華僑	菊池　一隆著	12000円
94	宋代の水利政策と地域社会	小野　泰著	9000円
95	清代経済政策史の研究	黨　武彦著	11000円
96	春秋戦国時代青銅貨幣の生成と展開	江村　治樹著	15000円
97	孫文・辛亥革命と日本人	久保田文次著	20000円
98	明清食糧騒擾研究	堀地　明著	11000円
99	明清中国の経済構造	足立　啓二著	13000円

34	周代国制の研究	松井　嘉徳著	9000円
35	清代財政史研究	山 本　　進著	7000円
36	明代郷村の紛争と秩序	中島　楽章著	10000円
37	明清時代華南地域史研究	松田　吉郎著	15000円
38	明清官僚制の研究	和田　正広著	22000円
39	唐末五代変革期の政治と経済	堀　　敏 一著	12000円
40	唐史論攷－氏族制と均田制－	池 田　　温著	未　刊
41	清末日中関係史の研究	菅 野　　正著	8000円
42	宋代中国の法制と社会	高橋　芳郎著	8000円
43	中華民国期農村土地行政史の研究	笹川　裕史著	8000円
44	五四運動在日本	小野　信爾著	8000円
45	清代徽州地域社会史研究	熊　　遠 報著	8500円
46	明治前期日中学術交流の研究	陳　　　捷著	16000円
47	明代軍政史研究	奥山　憲夫著	8000円
48	隋唐王言の研究	中村　裕一著	10000円
49	建国大学の研究	山根　幸夫著	品　切
50	魏晋南北朝官僚制研究	窪添　慶文著	14000円
51	「対支文化事業」の研究	阿 部　　洋著	22000円
52	華中農村経済と近代化	弁納　才一著	9000円
53	元代知識人と地域社会	森田　憲司著	9000円
54	王権の確立と授受	大原　良通著	品　切
55	北京遷都の研究	新 宮　　学著	品　切
56	唐令逸文の研究	中村　裕一著	17000円
57	近代中国の地方自治と明治日本	黄　　東 蘭著	11000円
58	徽州商人の研究	臼井佐知子著	10000円
59	清代中日学術交流の研究	王　　宝 平著	11000円
60	漢代儒教の史的研究	福井　重雅著	12000円
61	大業雑記の研究	中村　裕一著	14000円
62	中国古代国家と郡県社会	藤田　勝久著	12000円
63	近代中国の農村経済と地主制	小島　淑男著	7000円
64	東アジア世界の形成－中国と周辺国家	堀　　敏 一著	7000円
65	蒙地奉上－「満州国」の土地政策－	広川　佐保著	8000円
66	西域出土文物の基礎的研究	張　　娜 麗著	10000円